IMAGE STUDIES TODAY

From
Aby Warburg's
Mnemosyne Atlas to
neurological
Bildwissenschaft

イメージ学の現在

ヴァールブルクから
神経系イメージ学へ

坂本泰宏
田中純
竹峰義和
編

京大学出版会

本書所収の外国語論考の翻訳にあたっては、日本学術振興会（JSPS）科研費・課題番号 JP16H03365 の助成、および、アレクサンダー・フォン・フンボルト財団からの資金援助（フンボルト・コレーク「思考手段と文化形象としてのイメージ」開催経費より）を受けている。

Image Studies Today:
From Aby Warburg's *Mnemosyne Atlas* to neurological *Bildwissenschaft*
SAKAMOTO Yasuhiro, TANAKA Jun and TAKEMINE Yoshikazu, editors
University of Tokyo Press, 2019
ISBN 978-4-13-010140-0

目次

目次

序

本書は、ドイツ語圏を中心にイメージをめぐる現象の研究に新しい次元を開拓しているイメージ学（ドイツ語でBildwissenschaft）の現在を、この分野のパイオニアや新進気鋭の研究者たちの論考およびインタビューによって一望可能にするとともに、その問題機制と生産的に切り結ぶような、比較美術史から写真・アニメーション研究、メディア論にいたる幅広い専門の日本の論者たちの論文を集成して編まれた論集である。その大元になったのは、アレクサンダー・フォン・フンボルト財団の資金援助によって二〇一六年四月に東京大学駒場キャンパスで開催された国際シンポジウム、フンボルト・コレーク東京「思考手段と文化形象としてのイメージ」である。

イタリア美術史の権威であるとともにイメージ学を牽引してきたホルスト・ブレーデカンプが本書第1部のインタビューで触れているように、Bildwissenschaft は英米系のヴィジュアル・スタディーズとは一線を劃し、伝統的な美術史とは別のディシプリンとしてではなく、むしろ、美術史それ自体の扱う分野・方法の拡張・発展・深化の産物として形成されてきた。一九世紀から二〇世紀にかけ、美術史学が学問として樹立された場であるドイツ語圏では、その伝統の吟味と再解釈を通じてこそ、こうしたディシプリンのメタモルフォーゼが起きたのである。

そのような伝統のひとつが、書名の副題にあるアビ・ヴァールブルクの業績である。一般にはイコノロジーの祖とされるヴァールブルクであるが、たとえばいわゆる「イメージ人類学」の先駆者といった位置づけをはじめとして、ドイツ語圏にとどまらず世界的にその再評価は著しい。本書はイメージ学の源泉のひとつであるヴァールブルクをめぐる研究から出発し、経験科学と美学・美術史との最新の接点である「神経系イメージ学」の動向にいたるまで、イメージ学の踏まえている歴史とその将来的発展のポテンシャルの双方を広く展望できるような内容とした。日独若手研究者の実り多い交流の場となった先述の国際シンポジウムと同様、本書においてもまた、ドイツ語圏イメージ学という経糸に対し、美術史やイメージ研究ばかりではなく、歴史理論や思想史まで含む多彩な観点からの日本側の応答が緯糸となって、「イメージ」をめぐるいままでにない斬新な図柄の知的な織物が織られていることを願う。

以上のような目論見に応じ、本書はイメージ学の源流をたどる第1部「アビ・ヴァールブルクからイメージ学へ」に始まり、身体とイメージの関係を問う第2部「「行為主体（エージェンシー）」としてのイメージ」、「形式（フォルム）」を通じて作用するイメージ固有の知を扱う第3部「イメージ知と形式」、イメージを媒介とした自然科学と芸術美学の交錯を主題とする第4部「イメージと自然」、神経美学・経験美学などの現状とともにイメージ学の将来を描く第5部「神経系イメージ学」という五部構成を取っている。それぞれの部の冒頭にイントロダクションを置いたので、個々の論考の概要についてはそちらをご覧いただきたい。

序文を締め括るにあたり、本書という織物を象徴するのにふさわしい、対をなす二つのイメージに触れておきたい。そのひとつは第11章の稲賀繁美論文に掲載されている南方熊楠が発見した粘菌の図、もうひとつは第15章のブレーデカンプ論文で示される細菌研究者による菌膜の写真である。この二つのイメージの通底性と差異を思考することこそ、イメージ学の本領であろう。同じことは「南方曼陀羅」とヴァールブルクの『ムネモシュネ・アトラス』（本書第1部参照）との関係についても言える。そんな秘かなつながりのネットワークを、読者は本書の随所に見出すことになるだろう。

イメージ学は既存の学問領域の境界を越え――粘菌のように――絶えず動きながら生成変化している。この書物が読者にとって、イメージをめぐるそうした冒険的な思考のための地図となれば幸いである。

田中　純

第１部　アビ・ヴァールブルクからイメージ学へ

アビ・ヴァールブルクからイメージ学へ

アビ・ヴァールブルクはかつて、アーウィン・パノフスキーによって代表されるイコノロジーの祖と見なされていた。いま現在の彼はむしろ、イメージ学や文化学（Kulturwissenschaft）の先駆者である。もとより、「イコノロジー」という用語やその発想法がヴァールブルク由来であることにはいささかの変わりもないが、一九八〇年代以降のヴァールブルク再評価の気運のなかで、新カント派に近い哲学的な見地から理論化された方法論をもつパノフスキー流のイコノロジーとそのヴァールブルク理解は、たとえばジョルジュ・ディディ＝ユベルマンなどによって強く批判され、一種の「ヴァールブルクへの回帰」が唱えられてきた。そこで再発見されたのが、ヴァールブルクにおける「像・イメージ（Bild）」をめぐるきわめて独自な思考形態である。

あえて「ヴァールブルクにおける」という曖昧な表現を用いた。それは必ずしも「ヴァールブルクの学知における」だけではなく、精神疾患に陥ることもあった彼の人生におけるイメージとの関係性もまたそこに含まれるからである。その意味で、ヴァールブルクが残した言葉のなかで、人口に膾炙した「神は細部に宿る」とともに重要なのは、イメージなるもの一般に向けて語られた、「おまえは生きているが、わたしに対して何をなすこともできない」という一文であろう。この言葉の背後には、イメージに一種の生命力を認め、それに魅せられているとともに、同じイメージを脅威と感じて遠ざけようとする意志がある。イメージをめぐるヴァールブルクの思考はこの相反する両極的感情の緊張状態のなかでダイナミックに揺れ動いており、その激しい運動がイメージ学の企てる考察に発見法的な刺激をいまなお与え続けているのである。

本部に収められた三つの論考はいずれもヴァールブルクにおけるイメージ学の潜在形態をあぶり出しており、ホルスト・ブレーデカンプのインタビューはそれを継承して発展させた現在のイメージ学の基本的なプログラムを提示している。これらに共通するのは、イメージの有する生命力、作用力、自発的な能動性への着眼である。

田中の論考は現代の歴史理論における「言語から経験へ」というパラダイム転換を踏まえ、ヴァールブルク自身の歴史経験──それを彼は「地震計」としての歴史家による過去からの「記憶の波動」の受信に譬えた──を問うことにより、イメージ学と歴史理論との架橋を試みている。そこでは生命力をもつイメージの作用が、イメージを通して「過去に触れる」身体の反応を通じて探られている。その反応はヴァールブルクにおいて、ここで田中が論じている「像嗜食《イコノファギー》」の妄想のように、狂気に近づくことすらあった。田中はヴァールブルクのこうしたイメージ経験における多感覚・共感覚的な身体性をたどったうえで、晩年の彼が一〇〇〇枚近い図版を数十枚の黒いパネル上に配置して、ヨーロッパのイメージ記憶の系譜を表わそうとした『ムネモシュネ・アトラス』のうちに、身体とイメージとの相互作用に基づく儀礼的コミュニケーションに似た歴史叙述の方法を見出すにいたっている。この論考は田中の著書『過去に触れる──歴史経験・写真・サスペンス』（羽鳥書店、二〇一六年）および『歴史の地震計──アビ・ヴァールブルク『ムネモシュネ・アトラス』論』（東京大学出版会、二〇一七年）それぞれの核心となる部分を接続したものであり、そこからさらに、カルロ・セヴェーリの記憶の人類学やブレーデカンプの「像行為（Bildakt）」論、ブリュノ・ラトゥールの「物神事実」の概念などとの接点を探ることにより、イメージ学的な歴史理論の展望を試みている。

ヴァールブルクは未発表の草稿のほか、膨大なメモを残しており、昨今のヴァールブルク研究はともすれば、この豊富なアーカイヴ資料を対象とした文献学的実証にとどまってしまう傾向にある。そのなかでジョヴァンナ・タージャは、瑣事拘泥に陥るたんなる実証研究とは一線を劃し、ヴァールブルクが用いた「精神的同化（Einverseelung）」という一語と『ムネモシュネ・アトラス』のパネル41aを出発点として、細部に宿る神を探す文献学的な精査を基礎としながら、ヴァールブルクのイメージ学を織りなしている生物学や生理学、心理学から考古学、哲学にいたる広範な思想史の経糸緯糸を鮮やかに解きほぐしている。

パネル41aの分析では、ヴァールブルクの師であったヘルマン・ウーゼナーの概念「神話核」を援用し、ラオコオン神話をテーマとするこのパネル上の図像群が視覚的＝形態的な神話核を予期せぬかたちで出現させている点についての指摘が光っている。その考察は、系譜学と形態学とが融合している『ムネモシュネ・アトラス』の両面を鋭利に腑分けしたものと言ってよい。ここでヴァールブルクへの影響源として参照される生理学者エヴァルト・ヘーリングの「無意識的記憶」をめぐる理論は、イメージが有する生命力の物質的基盤を考察する手がかりとして、いまでも有効なものに思われる。タージャはこの論文の末尾でヴァールブルクがEinverseelungという単語をニーチェから借用したらしいことを明らかにしている。「心理的な融合・一体化」の意味をもつこの単語は、「肉体的同化（Einverleibung）」の概念とともに、ヴァールブルクにとってイメージが有していた一種の寄生生物的な性格を示唆している。この点は続くクラウスベルク論文への懸け橋となろう。

精緻な実証性を備えたタージャ論文とは対照的に、SF小説にまで視野を拡げ、いや、それ自体がほとんどSF的な想像力を駆使して、ヴァールブルク的なイメージ概念の拡張可能性を大胆に提起しているのがカール・クラウスベルクの論考である。何よりもまず、イメージの「生物多様性」を象徴するかのような「イメージの動物園」という発想が刺激的である。ミーム学などを動員しながら語られる、イメージを人間に対する「寄生生物」と見なす観点も、奇抜に見えてじつは、先述したようにヴァールブルクに通じるものである。これらは「イメージの生物学」とでも呼ぶべき構想を垣間見せている。

論文後半ではこの構想がさらに、イメージの「ビオトープ」をより広範囲にわたって探査する、いわばイメージ学的宇宙論にまで拡大されてゆく。占星術研究にも表われているヴァールブルクの宇宙への関心のうちに、重力圏からの「脱出速度（第二宇宙速度）」の概念との関係を推定しているのは――動物心理学に由来する「脱出距離」の概念への注目とあわせて――、イメージの脅威に対して確保すべき「距離」をめぐるヴァールブルクの思考を念頭に置くとき、驚くべき炯眼と言わなければならない。宇宙イメージの系譜に関する著書をもち、「神経系美術史」のパイオニア的存在でもあるクラウスベルクらしい、じつにスケールの大きな議論である。

イメージ学の泰斗ブレーデカンプのインタビューは、イコノクラスム（聖像破壊運動）をテーマとするその博士論文にまで遡り、この歴史家において一貫しているイメージが有する力への関心とそれに基づくイメージ学の視座を多面的に浮き彫りにしている。近年では「闘争的復興」というラジカルな概念の創出にいたっているイコノクラスムとの取り組みがブレーデカンプの研究活動の出発点に位置しており、かつ、その後も継続的な研究テーマであった点からは、彼が提唱する「像行為」の理論の背景をなすアクチュアルな政治・社会的緊張関係をうかがうことができよう。現在、自然科学におけるイメージ生産の爆発力に匹敵しうる文化的ファクターとは政治の図像言語である、というブレーデカンプの発言がそれを裏づけている。訪日前後になされたインタビューのため、日本文化におけるイメージ現象をめぐる質疑応答も豊富であり、イメージと文化的差異の相互作用とそこに生まれる「遊び」に関する言及など、この機会でなければ知りえなかったであろう見解も多い。

ブレーデカンプの著作は「像行為」をはじめとする独自の概念装置と独特の文体を備えている。これは「情念定型」などの概念を発明し、極度に圧縮された表現を多用したヴァールブルクにも相通じる性格である。後者の場合、こうした特徴は『ムネモシュネ・アトラス』が有するイメージ記憶のネットワーク構造を言語表現に「翻訳」しようとする格闘の産物だった。ブレーデカンプはこのインタビュー中で、研究対象（すなわちイメージ）への強い親近感のあまり、みずからが「高揚しすぎている」と感じることがしばしばであると告白している。ヴァールブルクとブレーデカンプの近さは、ドイツ語による思考表現の面ばかりではなく、イメージによる高揚と、だからこその距離設定という、彼らに共通するこうした身体反応の次元にも認められるように思われた。

ブレーデカンプは「形成することは思考すること、思考することは形成すること」であると言う。ドイツ語から日本語への翻訳もまた、ときに困難きわまりない「形成」をともなう。しかしそれが文化的差異のただなかで演じる「遊び」は、放浪するイメージ同様に、予期せぬ発見もまた生むことだろう。ブレーデカンプみずから「サッカースタジアムでの選手名コール」のようだと語る「ビルトアクト（Bildakt）」という音の響きを「像行為」という訳語のなかにも反響させるようにして、この第1部のみならず、本書所収の論考がいずれもそのような発見とともに読まれることを願っている。

（田中　純）

第1章　アビ・ヴァールブルクにおける歴史経験
——イメージ学と歴史理論の接点をめぐって

田中　純

1　歴史理論における「経験」と「現前」

ヘイドン・ホワイトの『メタヒストリー』（一九七三年）を嚆矢とした、いわゆる「言語論的転回」を経た歴史理論では、一九九〇年代から二〇〇〇年代にかけて、「現前」や「経験」といった概念によって指し示されるようなあらたなパラダイムを模索する動向が見られた。「経験」を軸とした理論を先導したのは、言語論的転回から出発しながら、著書『歴史表象』（二〇〇一年）や『崇高な歴史経験』（二〇〇五年）において、歴史叙述のナラティヴやレトリックよりも、歴史に関わる「経験」の諸相を問う立場への転換を果たしたフランク・アンカースミットである。(1) マーティン・ジェイによる「経験」の概念をめぐる思想史の書『経験の歌』が『崇高な歴史経験』と同じ年に刊行されていることも、歴史理論や文化論における「言語から経験へ」という重心の移動を示していると言えよう。

他方、「現前」という概念については、「意味」によっては伝達されえない「現前」の生産を包括的な文化論として論じた、ハンス・ウルリッヒ・グンブレヒトの著書『現前の生産——意味が伝えられぬもの』が二〇〇四年に出版されている。この場合の「現前の生産」とは、文化的事象が触知可能でわれわれの感覚や身体に直接作用するものになるような事態を指している。そこで重視されるのは、対象の現前を通じて得られる、意味以前の感覚的な直接性である。グンブレヒトは一九九七年の著作『一九二六年に――時代の際《きわ》を生きる』ですでに、著者自身が生まれる以前の一九二六年の世界のさまざまな文化的事象を当時の言説の豊富な引用によってまざまざと現前させ、「自分はいま一九二六年にいるわけではないのだ」という意識を読者に忘れさせることを試みていた。またグンブレヒト以外にも、二〇一三年に美学、哲学、文学批評、歴史の各分野における「現前」への転回を主題とした論集が編まれているほか[2]、エルコ・ルニアの著書『過去に動かされて――不連続性と歴史的突然変異』(二〇一四年)において、過去の「現前」が主要な主題のひとつとして論じられている。

アンカースミットは『崇高な歴史経験』のなかで、「〈理論〉が言語の超越論哲学から受け継いだ〈合理主義〉は経験という概念の名のもとに斥けられ」、「この書物のなかで、〈理論〉の知的官僚主義は過去に向けたアプローチの〈ロマン主義〉に取って代わられるだろう[3]」とはっきり宣言している。このアプローチは歴史家自身のパーソナリティを重視し、ロマン主義的な雰囲気と情感からなる世界を過去との関係をかたちづくる本質的な要素として再評価する。「経験」の復権はそこで明確に、二〇世紀を支配した「言語」を中心に置く哲学や歴史理論に対する批判と位置づけられている。

グンブレヒトもまた『一九二六年に』のなかで、かつてのような仕方で「歴史に学ぶ」ことがもはやリアリティをもたなくなった要因は、ホワイトの『メタヒストリー』やミシェル・フーコーのディスクール分析などの影響によって「歴史は言説として構成されるものである」という通念が広まり、過去それ自体を対象とした知的探究が価値を低落させてしまったことにある、という認識を示している。そのような状況下でグンブレヒトは、「歴史的な知はなぜ魅力的なのか」という問いへとアプローチの方向を変え、実用的目的の云々にかかわらずに存在する、「歴史的現実への欲望」そのものに焦点を絞ることを勧める。それによって、過去の世界をかたちづくっていた事物の世界に触れ、においを嗅ぎ、味わうといった、歴史経験の官能的側面が前景にせり出してくるのである。

アンカースミットは一九九三年の論考で歴史経験を、自分自身の存在のコンテクストが突然断ち切られること、と定義している。そのとき、主体と客体の双方において脱コンテクスト化が生じる。その経験は受苦としての「パトス」であり、過去の一部によって不意に襲われることにほかならない。その瞬間に時間的距離は消える。このような歴史経験における過去との遭遇は、主観的な経験ではあっても、その主観性は痛みの主観性に通じる、あくまでパトス的・受動的なものである(4)。

他方、グンブレヒトの言う過去をめぐる感性的経験の「経験」とは、ドイツ語のErlebenであり、グンブレヒトはそれを、ディルタイなどの「生の哲学」における用法ではなく、身体による知覚とErfahrung（解釈された「意味」を含む経験）とのあいだの中間状態を指すために用いている(5)。そこで重視されるものもまた、対象の「現前」を通じて得られる、意味以前の感覚的な直接性である。

2　ホイジンガの歴史経験論

このように、これらの論者における歴史経験とは、感覚的な直接性において生ずる、受苦としてのパトス的な主観的経験である。アンカースミットはこうした歴史経験を論じるにあたってヨーハン・ホイジンガをしばしば参照している。歴史主義以降の実証的で、さらには科学的であろうとする歴史学にあっては、過去に直接触れるパーソナルな経験に関心を向ける歴史家はきわめて稀だった、とアンカースミットは指摘している(6)。その例外となるひとりがホイジンガだった。

ホイジンガは一九二九年の論文「文化史の課題」のなかで、「歴史的感興（historische sensatie）」と呼ぶべき経験について論じている(7)。それは、かたちをなすにしても縹渺《ひょうびょう》としておぼろに定めがたい、気配のような何かを通じた過去との接触である。そのときひとは、記録・資料の緻密な読解や思索を通して過去を徐々に認識し追体験するのではなく、わずかな片言隻句や名作とは言えない美術作品（「マイナーな版画」とホイジンガは言う）、あるいは音楽の数節といった断片を通して、明確なかたちには結晶しない、おぼろげで定かならぬ、しかし、触知できる過去と瞬間的に遭遇する。そんな「マイナーな版画」の一例として彼は、オランダの画家ヤン・ファン・デ・フェルデの銅版画《四月》（一六〇八―一六一八年）（図1）を取り上げ、この作品を通じて自分は、「過去との直接的な接触」の確信を得たうえ、自分が外部の世

図1　ヤン・ファン・デ・フェルデの銅版画《四月》(1608-1618年)

界に流れ出して事物の本質と接し、歴史を通じて真実を身をもって知るという、ほとんどエクスタシー的な経験を実際に味わった、と述べている(8)。そこで彼を襲ったパトスこそが「歴史的感興」、すなわち、歴史経験なのである。

アンカースミットはホイジンガがこのような歴史経験を言語に翻訳しようと試みた成果が、ホイジンガの主著『中世の秋』における奇妙に古風な文体やそこで用いられている数多い造語のほか、歴史書にはそぐわない文学的で詩的なスタイルではないか、と推測している。たとえば、『中世の秋』初版の緒言は、独特な色彩描写によって、ブルゴーニュにおける中世の「秋」の雰囲気を醸し出している。アンカースミットは、言語から遠い代わりに、経験にはより近い知覚現象として色彩を論じ、知覚主体の「経験」として色彩を考察したゲーテの色彩論のほか、色彩の言語化がいかに困難であるかを示す障害としての色名呼称不能(color anomia 色調は正常に区別できるものの、色名を述べることができない状態)の症状を論拠として挙げている(9)。これらを背景にアンカースミットは、過去に触れる歴史経験が身体の感覚と通底する回路を色彩に求め、主体と客体とが明確に分離しない雰囲気や情感として歴史経験が描写される可能性を、ホイジンガによる色彩表現のなかに見出すのである。

すでに触れたヤン・ファン・デ・フェルデの銅版画をはじめとして、ホイジンガにとって視覚的イメージは歴史的感興を誘発する重要な契機だった。『中世の秋』に先立つファン・エイク論でホイジンガは、歴史を知るために必要なのは「精神による主観的な解釈に自由な活動の余地があるような、なかば夢見られた、輪郭の定かでないイメージ(10)」であり、こうした要求を満たすのは、知性による歴史の理解ではなく、視覚的な経験である、と述べている。そして、『中世の秋』を執筆するうえでの決定的なきっかけもまた、一九〇二年に訪れたブリュージュにおけるフランドル・プリミティヴ絵画展での、ファン・エイク兄弟、ロヒール・ファン・デル・ウェイデン、ロベルト・カンピン、ヒューホ・ファン・デル・フースといった画家たちの作品の発見だった。

3　「ニンフ」をめぐる歴史経験

アンカースミットは、ホイジンガは友人のアンドレ・ジョレスとこの展覧会を訪れた、と書いている。(11) 実際には、彼らが連れ立ってブリュージュを訪問したかどうかは定かでない。しかし、ジョレスとその妻、およびホイジンガ夫妻がいずれもフランドル・プリミティヴ絵画展を眼にしたことは事実であり、ホイジンガはジョレスと一八九六年に知り合って以来の友人だった。一八七四年生まれのジョレスは一八七二年生まれのホイジンガと同世代であり、彼らの友人関係はジョレスがナチ党に入党した一九三三年まで続いた。ジョレスはまた、ホイジンガと知り合ったのとほぼ同時期に、アビ・ヴァールブルクとも友人になっており、とくに一九〇〇年前後にはフィレンツェで非常に親しく交際している。

ヴァールブルクとジョレスのこの交際から生まれたのが、「ニンファ」（ニンフ）と呼ばれたイタリア・ルネサンス美術における特徴的な女性イメージをめぐる往復書簡である。(12) ヴァールブルクにとってニンフはこののち、生涯にわたって最重要な研究テーマのひとつとなる。つまりジョレスは、ヴァールブルクが終生繰り返し論じることになる女性イメージの発見に立ち会ったばかりではなく、ホイジンガが主著『中世の秋』を着想するきっかけとなったフランドル・プリミティヴ絵画との出会いについても近い位置にいたことになる。

ジョレスとヴァールブルクの往復書簡は一九〇〇年一一月二三日付のジョレスの手紙から始まっている。彼は友人にこう告白する――「どうしたというのか？　女ヲ捜セだ、わが友よ。恐ろしいほどぼくを魅了している、或る女性が問題なんだ」。この女性にジョレスが遭遇したのは或る絵画においてであった。その絵画とは、ドメニコ・ギルランダイオがフィレンツェにあるサンタ・マリア・ノヴェッラ聖堂のトルナブオーニ礼拝堂に描いた《洗礼者ヨハネの誕生》（一

図2　ドメニコ・ギルランダイオ《洗礼者ヨハネの誕生》部分、1486年

四八六年）である。問題の女性は、画面右端に登場している、果物を満載した皿を頭に載せて運ぶ召使いの乙女である（図2）。ジョレスはこの古代風の衣裳をまとって軽やかに歩く女性のイメージが同時代の絵画にさまざまなかたちで現われることに気づく——「彼女は自分を一〇倍にしてしまっていた。——ぼくは理性を失った。彼女はつねに、その他の点では落ち着いた光景に生命と運動をもたらす存在だった。そう、彼女は肉体と化した運動のように見えた」。そして彼は「彼女は誰なのか。どこから来たのか。ぼくはかつてすでに、というのはもう一五〇〇年前に、彼女に出会っていたのだろうか」という問いをヴァールブルクに向ける。それに対してヴァールブルクは、「あらゆる気圏を貫いてゆく翼をもつイデアのような彼女を、プラトン的な愛の陶酔のなかで追跡する」ことに魅せられている友人とは対照的に、「彼女がそこから発してきた地面に文献学者の眼を向け」、この壁画の注文主であるトルナブオーニ家とサンタ・マリア・ノヴェッラ聖堂の修道士たちとの関係を実証的に探ろうとする。

往復書簡ではこのように、ロマンチックな夢想に耽るジョレスと厳密さを求める学者然としたヴァールブルクという

役割分担がなされているように見える。しかし、ジョレスのプラトン的な愛の陶酔がヴァールブルクにとってまったく無縁のものだったとは考えられない。ジョレスが語っている、異なる人物像のうちにその面影を宿し、「自分を一〇倍にしてしまう」ニンフとは、ヴァールブルクがのちに『ムネモシュネ・アトラス』で現代にいたるまで追跡することになる「情念定型《パトスフォルメル》」の典型にほかならなかった。ヴァールブルクはこのとき少なくとも、ジョレスの反応を契機として、この女性イメージの系列がもつ心理的な衝撃力とその歴史的な重要性に改めて気づかされ、その印象は深くかつ長く残ったに違いない。

ジョレスがギルランダイオの壁画の前で味わったものとは、過去が生々しく甦る「歴史的感興」であろうし、ヴァールブルクの文献学的な探索もこの過去との接触に根ざしている。そもそもヴァールブルクがイタリア・ルネサンス美術研究を手がけ始めたきっかけは、サンドロ・ボッティチェッリの絵画に描かれた、風にたなびく髪や衣服といった「動く付帯物」における「古代の再生」であり、そんな取るに足らぬ細部にこそ触発されたルネサンス人たちと古代との出会いの経験を、歴史心理学的に明らかにしようとする問題意識だった。そのとき、ヴァールブルクその人自身が、ルネサンス人が味わった古代との遭遇という出来事をイメージの細部を通じて甦らせ、過去を経験しようとしていた。

アンカースミットによれば、ホイジンガの歴史経験（歴史的感興）に相当するものを、ヘルダーはラトビアのリガ近くの農村における聖ヨハネ祭で古代の歌や舞踊に触れたときに、ゲーテはケルンのヤーバッハ家の屋敷で往事のままに保たれた家具や肖像画を眼にしたときに、バッハオーフェンはエトルリアの地下墓所に足を踏み入れたときに、そしてブルクハルトはイタリア旅行で訪れたピサやフィレンツェの街のなかでそれぞれ味わっている[13]。これらの事物や場所のうちには、何世紀ものあいだ、過去そのものの息吹きやアウラが保存されており、それらとの突然の邂逅が彼らの歴史経験を生んだ。過去に直接触れる同様のパーソナルな経験を、ジョレスとヴァールブルクはフィレンツェのサンタ・マリア・ノヴェッラ聖堂で得たのである。

4　イメージの多感覚的受容から像嗜食《イコノファギー》へ

ホイジンガやブルクハルトは、専門化された歴史学的記述の枠内にあくまでとどまりながら、歴史家をあたかも超越者のように位置づける歴史の過度な科学化を回避し、歴史家が自身のパーソナリティを十全に活かす道を探っていた、とアンカースミットは述べている[14]。精神病に陥るという危機をくぐり抜けたヴァールブルクは、彼らが慎重に探っていたその道を、むしろ、強いられてたどるしかなかったと言うべきだろう。晩年のヴァールブルクがブルクハルトとニーチェを取り上げて、この二人の対照的な「見者」としての「歴史家」を比較した演習を行なった理由もそこにある。ヴァールブルクによれば彼らはともに、「波動を受信して次に伝えなければならないときにはその根底から振動する」ほどに敏感な地震計だった。歴史家という職務は、こうした「宿命的な前提条件としての共振強制」ゆえに、崩壊の危機につねに晒されている危険なものなのである[15]。

「地震計」はまた、精神病の療養中にヴァールブルクがみずからに与えた比喩だった。彼はこう書いている――「しかしいま、一九二三年三月、クロイツリンゲンの閉ざされた施設のなかで、オリエントから北ドイツの肥沃な平原に移植され、イタリア産の枝を接ぎ木された苗木から育った樹木の木片からなる地震計のように自分を感じながら、わたしはわたしが受容した信号を解き放つことを自分自身に許そうと思う[16]」。過去からの波動を受信するこの経験とは、優れて受苦的・パトス的なそれにほかならない。

このパトス的な歴史経験はヴァールブルクにとって、何よりもまず、視覚的なイメージとの遭遇によって生じる出来事だった。しかし、彼の身体はその「震動」を多感覚的に受容していたように思われる。たとえば、ヴァールブルクはそれまで知られていなかった事実を――たんに「刺激」されてではなく「興奮」して――「掘り起こす」「トリュフを探す豚の仕事」に似た自分の嗅覚的な発見能力について語っている[17]。この歴史家が過去を探るうえで味わった、激しい興奮をともなう感覚経験をうかがわせる表現である。

さらに、精神病の療養所に入院していた一九二三年三月のメモでヴァールブルクは、彼が八—九歳だった一八七五年に母が腸チフスで死にかけた折り、母を看病してくれたカトリック修道女の薫りを自分はいまもまだ感じ続けている、と書いている。彼はまた「わたしは母の重い病を［怯えた］獣のように嗅いだ」とも言う。[18]すなわち、母親を失うかもしれぬ圧倒的な不安をヴァールブルクは嗅覚的な経験として回想しているのである。また、一九二二年に書かれた自伝的な断片で彼は、五歳のときに罹ったチフスのせいで熱に浮かされた妄想をまざまざと見たとき、のちのちまで嗅覚器官の過敏さで悩まされることになる「におい」を嗅いだ、と記している。その際には、「不均衡で脈絡のないイメージの記憶、ないし嗅覚および聴覚器官の感覚刺激が恐怖をもたらした」。[19]幼年時代における妄想や記憶の視覚的イメージが嗅覚および聴覚の異様な感覚経験と結びつき、数十年後の精神的危機のもとでその恐怖の経験自体が、遠い記憶のなかから多感覚的に再生されているのである。

イメージのこうした多感覚的な受容がとくに危機的な様相を帯びることになるのが、パトリック・バウアーが「像嗜《イコノファ》食《ギー》（Ikonophagie）」と呼んでいる、ヴァールブルク特有の心理的プロセスである。[20]強迫的な被害妄想のもとにあった時期のヴァールブルクは、家族の肉を食べさせられ、血を飲まされていると訴える一方で、旺盛な食欲を示し、食後になって激しい後悔の念に繰り返し苛まれていた。ヴァールブルクはまた、幼少期にユダヤ教の戒律を破って禁じられていたソーセージを食べた想い出を、この入院時にわざわざ書き記してもいる。[21]精神病期に顕著だったヴァールブルクの食に関するこうしたコンプレックスという「食の病理」が、イメージの魅惑と脅威に極度に敏感な「イメージの病理」と交差するところに生じるのが「像嗜食」をめぐる強迫観念だった。

その典型的な例は、療養所の院長だったルートヴィッヒ・ビンスヴァンガーの臨床日記に記録されているヴァールブルクの妄想である。食事に出された魚がじつは自分の息子であり、「お父さん、どうかぼくを食べないで」と警告しているというのだ。[22]バウアーはそこに、次のようなプロセスを見ている——

食べ物としての魚は神の子のイメージとしての魚［イクトゥス］の記憶を呼び起こすのだが、それは妄想的にねじ曲げられた形態においてである。すなわち、ここで区別されている三つの要素——食べ物としての魚、イメージとしての魚、魚がそのイメージとなっている対象〔神の子であるイエス〕——がたがいに溶け合い、そこから「息子が食べられてしまう」という恐怖が生じるのである。[23]

バウアーはこの妄想のうちに、聖体（聖餐）のパン（ホスチア）と葡萄酒がキリストの肉と血に変化するという「全質変化」への連想を認めている。ヴァールブルクは、聖体拝領をめぐるキリスト教の教義を例とした、フリードリヒ・テオドール・フィッシャーの象徴論を知っていた。[24] フィッシャーによれば、聖体拝領におけるホスチアをキリストの肉とまったく同一視する呪術的思考と、それを「キリストの肉」という意味を指し示すたんなる記号にすぎないと見なす合理的思考のほかに、この両者の中間に位置して、ホスチアがキリストの肉ではなくホスチアにほかならないと認識しながら、同時にしかし、あたかもキリストの肉が有する力や生気をそれがもつように感じている思考状態が存在する。[25] ヴァールブルクにとって象徴的イメージとは、この中間状態におけるホスチアの、たんなる物質以上の過剰な何かである。この心理的中間状態ではホスチアは二面性を有することになり、ひとは無発酵のパンを摂取することを通じて、聖性を帯びた象徴的イメージこそを食べている。聖体拝領とは、したがって、「像嗜食」の典型なのである。

注目すべきことに、グンブレヒトは「現前の文化」と「意味の文化」の系譜をたどるなかで、キリスト教社会における前者から後者への移行の表われを、聖体（聖餐）をめぐる教義の変化に見ている。[26] 中世においては、聖体のうちにキリストの肉と血が「現前」していたのに対し、プロテスタントの教説では、聖餐のパンと葡萄酒は、キリストの肉と血を「意味」する記号と見なされるようになった。カルロ・ギンズブルグによれば、パンと葡萄酒の実質がキリストの肉と血に変わるとする「全質変化」の教義が一二一五年の第四回ラテラノ公会議で承認されたことにより、偶像崇拝への恐れは減少し始めたという。[27] 聖体のうちに現前するキリストの圧倒的実在（たんなる実在を超えた「超実在」）を前にしては、その他のあらゆるイメージは生気を失ってしまうために、そのようなイメージを「飼い慣らす」ことが可能になった。それがキリスト教美術の興隆とルネサンスをもたらす。他方、ラテラノ公会議以降に、聖体から血が流れ出したり、聖体が赤ん坊に変容したりする奇蹟伝説が数多く生まれるにつれ、一三世紀末からは、ユダヤ人が聖体冒瀆の咎によって迫害され始めている。

ヴァールブルクは『ムネモシュネ・アトラス』のパネル28–29で、ユダヤ人による聖体冒瀆の光景を含むパオロ・ウッチェロの作品を取り上げており、さらにパネル79（図3）では、聖体の奇蹟を描いたラファエッロの《ボルセーナのミサ》（一五一二年）の図版や一九二九年のヴァティカンにおける聖体行列の報道写真などを用いて、聖体そのものがパネル全体の主題とされている。[28]「飼い慣らされた」イメージとしての美術作品が「意味の文化」の一部だとすれば、このパネル79でヴァールブルクは、「現前の文化」を代表する極めつきの「超実在」である聖体に立ち返って、「意味の文化」に完全には解消されない、イメージの有する「現前」の力を問題にしていたのである。

図3　アビ・ヴァールブルク『ムネモシュネ・アトラス』パネル79

ヴァールブルクのアクチュアリティは、パノフスキーによって図像の「意味」をめぐる解釈学のかたちで定式化された「イコノロジー」の祖としての側面ではなく、このようなイメージの「現前」へのいち早い着眼に由来している。たとえば、ヴァールブルクを源流のひとつとする、ホルスト・ブレーデカンプが提唱する「像行為（Bildakt）」の理論[29]は、「現前」

するイメージの「経験」の様態を問うものと言ってよかろう。「Bildakt」とは、心的なイメージのほかに画像・彫像といった事物の意味も含むBildそのものの作用という「行為（Akt）」を指す。その発想の先達こそ、星辰の魔神たちや情念に囚われた人びとのイメージがもつ力を「地震計」のように感じ取ったヴァールブルクだった。

　ブレーデカンプはイメージに宿る生命を語るにあたってしばしば、「おまえは生きているが、わたしに対して何をなすこともできない（Du lebst und thust mir nichts）」[30]というヴァールブルクの言葉を引いている。これは、イメージに生命力を認める一方で、そのイメージとのあいだに距離を確保し、みずからを安全な位置に置くという感性的経験のあり方を述べたものととらえられよう。ホスチアをめぐって指摘した心理的な中間状態がそれにあたる。

　イメージの記憶をめぐってヴァールブルクの志した歴史心理学が、パーソナルな受苦＝パトス的経験としての歴史経験にいかに深く根ざすものであったかは、次のような彼の内省的な述懐が如実に示している。

> ときおりわたしには、自分が心理の歴史家として、自伝的な反映映像におけるイメージ的なものから、西洋の分裂症状態を推し測ろうと試みているように思われる。かたや恍惚状態のニンフ（躁病の）、かたや悲嘆にくれる河神（鬱病の）の二者を、印象を正確に秩序づけて知覚する繊細な感受性の持ち主が、自分の行動様式をその中間に見出そうと試みる両極として。古くからのコントラストの一組である活動的生《ウィタ・アクティウァ》と瞑想的生《ウィタ・コンテンプラティウァ》。[31]

5　『ムネモシュネ・アトラス』の歴史叙述法

　フランドル絵画との遭遇を通じて、中世末期という特定の時代の雰囲気や情感の独特な色彩表現による歴史叙述へと向かったホイジンガに対して、美術作品そのものを対象とし、そこに表わされた人間身体の身振り表現を「情念定型」の歴史的系譜としてたどろうとしたヴァールブルクは、図像だけからなる『ムネモシュネ・アトラス』というあらたな歴史叙述の方法を開拓することになった。『ムネモシュネ・アトラス』は黒いスクリーン上に配置されたモノクロの図版からなる等身大のパネル群であり、鮮明な色彩を欠いている。グリザイユの技法に似たこの手法はひとまず、身振りの「形態」の関係性を際立たせるための方法ととらえられようし、イメージに対してあまりに過敏に反応してしまうヴァールブルク自身が色彩の情動喚起作用に敏感であるからこそ採用した、イメージの力を弱め、いわば「わたしに対して何をなすこともできない」状態へと遠ざけて、それらを操作可能なものとする手段であったと考えられよう。しかし、その単色に還元された図版群は、それ自体として特有の雰囲気ないし情感を醸し出している。それは、ホイジンガの場合のように個別の時代の雰囲気・情感ではなく、イメージ連鎖の巨視的系譜を描き出そうとしたときにヴァールブルクが触れた歴史の或る地層——無意識的な記憶の層——の感触を表わしているように思われる。

その感触をヴァールブルクは「ハデスの吐息［冥界の微風］(Hadesluft)」[32]と呼んだ。古代ローマの石棺浮き彫りによって伝えられた無気味な「ハデスの吐息」が、「古代の覚醒以来、初期ルネサンスの彫刻や絵画をおののかせている」と彼は言う。ヴァールブルクが解明しようとしたのは、ルネサンス人たちがいったいどのように古代を経験したのかという歴史経験のありようであり、その歴史心理学的な分析はルネサンス人たちの古代経験という過去にヴァールブルク自身が触れようとする、二重化された歴史経験の構造をもっている。この二重構造のもと、「自伝的な反映映像」という主観的な内省のうちに掘り進められた歴史ないしイメージ記憶の地層の果てで、彼は「ハデスの吐息」を感知する。ヴァールブルクの身体という「歴史の地震計」がそのとき過去からの波動を受信している。

黒いスクリーン上にモノクロの図版を配置して、その位置関係を随時変えてゆくという『ムネモシュネ・アトラス』の構成法は、ヴァールブルクやその共同研究者である助手のゲルトルート・ビングやフリッツ・ザクスルたちにとって、イメージ相互のあらたな関係性を見出す発見法的なものであると同時に、そのパネルを眼にする者たちにイメージ記憶の無意識的な地層を表わして見せるための方法でもあった。そのとき、黒いスクリーンという「地」はきわめて重要な役割を担っていたに違いない。ジョルジュ・ディディ＝ユベルマンはこの黒いスクリーンそれ自体が有する「視覚的プレグナンツ」を指摘し、それはそこに配置されるイメージの「環世界(Umwelt)」として、「さまざまな時間からやってきた漂着物が黒い水の底に堆積する大海のようなもの」をなす、と述べている。[33] 無数のイメージはこの大海の水底から浮かび上がり、定着することなく漂い続ける。「『ムネモシュネ』は呼吸しているのである」[34]というディディ＝ユベルマンの言葉は、この黒い海の無気味な揺動を表わす表現と受け取るべきだろう。

この黒いスクリーンと図像群の配置によって形成される『ムネモシュネ・アトラス』の効果について考察するために、カルロ・セヴェーリの『キマイラの原理——記憶の人類学』における、治療者としてのシャーマンが朗誦する歌の分析を参照してみたい。そこでセヴェーリは、歌を構成する言葉の意味の次元ではなく、聴覚的な表現形式そのものに注目することによって、その歌を一種の「図像」として解読している。セヴェーリがそのときに依拠しているのは、エルンスト・H・ゴンブリッチの『芸術と幻影』におけるイメージの心理学であり、具体的には知覚プロセスがもとづく視覚的投射のメカニズムである。たとえば、白い平面上に四つの点が配置されているとき、われわれはそこに四角形を視覚的に投射する。物質的には存在せず、暗示されている四角形をそこに「見る」のである。

闇のなかで唱えられるシャーマンの歌の場合、四つの点の配置に当たるものが、同じ定型表現ないしそのヴァリエーションの規則正しい繰り返し（ロマーン・ヤーコブソンの言う「パラレリズム（並行法）」）である。この構造によって、歌声は知覚可能な規則性を得て「音のロールシャッハ・テストの染み」[35]のようなものと化し、聞き手である患者の聴覚的投射を導いた結果、その病人はそこに純粋な音としての精霊の呼びかけをおのずから「聞く」。闇のなかで発されるシャーマンの——病人にとってはほとんど意味をなさない音と化した——声の連続が、白い平面に対応するスクリーンとなり、歌のなかから断片的に拾われた徴候的な言葉をきっかけとして、知覚のイリュージョンがそこに投射される。セヴェーリは、患者が経験している、通常の言語的コミュニケーションによっては癒やされないほどの激烈な苦痛がこの機制を強化している、と言う。

セヴェーリがアメリカ先住民の絵文字に見出している、口承伝統と密接に結びついたキマイラ的イメージを媒介とする視覚的推論による記憶術も、これと同様のプロセスにもとづいている。この場合には、単純化された諸要素からなる「顕著さ」を特徴とする絵文字的形態が秩序だった配置をなすことを通じ、そこに働く同様のパラレリズム的想像力が、言語によって明示的に物語として語られてはいない記憶を呼び覚ますのである。

セヴェーリは、こうした投射の機制にもとづく、絵文字のキマイラ的イメージによる記憶術の先駆的な分析を、ホピ族の蛇儀礼をめぐるヴァールブルクの考察のうちに認めている。だが、シャーマンの歌をめぐって展開されたセヴェーリの分析は、『ムネモシュネ・アトラス』にこそ、よりいっそう当てはまるもののように思われる。言葉による説明を欠いた状態で図像が配置される黒いスクリーンは、患者がシャーマンの歌を聴く闇である。それを背景として、情念定型の身振りによるパラレリズムが「ロールシャッハ・テストの染み」のように機能して投射のメカニズムを駆動させる。ヴァールブルクは『ムネモシュネ・アトラス』を「(完全な)大人のための幽霊譚[36]」と呼んだ。シャーマンの治療を受ける病者が闇のなかに純粋な音としての精霊の呼びかけを聞いたように、『ムネモシュネ・アトラス』のパネルではそのとき、文字通りキマイラ的にハイブリッドな図像群がかたちづくるパラレリズムのなかから、純粋な心的イメージとしての幽霊たちの物語がおのずと浮かび上がるのである。「イメージの病理」を病んだヴァールブルクが患者かつシャーマンとして発見した自己治療の技法がこの『ムネモシュネ・アトラス』であった。

6　歴史叙述におけるパトス

最後に、セヴェーリのこうした着眼を媒介として、『ムネモシュネ・アトラス』がじつは後年のホワイトの歴史理論とも接続しうるものであることを示しておきたい。晩年の著書『実用的な過去』および論考「歴史的真実、違和、不信」でホワイトは、ザウル・フリートレンダーの著書『絶滅の歳月――ナチス・ドイツとユダヤ人(一九三九―一九四五年)』における歴史叙述の方法を詳しく分析している。フリートレンダーはこの本で、当事者であるユダヤ人たちの日記などからの引用によって語らせる手法を採り、事件の並置と逸話の列挙からなる年代記《クロニクル》の形式に拠っている。ホワイトはそこに歴史叙述の「脱ナラティヴ化」「脱ストーリー化[37]」を見て取り、フリートレンダーの歴史書をプルーストやカフカ、ジョイスと同類の、モダニズム文学に近いものと位置づけ、さらにそこに、ヴァルター・ベンヤミンの言う「星座的布置」による歴史の「イメージ」の提示を認めている。

ホワイトの分析は、『絶滅の歳月』全体の冒頭に置かれたエピグラフ、序文における写真のエクフラシス的描写、本編第一部のエピグラフ、そしてさらに、列挙されてゆく逸話・注釈・フィグーラ（比喩形象）の細部にまでわたり、精緻を極めている。それは、フリートレンダーによる歴史叙述が、たしかに事実についての記述でありながら、さまざまな技法を駆使して――けっして見世物的なフィクションでも審美化でもない――文学的な、とくにモダニズムの文学に接近したものとなっていることを明らかにしている。

フリートレンダーは「違和」や「不信」といった「ほとんど内臓的（quasivisceral）」――すなわち深く情動的・身体的――反応の喚起を自分の著書の目論見としている。彼によれば、『絶滅の歳月』の目的はホロコーストを理性によって了解可能な歴史的事実として叙述する――それによって結果的に馴致してしまう――ところにはない。『絶滅の歳月』が求めるのはむしろまったく逆に、ホロコーストがまさに「信じがたい」出来事であり続けているという、一種の非現実感――「違和」や「不信」――の持続なのである。

このようなフリートレンダーの叙述法は、セヴェーリが『キマイラの原理』で言うパラレリズムにもとづく絵文字的なものではないだろうか。「絶滅」の脅威に晒され犠牲となった人びとの断片的なテクストからなる「星座的布置」をあの四つの点のような徴候として、その余白に投射されるかたちで発見されるのは、われわれが日常的に「現実」と信じているものとの「違和」であり「不信」（信じられないという「ほとんど内臓的」感覚）そのものである。ホワイトは書いている――「パトス、とりわけ受難のパトスは、概念によってよりもイメージによっていっそう効果的に生み出される」[38]。そして、フリートレンダーの大著が集約されるのは、そんな一連の「イメージ」である、とも。セヴェーリがシャーマンの歌をめぐって、その聞き手である患者が抱えた、言語化を越えたところにある極限的な苦痛について述べていたことが思い合わされる。『絶滅の歳月』という書物は、受難のパトスを伝えるためのパラレリズム的な形式で編まれた年代記であり、それは歴史叙述の「情念定型」のひとつのあり方を示すものと言えるかもしれない。

事件や逸話のパラレリズムという「星座的布置」が生み出す歴史の「イメージ」とは、もちろん、明確な視覚的形象ではない。それは徴候的な断片を手がかりとして投射された心像である。シャーマンの歌によって治療される患者の場合、深刻な苦痛のもとで言語化に抗う思考の流れとリズミカルな歌とが相互浸透して、投射による知覚のイリュージョンが形成される。それに対して、『絶滅の歳月』の叙述法は、言語化に抵抗する「受難のパトス」の「ほとんど内臓的」感覚こそを伝達するためにパラレリズムを採用している。そこにイメージの投射が生じるのである。「情念《パトス》」のコミュニケーションにおけるパラレリズム的「定型」の利用という性格において、それを「歴史叙述の情念定型」と呼ぶ所以である。

このような歴史の叙述法は儀礼的コミュニケーションに近づく。セヴェーリが述べているように、「儀礼は、伝達可能なものを導きその限界を示すことで、まさしく共通言語が通常は象徴しえないものにコミュニケーション行為を集中させることができる」(39)。この儀礼的な性格において、フリートレンダーの文学的叙述が示しているものは、歴史学的「事実」(ホワイトが「実用的な過去」から区別する「歴史的な過去」)ではなく、ブリュノ・ラトゥールが近代的な事実／物神の区別を批判して唱える「物神事実」(事実 fait と物神 fétiche の合成語である faitiche)であると言えるのではないだろうか(40)。ラトゥールは物神事実との関係性を適切に表現する語法として動詞の中動態に注目し、「基本的な人類学の全体が、中動態を要求する」とまで述べ(41)、他方でホワイトもまた早くから中動態に着目し、ホロコーストをめぐる歴史叙述の鍵をそこに見出している(42)。中動態の概念については國分功一郎による詳細な考察があり、そこではホワイトの中動態理解が一種の神秘化として退けられているが(43)、ここではバンヴェニストなどの中動態論に忠実に即した古代ギリシア語の理解が問題なのではなく、能動／受動の外部にある叙述形式の可能性が中動態という「動詞の示す過程の内に主語が位置づけられる事態(44)」に求められていることのみが重要である。そのような事態を後年のホワイトはフリートレンダー『絶滅の歳月』における事件や逸話の星座的布置から生まれる「イメージ」のうちに認め、ラトゥールはいわゆる「アクター・ネットワーク」のうちに見出しているのである。セヴェーリの視点を借りて述べれば、物神事実をめぐる儀礼的コミュニケーション行為においては、言語を通じた相互理解ではなく、その欠落を前提とする投射のメカニズムによってこそ、「イメージ」が生じ、それが「受難のパトス」を伝達する。このように、ホワイトの言う「イメージ」こそは中動態的なものである。古代ギリシア語において能動態と対立していたのは本来は中動態であり、ギリシア語の「パトス」はス」であったと言うことができよう。

「受動態」ではなく「中動態」を意味していたという説[45]に拠るならば、ホワイトが模索していたのは「歴史叙述のパトス」であったと言うことができよう。

『ムネモシュネ・アトラス』がモノクロ図版という貧しい素材からなるハイブリッドな絵文字のパラレリズムによって観者による投射を喚起することで生じさせているイメージもまた、物神事実にほかなるまい。そのパネル群を構成し変化させ続けたヴァールブルクの営みは本質的に儀礼的なもので、セヴェーリの言うごとく、伝達可能なものの限界を示すことによって、言語が通常は象徴しえないものにコミュニケーション行為を集中させている。「像嗜食」の妄想に陥りかねなかったヴァールブルクのイメージと食をめぐる病理（パトスの論理）は、文字通り「内臓的」感覚に裏打ちされていた。パネル上での図像のモンタージュが、同時代のアヴァンギャルド芸術と通底した技法による、「脱ナラティヴ化」「脱ストーリー化」の歴史叙述となっていることは改めて指摘するまでもない。アビ・ヴァールブルクとその『ムネモシュネ・アトラス』は、「経験」や「現前」を重視する歴史経験論の先駆けであるばかりではなく、ホワイトが終生求め続けたような、歴史叙述のモダニズム的転回をいち早く体現していたのである。その豊饒な可能性はいまだ汲み尽くされてはいない。

注

本章は次に挙げる拙著にもとづき、そこにおける論述をあらたな観点から発展させて綜合したものである。内容に重複があることをお断わりしておく。田中純『過去に触れる――歴史経験・写真・サスペンス』、羽鳥書店、二〇一六年、第I部第1章「過去に触れる――歴史経験の諸相」、および、田中純『歴史の地震計――アビ・ヴァールブルク『ムネモシュネ・アトラス』論』、東京大学出版会、二〇一七年、エピローグ「『ムネモシュネ・アトラス』と歴史経験――地震計としての身体」。

（1）本節で言及する歴史理論の主要な論考について、書誌情報をまとめて以下に掲げる（引用出典として注に示すものを除く登場順）。Frank R. Ankersmit, *Historical Representation*. Stanford, California: Stanford University Press, 2001. Martin Jay, *Songs of Experience: Modern American and European Variations on a Universal Theme*. Berkeley: University of California Press, 2005. Hans Ulrich Gumbrecht, *In*

1926: *Living at the Edge of Time*. Cambridge, Mass. and London: Harvard University Press, 1997. Eelco Runia, *Moved by the Past: Discontinuity and Historical Mutation*. New York: Columbia University Press, 2014.

（2）Cf. Ranjan Ghosh and Ethan Kleinberg (eds.), *Presence. Philosophy, History, and Cultural Theory for the Twenty-First Century*. Ithaca and London: Cornell University Press, 2013.

（3）Frank R. Ankersmit, *Sublime Historical Experience*. Stanford, California: Stanford University Press, 2005, p. 10.

（4）Cf. Frank R. Ankersmit, *De historische ervaring*. Historische Uitgeverij, Groningen, 1993, pp. 13–14. Web. 20 Mar. 2018. (http://www.dbnl.org/tekst/anke002hist01_01/colofon.htm)

（5）Cf. Hans Ulrich Gumbrecht, *Production of Presence: What Meaning Cannot Convey*. Stanford, California: Stanford University Press, 2004, p. 100; p. 168n36.

（6）Cf. Ankersmit, *Sublime Historical Experience*, p. 180.

（7）Cf. Johan Huizinga, *De taak der cultuurgeschiedenis*. 1929. In: Johan Huizinga, *Verzamelde werken VII. Geschiedwetenschap. Hedendaagse Cultuur*. H.D. Haarlem: Tjeenk Willink & Zoon, 1950, pp. 69–73.

（8）Cf. Johan Huizinga, *Het historisch museum*. 1920. In: *De Gids*. Jaargang 84. Amsterdam : P.N. van Kampen & Zoon, 1920, pp. 259–260.

（9）Cf. Frank R. Ankersmit, *Meaning, Truth, and Reference in Historical Representation*. Ithaca, New York: Cornell University Press, 2012, pp. 206–209.

（10）Cf. Johan Huizinga, *De kunst der Van Eyck's in het leven van hun tijd*. In: *De Gids*. Jaargang 80. Amsterdam: P.N. van Kampen & Zoon, 1916, p. 441.

（11）Cf. Ankersmit, *Sublime Historical Experience*, p. 127.

（12）アンドレ・ジョレス、アビ・ヴァールブルク「フィレンツェのニンフ――「ニンフ」に関する資料抄」田中純訳、田中純『歴史の地震計』二七六―二九七頁参照。

（13）Cf. Ankersmit, *Sublime Historical Experience*, p. 115.

（14）Cf. Ibid., pp. 190–191.

（15）アビ・ヴァールブルク『怪物から天球へ――講演・書簡・エッセイ　ヴァールブルク著作集別巻2』伊藤博明・加藤哲弘訳、ありな書房、二〇一五年、二五九頁（「ブルクハルト演習最終日――一九二七年七月二七日」）参照。

（16）「北アメリカ、プエブロ・インディアン居住地域からの旅の回想」と題された「蛇儀礼」講演のためのメモ（一九二三年三月）より。Aby Warburg, *Werke in einem Band. Auf der Grundlage der Manuskripte und Handexemplare.* Hg. und kommentiert von Martin Treml, Sigrid Weigel und Perdita Ladwig, unter Mitarbeit von Susanne Hetzer, Herbert Kopp-Oberstebrink und Christina Oberstebrink. Berlin: Suhrkamp, 2010, S. 573.

（17）一九〇七年四月八日の日記の書き込みより。Cf. Ernst H. Gombrich, *Aby Warburg. An Intellectual Biography.* 2nd ed. Oxford: Phaidon, 1986, p. 140.

（18）Cf. Warburg, *Werke in einem Band*, S. 575–576.

（19）Ludwig Binswanger und Aby Warburg, *Die unendliche Heilung. Aby Warburgs Krankengeschichte.* Hg. von Chantal Marazia und Davide Stimilli. Zürich und Berlin: diaphanes, 2007, S. 101. 幼少時におけるヴァールブルクの嗅覚の敏感さについては主治医エムブデンの回想にも言及がある。Cf. Ibid, S. 260.

（20）Cf. Patrick Baur, *Ikonophagie. Aby Warburg in Kreuzlingen.* In: Christian F. Hoffstadt et al.（Hg.）: *Gastrosophical Turn. Essen zwischen Medizin und Öffentlichkeit.* Bochum und Freiburg: Projekt, 2009, S. 247–259.

（21）Cf. Warburg, *Werke in einem Band*, S. 576.

（22）一九二二年四月二二日の書き込みより。Cf. Binswanger und Warburg, op. cit., S. 60.

（23）Baur, op. cit, S. 253.

（24）ボッティチェッリに関する学位論文でヴァールブルクはフィッシャーの論文「象徴」を引用している。アビ・ヴァールブルク『サンドロ・ボッティチェッリの《ウェヌスの誕生》と《春》——イタリア初期ルネサンスにおける古代表象に関する研究』伊藤博明監訳、富松保文訳、ありな書房、二〇〇三年、一一七頁、序言の注3参照。

（25）フィッシャーの象徴論について詳しくは、エトガー・ヴィント「ヴァールブルクにおける「文化学」の概念と、美学に対するその意義」、エトガー・ヴィント『シンボルの修辞学』秋庭史典ほか訳、晶文社、二〇〇七年、一二一—一二五頁参照。

（26）Cf. Gumbrecht, *Production of Presence*, pp. 28–30. なお、グンブレヒトやヴァールブルクにおける聖体の問題を踏まえ、聖体をめぐるシモーヌ・ヴェイユの神‐美学的な思想に触れた次の拙論を参照。田中純「美のトポス、その限界と外部」『思想』第一一二三号（二〇一七年一一月号）、岩波書店、二〇一七年、一八—二四頁。

（27）カルロ・ギンズブルグ『ピノッキオの眼——距離についての九つの省察』竹山博英訳、せりか書房、二〇〇一年、一四三—一四五頁参照。

(28) アビ・ヴァールブルク+伊藤博明・加藤哲弘・田中純『ムネモシュネ・アトラス』ありな書房、二〇一二年、六二〇—六三三頁参照。

(29) Cf. Horst Bredekamp, *Der Bildakt: Frankfurter Adorno-Vorlesungen 2007*. Neufassung 2015. Berlin: Verlag Klaus Wagenbach, 2015.

(30) 一八九六年九月二一日にベルリンで記されたと思われる「芸術心理学に関するいくつかのテーゼ構想」のモットー。Aby Warburg, *Fragmente zur Ausdruckskunde*. Gesammelte Schriften: Studienausgabe, Bd. IV. Hg. von Ulrich Pfisterer und Hans Christian Hönes, Berlin/Boston: Walter De Gruyter, 2015, S. 5.

(31) 一九二九年四月三日の『ヴァールブルク文化科学図書館日誌』への書き込みより。Aby Warburg, *Tagebuch der Kulturwissenschaftlichen Bibliothek Warburg mit Einträgen von Gertrud Bing und Fritz Saxl*. Gesammelte Schriften: Studienausgabe, Bd. VII. Hg. von Karen Michels und Charlotte Schoell-Glass, Berlin: Akademie Verlag, 2001, S. 429.

(32) ヴァールブルク『怪物から天球へ』二七九頁（「レンブラントの時代におけるイタリア的古代」）。

(33) ジョルジュ・ディディ゠ユベルマン『残存するイメージ——アビ・ヴァールブルクによる美術史と幽霊たちの時間』水野千依・竹内孝宏訳、人文書院、二〇〇五年、五三一頁参照。

(34) ジョルジュ・ディディ゠ユベルマン『アトラス、あるいは不安な悦ばしき知』伊藤博明訳、ありな書房、二〇一五年、二七三頁。

(35) カルロ・セヴェーリ『キマイラの原理——記憶の人類学』水野千依訳、白水社、二〇一七年、二六九頁。なお、パラレリズムの効果については本書第17章メニングハウス論文を参照。

(36) Warburg Institute Archive, III.102.3.1. Mnemosyne Grundbegriffe, 1929, p. 3.

(37) ヘイドン・ホワイト『実用的な過去』上村忠男監訳、岩波書店、二〇一七年、一七七頁。

(38) 同上、一九〇頁。

(39) セヴェーリ、前掲、二七二頁。

(40) ブリュノ・ラトゥール『近代の〈物神事実〉崇拝について——ならびに「聖像衝突」』荒金直人訳、以文社、二〇一七年参照。

(41) 同上、一三一頁、注71参照。

(42) ヘイドン・ホワイト「歴史のプロット化と真実の問題」上村忠男訳、ソール・フリードランダー編『アウシュヴィッツと表象

の限界』上村忠男・小沢弘明・岩崎稔訳、未來社、一九九四年、五七―八九頁参照。Cf. Hayden White, *Writing in the Middle Voice.* 1992. In: Hayden White, *The Fiction of Narrative: Essays on History, Literature, and Theory, 1957–2007.* Baltimore: The Johns Hopkins University Press, 2010, pp. 255–262.

(43) 國分功一郎『中動態の世界――意志と責任の考古学』医学書院、二〇一七年、三一七頁、注4。

(44) 同上、一〇〇頁。

(45) 同上、五三―六〇頁参照。この説を提唱しているポール・ケント・アンダーセンによれば、パトスとは何ごとかを「経験すること」である。

第2章 「精神的同化」、「無意識的記憶」、アビ・ヴァールブルク『ムネモシュネ・アトラス』[1]

ジョヴァンナ・タージャ
田邉恵子訳

1 絡み合う糸

アビ・ヴァールブルクの図像アトラス（『ムネモシュネ・アトラス』）は、高度な要求が課された試みである。その目標が書かれた多数のテクストのうちのひとつで、彼は次のように述べている。「ムネモシュネのためのアトラスは、様々な図像資料を用いてあるプロセスを図解しようとするものである。そのプロセスは、動的な生の描出にあたって、あらかじめ刻印された表現価値を精神的に同化する試みと呼びうるかもしれない」[1]。

この定義は複数の要素によって多層的に構成されているのだが——歴史、表現理論、図像的記憶理論が組み合わされている——、そのなかでも「精神的同化 Einverseelung」という表記にはとりわけ詳細な分析が必要とされる。この「精神的同化」という語が示唆しているのは図像的記憶の文献学的理論であり、ヴァールブルクの覚え書の数々によれば、その原点をかつて彼が読んだ哲学や生理学的心理学の文献にまで遡ることができる。

本稿の試みは、図像アトラスに収録された資料（パネル41a（図1））を手掛かりに、またヴァールブルクによる独特な用語法（「精神的同化」）を分析の出発点とすることによって、彼のイメージ学を形成する多種多様な糸（文献学や生物学、考古学、哲学や生理学的心理学）の絡み合いを詳細に検討することである。

地理的および年代的座標から見ると、その範疇には図像アトラスのいわゆる最終ヴァージョンの図像資料が適合して

図1　アビ・ヴァールブルク『ムネモシュネ・アトラス』パネル41a

おり（そしてこれらの図像はルネッサンス期の地中海地域に焦点があてられている[2]）、ここにおいてパネル41aこそが中心的なポジションを占めているのだ。このパネル41aは、三者三様の「身振りや相貌による表現の極限値」の表出に割り当てられた三枚のパネルのうちのひとつである。それらが図解しているのは、殺戮の情念（パネル41）、苦痛の情念（パネル41a）、そして「エネルギーの逆転における苦痛の情念」――つまり、芸術家たちによって熱狂と陶酔、同様に悲嘆の表現のために用いられた身振り――（パネル42）である。これら三枚のパネルが繰り返し指し示しているのは、同様の「表現価値」の「古代的刻印」の解明が取り組まれている初期のパネル群（パネル4－8）だ。これを踏まえれば、とりわけパネル41aはパネル6といわば語源的に関連づけることができる。しかし、このような語源的参照指示が細部においていかなるかたちで構築されているのかについては、より詳細な分析が必要とされるだろう。したがって私は考察において、こうした方向へと接近することにまずは的を絞ることとしたい。

2　ケーススタディとしてのパネル41a――文学的および視覚的記憶

パネル41aにおいて主題の厳密な統一感を形成する個々の図像は、ほとんど例外なく同一の対象を様々なヴァリエーションで示している。その対象とは、トロイ伝説を起源とし、ローマ文化の創設神話を本質的に構成した神話形象ラオコオンである。

もっとも有名なラオコオン伝説の記述はウェルギリウス『アエネイス』第二巻に由来し、その後のウェルギリウス叙事詩の数多くの写本にもこの出来事が図像化されたミニアチュールが収録されている。しかしそのなかでもヨーロッパ（にとどまらない）における視覚的記憶を比類なく決定づけたのは、一五〇六年に再発見された作品である。すなわち、いわゆるヴァティカンのラオコオン大理石群像だ。このヴァティカンのラオコオンの複製写真は、ヴァールブルクの図像アトラスにおけるパネル6（図2）の幾何学的中心をなし、またパネル41aとは〈語源的〉補完関係に置かれている。とはいえ他のパネルとは対照的に、ヴァールブルクは、パネル41aにおいてラオコオン群像の写真を意図的かつ遡及指示的に反復することを断念している。この点については以下で検討することとしよう。

ギリシア人による木馬の奇襲攻撃の策略に乗せられないよう市民に警告したトロイの祭司ラオコオンの物語は、神話の様々なヴァージョンで伝承されてきた彼の悲劇的最期の描写と換喩的に重なり合っている。ギリシア人の策略を暴こうとした後、ラオコオンは二人の息子もろとも、神々によって送り込まれた二頭の巨大な海蛇に襲われ、首を締められて殺害された。そのようにしてラオコオンは、運命もしくは神々の介入のもとで味わわされる苦痛の情念や、（比喩的な意味での）超自然的な力に対する虚しい闘いを体現する形象になったのである。

考古学的研究がギリシア＝ローマ芸術におけるラオコオンの多種多様な表現定型を無数に明らかにした一方で、(3) パネル41aを構築するヴァールブルクの関心は古代以降のラオコオン再受容に向けられた。様々なジャンルの美術品の写真を選択するにあたってヴァールブルクが主に参照したのは考古学者リヒャルト・フォルスターによる研究論文である。(4) と

図2　アビ・ヴァールブルク『ムネモシュネ・アトラス』パネル6

りわけ基礎となったのは、ヴァティカンのラオコオン群像の前史というよりもむしろそれらが後世に及ぼした影響を扱った一九〇六年の論文であった。しかし、フォルスターが年代順に論じた図像資料にとどまらず、ヴァールブルクはさらなる写真を付け加えることでパネル41aをきわめて構造的に構築したのである。

パネル上側の左隅から順番に見てゆくと、写真は以下のような配置となっている。

—一四七〇年頃に成立したウェルギリウス写本から引かれた二枚のミニアチュール。この二枚は、[5]ラオコオン伝説のそれぞれ異なる時点を示している。第一の場面では、翼をつけた竜にも見える二頭の海蛇が祭司と息子たちに襲いかかっている。第二の場面はそれに先立つ瞬間で、ラオコオンが牡牛を犠牲に捧げようとするまさにそのとき、二頭の蛇が海から姿を現している。

—次の一三世紀末成立の写本のミニアチュールでは、[6]ラオコオンの死がまったく異なるかたちで描写されている。当時の建築物を背にして、翼をつけた一頭の竜がラオコオンと二人の息子めがけて飛びかかっている。

—さらに別のラオコオン定型は、『七つの注釈付き公同書簡〔ペトロの手紙二〕*Epistolae canonicae septem*』[7]の写本のページに、章の冒頭に出る飾り文字〃P〃として現れる。若きラオコオンが蛇に巻きつかれて身動きできずに立っており、体の上でとぐろを巻く蛇の身がアルファベットPの膨らみの部分をかたち作っている。

――一四五〇年頃に成立したアポッローニオ・ディ・ジョヴァンニによるものとされる『アエネイス』写本のミニアチュールでは、(8)当時の衣装に身を包んだ人々が登場する劇的なシーンとしてこの悲劇が描写されている。この図像においてラオコオンはオリエント風の衣装をまとった祭司として描かれている。

一列目に配置された図像の数々は、ヴァティカンの大理石群像において頂点に達する統一的な図像学的伝統とは一線を画し、もっぱらラオコオン神話の文学による伝承のみに基づいているように思われる。(9)これらの図像が共有しているのは、意味論上の核すなわち、ヴァールブルク自身が生涯にわたっておのれの師と見なしていた文献学者ヘルマン・ウーゼナー(10)の言葉を借りれば、(11)「神話核」にすぎない。ウーゼナーによれば、あらゆる神話的モティーフや象徴的イメージは、それらがもともとの文脈から切り離されることによって、自律的な運動能力を備える「いきいきとした形式」を表出する。そのような「核」は、「無意識的イメージ」のプロセスから生起するものである以上、その間に生じる多種多様な変態《メタモルフォーゼ》にもかかわらず、いつまでも明確に認識可能である、というのである。ウーゼナーのこうした語源学的方法は生物学的基盤と言語の進化論的理論を援用しており、後者はヴァールブルクの図像アトラスにおける図像の〈系統発生的〉分析と比較可能なものである。

パネル41aのさらなる構成要素に着目すると、いかにして画面右上の図像群が視覚的＝形態的な「神話核」を予期せぬかたちで出現させているかがわかるだろう。すなわち、これらすべての図像は、ヴァティカンの群像の発掘以前の時代に成立したものであるにもかかわらず、疑いようもなく大理石群像と関連づけられるのだ。これについては以下の作品によって明らかとなる。

――一四九四―九五年にフィリッピーノ・リッピによって描かれた、フィレンツェのサンタ・マリア・ノヴェッラ教会ストロッツィ礼拝堂の天井フレスコ画。このフレスコ画は族長アダムを描写することによって、左上の図像のまとまりをいわば締めくくっている。異常なまでに右に傾き、また目線が軽く下に向けられた頭部の姿勢を見ると、この族長アダム像は――それまでの研究で幾度も指摘されてきたように――ヴァティカンのラオコオンと酷似していることがわかる。とはいえ今日では、図像学的伝承に特有の鎖はもはや判別できない。

—アダムの頭部の細部は、一種のクローズ・アップによって右下に向かって対角線上に拡大されているようにも見え、最上列に配置された図像といわば対をなしている。

—その図像とはすなわち、ヴェローナのフレスコ画の人物像のひとつのために、一四三五年頃にアントニオ・ピサネッロによって描かれた髭をつけたアダムの頭部像の習作である。(12) ここに複製されている頭部は、しばしばラオコオン像の頭部と比較され、また、たとえばヴァールブルクの友人で美術史家のアドルフォ・ヴェントゥーリが示唆したように、(13)古代ギリシアの彫像が起源とされてきた。

—ヴァールブルクはさらなる図像として、古典古代を模したピサネッロの素描のなかから、少女をさらうケンタウロスの描写を選び出している。(14)

—さらにフィリッピーノ・リッピの作品が、一連のピサネッロによる素描の下側、つまり二枚の髭付きの頭部像のあいだにも配置されている。これは「ラオコオンの死」を題材に、一四九〇—九五年に成立した素描である。このようなコンポジションが〈想起〉させるのは、ポンペイの壁画である。(15) とはいえ周知のごとく、ポンペイ遺跡の発掘は一七四八年になってようやく行われたのであり、フィリッピーノがポッジョ・ア・カイアーノのメディチ家の邸宅のための実際には実現しなかったフレスコ画の習作に取り組んでいた時期には、彼はポンペイ壁画についての（少なくとも直接的な）知識を持ってはいなかったはずだ。(16)

—フィリッピーノによる素描の右隣に置かれているのは、キリストの突然の公現による「使徒パウロの回心」の崇高な瞬間が表現された、フィレンツェで製作された銅版画（一四六〇—七〇年）である。芸術家は、風景のなかへと散り散りになっている人物たちの劇的な動きを引き起こす超常現象に力点を置くことで、物語の様々な瞬間を共時的なものとして描き出している。

フィリッピーノの「ラオコオンの死」の素描は、パネル上側の図像群の中心点をなすと同時に、ピサネッロとフィリッピーノによる髭をつけたアダムの頭部像の二枚のクローズ・アップの媒介項となっている。

パネル41aの構成には、ある種の幾何学的シンメトリーが認められる。すなわちそれぞれの写真が水平方向には規則性に則った五列にまとめられている一方で、垂直方向では図像の年代順の配列が支配的原理となっているのだ。視覚的伝承のラインにある謎めいたエピソード（つまりフィリッピーノが、当時普及していたものの今日から見れば穴だらけで追跡するのがきわめて困難な視覚・文化的知見をおそらく暗示していること）は、まさに磁力と呼ぶにふさわしい引力をパネルの他の図像にも及ぼしているのである。

ヴァールブルクがこのパネルに複製のかたちで配置した芸術作品は、唯一の例外を除いて[17]、どれもヴァティカンのラオコオン群像の直接的かつ意図的な再現である。すなわちパネルの上半分を締めくくり、ヴァティカンの大理石群像が急速に人口に膾炙するに至った受容の第一段階を証し立てている一六世紀のフィレンツェで製作された三枚の円形絵画[18]から、パネル下半分に置かれた一〇枚の図像（一体の小さなブロンズ像、四枚の銅版画、一つの陰刻入り宝石、一枚の木版画、一枚の本の挿絵、一枚のジュリオ・ロマーノ作の絵画、一枚のエル・グレコ作の絵画）がそれにあたる[19]。

パネルを上から下に向かって読んでみると、パネル上部の写真グループと下部の写真グループを結合する役割を果たす決定的な図像──「古代の刻印」──がただ暗示されるばかりで、実際の画面には欠けていることに即座に気づくだろう。したがって、パネル6に現れるもっとも著名なラオコオン神話の描写に向けられた暗黙のうちの（しかし単なる暗示にとどまらない）このような参照指示は、「身振り言語 Gebärdensprache」[20]の根源的な意味論的＝図像的原点を、文献学的＝考古学的に再構成するという、ヴァールブルクが探求し続けたプロセスを強調しているのである。ヴァールブルクの時代における〈文献学的〉考古学もまた、ローマ時代の複製品のかたちでしか現存しない彫像のなかに失われた「ギリシアのオリジナル」を同じようにして探求しており、この目的のために、古代的定型、すなわち図像の定型の分類学を作り上げたのだった。ヴァールブルクのアトラスは、そのような文献学的指標に「表現」という人類学的・心理学的要素を付加している。すなわち、系譜学的方法と形態学的方法がここではいわば合流しているのだ。

ウーゼナーにならえば、パネル41aの図像の数々は、「無意識的イメージ」の効果的な在庫を掘り起こしており、この発掘プロセスは、「表現価値の精神的同化」とも「無意識的記憶」とも呼ぶことができるかもしれない。

ただし、「無意識的記憶」という術語の内実を解明するためには、この概念の出典元である生理学者・記憶学者エヴァルト・ヘーリングの著作群の分析が必要不可欠であろう。

3　「無意識的記憶」——生理学的心理学からの持続的影響について

ヴァールブルクが多くの生理学的心理学の文献を読んでいたことは、若い頃の学術的覚え書からも明らかだ。いわゆる「観相学についてのフラグメント」は、(21) 一八八八年から一九〇五年の日付を持つ日記形式のアフォリズム集であり、ヴァールブルクが同時代の自然科学の文献から数多くの術語を借用したことを証明している。フィレンツェの国立文書館でイタリアにおける初期ルネサンスの研究に取り組んでいた時期、ヴァールブルクは同時に心理学的発想を積極的におのれの仕事に取り込むことによって様々な普遍的問題を追究し、文化的伝承のうちとりわけ芸術創作の〈力学〉の調査を進めた。

たとえば、「フラグメント」で繰り返し現れる術語「記憶イメージ Erinnerungsbild」は、当時の生理学的記憶研究のなかでも、とりわけエヴァルト・ヘーリングの研究に繋がる語彙的痕跡である。(22) すでにヴァールブルクは一八九〇年に初めてこの概念を「イメージの学問」(23) との関連で用いており、その一年後には「芸術とは、社会的有機体における個々の記憶イメージを複製する身振りである」(24) と書き記している。さらにその後この概念は、一八九七年四月に成立した「記憶の意識的あるいは無意識的機能（組織化された素材）」についてのフラグメントでは芸術的描写における「背景」(25) の役割との関連で、また同様に、「周知の背景の社会的身体である記憶」(26) をヘーリングの術語「組織化された素材としての記憶」と重ね合わせた一九〇二年の覚え書でもより詳細に言及されている。

ヘーリングは、多大な影響を及ぼした一八七〇年の講演「組織化された素材の普遍的機能としての記憶について」(27) のなかで、記憶プロセスの解明には、精神的・物質的諸要因、そして意識的・無意識的諸要因の相関関係が前提にされうる、という説を唱えた。ヘーリングの理論は、ダーウィンの進化論への賛否両論という枠組みにおいて、記憶理論と遺伝理論の同一化として受容されたのである。この関連においては、ある重要なひとつの例を示せば充分だろう。一八八〇年にイギリスの小説家サミュエル・バトラーが、記憶をテーマとしたヘーリングの講演を『無意識的記憶 *Unconscious Memory*』との題名のもとで英訳したとき(28)、彼が本当に目標としていたのは、純然たる偶然によって作用する「自然淘汰」の観念に反駁することであった。しかし同時にバトラーは、生物学的変異性の跡付け可能な原因を定式化しようとするラマルクやエラスムス・ダーウィンらによってすでに行われていた解釈の試みを擁護したのだった。

文化的・芸術的諸現象を予測不可能性の領域からどうにかして引き離すために、そうした諸現象を心理学的法則によって定式化しようとする試みは、若い頃の覚え書によって証明されているように、ヴァールブルクの関心事でもあった。しかし図像アトラス構築の段階になってようやくヴァールブルクに細部の研究と「普遍的理念」を結合する機会がもたらされることになるはずだ。なぜなら、個別的な図像からなる列は、それぞれのパネルとアトラス全体の共時的な概観において示される「普遍的理念」の証として役立てられるからだ。

ヘーリングは記憶を脳内物質による能力と定義したが、その際に彼は「普遍的機能」として表現されうる多種多様な変数が相互に取り結ぶ、跡付け可能な――もしかしたら計測可能ですらある――関係を示唆した。物質と意識が変数として理解されるのであれば、意識の諸現象は組織化された実体の物質的変化の機能として、あるいは逆に物質的な諸現象は意識的変化の機能として見なされることとなる。ところでこのようなモデルは、単なる因果関係というよりもはるかに複雑なものとなりうる。なぜならヘーリングは記憶という概念を、感覚、イメージ、感情、欲求のあらゆる意志せざる複製にまで拡大していくからだ。

「情念定型」が「あらかじめ刻印されている」とするヴァールブルクの見解は、ヘーリングの著作に深く依拠していると考えられる。ヘーリングによれば、ある感覚が我々を欺いてとうの昔に過ぎ去ってしまった印象を今もなおもたらしうるかぎりにおいて、感覚的知覚は「感覚記憶」におのれの刻印を残している。たとえ意識的な感覚や知覚が消滅していようとも、我々の神経系には物質的痕跡、すなわち分子構造の変化が残存するというのだ。頻繁に感受されたものや知覚されたものも、時間の経過にしたがって外的刺激なしに複製可能となり、こうして知覚の対象に共通する諸々の特性は、もとの担い手から剝がれて、イメージや概念として独自の存在を獲得するに至るのである。

　ヘルマン・ウーゼナーが試みたのは、イメージや神話的物語の「多様性や多義性」の彼方にある「神話核」の認識可能性に対する同様の解釈――それについて我々はすでに確認したが――であった。そして同様の解釈の試みは、心理学的学術文献の領域にあっては、リヒャルト・ゼーモンの記憶痕跡《エングラム》理論のなかでさらなる発展を遂げたのである[29]。意識的な個人的記憶が死によって消滅する一方で、自然の無意識的記憶は決して抹消されないものであると、生理学者ヘーリングは補足している。

　この文脈において、エルンスト・カッシーラー――晩年のヴァールブルクの親しい会話相手の一人――は、ゲーテの形態学的思考を意図的に暗示しながら、どれほど彼にとって「変態《メタモルフォーゼ》、つまり諸形式の形成と変形が、有機的世界だけではなく文化的世界の鍵」となったかをほのめかすことで、ヴァールブルクの研究の方向の特徴について明快なスケッチを与えてくれたのだった[30]。

4　言語の痕跡

　一九〇五年一〇月の講演「デューラーとイタリア的古代」でヴァールブルクは、一五〇六年のラオコオン像の発掘では「それまで古代に探し求められ、それゆえに発見されたもの」が見つかったにすぎないと主張した。「すなわちそれは、崇高な悲劇において彫琢された形式であり、身振りや相貌による表現の極限値を示しています。（中略）そこにあったのは、大仰な身振り言語である大衆ラテン語でした。それは、表現に対する中世的な束縛を爆砕することが必要とされる場所であれば、世界中のどこであれ心から理解されたのです[31]」。

　イメージ表現を「大衆ラテン語」と記述することが示しているのは、とりわけ情念定型の語彙集としてまとめられた図像アトラスの基本的な側面である。このことをきわめて明確に示すのが、一九二七年初めにヴァールブルク文化科学図書館で開催された展覧会「情念的な身振り言語の根源語」だ[32]。見出し語、すなわち根源語「嘆き」のもとで展示された合計七枚のパネルのうちのひとつで、ヴァールブルクは、ヴァティカンのラオコオン大理石群像の一枚の複製図像を、のちに図像アトラスに再録することになるフィレンツェのフィリッピーノ・リッピの手による族長アダムのフレスコ画（全体像と頭部の細部）の二枚の写真の隣に配置したのだった。

　ところで印象的な表現定型としての特徴があるために、ヴァティカンのラオコオンの頭部は、若き日のヴァールブルクを熱狂させた一冊の本である、小説家兼医師テオドール・ピデリット『身振りと観相学』[33]の図版レパートリーが原点となっていることがわかる。同書は、たとえば先に引用した一九〇五年のヴァールブルクによるデューラー講演からもわかるように、このハンブルクの学者の研究活動の全期間にわたって重要なきっかけを与える基準点であり続けたのだった。

　「根源語」「刻印された表現価値」として、もしくは「身振りや相貌による表現の極限値のために崇高な悲劇のなかで彫琢された形式」としてのラオコオンの情念定型は、後世の作家たちにとっても苦痛の典型（*exemplum doloris*）[34]となるかもしれない。それと同時に、周知のことながら芸術学の文献におけるこの情念定型は、たとえばレッシングからゲーテやヴィンケルマン、セルゲイ・エイゼンシュテインからルドルフ・アルンハイムやクレメント・グリーンバーグに至る美学や芸術理論において、規範的な役割を果たしていたのである。ヴァールブルク自身は、レッシングの『ラオコオン』をおのれの研究活動全体の第一原因（*causa movens*）ととらえていた。[35]この点においてヴァールブルクによる図像アトラス序文をパラフレーズすることができるだろうし、また、ラオコオンの図像においては、意識的かつ無意識的な記憶の身振りとしての「定型化された表現価値の精神的同化」というプロセスが様々な次元で具現化されているのだとも言えるだろう。

　「精神的同化」という表現——これは心理＝身体的な融合と我有化のプロセスとしての「肉体的同化 Einverleibung」に対応する——も、ヴァールブルク独自の造語ではないように思われる。なぜならば、フリードリヒ・ニーチェ『道徳の系譜』との見落としがたい並行関係が証明されうるからだ。

健忘というものは、浅薄な輩が信じるような、単なる惰性力（vis inertiae）ではない。むしろこれはひとつの能動的な、もっとも厳密な意味における積極的な抑止能力であり、この能力のせいで、およそ我々に体験され、経験され、摂取されるものが消化の状態（これを〈精神的同化 Einverseelung〉と呼んでもよい）にあるうちは、我々の肉体的栄養、いわゆる〈肉体的同化〉が営まれる種々さまざまな全過程と同様に、意識に上らないでいるのである。[36]

注

（1）Aby Warburg, *Der Bilderatlas Mnemosyne*（*Gesammelte Schriften. Studienausgabe*, Bd. II, 1), hg. v. Martin Warnke und Claudia Brink, Berlin 2003, S. 5.〔アビ・ヴァールブルク＋伊藤博明・加藤哲弘・田中純編『ヴァールブルク著作集別巻1　ムネモシュネ・アトラス』ありな書房、二〇一二年、六三五頁〕
　二〇一六年末にカールスルーエ・アート・アンド・メディア・センター〔ZKM〕で開催された展覧会のカタログ（全一三分冊）も併せて参照のこと。*Baustelle 1–13. Aby Warburg, Mnemosyne Bilderatlas. Rekonstruktion-Kommentar-Aktualisierung*, Box 2016, hg. von der Forschungsgruppe Mnemosyne 8. Salon, Hamburg und Karlsruhe 2016. また、ヴァールブルクによる最後のプロジェクトは、二〇一二年に日本（ヴァールブルクほか、前掲、二〇一二年）、メキシコ（*El Atlas de imágenes Mnemosine*, hg. v. Linda Báez Rubí, 2 Bde., Coyoacán, México 2012）、フランス（*L'Atlas Mnémosyne*, hg. v. Roland Recht, Paris 2012）で出版されている。

（2）Vgl. Warburg, *Vom Arsenal zum Laboratorium*, in: *Werke in einem Band*, hg. v. Martin Treml, Sigrid Weigel und Perdita Ladwig, Berlin 2010, pp. 683–694.〔アビ・ヴァールブルク「武器庫から実験室へ」加藤哲弘訳、『ヴァールブルク著作集別巻2　怪物から天球へ　講演・書簡・エッセイ』伊藤博明・加藤哲弘訳著、ありな書房、二〇一四年、三三〇—三四四頁〕

（3）ここでは、ヴァールブルクが確かに知っていたであろう、彼の師による二つの研究を挙げるにとどめる。Reinhard Kekulé, *Zur Deutung und Zeitbestimmung des Laokoon*, Berlin und Stuttgart 1883, および Adolf Michaelis, *Geschichte des Statuenhofes im Vatikanischen Belvedere*, in »Jahrbuch des Kaiserlichen Deutschen Archäologischen Instituts«, V (1890), S. 5–72.

（4）とりわけ以下を参照のこと。Richard Förster, *Laokoon im Mittelalter und in der Renaissance*, in »Jahrbuch der Königlich Preußischen Kunstsammlungen«, XXVII (1906), H. 3, S. 149–178.

（5）Cod. Vat. Lat. 2761, fol. 15r. ミニアチュールはヤーコポ・ダ・ファブリアーノの手による。

（6）フィレンツェのリッカルディアーナ図書館（Biblioteca Riccardiana）に『トロイアの滅亡 *Excidum Troiae*』というタイトルのもとで所蔵されているラテン語版トロイ物語（*Ms.* 881）を指す。ヴァールブルクによるパネル41aにはこの書籍におけるページ59rが収録されている。

（7）ウィーン大学図書館（Wien, Universitätsbibliothek）、Cod. 1055, theol. 453, fol. 11v.

（8）フィレンツェ・リッカルディアーナ図書館、Cod. 492, fol. 77v.

（9）プリニウス『博物誌』（第三六巻三七）が、大理石群像についての唯一現存する古代の文献である。

（10）Hermann Usener, *Die Sinfluthsagen*, Bonn 1899, S. 194.

（11）ヴァールブルクはボン大学入学直後の時期にウーゼナーの講義に出席していた。ウーゼナーの講座「神話学」のノートは以下で保存されている。Warburg Institute Archiv（WIA）, III.31.1.1.（*Heft*, Bonn 1886–87）, 以下の文献も併せて参照のこと。Ernst H. Gombrich, *Aby Warburg. An Intellectual Biography*, London 1970, S. 25–42.〔エルンスト・H・ゴンブリッチ『アビ・ヴァールブルク伝――ある知的生涯』、鈴木杜幾子訳、晶文社、一九八六年、三八―五一頁〕およびMaria Michela Sassi, *Dalla scienza delle religioni di Usener ad Aby Warburg*, in Arnaldo Momigliano (Hg.), *Aspetti di Hermann Usener filologo delle religioni*, Pisa 1982, S. 65–91.

（12）ヴェローナの聖アナスタシア教会の「聖ゲオルギウスと王女」を指す。素描の方は、パリのルーヴル美術館素描・版画部門に保存されている。

（13）Adolfo Venturi, *La R. Galleria Estense in Modena*, Modena 1882, S. 81, Taf. 29.（パネル29）

（14）一四三五年頃成立のこの素描もまた、パリのルーヴル美術館素描・版画部門に保存されている。

（15）ポンペイのラオコオンの館（Casa del Laocoonte）における「ラオコオンの死」を参照。ヴァールブルクはこの複製写真をパネル6に収録している。

（16）現存するのは、フィレンツェのウフィツィ美術館所蔵のもの、および個人蔵のもの（かつてはロッテルダムにあった）のわずか二枚である。この素描については、たとえば以下の文献を参照のこと。Peter Halm, *Das unvollendete Fresko des Filippino Lippi in Poggio a Caiano*, in »Mitteilungen des Kunsthistorischen Institutes in Florenz«, III. Bd., H. 7 (Juli 1931), S. 393–427.

（17）一五〇二年にシュトラースブルクで出版されたウェルギリウスの本に収録された木版画が、この図像群において唯一古代の彫像が発見される以前に成立した作品である（*Publii Vergilii Maronis Opera*, Straßburg, Johan Grüninger 1502, fol. 162v）。個々の細部は、この木版画を、古代後期のいわゆるヴァティカンのウェルギリウス（Vat. Lat. 3225）の図像入り草稿が属する伝統に接続させている。このミニアチュール（Vat. Lat. 3225, fol. 18v）の複製はパネル6に収録されている。

（18）ベルリン工芸美術館所蔵のファエンツァ産の皿とグッビオ産の皿、そしてルーヴルに所蔵されている一六世紀後半のイタリア北部で製作された円盾を指している。

（19）ヴァールブルクの助手フリッツ・ザクスルは、このエル・グレコの絵画のなかに古代的定型の参照指示を看取した第一人者である。この点については、ザクスルがA・L・マイヤー『ドメニコ・テオトコプーロス　エル・グレコ *Dominico Theotocopuli El Greco*』（München 1926）に寄せた書評を参照のこと。（in »Kritische Berichte zur kunstgeschichtlichen Literatur«, Bd. 1–2 (1927/28), S. 86–96.）

（20）「ニンフ」という形象をめぐってヴァールブルクとアンドレ・ジョレスが繰り広げた脚色された内容を持つ有名な往復書簡、あるいは図像アトラスにおけるオルフェウス（パネル5）やメデア（パネル5およびパネル73）といった例を思い浮かべてみるとよい。

（21）Vgl. Warburg, *Frammenti sull'espressione*（*Grundlegende Bruchstücke zu einer pragmatischen Ausdruckskunde*）, hg. v. Susanne Müller mit einer italienischen Übersetzung von Maurizio Ghelardi und Giovanna Targia, Pisa 2011; Warburg, *Fragmente zur Ausdruckskunde*（*Gesammelte Schriften. Studienausgabe*, Bd. IV）, hg. v. Ulrich Pfisterer und Hans-Christian Hönes, Berlin 2015.

（22）Ewald Hering, *Über das Gedächtnis als eine allgemeine Funktion der organisierten Materie: Vortrag gehalten in der feierlichen Sitzung der Kaiserlichen Akademie der Wissenschaften in Wien am 30. Mai 1870*, in: *Fünf Reden*, hg. v. H.E. Hering, Leipzig 1921, S. 5–31, bes. S. 8. この概念について、ウィーンの心理学者エルンスト・ブリュッケや考古学者エマニュエル・レーヴィの作品における使用法との直接的関連は証明できないものの、時間的および理論的並行関係についてはより詳細な分析が必要とされるだろう。

（23）*Frammenti sull'espressione*（注21に同じ）, S. 44（Fragment Nr. 56, 18.III.1890）

（24）*Frammenti sull'espressione*（注21に同じ）, S. 81（Fragment Nr. 208, 8.IX.1891）

（25）*Frammenti sull'espressione*（注21に同じ）, S. 125（Fragment Nr. 355, 4.IV.1897）

（26）*Frammenti sull'espressione*（注21に同じ）, S. 150（Fragment Nr. 426, 13.II.1902）

（27）この講演がヴァールブルクに及ぼした影響については以下を参照のこと。Vgl. z. B. Andrea Pinotti, *Materia é memoria. Aby Warburg e le teorie della Mneme*, in: C. Cieri Via, P. Montani, *Lo sguardo di Giano*, hg. v. B. Cestelli Guidi, M. Forti, M. Pallotto, Turin 2004, S. 53–78.

(28) Samuel Butler, *Unconscious Memory: A Comparison between the Theory of Dr. Ewald Hering and the 'Philosophy of the Unconscious' of Dr. Eduard von Hartmann; with Translation from these Authors*, London 1880.

(29) Richard Semon, *Die Mneme als erhaltendes Prinzip im Wechsel des organischen Geschehens*, Leipzig 1904. および Daniel Schachter, *Forgotton Ideas, Neglected Pioneers: Richard Semon and the Story of Memory*, Philadelphia, Pa. 2001.

(30) Ernst Cassirer, *Ziele und Wege der Wirklichkeitserkenntnis* [1936–1937] (*Ernst Cassirer Nachlass*, Bd. 2), hg. v. Klaus Christian Köhnke und John Michael Krois, Hamburg 1999, S. 173.

(31) Warburg, *Dürer und die italienische Antike*, in *Gesammelte Schriften. Studienausgabe*, hg. v. Horst Bredekamp u.a., Bd. I, 2, S. 449.〔「デューラーとイタリア的古代」加藤哲弘訳、『ヴァールブルク著作集5 デューラーの古代性とスキファノイア宮の国際的占星術』伊藤博明監訳・加藤哲弘訳、ありな書房、二〇〇三年、三〇頁〕この一節は、後の講演原稿「初期ルネサンス絵画における古代的な理想様式の出現」にも影響を及ぼしている。「もしルネサンスがラオコオンを発見しなかったとしても、まさにその動きと雄弁な情念のゆえに、ラオコオンを創出したことでしょう」。〔「初期ルネサンス絵画における古代的な理想様式の出現」伊藤博明訳、『ヴァールブルク著作集3 フィレンツェ文化とフランドル文化の交流』伊藤博明・岡田温司・加藤哲弘訳、ありな書房、二〇〇五年、一九三頁〕

(32) 図像資料は次の文献で公にされている。Warburg, *Bilderreihen und Ausstellungen* (*Gesammelte Schriften. Studienausgabe*, Bd. II, 2), hg. v. Uwe Fleckner und Isabella Woldt, Berlin 2012, S. 73–97.

(33) Vgl. Theodor Piderit, *Mimik und Physiognomik*, Detmold 1867, S. 68 und Fig. 14(ヴァールブルクは本書の第二版(Detmold 1886)を所蔵していた).

(34) レオポルト・エトリンガーはヴァティカンの大理石像群が引き起こした共鳴の歴史を扱った研究においてこのように定義している。Vgl. *Leopold Ettlinger, Exemplum doloris. Reflections on the Laocoön Group*, in *De Artibus Opuscula XL*, New York 1961, Bd. I, S. 121–126.

(35) Warburg, *Ausgewählte Schriften und Würdigungen*, hg. v. Dieter Wuttke, Baden-Baden, 1992[3], p. 307.

(36) Friedrich Nietzsche, *Zur Genealogie der Moral*, II. Abh. § 1, in: *Werke*, hg. v. Giorgio Colli und Mazzio Montinari, Abt. 6, Bd. 2, Berlin 1968, S. 291.〔「道徳の系譜」、『ニーチェ全集11 善悪の彼岸・道徳の系譜』信太正三訳、ちくま学芸文庫、一九九三年、四二三頁〕ヴァールブルクは一九〇三年発行のライプツィヒ版を所有していた。

訳注

〔1〕本文で引用される文献のうち既訳があるものについては適宜参照および一部踏襲させていただいたが、基本的には私訳であることを断っておく。また、『ムネモシュネ・アトラス』および個々のパネルに収録されている図像についての解説は、アビ・ヴァールブルク＋伊藤博明・加藤哲弘・田中純編『ヴァールブルク著作集別巻1　ムネモシュネ・アトラス』（ありな書房、二〇一二年）を併せて参照されたい。

第3章　記憶の体制とイメージの寄生
――ヴァールブルクの動物園探訪

カール・クラウスベルク
濱中　春訳

図1　福音書の著者マタイ（9世紀、パリ、アルスナル図書館、Ms 1171, fol. 17v）

われわれを取り囲み、幾重にも押し寄せてくるイメージ、ヴァールブルクが正しければ、われわれが文化の力で制御し、距離をとる必要があるとされるイメージは、どこに存在するのだろうか？　イメージの動物園というものを想像してみると、さまざまな思索の可能性が開かれる。そこには絶滅危惧種のための囲いもあれば、檻に入れられた野獣もいるだろう。イメージの動物園が広大になるほど、「内」と「外」の区別は困難になる。透明な柵を前にして不安に苛まれているうちに、ついにはまったく未知の生き物が視界に入ってくるかもしれない。身を守るための手段として残されているのは、ヴァールブルクの思想の歴史的な先行者と末裔たちの軌跡をたどってみることである。その範囲は中世の「イメージの投影」から、現代のコミュニケーション技術によっていたるところに侵入してくるイメージの網目にまで及ぶ。

1　挿し木

W・J・T・ミッチェルは、二〇〇五年の著書『イメージは何を欲望するのか?』[1]において、イメージは人間にも見抜くことができるとは限らない運命と願望を——まさにミッチェルの著書の副題にあるように「生命と愛」を——持つ独自の種属の自律的な生命体であるのかもしれないというアイデアを披露している。一九世紀に想像されていたのとは異なり、ミッチェルの言うイメージという種は、もはや人間の知覚と記憶の能力に結びつけられているだけではないように思われる。そのような発想から思い浮かぶのは、むしろ人間という宿主を繁殖という目的のためだけに利用し、その性質上、人間とは異質な存在であり得る寄生生物である。われわれに理解不可能なことをわれわれに要求するエイリアンとしてのイメージとは？　ただちに腑に落ちる考え方ではないが、われわれの文化の星雲にそなわったもう一つの不気味な側面に焦点があてられているということは感じられる。——ここで私が思い出したのは、一九五二年に書かれたマーガレット・セント・クレアのSF小説「プロット」[2]である。この小説では、テレパシー能力を持つ宇宙偵察者が星間飛行の際に、電磁的な生命体の群れと交信することに成功する。最初は遠慮がちであったプロットたち——人間と同じくらいの大きさで青白い光を放つ目玉焼きに似た気体プラズマ細胞——は、しだいにあつかましくなってくる。彼らはたえまなく「…を…すること」について話したがる。この耳慣れない願望の意味は、相手の人間には隠されており、彼を悩ませる。最終的に偵察者は、地球に帰還すると、コミュニケーション欲を抑えられないという病の流行を引き起こすであろうことを悟り、宇宙にとどまって警告のみを地球に送り返すという英雄的な決断を下す。しかし、それだけでもすでに災厄は送り出されてしまった。

マーガレット・セント・クレアの短編小説は、その後、生命科学の不気味な問題へと発展したこと、つまり、イメージは多かれ少なかれ自律的な行為者（行為主体《エージェント》）であるのかもしれないという想像と発想を先取りしている。だが、それにはさらに前史があるため、簡単に要約しておきたい。一八七〇年に生理光学の分野でヘルムホルツの重要なライバルであったエーヴァルト・ヘーリング（一八三四―一九一八）は、「組織化された物質の一般的な機能としての記憶について」[3]という当時、有名になった講演を行った。ウィーンの帝国科学アカデミーの会合で行われたこの講演で、ヘーリングはまず、記憶とは単に心象を意図的に再現する能力として捉えられがちであると指摘している。しかし、記憶の機能は感覚や心象、感情、欲求のあらゆる意図せぬ再現に拡張することができる。それによって記憶は、われわれの意識生活全体の源泉であると同時にそれを一つに結びつける絆でもある根源的な能力へと拡大される。感覚的知覚が繰り返されると、それが〈感覚記憶〉に刻み込まれ、何時間もたった後でも再び鮮明に意識に上ることがあるとヘーリングは言う。感覚記憶が弱められたかたちで現れるということはもっと頻繁に起こる。記憶は本来、意識ではなく、むしろ無意識の能力とみなされるべきなのだ。

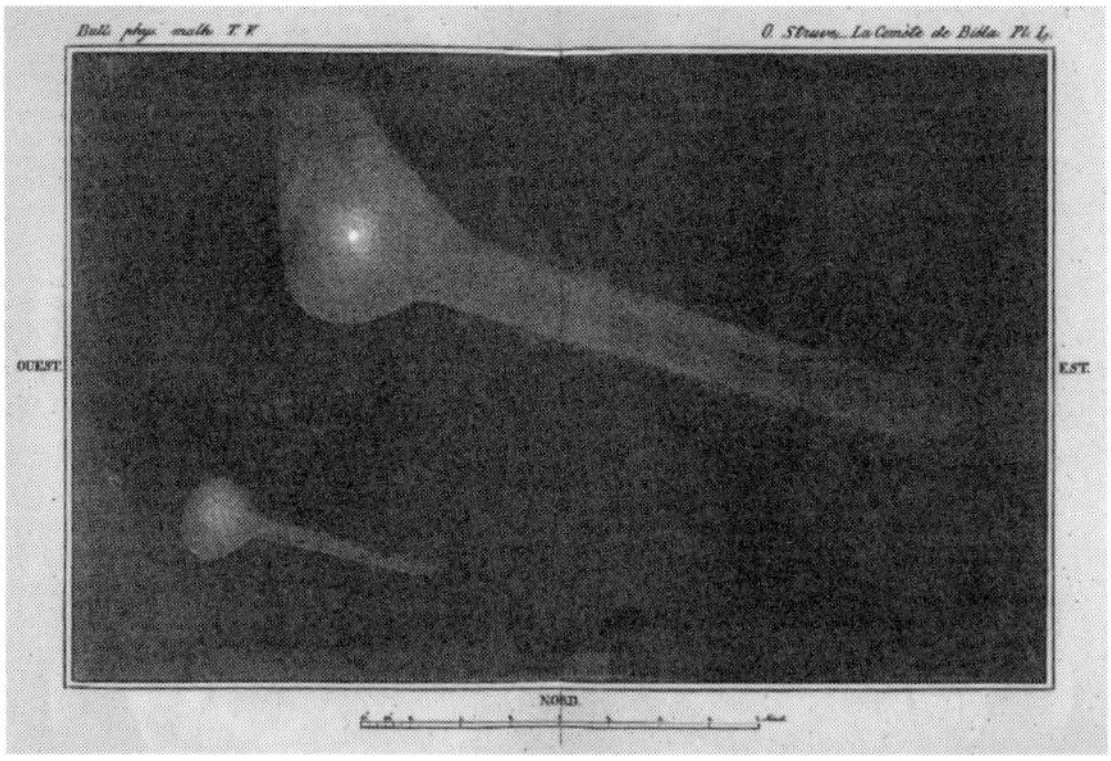

図２　ビエラ彗星、オットー・ヴィルヘルム・フォン・シュトルーヴェ画〔*Bulletin de la Classe physico-mathématique de l'Académie imperial des sciences de Saint-Pétersbourg*, 1846〕

　最後にヘーリングは、人間の脳は記憶が分配された進化可能なものであるという感動的で壮大な見取り図を描き出してみせる。口頭や文字による伝承は〈人類の記憶〉と呼ばれており、この常套句にはそれなりの真実が含まれている。しかし、人類にはもう一つ別種の記憶も存在する。それは脳物質に先天的にそなわっている再現能力である。この再現能力がなければ、文字も話し言葉も後の世代にとっては無意味な記号を差し出すにすぎない。つまり、生来の素質と文化の成果とは分かちがたくかみ合っているのであり、それどころか、そこには明らかにラマルクの言う後天的な獲得形質の遺伝の原理も包含されていることになるのだ！

このようなテーゼがドナウ君主国の最高の学者集団を前にして賛同を得たということは、最初は信じがたく思われる。しかし、ヘーリングの言葉は当時、受容されていた既存の国家像に即したものであった。

その基盤を形成していたのは〈ヘルバルト主義〉である。この「ドイツ古典哲学の最後の偉大な体系」は当時、人文科学においても主導的な役割を担っていた。ヨーハン・フリードリヒ・ヘルバルト（一七七六―一八四一）はケーニヒスベルク大学におけるカントの後任として〈表象系列〉の概念を導入したほか、心理学的な事象の数学的な把握にも着手した。そして、この反観念論的な精神の動力学は、個性と主観性の自然科学的なモデルだけではなく、社会心理学と国家理論のための指針も提供したのである。[4]

この壮大な構想は一九〇二年になってようやく解体し始めた。この年、生物学者のアウグスト・ヴァイスマンが『進化論講義』[5]において、遺伝情報のひそかな担い手は染色体の生殖質であると結論づけたのだ。その後まもなく――一九〇九年に――、いわゆる〈遺伝子〉が、再び明確に前成説的に構想され、〈突然変異〉によってしか変化することができないとされる遺伝の枠組みの中で勝利の行進を始めた。ただし、同時期には逆方向の理論も発表されていた。その一つは、一九〇四年にヘーリングにしたがって、その機能的で後成説的な順応の構想を、遺伝にも記憶にもあてはまる一つの共通の原理であらためて補強しようとした生物学者のリヒャルト・ゼーモン（一八五九―一九一八）の試みである。[6]

ゼーモンの言う意味での記憶の痕跡の再活性化は、ヴァールブルクのムネモシュネ・プロジェクトにおいて文化学的な結実をもたらした。そして、〈情念定型〉や〈エネルギー保存象徴〉といったヴァールブルクの造語もまた、再び生物学的遺伝学と交わることになった。したがって、ゼーモンの普遍的な〈ムネーメ〉と細分化された〈遺伝子〉とが、二〇世紀後半に徐々に解放されていった新たな仮想の精神生命体という同一のアイデアの系統樹に接ぎ木されていると思われがちであることも不思議ではない。

最近、われわれの惑星には新種の〈自己複製子〉が出現したように思うと、一九七六年に生物学者のリチャード・ドーキンスは、現在すでに第四版まで版を重ねて広く読まれている著書『利己的な遺伝子』[7]の中で書いている。この自己複製子はまだ幼年期にあるが、しかし、すでに急激な変化を引き起こしており、これまで遺伝学を独占していた生物学的な自己複製子、つまり遺伝子は大きく遅れをとって息を切らせているほどである。そして、その新しい培養液（「スープ」）は人間の文化であるという。

この概念規定とそれによって広められた考え方がもたらした影響は甚大であった。その後、異論もあるとはいえ、ミーム学と呼ばれる研究分野が確立され、この新しい情報の単位の普及に従事している。ミームという概念に暗黙裏に依拠したり、それを半ば意識的に借用したりする事例はより広範に及んでいる。――ドーキンスはすでに一九七六年に典型的なミームの例をあげていた。メロディー、アイデア、キャッチフレーズ、ファッション、壺やアーチの作り方、そして神の観念のようなものさえもがそれにあたる。遺伝子が精子と卵子を用いて身体から身体へと飛び移ることによって〈遺伝子プール〉の中で広がっていくのとまったく同様に、ミームもまた脳から脳へと飛び移っていく。さらに、この点ではドーキンスの考えは彼の原稿を読んだ同僚と最初から一致していたのだが、ミームは生き物（「生きた構造」）とみなされるべきだとされる。繁殖力の旺盛なミームがある人間の頭に住み着いた場合、それはウィルスや寄生生物のようにこの脳を自分の繁殖のための「宿主」として利用するだろう。そしてこれは比喩的な話ではなく、物理的な現実なのだ。ドーキンスはその著書の改訂版では、彼の見解に強く同意する神経学者の所見も引用している。

ドーキンスの遺伝子に関する著書では、イメージについては間接的に取り上げられるだけであった。その後、一九八〇年代に新しいコンピューター・メディアが出現したことにともなって、目に見える形を持ち物理的に実在する脳の寄生生物という想像も新たな意味合いを獲得した。絵画や写真の静止した画像と映画の動く画像に続いて、双方向的で、自力で生きているように見えるイメージが登場したのだ。そして、このイメージは新しい環境で活動していた。

2　寄生生物

一九世紀初頭以降、不気味な新しさをそなえたモザイク状の人間像が発展してきた。一八〇七年に自然哲学者のローレンツ・オーケン（一七七九―一八五一）は、微小な原形質の小胞を最も単純な生命体として想定し、それらから「より高度な」形態が構成されると考えた。一八二〇年代には雌の哺乳類の卵細胞、一八四〇年代には動物と人間の細胞組織が発見された。そして、単細胞生物から多細胞生物への移行形態に焦点をあてた探求が始まった。たとえば一八七〇年にはエルンスト・ヘッケルが『自然創造史』の中で、三〇個から四〇個の細胞からなる「ノルウェー繊毛球体」の存在を明らかにしている。ヘッケルはまた一八七八年には、精神活動の基本的な構成要素とされる〈魂の細胞〉と〈細胞の魂〉について論じている。――その他に、多かれ少なかれ隠れた「食客」、つまり古代にはこの意味で理解されていた寄生生物（παράσιτοι）も存在する可能性があるということは、あわせて認められていた。すでに一八世紀末以降、たとえば内臓寄生虫に特化した学問（寄生虫学）は、医学の個別領域の一つとなっていたからである。[8]

さらにこれより一世紀前には、古代には知られていなかった極小生命体が発見されており、それによって複合形態の構成自体がはじめて考えられるようになった。つまりポリプと滴虫類が、その不気味な分裂・合体・再生の能力によって、啓蒙の時代を驚きと不安に陥れたのだ。ガリレイの同僚サントリオ・サントリオ（一五六一―一六三六）が発見した代謝によって、大型有機体の堅固さはいずれにせよすでに脆弱化したと思われていたが、それらの結合はいまや文字通り分解し始めたのである。アルブレヒト・フォン・ハラー（一七〇八―一七七七）は〈筋繊維 fibra〉の〈被刺激性〉を生命科学の新たな中心概念に昇格させた。ドゥニ・ディドロ（一七一三―一七八四）は未来の人間を胞子のように飛散するポリプのような存在として夢想した。細胞国家という近代的な生物学の概念が生まれつつあった。そして、最初は繊維状で後に細胞状になる生物の体制という発想とともに、形象という概念の新たな側面が浮かび上がってきた。解剖学は対象の模像を呈示するだけではなく、「有機的機械」、そしてそれとともにその寄生動物や寄生植物の構成と機能の原理もまた明らかにするようになった。すでにディドロとダランベールの『百科全書』（一七五一―一七八〇年）には、食客という古代的な意味での項目の他に、寄生植物という見出し語が存在する。[9] こうして生命体のきわめて可変的な共生関係が明確な輪郭を描き始めた。したがって、最終的には精神的な現象――特に意図せず現れる願望と恐怖の心象――もまた寄生生物の概念の引力圏に入ってきたことも不思議ではない。

ドーキンスの遺伝子に関する著書では、寄生するイメージについては間接的に話題になるだけであった。そのようなイメージは、さまざまなアイデアや概念の多かれ少なかれ複合的な構成物として、当初はいわば背景にとどまっていた。しかし、一九八〇年代の新しいコンピューター・メディアの出現にともなって、目に見える形を持ち物理的に実在する脳の寄生生物という想像がより明確な輪郭を獲得した。絵画や写真の静止した画像と映画の動く画像に続いて、双方向的で、自力で生きているように見えるイメージが登場したのだ。そして、このイメージは新しい環境で活動していた。——このことは、芸術や学問の世界を代表する著名な人々がイメージの解放の重要な諸段階について行った省察を手がかりとして、あとづけることができる。

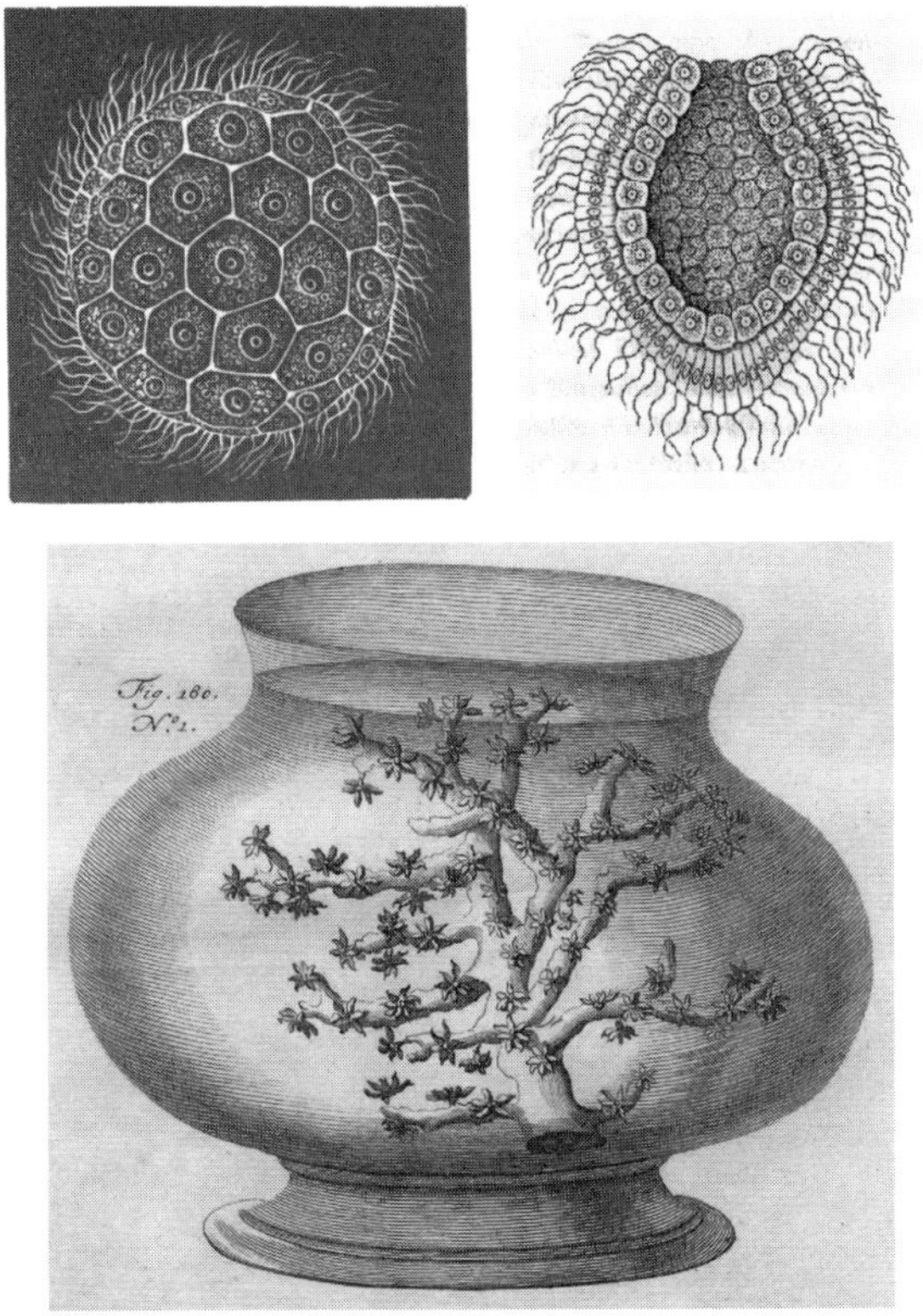

図3　国家モデル　左：ノルウェー繊毛球体（エルンスト・ヘッケル『自然創造史』第二版、1870年〔Ernst Haeckel, *Natürliche Schöpfungsgeschichte*, 2nd ed., 1870, p. 383〕）、右：石灰海綿類の原腸胚（部分）（『細胞の魂と魂の細胞』1878年〔*Zellenseelen und Seelenzellen*, 1878, p. 18〕）、下：珊瑚の枝（ルイジ・フェルディナンド・マルシーリ『海の博物誌』1725年〔Luigi Ferdinando Marsigli, *Histoire physique de la mer*, Amsterdam, 1725, Tab. XL〕）

3　野生化

カールスルーエのZKM〈アート・アンド・メディア・センター〉の所長ペーター・ヴァイベルは、すでに二〇年前に、電子的なイメージの属性の新たな不気味な三位一体を告知していた。〈可変性〉、〈仮想性〉、〈実現性〉がそれである。この種のイメージの即可変性は、それをインプットにリアルタイムで反応する双方向的なインスタレーションと、人工知能と人工生命のヴァーチャルな〈動作環境〉に非常に適したものにする。また、その物理的な「環境」自体も、原理的には「内側から眺められた世界」、つまり、〈内在物理学〉的な宇宙へと根本的に変化して久しい。[10]

ヴァイベルの論の核心にあるのは以下のテーゼである。すなわち、メディア・アートの非古典的なイメージ概念は、量子物理学の非古典的な現実概念に対応している。高度な量子現実においてはもはや測定値はほとんど意味を持たず、相関関係しか存在しないのと同様に、このように言いたい気持ちに駆られる。「もはや現実など存在しない。存在するのは複数のヴァーチャルな世界の相関関係だけであり、それぞれの世界の住人は自分の世界が唯一のリアルな世界だと信じているのである」と。[11]――こうして本当に生きているように見えるイメージが登場するための量子物理学的なシナリオの大枠が定められた。そこには奇妙に閉所恐怖症的で歴史が欠如しているという特徴が見られる。

それに対して、原理的にはあらゆる種類のイメージを包含することが可能な行為の連関という広大な外部の光景が、〈アクター・ネットワーク理論（ANT）〉の創始者たちの頭には浮かんでいた。ブリュノ・ラトゥールは一九九九年に、ある綱領的な性格の論文の中で、科学の対象となる事物の性質に関する見解を述べており、その際に再びマーガレット・セント・クレアの小説「プロット」を思い起こさせる記述にいたっている。「人間と非人間が共通の歴史を有するということは、すくなくとも私の目には、科学史家と科学社会学者たちが二〇年以上かけてともに到達した、まったく予期せぬ発見であるように見える。この発見は、歴史の集合的な生産にまさる真理値の定義に――その擁護によるのであれ、解体によるのであれ――非常に大きく依拠していた哲学に、再び実在論者になることを強いる。ただし、その際にはまったく別の経路を通ること、つまり歴史性と社会性を非人間にも拡張することが求められる」[12]。――本当の意味で実在的な共通の歴史にともに参加する「非人間」に関する、この挑発的な発言のねらいは何なのだろうか？

近年、社会学と文化理論の分野で流行病のように広まっている〈アクター・ネットワーク理論〉は、理論生物学に分類される社会性生物の生物学からのセンセーショナルな転用として成立したものであり、〈ANT〉（英語で蟻を意味する）という略称がおそらく綱領的に示唆しているように、そこから分岐したものと解釈できる[13]。アクター・ネットワーク理論の最も重要な特徴として押さえておくべきなのは、程度の差はあれ知性をそなえた集団の他に、生命を持たない事物――よく知られた例は犯人のピストル――もまた、独自の歴史を持ち、なんらかの方法で行為に関与する行為者《アクター》／行為主《アクタント》として数え入れられるということである。それらの事物は人間の参加者とともにネットワーク状の行為の連関に組み込まれているのだ。

この理論の由来を踏まえれば、〈群知能〉の諸概念や、昆虫の集団が巣の材料や食料を扱う際の効率をコンピュータを利用してモデル化するという作業の中で生まれた数学的なネットワーク解法との注目すべき類似性にも説明がつく[14]。しかし、そのような群れの社会性と人間の協同の形態、あるいは人間の脳のモジュール化された作業方法[15]との比較が印象深い結果を示すのと同様に、システムの振る舞いにおける時間的な観点を考慮に入れると、両者の間には根本的な差異が存在することもまた判明する。蜜蜂の巣や蟻塚は、外から見れば相当の時間的なダイナミズムを呈しているが、個々の構成員はそれぞれ非常に限定された行動のレパートリーしかそなえておらず、個別の構成員によるより大きな全体への時間的な展望について語ることはほぼ不可能である。――それはまさに人間の脳の個々のニューロンの場合と同様である。しかし、ニューロンは大きな結合においては自己意識という不可思議な現象を成り立たせ、歴史と未来を広範にわたって眺めることを可能にする。そして、それらはイメージというかたちで具象化することや記録することもできる。そのような地平の飛躍的な拡大を、近視眼的な「蟻の視点」から適切に把握することはできるのだろうか？　あるいは問いを逆転させてみてもよい。そもそも個別の大脳の複雑きわまりない思考の流れと行為の動因を、画一的なネットワーク活動に組み込むことなどできるのだろうか？

蟻塚や蜜蜂の巣の全体的な振る舞いを数学的に表すことは――これらの勤勉さの象徴が伝統的に人を惹きつけてきたように――、それでも一九世紀の場合のように、細胞の共和国とその巨視的・社会的な対応物の作業能力について、距離をおいた視点からあらためて省察する契機にはなるかもしれない。しかし、生命を持たない、あるいはいずれにせよ知性を持たない行為への参加者の独自の生に対しては何を期待することができるだろうか？　脳を持たない事物にも最小限の自律的な振る舞いを認めるとすれば、われわれは知らない間に「逃げ出したパンケーキのお話」のようなアニミズム的な観念に回帰することになるのではないだろうか？

そのように事物にその意図として解釈されうるものを認めようとする態度は、ありとあらゆる対象に念のために意図的なものを見てとる人間の性向と関連していると思われる。同じことはそれらの図像表現、そして芸術的な想像力の産物としてのイメージにはなおさらあてはまる。ただし、その場合にはやはり、知覚する人間によって生みだされた〈あたかも…であるかのように〉という観点を考慮に入れなければならないだろう。

4　突然変異

先述したように、二〇〇五年にW・J・T・ミッチェルは『イメージは何を欲望するのか？』というタイトルの著書を刊行した。この書物では、明らかにつねに自分に注意を向けさせている、つまりそれを要求しているイメージに、本当に〈衝動〉および／あるいは〈欲望〉が認められるのかという問題について詳細に論じられている。だが、イメージが生命だけではなく、情熱、あるいはすくなくとも衝動をも持つことなどできるのだろうか？　それは十分に可能であると思われる――ドーキンスのミームという考え方を徹底して推し進めれば。しかし、この生物学者の名前は、多くの注釈がつけられたミッチェルの著書の中には見つからない。それにもかかわらず、両者の見解がさまざまな点で基本的に一致していることは明白である。

ベンヤミン的な意味で、ミッチェルは〈化石〉と〈クローン〉という過去と未来を代表する存在を、グローバルな現在の弁証法的に静止させられたイメージへと文字通り併合した。すなわち、化石は二重に凝固した過去の証人として、また羊のドリーは目下のところクローンの典型、肉体を持つレプリカ、複製された遺伝子情報の生きた像として――そして、その欲望と衝動が人間にはもはやまったく理解不可能であるかもしれない、イメージの本性の不吉な現象形態として。「イメージの欲望は人間的ではない、あるいは非人間的であるかもしれない。動物や機械やサイボーグ、あるいはもっと単純な形象の方がモデルとしては適しているかもしれない（中略）。そうであるとすれば、イメージは究極的には何を欲望しているのかという問いは、それらが欲望しているものによってのみ答えられる。しかもその答えは、それらはまったく何も欲望などしていないというものであるかもしれない」(16)。――このもってまわった言い回しは、ミッチェルが意識的に、規範的な芸術学に付きものの解釈熱と意味の割りあて手続きに向けたものだが、同時にそれは、彼がイメージという生き物の異質さの普遍的なモデルとするものが、明らかにドーキンスが三〇年前から文明世界を不安に陥れてきた人間の自己理解の浸食という事態の影響を受けていることを強調してもいる。

ドーキンスの〈利己的な遺伝子〉という形象は、われわれ人間という大有機体の中にウィルスのように微小な寄生生物のようなものが住んでおり、それは自分自身の「関心」に従い、われわれを単に中間宿主として利用して、自分の利益、つまり繁殖と伝播のために操っているという不穏な考え方に脚光を浴びさせた。そして遺伝子よりさらに素早く作用する新たなミーム・レプリカントの出現にともなって、われわれの自己理解の最も内なる領域、つまり文化の伝承と行為の連関にかかわるイメージ圏もまた汚染されたように思われた。したがって一九九七年にスラヴォイ・ジジェクが、新しいメディアにおける〈幻想の感染〉を病原体によってもたらされる伝染病として描写し、この見解をミッチェルが引用していることには一貫性がある。伝染病の隠喩に応じて、またそれを基盤として、貪欲なイメージの本質的な特徴がすべてうまくかみ合った。つまり、イメージは感情と意志を持ち、また自己意識や行動能力や憧れを持っているように思われるのだ。そして、これらの特徴はすべて文化史や芸術史において非常に多様な事例で証明されてきた。グローバル化と遺伝子工学の時代には、イメージの循環や流動性といったコンセプトでは明らかに不十分であるとミッチェルは言う。それらにかわってイメージの正式な〈移住〉について考える必要がある。そしてその際には、イメージの自力での移動は、汚染や伝染病や消毒といった観察者の空想によってたえず規制され、阻止され、あるいは加速されるのだ。——ここでドーキンスのミーム理論と文字通りの意味で接触するために欠けているのは、文化的な自己複製子の概念だけである。

5　中間の総括

ここまで一世紀半にわたる生物文化的な遺伝理論の歴史を駆け足でたどってきたが、このさまざまなアイデアの総覧の要点としては何が確認できるだろうか？——第一に指摘できるのは、一貫して脳科学、そして分子生物学が優勢なモデルとなっていることである。次いで、それらの中心の位置が広範にわたって反転していることがあげられる。エーヴァルト・ヘーリングにとっては、人間の脳を物質的に組織された記憶イメージの起源と再現の場とみなすことにまだ異論の余地はなかった。それに対して、ヘルバルト主義の下で脳が社会文化的な発展のために育成されるものとみなされるようになると、記憶と遺伝の機能単位における人間の進歩の継続性は停止し、廃止された。そして、世紀転換期には根本的な変化がもたらされた。遺伝と記憶能力とが分離されたのである。これらのカテゴリーの区分に際しては、集合的記憶、つまり〈社会的記憶〉は精神科学に、当時、解明されつつあった生殖の分子レベルでのメカニズムは自然科学に、それぞれ割りあてられた。文化のプロセスにおける〈突然変異〉のような領域横断的な現象は、比喩的にほのめかされるにすぎなかった。

その後、二〇世紀後半になると、本格的な構造転換が起こった。コンピューターの時代の幕開けとともに、人工知能という古くからの憧れと悪夢もまた新たなデジタルの生に目覚め、人間の姿をした生物コンピューターという想像が広まったのだ。その結果、人間の肉体だけではなく精神と意識も、いまや外部の異質な行為主体《エージェント》が活躍する舞台にして戦場として想定されるようになった。かつての人間の人格の内部世界は、協力あるいは競争し合い、共生あるいは伝染する情報寄生生物——それらはイメージというかたちでも接近してきた——にとっての外部世界であることが明らかになった。これは人間の目には厳しい試練に映るが、W・J・T・ミッチェルはその試練を、不気味にも生命を持ったイメージと、理論的な不安に陥れられた観察者の立場の間を行き来しながら、模範的に切り抜けてみせたのである。

最後にもう一つ指摘しておくべきことがある。それは、ここで引き合いに出した重要な証人たちにおいては、〈想起と記憶〉の役割も劇的に変化したということだ。一九世紀にはまだ、〈想起と記憶〉は社会文化的な自己描写と育成を総括する概念であり、歴史からもたらされたイメージや未来のためのイメージとのかかわり方について包括的な指南を与えてくれるものであった。それに対して現代では、〈想起と記憶〉は、生物学的かつ精神的／メディア的な双方向性をそなえた舞台上での無数の産出あるいは消去の機能へと分解されてしまったように思われる——そして、それらが言葉として浮かび上がってくることはもはやほとんどない。このこともまた、われわれの新しいメディア文化の徴候的な変化とみなすことができる。記憶の体制はイメージという寄生生物によって解体されたのである。

6　複製

イメージという行為者《アクター》／行為主《アクタント》／行為主体《エージェント》をめぐる新たな包括的なシナリオは、このような異質なものという印象を与える形象はすべて結局は、コミュニケーションを意図した自分自身の想像の投影物であると看破できるということを考慮に入れなければ不完全なものになるだろう。これは啓蒙主義の伝統に従った考え方である。たとえばベルリンの自由思想家フリードリヒ・ニコライ（一七三三—一八一一）は、幻像が自分がつくりだした幻想であることを見抜き、それを客観的な現象世界から切り離した。[17] しかし、そのようにして明らかにされたイメージの現実性の差異もまた見せかけにとどまった。ケプラーは一六〇四年に、イメージが受動的に受けとられた印象であることを、目の内部における光線の入射の仕組みを説明することによって確定したが、そのような受動的な印象としてのイメージの他に、またそれにかわって、先行するモデルの方にむしろ対応した放出という概念が再び登場したのだ。よく考えれば、そもそもこのモデルが視野から完全に姿を消したことは一度もなかったのである。

ケプラーが光線の進行に関する著書を出版してから四年後に、（広範な問題圏[18]の中でこの定点を保持するために）想像力の相対立する三大活動領域（triplex potissimus effectus）があらためて挑発的に定められた。啓蒙主義の黎明期の医学者たちは、そこに彼らの懸念の種が埋まっていることに気づいたのだ。[19]一六〇八年にアントワープの医師トマス・フィエヌス（一五六七―一六三一）は〈想像力〉の作用に関する論考の中で、空想には三つの主要な作用があると説明している。一つ目は自分自身の身体（corpus proprium）に対する作用、二つ目は外部の他人の身体（corpus alienum externum）に対する作用、そして三つ目は最も近い他人の身体（corpus alienum sed propinquum）、つまりまだ生まれていない胎内の子どもに対する作用である。[20]自分自身の身体に向けられた想像力（imaginatio）が病気だけではなく死をもたらすことさえありうるということは、フィエヌスによれば多くの学者が口をそろえて報告しているという。だが、人間の想像力が離れたところにある他人の身体にも拡張されて、そこで有益な、あるいは有害な作用をもたらすことが可能かどうかは、まったく別の学問的な問題である。著名なペルシアの学者アビセンナ（九八〇以前―一〇三七）は、空想を外部の遠く離れた物に向け、それを他には何の力も用いずに変化させ、動かし、制御することは実際に可能であると、きわめて明確な言葉で断言している。その場にいない人間でさえ、この方法で病気に感染させられたり、馬から振り落とされて殺されたりするという。また、パラケルススとネッテスハイムのアグリッパはこの考え方を引き継いでおり、後者は想像力が自分自身の身体だけではなく他人に対しても及ぼす影響について印象的な記述を残しているという。――しかし、このような迷信はフィエヌスの時代にはもはや受け入れがたく思われるようになった。

実際にトマス・フィエヌスはすでに――あるいはケプラーの光学に刺激されて[21]――、外部からの「投影」のいかなる作用に対しても根本的な異論を唱えている。――かつては、より一般的な遠隔作用という観念の枠組みの中で、「まだ生まれていない子どもに対するイメージの転移」のプロセスという問題も真剣に議論されていた。たとえば、受胎に際して両親を動かした情動の種類によって胎児に違いが生じるとアリストテレスは述べ、プリニウスはそれを確認したとされる。しかし、父親の情動と想像力は生殖の瞬間にしか力を発揮しないのに対して、母親の空想は胎児が成長する間も作用を及ぼし続けるということをつけ加えなければならないとフィエヌスは述べている。[22]

こうして母親側の印象と想像力には危険なほど広い活動の余地が残されることになった。妊娠中にはいつ何時でも、強烈で、有害であることの多い作用がさまざまなかたちで現れる可能性があった。激しい感情の結果として――あるいは印象深いイメージの姿で。伝達される印象のヴァリエーションは、特定の事物に対する驚愕が誕生後に子どもにおいて繰り返されるというものから、完全な「イメージの転移」にいたるまで幅広い。ガレノスは、美しい絵画の印象は胎児を変化させる可能性があると考えていたとされる。またプリニウスも、生殖の際に抱かれていた思考イメージは胎児にそれと似た特徴を生じさせると推測していたという。フィエヌスがあげているその他の多くの例の中で、クインティリアヌスの事例は最も重要なものの一つに数えられる。クインティリアヌスによると、ある白人の母親が黒人の子どもを産んだが、彼女の部屋にエチオピア人の肖像画が掛けられており、彼女はそれをじっと眺める習慣があったと彼が指摘したことによって、母親は姦通の誇りから解放されたという。また、ニコラ・マルブランシュ（一六三八―一七一五）はパリの救貧院で、手足の骨が折れた知的障害の少年を見かけたが、その母親は車輪の刑を目撃したことがあり、おそらくそれによって恐怖と苦痛の感情を無力な胎児に転移させたのだろうとされる。その他、ファン・ヘルモントは、ある商人の妻が妊娠中に斬首による処刑をこっそり見物し、頭のない子どもを産んだと報告しているという。

この種のイメージの作用は、実質的な刻印として現れるとされていた。たとえばマルブランシュの一六七〇年代の著作の中には、単に頭がないという以上に細部まで正確なイメージの転移の例が見られる。それによると、ある妊娠中の女性が聖ピウスの列聖式（一六七二年のピウス五世の列福）でその肖像画を非常に熱心に眺めていたため、生まれてきた子どもはこの絵とまったく同じ姿をしていたという。子どもの顔には高齢のしるしが刻まれており、腕は胸の前で組まれ、目は天に向けられていた。そればかりか、遠近法さえもがイメージの転移には含まれていた。聖人が上を向いていることによって、その額は肖像画ではほとんど見えなかったため、子どもの額も並外れて小さかったというのである。パリ中の人々、そしてマルブランシュ自身も、アルコール漬けで保存されている胎児を目のあたりにすると、「生き写し」が偽りではないことを確信したと述べて、マルブランシュはこの話が真実であることを保証し、さらにその他の細部もつけ加えている[23]。ただし彼は、苦悩する人間の生々しい印象ではなく、単なる一枚の絵画がこの作用をもたらしたことを奇妙に思ってもいた。

7　精気論

トマス・フィエヌスの想像力の作用に関する論考は、ケプラーの洞察といわば同じ目の高さにあって、一七世紀初頭には科学史の一つの頂点をしるしづけており、そこを起点として明確なパラダイム転換が起こるはずであった——そう思われるかもしれない。しかし、近代的な感覚生理学とその啓蒙された見解への移行は長びき、完全には遂行されなかったようである。遠隔作用の問題に対するフランシス・ベーコンの態度は、曖昧で躊躇を含んだ反応に特有なものとみなすことができるだろう。近代的な帰納法の理論家としてきわめて大きな影響力を持っていたベーコンだが、最新の研究成果によれば、専門家としての懐疑と、念動とまでは言わないにせよ霊的なテレパシーによって精気が放射され、遠方へ届くという伝統的な考え方との間で揺れ動いていたらしい[24]。それに対してフィエヌスの見解は簡潔であった。彼は、視覚（visio）は揮発性のある精気（spiritus）あるいはその他の身体から発散するものによって成立するというガレノスや中世の「光学者」たちの考えには賛同できないと述べている。たしかに目からは身体のその他の部分からと同様に蒸気（vapores）が発散されているかもしれない。だが、それは放射状あるいは直線的に（radialiter, seu recta linea）外部の物に向かって進み、そこでなんらかの作用をもたらすというわけではないのだ[25]。

視覚を精気の放射とみなすモデルは、まもなくある短絡的な推論によってその効力を封じられることになる。それは一五六〇年頃にレアルド・コロンボ（一五一五／六—一五五九）が肺循環として発見し、一六二〇年頃にウィリアム・ハーヴェイ（一五七八—一六五七）が全身にあてはまることを証明した血液循環説である。ただし、血液の循環についての近代的な考え方がようやく最終的に認められたのは、イタリアの医学者マルチェロ・マルピーギ（一六二八—一六九四）が一六六〇年頃にはじめて肺の組織を顕微鏡で調べて、肺胞を取り巻く毛細血管を観察し、そこで静脈の血液が吸気によって「元気を取り戻す」ことをつきとめた、画期的な研究成果によってのことである。その結果、古代には血液の蒸気に精気（spiritus）が混合したものが、開いた血管の網の目を通って身体組織の隙間に流れ込み、毛穴を通って体外へ出ていくと考えられていたのに対して、いまやこの混合物は信用を失った過去の経営資金とみなされるようになった――基本的にはこのように言うことができる。だが、それにかわって、かつては身体のいたるところに存在すると考えられていた霊的な気体は、二つの限られた活動領域――肺という迷宮と消化管――において、技術的な要素と結びついて新種の空気ポンプ・システムへと昇格した。放屁や、煙草の煙や気体を用いた浣腸は、爆発的に発展しようとしている〔＝空中へ出ていこうとしている〕文明のしるしにして勲章となったのである。[26]

図4　人間軽航空機（「哀れな伯父」1784年のパリのビラ〔ヴァイマル、アンナ・アマーリア公妃図書館、自然科学コレクション〕）

こうして長く親しまれてきた観念の耐久力は、奇妙な方向転換を遂げながら後々まで影響を及ぼすことになった。脳が身体の中心に位置づけられるようになってきたにもかかわらず、日常的にはひきつづき心臓が感情の中枢器官としての地位を保っていたのに似て、かつては身体からの放射を感覚的に知覚できた霊的な蒸気は、いまや二つの限られた領域にたちこめることになった。回顧的に意味をずらしながら進行したこの独特の自立のプロセスは、少数だが個性的な一群の医学書と通俗入門書を手がかりにあとづけることができる。それらの筆頭は、当時広く読まれていた「不快な体の風」に関する書物――『人間の身体における不快な風について』――で、一六世紀末から一八世紀まで、見解の変化にともない、いわばその変化を反映しながら多くの版を重ねた。この書物は一五八二年にアントワープの市専属医師ジャン・フイアン／ヨアネス・フィエヌス（一六世紀はじめ―一五八五）、つまりトマス・フィエヌスの父親が執筆したもので、まずラテン語で版を重ねた後、英語版が出版された。[27]一七四四年から一七五七年の間に三度、匿名の訳者によって出版されたドイツ語版の表題が告げているように、フイアンの論考は、

図５　視覚による牽引　左：アブラハム・ボス『遠近法の実践方法』（1647-48年）〔Abraham Bosse, *Manière pour pratiquer la perspective*, Paris, 1647-48, Pl. 3〕、右：ザシャ・シュナイダー《催眠》（1904年）

ガレノスの見解にもとづいて、「人体における風あるいはガスの発生」について論じたものである。――一方、これら一群の書物の暫定的な終着点をしるしづけるのは、ヴェローナの医師ジョヴァンニ・ヴェラルド・ゼヴィアーニ（一七二五―一八〇八）の『ヒポコンデリー、ヒポコンデリーによる放屁と鼓腸およびその他の腸内ガスの不調』という書物である。同書は一七七五年にナポリで出版され、一七九四年と一七九九年には注釈つきのドイツ語訳が出ている[28]。フイアンとゼヴィアーニの著書の間には、古くから視覚の観念をも規定してきた医学的なモデルのいわば根本的な変化と奇妙な継続性とがともに見いだされる。

　ここで精気論の歴史をまとめるとともに、その後の展開にも触れておこう。フィエヌス父子は、視覚が身体から放出されるガスによる方向転換と精気の放射説からの離脱を遂げた学問上のプロセスにおける目立った参加者および証人として、注目に値する役割をはたした。彼らがそれぞれ手がかりにした論点からは、伝統的な光線の光学が、生きた幾何学として理解されただけではなく、霊的な蒸気や靄というとらえどころのない媒質とも関係していると思われていたということがわかる。その不安定な気体としての性質は、新世界の発見後にはじめて、口でつくられる煙草の煙のかたちとして目に見えるようになったものである。そしてこの種の「靄のようなイメージ」が、おそらく古代の視覚理論のかすかな名残を部分的には引き継いだのだろう。しかし、それより大きな影響をもたらした可能性があるのは、視覚の内送理論による外送理論の解体の他に、またそれにかわって、相反する観念が次第に重なり合うように

図6b　フランシス・ベーコン『ノヴム・オルガヌム』扉絵（1620年）

図6a　弾道眼球の打ち上げ（オディロン・ルドン《幻覚》、連作『夢の中で』1879年、第八葉、リトグラフ）

なったことである。遠近法の仕組みを説明するために引かれた投射線は、魔術的・催眠術的な視線の力と同類のものであるように見えた。同様に他方では、古代に起源を持つ「邪視」がエネルギーの外向きの移行として当時もなおよく知られていた[29]。——それに対して新しかったのは、一九世紀に天文学的な推測や空想の中に現れた急激な視線の動きである。

一八七九年に「反印象派」の象徴主義者オディロン・ルドン（一八四〇—一九一六）は『夢の中で』というタイトルのリトグラフ集を刊行したが、その八番目の作品は表題によれば「幻覚」を描いたものである[30]。ここでは、一六二〇年に出版されたフランシス・ベーコンの綱領的な著書『ノヴム・オルガヌム』の扉絵[31]を想起させる二本の柱の間に、巨大な眼球が打ちこまれている。その瞳は絵の外部にいる観者の方ではなく、斜め上の天空に向けられている。前景に小人のように小さくぼんやりと描かれている二人の人物は、このセンセーショナルな光景に注意を払っていない、あるいはそれから後ずさりしているかのように見える。実際に、巨大な目の「うつろなまなざし」は威嚇的で異様な印象を与える。それは、この目が人を困惑させるように逸らされていることと、それを取り巻く紅炎とが、視線と周囲の暈が同一の対象に注意を集中させているという印象を生まないためである。むしろこの目は、〈スピード・動作線〉のような表現がともなっていることで、莫大なエネルギーによって動かされているように見え、同時に正気を失ったように上方を見ている。ここには、じっと見つめたり持続的に注意を向けたりするためのよりどころは存在しない。――この落ち着きのない巨大な視覚器官は、学問の正面玄関で何を思い浮かべているのだろうか？

ルドンの一八七九年の幻覚の絵は、一連の類似した作品の二作目にあたる。その後、数年の間に、空中に浮かんだ巨大な頭とぎょろりと目をむいたキュクロプスを描いた作品群が生まれている。その中で最も有名になったのは、エドガー・アラン・ポーに捧げられた一八八二年のリトグラフ集の中の作品《奇妙な気球のように無限に向かう目》である。天空を見上げている目が、無限に向かって進んでいく奇妙な気球であるとは？　作品に添えられた説明には、この奇妙な目の旅のインスピレーションの源泉をどこに探せばよいかについてのヒントが含まれている。――フランスの天文学者カミーユ・フラマリオンが一八七三年に最初に書物のかたちで出版した『無限の物語』である。[32]

8　落ち着きのない目

フラマリオンは『無限の物語』の中で、当時の天文学にとって喫緊の問題を取り上げている。一六七五年にオーレ・レーマーによって光の速度がはじめて計算されて以降、星空に向けられた視線が過去に向けられているということは明らかであった。しかし、恒星ははかり知れないほど遠くにあるように思われていた。一八四〇年頃にようやく、地球に最も近いいくつかの恒星の距離を、それまでより正確に測定することができるようになった。こうして測定技術に突破口が開かれたことに着想を得て、一八四六／四七年にベルリンの法律家で天文学愛好家のフェリックス・エーベルティ

図 7b　カミーユ・フラマリオン「リュメン」1895 年以前、第1話、リュシアン・ルドーによる挿絵〔Camille Flammarion, *Lumen*, Paris, n. d.［～1895］, Premier récit, p. 1〕

図 7a　オディロン・ルドン《奇妙な気球のように無限に向かう目》（部分、作品集『エドガー・アラン・ポーに捧ぐ』1882 年、第一葉、リトグラフ）

〔一八一二—一八八四〕は、「宇宙イメージ理論」を構想した。そこでは、星々の光が長い年月をかけてわれわれの方へ向かって進んでくるのと同様に、地球上の現象もまた星々の方へ向かっているとされる。したがって、星々の間には光のイメージの流れが存在し、それらの総体は世界の歴史の完全なアーカイヴになるはずである。宇宙の任意の場所に即座に行くことができれば、このアーカイヴを見学することは原理的には可能である、等々。——エーベルティの著書『星辰と世界史』は海賊版や盗作によって世界中に広まり、科学と虚構の実に多様な領域で明確な痕跡を残した[33]。それは、少年時代のアインシュタインに感銘を与え、理論生物学者のカール・エルンスト・フォン・ベーアとユクスキュルを刺激し、ベンヤミンに「歴史の天使」の着想のきっかけを与えた。そして、フラマリオンもまたその恩恵を受けた者の一人であった。

フラマリオンの『無限の物語』は、リュメン〔ルーメン〕という名の死者と、好奇心旺盛な生者——クラン、つまり「質問者」——との対話から構成されている。リュメンは一八六四年に死んだ後、自分がカペラ星の惑星の一つに移動していることに気づいた。「移送手段」としては、当時まだ真剣な議論の対象であった、重力の作用のきわめて大きいと推測される拡大速度が使われた。彼はカペラ恒星系（当時最新の測定によれば地球から七二光年、つまりちょうど人間の生涯にあたる距離がある）から、超自然的に鋭くなった視力のおかげで、自分が生まれた頃の地球や自分自身の青春時代の光景を見た、等々。そして、エーベルティのアイデアにしたがってフラマリオンは、そのような時間を超えた長距離知覚の最高形態、つまり、あちこちをさまよう創造主の目にとっての世界史の遍在を指摘している。「地球の全史およびその住人の各々の人生は、すべてを包括する視線によって同時に知覚されることができるだろう。われわれはそれによって、あらゆるところに遍在する至高の存在は過去全体を一瞬のうちに見てとるということを理解する。これはわれわれの地球と同じく、他のすべての天体にもあてはまる[34]」。

「［神の］巨大な目がじっと眺めながら静止しているのではなく、動いていると想像してみよう」と一八八五年に、リーズの神学校の神学教授ヨーゼフ・ポーレ[35]は書いている。他の多くの人々と同様に、彼もまたエーベルティの空想に関心をひかれた一人であった。「まず、その目は何千光年のはるか彼方からわれわれの地球に向かってまっすぐ猛烈なスピードでやってくると仮定してみよう。すると、その目が旅の最初に出会う光景は、地球の歴史の太古の出来事、たとえば最初の人間の原初の状態であり、最後に出会うのは人間と地球の歴史の現在の発展地点の光景であろう。（中略）この不思議な目には、その長大な旅の間中ずっと、地球と世界の全歴史がその始まりから現在にいたるまで、次々に移り変わる活人画として繰り広げられるだろう。しかもそれは、その目が宇宙空間を移動する速度に応じて速くも遅くもなるのである[36]」。

フェリックス・エーベルティが最初に構想したこのシナリオ、つまり宇宙において堆積した光のイメージの間を動きまわるきわめて可動性の高い神の目を、オディロン・ルドンは一八七九年に《幻覚》においてそれとわかるかたちで図像化しているように思われる。フランスの象徴主義者ルドンがどのようにしてこの画題を思いついたのかについては、問わないでおきたい。いずれにせよ、たえまなく四方を見回し、猛烈なスピードで動く巨大な目が与える印象は、正面を向いてまっすぐ見つめ続ける伝統的な神の目とは明らかな対照をなしており、見過ごすことはできない。

9　見つめ返す視線

ルドンは巨大な頭部の絵を、すでに一年前に木炭画でも描いていた。表題によればそれは「水の守護霊」を描いたものとされる。一見したところでは、この絵は聖書の天地創造の物語で海の上に聖霊が浮かんでいる場面を描いたものと思われるかもしれない。しかし、すでに一隻のヨット、つまりかなり長期間にわたる人間の活動の産物が描かれていることに気づけば、ヴォルテールの『ミクロメガス』の方が思い起こされるだろう。このフランスの哲学者は一七五二年に、身長一二万フィートのシリウス星人の旅について報告している。このシリウス星人は彼よりかなり背が低い土星の書記とともに地球を訪れ、そこでついに「顕微鏡でしか見えないほどの」乗組員、つまり身長五フィートの人間たちが乗ったちっぽけな船を発見する。ルドンの念頭に浮かんでいたのも、このような大小の関係であったように思われる。

図8　小惑星（オディロン・ルドン《水の守護霊》、紙に木炭、46.6 × 37.6 cm、1878年）

彼の絵では、巨大な頭部が直径が何キロメートルもある小惑星のように威嚇的に海面の上に浮かび、滴虫類のような地球人を驚いて見下ろしている。

ここで示唆した文脈が適切であれば、ルドンの絵には同時代の天文学に影響を受けた新たな不安の心象、すなわち地球外の機関に観察されているという強迫観念が表れていることになる。なじみ深いかつての天界では、神々は人間によく似た形姿をしていると想定されていたのに対して、いまや目が身体から切り離され、装置となって単独で出現した。人間の目は巨大化して異様な視察器官となって旅に出、そしてすでにまた帰還したのである。《幻覚》ではこの目が見慣れた様式の円柱の間に砲弾のように打ちこまれていることの理由は、ルドンの一八七〇／七一年の戦争体験に見いだすことができるかもしれない。[37] しかし、爆発を思わせる図像は一八七二年に革命家のオーギュスト・ブランキ（一八〇五―一八八一）が複数世界に関する著書に記した、いやそれどころか、それによって引き起こしたとさえ言える精神的な動揺のしるしでもあるだろう。[38] 無限の宇宙は実は一見、唯一無二の存在に思われる無数の天体や物体や人間のヴァリエーションで満ちているというのだろうか？　そのような発想のさらなる行方も当時、予測可能であった。すなわち、あらゆる起こりうる歴史のイメージに満ちた宇宙空間全体をさまよう神の目は、未来の「天空の映画理論」[39] の可動式カメラにつくり変えられただけではない。その目はまた、見る‐見返すという関係を心理的に拡大した。つねに見られているという状態は、古代から特に一〇〇の目を持つアルゴスの姿で具象化され、またそこに集約されてきたが、いまや天空全体に広がっていると思われるようになったのである。

このように星々の間に張りめぐらされた仮説的な視線の関係という天幕によって、存在するかもしれないイメージという生き物のさしあたり最も広大な宇宙というビオトープの範囲が画定された――最初はまだ静的な無限空間として、一九二〇年代以降は動的に膨張する宇宙として。その膨張の速度は、遠方の星雲の光の赤方偏移を手がかりに測定することができるようになった。そして、この超地球的な動物園には、押し寄せる、あるいは逃れようとするイメージのための新たな囲いや保護区が徐々に設けられていった。アンリ・ベルクソン、ルートヴィヒ・クラーゲス、ヴァルター・ベンヤミンは、自己感覚と周囲を取り巻くイメージ世界とのこのような相互関係を、それぞれ異なったかたちで明らかに天文学の周辺から導き出している。「映画的意識」の道は、手短に言えば、さまざまなイメージの中心としての自己の身体像というヘーリングの構想から出発し、「アウラを帯びた遠方」の認識へと通じていた。クラーゲスはそれをもっと直接的に星の光の過去性を鑑みて定義している。一方、ベンヤミンは〈いかに近くにあっても、遠さの一度かぎりの現れ〉〔ベンヤミンによるアウラの定義〕を、いわば天空という胎盤から切り離して、人類史の崇拝の対象物に沈殿させた。[40] 三人に共通しているのは、周囲を取り巻くイメージの不可侵性である。

アビ・ヴァールブルクもまた、このように言うことが許されるなら、当初は古代の表現という貨幣の頑固な銀行家に

図9　宇宙への脱出（アビ・ヴァールブルク『ムネモシュネ・アトラス』パネルC）

して会計係であったが、最晩年には『ムネモシュネ・アトラス』において、そのような周囲への眺望を目指した。パネルを円形に配置したことだけではなく、むしろ宇宙飛行の実現が予告されていたことが、彼に死の直前の一九二九年に、ツェッペリンの世界一周飛行の成功を、惑星の円軌道と同一のイメージでとらえることを思いつかせたように思われる。——さらにそこでは、それぞれ異なった分野に属するが、いずれもそのような図像と密接に結びついている一組の概念もヴァールブルクの注意を引いていたのかもしれない。それは、〈脱出距離〉と〈脱出速度（第二宇宙速度）〉という概念である。後者は当時、ロケット工学の台頭にともなってすでに人口に膾炙していたもので、天体の引力圏から離脱するために必要な速度を意味している。〈脱出距離〉の方は、一九三四年にはじめてスイスの動物心理学者ハイニ・ヘディガー（一九〇八―一九九二）が、そこより外に出れば攻撃者から安全に脱出することができると思われる距離として定義したものである。しかし、政治的な脅威をはらんだ状況から脱出するという考えは、ヴァールブルクの眼前にはすでにそれ以前からちらついていたにちがいない。

10　跳ね返る球

本章で検討してきたさまざまな観点を、一つの一貫した文化史的な方法でまとめようとするならば、ルドンの目の絵に導かれて、ビリヤードのクッション・システムのモデルが最も容易に思い浮かぶかもしれない。ただし、そこでは厳格なルールに従うわけではなく、また形の崩れない球も、キューで突かれたイメージという物体が自然法則に従って跳ね返される硬い縁も存在しない。それよりもむしろ、固定観念も突然の意味の変化も――たとえば新しいケプラーの光学との勢力争いにおける伝統的な視覚の精気説の場合のように――、いずれも同様に、勝負のつかない試合で信念を貫き通すために対戦していたように思われる。認識の闘いに投げこまれたイメージや概念は、そこで変形しながら跳ね返る球としてゲームの状況をたえず変化させ、それによって、一旦は信用を失った構想も、本来の意図とは異なるかたちで応用されることが可能になった。たとえばイスラムの学者たち（アビセンナなど）によって確証された想像力の「遠隔作用（actio in distans）」は、ニュートンの重力の法則において天体の遠隔作用として再発見されたのである。

同様に、想像上の形象が、異様なことにも生きているように思われる存在として帰還したこともまた、特殊な知の領域の設立のような人間間の交流に起因していた――つまり、知的な動物園が設立され、その柵や堀の際《きわ》に空想の産物が自立して再び現れて、身ぶりで合図し、時として誘いや威嚇のまなざしを投げ返すことができるようになったのだ。人工的なビオトープとその住人とは切り離して考えることはできず、それどころか人間の身体の中に連れ戻されたようにさえ思われた。ポリプや滴中類という全く非古代的な小生命体は、後に構築されることになる身体の細胞構造モデルの教材となった。そしてその身体は、ヘーリングによれば、組織化された物質として遺伝と記憶を統合するものであった。しかしまもなく、〈遺伝子〉や〈ミーム〉という寄生生物やその他の〈行為主《アクタント》〉などの想像上の形象のビリヤードは、人間個人の皮膚を通り抜け、その記憶能力を越えていった。その際に注意から抜け落ちがちであったのは、そのような想像上の連鎖反応における球の突きとゲームの進行のコントロールは、依然として大脳によって行われているということである。

他方で、だからこそいっそう考慮する必要があるのは、ゲームの進行が与える印象の陰で、われわれの判断能力とその習慣もまたすでに変化してきているということである。それはたとえば〈遠隔視〉の例からもわかる。心霊術者のカール・デュ・プレルは一九世紀末頃、遠隔視をいまだ秘教の枠組みの中で魔術的・神秘的な特別な能力として賞賛していたのだ。[41] 図像や肖像がもたらす印象が、歴史的な変化を避けて通ることはできなかったということは、すでに受容美学によって強調されている。では、想像上の彼岸からやってきて、ますます異化されていく人工物との対決からは、信頼できる解釈に照らした場合、何をまだ読みとることができるだろうか？

簡潔にまとめておこう。イメージの解放と回帰、そのいまや自己中心的に見える願望と情熱は、プラトンからラカンにいたるまでの、またそれ以降のイメージとまなざしの概念が妥当性を要求できるような、時代を超えた理論で束縛することはできない。同様に〈消失点遠近法〉の単眼構造が、可能世界の幾何学的な把握の試みに対する最終的な結論であると証明されたこともない。われわれはつねに、書き換えられたシナリオに登場する想像上の生き物、その本性はそれらが置かれた特殊な環境を視野に入れることによってはじめて明らかになるような生き物の存在を想定し続けなければならないのではないだろうか？――この問いに対する返答は以下の通りである。すなわち、いかなる種類の〈像行為(Bildakt)論〉[42]もイメージの動物園の幾何学と重力場を考慮に入れなければならないだろう。なぜなら、たえずつくり変えられる囲いや保護区は、それ自体がそこで生みだされた知的な対戦相手の一部分あるいはその現象形態であるかもしれないからである。

注

（1）W. J. T. Mitchell, *What Do Pictures Want?*, Chicago and London, 2005.

（2）Margaret St. Clair, "Prott," *Galaxy Science Fiction*, January 1953, pp. 81–95.〔マーガレット・セント・クレア「プロット」、グロフ・コンクリン編『宇宙恐怖物語』小笠原豊樹ほか訳、早川書房、一九六五年〕

（3）Ewald Hering, "Über das Gedächtnis als eine allgemeine Funktion der organisierten Materie" [1870], in H.E. Hering, ed., *Fünf Reden von Ewald Hering*, Leipzig, 1921, pp. 5-31.

（4）この点について詳しくは Karl Clausberg, "'Wiener Schulen' im Rückblick. Eine kurze Bildergeschichte aus Kunst-, Natur- & Neurowissenschaften," in Elize Bisanz, ed., *Das Bild zwischen Kognition und Kreativität, Interdisziplinäre Zugänge zum bildhaften Denken*, Bielefeld, 2011, pp. 21-73.

（5）August Weismann, *Vorträge zur Descendenztheorie*, 2 vols, Jena, 1902.

（6）Richard Semon, *Die Mneme als erhaltendes Prinzip im Wechsel des organischen Geschehens*, Leipzig, 1904.

（7）Richard Dawkins, *The Selfish Gene*, Oxford, 1976.〔リチャード・ドーキンス『利己的な遺伝子』増補新装版、日高敏隆ほか訳、紀伊國屋書店、二〇〇六年〕

（8）Johann Gottfried Bremser, *Über lebende Würmer im lebenden Menschen : Ein Buch für ausübende Aerzte*, Wien, 1819.

（9）Heiko Stullich, "Parasiten. Eine Begriffsgeschichte," *Forum interdisziplinäre Begriffsgeschichte. E-Journal*, 2. Jahrgang, 2013, pp. 21-29, esp. p. 25.

（10）Peter Weibel, "Über die Grenzen des Realen, Der Blick und das Interface," in Gerhard Johann Lischka, ed., *Der entfesselte Blick, Symposion, Workshops, Ausstellung*, Bern, 1992, pp. 219-248.

（11）Ibid., p. 244.

（12）Bruno Latour, "On the partial Existence of Existing and Nonexisting Objects," in Lorraine Daston, ed., *Biographies of Scientific Objects*, Chicago, 1999, p. 265.

（13）Bruno Latour, *Reassembling the Social: An Introduction to Actor-Network-Theory*, Oxford, 2005.〔ブリュノ・ラトゥール『社会的なものを組み直す――アクターネットワーク理論入門』伊藤嘉高訳、法政大学出版局、二〇一九年〕

（14）Enda Ridge and Edward Curry, "A roadmap of nature-inspired systems research and development," *Multiagent and Grid Systems*, Vol. 3, No. 1, 2007, pp. 3-8. – Eva Horn and Lucas Marco Gisi, eds., *Schwärme – Kollektive ohne Zentrum. Eine Wissensgeschichte zwischen Leben und Information*, Bielefeld, 2009.

（15）*Miniaturgehirne und kollektive Intelligenz*. Rede gehalten am Dies academicus 2001 von Prof. Dr. Rüdiger Wehner / Zoologisches Institut der Universität Zürich, 2001, *Zürcher Universitätsschriften*, 3.

（16）Mitchell, op. cit., p. 48.

（17）Christoph Friedrich Nicolai, "Beispiel einer Erscheinung mehrer Phantasmen; nebst einigen erläuternden Anmerkungen," vorgelesen in der K. Akademie der Wissenschaften zu Berlin, d. 28. Hornung 1799. 初出 *Neue Berlinische Monatsschrift*, Mai 1799, pp. 322–360. 若干の変更と後書きをともなって *Philosophische Abhandlungen*, Berlin und Stettin, 1808, Bd. I, pp. 53–96 に再掲。

（18）最新の研究状況については Tonino Griffero, "Wirkende Bilder," Vortrag gehalten im Rahmen der Tagung *Translatio imaginum / Bildübersetzungen*, Basel, 26–28. 02. 2010, Eikones NFS Bildkritik. – Michelle Karnes, "Marvels in the Medieval Imagination," *Speculum* 90/2 (April 2015) doi: 10. 1017/S0038713415000627, pp. 327–365. – Brigitte Weingart, "Contact at a Distance. The Topology of Fascination," in Rüdiger Campe and Julia Weber, eds., *Rethinking Emotion. Interiority and Exteriority in Premodern, Modern, and Contemporary Thought*, Berlin, 2014, pp. 72–100.

（19）典型的な例は［Waldschmiedt］, *Dissertatio Fridericiana de Imaginatione Hominum et Brutorum* [...] Praeses Wilh. Hulder. Waldschmiedt [...] , Respondens M. Christophorus Oberius [...] Kiel, 1701. ——すでに父親がこれらの想像力の作用の例を批判的に論じていた。Johann Jacob Waldschmidt, "Disputatio Physica De Caussa Partus Monstrosi, nuperrime nati, hujusque occasione de Monstrorum humanorum causis in genere," *Operum medico-practicorum*, tomus secundus, Marburg, 1684, pp. 219–232.

（20）Thomas Fienus, *De Viribus imaginationis Tractatus*, Lovanii, 1608.

（21）ケプラーの名はおそらく信仰上の理由で（デカルトの場合と同様に）あげられていないが、「線」の光学との関連は明白である。Fienus, op. cit., pp. 103–108. 以下の記述も参照のこと。

（22）［Waldschmiedt］, op. cit., p. 19.

（23）Nicolas Malebranche, *De la recherche de la vérité*, Paris, 1678, Livre II, *De l'Imagination*, Chap. VII, p. 91.

（24）Weingart, op. cit., esp. p. 86ff.

（25）Fienus, op. cit., p. 108.

（26）この点について詳しくは Karl Clausberg, *Badereisen & Himmelfahrten. Die neue Chemie der Gase und Gefühle* (in press).

（27）Ioannis Fienus［Jean Feyens］, *De flatibus humanum corpus molestantibus*, Antwerpen, 1582. – *A new and needful treatise of wind offending mans body* [...]. By W.R. M.D.［William Rowland］, London, 1676. – *Tractat von denen Flatibus oder Blehungen im Menschlichen Leibe*, Schneeberg & Leipzig, 1744, 3rd ed., 1757.

（28）〔Giovanni Verardo〕Zeviani, *Del flato a favore degl'ipocondriaci*, Napoli, 1775. – *Hypochondrie, hypochondrische Flatulenz, Windsucht und die übrigen Blähungsbeschwerden*, Leipzig, 1794 and 1799.

（29）Siegfried Seligmann, *Die Zauberkraft des Auges und das Berufen. Ein Kapitel aus der Geschichte des Aberglaubens*, Hamburg, 1922.

（30）André Mellerio, *Odilon Redon, peintre, dessinateur et graveur*, Paris, 1923.

（31）Francis Bacon, *Novum organum scientiarum*, 1620 の扉絵。〔ベーコン『ノヴム・オルガヌム　新機関』桂寿一訳、岩波文庫、一九七八年〕

（32）Camille Flammarion, *Récits de l'infini*, Paris, 1873.

（33）Karl Clausberg, *Zwischen den Sternen: Lichtbildarchive. Was Einstein und Uexküll, Benjamin und das Kino der Astronomie des 19. Jahrhunderts verdanken*, Berlin, 2006.

（34）Camille Flammarion, *Lumen. Wissenschaftliche Novellen*, autorisierte Übersetzung aus dem Französischen von Anna Rau, Berlin, 1900, p. 125.

（35）ポーレは一八八六年からフルダで哲学の教授をつとめており、ここで哲学者・神学者のコンスタンティン・グートベルレットとともに一八八八年に『哲学年鑑』（*Philosophisches Jahrbuch*）を創刊した。一八八九年からワシントン（アメリカ合衆国）で護教学、一八九四年からミュンスターで教義学の教授をそれぞれつとめた後、一八九七年にブレスラウ大学に移った。

（36）Joseph Pohle, "Die Sternwelten und ihre Bewohner. Eine wissenschaftliche Studie über die Bewohnbarkeit und die Belebtheit der Himmelskörper nach dem neuesten Standpunkte der Wissenschaften," Erster Theil, *Jahresbericht der Görres-Gesellschaft für das Jahr 1884*, Köln, 1884. – Zweiter Theil（Schluß）, ibid., Köln, 1885, pp. 15–16. 第七版（Köln, 1922, pp. 161–162）まで同文。

（37）Barbara Larson, "The Franco-Prussian War and Cosmological Symbolism in Odilon Redon's "Noirs"," *Artibus et Historiae*, Vol. 25, No. 50, 2004, pp. 127–138.

（38）Auguste Blanqui, *L'éternité par les astres. Hypothèse astronomique*, Paris, 1872.〔オーギュスト・ブランキ『天体による永遠』浜本正文訳、岩波文庫、二〇一二年〕

（39）Michail B. Jampolski, "Die Utopie vom kosmischen Schauspiel und der Kinematograph," *Beiträge zur Film- und Fernsehwissenschaft. Schriftenreihe der Hochschule für Film und Fernsehen der DDR "Konrad Wolf"*, 29. Jahrgang, Nr. 34, 1988, pp. 177–191.

（40）この点について詳しくは Clausberg, *Zwischen den Sternen*, Kap. 6.

（41）Carl du Prel, *Die Entdeckung der Seele durch die Geheimwissenschaften*, zweiter Band, *Fernsehen und Fernwirken*, Leipzig, 1895.

（42）Horst Bredekamp, *Theorie des Bildakts*, Frankfurt a. M., 2010.

［インタビュー］

形成することは思考すること、思考することは形成すること[1]

ホルスト・ブレーデカンプ
聞き手：フェリックス・イェーガー／坂本泰宏
坂本泰宏訳

――あなたは一昨年（二〇一六年）、京都大学での講義と東京大学で開催されたフンボルト・コレーク「思考手段と文化形象としてのイメージ」への参加を契機として初めて日本へ赴かれました。この旅では、あなたはどのような期待を日本に対して抱いていましたか。そして、どのような体験をなさいましたか。とくに印象に残ったことがあればお聞かせください。

ブレーデカンプ（以下、B）：この旅に際してわたしは、その場での経験がわたしに直接作用するよう、ポジティヴ・ネガティヴにかかわらずいかなる期待も持たぬことを意識的に努めました。その結果、わたしはこれまでのなかでもっとも印象深い経験のひとつを手にすることができたのです。かの地では、他の文化圏ではおそらくそのような「形式」(Form) の結びつきとして経験することはできないであろう、風景美に溶け込んだ自然と技術文明の繋がりを目にすることができました。一目でそう感じられるように、新幹線から望む夕映えの富士の様相と東京の夜景は、わたしの理解するところ、自然と人工が互いに拮抗してしまうといった対照的なものでは決してありませんでした。第二に、多少なりとも印象に残ったのは、ドイツでは幾分か失われてしまった秩序や作法というものを至る場所で感じることができ、それがヴァーチャル世界にすら通用していたということです――これはわたしが東京のとあるゲームセンターを訪れたときに見た光景ですが。精確さと計り知れぬ奥深さ、その双極が等しくわたしを魅きつけました。

1　図像とイコノクラスム(聖像／図像破壊)

――あなたの著書の多くが翻訳出版されているように、日本の学界はあなたの研究に強い関心を抱いています。そのような関心の高まりはどのような理由によるものとお考えでしょうか。

B：その質問に答えるのは難しいことですが、そこにはある種の期待の心理学といったものが地理的にはっきりと浮かび上がっているように見えます。日本の場合、こうした関心は歴史に根ざしたドイツ語文化圏への共感に由来するものであると、わたしは解釈しています。とくにライプニッツ (Gottfried Wilhelm Leibniz) と造園術に関するわたしの著書に対しては大きな反響がありましたが、それはこれらのテーマが日本の美学に近いということもあるのかもしれません。[2]

――あなたは、博士学位論文『社会紛争媒体としての芸術 (*Kunst als Medium sozialer Konflikte*)』でイコノクラスム (聖像破壊運動) の事象を扱いました。[3] そのなかであなたは、イコノクラスムという社会的な歪みを、図像使用 (Bildgebrauch) の賛否という議論に落とし込むのではなく、図像の内在を議論すべきであるという姿勢を貫かれました。あなたはまた、現代における図像破壊運動の変わらぬ重要性は、政治的・社会的行動の動機にあると強調なさっています。あなたにとってのイコノクラスムの概念はどの程度、人類学的であり、そして歴史的に固有なものなのでしょうか。それはどの程度あなた自身の政治意識に根ざしているのでしょうか。

B：何よりも衝撃的だったのは、われわれの専門分野を、いわゆるハイ・アートのみに従事する営みの外部に導こうと試みた数人の同僚たちが、保守的な美術史の擁護者たちから図像破壊者と呼ばれたことでした。こうした理由からわたしたちは、このような非難の背後にあるものを歴史的に解釈するのは興味深いことであると思いました。それこそが、わたしが博士学位論文で取り組もうとしたテーマです。ある意味で問題だったのは、わたし自身の専門に対する方法論的な自己反省であり、当時はその反省が今とは異なり、この現象に対するある種の共感をかき立てるきっかけとなったのです。さらなる理由は、この時代の至るところに存在した紛争状況にありました。たとえばドイツ学生運動(一九六

○年代）や中華人民共和国における文化大革命です。そこでは、人物を模した人形（effigies）が人前に晒され、図像の損傷（Bildmutilierung）が演出されたのです。

――あなたが拡張したイメージ概念はイコノクラスムによって弁証法的に発展していったのでしょうか。

B：イコノクラスムへの考察を経てわたしが辿り着いた結論は、図像破壊者たちは、図像の創り手たち以上に「形式」（Form）の影響力に大きな信頼を寄せていたのかもしれないというものでした。彼らは図像の力を信じていたからこそ、図像を破壊しようとしたのです。そして、その攻撃自体によって印象深いあらたな「形式」が生み出されたのです。たとえば、再洗礼派革命の間に損なわれたミュンスター大聖堂の石碑、女子大修道院長像の顔部が示すように、イメージの否定からひとつのイメージが生まれたのです（図1）。こうした背景のもとで、わたしは、このイメージという概念を定義によって限定することは、時代遅れであると思いました。イメージの否定は、イメージの概念を限定するどころか、逆に、無の境界にまで至るような拡張された現象の領域をくっきりと浮かび上がらせたのです。

図1　ミュンスター大聖堂女子大修道院長像（出典：Warnke, Martin〔Hg.〕, Bilderstrum. Die Zerstörung des Kunstwerks, München 1973, Abb. 8）

――あなたはイコノクラスムを図像使用自体に根差すような人類学的検討から説明しようとしていますが、歴史的あるいはイデオロギー的な動機も副次的な役割を果たすのでしょうか。

B：図像と図像破壊は歴史全体を通し一貫して互いに互いを生み出してきたように思われます。この緊張関係には存在論的性格があります。形式を付与することと形式を奪い去ることは明らかに一つのメダルの表と裏です。それにもかかわらず、いずれの図像破壊も特有の歴史的諸条件に従属しており、個別に解釈されねばなりません。ゆえに、

図2　2015年8月25日にイスラム国によってソーシャルメディア上にアップロードされたパルミラ遺跡破壊の様子（出典：AP通信／Uncredited）

イコノクラスムの存在論的な基盤に従事することは、その正当化ではなく、イメージと人間のつきあいを含めた、歴史的な追体験なのです。現在、目標とされているイメージ批判もそのなかに含まれます。イコノクラスムを批判することは、その原因を表現と表現されたものの隔たりのない一致のうちに見出すことなのです。ここでは同時代の図像破壊が引き起こす恐るべき事態、たとえば、古代美術・遺跡、キリスト教の聖像、そしていわゆるイスラム国によるシリアのオアシス都市パルミラにおけるムスリム文化遺産などを標的とした破壊もその対象となります（図2）。

——あなたは最新の著作のひとつのなかで、パルミラの「闘争的復興（kämpferische Rekonstruktion）」を提唱されています。[4] そこであなたは、（破壊によって生み出された）訴える力をもつ遺跡の断片を保護することではなく、イメージがもつ復元力を示されようとしています。この点に関連してお聞きしたいのですが、図像破壊とその克服に関するあなたの視点は以前と現在でどのように変化したのでしょうか。

B：一九六八年から勢いを強めた文化大革命途上の一九七〇年代のことですが、すでに言及したように当時のイコノクラスムはただイメージを破壊する行為というだけではなく——ヨーロッパ・アヴァンギャルドではすでにその力が認められていたように——、同時にイメージを解放し、さらなる形式を生み出す力をもっていることを目撃しました。このような趣旨に基づいて、わたしは一九七五年に図像破壊についての博士論文を書き上げました。昨今では、攻撃対象を代替した図像破壊のなかで、人がイメージとして殺害され、そしてイメージが人のように攻撃されています。こういった状況のなかでわたしは、もはや図像破壊行為にイメージを解放する力を認識することはできませんし、とくにイスラム国が行ってきた数々の文化軽視、非人道的な図像破壊を振り返って理解する方法などありません。とりわけ、そうであったように、仮に破壊行為が戦争の対象であると明示されたのであれば、それに対抗する破壊防止と掃滅地の復元もまた戦争の対象とならざるを得ないというのは論理的に矛盾しないでしょう。このような意味を込めて、わたしは「闘争的復興」という観念を使用しました。イスラム国系武装勢力によるトンブクトゥのイスラム文化遺産破壊について、ハーグ国際刑事裁判所が審理によって導き出した判決は(5)、この点において、ある意味でわたしの見解と一致するものでした。

2　アビ・ヴァールブルクからイメージ学へ

――あなたがハンブルク大学美術史研究室に赴任して以来、研究対象としてきたアビ・ヴァールブルク（Aby Moritz Warburg）は、いくつかの点で、あなたの方法論を先取りしてきた人物です。あなたの研究方法やその内部には、どの程度ヴァールブルクからの影響が反映されているのでしょうか。

B：ヴァールブルクは包括的なイメージ概念を代表しており、それはわたしが分析を試みた事象に対する理解をより明確にしてくれました。わたしたちの願いは、とりわけウィリアム・ヘックシャー（William Heckscher）、エルヴィン・パノフスキー（Erwin Panofsky）、そしてアビ・ヴァールブルクらによって展開されながらも、国家社会主義によって失われた方法を再び取り戻すことだったのです。

――九〇年代になると、あなたは自然科学におけるイメージの実践に集中的に取り組み始め、あなたもその発起者のひとりであるイメージ学（Bildwissenschaft）を支持するようになりました。二〇〇〇年に設立された、ヘルマン・フォン・ヘルムホルツ文化技術センターの「技術的イメージ（Das Technische Bild）」部門、そして同部門による学術雑誌『知のイメージ世界（*Bildwelten des Wissens*）』の創刊からも、あなたがイメージ学へと強い関心を向けていったことが読み取れます。あなたが博士論文で格闘した旧来の美術史と、ヴァールブルクによって育まれた方法的手段（Methodenapparat）としてのイメージ学の違いとは一体何なのでしょうか。

図3　ケニア・トゥルカナ盆地から出土した世界最古と考えられる約176万年前の握斧（出典：P.-J. Texier © MPK/WTAP）

B：わたしの理解では、美術史とイメージ学は、アビ・ヴァールブルクを継承して造形のあらゆる形式に取り組む限りでは同義です。これに関連して、当時、記号論的および言語学的な方法を採るヴィジュアル・スタディーズの側から、この概念をもとに新しいディシプリンが樹立されようとしました。それがつまり、まったく反歴史的な仕方で学術的というよりも審美的にイメージにアプローチすることに勤しむ、かつて「イメージ学」と呼ばれた学問です。この局面で、わたしは美術史の叛乱について語り、そのイメージ学という概念をタブーとし、それを学術的方法として拒絶することを提案しました。しかしながら、実際にはまもなく、わたしのように包括的な美術史の推進を望んでいた学者たち自身が、イメージ学者のレッテルを貼られたのです。わたしは美術史家であることに固執してきたにもかかわらず、かれこれするうちにこの呼び名から身を守ることを諦めてしまいました（笑）。

――けれどもあなたは自身で存在論的区分を定義し、そして極端に幅広い時代を股にかけるような主張をされています。ここ最近の論考では先史や原始時代までを対象とした分析をなさっていました。時代錯誤的、あるいは反歴史学的なイメージ理解を（自身のテーマとして）扱おうとはされないのですか。どのようにして構造的、存在論的、または人類学的な要素を歴史と調和させるのでしょうか。

B：わたしは言うまでもなく歴史家であり、分析されねばならない形式とその環境的な諸条件とを緊張状態に置くことを常々こころがけてきました。作品が歴史によって、あるいは歴史が作品によって完全に解明されるということは決してありません。ここに、この両方向からの解釈が絶え間なく試みられなければならない理由があります。それによって、お互いに刺激し合う緊張関係が存在し続けるのです。しかし、いまやすでに長きにわたった形式の歴史への従事を経て、わたしは、演繹的な性格を帯び、存在論的な問題設定を許容する考察に身を捧げることもまた同様に正当であると見なしています。これに関係して、わたしは「像行為」という概念を強化することを試みました[6]。そして、あえて体系的な問いを立てています。このことは、約一八〇万年の時代を遡る握斧（Faustkeil）に関するわたしの考察にも当てはまります[7]（図3）。わたしはその際、用と美の二分法から解き放たれた「人間的なもの（Humanum）」を定義しようと試みています。このような意味でわたしはまた、みずから進んで存在論的でもあるのですよ。いけませんか？ すべてに共通して「あれかこれか」と迫る考え方は非生産的だと思いますよ。

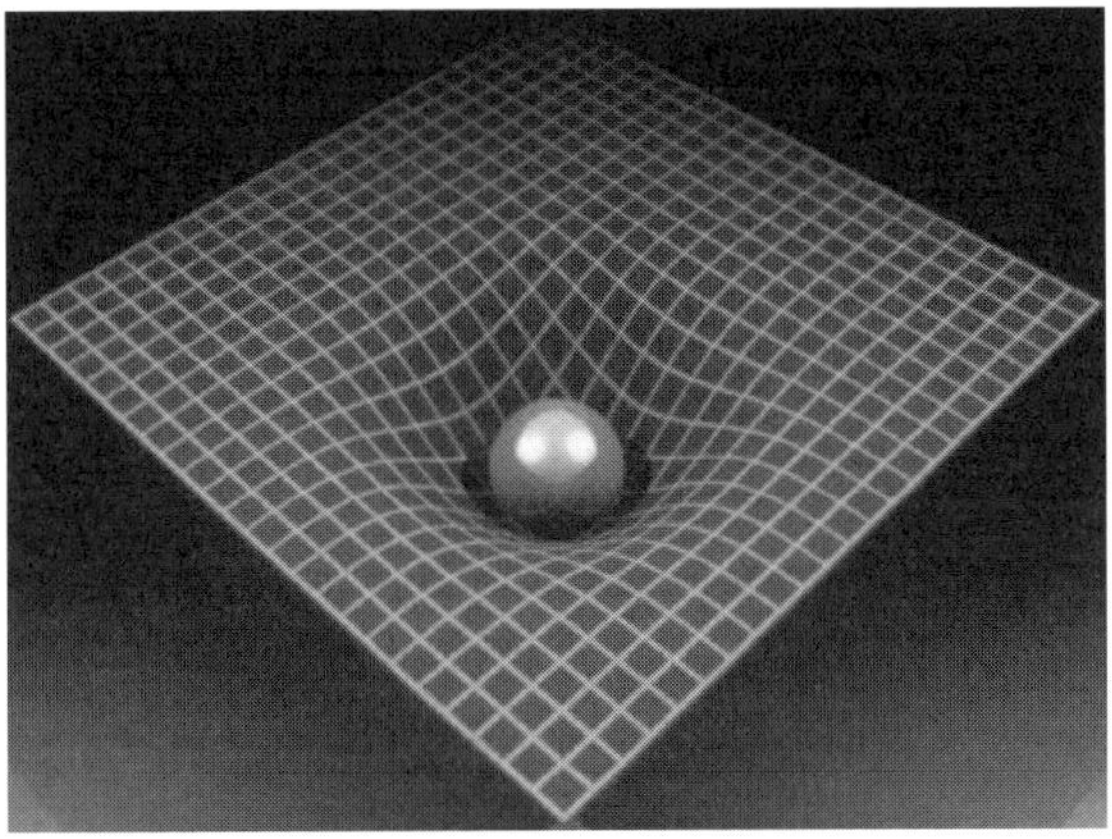

図4　自然科学イメージの例「重力波シミュレーション」（出典：LAGUNA DESIGN/SPL）

――イメージ学は自然科学から生まれたイメージを対象としてさまざまな研究を生み出してきました。あなたはこれをイメージ学的方法の特権的な対象領域であるとお考えになりますか。

B：イメージ学はあらゆる形式を扱います。それにもかかわらず、わたしは自然科学のイメージ生産力が最高ランクの文化的ファクターであると考えます（図4）。その爆発力に匹敵しうるのは政治の図像言語くらいでしょう。重要なのは過去数世代のうちに固有の力を培った分野を保護することです。

――イメージ学もまたイメージ批判なのでしょうか。

B：批判的ポテンシャルは本質的です。イメージ学が試みるのは、ある種の視覚的実践のなかで生じる「非媒介な身振り（Unmittelbarkeitsgestus）」を問題化し、あらゆるイメージが表現と表現されたものとの間に入り込む固有の自然力（Physis）を示している、という意識を喚起することです。それゆえに、イメージ学は啓蒙的であり、批判的でもありますが、押し付けがましく他者を見下すようなものではありません。

わたしにとって重要なのは失われた洞察手続きを検証すること（自然科学の方法論批判）ではありません。そうではなく、イメージに内在する複雑性とその文化的な地位を承認するよう、わたしは呼びかけているのです。それを通じてわたしは、自然科学的イメージ世界の価値を引き上げたいのです。

——イメージ学の誕生以来、あなたのやり方に追随するものから批判的なものまでいくつかの異なる学派が設立されました。イメージ学はこの先どこに向かおうとしているのでしょうか。

B：わたしはここ最近の発展をとてもポジティヴに、かつ、まさに未来を指し示すものと見做しています。わたしの側で留保を付けなければならないとすれば、それは自然科学への関係がみずからの存在を誇示するような振る舞いに硬直してしまった場合のみでしょう。さらなる危険は、イメージ学が、見誤った成功の物語のなかで、緊張の火花を散らすことなく絶えず付加的に新しい領域に侵攻することでしょう。わたしの希望は、イメージ学が継続的に自然科学の認識論を組み入れることです。たとえば、神経生物学は、他のどの分野にもましてイメージの認識能力から恩恵を受けていますが、その際、イメージの可能性とリスクを徹底的に見極めるということをしてきませんでした。ここにわたしは大きなポテンシャルを感じています。また同じく強く願っていることは、イメージの探求が「人間的なもの」の認識のために実り豊かなものになることです。わたしは、イメージ学が身体化の哲学（Verkörperungsphilosophie）との連携を通して、哲学をその分析的な不毛さから救い出すと信じています。

——あなたは、イメージ学は既存のいくつかのディシプリンを足場として、そこから作用する方法であるべきとお考えですか。それとも逆に、単体の制度的構造を獲得し、その下で学科特有の専門性を発揮することが望ましいとお考えでしょうか。

B：制度的な上部構造を築くことは、いかなる場合も追求するに値しません。なぜなら、それはわたしたちの分野を分裂に導くかもしれないからです。「イメージ学」という名称のもとに固有の講座を置くことは、美術史を幅広い要求から解放し、ディシプリンを保守的で窮屈なものにすることの手助けをしてしまいます。また、切り離された方のイメージ学は、それによって、歴史的な根源とその緊張の場の広がりから遠ざかってしまうでしょう。このような展開は、英語圏で前もって示されています。ヴィジュアル・スタディーズとアート・ヒストリーへの分裂を、ドイツ語圏やスカンジナビアの美術史は後追いしませんでした。そのかわり、二つの分野が互いに補完的であるがゆえに、より強い緊張の糸を張ることができるような一体化が敢行されたのです。このような一体化が成功するならば、ディシプリンを横断して新しい講座ができるでしょう。たとえば、わたしたちのエクセレンツ・クラスターにおける、生物学と美術史を同時に足場とした架橋講座（Brückenprofessur）のようにです。

3　イメージ学と経験科学

――あなたは、自然科学者や哲学者らとともに生理、認知、心理的な知覚条件の研究もされてきました。生命・自然科学的な手法を用いたイメージ学の可能性と限界は、どこにあるとお考えでしょうか。

B：その強みは、歴史的・分析的なイメージ解釈学によって得られた結果を、追証または却下できる場合があるということにあります。わたしは通例、共感的感情移入によって得られる効果を拠り所にしています。けれども、その効果のいくつかの基礎区分、たとえばイメージ威力（Bildmacht：政治的な図像の影響力など）やイメージ作用（Bildwirkung）を経験科学的に検証することは、これまで困難であるとされてきました。これらの現象を自然科学的に追証しようとした場合、とくに方法論的な諸問題で頓挫してしまうでしょう。視覚体験は体の動きを前提としますが、アイトラッキングは大抵の場合、それらを無視して顔や眼の位置を固定して行われています。眼球のわずかな動き（マイクロサッカード）ですら身体の運動能力に属しており、身体は絵画、彫刻、建築を前にして拘束などされないどころか、外界認知のスキーマに則り動き続けるのです。もしも（鑑賞時の）静止体勢が絶対化されてしまったならば、あらゆる知覚体験を神経生物学的に解明できるかのような肥大化した説明モデルがすぐにでも生まれてしまうでしょう。ここのところ、この課題を複雑な実験系によって解決しようという、大いに期待がもてる試みもされていますし、さらに期待されるのは、経験科学的な研究がまったく新しい問題提起をなすことです。それでもやはり、経験科学が提供する膨大なデータ量は、それだけで自明というわけではなく、解釈学的に読み取られなければならない、と変わらず確信しています。ビッグデータは説明を必要としないなどということはありえません。

――ウィーン大学で経験イメージ学（empirische Bildwissenschaft）を展開するラファエル・ローゼンベルク（Raphael Rosenberg）やヘルムート・レダー（Helmut Leder）らは、新しいタイプのアイトラッキングシステムを独自に開発し実験をはじめています[8]。彼らの装置は観察対象付近に固定されており、実験参加者はその周囲を自由に動き回ることができます。もっとも、眼の動きが知覚刺激の感受と認識にどう関係しているのかという認識論の根本問題は未解決のまま残されていますが（図5）。

図5　ウィーン美術史美術館に仮設されたアイトラッキングシステム（出典：Universität Wien/René Steyer. https://scilog.fwf.ac.at/kultur-gesellschaft/4173/im-auge-des-betrachters〔アクセス日：2019年3月13日〕）

B：アイトラッキングがまず仮定しているのは、知覚の本質が視線の中央、つまり瞳孔の位置にあるということでしょう。ここには、西洋思想的な一点透視図法教育が見え隠れしています。しかしながら、このテーゼはライプニッツ、さらにはジョヴァンニ・モレッリ（Giovanni Morelli）によって反証されてきたものです。彼らの考察によれば、アテンション（注意）は、場合によっては視覚の焦点から外れた場所に向けられるのです。進化心理学的に考えると、脳の視覚領野は、視覚意識が正常に機能しない状況においてこそ、強い緊張状態を保ちます。なぜなら、人への危険は視覚の外側から差し迫るからです。そこからモレッリは、芸術家は、自己の意識的な注意が払われない、つまり瑣末なディテールにおいてこそ（芸術家として）もっとも真正な表現をするものだと推論しています[9]（図6）。わたしは依然として、これこそが視覚認識の理解を拡げていくことができるモデルであると思っています。人とはおそらく、一望（coup d'œil）とともに知覚のフラッシュを経験する、ある種の全域受容体（Ganzfeldrezeptor）のようなものです。ヴォルフラム・ホグレーベ（Wolfram Hogrebe）はこれを場景的認識（szenische Erkenntnis）と呼んでいます。[10] 意識に上る以前に認識されるものは、すでに認識されるべく表象として発生しているのです。この能力は、視覚認識を視線の中心へと還元するだけでは完全に解明することはできません。

――認識を取り巻く同様の議論展開は、機能的磁気共鳴画像法（fMRI）、脳磁図（MEG）、脳波計（EEG）、そして経頭蓋磁気刺激法（TMS）など、医学における脳イメージング・測定技術を利用した知覚実験とその解釈でもよく見られます。認識における脳機能局在論的な「どこ」を対象としたスタディだけではなく、「いつどのように」という時系列を踏まえた関係性に焦点を当てる試みもはじめられています。

B：わたしは、この変化は、全身体的な視覚概念の考察を実験的に可能にするものであり、それはデカルトからライプ

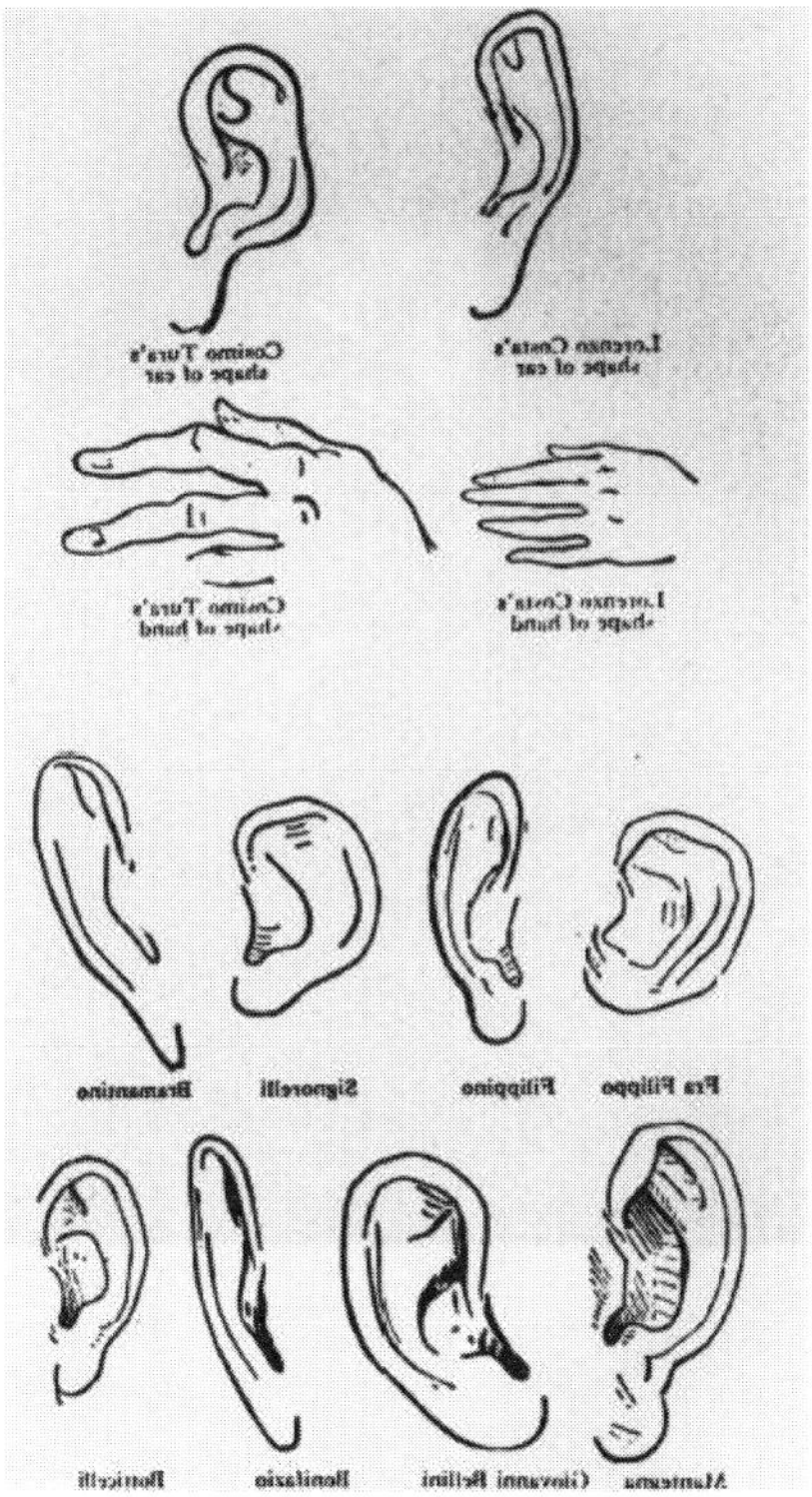

図6　ジョヴァンニ・モレッリによるさまざまな画家の表現ディテール分析のためのイラストレーション（出典：Giovanni Morelli, Kunstkritische Studien über Italienische Malerei, Leipzig 1890, S. 99.〔Ohren unten〕; Giovanni Morelli, Die Werke italienischer Meister in den Galerien von München, Dresden und Berlin, Leipzig 1880, S. 277.〔Ohren und Hände oben〕）

ニッツへのパラダイム転換によるものであると、おおよそ理解しています。イメージ学が、この問題意識をもった経験科学に自ら参加することで、身体性の哲学にも馴染んでいくということを期待しています。

4　前意識とイメージ

――あなたの経験科学的イメージ研究に対する非難は、知覚を定量化しようとすることへの疑念に由来していると思われます。その嫌疑は、あなたが像行為論で、知覚そのものの中に潜む知覚特性について論じていることからも推し量ることができます。そのなかで、ライプニッツはキーワードを示す役目を果たしていますね。あなたは、微小知覚（petites perceptions）の概念を参照し、一望（図7）を再構築しようとしています。[11] このモデルはどの程度まで認識論的前提の組み替えを可能にするのでしょうか。

B：わたしはとりわけ、前意識で起きている知覚に関心があります。知覚感覚システムの概念的なコード化を受け入れることについては疑ってかかるべきです。それはもちろん、言語学上の構造原則を省略するということではなく、世界観を物質的な、[12] そして言語的な思考過程の相互作用として理解するということです。わたしはマルティン・ロート（Martin Roth）やヴォルフ・ジンガー（Wolf Singer）らとの対話のなかでしばしば自由意志を問題化し議論の対象としてきました。しかし大抵の場合、こうした試みでは、意識の欠如を悪しきものと考えるような、倫理的・社会的な問題設定になってしまうことを避けることができませんでした。自由意志の薄弱は囚人をその罪から放免すると言われています。こうした主張に対してわたしは、概念を新しく生み出す、人間のすばらしい素質は、責任能力問題のなかで無効になることはないと反論してきました。場景的認識は前意識で発生する自由意志であるにもかかわらず、多分に思考を含んだものであるため、そこには自動的な情報処理に還元することができない、何か途轍もなく創造的なものがあるのです。それは認識を作用・反作用の法則に従うものではなく、多少の遊びをもったものとして理解することを可能にします。なぜなら、認識における遊びの働きは予知できるものではなく、人間の根源、先天的な知力（Ingenium）、そしてエウレカ（Heureka：アルキメデスの言葉で感嘆的に「分かったぞ！」の意）といった才を示すものだからです。この認識のコスモスは、ライプニッツが時代に先駆けて思索した知覚論に通じています。

——フーコーは犯罪行為の認識論的モデルを、人間の社会的側面に基づく法的権力の概念へ帰そうとするでしょう[13]。あなたは、無意識であることを欲望充足のための自律的活動によって規定される領域ではなく、周囲の環境に対して繋がるように開いている場と理解されているのでしょうか。

B：この問いは、無意識における自動的な処理経過のなかであっても、一方では遊びを許容する自由度を獲得し、その往き来ができるかという、認識モデルの中間領域を問うものでしょう。これは芸術と創造的な自然科学の勢力圏の境界を問うのと同じようなことです。アウグスト・ケクレ（August Kekulé）は、ベンゼン環の輪状の原子連結モデルのアイディアを白昼夢で得たとも言われています。彼は、炭素原子と水素原子が踊るようにして跳ね回り、錬金術の象徴であるウロボロスが彼のまえに現れたのを見たと述べています。

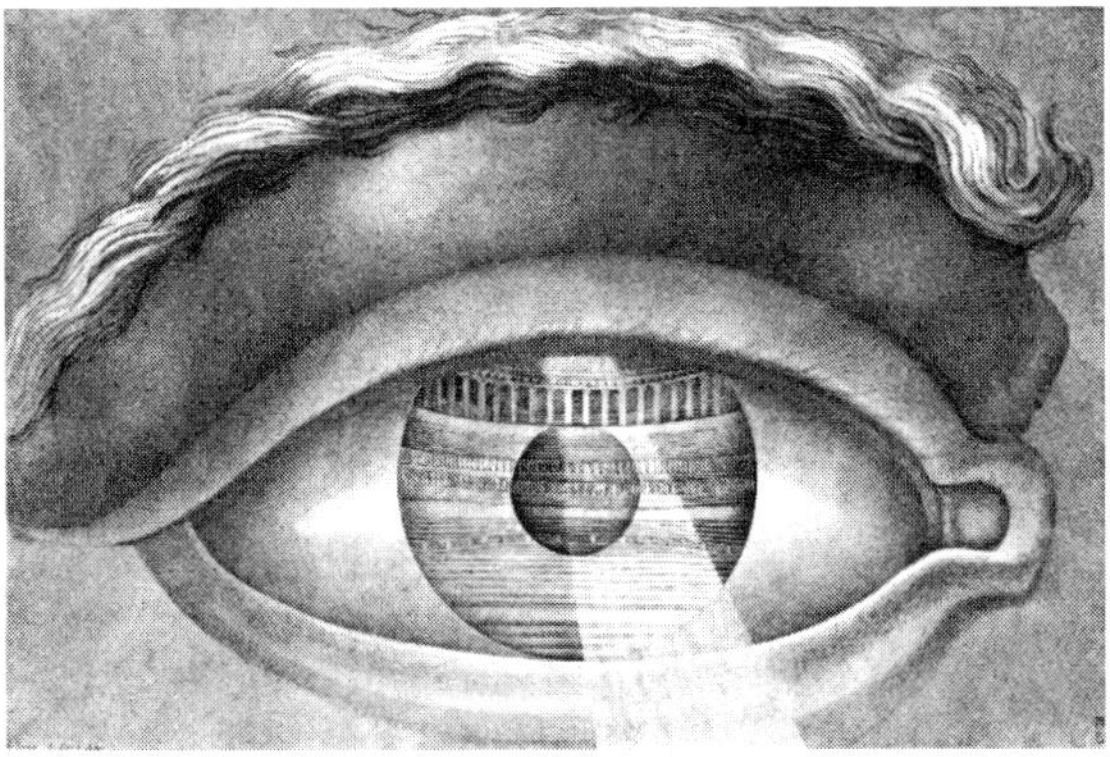

図7　クロード＝ニコラ・ルドゥーによる銅版画「ブザンソン劇場への一望」（1804年）（出典：Claude-Nicolas Ledoux, Coup d'oeil du théâtre de Besacon, Kupferstich, 1804 aus: Horst Bredekamp, Der Bildakt. Frankfurter Adorno-Vorlesungen 2007, Neufassung 2015, Berlin 2015, Abb. 141, S. 242.）

——先頃、ベルリンにこの中間領域を神経科学的に調査する研究グループが設立されました。像行為研究にとって、経験科学的な手法はどのような可能性をもっているのでしょうか。そして、どのような前提において現象学と経験科学的方法の融合は成し得るのでしょうか。

B：像行為研究はあらゆる観察行為に即しています。詩人、芸術家、そして哲学者らがそう歴史を描写してきたようにです。イメージは決して死した物質のように振る舞うのではなく、むしろ驚くべき仮

図8　ゲシュタルト心理学の実験装置（旧ベルリン王宮、1930年）（出典：Ullstein Bild/ Foto: Zander & Labisch）

象の生気を纏っているということは、公益財として、また同様にあらゆる文化的存在として欠かせないことなのです。そして度重なる観察による自省は、イメージはそこに付与された思惑を超えるものを含有している、という迷いのない確信へと導いてくれます。

今や経験心理学は複雑な手続きによって像行為の概念と結びついた現象を実験的に検証する能力を得ました。いくつかの場所で系統立った調査が行われていますが、たとえばエクセレンツ・クラスター「イメージ・知・造形」では心理学者トルステン・シューベルト（Torsten Schubert）、元マックス・プランク研究所所長のヴォルフガング・プリンツ（Wolfgang Prinz）、そしてベルリン自由大学の神経生物学者フリーデマン・プルーヴァーミュラー（Friedemann Pulvermüller）らの協力を得て進められています。そしてまた同様に、坂本さん、あなたがフランクフルトで進めている直観と表象の関係性を早期知覚の入れ子構造から読み解こうとするプロジェクトにも可能性を感じています。

――ベルリンの心理学的知覚研究には長い歴史があり、ゲシュタルト心理学で知られるマックス・ヴェルトハイマー（Max Wertheimer）、ヴォルフガング・ケーラー（Wolfgang Köhler）、クルト・コフカ（Kurt Koffka）そしてルドルフ・アルンハイム（Rudolf Arnheim）らを輩出してきました。ヴァールブルク学派出身のエルンスト・ゴンブリッチ（Ernst Gombrich）は、知覚心理学などの成果を美術史に役立てました。そして、カール・クラウスベルク（Karl Clausberg）が提唱した神経系美術史や神経系イメージ学は、一九世紀の知覚哲学や脳研究を参照しつつ美術作品を論じています。このような背景を踏まえて、あなたのイメージの現象学は、どの程度、これらの心理学的な説明モデルを受け入れているのでしょうか（図8）。

B：それらは、イメージ史研究に不可欠の源泉であり、ますます強まりつつある、最新の研究成果だけを追い求める傾向にある経験主義に対置されるべきものです。アングロ・サクソン系の哲学や自然科学のいくつかの領域には、自身の前史や多彩な研究方法を生産的にとらえないという弱点があります。この点で、イメージ学は啓蒙的な刺激を与えることができるでしょう。たとえば造園理論家クリスティアン・C・L・ヒルシュフェルト（Christian Cay Lorenz Hirschfeld）は、当時はまだ理論として確立していなかった、ある種の運動感覚的知覚論を提唱しました(14)。彼はそこでピクチャレスク・ガーデン周遊の様子を記述していますが、視力（Visus）だけでなく、皮膚感覚や聴覚刺激、そして庭園における人々の相互作用の形式までも引き合いに出しています。そこでは目下、理論的に検討されているような複雑な事柄がすでに論じられています。また、クラウスベルクはそれを理性が発現する少し前の段階に働きかけるイメージの暗示力に関連づけることによって的確に言い表しました(15)。

5　イメージ・知・造形――造形家の視点

――あなたは東京講演（第15章）で、危険を孕みながらも形式を生み出す機会を切り拓く、自然と人工の境界の限界分解能をイメージの読み解きを通して描写されました。あなたがヴォルフガング・シェフナー（Wolfgang Schäffner）とともに責任者を務める（当時）エクセレンツ・クラスター「イメージ・知・造形」（Exzellenzcluster »Bild Wissen Gestaltung«(16)）では、イメージ学の学際的な傾向をさらに強化すべく、自然と人工の境界に関する分析に基づく研究プログラムが考案されています。二五を超える専門領域が参画し、デザインや建築といった造形原理を扱う分野も含まれています。「技術的イメージ」が取り組んできた分析的な研究とは異なり、そこでは能動的な環境デザイン行為に基づく視点（つまりイメージを生み出す視点）があらかじめ考慮されています。あなたは、イメージ批判的なイメージ学と各種造形原理は一体どのような関係にあるとお考えですか。

B：わたしが何でも取り入れるようなホーリズム支持者であるとはお考えにならないでください。造形家との共同作業

図9　ステファン・フォン・ヒューネ「テーブル・ダンサー（Tischtänzer）」（1988–93年）（出典：© ZKM /Karlsruhe）

は、美術大学と総合大学が分断されている現状打破を目指す点において、わたしたちのエクセレンツ・クラスターの基本理念なのです。それは従来では、たとえば研究で必要となる装置や機械の設定・運用がデザイン的決定によって最適化できる場合や、線描画家が生物学的な種の類別に協力できる局面があったなど、問題解決ベースでいくつかの限られた事例においてのみ実現してきました。それに対してわたしたちは、形式を生み出すことこそ、知をも創成する正真正銘の知的活動であると理解し、それを普遍的に取り込もうとしています。ちょうどいま、わたしたちの対話が新しい発見を生み出しているようにです。形成することは思考すること、思考することは形成することなのです。造形家たちは、わたしたちの人文科学での取り組みの付属品ではなく、彼らもまた研究者なのです。しかしながら、彼らはよく、その役割を担うことを拒否します。それはわたしにしてみれば受け入れがたいものなので、そこで造形家たちとの不和が生じるのかもしれません。

――創造的な視点をイメージ研究に取り込もうという着想は、あなたが二〇〇〇年にフリードリヒ・キットラー（Friedrich Kittler）に加え、情報学者ヴォルフガング・コイ（Wolfgang Coy）、数学者ヨッヘン・ブリューニング（Jochen Brüning）らとともにヘルマン・フォン・ヘルムホルツ文化技術センターを設立したときに、すでにおもちだったのではないでしょうか。あなたは当時、芸術家ステファン・フォン・ヒューネ（Stephan von Huene）との協力をお考えでした。それ以来、何が変化したのでしょうか（図9）。

B：一連の背景には一貫した考えがありますが、その由来にまで遡ることはできません。一九九一年にハンブルク・メディアーレの構想を練っていたときにはすでに、わたしたちは芸術家たちと密な共同作業をしていました[17]。なかでも、当時もっとも著名だったナム・ジュン・パイク（Num June Paik）との議論は、このうえない楽しみでした。彼もステファン・フォン・ヒューネと同様、芸術的かつ言語学的で、そのうえ聡明に論じるものだと常々思っていました。

——その基本思想は、ほぼ一五年前にあなたによって創刊され、ガブリエレ・ヴェルナー（Gabriele Werner）、そして後にマティアス・ブルーン（Matthias Bruhn）やクラウディア・ブリュームレ（Claudia Blümle）らを編者に迎えて刊行されてきた学術誌『知のイメージ世界』にも根ざしていますね。同誌では視覚の認識能力（Erkenntniskraft des Sehens）と技術的イメージの属性が重要であるのに対して、エクセレンツ・クラスターでは思考された造形と形式がもつ潜在的な作用力に照準を向けられています。この過程にはどの程度、概念的再検討があったのでしょうか。あなたの知への理解はどのように変化していったのでしょうか。

B：ここでの変化とは拡張に相当するものです。はじめの数年間は偏見なしに自然科学者たちと理解しあうのは簡単なことではありませんでした。というのも会合の場において、わたしのような人文科学者が、研究テーマの中身に踏み込まず、それが扱われる様子を外側から、さながらイデオロギー批判的に評価しようとしているのではないかという嫌疑が再三にわたってかけられたのです。何年にもわたった彼らとの対話によって、そのような疑惑は綺麗さっぱり払拭され、その結果として現在、わたしたちはヒエラルキーや評価の干渉なく、未解決の問題についてオープンな視点で議論をすることができています。「行為的イメージ（aktive Bilder）」、「行為的空間（aktive Räume）」、そして「行為的物質（aktive Materie）」について統合的な観点から、これから数年にわたる大綱を練っていくなかで培われたお互いの信頼が思考の枠組みの拡張を生み出したのです。これはすなわち、ライプニッツの基本思想のひとつへの回帰であり、彼がモナドロジーにおいて、ルネ・デカルトが同時期に遂行した（二元論的な）それとは異なり、死した質量（物質）と生気を有し思考する質量（精神）をそれぞれ異なる洞察解像度で類別したようなものなのです。

——二〇一六年から二〇一七年にかけて開催されたエクセレンツ・クラスターの展覧会では、「道具を使うサル——能産的自然（Homo Faber - Natura Naturans）」のセクションから「イメージ・オペレーション」のセクションまで、あわせて

図10　企画展「+ultra」展示風景（出典：Foto: Jan Konitzki | Bild Wissen Gestaltung 2016）

九つの主要テーマが一連の流れに沿って紹介されていました。学際的な研究成果はどのように紹介されたのでしょうか。展示会そのものが理論構想を示すようなものであったのでしょうか。このような、従来の美術品や博物品を紹介する展覧会とは異なる場において、キュレーターの限界と可能性とはどういったものなのでしょうか。

B：展覧会と呼ばれるに値するものは、陳列品の集約的な相互浸透とその組み合わせから生じる問題提起の所産です。その意味では、どの展覧会も理論的な性格をもちます。マルティン・グロピウス・バウで開催した展覧会「プラスウルトラ（+ultra）」は、それを特別な方法で目指したものであり、そこでわたしたちは、形成行為とは、決して別の場所で発見されたアイディアや概念の付加物として表現されるものではなく、内側からアイディアの成り立ちに干渉するものであるということを、生物学、先史・原史（Vor- und Frühgeschichte）、物理化学、心理学、医学、軍事、そしてあらゆるタイプの建築的な造形領域の事例から示すことを試みました。そして、このプロジェクトは模範的な性格をもっていることから、展覧会カタログは英語でも出版することとなったのです[18]（図10）。

6　イメージの重複規定——文化への適応と不変性

——あなたのイメージ論は、異なる文化的コンテクストにおいても有効なのでしょうか。あなたのイメージ研究は、人類学に、そうでなければ宇宙論に依拠した、普遍的な作用法則を描写することを求めています。この点については、主に著書『像行為（*Bildakt*）』で主張されています。そのうえで、イメージがもつ文化的気質、ポストコロニアル・イメージ理論、そして異文化交流が像行為の副次的な役割を担うと論じていらっしゃいます。しかし、あなたは形式分析のカテゴリーや像行為が作用する力を文化を超えて相対化することに対して偏見をおもちではありませんか。日本における像行為が、西洋におけるそれと違ったはたらきをするということは想像できますか。

図 11　ヴァールブルク研究所「イメージの放浪手段（Bilderfahrzeuge）」プロジェクトのロゴ（出典：© Bilderfahrzeuge）

B：像行為の作用によって生じる現象は、文化圏を超えるか、ひとつの文化圏に留まるかどうかの如何にかかわらず相対化されるものです。わたしは、この作用法則が文化への適応と不変性というふたつの相反する作用法則を同時に持ち合わせているということを、アビ・ヴァールブルクのBilderfahrzeuge（イメージの放浪手段）という概念で理解しています（図11）。ロンドンのヴァールブルク研究所には、こうしたテーマを扱う新しい研究チームが設置されました。そこで扱うのは、特定の文脈に由来するイメージがどういった成り行きで別の文化へと伝播し、その先でどのような役割――それは予見できないのですが――を果たすのか、といった問題です。たとえば、アルブレヒト・デューラー（Albrecht Dürer）の木版画《ヨハネの黙示録（Apokalypse）》が、日本でどのように受け入れられるかを予見することはできません。その作品はひとつの印象を生み、それが日本の芸術文化に入り込み、また自身もそれにより変化していきます。それでもなお、諸文化間を放浪する形式のなかには常に、ひとつの核が残るでしょう。その核は、入り込んだ先の文化によって完全に精算されてしまうということはないのです。このすばらしい性質こそが、わたしたちの研究対象であるイメージをポストコロニアル理論のなかに埋没させないようにしてくれるのです。形式の放浪は無秩序です。英国の帝国主義は、インド文化の格式を貶めるため、凱旋の証としてインドの形式をロンドンに持ち込んだと言われていますが、この考えはせいぜい無邪気なものです。[19] 二〇一四年夏学期にフンボルト大学でアルンハイム・プロフェッサーとして教壇に立ったジョティンドラ・ジャイン（Jyotindra Jain）は、インドの形式は、ある意味では逆にイングランドを支配したと説明していました。皮肉なことに、英国形式もまたインドの一部では熱心に受け入れられましたが、イングランドで起きた現象のようにはいかず、植民地化における隷属の証と解釈されることはありませんでした。

ここから、ふたつの形式の出会いによって生まれる響きを独自に調和した、混合形式が生まれました。それによれば、イメージは超文化的、あるいはサブカルチャーのような役割を果たし、独自の遊びを生み出します[20]。このイメージと文化との相互作用過程においてイメージは存在論的でありつつも、同時に歴史的に固有なものでもあるのです。

——あなたは自身の研究のなかで、言語の様式化をとても重要視しています。あなたのテクストには、固有の概念装置（Begriffsapparat）と描写様式（Duktus）が深くまで浸透しており、学生たちは語学学校に居るかのようにそれを習得します。その溢れんばかりのレトリックは一部では批判もされていました。イメージ学的形式分析はどの程度ドイツ語によって特徴づけられているのでしょうか。あなたの研究成果はやはり、その独特の言葉遣いや言い回しがあってこそのものなのでしょうか。

B：その批判はよくわかります。実際に、わたしは研究対象に対して強い親近感を抱くあまり、高揚しすぎていると感じることがあります。それでもわたしは、いつも対象から距離を置こうとはしています。言うまでもなく、ものごとを形式内に巧みに取り入れることはドイツ語の特色なのです。そして、これを英語で模倣するのは困難なことです。それこそが、なぜわたしの著書が多くの言語に翻訳されるなかで、英語には稀にしか翻訳されなかったことの理由なのかもしれません。わたしの像行為に関する著書は現在、英訳中ですが、すでに書名に掲げた概念の翻訳問題でつまずいています。ビルトアクト（Bildakt）という響きはサッカースタジアムでの選手名コールのようでわたしは好きなのですが（笑）。長きにわたる翻訳家との思案の末、その訳語は *Picture Act* を経て *Image Acts* へと至りました[21]。この訳語も必ずしも意に適うものではありませんが、これもまたスタジアムに似つかわしい音節をもっていますね（再笑）。

——翻訳に関する同様の問題は、ゲシュタルト心理学やイメージ学の概念にもつきまといます。たとえば、簡潔性（プレグナンツ）の概念は英語では捕捉できず、ドイツ科学史では、それゆえにゲシュタルト心理学がアメリカで成功できなかったのではないかとも論じられています。イメージ学は、アメリカでどのような状況にあるとお考えですか。やはり、非常にドイツ的な性格の学問なのでしょうか。それとも、さまざまな国の学術伝統にあっても価値を認められるような国際的な流動性があるとお考えですか。

B：イメージ学は「価値を認められる」必要などなく、ただ存在を維持するべきでしょう。ひょっとすると、イメージ学はドイツ語圏でも「価値を認められて」はいないかもしれませんし、それを質的に確かめることは困難です。しかし、これを欠点だとは思いません。なぜなら、好結果を収めた方法でさえやがては消えゆくものだからです。基本的に、わたしはイメージ学と像行為論のそれぞれが、個別に超文化的な跳躍力を展開できると確信しています。たしかに、構成主義者たちはわたしのこのような考えをアニミズムであると抗議してきました。しかし、これらのイメージ作用力の本質は、他の文化圏ではむしろ、もともと馴染んだ思想に根ざすものであり、さしあたって哲学的正当化を必要としないのです。イメージ固有の自発的能動性（Eigenaktivität）は、これらの文化において、所与（Gegebenheit）であり――不安に満ちた新カント主義者がわたしへの非難を込めて主張するような――製造されるもの（Fabrikation）ではありません。ゆえに、わたしが像行為としてイメージの能動的なはたらきを記述しようとしていることは、文化間交流を促進するためには、おおよそ妥当なことであると考えています。ちょうど、形式主義芸術学が異文化においてもその価値を認められることができたという前例のようにです。わたしは、ある国際会議で中国人と南米人が、西洋美術史に対しては懐疑的だけれど、ヴェルフリン（Heinrich Wölfflin）だけは認めていると話していたのを耳にしました。彼らは、ヴェルフリンについては五〇〇年後もまだ教えられることがあるだろう、と話していました。どこか問題ありますか？　それ以来、わたしは、いわばユークリッド的に形成され、数百年にわたって継続されてきたイメージの省察が、たとえ五〇〇年が経過してもなお、実りをもたらすことができると信じています。それらは文化を超えて役割を果たします。イコノロジー（図像解釈学）、形式分析、そして遠近法モデルへの代替案を提示する東洋の空間観念は、（もうひとつの）像行為ともいえる、歴史を超えた分析手法を供与してくれます。なぜなら、それは一次元的な説明方法を反駁するからです。わたしは、一点透視図法への批判として、たとえば、作品のなかに多焦点に相当する視点をちりばめた、ニコラウス・フォ

図12　伊藤若冲《蓮池図》（1789年）所蔵：西福寺（出典：佐藤康宏『もっと知りたい伊藤若冲 生涯と作品 改訂版』東京美術、79頁）

ン・クース（Nikolaus von Kues：ラテン語名ニコラウス・クザーヌス）を取り上げました。多焦点を図像に描き出したという意味でニコラウス・フォン・クースは世界思想家（Weltdenker）なのです。彼はさまざまな見方（パースペクティヴ）を容認しています[22]。

7　日本におけるイメージのレトリック

――日本絵画の掛け軸は、たとえば、伊藤若冲の《蓮池図》（図12）のように、その文化的・身体的条件を抜きには読み解くことができないような固有の美を展開してきました。この水墨画は遠近法で構成されておらず、特徴的な視覚の重心が下部に描かれています。これは、こうしたイメージが、空間に座した状態で見られるからであると仮説的に説明できます。低い場所に座ってはじめて特徴的な空間構成が明らかになるのです。また同様に、伊藤若冲の《鶏図押絵貼屏風》や《四季花鳥図押絵貼屏風》など、いくつかの屏風に描かれた対象物の関係性は、それが折り畳まれ、空間に余白が生まれてはじめて浮き彫りになります。

B：像行為論に準じて、文化的な相違を理解可能にするような対比点を見つけねばなりませんね。アイトラッキングの項でお話ししたように、ここでも中心は決定的な意味をなさないのでしょう。

――はい。これらのイメージでは空間は下方へと圧縮されています。このような文化特有の文脈に依拠した空間の不確定性は、形式の方向意味論（Richtungsemantik）を生み出します。ヴェルフリンは左から右へと読むことを客観的所与として考察し、人の感覚的自然と見做しました。(23) しかし、日本におけるイメージのレトリックは、場合によっては逆の重心措定（Schwerpunktsetzung）を示します。おそらく、日本ではかつて右から左へと書かれ、そして現在でも上から下へと文字が書かれることがその理由として考えられます。

B：まさにこのようなことが比較文化研究のきっかけとなるのです。単純な理解として想像できるのは、同様の現象が左右逆になりながらも同じような作用を引き起こすということです。ただおそらく、この基礎感覚は書き方だけではなく、環境の中での身体知覚にも関係するのでしょう。たとえば、とある文化では左右を自分の身体ではなく、太陽の動きに紐づけています。ただ違いを見るだけではなく、そこから比較可能性を引き出すためには、このような事柄までを考慮せねばなりません。

――そうは仰いますが、あなたは先の日本滞在で岡田温司氏らと訪れた京都の寺院・庭園探訪の道中、法然院や三十三間堂にて、ヨーロッパと日本の人工物の形式類似性を確信されていました。瞑想へ誘う感覚を喚起することやヴァリエーション（異体）を生み出す感性は、例をあげるならニコラウス・フォン・クースやライプニッツらの西洋的理論規定を思い起こさせるものです。あなたは、このような認識作用を自身の文化バイアスが生み出すイリュージョンであるとお考えですか、それとも普遍的な形式感性の現れであると理解されているのでしょうか。

B：わたしたちは、齟齬やズレを解消するように、いわば訓練されています。そして、異なる文化において類似した方法で現れるような恒常的なものがあるという推測であっても、そういった考え方は、あたかも普遍を騙った背後に支配欲求を隠しているのではないかというイデオロギー的嫌疑を喚起してしまいます。しかし、いくつかの部分では、共通の性質を見出すことによってさらなる疑問の深まりを感じ取ることができます。ゆえにわたしはそれもまた正当であると思っています。このような方法で固有の文化の代え難い繊細な部分が明瞭になることもあるのです。「西洋的思考」を統一された価値判断基準として画一化してしまうことは、内部対立と分化を不純なものにしてしまいます。それはまた、ライプニッツがデカルトによって進められた精神と物質の分離に対して行ったことへの抵抗になってしまいます。

――このような背景を通じて、現在、あなたは日本の研究者たちとどのような交流を期待していますか。

B：とりわけ、日本の芸術理論がどの程度、意識的に、あるいは無意識的であっても、能動的なイメージという概念を使用しているのかということに興味があります。人がイメージの中に入ったり、あるいは出てきたりするような話は、わたしが明らかにしようとしているイメージよりも遥かに複雑な交換形式であることは十分に推測できます。この点では、わたしのイメージ論は、日本の美学への脚注にすぎないのです（笑）。

――あなたがイメージに仮説的に与えている「生気（Lebendigkeit）」という概念は、日本では、より概括的なものとして理解されており、物質の生と死の境界は西洋のそれとは一線を画します。霊長類に対する考え方で日本が特徴的である点は、たとえば、人と動物、意識をもつ生命体と意識をもたない生命体の境界が慣習的に曖昧であることにはじまります。サルが自らを省察しつつ、仲間の行動を予測して出し抜くことができるという考えは、ヨーロッパでは大きな動揺を引き起こしますが、神道文化では極めて珍しいものでもありません。それどころか、特定の状況下では石ですら生きたものとして見做されるでしょう。似たような関係性はロボットとの間係にも見ることができますが、彼らは、ごく自然に生気をもったものとして受け入れられています。イメージが身体化されるという考えへの親近感もごく自然なことです。あなたは東京滞在にて秋葉原電気街を訪れ、そこでは人々がテク

図 13　ソニー「aibo」（初代―第 5 世代）（出典：©SONY）

ノロジーやデジタルメディアに対して偏見なく親密な関係をもっている様子をご覧になられました。あなたはそこでどのような印象を得られましたか。日本とヨーロッパの技術文化の相違点はどこにあるとお考えですか。

B：わたしたちは、日本人がメカフェチであるという勘違いをしています。機械的なものはあなた方の文化では、はじめから本質的に強く人間化されています。ゆえにロボットたちは、人間と距離を置こうと警告を発するのではなく、人類固有のコスモスへ歩み寄るためのシグナルを送ってくれるのでしょう（図13）。たとえば、犬の自動人形や機械化された教授のドッペルゲンガーなど、いくつかの発明は西洋的な眼には奇妙に映りますが、わたしたちの先入観こそが間違いであることを認めなければなりません。このような背景を総括して、わたしは日本文化が像行為的（bildaktiv）な素地をもっていると考えます。

――お話、どうもありがとうございました。

（インタビュー：第一回、二〇一五年一〇月二日。第二回、二〇一七年八月一一日）

注

（1）様式を意味する表現としてStilという言葉があるが、ブレーデカンプは一貫して形式・形態という意味をもつFormという言葉を用いている。これは、Stilという概念がオブジェクトそのもののゲシュタルトとしての形態ではなく、時代・風土慣習的な共通項として表現形式のみを示唆対象としていることから、ブレーデカンプは様式（Stil）という言い回しを避け、より自由度の高い概念としての形式（Form）という言い回しを使っている。つまり、ブレーデカンプが意図する形式（Form）とは形態（Formまたは Gestalt）であり、同時に様式（Stil）でもある。

（2）Bredekamp, Horst: *Die Fenster der Monade. Gottfried Wilhelm Leibniz' Theater der Natur und Kunst.* Berlin 2004; Bredekamp, Horst: *Leibniz und die Revolution der Gartenkunst. Herrenhausen, Versailles und die Philosophie der Blätter.* Berlin 2012. それぞれ以下の邦訳あり。ホルスト・ブレーデカンプ『モナドの窓――ライプニッツの自然と人工の劇場』原研二訳、産業図書、二〇一〇年。ホルスト・ブレーデカンプ『ライプニッツと造園革命――ヘレンハウゼン、ヴェルサイユと葉っぱの哲学』原研二訳、産業図書、二〇一四年。

（3）Bredekamp, Horst: *Kunst als Medium sozialer Konflikte. Bilderkämpfe von der Spätantike bis zur Hussitenrevolution*. Frankfurt am Main 1975.

（4）Bredekamp, Horst: *Das Beispiel Palmyra*. Köln 2016.

（5）同法廷による判決で戦争における文化遺産の破壊が初めて犯罪として裁かれた。

（6）Bredekamp, Horst: *Der Bildakt. Frankfurter Adorno-Vorlesungen*. Berlin 2015.［*Image Acts. A systhematic approach to visual agency*. Berlin 2017/ Immagini che ci guardano. *Teoria dell'atto iconico*. Mailand 2015. *Théorie de l'acte d'image. Conférences Adorno, Francfort 2007. Essai traduit de l'allmand par Fréderic Joly, en collaboration avec Yves Sintomer*. Paris 2015. *Der Bildakt*. Peking 2016］

（7）Bredekamp, Horst（2016）: Bildaktive Gestaltungsformen von Tier und Mensch, in: Doll, Nikola; Bredekamp, Horst; Schäffner, Wolfgang für das Interdisziplinäre Labor »Bild Wissen Gestaltung«（Hg.）: *+ultra. gestaltung schafft wissen. Ausst.-Kat. Martin-Gropius-Bau*, Berlin. Leipzig: E. A. Seemann, S. 17–25.

（8）Rosenberg, Raphael; Klein, Christoph: The Moving Eye of the Beholder. Eye-Tracking and the Perception of Paintings, in: *Art, Aesthetics and the Brain*. Hg. v. Joseph P. Huston［u.a.］. Oxford 2015, S. 79–108.

（9）Morelli, Giovanni: *Kunstkritische Studien über Italienische Malerei. Die Galerien Borghese und Doria Panfili in Rom*. Leipzig 1890; Ginzburg, C.: Spurensicherung. Der Jäger entziffert die Fährte, Sherlock Holmes nimmt die Lupe, Freud liest Morelli –, in: Spurensicherung. Die Wissenschaft auf der Suche nach sich selbst. Berlin 1995, S. 7–44.

（10）Hogrebe, Wolfram: *Riskante Lebensnähe. Die Szenische Erkenntnis des Menschen*. Berlin 2009.

（11）Bredekamp 2004（wie Anm. 2）; Bredekamp, Horst: Die Erkenntniskraft der Plötzlichkeit. Hogrebes Szenenblick und die Tradition des Coup d'Œil, in: *Was sich nicht sagen lässt. Das Nicht-Begriffliche in Wissenschaft, Kunst und Religion*. Hg. v. Jochen Hennig; Guido Kreis. Berlin 2010, S. 455–468. 本書第19章を参照。

（12）それは身体的であり、またイメージの側への転位であるため総体的に物質的である。

（13）Foucault, Michel: Les Mailles du Pouvoir, in: *Dits et Écrits*, 1980–1988, Vol. IV. Hg. v. Daniel Defert. Paris 1994, S. 182–194.

（14）Hirschfeld, Christian Cay Lorenz: *Theorie der Gartenkunst*. Hildesheim 1996［=1779–1780］.

（15）Clausberg, Karl: *Neuronale Kunstgeschichte. Selbstdarstellung als Gestaltungsprinzip*. Wien / New York 1999.

（16）エクセレンツ・クラスター「イメージ・知・造形」は二〇一八年末をもって終了した。二〇一九年一月からは後継となるエクセレンツ・クラスター「活性への問い――イメージ・空間・物質（Matters of Activity. Image Space Material）」が開始した。

（17）Meyer, Klaus（Hg.）: *Mediale Hamburg. Das Erste Festival für Medienkunst und Medienzukunft.* Hamburg 1993.

（18）*+ultra. knowledge & gestaltung, exhibition catalogue*, 30 September 2016 to 8 January 2017, Martin-Gropius-Bau（Nikola Doll; Horst Bredekamp; Wolfgang Schäffner（Hg.））, Berlin 2017.

（19）ベルリン・フンボルト大学美術・イメージ史研究所美術史講座、ドイツ学術交流会、プロイセン文化財団（Stiftung Preussischer Kulturbesitz）、ブランデンブルク門財団（Stiftung Brandenburger Tor）が共同で組織する客員教授招聘制度。

（20）Jyotindra, Jain: *Kalighat Painting. Images from a Changing World.* Ahmedabad 1999.

（21）注6参照。

（22）Nikolaus von Kues: *De visione Dei. Das Sehen Gottes,* übers . v. Helmut Pfeiffer, Trier 2002, S. 8

（23）Wölfflin, Heinrich: *Über das Rechts und Links im Bilde,* in: Münchner Jahrbuch der Bildenden Kunst 5（1928）, S. 213–224.

第２部　「行為主体（エージェンシー）」としてのイメージ

「行為主体（エージェンシー）」としてのイメージ

本部を構成する五つの論考は、それぞれ扱う時代も対象も異なるが、わたしの読み方では、いみじくも方法論において通底するところがあるように思われる。それとは、（とりわけ身体にかかわる）イメージを単なる客体としてではなくて、ひとつの行為主体——いわゆる「エージェンシー」——として捉えようとする観点である。五人の論者とも、この語を用いているわけではないが、人文科学から社会科学にまたがって、とりわけ近年クローズアップされてきたこの概念のことが、意識するとしないとにかかわらず、念頭にあったように思われる。イメージは、それを見たり体験したりする個人や集団に対して、さまざまなレヴェル——感覚的、身体的、感情的、知的——で働きかけ力を行使するものなのである。

気鋭の研究者として第一線で活躍する竹峰義和と橋本一径の二つの論考は、前者がドイツ、後者がフランスを舞台に、写真や映画というメディアが新たに登場する近代において、予期せぬ身体表象が集団のうちに惹起する政治的、社会的、文化的インパクトに鋭く切り込む。また、これまでにもサブカルチャーを哲学的で美学的な視点から論じて定評のある石岡良治は、ここでドゥルーズ&ガタリに由来する概念「アッサンブラージュ」の技術的で集合的な次元を踏まえて、「アニメ」のヴァーチャルな身体の特性に迫ろうとする。

「点状化」する身体表象をめぐるヴァイマル時代のジークフリート・クラカウアーの言説を丹念にたどることで、竹峰は、その危機が逆に「異なる結合と連帯のヴィジョン」へと開かれていくチャンスとなる点を強調する。とりわけ映画のモンタージュにおいて「幾重にも裁断され、無数のほかなる要素と結合された身体」のイメージは、「一枚岩的な「大衆装飾」に対抗する」潜勢力を備えている。そのことをクラカウアーがはっきりと予見していたことに、竹峰はわたしたちの注意を喚起させる。それはまた、「人間身体の解体と表層化という「大衆装飾」の前提をなす契機を徹底化させることで、その桎梏を内在的に超克することにほかならない」と、簡潔かつ明快に言い換えられる。これを可能にするのは、クラカウアーを読む竹峰によれば、「ためらいながら開かれていること」、そして「敢えて潜勢力のままにとどめておく」という身振りだが、それはどこか、ジョルジョ・アガンベンのいう「しないでおくことができる」という「非の潜勢力」とも共鳴しているように思われる。本論はまた、〈救済〉という語こそ使われてはいないものの、竹峰の労作である『〈救済〉のメーディウム――ベンヤミン、アドルノ、クルーゲ』（東京大学出版会、二〇一六年）の延長線上に位置づけられるものでもあるだろう。

一方、「原寸大写真」がはらむ興味深いパラドクスを、それが誕生した一九世紀後半の言説と実践のなかからあぶりだす橋本一径は、写真の痕跡性やインデックス性をめぐる近年の議論を批判的に踏まえたうえで、痛快にも、ミメーシスこそがむしろイメージから本来の「生気の付与行為（animation）」を奪ったのであり、「イメージは殺された」のだと結論づける。ミメーシスはイメージ本来の行為遂行性を飼いならしてしまう、と言い換えてもいいだろうか。橋本によると、逆説的ながらも、「写真とは、ミメーシス文化が事故のように産み落としてしまった「アニメーション」である」。その議論には、あたかもアリストテレス以来の常識的なミメーシス論を逆手にとるかのような潔さがある。これもまた、今やこの分野の先駆的な著書となった『指紋論――心霊主義から生体認証まで』（青土社、二〇一〇年）以来、近代の多様なメディウムにおける身体表象と同一性の問題系を浮かび上がらせてきた橋本ならではの論点である。

「アニメ」あるいは「アニメーション」は、そもそも元をたどれば「生気を与えること」を意味するが、ロトスコープから3DCGにいたるまで、その願望を映像で実現させようとしてきたさまざまな手法と作品を具体的にたどりながら、石岡もまた、ある興味深い事態が現出しつつあることに、わたしたちの注意を喚起する。石岡はそれを、フロイトのいう意味での「不気味なもの Das Unheimliche」に結び付ける。フロイトによるとそれは本来「馴染み深い heimlich」ものと密接な関係にあるのだが、アニメのなかの人間の形象は、複数の表象モードの混在と、制作者と受容者との集合的アッサンブラージュとによって、ますます「不気味なもの」になっているというのだ。その身体はさらに、「ゴースト」と呼ばれる意識体や「半有機体」状のもの、あるいは異なるパーツをパッチワークのように接続させるものなど、多彩な変容を遂げていく。石岡によると、こうした「異形の身体を獲得していく過程」こそ、「同時にアニメイメージングそのもののアレゴリー」とみなされるべきものなのである。

ホルスト・ブレーデカンプとフェリックス・イェーガーという師弟関係にある二人の論考は、ルネサンスという時代の身体表象を、通常予想されるのとはまったく異なる視点から捉えなおそうとするものである（いずれも京都大学大学院人間・環境学研究科での講演に基づく）。

日本ではまだなじみの薄い甲冑史という分野を、美術史や医学史に連接させる若い研究者、フェリックス・イェーガーの挑発的な論考は、一六世紀の具体的な甲冑、解剖図、教育論や振る舞いの書などの幅広い分析を通じて、次のように結論づける。すなわち、甲冑は君主の身体に合わせてつくられたというよりも、逆に、甲冑こそが君主の身体をつくったのだ、と。つまり、甲冑のイメージは君主の身体に対して、客体というよりも行為主体として働きかけるのだ。さらにこうした作用は、ジャック・ラカンの「鏡像段階」や「理想自我」にも結びつけられる。

しかもイェーガーによれば、甲冑のこの規律的な効果は、興味深いことにも、ミシェル・フーコーによる権力の系譜学とはまた別の――あるいは転倒した――政治思想を浮き彫りにする、という。つまり、甲冑の政治的で倫理的な機能において、「規律化されているのは、君主であって臣下ではない。支配者が道徳的で政治的な体制を実行するのは、フーコーの言うような禁止の力によってではなく、みずからその体制を具現化することによってである」、というわけだ。こうしたフーコーへの批判的言及は、師であるブレーデカンプがその著『古代憧憬と機械信仰――コレクションの宇宙』（藤代幸一ほか訳、法政大学出版局、一九九六年）の最終章で展開していた「フーコーの限界」をめぐる議論を、わたしに思い出させる。いわく、「フーコーの分析の弱点は、視覚体験を言語が歴史的人類学的に埋め込まれた媒体として見るのではなく、たんに言語的な理解の前段階として捉えた点にある」。おそらくイェーガーは師の先例に倣っているのだろう。

さて、そのブレーデカンプの論考では、詳細な作品分析をさらに広い美学的、政治的、歴史的な問題系のなかに位置づけるという、この研究者特有の方法が遺憾なく発揮されている。本論の主たる分析対象は、ドナテッロの名高い彫刻《ユディットとホロフェルネス》である。読者の意表を突くかのようにブレーデカンプは、この彫刻において、美徳と悪徳、勝者と敗者といった伝統的な図式が揺らいでいることを、造形的な視点から鮮やかに分析してみせる。正義を体現するはずのユディットはどこかメランコリックで、打倒されるべきホロフェルネスはむしろ反対に美化されている。「ドナテッロは絶え間なく視覚的な変化を起こしてあらゆる期待を翻弄する」、というわけだ。

さらに他の複数の作例も引きながら、こうした「転倒」は、イメージをめぐって古くから西洋に伏在してきた両義性、つまりイメージへの愛と嫌悪（恐れ）、あるいは偶像崇拝と偶像禁止との不断の緊張関係と無関係でありえないことが指摘される。この緊張関係はまた、「偶像を敵視する素地から造形文化が成立してきたという逆説」と言い換えることもできる。西洋において「芸術の自己否定の否定」こそが、古代以来、西洋の美術を構造的に駆り立ててきた、というわけだ。まさに眼から鱗の落ちるような啓発的なこの指摘は、たとえばブリュノ・ラトゥールの唱える「イコノクラッシュ（偶像衝突）」にも一脈通じるところがあるように、わたしには思われる。

さて、ブレーデカンプの名は、先の『古代憧憬と機械信仰』以外にも、『芸術家ガリレオ・ガリレイ――月・太陽・手』、『ライプニッツと造園革命――ヘレンハウゼン、ベルサイユと葉っぱの哲学』、『モナドの窓』（いずれも原研二訳）など、少なからぬ翻訳を通じて、本邦の読者にもなじみがあるが、これらのタイトルからだけでも推察されるように、その方法は、美術史を科学史や技術史や医学史、さらには政治、哲学、神学等と積極的に対決させようとするものである。『フィレンツェのサッカー――カルチョの図像学』（原研二訳）という面白い研究もある。また、トマス・ホッブスの『リヴァイアサン』の表紙の有名な絵（アブラハム・ボス）の解読は、ジョルジョ・アガンベンの『スタシス――政治的パラダイムとしての内戦』（高桑和巳訳）にも影響を与えている。近年は、これと対をなす同じホッブスの『ベヒーモス』の絵をめぐる分析も公にしている。ハンス・ベルティンク、ジョルジュ・ディディ＝ユベルマン、ヴィクトル・ストイキツァらと並んで、現在もっとも刺激的な美術史家のひとりであるといっても、過言ではないだろう。

その彼が、最近方法論化しようとして唱えているのが、ドイツ語で「ビルトアクト（Bildakt）」――「イメージアクト」あるいは「像行為」と訳せるだろうか――という概念である（*Der Bildakt*, Wagenbach Klaus Gmbh, 2015）。これは、ジョン・L・オースティンやジョン・サールの「スピーチアクト」をイメージの問題に応用しようとするもので、わたしが小論のはじめに述べたこととも関連している。おこがましい言い方かもしれないが、実はわたしが最初に上梓した本『もうひとつのルネサンス』（人文書院、一九九四年／平凡社ライブラリー、二〇〇七年）も、「その絵は何であるか」ではなくて「その絵は何をするか」という行為遂行的な問いかけが全体を貫いている。

近年もてはやされている「エージェンシー」だが、たとえば記憶術の分野ではイメージと結びついて、「イマギネス・アゲンテス（imagines agentes）」という言い回しは、すでにキケロやクインティリアヌスらによって使われていた。よく知られているように、アビ・ヴァールブルクもまた、イメージにはそれ自身の「生命」があることを確信していたのだ。記憶術の近代的研究が、フランセス・イエイツらヴァールブルク学派に端を発するのも、それゆえ偶然ではないだろう。ヴァールブルクの先見性を例証する一例である。いずれにしても、次の五つの論考を実際に読んでいただくに如くはないだろう。

（岡田温司）

第4章　点になること
――ヴァイマル時代のクラカウアーの身体表象

竹峰義和

第一次世界大戦の勃発から長期にわたる総力戦をへて、敗戦と革命へといたるドイツの歴史的な激動期のさなかに産声をあげたヴァイマル共和国。そこでは、身分や信仰などの伝統的な価値秩序の崩壊を如実に反映するかたちで、方向性を異にする無数の政治的・思想的・宗教的な潮流が勃興し、ダダイズムや表現主義、新即物主義など、芸術や大衆文化の領域においても新たな運動が次々と巻き起こった。周知のように、一九二〇年代のドイツで隆盛を迎えたいわゆるヴァイマル文化は、ヒトラー政権の登場とともに強制的に幕を下ろされることになるのだが、それはまた、身体表象という問題においても決定的な転換点となったと言える。

一般的にこの転換は、多彩にして創造的なヴァイマル時代の身体表象――たとえば、映画『カリガリ博士』におけるようなグロテスクに歪んだ身体や、ジョージ・グロスの風刺画が示すような猥雑な欲望や暴力性を剝き出しにした肉体、オスカー・シュレンマーのバレエや映画『メトロポリス』に見られるような機械技術と人間身体との融合という未来派的なヴィジョンなど――が「退廃芸術」の名のもとに全否定されるとともに、それにかわって、リーフェンシュタールの記録映画『オリンピア』二部作に象徴されるヴィンケルマン流の古典主義的な身体イメージが復権を遂げるといったかたちで語られてきた。そこには一種の楽園喪失的なイメージが潜在している。つまり、華々しいヴァイマル文化がナチスの愚劣な文化政策によって暴力的に葬り去られてしまった、という哀歌的なイメージである。

あらためて確認するまでもなく、そのような大雑把な定式化がさまざまな問題を孕んでいることも、これまでしばしば指摘されてきた（たとえば、『カリガリ博士』や『メトロポリス』のような「表現主義的」な視覚表現は、すでに一九二〇年代後半に下火となり、トーキーが導入された一九三〇年代前半にはほとんど姿を消していた）。だが、ともあれ本章では、ヴァイマル時代の身体表象という大きな主題に正面から取り組むのではなく、ひとつの事例研究として、この時代に生きた一人の知識人が一九二〇年代に執筆した幾つかのテクストを、身体表象をめぐる問題を軸にあらためて考察してみたい。すなわち、ヴァイマル時代にジャーナリスト、社会学者、思想家として活躍したジークフリート・クラカウアーが新聞の文化欄に発表したエッセイである。

一八八九年に生まれたクラカウアーは、一九二一年に『フランクフルター・ツァイトゥング』紙の学芸欄担当の記者となり、一九三三年にパリに亡命するまでのあいだ、膨大な量におよぶ記事を執筆・発表しつづけた。そこでは、映画作品をはじめ、写真、ラジオ、大衆小説、ダンス、建築、都市空間、旅行、スポーツ、サーカスや、フランクフルトの見本市などのイヴェント、ニーチェ、ヴェーバー、ジンメル、シェーラー、ルカーチ、ブーバー、カフカといった思想家や作家、さらには友情やユダヤ教、学問など、幅広い主題が扱われている。また、それと並行してクラカウアーは、一九二二年に『学問としての社会学』を、一九二八年に自伝的小説『ギンスター』を、一九三〇年に『サラリーマン』をそれぞれ刊行しているほか、『探偵小説の哲学』（一九二二―一九二五年）も執筆している。そこでクラカウアーがとくに好んで取り上げたのが、大量消費文化とメディア・テクノロジーによって徹底的に浸透された近代的な日常生活、すなわちいわゆる「ヴァナキュラー・モダニズム」（ミリアム・B・ハンセン）をめぐる諸問題にほかならない。そして、写真や映画であれ、スポーツであれ、都市交通であれ、「ヴァナキュラー・モダニズム」にまつわる現象の多くが、機械化と合理化に晒された日々の生活空間における個人ないし大衆の知覚経験と深く関連するものである以上、人間身体の表象もまた考察の主要な対象のひとつになることは言うまでもないだろう。

なかでも、エッセイ「大衆の装飾」（一九二七年）は、レヴュー・ダンスやスタジアムの群衆などを例に、大衆社会における身体表象の問題に焦点を当てていることで知られている。とりわけ有名なのが、ティラーガールズと呼ばれたアメリカの少女ダンス・チームの幾何学的な身体運動と、資本主義的な生産過程において大衆の身体に強制される極度に合理化された単純労働とのアナロジーについての指摘であり、スタジアムにおいて群衆が装飾的な「模様」と化すという見解は、ナチスの党大会に象徴されるようなファシズム美学を予見するものと位置づけられもする。確かにそのようなモティーフは、クラカウアーの身体表象論を織りなす幾つかの特徴を明確に示しているが、とはいえ初期クラカウアーの身体をめぐる思考のすべてがそこに還元されるわけではない。一九二〇年代に執筆されたほかのテクストも含めて総合的に検証するならば、執筆時期や主題に応じてクラカウアーが理論図式や力点を柔軟に変化させつつ省察を深めていったことが確認できる。そして、かかる問題系はとりわけ「点状化〔Punktualisierung〕」という概念にまつわるクラカウアーの思考の振幅において浮き彫りにされることになるだろう。以下、『探偵小説の哲学』、「理念の担い手としての集団」、「待つ者」、「旅行とダンス」、および「写真」を主な素材として、ヴァイマル時代におけるクラカウアーの身体表象をめぐる思弁的考察の基本的な枠組みと変容の過程を素描していきたい。

1　アトム化する身体

一九二〇年代のクラカウアーのテクストにおいて頻繁に浮上してくる主題のひとつに、〈集団〉と〈個人〉との関係がある。そこでの〈集団〉のうちには、特定の宗教的・政治的な組織から、ブルジョワやプロレタリアート、サラリーマンなどの階級、民族や国民国家、一般的な意味における共同体にいたるまでさまざまだが、いずれにおいても前提とされているのは、従来の社会的紐帯が取り返しのつかないかたちで徹底的に解体されてしまったという歴史認識である。かつては、村落や伝統宗教、身分といったものが、人々どうしが一体となって親密な交わりをおこなうことを可能にしていたものの、しかしそうした共通の有機的基盤は、加速度的に進行した都市化やグローバル化、コミュニケーション技術の発展、個人主義的でリベラリズム的な価値観の蔓延、大量生産・消費社会への全面的移行などによって崩壊し、郷愁の対象になった。さまざまなテクストにおいてクラカウアーは、近代社会において関係性を喪失し、根なし草となって孤立した無名の個人を「モナド」「点」「個我」などと呼ぶとともに、かかる普遍的な傾向にたいして「点状化」[1]や「アトム化」[2]といった名称を与えている。

もっとも、すでに指摘されてきたように、伝統的な階級社会の崩壊と大衆社会における個人のアトム化という主題は、クラカウアーの専売特許というわけではまったくなく、ルカーチの物象化論からカール・シュミットの国家論にいたるまで、ヴァイマル時代の左右両陣営の思想に等しく見られるものであり[3]、のちにアドルノの文化産業論やアーレントの全体主義論、ギュンター・アンダースの消費社会分析などへと受け継がれていくことになる共通のトポスにほかならない。その点において、クラカウアーが当時の大衆社会における人々の状況を「点」として形容することにさして目新しいものはなく、むしろ、疎外論や大衆社会批判を軸とする同時代の諸言説のクリシェの踏襲という見地から捉えられるべきだろう。ただし、初期クラカウアーのテクストにおいて〈集団〉と〈個〉の関係ないし対立が問題にされるとき、アトム化された大衆をめぐる従来の解釈の枠組みから逸脱するような、幾つかの偏倚が組み込まれていることに注意しなくてはならない。

第一に、とりわけ一九二〇年代前半に執筆されたクラカウアーのテクストに顕著な特徴として指摘できるのは、ユダヤ主義とキルケゴール哲学とを融合させたような、超越的な絶対者への志向とその不可能性というモティーフがその基盤をなしているという点である。そうした実存主義的な傾向がとくに前景化しているのが『探偵小説の哲学』であり、そこではキルケゴールの圏域論を応用するかたちで、人間存在の三つの異なる実存的階梯として、絶対者との緊張感に満ちた関係性を保ちつづける「全的人間」によって構成された「高次の圏域」ないし「宗教的な圏域」と、その戯画的な頽落形態としての「中間的」な圏域、原初的な暴力に支配された「下」ないし「外」の圏域がそれぞれ区別されている。探偵小説の舞台となる近代社会が位置するのは第二の圏域であって、そこでは絶対者との関係性が欠落してしまったなかでも、「高次の圏域」を司っていた普遍的にして超時間的な「法」が、「解き放たれた合理《ラチオ》」という歪んだかたちをとって人間存在を規定する[4]。絶対的な「法」はたんなる相対的な「合法的規定」へと変質し、倫理は慣習へと、罪は違法行為へと平板化するなかで、あらゆる緊張感が失われる。最終的に残されたのは「合理《ラチオ》」に基づく「知性」によって管理された空虚な時空間と、そのなかで計算可能な「点」として機能するだけの「アトム」の集合にすぎない。

知性の支配のもとで人々はアトムないしアトムの複合体へと収縮し、アトムたちは追放された全的人間に代わる場所を占めるようになり、その心の残滓をたんなる点としてなおも徴づけている。彼らはもはや、たとえばその意味内容によって把捉されるわけではなく、固定された閉鎖的な数量として何らかの計算へと投入される心の部分を表象するものにすぎない。こうして、解放された合理《ラチオ》の要求に応じて、もともとの全体的存在は、自己満足的で無感覚な部分単位へと解体される。部分単位はたんに機能的価値しかもたず、任意ではあるがつねに計算可能なモザイク模様へと繋ぎあわせられる。この模様を表出している個人とは、そこではもはや含意されていない内面性の最後の暗示である。個人とは純粋な外面であり、たしかに自身を内面として装うこともあろうが、事実上それはたんに破砕された内面を捉えているにすぎず、その結びつきを欠いたアトムを、個人は合理的な諸原理に従って混合するのである。(5)

この引用個所が明確に示しているのは、〈アトム化〉が指し示しているのが、たんに社会的紐帯を失った人々がバラバラにして無名の「個人」と化すという事態だけでないという点である。むしろその解体的な作用は、語義からして不可分なはずの「個人」という理念そのものにまでおよんでいるのであり、「個人」というファサードはなおも一応は保持されているものの、それはすでにして徹底的に破壊された「内面性」を偽装する仮象的な記号にすぎないのだ。もはや深さや内面は存在せず、すべてがフラットな表層へと還元されるのであり、その平面において、かつて「全的人間」を構成していた諸要素の破片としての無数の「たんなる点」が、唯一の統制原理である「合理《ラチオ》」の規則的な指令のもとに寄せ集められて、「つねに計算可能なモザイク模様」をつくりだす。まさにこのような、「合理《ラチオ》」によって支配された抽象的な「点」の集合体というイメージは、のちにクラカウアーが「大衆装飾」と呼ぶことになる集合的な身体表象の様態を予示していると言えよう。「大衆装飾を生みだす合理《ラチオ》は、大衆に呼びかけ、さまざまな形象から生を消し去るほどに大きい」[6]。

ともあれ、『探偵小説の哲学』におけるクラカウアーの主張によれば、探偵とは「歪曲された無制約なもの」[7]として全知にして遍在的な「合理《ラチオ》」を人格化する存在である。しかし、探偵のみならず、「合法的なもの」を代理表象する警察や、「違法なもの」の記号としての犯罪者も含め、この小説ジャンルに登場するあらゆる人物が「恣意的に組み立て可能」な「解体された者」であり[8]、パターン化された説話形式にそって「合理《ラチオ》」によって幾何学的に配列されているにすぎない。かくして最終的に探偵の名推理によってすべての謎が解明され、「合理《ラチオ》」が勝利をおさめるとき、それは「美学的媒体のなか」で描かれた「メシア的な終末の戯画」として、相対性に支配された近代資本主義社会にあって、メシア的な「救済」が疑似的に経験されることになる[9]。もちろんながら、探偵小説の結末における「救済」とは非現実的な「メルヒェン」――「メルヒェンのなかでメシア的なものが成就として唐突に生じることは確かだが、しかしそこでのメシア的なものとはメルヒェンにすぎない」――であり、空疎にして遊戯的な「キッチュ」であることを免れないのだが[10]、ともあれそれは「高次の圏域」に向かって解放されたいという切ない願望を、かりそめのかたちであれ一瞬のあいだ充足させてくれるだろう。

2　集合的身体の逆説

このように、クラカウアーの解釈にあって、探偵小説というジャンルは、近代にあって確かな帰属先を喪失して「モナド」へと解体された人々が、「合理《ラチオ》」という他律的な原理によって計算対象となり、恣意的に操作されるという現状を鏡像的に反映するとともに、絶対者との関係性を仮象的につくりだすという機能を担っている。大衆文化が孕みもつこのような「歪曲された」メシアニズムは、のちの――たとえば『カリガリからヒトラーへ』（一九四七年）での――クラカウアーであれば「イデオロギー」という概念のもとに一刀両断するであろうものだが、この偽りの「救済」が「メルヒェン」とも呼ばれていることに鑑みるならば、少なくとも初期のクラカウアーが、そこにある種のユートピア的な契機を同時に看取していたとも考えうる。なぜなら、とりわけ一九二〇年代の映画評でクラカウアーは、メルヒェン映画というジャンルや、あるいはムルナウの『最後の人』（一九二四年）のエピローグのようなメルヒェン的な性格を帯びた場面を、「別の世界を先取りする」様式としてたびたび擁護していたからである。[11] つまり、メルヒェン映画と同じく、探偵小説もまた、たとえ定型化されたキッチュな表現形式のなかにおいてであれ、〈いま・ここ〉にある現実世界を超出するような「別の世界」を想像し、表象しようとする試みなのだ。

この「別の世界」とは、『探偵小説の哲学』の術語をもちいるならば、絶対者との関係性を保持した「高次の圏域」と言い換えることができるだろう。そして、多分にユートピア的な色彩を帯びたこの理念は、ユダヤ・メシアニズム思想の強い影響下にあった初期クラカウアーにあって、無力なアトムとしての個人を超えた集合的な存在様態を指し示すとともに、現実世界の崩壊と来るべき世界の到来という終末論的なヴィジョンと不可分に結びついている。[12] それゆえ――これがクラカウアーの「点状化」論を、ヴァイマル時代におけるトポスとしての大衆社会批判と区別する第二の点であるのだが――伝統的な諸規範が瓦解し、人々が孤立したアトムへと解体されたことは、疎外や物象化の概念のもとに否定的にのみ診断されるべき現象であるというだけではなく、既存の悪しき社会秩序が徹底的に解体されることによって生じた混沌状態のなかで、あるべき新たな共同体が打ち立てられるというチャンスを意味してもいるはずだろう。すなわち、よく知られたエッセイ「待つ者」（一九二二年）で定式化されているように、「形姿を欠いた諸力からなるアトム化された非現実的な世界、剝き出しの数量という意味しかもたない世界から、現実性の世界、現実性によって包まれた領域へと立ち戻る」という可能性である。[13]

ヴァイマル時代のクラカウアーが、アトム化された個と集団との関係を考察したテクストとしては、先に挙げた「待つ者」のほか、それと同じ年に成立した「理念の担い手としての集団」が挙げられる。とりわけ後者では、何らかの「理念」のもとに構成された集団における個の在り方をめぐって思弁的な省察が繰り広げられているが、そこで集団が一種の〈集合的身体〉として形象化されていることは興味深い。ただし、かかる集団とはあくまで「理念」によって人為的な魂が与えられただけの「ゴーレム」であり、[14]「鈍重な巨人」であって、[15]「個々の自我がもつ衝動的・無意識的で有機的に増大していく豊かな生命」や、「実り多い創造的な魂の基盤」を完全に欠落させたままに、「ただひとつの方向へと進むこと」しかできず、「消化器官をもたない内容物についてはたんに摂取を拒む」というのである。[16] つまり、「鈍重な巨人」である集団にとって、おのれの目標である「理念」をひたすら追求することがすべてであって、それ以外のもののすべてはたんに排除されるか無視されるだけなのである。そして、さらにクラカウアーが強調するところによれば、「集団のなかで一体化した人々はもはや完全な個人ではなく、個人の断片であり、そもそも純粋に集団の目標のために奉仕するという以外のいかなる存在権ももたない」[17]。それは「縮小された自我、人間の抽象物にすぎない」のである。[18] このような集団にたいする否定的なイメージは、ル・ボンやフロイトなどの社会心理学における「群衆」ときわめて近いところにあると言えるだろう。

かかるクラカウアーの見解のうちには、ひとつの逆説が内在している。すなわち、アトム化された人々がひとつの「理念」のもとに結集し、ある組織集団の構成員として再結合するとき、かかる集団の結束が固ければ固いほど、ますます個人はおのれの統一性や有機性を剝奪され、たんなる「断片」へとさらに解体されてしまうというのである。エッセイ「待つ者」においてクラカウアーが、ユダヤ主義であれ、人智学であれ、共産主義であれ、民族主義であれ、ゲオルゲ・クライスであれ、何らかの「理念」を掲げる宗教的・政治的な結社にたいして、一貫して懐疑の念を表明するのもそのためである。[19] それにつづけて、このエッセイでクラカウアーは、「絶対者との関係喪失と孤立化」という呪いに晒されるなかで、「心の新しい故郷」を絶望的に希求しつつも、ユートピア的な共同体の復活をひたすら信奉するという態度を取ることができず、「空洞のなかにとどまる」人々の精神状況を、幾つかのパターンに分類して説明している。[20] たとえば、ひたすら「気晴らしという幻影の生活に逃れる」という逃避主義や、絶対者に背を向けて懐疑と認識を徹底化させようとする「原理的懐疑派」、絶望に駆られるあまり宗教に傾倒し、おのれの信仰の脆さを陶酔やファナティズムによって強引に押し隠そうとする「短絡的人間」などである。[21] そのうえでクラカウアーが、唯一取りうる選択肢として最後に呈示するのが、「待つという姿勢」にほかならない。

おそらくなおも残されているのは待つという姿勢のみである。（中略）彼は待つのであり、待つこととは、説明が難しい意味において、ためらいながら開かれていることなのである。[22]

「ためらいながら開かれていること」――そのような姿勢は、来るべき共同体をつくりだすという可能性を性急かつ直接的に現実化しようとすることなく、敢えて潜勢力のままにとどめておこうとすることを意味している。つまり、「点」となった人々が、何らかの模様や集団の構成要素としておのれを凝固させることなく、可動性や可塑性を保ちつづけたままに、空虚な空間を自由に浮遊しつづけることをみずから選択するべきだというのだ。クラカウアーは、この姿勢が消極性や怠惰さとはまったく異なることを強調する――「開かれていることを最後の事柄を目指して活動する精神力が弛緩することと取り違えてはならないことは無論であり、むしろ逆にそれは緊張した能動性であり、活動的な準備なのである」[23]。「待つこと」によって、絶対者と無媒介的に関連する「高次の圏域」がただちに開示されるわけでも、現実性の意味が洞察されるわけでもない。とはいえ、かかる姿勢を取ることで、「しかしながら、もしかするとそのなかに何らかの結びつきを発見することがある」のであり、「これまで近寄ることができなかった領域に徐々に慣れ、手探りで上に向かって進んでいくことができるかもしれない」[24]。このような認識はまさに、複製技術論文のなかで「歴史の転換期において人間の知覚器官が直面する課題」が「慣れをつうじて少しずつ克服されていく」と述べるベンヤミンの立場を予示するものにほかならないと言えよう。[25]

3　写真――身体の脱配列

従来的な相互連関から解放され、しかし別のイデオロギー集団の強制的な秩序へと取り込まれることのないままに、一個の「アトム」ないし「点」として遊動しつづけるなかで、現実世界のうちに「何らかの結びつきを発見」するとともに、さらには新たな領野を〈慣れ〉によって克服すること。きわめて興味深いことに、一九二〇年代半ば以降のクラカウアーは、そうした「開かれていること」へと繋がる回路を、宗教的・政治的な領域ではなく、一般大衆の日常生活の身体感覚にまつわる諸現象のなかに求めようとする。たとえば一九二五年に発表されたエッセイ「旅行とダンス」は、まさに文字どおり庶民的な娯楽としての観光旅行と社交ダンスについて論じたものだが、そこでクラカウアーは、この二つのヴァナキュラーな対象のうちに、「空間‐時間のなかの点へと還元された」人々が、「非本来的」な様態ではあるものの、「超空間的な無限性を体験する」という可能性を見出すのである。[26]

具体的にはどういうことだろうか。近代社会における旅行において、ホテルやレストランはどこも似たり寄ったりであり、自然の風景も雑誌で見慣れたものにすぎない。にもかかわらず人々が旅行するとき、それは何らかの特色をもった目的地を訪れること自体が目的なのではなく、旅行そのもの、すなわちたんに場所を変化させるという「純粋な空間経験」が目的である。[27] 同じく、社交ダンスは、かつては男女の出会いを媒介する規則的なコードという意味合いがあったものの、現在ではリズムに合わせて運動することが自己目的化しているのであり、「時間そのものがダンスの本来的な内容になっている」。[28] 要するに、旅行とダンスにおいて人々が密かに欲求しているのは、純粋にして無限の時空間そのものを経験することであり、それによっておのれの身体が隷属している日常世界から刹那的に解放されることにほかならない。もちろん、旅行やダンスに興じる人々が「此岸のなかにすでに彼岸が訪れてくる」と感じたり、あるいは「無限性そのものが目のまえに広がっているように思い込」んだりしたとしても、そのような超越性の経験がたんなる錯覚にすぎないことは言うまでもない。[29] だが、クラカウアーによれば、「おのれの基盤から解放された諸現象を、たんに歪曲、歪められた反照として片づけるのではなく、そこに固有の可能性、ともかくも肯定的な可能性を認める」べきなのだ。[30]

このように、現実世界の空間的・時間的な制約を打破して、無限の領野へとおのれを拡張したいという大衆の欲求が、旅行とダンスの流行の隠れた背景をなしているとされるのだが、さらにそれは近代社会を根底から規定しているひとつの契機と密接に関連している。すなわち、技術である。「ラジオ、電送写真などなど――これらの合理的な幻想の産物は、目標を欠いたままに一丸となってひとつの目標に奉仕する。すなわち、計算可能な諸領域において堕落したかたちで遍在するという目標である。陸、空、海へと交通を拡大することが究極の出来事であり、速度を記録することが総じて極端になる」[31]。ラジオのような通信技術メディア、写真のような複製技術メディア、鉄道や飛行機のような技術的な交通手段の急激な発達によって、地理的・時間的な距離は無化され、テクノロジーによって媒介された無時間的な均質空間がつくりだされていく。そこで唯一問題となるのは計量可能な数であり、スピードであって、人間たち自身もまた、機械化と数値化の圧力に晒されるなかで、「点へと収斂して、知的装置の有用な部品と化す[32]」という傾向がますます顕著になっていくだろう。だが、まさにそこにこそ、「ともかくも肯定的な可能性」が潜んでいるとクラカウアーは考える。すなわち、「新しい速度、解き放たれた逍遥」、「空間を意のままにすること」、「これまで存在しなかった時間、さまざまな発明によってわれわれに提供された時間」を経験するという可能性であり、最終的には「技術によって（中略）開拓された時間的・空間的な領域」のなかで、「無限へと、永遠へと架橋される」という可能性である[33]。もっとも、あまりにも急激に開示されたこの領域に、われわれはまだ慣れ親しんでおらず、「経験のなかに取り込まれるのはまだ先のこと」にすぎない。「技術はわれわれを凌駕したが、技術によって開かれた領域はまだ虚ろな目をしている[34]……」。

よく知られているように、さまざまな技術のなかでも、クラカウアーにとって特権的でありつづけたのが写真であり、映画であった。一九二七年に発表されたエッセイ「写真」は、これら二つの映像メディア――トーキーが到来する以前に執筆されたものであることは言うまでもない――の本質について理論的に考察した試みとして、のちの『映画の理論』（一九六〇年）の先駆けをなすものになっている。その冒頭では、一枚の映画女優の写真について、次のように記述されている。

> 映画の女神《ディーヴァ》はこんな風に見える。彼女は二十四歳。グラフ新聞の第一面で、リドのエクセルシオール・ホテルのまえに立っている。時は九月。虫眼鏡を使って見れば、網目スクリーンが見分けられる。女神《ディーヴァ》、波、ホテルはこの数百万の小さな点から構成されている[35]。

写真を扱うにあたっても、まず前景化されるのが「点状化」のモティーフである。ある写真が社会に流通する場合、基本的にネガフィルムから直接焼かれた生の写真としてではなく、さまざまなプリント・メディアによって大量印刷されたものという形態をとる。そこでは、被写体とされた人間の身体や、背後の自然や建物も含め、写し出されたもののすべてがいったん「数百万の小さな点」へと解体されるのであり、それゆえにオリジナルからは二重の媒体によって隔てられている。もっとも、この映画女優の場合、グラフ新聞の読者は「オリジナルをスクリーンで知っている」がゆえに、「光学的記号」としての写真はなおも「彼女の生身の現実性を想起させるという課題を満たす」ことが可能である。(36) だが、やはり冒頭の節で言及されている、祖母が二四歳だったころの六〇年まえの写真の場合、「オリジナルへの直接的な関連づけはもはや不可能になる」のであり、すでに遠い過去となったにもかかわらずなおも執拗に現前している不気味な「亡霊」として、見る人のうちに「戦慄を呼び起こす」ことになる。(37)

祖母の古い写真はさらに、映画女優の写真ではまだ顕在化していない別の解体作用を確認することができる。すなわち、古い写真では、人間の身体と衣服との自然的な統一性が失われ、髷やコルセットといった時代遅れのファッションのそれぞれがおのれを主張することで、写真全体が「個々の部分へと解体する」というのである。(38) そこで示されているのは、慣習的な意味や主観的な意識によって統御されることのない、断片化された諸事物がたんに散乱しているだけの「廃墟」であり、「意識が抜け落ちたあとの連関」であって、(39) 人間もまた、「ある一瞬の空間的布置」へと還元されるなかで容赦なく抹消される。「写真は人間を複写することによって、人間を無化する」。(40) だが、ここでもクラカウアーは、写真という技術メディアによって開示されたこの無秩序な「廃墟」のうちにこそ、同時にチャンスとなるものが潜んでいると主張する。

それ〔=写真の現実性〕は、空間のなかの諸部分から構成されているが、それぞれの結びつきにはほとんど必然性がないために、それぞれの部分を別のかたちで配列することが考えられるだろう。(41)

この一節では、先に「ためらいながら開かれていること」や「技術によって開かれた領域」が孕みもつ「ともかくも肯定的な可能性」がいかなるものであるのかが、写真技術との関連でより明確に示されている。それは、テクノロジーの介在によって開示された、現状とは異なるオルタナティヴな「配列」であり、現在の時空間のなかに潜在している別の「結びつき」の可能性である。それゆえ、アトム化し、点状化し、断片化された身体にたいして、オリジナルの本来的な形態からの疎外や堕落と見なすことは許されない。むしろそれは、「あらゆる所与の布置状況が過渡的なものであること」を、さらには「妥当な組織化がまだ知られていないこと」を密かに告げ知らせているのだ(42)。クラカウアーが映画メディアを重視する理由のひとつもそこにある。すなわち、そのような異化的な機能を写真以上に担いうるのが、映画におけるモンタージュにほかならないというのである。

写真のなかに映っているガラクタがいかに無秩序であるかを、自然の諸要素のあいだのお馴染みの関係を揚棄すること以上に明確に示してくれるものはない。かかる揚棄を追求することが映画の可能性のひとつである。部分的なショットを結びつけて異質な形成物をつくりだすところであればどこでも、映画はこの可能性を現実化しているのである(43)。

通常の写真における映像が「お馴染みの関係を揚棄する」ためには、虫眼鏡を使って人為的に拡大されるか、時間的な腐食作用によって被写体を元来の文脈から完全に乖離する必要があったのにたいして、映画のモンタージュは、〈いま・ここ〉の束縛や、もともとの意味連関をあっさりと超出し、断片的な写真どうしを恣意的に接合する。もっとも、それによって生まれた「異質な形成物」が、「高次の圏域」を直接的なかたちで指し示しているわけでも、「正しい秩序の予感を呼び覚ます(44)」わけでもないことは確かである。だが、にもかかわらず、少なくともそれは、現在の秩序が「過渡的」なものにすぎず、再組織化にたいしてつねにすでに開かれているという事実を想起させる機縁になるだろう。

さらに、映画のなかの幾重にも裁断され、無数のほかなる要素と結合された身体は、スタジアムの群衆のような抽象的にして一枚岩的な「大衆装飾」に対抗するイメージにもなっている。それはまた、リーフェンシュタール流の〈ファシズムの美学〉の席捲という、ほどなくドイツで現実化する事態にたいして、それとは異なる結合と連帯のヴィジョンを描き出していると解釈することもできるだろう。重要なのは、ここでクラカウアーが、幾何学的な「モザイク模様」を構成する「点」となった人々にたいして、不可分にして統一的な〈個〉という時代錯誤的な仮象をもちだしているのではないという点である。むしろ、問われているのは、人間身体の解体と表層化という「大衆装飾」の前提をなす契機を徹底化させることで、その桎梏を内在的に超克することにほかならない。クラカウアーがエッセイ「大衆の装飾」の最後で主張するように、「この過程は、大衆装飾から後退するのではなく、そのただなかを突き抜けていく」のだ。[45] けっして凝固することなく、無限の可能性をおのれのうちに潜在させた、過渡的な「点」の集合のままに。

注

（1）Siegfried Kracauer, *Der Detektiv-Roman*, in: ders., *Werke* (= *W*), 9 Bde., hg. von Inka Mülder-Bach, Frankfurt am Main: Suhrkamp 2004-2012, Bd. 1, S. 122.〔クラカウアー『探偵小説の哲学』福本義憲訳、法政大学出版局、二〇〇五年、二三頁〕以下、クラカウアーのテクストから引用するにあたっては、既訳が存在する場合はその対応頁を記載したうえで参照・活用したが、基本的には拙訳による。

（2）Kracauer, »Die Wartenden«, in: *W* 5-1, S. 383.〔クラカウアー「待つ者」、『大衆の装飾』所収、船戸満之・野村美紀子訳、法政大学出版局、一九九六年、一一〇頁〕

（3）蔭山宏『崩壊の経験——現代ドイツ政治思想講義』慶應義塾大学出版会、二〇一三年、第一五章、第二一章を参照。

（4）Kracauer, *Der Detektiv-Roman*, a.a.O., S. 120.〔前掲『探偵小説の哲学』二一頁〕

（5）Ebd., S. 120.〔同上、二一頁〕

（6）Kracauer, »Das Ornament der Masse«, in: *W* 5-2, S. 621.〔クラカウアー「大衆の装飾」、前掲『大衆の装飾』所収、五四頁〕

（7）Kracauer, *Der Detektiv-Roman*, a.a.O., S. 144.〔前掲『探偵小説の哲学』六一頁〕

（8）Ebd., S. 127.〔同上、三四頁〕

（9）Ebd., S. 206.〔同上、一五一頁〕

（10）Ebd., S. 207, 209.〔同上、一五二、一五五―一五六頁〕

（11）Kracauer, »Der letzte Mann« (1925), in: W 6–1, S. 121. ヴァイマル時代のクラカウアーの映画評におけるメルヒェンへの関心については、Miriam Bratu Hansen, *Cinema and Experience. Siegfried Kracauer, Walter Benjamin, and Theodor W. Adorno*, Berkeley/Los Angeles/London: University of California Press, 2012, pp. 12–13〔ミリアム・ブラトゥ・ハンセン『映画と経験――クラカウアー、ベンヤミン、アドルノ』竹峰義和・滝浪祐紀訳、法政大学出版局、二〇一七年、四八―四九頁〕ですでに指摘されている。

（12）初期クラカウアーにおけるユダヤ・メシアニズムをはじめとする宗教的な背景については、Harry T. Craver, *Reluctant Skeptic: Siegfried Kracauer and the Crises of Weimar Culture*, Oxford/New York: Berghahn Books, 2017, pp. 153–207を参照。

（13）Kracauer, »Die Wartenden«, a.a.O., S. 383.〔クラカウアー、前掲「待つ者」一一〇頁〕強調原文。

（14）Kracauer, »Die Gruppe als Ideenträger«, in: W 5–1, S. 481.〔クラカウアー「理念の担い手としての集団」、前掲『大衆の装飾』所収、一二七頁〕

（15）Ebd., S. 497.〔同上、一四四頁〕

（16）Ebd., S. 479–480.〔同上、一二五―一二六頁〕

（17）Ebd., S. 477.〔同上、一二三頁〕

（18）Ebd., S. 478.〔同上、一二四頁〕

（19）Kracauer, »Die Wartenden«, a.a.O., S. 385–389.〔クラカウアー、前掲「待つ者」一〇二―一〇五頁〕

（20）Ebd., S. 385, 386, 389.〔同上、一〇一、一〇二、一〇五頁〕

（21）Ebd., S. 389–391.〔同上、一〇五―一〇八頁〕

（22）Ebd., S. 392.〔同上、一〇九頁〕

（23）Ebd., S. 393.〔同上、一一〇頁〕

（24）Ebd.〔同上、一一〇―一一一頁〕

（25）Walter Benjamin, »Das Kunstwerk im Zeitalter seiner technischen Reproduzierbarkeit [2]«, in: Benjamin, *Gesammelte Schriften*, hg. von Rolf Tiedemann und Hermann Schweppenhäuser, Band I–VII, Frankfurt a.M.: Suhrkamp 1972–1989, VII–1, S. 381.〔ベンヤミン「複製技術時代の芸術作品〔第二稿〕」浅井健二郎訳、『ベンヤミン・コレクション①』所収、ちくま学芸文庫、一九九五年、六二五頁〕

（26）Kracauer, »Die Reise und der Tanz«, in: W 5–2, S. 220.〔クラカウアー「旅行とダンス」、前掲『大衆の装飾』所収、四〇―四一

頁〕強調原文。
(27) Ebd., S. 215.〔同上、三五頁〕
(28) Ebd., S. 216.〔同上、三六頁〕
(29) Ebd., S. 221.〔同上、四二頁〕
(30) Ebd., S. 222.〔同上、四三頁〕
(31) Ebd., S. 218.〔同上、三九頁〕
(32) Ebd., S. 219.〔同上、四〇頁〕
(33) Ebd., S. 222.〔同上、四三頁〕
(34) Ebd.〔同頁〕
(35) Kracauer, »Die Photographie«, in: *W* 5-2, S. 682.〔クラカウアー「写真」、前掲『大衆の装飾』所収、一五頁〕
(36) Ebd., S. 689.〔同上、二三—二四頁〕
(37) Ebd., S. 689, 691.〔同上、二四、二六頁〕
(38) Ebd., S. 690.〔同上、二四—二五頁〕
(39) Ebd.〔同上、二五頁〕
(40) Ebd., S. 691.〔同上、二六頁〕
(41) Ebd.〔同頁〕
(42) Ebd., S. 697.〔同上、三三頁〕強調原文。
(43) Ebd.〔同頁〕
(44) Ebd.〔同頁〕
(45) Kracauer, »Das Ornament der Masse«, in: *W* 5-2, S. 628.〔クラカウアー「大衆の装飾」、前掲『大衆の装飾』所収、五七頁〕

第5章　不実なる痕跡
——原寸大写真の歴史

橋本一径

1　写真とデスマスク

多くの論者によって写真はしばしばデスマスクに喩えられてきた。写真を「光による刻印の技術」とみなして、それを「デスマスク制作のための型取り」と引き比べたのは、アンドレ・バザンである。[1] スーザン・ソンタグによれば、写真とは「現実から直接刷り取った」何かであり、「足跡やデスマスクのように」ひとつの痕跡である。[2] ロザリンド・クラウスもまた、写真は「イメージの系統樹において」、「手型、デスマスク、トリノの聖骸布、あるいは砂浜の上のカモメの足跡」に近いのだと述べていた。[3] 近年ではジャン＝リュック・ナンシーが、写真を含めたポートレートについての考察の手がかりを、デスマスクに求めている。[4] ルイス・カプランによれば、ナンシーの議論は、写真のインデックス性、つまり被写体との物理的な結びつきを強調したクラウスのそれとは異なるものであるという。「ナンシーにより写真論は、インデックスについて考えるものから、顕現について考えるものに変わった」。[5] だがクラウスらと観点は異なるにしても、ナンシーが写真とデスマスクの間に何らかの共通点を見出していることに変わりはないだろう。

しかしながら、サイズに着目してみれば、写真とデスマスクの間の共通性は、さほど自明のものではないことがわかる。モデルと寸分違わぬサイズであることが必然的であるデスマスクに対して、写真において被写体の元々のサイズを保持することは、きわめて困難である。デスマスクや足跡などの痕跡に引き寄せて写真が論じられるとき、サイズの問題は、見過ごされてきたと言えないだろうか。モデルとサイズが同一であることが、足跡やデスマスクにとっての本質的な要素であるとすれば、そうした痕跡と写真との間には、根本的な違いがあると言えはしまいか。

とはいえ写真の中にも、例外的であるとはいえ、被写体とサイズが同じになるように制作された写真が存在する。たとえば商品のサイズを原寸大で示した広告などで、そうした写真の例を目にする機会があるかもしれない。他にも植物や生物の原寸大の写真を収録した図鑑や、彫刻などの造形作品の一部ないし全体を原寸大で示した図録などに、今日における「原寸大写真」の例を見出すことができる(6)。このような「原寸大写真」の試みの歴史は古く、写真の歴史そのものと重なると言っても過言ではない。本章はこの「原寸大写真」の歴史をたどり直すことにより、「サイズ」という観点から写真論を問い直すことを目指す。写真の歴史において「原寸大写真」はまず、芸術作品の複製において試みられてきた。本章はまず、このような美術作品の複製における「原寸大写真」の歴史に着目する。絵画などのサイズを忠実に再現することを目指した、一九世紀半ばに端を発するこの実践において、争点とされていたのは何であろうか。「原寸大写真」はまた、科学的な実践としても古くから試みられてきた。主として人類学の分野で実践されてきた、「計測写真」の営みにおいて、私たちが出くわすのは、死者の頭部である。原寸大に撮影された頭蓋骨の写真と、デスマスクとの相違を考察することにより、本章が最終的に目指すのは、「痕跡性」に依拠しない写真論の可能性を切り開くことである。

2　「セピア色の堂々たる絵画」——美術における原寸大写真

美術作品の制作ツールとしての写真が、デスマスクの役割を引き継ぐものであったことは確かなようである。フランスの彫刻家ジェームス・プラディエ（James Pradier）は、一八四三年、写真家のルイ＝オーギュスト・ビソン（Louis-Auguste Bisson）とオーギュスト＝ロザリ・ビソン（Auguste-Rosalie Bisson）の兄弟に、内務相デュシャテル（Tanneguy Duchâtel）の撮影を依頼する。デュシャテルの銅像を制作するためである。この銅像は結局完成には至らなかったものの、これは彫刻家が写真をモデルにして制作を目指した最初の試みのひとつとして記憶されるべきものだろう。その前年にプラディエは、事故により急死したオルレアン公フェルディナン・フィリップ（Ferdinand Philippe d'Orléans）のデスマスクを、自らの手で制作している。すでに受注していたオルレアン公の銅像を完成させるためである。プラディエにとっては、写真もデスマスクも、モデルが不在のまま銅像を制作するための道具であるという点で、区別はされていなかったのである(7)。

プラディエに撮影を依頼されたビソン兄弟は、アルプス山脈の撮影の成功によって、山岳写真の先駆者として歴史に名を残すことになるが、それ以外にもポートレートはもちろんのこと、建築写真など、様々な分野での撮影の模索を続けていた。そうした分野のひとつに美術作品の撮影がある。美術作品の複製は、写真の発明当初から、活用が期待されていた分野である。一八四四年から刊行が開始された『自然の鉛筆』の中で、ウィリアム・ヘンリー・フォックス・トルボット（William Henry Fox Talbot）は、自らの撮影したピエール・フランチェスコ・モーラ（Pier Francesco Mola）のデッサンの複製とともに、以下のような言葉を記している。「写真術を使えば、大画家たちのオリジナルのスケッチの写しを作ることができる。そうすると、オリジナルのスケッチを傷めないで、いくらでも数を増やすことができる(8)」。さらにここで注目すべきなのは、トルボットがこの複製を「実物大（the natural size）」で行ったと述べている点であろう。

フランスで美術作品の写真複製に先鞭をつけたのは、銀行家で写真愛好家でもあったバンジャマン・ドゥルセール（Benjamin-François-Marie Delessert）である。一八五三年に彼が刊行した『版画家マルカントニオ・ライモンディの生涯についての注記』には、「マルカントニオの版画そのものの、できる限り正確な複製(9)」十数点が掲載された。大きさも「細心綿密にオリジナルのそれ」と同じにされたそれらの複製は、ドゥルセールによれば「いかなる手の模写よりも優れて(10)」いるという。

一八五一年に創刊されたフランス初の写真雑誌『ラ・リュミエール』の編集長エルネスト・ラカン（Ernest Lacan）によれば、ドゥルセールによる「この見事な著作」こそが、「写真の応用への新たな道を開いた(11)」。ドゥルセールの著作と

図1 ウッドワードによる太陽光式引き伸ばし機の広告。*Photographic Notes*, May 15th, 1860.

同じ年の一八五三年には、レンブラントの版画作品の写真による複製図録も刊行されている。「写真とはこれらの版画を複製するためにこそ、わざわざ発明されたかのように思える」[12]。刊行を手がけた美術史家のシャルル・ブラン（Charles Blanc）は、序文でこのように語る。この著作のための撮影を委ねられたのが、ビソン兄弟だった。これを機に彼らは、様々な芸術作品の写真複製を手がけるようになる。

版画のような比較的小さい作品ばかりでなく、大判の美術作品をも原寸大で撮影するために、ビソン兄弟が見出した解決策は、カメラの巨大化であった。彼らは一八五五年の科学アカデミーで、巨大なコロジオンのガラス板と大口径レンズによって撮影された、五枚の写真を披露する。それらの五枚の中には、建築写真やパリのパノラマ写真と並んで、ベルヴェデーレのアポロン像の石膏模型の写真も含まれていた。[13] 同じ年に開かれたパリで最初の万国博覧会には、やはり大口径レンズを用いた、イギリスの写真家チャールズ・サーストン・トンプソン（Charles Thurston Thompson）とロバート・ジェフェーソン・ビンガム（Robert Jefferson Bingham）による、原寸大の肖像写真が出品された。[14]

しかしながら、大判の写真を撮影するためにカメラ自体を巨大化することには、当然ながら限界があった。このため原寸大写真の試みは、巨大なカメラではなく、撮られた写真を拡大する技術によって模索されることになる。撮影した写真の拡大はトルボットらもすでに試みていたが、本格的な実用化がなされるのは、一八五七年にデヴィッド・A・ウッドワード（David Acheson Woodward）がロンドンで特許を取得した太陽光式引き伸ばし機（solar enlarger）の出現を待たなければならない（図1）。イギリスの写真家ジョン・ジェーブズ・エドウィン・メイオール（John Jabez Edwin Mayall）は、このウッドワードの引き伸ばし機に可能性を見出した最初の写真家のひとりである。現在では米ジョンズ・ホプキンズ大学の附属となっている、ピーボディ研究所に収蔵されている、創設者ジョージ・ピーボディ（George Peabody）の等身大肖像は、メイオールが一八六六年に撮影した名刺判のポートレートを、三〇倍から四〇倍に引き伸ばし、画家がその上に絵の具で彩色を加えて制作された、特殊なものである[15]。

それに先立つ一八六一年にパリで開かれた、フランス写真協会の第四回展覧会は、さながら引き伸ばし写真の展示会といった様相を呈していた。バンジャマン・ドゥルセールの従弟であるエドゥアール・ドゥルセール（Edouard Delessert）は、自らの発明した引き伸ばし機である「ポルト＝リュミエール（porte-lumière）」を駆使して拡大した一五点の写真を展示していた。そのうちの大半は、「三分の二〔のサイズ〕のポニー」を除けば、「そのほとんどが原寸大の全身写真」だった[16]。展覧会を紹介するエルネスト・ラカンによれば、ドゥルセールの展示は、あたかも「それだけでひとつの美術館[17]」のようであった。ラカン曰く、「引き伸ばしという方法の限界を示そうとした」ドゥルセールの展示において、もっとも目を引く作品は黒い衣服をまとった女性のポートレートであり、それは「ファン・ダイクのきわめて印象的な絵画の数々[18]」を思い起こさせるものであった。

一八六二年のロンドン万博において、ベルギーの写真家エドモン・フィエラン（Edmond Fierlants）が出展していたのは、ファン・ダイクをはじめとするフランドル絵画の大判複製写真である。建築写真の分野で活躍を始めたフィエランは、一八五八年にブリュージュのモニュメントや骨董品を撮影する公共事業で実績を上げてから、美術作品の複製も得意分野とすることになる[19]。フィエランによる絵画の複製の技術を手放しで賞賛するエルネスト・ラカンは、オリジナルの中にすら見出すことの難しい特徴が、フィエランの複製には再現されているのだと述べる。

> オリジナル自体の中にすら見出すのが難しい特徴を、彼〔フィエラン〕は見つけ出し、自らによる複製の中にそれ

を解き放つ。多くの場合彼は構図の中のひとつの断片を取り上げるだけだが、この断片がそれだけでタブローの全体なのである。こうして敬虔なる写本家（copiste）を通して芸術家が姿を現すのだ。[20]

フィエランは一八六五年、自らが手がけた芸術作品の写真複製をリストアップしたカタログを刊行している。そのリストには、ファン・ダイクやハンス・メムリンクらのフランドル画家の絵画や、同時代の画家たちの作品など、一〇〇〇を超える複製写真が、画家の名前や題材、所蔵先およびサイズそして価格とともに列挙されている。たとえばハンス・メムリンクの作品《参事会員〔ジル・ジョイ〕の肖像》（一四七二年）は、オリジナルと同じ三九×二三センチメートルのサイズで複製され、価格は八フラン。[21] ルーベンスの《鸚鵡と聖家族》（一六一四年）は、オリジナルのおよそ四分の一のサイズに縮小された、四二×四九センチメートルの大きさの複製の場合、価格は一八フランである。[22]

フィエランによるこれらの大判の複製には、エルネスト・ラカンが述べていたように、オリジナルの中にすら見出すのが難しい特徴までもが含まれているのだとするなら、カタログ化され、価格をつけられたこれらの複製写真は、それ自体が紛れもない芸術作品であるかのようだ。一八五八年三月の『写真雑誌』で述べられたように、ファン・ダイクやメムリンクの作品を「驚くべき忠実さ（fidélité étonnante）」[23] で複製したフィエランによって、あるいはポートレートを等身大に引き伸ばして絵の具により彩色したメイオールによって、原寸大写真は、「芸術」の仲間入りをする。少なくともそれこそが、一八六一年の『フォトグラフィック・ノーツ』誌においてジョン・レイトン（John Leighton）が主張していた、原寸大写真の意義であった。

私がここで言及しているのは、光の効果により、芸術的な価値をこめて、雄大な大きさで撮られた、原寸大のポートレートであり、それらはレンブラントやレノルズ、ベラスケスやオーピーのような偉大な巨匠たちの傑作のいずれかを思い起こさせる。（中略）ベルリンやドレスデン、ハーグやアーヘン、ブリュッセルから、一流の全身ポートレートが届けられるだろう。それらは芸術家の筆致から独立して化学的プロセスにより定着した艶のない銀色であるよりも、セピア色の堂々たる絵画のように見える。[24]

レイトンが言うには、原寸大のポートレートは、もはや写真というよりも、偉大な画家たちの手による絵画のようである。奇妙なことではないだろうか。写真と被写体が重なりあうかのように、両者の大きさを同じにするということは、写真をデスマスクのような痕跡に、よりいっそう近づけることであるはずだからである。そしてそのような痕跡性は、本章の冒頭に掲げた論者たちによれば、とりわけ写真を絵画から区別する特徴に他ならなかった。デスマスクに言及した箇所でソンタグは、写真が「主題の物質的な痕跡」であり、「絵画はそのようにはなれない」のだと述べていたはずである。[25]同様にクラウスも、やはりデスマスクに触れたのと同じ箇所で、「写真は絵画や彫刻やデッサンとは属性が異なる」[26]と述べていたのだった。原寸大にすることによって、痕跡へとさらに近づくはずの写真が、かえって絵画に近づいてしまうというのは、いったいどういうわけなのだろうか。この問いに答えるためには、科学写真の分野に目を向けてみる必要がある。写真におけるサイズの問題が争点となった、このもうひとつの分野において、特権的な被写体となったのは、人間の頭蓋骨である。

3　サイズを写す——「計測写真」の科学

私たちはここでも再びビソン兄弟に遭遇することになる。骨相学者のピエール・マリ・アレクサンドル・デュムティエ（Pierre Marie Alexandre Dumoutier）が、彼らに頭蓋骨の撮影を依頼したのである。三年に及んだ南米および南太平洋の探検旅行から、デュムティエがフランスに帰国したのは、一八四〇年のことである。[27]各地で現地の人々を直に型取りして採取した胸像五一体と、同じ数の頭蓋骨が、彼の旅土産だった。これらの胸像および頭蓋骨のイメージを石版印刷によって刊行するにあたってデュムティエは、自らの旅行中に発明された新たな技術である、ダゲレオタイプの力を借りることを思いつく。一八四二年二月七日の科学アカデミーの会合においてデュムティエは、ビソン兄弟による写真を活

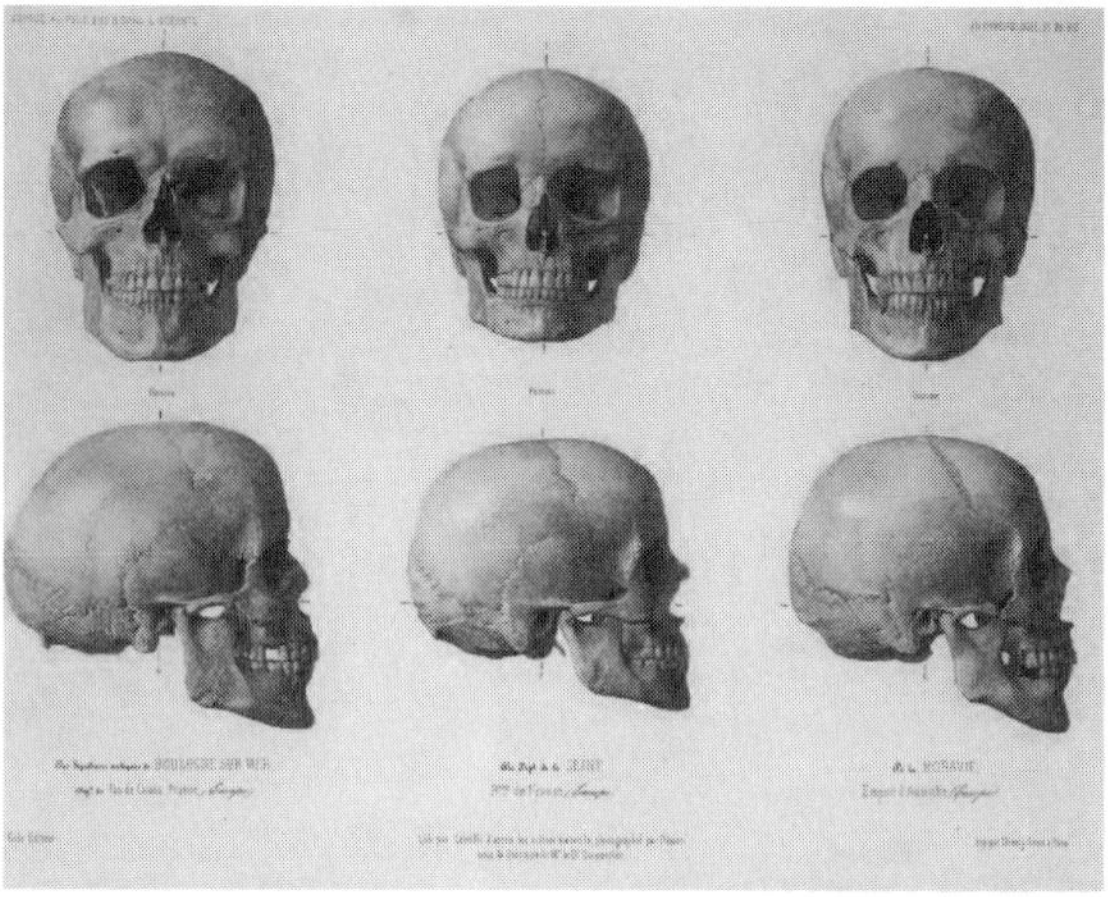

図2　ビソン兄弟の写真に基づくリトグラフ。*Voyage au pôle Sud et dans l'Océanie sur les corvettes L'Astrolabe et la Zélée exécuté par ordre du roi pendant les années 1837-1840 sous le commandement de M. Dumont d'Urville. Atlas d'histoire naturelle. Anthropologie*, Paris, Gide, 1854, pl. 25 bis.

用したリトグラフの試作品を披露する。「デュムティエ氏は自らが持ち帰った型取りの胸像のイメージを、まず写真的方法によって手に入れることを考えた[28]」。このように述べるアカデミーの報告文は、胸像や頭蓋骨を直接石版にするのではなく、ダゲレオタイプを介することで、より正確な石版を制作することができるのだと続ける。しかし刊行の企画は順調には進まず、編集の作業がデュムティエからエミール・ブランシャール（Emile Blanchard）に引き継がれた後、一八五四年にようやく刊行されるに至る[29]。

一八四二年の科学アカデミー会合では、リトグラフの頭蓋骨の大きさは「実物の二分の一（de grandeur demi-nature）[30]」であるとされていたが、一八五四年に刊行されたアトラスに掲載された石膏像や頭蓋骨の図版が、実物と比べてどれほどの大きさであるのかについては、特に記載はない（図2）。このアトラスにはデュムティエが開発したという頭部の計測装置（céphalomètre）の図版も収録されているが、新たな編者のブランシャールは、そもそも計測に大きな信を置いてはいないようだ。彼にとって重要なのはむしろ、頭蓋骨の輪郭である。ブランシャールが、実物だけでなく写真を観察することが有益であると主張するのはこのためである。

　人間の頭蓋骨の記述においては、計測ではとてもわからないような多くの細部に着目しなければならないのは、火を見るより明らかである。（中略）頭蓋骨の比較において計測が有効であることもあるが、その価値を絶えず吟味し、他の種類の観察も頼りにすることが条件である。われわれが信じるところによれば（中略）写真の映像はしばしば大きな助けをもたらしてくれるはずである。輪郭線をたどることが非常に容易だからだ。すべての輪郭線が平面に落とし込まれるので、対象自体を観察する際に、少しでも目を動かすだけで生じてしまう不具合が不在なのだ。[31]

骨相学を人類学の中に取り入れて、より近代的な科学として体系化したポール・ブロカ（Paul Broca）にとって、ブランシャールのこのような見解は受け入れがたいものである。計測値こそを重視するブロカにとり、頭蓋骨の図版とは、計測が不可能もしくは困難である場合の代替手段にすぎない。しかも写真は、その代替手段としてすら、とりたてて優れているわけではないという。

写真は（中略）頭蓋学の必要すべてを満たすには遠く及ばない。（中略）写真による描写は遠近法的であるのに対し、他の描写は平行投影式である。後者が平行する光の投影によって作られるイメージを生み出すのに対して、前者は一点に集中する光によって作られたイメージをもたらす。（中略）それに写真のイメージは均衡が取れていない、なぜならそれらのイメージはレンズからの距離が不均等な部分からできているからである。つまり写真に基づく図版は完全でもなければ正確でもない。それらの図版は計測にも向かないので、オリジナルのサイズを示しておく必要がある。[32]

頭骨の計測によってブロカはそもそも何を明らかにしようとしているのであろうか。以下に述べられているように、ブロカは計測によって単に人種の区別をするだけでなく、その計測値と知性との関係をも視野に入れている。

頭蓋学は人類の下位区分の区別と分類のための優れた特徴を提供するだけではない。そうした部分的集団の知的能力についての貴重なデータも提供するのである。[33]

この点からすれば、ブロカの頭骨計測学は、デュムティエらの骨相学と大きく違うものではない。一八四一年のフランス科学アカデミーにおいて、医師のエティエンヌ・セール（Etienne Serres）は、デュムティエが探検旅行から持ち帰った胸像および頭蓋骨の有益性を強調しながら、次のように述べていた。

様々な人種の肉体と精神の関係についての研究が興味深いのは、それらの人種の歴史のおかげだが、特にそうした人種の系譜や混合をたどれば、非常に興味深いものとなる。実際のところこうした混合は、交合する二つの種の肉体的特徴の結合にはとどまらず、精神的資質の結合にも同時につながっているのである。このために民族の知性の哲学的分析は、それらの民族を区別する特徴の解剖学的分析と結びつき、連携するのだ。(34)

にもかかわらずブロカが、デュムティエらによって導入された写真による記録に懐疑的であるのは、写真からでは被写体の実際の大きさを計測することができないからである。ブロカによれば、人類学は客観的な事実に基づかなければならないのであり、そのような客観性を保証してくれるのは、計測値のみである。計測の重要さを強調して、ブロカは以下のように説く。

数多くの個的事実に基づく平均値という方法が、個体の集合を正確に認識するための唯一の方法であることは、誰もが合意している。だが数値的手法の利点には疑念を呈されたことがある。計測や数値のための道具は不必要で、それぞれの種において適切に選ばれた少数の個体を、種の平均的タイプの代表として調べれば十分だと考えられたのだ。（中略）ところがそうした見積りが絶対的な厳密さを獲得することは決してできない。（中略）それらの見積りを信頼することもできるし、そうした信頼はしばしば相応しいものだが、偽りの事実を正しいと見なすことにも、しばしばつながるのである。(35)

つまりブロカからすれば計測値のデータこそがすべての基本であり、そうしたデータをもたらしてくれないとすれば、写真には価値がない。逆に言えば、写真から被写体のサイズを正確に復元できるとすれば、それは人類学にとっても有益なものとなりうるはずである。アルフォンス・ベルティヨン（Alphonse Bertillon）とアルチュール・シェルヴァン（Arthur Chervin）による「計測写真（photographie métrique）」は、まさしくそのことを可能にしようとした技術だった。彼らは以下のように主張する。

> ブロカからもたらされたもっとも深刻な批判とは、写真に基づく図版は完全ではなく、計測には適していないということである。計測写真というわれわれの手法は、まさしくこれら二つの欠点を改善しようとするものであり、そのことをこれからできる限り詳しく証明しようと思う。われわれは写真が正確なものとなるために細心の注意を払ったのだということも付け加えておこう。こうしてわれわれはすべての要求項目を満たしたのだ。われわれの写真は完全で、正確であり、計測に適している。つまりブロカによりかつて表明された批判は、すでに解消されたのだ。[36]

ベルティヨンとシェルヴァンはこうして、自分たちの発明した「計測写真」が、ブロカによる批判を乗り越えたことを高らかに宣言するのだが、彼らの技術を用いて被写体のサイズを計測するためには、実際にはきわめて複雑な手続きを経る必要があった。撮影は被写体の真上と真横に設置された二台のカメラによって行われる（図3、4）。いずれのカメラも被写体の中心からちょうど二メートルの位置に設置されている。被写体の背後にはマス目が引かれ、このマス目により、写真の上でも、カメラからちょうど二メートルの距離にある物体の大きさがわかるようになっている。だが問題は、被写体全体がちょうど二メートルの距離にあるわけではないということである。二メートルより手前にあるものは大きく、二メートルより遠くにあるものは小さく写るため、実際のサイズを割り出すための係数が必要になる。ベルティヨンとシェルヴァンは、ある計測写真を例に、被写体である頭蓋骨の直径の導き出し方を以下のように説明する（図5）。

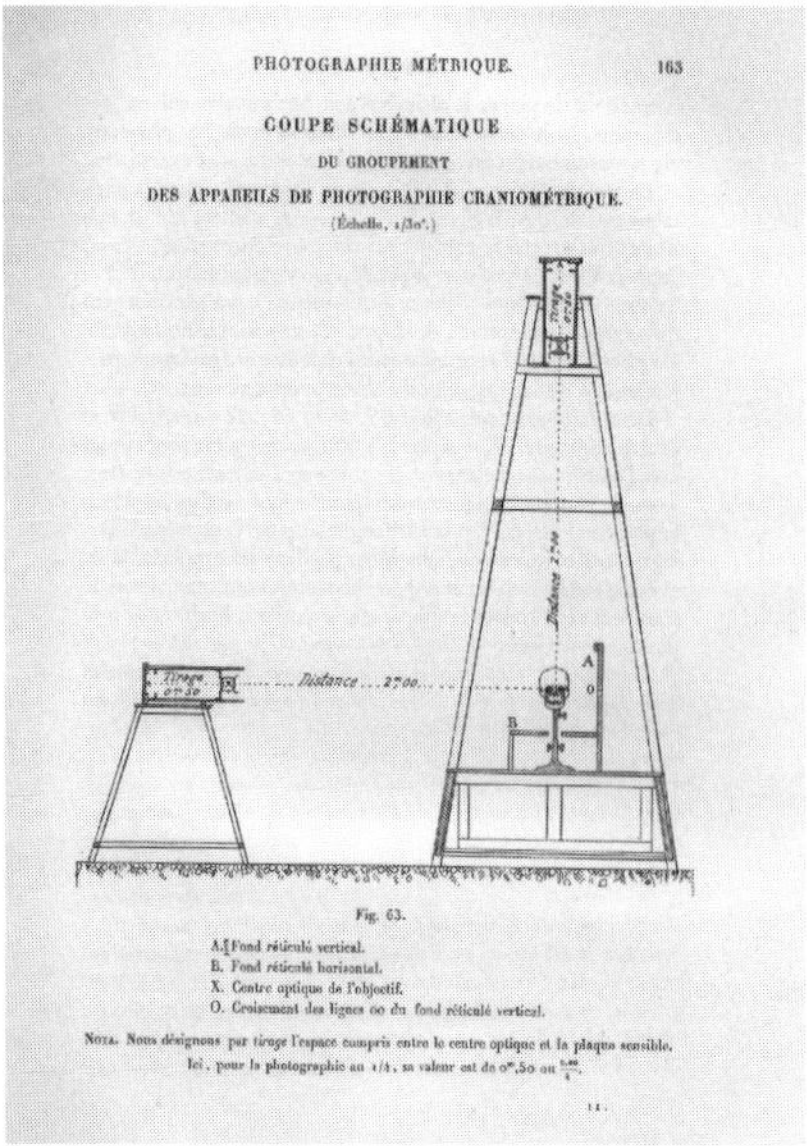

図4　ベルティヨンとシェルヴァンによる「計測写真」装置。A. Bertillon, A. Chervin, *Anthropologie métrique*, Paris, Imprimerie nationale, 1909, pp. 162–163.

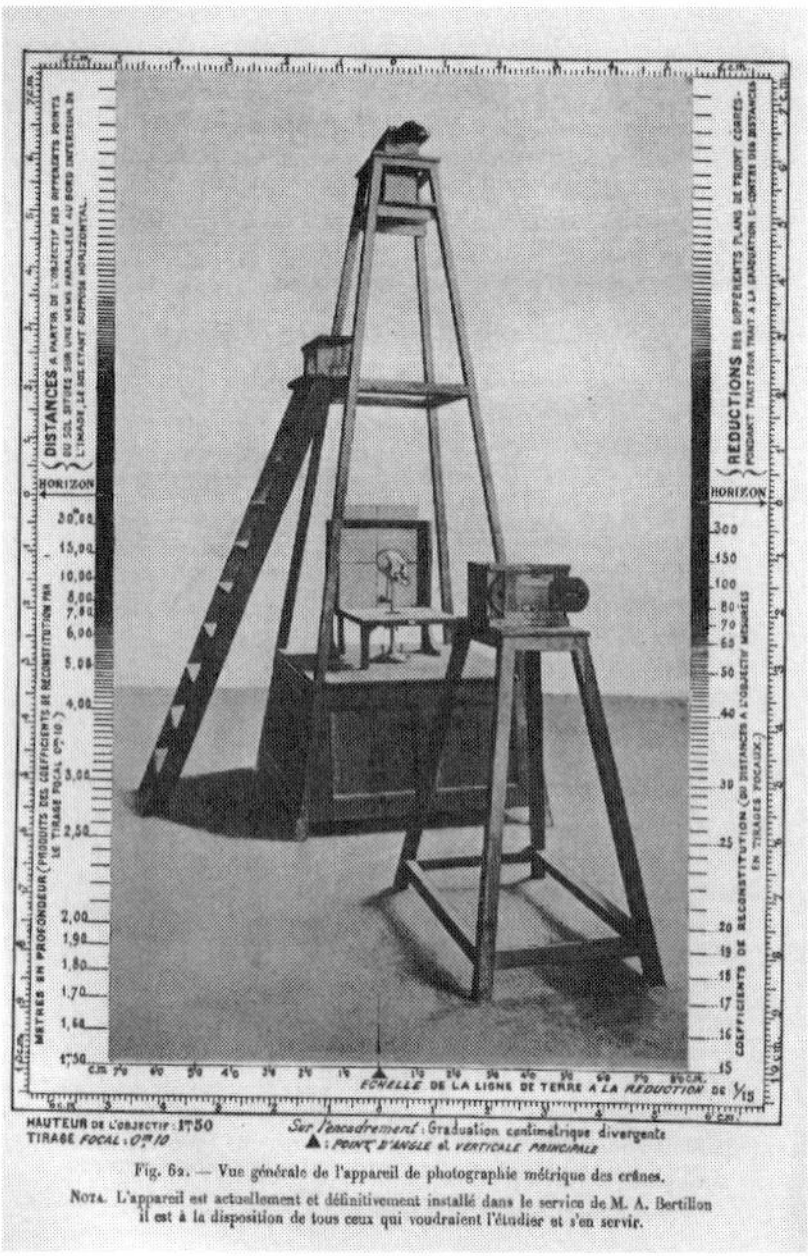

図3　ベルティヨンとシェルヴァンによる「計測写真」装置。A. Bertillon, A. Chervin, *Anthropologie métrique*, Paris, Imprimerie nationale, 1909, pp. 162–163.

正面像については、直径がマス目と同一の平面上〔＝カメラから二メートルの平面上〕に位置しているとすれば、それが現実に占める大きさは一三八・八ミリメートルだと見積もることができるだろう。だが実際にはこの平面よりも手前に位置しているのは明らかなので、一三八・八というのは大きすぎる値である。どれくらい大きすぎるのかを知るためには、補完的なポーズのどれかひとつを、つまり頭頂部あるいは底部の写真のどちらかを手がかりとすることができる。頭頂部の写真を見ると、最大直径はおよそ四の目盛りのあたりを通過していることがわかる。これはつまり直径は正面像のマス目平面よりも四センチ前に位置しているということであり、マス目平面とは頭頂部写真では00の横線に他ならない。

つまり正面像の直径は目盛りの縮尺では複製されておらず、写真的縮小が少な

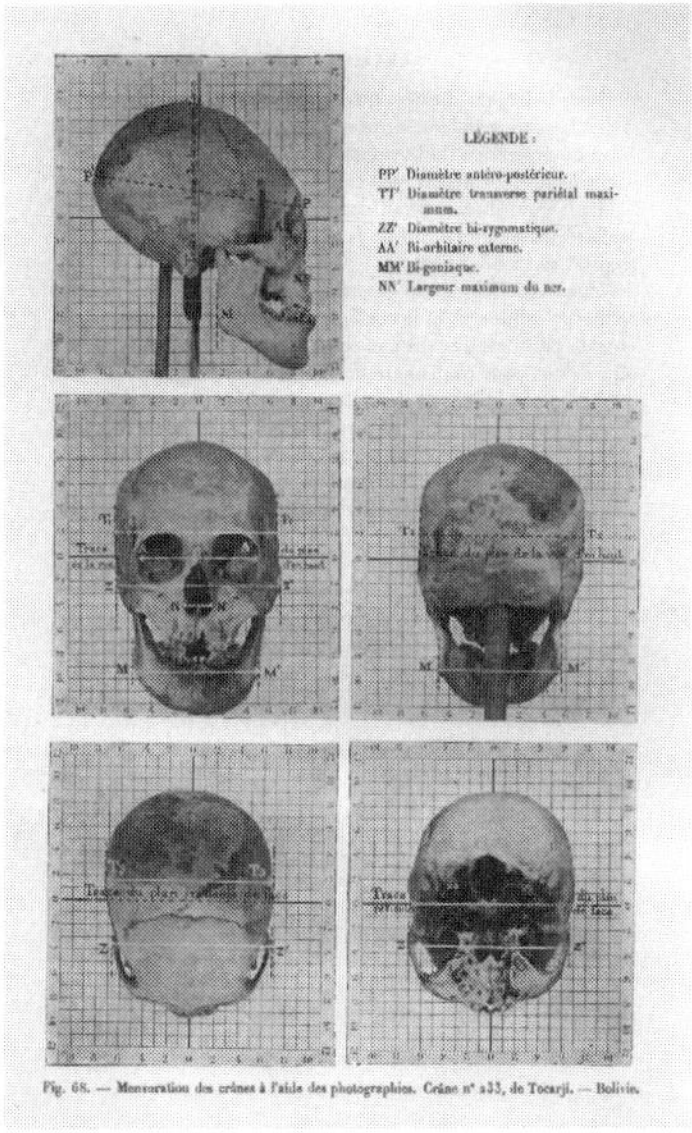

図５　「計測写真」装置で撮影された頭蓋骨。A. Bertillon, A. Chervin, *Anthropologie métrique*, Paris, Imprimerie nationale, 1909, p. 185.

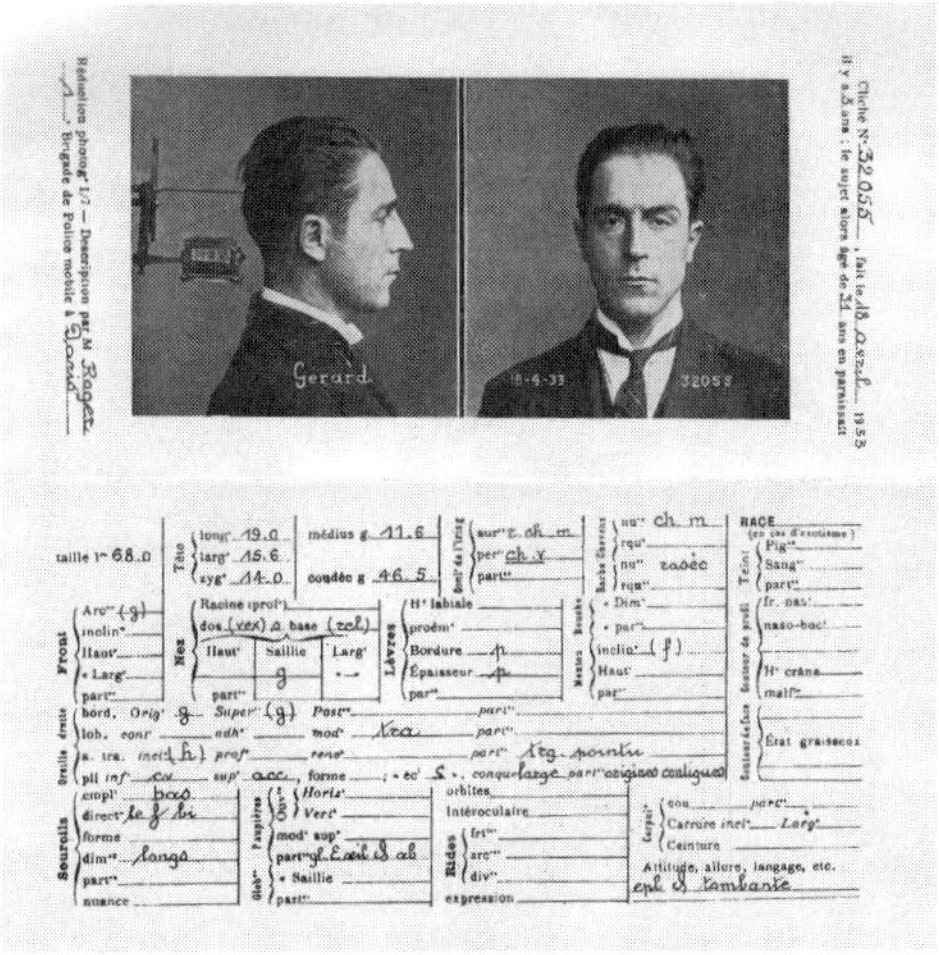

図６　計測値の書き加えられた犯罪者登録カード。Charles Sannié, *Eléments de police scientifique. II. Le signalement descriptif (portrait parlé), les marques particulières et l'utilisation du signalement individuel*, Paris, Hermann, 1938.

いので、正面像の垂直のマス目から得られる一三八・八という値を小さくしなければならない。〇・九八という係数が、〔付録の〕表の第二列からただちに得られる。（中略）結果として一三八・八×〇・九八＝一三六・〇〔原文ママ〕が導き出される。[37]

「計測写真」によって撮影した写真に写るマス目の目盛りは、あくまでカメラからちょうど二メートルの平面上にあるものの大きさを示すだけだから、たとえば二メートルより手前に位置するものについては、目盛りの数値に特殊な係数を掛け合わせて、目盛りよりも小さな値に修正をしなければならない。ベルティヨンとシェルヴァンの「計測写真」は、写真からオリジナルのサイズを導き出すのが、結局のところ非常に困難だということを、むしろ明るみに出してしまっているのだと言えはしまいか。オリジナルのサイズを保つという、足跡やデスマスクならば造作もなくできてしまうことが、写真にとってはかくも困難である。痕跡にとっての最大の特徴のひとつが、原寸大であることだとするなら、写真は痕跡ではない。「計測写真」が、司法的身体測定法という、再犯者の特定のために発明された技術の応用であったことを思い起こしておくべきだろう（図６）。身体の各部位の計測値を写真に書き加えることで、写真と被写体との結びつきを補強しようとしたこの技術は、最終的には指紋に取って代わられる。[38]写真を痕跡に近づけようという努力が、指紋という痕跡の登場により、あえなく敗れ去ったのである。

4　「似ていない」のに「あるがまま」――「アニメーション」としての写真

とはいえ写真が被写体と結びつきを持たないわけではもちろんないだろう。写真は時としてむしろ痕跡よりも生々しく、観る者の前に被写体の姿を喚起する。たとえば『明るい部屋』における、ロラン・バルトにとっての「温室の写真」のように。幼い少女の頃の母の姿を写したその写真のおかげで、バルトはついに「母のあるがままの姿を見出した」[39]のだという。その写真の中に「何か「写真」の本質のようなもの[40]」が漂っていることを直感したバルトは、しかしその本質を、痕跡性の問題に還元してしまう。「写真とは文字どおり指向対象から発出したものである。そこに存在した現実の物体から、放射物が発せられ、それがいまここにいる私に触れにやって来るのだ」[41]。このように述べるときバルトは、写真をデスマスクに比したソンタグやクラウスから、そう遠く隔たっているわけではないだろう。

一方でバルトは、痕跡性とは別の言葉で、写真の「本質」を説明しようと試みてもいる。バルトが写真における「類似」を問題とするときである。「似ているというだけでは私は満足できず、いわば懐疑的になってしまう」と語るバルトは、件の「温室の写真」が、「まさしく母に似ていない」のだと言う[42]。「あるがままの姿」であるはずのものが、「似ていない」とはどういうことだろうか。ここで言われる「似ていない」とは、単に写真の母がバルトの知らない幼いころの姿であるというだけでなく、写真と絵画を区別するものでもあるだろう。一九世紀末リエージュの労働者ガスパール・マルネットの手記を思い起こしておこう。生まれて初めて両親のポートレートを撮影してもらったマルネットは、おそらくそれを似顔絵に類するものと見なして、繰り返し「似ている」と口にするのである。

〔ポートレートは〕とてもよくできていた。頭巾か帽子をかぶって、絹のスカーフを顔に巻いた母の類似は、特に驚くべきものだった。（中略）隣人を一人か二人呼んでポートレートを見せた。あら、すごいわ！　確かにガスパールとマリー・バスタンのポートレートね！　家は喜びに包まれ、涙がでるほどの感動だった。この肖像写真は非常によく似ていたので、甥っ子で一歳四カ月になるジャン＝ルイ・フレカンは、指をさしながら「ばあちゃん、じいちゃん」と言った[43]。

家族のポートレート写真を前にしたこのマルネットの反応は、今日の私たちのそれと、少しばかり異なってはいないだろうか。自分の両親の写真を見て、私たちはそれが父や母に「似ている」と言うだろうか。たとえそれが自分の生まれる前の、若い日の父や母の写真であったとしても、そこに父や母の姿を認めることができれば、私たちは「似ている」などとは決して言わずに、ちょうどここでの一歳四カ月の甥っ子ジャン＝ルイのように、「父さん、母さん」と言うに違いない。

『イメージ人類学』の中でハンス・ベルティンクは、紀元前五世紀のギリシアで生じた、死者の像をめぐる変化に着目している。墓碑に描かれた死者の姿が、生者と「似た」ものになるのである。「彫刻家たちは生の色彩を付与し」、死者と生者は「外見上の区別がつかなくなる」[44]。それまで死者の身代わりをしていたのは、単なる荒く削った石のような、死者とは似ても似つかない姿をした立像だった。同時にこの頃、「ミメーシス」すなわち「模倣」という概念が、哲学的に練り上げられていく[45]。イメージによって現実にあるものをそっくりに模倣することを目指す、ミメーシス文化の誕生である。

ベルティンクによれば、このようなミメーシス文化の誕生によって、イメージは「身体と交換される能力」[46]を剝奪される。それまで人々は、たとえば荒く削られた単なる石を、死者の身代わりであると見なし、儀式の間だけ、あたかもそれが身体を宿すかのように振る舞ってきた。儀式が終わればそれは単なる石に戻り、人々は死者が死者であること、つまりもはやこの世にはいないことを理解する。この単なる石が死者とそっくりの像に取って代わられることは、必ずしも進歩を意味しない。死者とイメージの区別ができなくなるからである。死者と似ても似つかぬものを「メディア的身体」と見なし、それに生気を吹き込むこと、すなわち「生気の付与行為（animation）」こそが、イメージの本質であった[47]。ミメーシスはイメージからこのような「アニメーション」の余地を奪う。言い換えれば、イメージは殺されたのである。

写真がこのようなミメーシス文化の末裔であることは疑いようがない。写真は現実とそっくりのイメージを生み出すことを目指して作られた技術だからである。ところがこの技術は、ミメーシスとしては必ずしも完璧ではなかった。写真は発明当初は白黒だけの、多くの場合被写体よりもずっと小さい、二次元のイメージであるにすぎない。にもかかわらず私たちは、しばしばそこに被写体の「あるがままの姿」を見出し、時としてあたかも生きているかのように、それに話しかけさえする。それは写真が被写体の痕跡であるからでも、被写体と「似ている」からでもないとすれば、私たちは写真に「生気を付与」しているのではないだろうか。写真とは、ミメーシス文化が事故のように産み落としてしまった、「アニメーション」である。

注

（1）André Bazin, « Ontologie de l'image photographique »［1945］, *Qu'est-ce que le cinéma ?* Paris, Cerf, 2011, p. 12.〔アンドレ・バザン「写真映像の存在論」、『映画とは何か』上巻、野崎歓・大原宣久・谷本道昭訳、岩波文庫、二〇一五年、二二頁〕

（2）Susan Sontag, *On Photography*［1977］, London, Penguin, p. 154.〔スーザン・ソンタグ『写真論』近藤耕人訳、晶文社、一九七九年、一五六頁〕

（3）Rosalind E. Krauss, *The Originality of the Avant-Garde and Other Modernist Myths*, Cambridge, MA, The MIT Press, p. 110.

（4）Jean-Luc Nancy, *L'Autre Portrait*, Paris, Galilée, 2014, pp. 20–23.

（5）Louis Kaplan, "Photograph/Death Mask: Jean-Luc Nancy's Recasting of the Photographic Image," *Journal of Visual Culture*, vol. 9, no. 1, 2010, p. 49.

（6）たとえば以下を参照。講談社『週刊日本の仏像』編集部編『原寸大日本の仏像　京都編』講談社、二〇〇八年。

（7）Cf. Anne McCauley, « Les Bisson, "habiles photographes" : daguerréotypes et portraits », *Les frères Bisson photographes. De flèche en cime 1840–1870*, Paris, Bibliothèque nationale de France, 1999, pp. 50–65.

（8）William Henry Fox Talbot, *The Pencil of Nature, London, Longman*, Brown, Green and Longmans, 1844–46, plate XXIII.〔ウィリアム・ヘンリー・フォックス・トルボット『自然の鉛筆』青山勝訳、赤々舎、二〇一六年、七五頁〕

（9）Benjamin Delessert, *Notice sur la vie de Marc Antoine Raimondi, graveur bolonais, accompagnée de reproductions photographiques*, Paris, chez Goupil, 1853, p. 27.

（10）*Ibid.*

（11）Ernest Lacan, *Esquisses photographiques*, Paris, Grassart, 1856, p. 34.

（12）Charles Blanc, *L'œuvre de Rembrandt reproduit par la photographie. Atlas*, Paris, Gide, 1853–1858, p. 2.

（13）« Épreuves photographiques de 1 mètre 2 centimètres, le pavillon de l'Horloge, l'Apollon, etc., par MM. Bisson frères », *La Lumière*, 5e année, n° 16, 30 juin 1855, p. 102.

（14）« Exposition universelle », *La Lumière*, 5e année, n° 41, 13 octobre 1855, p. 161.

（15）Cf. Larry J. Schaaf, "Mayall's Life-Size Portrait of George Peabody," *History of Photography*, vol. 9, no. 4, oct.-dec. 1985, pp. 279–288.

（16）Ernest Lacan, « Exposition photographique (1er article) », *Le Moniteur de la photographie*, N° 5, 15 mai, 1861, p. 33.

（17）*Ibid.*

（18）*Ibid.*

（19）Steven F. Joseph, Tristan Schwilden, *Edmond Fierlants 1819–1869 photographies d'art et d'architecture*, Bruxelles, Crédit Communal, 1988, pp. 24–30.

（20）Ernest Lacan, *Moniteur universel*, 9 septembre 1861, cité dans Edmond Fierlants et Cie, *Catalogue des œuvres publiées par la Société royale belge de photographie*, Ixelles, Imprimerie de L. Truyts, 1865, p. 20.

（21）Edmond Fierlants et Cie, *Catalogue, op. cit.*, p. 44.

（22）*Ibid.*, p. 47.

（23）*Revue photographique*, 5 mars 1858, cité dans *ibid.*, p. 17.

（24）John Leighton, "Life-size portraits," *Photographic Notes*, November 1st, 1861, pp. 307–308.

（25）Sontag, *op. cit.*, p. 154.〔ソンタグ、前掲、一五六頁〕

（26）Krauss, *op. cit.*, p. 110.

（27）Cf. Anne McCauley, art. cit., pp. 54–55.

（28）*Comptes rendus des séances de l'Académie des sciences*, T. 14, 7 février 1842, p. 247.

（29）*Voyage au pôle Sud et dans l'Océanie sur les corvettes L'Astrolabe et la Zélée exécuté par ordre du roi pendant les années 1837–1840 sous le commandement de M. Dumont d'Urville. Atlas d'histoire naturelle. Anthropologie*, Paris, Gide, 1854.

（30）*Comptes rendus, op. cit.*, p. 247.

（31）Emile Blanchard, *Voyage au pôle Sud et dans l'Océanie sur les corvettes L'Astrolabe et la Zélée exécuté par ordre du roi pendant les années 1837–1840 sous le commandement de M. Dumont d'Urville. Anthropologie*, Paris, Gide, 1854, p. 255.

（32）Paul Broca, *Instructions craniologiques et craniométriques*, Paris, Masson, 1875, p. 115, 122.

（33）Paul Broca, « Anthropologie » [1866], *Mémoires d'anthropologie*, Paris, Jean-Michel Place, 1989, p. 7.

（34）Etienne Serres, « Rapport sur les résultats scientifiques du voyage de circumnavigation de l'Astrolabe et de la Zélée », *Comptes Rendus des séances de l'Académie des sciences*, T. 13, 27 septembre 1841, pp. 646-647.

(35) Paul Broca, art. cit., p. 16.

(36) A. Bertillon, A. Chervin, *Anthropologie métrique*, Paris, Imprimerie nationale, 1909, p. 148. 〔強調は原文による〕

(37) *Ibid.*, p. 183.

(38) 以下を参照。橋本一径『指紋論』青土社、二〇一〇年、一〇六―一三三頁。

(39) Roland Barthes, *La chambre claire. Note sur la photographie*, Paris, Cahiers du cinéma, Gallimard, Seuil, 1980, p. 111. 〔ロラン・バルト『明るい部屋――写真についての覚書』花輪光訳、みすず書房、一九八五年、八六頁〕〔強調は原文による〕

(40) *Ibid.*, p. 114. 〔同上、八八頁〕

(41) *Ibid.*, p. 126. 〔同上、九九頁〕

(42) *Ibid.*, p. 160. 〔同上、一二七―一二八頁〕

(43) René Leboutte, *L'archiviste des rumeurs. Chronique de Gaspard Marnette, armurier, Vottem 1857-1903*, Liège, Editions du Musée de la vie wallonne, 1991, p. 60.

(44) ハンス・ベルティンク『イメージ人類学』仲間裕子訳、平凡社、二〇一四年、二一八頁。

(45) ジャン＝ピエール・ヴェルナン『ギリシア人の神話と思想』上村くにこ、ディディエ・シッシュ、饗庭千代子訳、国文社、二〇一二年、四七五頁。プラトンにおけるミメーシス概念については以下を参照。田中一孝『プラトンとミーメーシス』京都大学学術出版会、二〇一五年。

(46) ベルティンク『イメージ人類学』、前掲、二二二頁。

(47) ベルティンク『イメージ人類学』、前掲、二六頁。

第6章　「アニメイメージング」と身体表現
——CGアニメにおける「不気味なもの」の機能

石岡良治

アニメーションは肉体を描けません。そこにあるのは、線と色だけです。でもこの技術によって、少なくとも、存在することと存在しないことの間を描き出せる。

——セバスチャン・ローデンバック[1]

1　アニメーションの輪郭

本章は、日本のポピュラー文化において大きな存在感を示している「アニメAnime」の現在の姿についての検討を、「アニメイメージング」「アニメに現れる身体」「不気味なものの機能」という観点から行う。本章ではさしあたり「アニメ」を、アニメーションの一部分を指し示す語として用いる。すなわち、一九六三年一月一日に放映開始された手塚治虫原作の三〇分枠テレビシリーズ『鉄腕アトム』を嚆矢とし、[2]主として日本でテレビプログラムを通じて広まり、マンガ原作などのアダプテーションや多種多様なメディアミックス[3]と密接に結びつきつつ確立されてきたスタイルの映像群を指し示す語として「アニメ」を用いる。そのうえで、3DCGがアニメにいかなる寄与をもたらしたのかについて考察したい。

だがアニメについて考察する前に、そもそも「アニメーション」の輪郭が明確とはいいがたい事実を確認する必要があるだろう。土居伸彰が『個人的なハーモニー』で示しているように、「アニメーション映画」という領域の自律性は、一九五〇年代にアンドレ・マルタンによって主張されるようになった[4]。それまでのアニメーションでは、おおまかな共通点についての了解はありつつも、ドローイングや人形などの表現手段に応じた分類が行われていたが、「コマ撮り」[5]という共通の技法によって定義されるようになったのである。様々な表現手段があるなか、今なおアニメーションのメインストリームと目されるのは、古典的ディズニー作品を典型とするような、ドローイングを用いる「漫画映画 Animated Cartoon」であり、しばしば「カートゥーン」と略される。それは日本語における「マンガ」がときおりアニメーションも指し示すことがあるのと同様であるが、アニメーションがカートゥーンに代表されることで、「実写映画」との対比が容易になったことは重要であろう。事実、今なお映画史におけるアニメーションの位置付けは、しばしば「絵」と「写真」の対比を反映したものとなっている。

総称としての「アニメーション映画」が「コマ撮り」という技法によって規定されるようになってからも、実写映画と対置される事情は変わらない。しかしながら「アニメーション」の範囲は必ずしも明瞭でない。ノーマン・マクラレンによる有名な定義「運動の創造」[6]は、実写映画とは異なる可能性の追求に向けられており、彼自身の作品『隣人』（一九五二年）が示すように、仮に表現手段が実写映像であったとしても、そこに「アニメーション映画」を見出すことが可能であるという事態をもたらした。だがコマ撮りによるストップモーションは、アニメーションとはみなされない実写映画においても広く用いられている技法である。ジョルジュ・メリエスのトリック撮影に始まり、ストップモーションが用いられた映画のすべてを「アニメーション」と呼ぶことは困難だろう。一九三三年の『キングコング』（ウィリス・オブライエン）や一九五三年の『原子怪獣現わる』（レイ・ハリーハウゼン）のように、たとえストップモーション・アニメーションで表現されたモンスターが「主人公」であっても、主要キャストである俳優の演技によるドラマが主眼の作品をアニメーション映画と呼ぶ者はほとんどいない。だがその一方で、日本ではこれらの作品を「特撮映画」としてまとめる傾向がある。特撮映画の代表作といえよう一九五四年の映画『ゴジラ』、そして一九六六―六七年のテレビシリーズ『ウルトラマン』では、主としてミニチュアや着ぐるみが用いられており、ストップモーション・アニメーションとの関係はさほど密接ではない。けれどもこれらの実写映画作品における観客の注意はもっぱら「虚構的な存在者」へと向けられる。とりわけSFやファンタジーが題材の実写映画では、虚構的存在者を表現するために「特殊効果」(7)が用いられるが、そこには手段としてのアニメーションがしばしば含まれる。「アニメーション」と「実写」の関係は、一見明瞭なようでいながら複雑な様相を呈しているのである。

しかしながら、こうした事情は映像メディアのデジタル化が進行した一九九〇年代に一変した。ハリウッド映画の特殊効果でCGが本格的に使用されるようになり(一九九一年の『ターミネーター2』や九三年の『ジュラシック・パーク』など)、ちょうど映画一〇〇周年にあたる一九九五年にフル3DCGアニメーション映画『トイ・ストーリー』が公開されるに至り、映画における「絵」と「写真」の役割が問い直されるようになったからである。「フィルム」というメディウムがそのまま映画作品を指し示す状況を、不変の条件とはみなせなくなったのだ。そうしたなか、レフ・マノヴィッチは二〇〇一年刊行の『ニューメディアの言語』において次のような挑発的なテーゼを唱えている。「デジタル映画とは、多くの要素の一つとしてライヴ・アクションのフッテージを用いる、アニメーションの特殊なケースである」(8)。『ジュラシック・パーク』における恐竜などの、CGで描かれた「虚構的な存在者」は、カメラによる撮影を省略しつつ、モーションブラーやレンズフレアをはじめとした効果があとから付加され、カメラで撮影された俳優が現れる時空間(ライヴ・アクションのフッテージ)と整合的な仕方でコンポジットされる。映像素材が撮影された後の「ポストプロダクション」が重要になるデジタル映画は、たしかに「絵」と「写真」についての基本的な了解を当てはめるならば、実写というよりはアニメーションに近いのだといえるのかもしれない。

けれども現在のハリウッド映画の基準では、主人公がアニメーションで描かれ、かつ構成要素の七五パーセントがアニメーションから成る映画でないかぎりは「実写映画」とみなされる(9)。こうして『アベンジャーズ』(二〇一二年)などのMCU(マーベル・シネマティック・ユニバース)作品などはあくまでも「実写」カテゴリーに入れられることが再確認された。だが、「アニメーション」の範囲があくまでも量的尺度によって定められるほかない現状は、挑発的な誇張法で書かれたマノヴィッチのテーゼを受け入れるか否かとは独立に、映画そのもののあり方が変貌したことを示すのだろう。過去のある時点で映画の必要不可欠な条件と思われたもののいくつか（フィルムの物質的な質感など）は、再検討を余儀なくされたが、だからといって過去の作品が映画であることをやめるわけではない。同様にアニメーションの輪郭についても、その総体は過去の作品を含みつつも、技術的条件などの様々な変容が生じるたびに、そのつど制作される作品群やその観客によって、その境界線が引き直されていくのである。

2　集合的アッサンブラージュとしてのアニメイメージング

以上、アニメーションの輪郭について概観したのと同様の事態は、アニメーション一般から「アニメ」を識別する基準についても当てはまる。現在の「アニメ」は、コミックス文化における「マンガ」（例えば北米の『スコット・ピルグリム』などは「マンガスタイル」の作品と呼ばれる）と同様、日本文化だけに属するものとは必ずしもいえず、担い手のエスニシティや文化圏において多様な広がりをもっており、文化本質論とは切り離した考察が求められるように思われる。[10]もちろん、現代社会における日本語や日本文化に対する関心が、しばしばアニメへの関心によって動機付けられていることは事実であろう。しかしながら筆者はアニメの考察を、直ちに日本文化をめぐる諸言説へと接続する前に、「アニメ」をアニメーションから識別する基準についての問いを繰り広げることが必要だと考えている。

その際、あらゆる芸術的実践と同様、作り手と受け手の双方が共に関与する制度的な実践という側面をもつ「アニメ」を、本章ではジル・ドゥルーズ＆フェリックス・ガタリに由来する「集合的アッサンブラージュ」という側面から考えてみたい。行為者 agent 概念を、技術的・社会的・政治的等々の次元から成る諸要素の組み合わせという観点から捉えるべく導入されたドゥルーズ＆ガタリの「アジャンスマン agencement」を、本章ではこの語の英訳かつ美術用語でもある「アッサンブラージュ assemblage」と呼ぶが、その理由としては、アニメーションという媒体＝メディウムがもつポテンシャルの一部を具現化している「アニメ」における日本文化の関与を、有機的な総体への参与として本質主義的に捉えるのではなく、異質なユニットが織りなす諸関係がつねに歴史的偶発性に開かれている側面を、造形的な仕方で強調したいからである。

ドゥルーズ＆ガタリは『千のプラトー』の序「リゾーム」において、アッサンブラージュとしての本について次のように述べている。「あらゆるものと同じで、本というものにおいても、分節線あるいは切片性の線があり、地層があり、領土性がある。また逃走線があり、脱領土化および脱地層化の運動もある。こうしたもろもろの線にしたがって生じる流出の速度の比較的な差が、相対的な遅れや、粘性や、あるいは逆に加速や切断といった現象をもたらすのだ。こうしたものすべて、測定可能なもろもろの線や速度は、一つのアッサンブラージュを形成する。本とはそのようなアッサンブラージュであり、そのようなものとして、何ものにも帰属しえない」[11]。ここでとりわけ注目したいのは、「領土性」や「地層」とともに「脱領土化および脱地層化の運動」が含まれていることであり、領土や地層を形成したり解体するような相反する運動を巻き込むがゆえに、バラバラの諸要素が「アッサンブラージュ」を形成するという認識である。また「集合的アッサンブラージュ」を考えるということは、アッサンブラージュの技術的かつ社会的な次元[12]を、個人の達成の集積には還元できず、そこに集団の実践との連関をみるべきであることを示すだろう。

また「イメージング」という語の選択も、アニメの実践を「アッサンブラージュ」から考えることに関わっている。制作者サイドと同時に、アニメの「受容者たち」のファンコミュニティを考慮する必要があるためである。トーマス・ラマールは『アニメ・マシーン』において、ある種のタイプの日本アニメを「オタクイメージング」という観点から分析している[13]。「オタク」とは、もとはコミュニケーションを苦手とするアニメやアイドルのファンたちが用いていた二人称に由来する蔑称であるが[14]、現在では比較的中立的な用法が確立しており、現代日本のポピュラーカルチャーのうち、とりわけアニメ・マンガ、そしてビデオゲームやコスプレなどを含む特定のファンカルチャーの担い手を指し示す。そしてラマールによると「オタクイメージング」とは、オタクというファンカルチャー特有の美学を表明するようなイメージ制作のテクノロジーとして定義されている。ラマールは、アマチュア集団から発展した制作会社であるＧＡＩＮＡ

Xの『おたくのビデオ』（一九九一年）という、スタジオの代表作『新世紀エヴァンゲリオン』（一九九五—九六年）以前のアニメ作品を分析することで、「オタクイメージング」に顕著な、一種露悪的な「日本性」の主張を検討した。一九八二年と一九八五年（から仮想的な二〇三五年に至る近未来予想）を舞台にした『おたくのビデオ』に典型的に現れているのは、一九八〇年代から一九九〇年代にかけてのアニメという集合的アッサンブラージュにおける、受容者と制作者の間の動的な相互関係なのだ。

だがこの時期の「オタク」美学には、男性観客の優位を前提とするジェンダーバイアスがあり、そこではある種のナショナル・アイデンティティの主張（「ジャパン・アズ・ナンバーワン」としての経済的文化的達成の誇示）とともに、とりわけアニメ表現における性的暴力的主題の展開（一九八〇年代のOVAに顕著にみられる、触手による性的侵害のテーマや人体損壊表現の展開などが挙げられよう）において、他のアニメーション表現と比べた際の独特の偏差が含まれていた。筆者はオタク美学のポテンシャルは今なお汲み尽くされておらず、さらなる分析を要すると考える反面、男性観客の優位および性的暴力的主題がもつ意味作用については、ファンコミュニティの価値観を一定程度相対化する作業が不可欠だと考えている。「オタク」についての主題的分析は他日を期したいが、二〇一〇年代に入り、従来以上に女性観客の存在感が強まることで、オタクカルチャーのありようが変容している点に注目している。[15]

したがってラマールが分析した「オタクイメージング」を、「アニメイメージング」という観点へと拡張することで、アニメにおける受容サイドの分析を、ある種の「日本性」の主張も含めて遂行しつつ、「アニメのイメージ論」という観点から検討するための分析水準を設定してみたい。以下、アニメに現れる身体とその不気味さをめぐる技術的社会的主題系を考察することで、日本のアニメの特質と達成を、諸系列が束ねられた「アニメイメージングという集合的アッサンブラージュ」へと開いていくポテンシャルを検討する。[16]

3　アニメーション／アニメに現れる身体

本節では、アニメーションという媒体＝メディウムに現れる様々なタイプの身体を「映画的身体」と比較したうえで、「アニメ」の特性について考察する。先に触れた「集合的アッサンブラージュとしてのアニメイメージング」という観点は、アニメーションにおける身体表象一般のうち、「アニメ」に特に顕著に現れる特性を考えていく際に重要になるだろう。

ここであらためて実写映像における身体イメージの特徴について概観したい。映画論におけるアニメーションの位置がなぜ不安定であるかという理由にも関わっているからである。実写映像における「身体」は、モデルとなる人体との写真的な類似に加え、映像装置に由来する等間隔の機械的なイメージの運動を伴っている。映画に現れる「生身の身体」は、映像装置という機械のうちに捉えられることで、生体のリズムとは異なるリズムをもつ、映画という媒体＝メディウムにおける身体となる[17]。

けれども平面の支持体へと投影されたイメージに対して、人間の知覚機構は、そこに生身の人体の現前の類同物を見て取る。映画において映像化された身体については「スター」という興味深い名称がある。スターは一個人としての人「体」であるのと同時に、天「体」にも擬せられる[18]。セレブリティとしての映画スターの栄光と悲惨は、映画という媒体＝メディウムにおいて表象された身体が、ノンヒューマンな側面をもち、生身のスターにもそうした役割が期待されるところに由来する[19]。

図1　ロトスコープの身体（『The Tantalizing Fly』1919）

同様のことはアニメーションという媒体＝メディウムに現れる身体にも当てはまる。人体との写真的類似は前提とされていないがゆえに、ノンヒューマンな性質が顕著に現れるが、アニメーションの歴史はそれでもなお「生身の人体」への参照が重要である事実を示している。アニメとの関連を検討するために、ここではドローイングから発達したカートゥーンについて簡単に検討するが、カートゥーン史における重要な歴史的契機として、フライシャー兄弟による、人体モーションをトレースするロトスコープの発明（一九一五年）を挙げることができる。[20]「写真」としての性質をもつ実写映像のモーションが「絵」として転写されるロトスコープの使用によって、カートゥーンは独特の表現を手に入れると同時に、手仕事としてのドローイング手段の短絡とみなされるという緊張が持ち込まれることとなった。

ロトスコープはたいていの場合、人体運動描写の補助として用いられているが、発明者のフライシャー兄弟の初期作品（例えば一九一九年の『インク壺の外へ　ココのハエ退治』）では、人体では不可能な運動を描くドローイングと組み合わせることで、グロテスクないしは「不気味」なユーモア表現を獲得していた（図1）。あたかもジョルジュ・メリエスのトリック撮影の奇妙さ（例えばパフォーマーであるメリエスの頭部が四つに増殖して合唱する一八九八年の『幾つもの頭を持つ男』のような）を、アニメーション上の身体が引き継いでいるかのようなロトスコープの使用は、実写映画とアニメーション映画の区別以上に、マジックショーなど映画以前からある視覚文化との結びつきを想起させる。[21]「アニメーション映画」という領野の成立以前に、人形や粘土などを用いたコマ撮りの映像が、ドローイングからなるカートゥーンと共通の関心によってグルーピングされ、「ドキュメント」としての性格をもつ実写映画と対置されるようになっていた理由の一端はここにあるのだろう。

だがロトスコープは、アニメーションと実写の対置を「非現実と現実」へと直ちに重ね合わせることを拒む要素として存在している。生身の人体に由来する運動がドローイング表現との落差を持ち込みつつ、アニメーションの様々な達成と結びついてきたからである。エミール・コールの『ファンタスマゴリー』（一九〇八年）以来、アニメーションは身体のヴォイドへの変換（図2）あるいは「寸断化」表現とともに歴史を刻んできた。フィリックス・ザ・キャットの尻尾（図3）や、テックス・エイヴリー作品（図4）にみられるように、身体の部位への寸断化への指向性が顕著であり、そこでは人間でも動物でもない「グラフィカルなキャラクター」たちが、どんなに傷付けられても蘇り、不屈で可塑的なあり方をみせるのだ。ロトスコープはそこに「実写の人間身体の動き」を持ち込むデバイスであるがゆえに、一見するとアニメーションにとって外的な「異物」であるかのようにみえる。けれどもフライシャー兄弟のココ、そしてキャブ・キャロウェイやルイ・アームストロングのパフォーマンスを引き受ける「アニメーションの身体」[22]（図5）が示すように、ロトスコープから透かしみえるモデルの身体と、アニメーターが描くグラフィカルな身体はしばしば共存してきたのである。

図2 前席女性頭部が「空洞」に変化（『Fantasmagorie』1908）

図3 疑問符と化した尻尾（『Feline Follies』1919）

図4 身体部位の寸断化（『King-Size Canary』1947）

図5 キャブ・キャロウェイのロトスコープ的身体とドローイング(『Betty Boop in Snow-White』1933)

ロトスコープの使用が議論を呼んだアニメーション作品として有名なのは、ラルフ・バクシ監督の『指輪物語』(一九七八年)であろう。オープニングにシルエットで現れる人物をはじめとして、登場する兵士たちの多くが実写映像のロトスコープの動きをそのまま用いており、ロトスコープを用いていない主要キャラクターとの戦闘場面において、表現のギャップが埋められていないからだ。ロトスコープの採用が予算上の理由によるものであり、省力化が目的であることも、アニメーションの職人美学を逆なでするものとみられたのである。(23) バクシ監督版『指輪物語』は、「前編」と銘打たれながら続編が制作されなかったことも傍証となるように、同時代的な批評的興行的評価は芳しくなかった。『ゴジラ』における着ぐるみの使用がストップモーションの代替物でありながらも、日本における「特撮」文化の嚆矢となったことと比べると、明暗が分かれた形になるだろう。けれどもアニメーションとしての『指輪物語』は、ロトスコープとドローイングの質的な落差を登場人物の表現的差異に割り振り、実写映画における「特撮」の役割と相同的な機能をロトスコープに付与している点で興味深い作品となっている。

このように様々なタイプの身体性をもつアニメーション表現のなかで、「アニメ」に現れる身体は、際立った特徴をもつようにみえる。そうした現状をもたらしたのは、『鉄腕アトム』をひとつの結節点とした、それ以降の歴史的な偶発性の積み重なりによるものであり、今後移り変わっていくことはあり得る。しかしながらアニメに顕著な特徴として、まずもって以下の二点を挙げることができるだろう。まず第一に、『鉄腕アトム』がモデルとなった毎週三〇分のテレビ番組枠を埋める要請がもたらした、「ドローイングの省力化」というネガティブな条件を、コミックス原作のアダプテーションによるシナリオ展開の魅力というポジティブな条件へと変換したことが挙げられる。そしてもうひとつは、ティーンズ以上の年齢向けの題材の豊富さである。ときに物議を醸すこともある性的ないし暴力的な主題展開を多分に含む「オタクカルチャー」をめぐる諸議論が、「アニメーションは子ども向けの媒体である」という通念を打破しようと試みてきたことに由来しているのはそのためである。

ここで重要なのは、『宇宙戦艦ヤマト』（一九七四年）放映後の再放送から劇場版（一九七七年）に至る制作者とファンダムの活動、そしてその後の「アニメブーム」を契機に「アニメ」という語の現在の用法が確立したことである。[24] 一九五〇年代に「アニメーション映画」が領域として確立された後で遡及的に「アニメーション映画史」が成立したのと同じ事態が「アニメ」にも当てはまるのだ。とはいえ、一九一七年に始まる日本アニメーション史のうちでも、一九六三年の『鉄腕アトム』以前の作品群、とりわけ『白蛇伝』（一九五八年）以降の東映動画による長編映画や、第二次世界大戦以前の短編アニメーション作品などを「アニメ」の先駆とみるかどうかについては議論の分かれるところだろう。[25] また「アニメ」にとってはテレビプログラムやマンガ原作との関係も必要不可欠な条件というわけではない。けれどもやはり、『鉄腕アトム』放映時には「紙芝居」と揶揄されることも多かった日本型の「リミテッドアニメスタイル」[26]、すなわち一秒二四フレームの映像を三コマ繰り返す「一秒八コマ」を基本としたことで、なめらかな運動をもたらすフルアニメーション（一秒一二コマ以上）とは異なる運動表現のスタイルを獲得したことが、アニメの身体表現の展開にとって決定的だったように思われる。

日本型リミテッドアニメの身体表現では、滑らかな作画が好まれないことも多く、ある「ポーズ」から別の「ポーズ」へと断続的に飛躍していく運動の不均等なリズムを重視した表現に満ちている。このことは、「運動の創造」を追求する表現分野と目されるアニメーションにおいては、やや特異な状況といえるかもしれない。登場人物たちの運動にかんしても、物語の劇的進行に応じて、最大限の動きから静止に至るまで、シーンごとにバラバラに分布した状況が常態となっているからだ。その結果、一見すると逆説的にみえる事態が現れる。アニメの「作画」に注目することで、アニメーターによる不均等なリズムを活かした「運動の創造」に注目するファンコミュニティも存在するが、そうではないアニメファンの多くは、優れた運動がみられるがキャラクターの見かけが「設定表」から逸脱するような表現（ＯＶ

図6 正面像の忌避（『あしたのジョー2』1981）

Aシリーズ『The 八犬伝』（一九九〇―九一年、新章一九九三―九五年）はその一例であろう）よりは、「設定表に忠実なキャラクター」の止め絵のシークエンスを好むのだとすらいえるのかもしれないのだ。[27]

だがアニメファンがときにアクションよりも設定表への忠実を好む傾向を、直ちにアニメの「静止」志向とみなすのは短絡的だろう。「設定表に忠実なキャラクター」と「ダイナミックなアクション」が両立し難いときにのみ、ある種のファンが違和を覚えるというのが実情であるからだ。アニメのキャラクターを実写映画の「スター」の等価物とみなすならば、「顔が違う」ことがときにキャラクターの同一性についての困惑を引き起こすことを見て取るのはたやすい。商業アニメーションは基本的に集団制作で行われるが、日本のアニメでは各アニメーターがカットごとに作画を担当するため、同一キャラクターを複数人で描くことになる。そこで生じる表現の振れ幅を作画監督が設定表に則り調整していく工程は、一定の不規則性を含む統一を目指すものとなるのである。

アニメに現れる身体表現との関わりで、古典的な例をひとつ検討したい。ボクシングマンガであり、アニメ版も高い評価を得ている『あしたのジョー』の主人公である、矢吹丈（ジョー）の顔と髪型の造形への着目である。ジョーの髪型は、正面性を想定しておらず、マンガのコマの進行に応じて「やや斜めから」描かれることに特化したグラフィカルな表現で、アニメでも正面像を避ける仕方で描かれる（図6）。しかし筋肉表現などの陰影がある種の「リアリズム」を保っているため、頭部とそれ以外の部分では人体のデフォルメのスタイルが異なっている。このような人体表現が、「省力化したドローイングから生まれたスタイル」と「コミック文化に由来する題材の複雑性」をともに可能にしているのである。[28]

図7　左からのび太、ジャイアン、スネ夫（『Stand by me ドラえもん』2014）

4　CGアニメにおける「不気味なもの」の機能

以上みてきたように、アニメに現れる身体の特性は、省力化されたドローイングをグラフィカルなスタイルや物語進行のダイナミズムへと活用していくなかで培われたといえる。それではアニメにおいて、「コマ撮り」技法が実写映像やロトスコープなどととり結んできたアニメーションの歴史的特性はどのように位置付けられるのだろうか？　本章ではこの問いを、現代アニメにおけるCGの役割から検討したい。

アニメの身体表現では、「生身の人間身体」との類似よりはイラストレーションへの忠実性を優先させる傾向が広くみられ、とりわけ頭部や顔の表現にそうした傾向が顕著である。「ジョー」の髪型（図6）に典型的に現れる平面的イメージの優勢は、しばしば日本のアニメにおける3DCGの受容に影響を及ぼしてきた。ピクサー以後、CGアニメーションが普及した北米との対比で、日本アニメにおけるドローイングの伝統を強調する言説があり、今でも一定の影響力があるように思われる。「手描きの職人仕事」を「デジタルツールの操作」と対置する、新旧技術をめぐるこの種の言説は、各世代において反復されるが、現代アニメは3DCGに適応する試みを繰り広げている。例えば3DCGアニメ『Stand by me ドラえもん』（二〇一四年）のキャラクター「スネ夫」（図7）のモデリングをみると、横向きの顔しか想定されていない原作マンガの髪型を巧みにアレンジすることで、あまり違和のない正面像が得られていることがわかる。スネ夫の髪型は矢吹丈と同系統の、正面性を想定していないものであるがゆえに、ひとつのモデルとなるだろう。

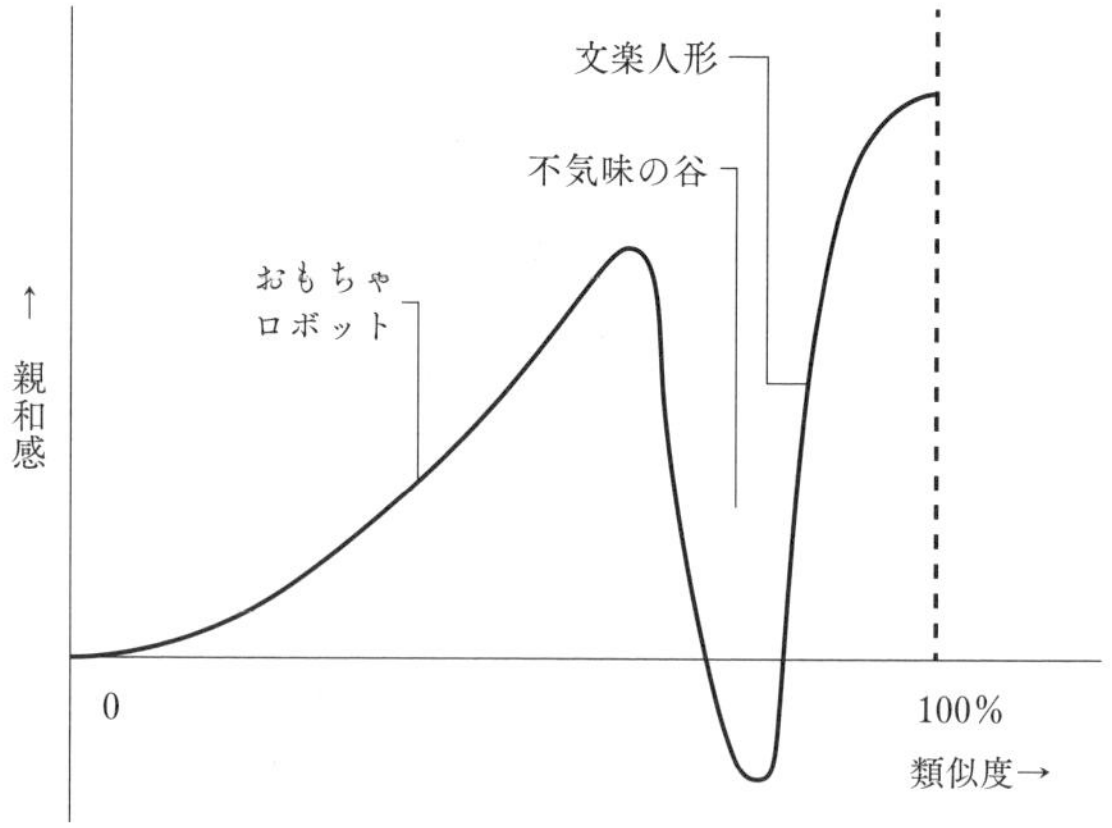

図8 論文「不気味の谷」の図

ロボットやCGの人体表現をめぐる言説において「不気味の谷」という語が用いられることがある。「不気味の谷」は、ロボット工学者の森政弘が提唱した経験則[29]であり、経験則としては一定の妥当性がありつつも、「不気味の谷」を超えた例として「文楽人形」が挙げられているところには若干の疑問が残る。すでに文化的正統性を確立した事例をモデルにすることで、一九七〇年当時は新興分野であったロボット工学におけるひとつの目標を明確化することが主眼であったように思えるからだ。文楽人形を「不気味」とみなす人が少なからずいることは明らかであるがゆえに、けっして基礎付けられたとはいえない仮説だが、後で検討するように、CGアニメにおける身体表現を考えるうえでは示唆に富む。グラフ（図8）が示唆するように、「生身の人間身体」との類似が一定以上になると、とたんに親和性が下がる「不気味の谷」の逆説は、単なる技術的洗練だけでは解決困難な表現的課題が存在することを示しているのだ。

CG表現をめぐる議論の多くは、技術的な表現力の向上が見て取りやすいために、一種の「テクノフューチャリズム」と相性がよく、「新しい作品であればあるほどよい」というナラティブが半ば不可避となっている。だからこそ、「3DCGの不気味さ」を克服するためには量的な表現力の精密化だけでは不十分である、という認識が決定的だったのだろう。

「不気味の谷」の例としてしばしば挙げられるのは、あまり成功しなかったCG映画『ファイナルファンタジー』（二〇〇一年）である（図9）。同作における人物表現に「人間の俳優」を見出すことは困難であり、あたかもビデオゲームのカットシーン（ムービーシーン）を長編映画にしたかのような違和感が拭えないものとなっていた。人間の生存にとっての大きな関心が、人体とりわけ顔の表情についての読み取りにある以上は、人間の類同物を見出そうとすると困難が生じるタイプの表現についての判定はシビアなものとなるのだろう。だが興味深いのは、二〇〇五年に制作された『ファイナルファンタジーVIIアドベントチルドレン』との比較である。『ファイナルファンタジーVIIアドベントチルドレン』はゲームのキャラクター表現に大幅にデザインを寄せることで、『ファイナルファンタジー』の「失敗」をリカバーしているからだ。人体ないしは実写映画を「シミュレート」するのではなく、原作ゲーム『FINAL FANTASY VII』(一九九七年)のカットシーンの発展形を作るスタンスが功を奏したといえる。ここには、フォトリアルな人体表現とキャラクター表現を活用した人体表現の差異が明確に現れている。

図9 主人公アキ・ロスの表情(『ファイナルファンタジー』2001)

アニメにおける「不気味の谷」をめぐる議論は、ドローイングの伝統を強調するタイプの美学では「CG表現(それ自体)の不気味さ」として表明されることがある。ここで興味深いのは、日本型リミテッドアニメの身体表現からの偏差として、ロトスコープの使用などとともに3DCGの人体表現を「不気味」とみなすタイプの受容が今なおみられる一方で、制作サイドではCG表現を取り入れる様々な試みが積み重ねられていることである。したがって、不気味なものを活用したり抑え込もうとしたりしながら、各世代ごとにつねに現れる「不気味なものの機能」との「ネゴシエーション」を、集合的アッサンブラージュとしてのアニメイメージングの歴史として考察することができるだろう。キャラクター表現としての3DCGの追求による『ファイナルファンタジーVIIアドベントチルドレン』の「達成」はその好例である。

そうしたネゴシエーションの結果として、アニメのグラフィカルな身体表現を取り入れた3DCG表現として現在広くみられるのが、イラストレーションへの忠実性を保ちつつ、3DCGのモデリングの一貫性を保持しようとする「セルルック」スタイルである。「セル画」時代から続く一般的な手描きアニメ

図10 キュアフローラ(『Go! プリンセスプリキュア』2015)

の「輪郭線と平塗りされた色彩のみかけ」を活かしつつ、「アニメやマンガのアクションフィギュア」をCGへとアダプテーションしたようなスタイルであり、『蒼き鋼のアルペジオ――アルス・ノヴァ』(二〇一三年)のように、潜水艦などの艦船の「メンタルモデル」が少女の姿で現れるという設定の場合、3DCGモデルを用いる理由に一定の説得力が生じている。これはちょうど『トイ・ストーリー』のメインキャラクターを人間ではなくおもちゃにしていたのと同様の事態である。

しかしこのスタイルは、「イラストレーションへの忠実」のために、ときに3D表象の一貫性を崩している。例えば『Go! プリンセスプリキュア』(二〇一五年)後期エンディングのダンス3DCG(図10)では、横を向いたキャラクターの口や目のパーツが、正面からみたときとは明らかに異なる位置に置かれている。イラストレーションのグラフィックスタイルを優先した結果、3DCGとしての一貫性が崩れているため、ある種の「不気味な」表現になっているといえるかもしれない。

様々な試みの積み重ねもあって、現代のアニメファンの多くにとって3DCG表現は馴染みのものとなっている。その過程では、二〇〇六年のアニメ『涼宮ハルヒの憂鬱』第一二話「ライブアライブ」の演奏シーンに用いられたロトスコープが契機となって、ロトスコープへの「禁じ手」意識が薄れたように思われることが重要である。また近年のアイドルアニメがしばしば3DCGのライブシーンを伴い、そこでモーションキャプチャーを用いた人体運動が用いられていることが見逃せない。このジャンルの代表作である『ラブライブ!』(二〇一三年)ではひとつの曲のライブシーンにおいて2D作画と3DCGの混在がみられ、ハイブリッドな人体イメージが現れている。またアーケードのカードゲームが原作のアイドルアニメの場合(二〇一〇年に稼働開始したタカラトミーアー

図 11　「虹色にの」の 2D 作画、デフォルメ、3DCG ダンス（『アイドルタイムプリパラ』2017）

ツとシンソフィアのアーケードゲームプリティーシリーズなど）、日常場面が２Ｄ作画でライブシーンが３ＤＣＧといった、複数の表象モードの混在こそが「原作のゲームに忠実である」といえる事態が生じている（図11）。

こうした観点から考えると、押井守監督のアニメ映画『イノセンス』（二〇〇四年）は、現代アニメにおける複数の表象モードの混在状況を予め通覧するかのような様相を呈していた。上述した「オタクイメージング」に顕著な性的ないし暴力的な主題展開が、人間のみならず人形・ロボット・動物・そして「ゴースト」と呼ばれる意識体など、様々な「身体」を舞台に繰り広げられているからだ。ハンス・ベルメールの球体関節人形が喚起するフェティシズムや文化史的参照も含めて、『イノセンス』では、２Ｄ表現と３Ｄ表現のギャップを活用した「不気味なもの」[30]の機能が総点検されているとみることができるだろう。[31]『イノセンス』において特筆すべきこととしては、背景となる空間を３ＤＣＧでモデリングしつつ、人物表現では手描きの２Ｄアニメを用いた象徴的場面がある（コンビニでの戦闘）ことだ。[32]「不気味なもの das Unheimliche」が、反対語である「馴染み深い heimlich」要素との関係を含むというフロイトの洞察をあたかも再確認するかのように、人間身体が破壊可能なオブジェクトとしてクールに描かれる一方で、アニメーターが描く人形の身体の運動は一種の生命性を帯びるのだ。[33]

人間よりも人形や動物の方が馴染み深く、真に不気味なのは人間であるという逆説は、実写映画よりもアニメーション、とりわけＣＧアニメーションが得意とする主題なのかもしれない。フル３ＤＣＧアニメーション映画の嚆矢である『トイ・ストーリー』では、メインキャラクターであるおもちゃたちと比べて、アンディ少年をはじめとする人間のＣＧ表現には未だ違和感が残る技術水準であった事実が巧みに活用されていたからだ。「主人公」のカウボーイ人形ウッディたちを脅かす「悪ガキ」シド（図12）の脅威は、歯列矯正中のシドの口元の表現をはじ

図12　シド（『トイ・ストーリー』1995）

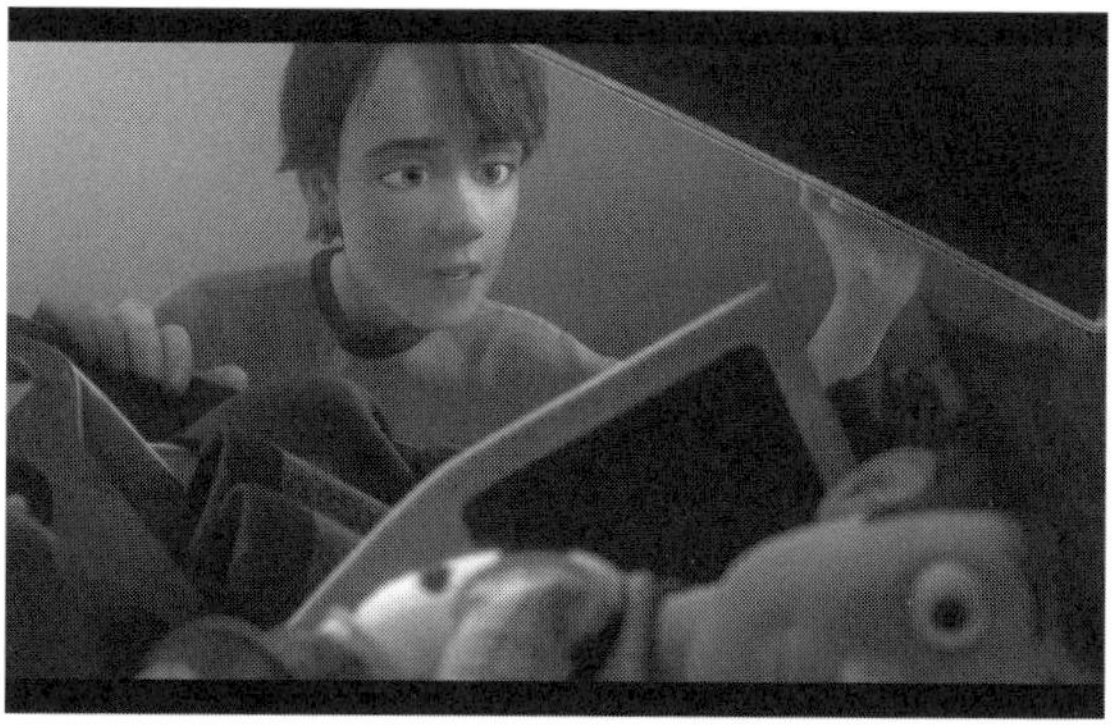

図13　アンディ（『トイ・ストーリー3』2010）

めとして、視覚的不気味さを伴い効果的に機能していた。他方第一作から一五年後に公開された『トイ・ストーリー3』（二〇一〇年）では、作中の経年変化によるアンディの「成長」が、CG技術の進展による「人間のキャラクター表現」の成熟と巧みに重ね合わせられている。人間の身体表現の洗練が、実質的に伝統的なディズニー・アニメーションのデフォルメを取り入れる仕方で行われた（図13）ことは、アニメにおける「セルルック」スタイルCGの定着とも並行しているように思われる。

『トイ・ストーリー』が切り開き『イノセンス』が通覧してみせた、CGアニメーションにおける「不気味なもの」の機能の展開の近年の達成として、本章では最後に『宝石の国』（二〇一七年）を取り上げたい。同作は、白黒を活かしたグラフィカルなスタイルで知られるマンガ家市川春子の原作（二〇一二年―）を、3DCGの身体表現へとアダプテーションすることに成功したテレビアニメである。市川春子のスタイルに惹かれた原作マンガのファンにとって、メディアミックスは困難であるかのようにも思われていたが、すでに単行本の一巻発売時の二〇一三年に2D作画によるPV[34]が制作されており、映像化の可能性が示唆されていたことが重要である。だがテレビアニメ『宝石の国』がさらに興味深いのは、原作マンガとの視覚的類似を一度手放したうえで、CGによってマンガの作品世界を再構築していることである。監督の京極尚彦は『プリティーリズム オーロラドリーム』（二〇一一年）および続編シリーズの3DCGパート演出を担当した後、二〇一〇年代アイドルアニメの代表作のひとつである『ラブライブ！』の監督を務めており、ハイブラウなみかけの作品世界にアイドルアニメの要素を持ち込むことで、原作のポテンシャルを効果的に引き出している。

アニメ『宝石の国』では、男性僧侶の姿をした「金剛先生」をのぞき、主要登場人物は女性声優によって演じられる。よって原作を知らない視聴者にとっては、一種のアイドルアニメのような仕方で作品世界へと導かれることも可能な「入り口」が用意されていたことになる。しかし彼（女）らは実際には性を欠いた「宝石」であり、胴体の形状がすべて等しいという設定を3DCGが描き出すことで、たとえ破壊されてもパーツを集めれば修復可能な「鉱物の身体」の魅惑と不気味さをともに示している。

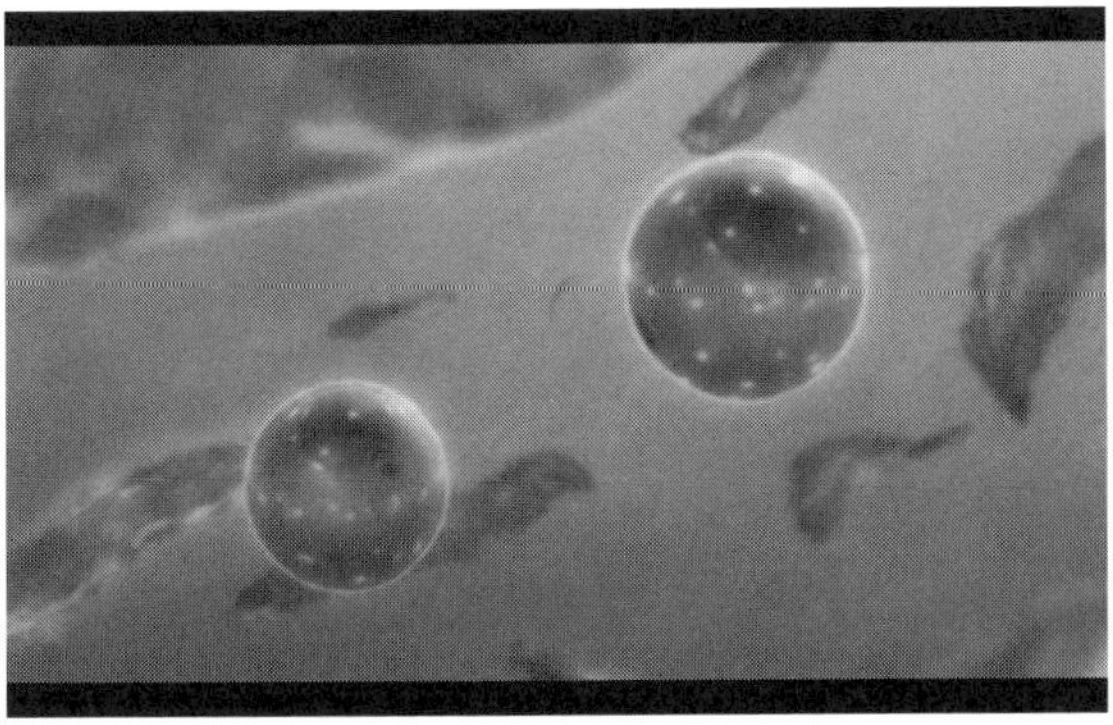

図14 溶解するフォスフォフィライトの眼球（『宝石の国』2017）

『宝石の国』は、おそらく人類滅亡後の世界が舞台の「ポストアポカリプス」作品であり、宝石たちが「月人」と呼ばれる仏像状の「外敵」と戦うところから物語が始まる。この世界において不在の人間は三つの要素に分かれ、各々の種族は別種の「身体」を獲得しており、それぞれ肉（海棲有機体で「アドミラビリス族」と呼ばれる（原作『宝石の国』七巻一六〇頁））、魂（月人）そして骨（宝石）に対応しているという設定である。冒頭では役割をもたない年少者である主人公「フォスフォフィライト」は、物語の進行に応じて四肢をはじめとする身体部位を欠損させていき、そのたびに異なるパーツをパッチワークのように接続し、外観を大きく変えていく。

そうした変化をつなぎとめているのが、「フォス（フォスフォフィライト）」を演じる声優黒沢ともよの「声」である。例えば第二話終盤では、「肉」に飲み込ま

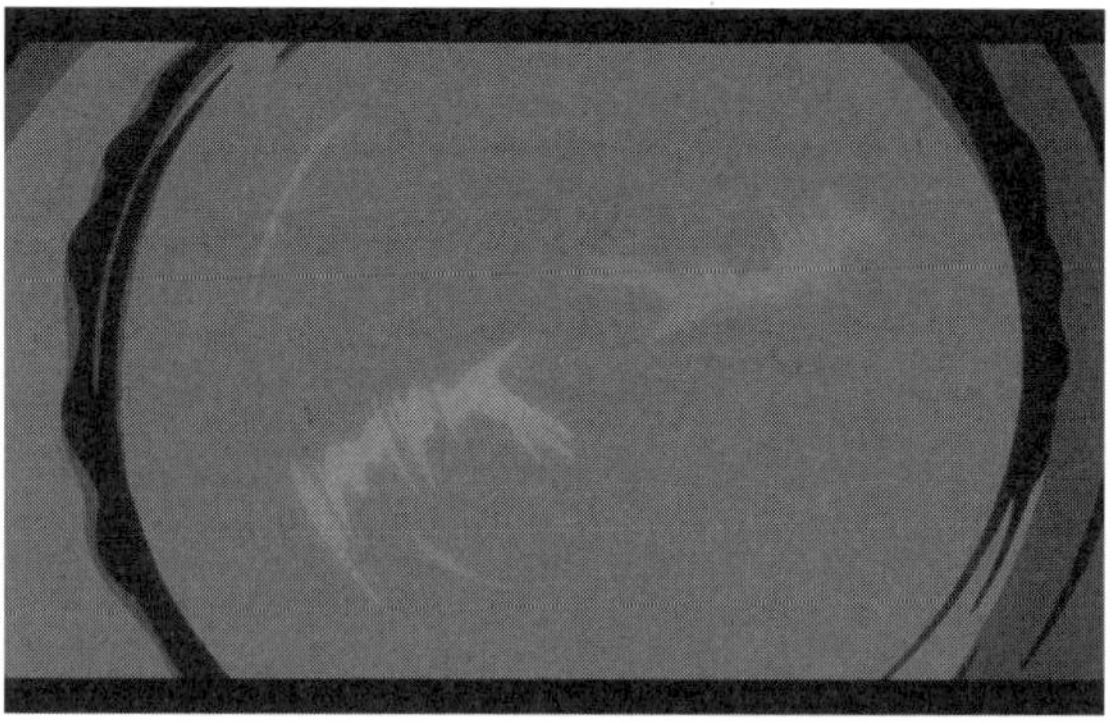

図15　フォスフォフィライト（左）とシンシャ（右）が手を伸ばすイメージ（『宝石の国』2017）

れ、「半有機体」状の眼球を残して溶解するフォスの描写（図14）がみられる。ここでは意識を消失させつつかすかに響く「声」によって、周辺領域にフォスが「いる」ことが示される。黒地に白い輪郭でソリッドに描かれた眼球が静かに溶けていくかにみえる原作とは別の仕方で、物体（鉱物）とその周囲環境（有機体）の相互作用が示される。フォスの姿はたえず変容し、多くの記憶を失いさえするが、視聴者は声の演技を手掛かりに、そこにキャラクターとしての同一性を見出すことができるだろう。視覚文化としての側面を強くもつアニメの主人公が、こうした存在様態をもつことは、3DCG表現がかつてそういわれていた「不気味な」特質と符合するのだ。

　結果的にアニメ『宝石の国』が照らし出しているのは、そこに不在の「人間」の不気味さであるといえるのかもしれない。冒頭で参照した「アニメーションは肉体を描けないが、線と色を用いて存在と非存在の「間」を描くことができる」というセバスチャン・ローデンバックの言葉は示唆に富む。制作者と受容者がともに参与する集合的アッサンブラージュとしてのアニメイメージングという観点は、身体表現の困難が馴化されることはけっしてないという条件のもとで、あらゆるアニメ表現のうちに「不気味なものの機能」とのネゴシエーションを見て取るのだ。その結果、ときには「不気味の谷」が超えられたり、審美的な作品世界が立ち現れることもあるだろう。もちろん『宝石の国』もそうしたアニメのひとつであり、ポストプロダクションすなわち「撮影」[35]がレイヤー間のインターバルを埋めたり、隙間の断絶を際立たせたりするのである。

　以上のように、現代アニメでは2D表現と3DCGのハイブリッドな混在がしばしばみられるように思われる。『宝石の国』の場合、身体表現が3DCG、背景が2Dで描かれている。これはちょうど『イノセンス』のコンビニでの戦闘場面とは正反対の関係にあたる。さらにエンディング映像(図15)が2D作画で描かれ、個人アニメーション作家かつマンガ家の久野遥子がディレクターを担い、本編の演出も行っている点は、商業アニメとインディペンデントアニメーションという、しばしば相反するとみられがちな実践の「間」に数多くの接点があることを示すだろう。

キャラクターの顔の違いが設定表レベルで複数存在している『宝石の国』の主人公フォスフォフィライトは、その身体そのものが「アッサンブラージュ」された造形性をみせている。姿を変えていくフォスの歩みは、作品世界に不在の「人間」を再構築する試みというよりはむしろ、「不気味な人間」とは別の仕方で異形の身体を獲得していく過程であり、同時に「アニメイメージング」そのもののアレゴリーをフォスの姿にみてとることができるのだ。

謝辞
草稿を検討していただいた高瀬康司氏に感謝します。

注

(1) 筆者によるインタビューより。「映画『大人のためのグリム童話　手をなくした少女』ウェブサイト Interview」(http://newdeer.net/girl/ 以下URLはすべて二〇一八年九月一日確認)

(2) 日本で最初にテレビ放映されたアニメーションとしては、一九五八年一〇月一五日放映の『もぐらのアバンチュール』、帯番組のテレビシリーズとしては一九六一年五月放映の『インスタント・ヒストリー』(四分枠)がある。ウェブページ「TVアニメ50年史のための情報整理第1回　1963年(昭和38年)」におけるデータ原口(原口正宏)のサブコラムを参照(http://animestyle.jp/2012/06/04/452/)。『鉄腕アトム』がエポックメイキングである点としては、ときに「紙芝居」と揶揄されながらも、数々の工夫や物語進行の魅力によって、毎週三〇分という放映を維持したことにある。

(3) 『鉄腕アトム』以降の日本におけるメディアミックスについては以下を参照。マーク・スタインバーグ『なぜ日本は〈メディアミックスする国〉なのか』中川譲訳、角川書店、二〇一五年。

(4) 土居伸彰「アニメーションの起源を探る――「アニメーション映画」の誕生と発展」『個人的なハーモニー』フィルムアート社、二〇一六年、五八―七〇頁。

（5）同書、三四二頁、アンドレ・マルタンによるアニメーションの定義。「アニメーションという用語は、コマ撮りで image par image 計算され、製作され、撮影された諸局面の継起によって、視覚的な運動を構成するものすべてを定義する」。

（6）土居伸彰訳「アニメーションの定義――ノーマン・マクラレンからの手紙（ジョルジュ・シフィアノスによるイントロダクションつき）」『表象』第七号、二〇一三年、六八―七八頁。そこではノーマン・マクラレンの「アニメーションは絵を動かす芸術ではなく、動きを描き出す芸術（the art of MOVEMENTS that are drawn）である」（六八頁）という定義が本人によって次のように言い換えられている。「アニメーションは、連続するコマ、もしくはそれぞれのコマの上のイメージのあいだの差異を操作する芸術なのである」（七二頁）。

（7）映画にかぎられない「特殊効果」の歴史として、以下を参照。Norman M. Klein, *The Vatican to Vegas: a history of special effects*, The New Press, 2004.

（8）レフ・マノヴィッチ『ニューメディアの言語』堀潤之訳、みすず書房、二〇一三年、四一四頁。（Lev Manovich, The Language of New Media, The MIT press, 2001.）

（9）91ST ANNUAL ACADEMY AWARDS OF MERIT FOR ACHIEVEMENTS DURING 2018, RULE SEVEN SPECIAL RULES FOR THE ANIMATED FEATURE FILM AWARD, I. DEFINITION, pp. 7-8.（http://www.oscars.org/sites/oscars/files/91aa_rules.pdf）

（10）ある文化の「本質」なり「伝統」が、自然発生的な伝承ではなく人工的かつ偶発的な歴史的発生の産物であるという認識を伴う、エリック・ホブズボームの「伝統の発明 the invention of tradition」テーゼを念頭に置いている。エリック・ホブズボウム、テレンス・レンジャー編『創られた伝統』前川啓治・梶原景昭ほか訳、紀伊國屋書店、一九九二年。

（11）ジル・ドゥルーズ、フェリックス・ガタリ『千のプラトー（上）』宇野邦一・小沢秋広・田中敏彦・豊崎光一・宮林寛・守中高明訳、河出文庫、一六頁。訳語「アレンジメント」を「アッサンブラージュ」に変更した。

（12）人と馬と鐙からなる騎兵というアッサンブラージュが、鐙という技術の発明だけではなく、その道具を社会的な「機械」の中で捉える「集団的アッサンブラージュ」の存在と結びつくという指摘。ジル・ドゥルーズ、クレール・パルネ「第二章　英米文学の優位について　第二部」『ディアローグ』江川隆男・増田靖彦訳、河出文庫、二〇一一年、一一九―一二〇頁。同書では「作動配列」という訳語が用いられている。

（13）トーマス・ラマール「第12章　オタクのイメージ化」『アニメ・マシーン』藤木秀朗監訳、大﨑晴美訳、名古屋大学出版会、二〇一三年、一八三―一九四頁。

(14) 当初の表記はひらがなの「おたく」。命名者中森明夫の「定義」については以下を参照。中森明夫「僕が『おたく』の名付け親になった事情」『別冊宝島104 おたくの本』ＪＩＣＣ出版局、一九八九年、八九―一〇〇頁。同九一―九二頁に「『おたく』の研究」が再録。

(15) 石岡良治「キャラクター表現の注目ポイントはここ！　最新 石岡良治のキャラクター文化「超」講義」、『美術手帖』第一〇三九号、二〇一六年、五六―六七頁。

(16) けれども「アニメイメージング」という観点は、「オタクイメージング」の問いをキャンセルするものとしては企図していない。この点で、泉順太郎が次の論文で推し進めている「非オタク的活用方法」とは関心を異にしている。泉順太郎「『アニメ・マシーン』におけるキャラクター身体論と、その非オタク的活用方法」、『アニメーション研究』第一八巻第二号、特集「アニメーションにおける身体性」、二〇一七年、二五―三八頁。また「アニメの系列的読解」の試みとして、筆者による以下の論考を参照。石岡良治「宮崎駿『On Your Mark』とアニメの系列的読解」、『美学芸術学論集』第一三巻、二〇一七年、五六―一〇八頁。

(17) スティーヴン・シャヴィロによる「映画的身体」論を参照。Steven Shaviro, *The Cinematic Body*, University of Minnesota Press, 1993.

(18) 古典的分析としては、エドガール・モラン『スター』渡辺淳・山崎正巳訳、法政大学出版局、一九七六年。また、セルジュ・マルゲルの以下の著作も参照。Serge Margel, *La société du spectral*, Nouvelles Editions Lignes, 2012.

(19) リチャード・ダイアー『映画スターの〈リアリティ〉――拡散する「自己」』浅見克彦訳、青弓社、二〇〇六年。

(20) 細馬宏通「第5章　科学とファンタジーの融合――フライシャー兄弟」『ミッキーはなぜ口笛を吹くのか――アニメーションの表現史』新潮選書、二〇一三年、とりわけ一一六―一二五頁。

(21) 大久保遼『映像のアルケオロジー――視覚理論・光学メディア・映像文化』青弓社、二〇一五年。アニメーションのルーツを、マジック・ランタンなどの視覚メディアに現れていた「メタモルフォーズと運動」にみるトム・ガニングの次の論考も参照。Tom Gunning, “the transforming image: the roots of animation in metamorphosis and motion,” in *Pervasive Animation*, edited by Suzanne Buchan, Routledge, 2013, pp. 52-69.

(22) 宮本裕子「フライシャー兄弟のロトスコープに関する試論――抑圧される黒人身体」、『アニメーション研究』第一八巻第二号、特集「アニメーションにおける身体性」、二〇一七年、一三―二三頁。

(23) ポール・ワード「ロトショップの文脈」土居伸彰訳、『表象』第七号、二〇一三年、七九―一〇一頁。とりわけラルフ・バクシについての八四—八九頁における分析。

(24) 津堅信之「第一章1 「アニメ」と「アニメーション」」『新版アニメーション学入門』平凡社新書、二〇一七年、一三—一六頁。なお、山口且訓・渡辺泰『日本アニメーション映画史』有文社、一九七七年では、「アニメ」は「アニメーション」の略語として用いられている(「日本アニメの歴史」という小見出し)。池田憲章編『アニメ大好き!——ヤマトからガンダムへ』徳間書店、一九八二年は、ファンダムの当事者によるリアルタイムの「アニメ」をめぐるドキュメントとして重要である。こうしたファンダムの活動は、第二次世界大戦後に広まり、次第に自律性を主張していくようになったユースカルチャーの展開の一部とみることができる。日本アニメが「子ども向け」から抜け出していく過程については、北米におけるコミックブックやグラフィックノベル、欧州におけるバンドデシネの歴史的展開との並行性も検討する必要がある。また、アニメのファンダムと特撮・SFファンダムがしばしば連動する事情については、氷川竜介による、特撮とアニメの区別がない「テレビまんが時代」という指摘も参照。氷川竜介『アニメ100年ハンドブック』ロトさんの本 vol. 37、二〇一七年、一七—一九頁。

(25) 例えばトーマス・ラマールは、一九三五年の瀬尾光世の短編『のらくろ二等兵』などに、ディズニーアニメーションの「生命を吹き込む魔法(illusion of life)」とは異質な要素(レイヤーのスライディングやコンポジティングの優位)を見出し第二次大戦後の日本アニメの先駆としている。Thomas Lamarre, "coming to life: cartoon animals and natural philosophy," in *Pervasive Animation*, edited by Suzanne Buchan, Routledge, 2013, pp. 117–142. また、「アニメブーム」に対置するかのように「初期東映動画の漫画映画」の伝統を主張した、大塚康生、高畑勲、宮崎駿たち(およびスタジオジブリアニメ)の影響にもかかわらず、人的交流はつねに盛んであった。以下の著作も参照。津堅信之『アニメ作家としての手塚治虫 その軌跡と本質』NTT出版、二〇〇七年。禧美智章「第二章 「アニメ」と「アニメーション」」『アニメーションの想像力』風間書房、二〇一五年、七—二二頁。

(26) アニメーション史における「リミテッドアニメーション」は通常、『ジェラルド・マクボインボイン』(一九五一年)などのUPA作品をはじめとする、意識的にディズニー的なフルアニメーションのスタイルとは異なる運動表現を持ち込んだグラフィカルなスタイルを指し示す。日本型の「リミテッドアニメスタイル」が「フル・リミテッド・アニメーション」に至るとしたラマールの分析も参照。トーマス・ラマール『アニメ・マシーン』第14章「フル・リミテッド・アニメーション」、二二六—二五一頁。

(27) 例えば近年では、アニメ『Fate/Apocrypha』(二〇一七年)の第二二話「再会と別離」において、他の話と比べてキャラクターの「設定表」から逸脱しているものの、ダイナミックなアクション作画がみられ賛否両論となった。二〇〇四年のPCゲーム『Fate/stay night』に始まるFateシリーズは、スマホRPG『Fate/Grand Order』(二〇一五年サービス開始)のキャラクターが人気を集めていたこともあって、完結したスピンオフ小説のアニメ化作品かつ原作者の称賛コメントにもかかわらず、キャラクターの「顔」などに違和を覚えるファンが少なからずみられたのである。雑誌『MdN』二〇一八年一〇月号（第二九四号）は、この回のアクションに焦点をあてた「アニメの作画」特集となっている。とりわけ同誌七〇―七五頁の、絵コンテ・演出などを担当したアニメーター伍柏輸インタビューを参照。

（28）『あしたのジョー』の出崎統監督のスタイルは、テレビアニメに特化した演出の創意に富み、「アニメイメージング」を考察する際に重要な立脚点をなす。以下を参照。大山くまお・林信行（SLF）編『アニメーション監督　出崎統の世界――「人間」を描き続けた映像の魔術師』河出書房新社、二〇一二年。

（29）森政弘「不気味の谷」『Energy（エナジー）』第七巻第四号、三三―三五頁。以下のウェブサイトに二〇一二年のインタビューも含めて転載されている（http://www.getrobo.com）。

（30）ジグムント・フロイト「不気味なもの」藤野寛訳、『フロイト全集17』岩波書店、二〇〇六年、三―五二頁。

（31）禧美智章「第六章第一節　押井守『イノセンス』における「2Dと3Dのズレ」」『アニメーションの想像力』風間書房、二〇一五年、・四七―一七四頁。また、ホルスト・ブレーデカンプ『古代憧憬と機械信仰』藤代幸一・津山拓也訳、法政大学出版局、一九九六年、におけるクンストカマーの歴史に引きつけることが可能ならば、アニメ映画『イノセンス』には、古代憧憬を容赦なく解体する功利性（押井守の反啓蒙的ミリタリズム）の舞台のうえで、文化的顕揚を受けることなく遺棄されるガジェットへの憧憬を再定義する試みを見出すことができるかもしれない。

（32）押井守&プロダクションI.G.『「イノセンス」METHODS押井守演出ノート』角川書店、二〇〇五年は、制作スタッフの数多い証言を含み示唆に富む。

（33）森政弘にとって「不気味の谷」を超えた事例が文楽人形であったことを含め、以下の文献が示す「人形」の問題系を、アニメーションとの関係で捉え直す作業は他日を期したい。増渕宗一『人形と情念』勁草書房、一九八二年、金森修『人形論』平凡社、二〇一八年、菊地浩平『人形メディア学講義』河出書房新社、二〇一八年。

（34）【2013年】市川春子最新作、『宝石の国』1巻発売記念フルアニメーションPV（https://www.youtube.com/watch?v=3pzIQ54cwiA）

（35）『MdN』二〇一七年一一月号（第二八三号）特集「撮影」とりわけ『宝石の国』を扱った三四―五一頁。

第7章　君主の補綴的身体
――一六世紀における甲冑・解剖学・芸術

フェリックス・イェーガー
岡田温司訳

ファン・ワルエルダ・デ・アムスコ（一五二五頃―一五八八頃）が一五五六年に刊行した解剖学の論考『人体解剖学』の中の銅版画の一枚には（図1）、奇妙なことにも、「古代風の」二つの甲冑が描かれている。その二つの甲冑は、トロフィーのように並べられ、腹部が開いていて、胃と腸と腸間膜を見せている。それはまるで、甲冑そのものが解剖された身体となったかのようである。この本に添えられた四二枚の挿絵は、おそらくガスパール・ベセーラ（一五二〇頃―一五七〇頃）によって下絵が描かれ、ニコラ・ビートリツェ（一五〇七頃―一五七〇頃）によって版画にされたものだが、四つの例外を除いて、先駆者アンドレアス・ヴェザリウス（一五一四―一五六四）の『人体

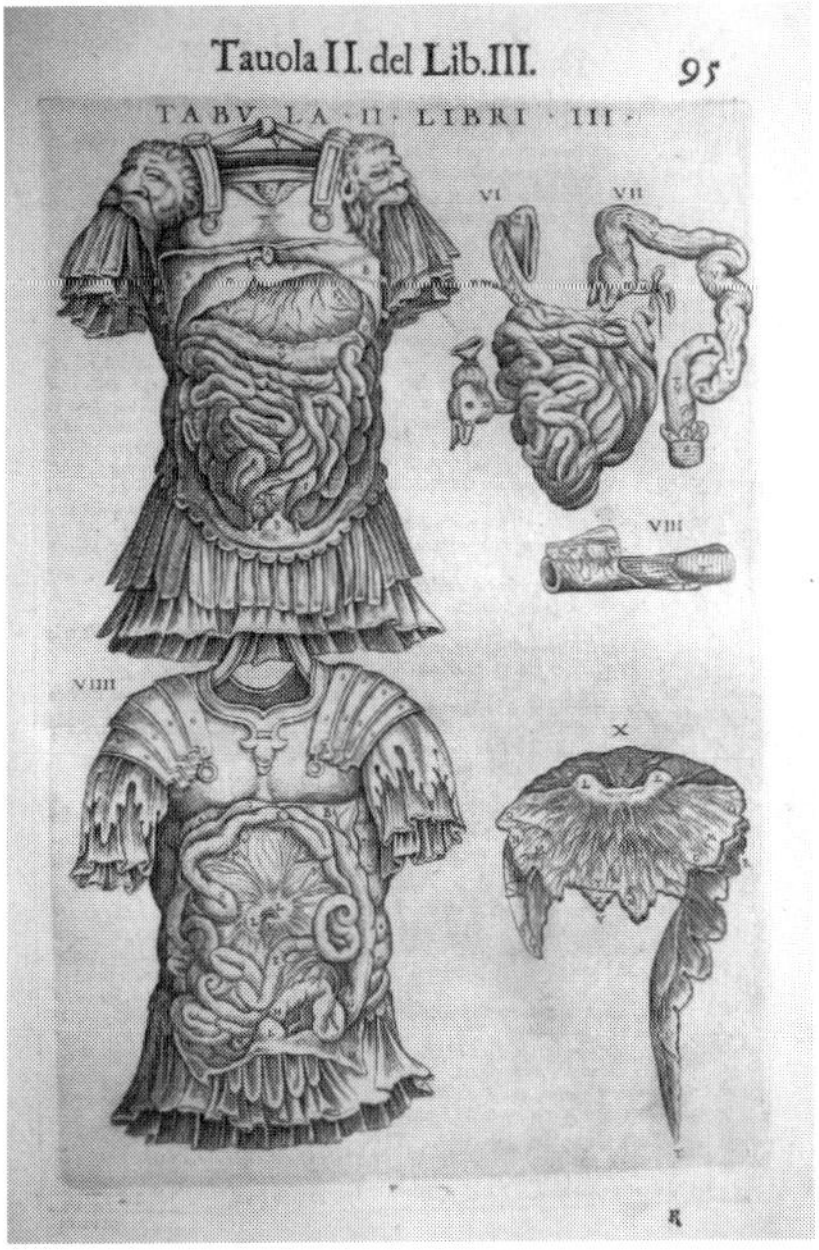

図1　ニコラ・ビートリツェ（帰属、ガスパール・ベセーラに基づく）《開腹部と腸をともなうトルソ》（銅版、エングレーヴィング ファン・ワルエルダ・デ・アムスコ『人体解剖学』ヴェネツィア ジュンティ、1556年、第III書 tav. II figs. V–X p. 95.〔著者アーカイヴ〕）

の構造』（一五四三年）によって着想された図像のモデルをほぼ踏襲している。ワルエルダはヴェザリウスの業績、とりわけ解剖の木版画を大変高く評価していた。ワルエルダが読者に向けて言うには、それらの木版画は、「利用しなければ妬みや恨みをかうほど見事な出来である」[1]。それゆえ、解剖された甲冑の特異性は、いっそう目を見張るものである。このことは一般に、ワルエルダのマニエリスム的な遊びの感覚や、対抗宗教改革への傾向に結び付けて解釈されているが[2]、ここで私は、解剖学的で倫理的で政治的でもある身体感覚の根本的な変化を示すものとして解釈してみたい。

銅版のエングレーヴィングは、ワルエルダによってはじめて解剖図のために使われたが、この新しいメディウムは、木版画の柔らかい線とは打って変わって、鮮明で鋭い輪郭線をもたらしたことで、甲冑の金属質の特徴を示すことができた。さらに、その挿絵のレイアウトによって、甲冑と解剖とが形態上で溶け合い密接に結び付けられている。どちらも甲冑の胸当てを通して内臓が観察されていて、さらに横に並んだ図によって解剖の詳細が説明されている。たとえば上の図では、首の部分が四角く空けられて肩紐が付けられ、肩甲骨の部分には、口髭のあるライオンの頭部の浮き彫りが施されており、そこから短い袖が出ている。右の袖は、正面から捉えられた十二指腸へと観者を誘うかのようだ。さらに、大腸の上部の管は、首の水平の線と呼応し、斜めに下がる盲腸は、ライオンの頭部の傾きに対応している。これに対して、下の図の甲冑は、丸首になっていて、両肩にはそれぞれ四つのストライプが施され、やや長い葉形状の袖が付いている。上部のトルソの湾曲は、腸間膜の縁をなぞり、腹部の窪みの背中側の壁を見せるとともに、腸の器官が上方へと曲がっている。右側の腹部の膜質は、甲冑の葉形の袖を繰り返すばかりか、葉脈とも呼応している。これらのエングレーヴィングにおいて、甲冑と解剖図とのこのような類似は、後者が前者を忠実に再現しているというよりも、両者が互いを説明しあうほどまでに練り上げられている。ヴェザリウスの腹部の解剖図（図2）では、身体を切開するというタブーを和らげるために、古代風の彫刻の断片に移植されていたが、ワルエルダのこれらの甲冑では、そうした修辞は乗り越えられ、明快な形式が示され、人体の機能にかかわる結果がこれらのイメージから引き出されている[3]。

とはいえ最も驚くべきは、ワルエルダが選んだ甲冑が、当時製造されていたもので、馬上試合や凱旋入場やレセプションのような儀式で実際に名高い君主たちが着用していたものだ、という点である[4]。この点において、甲冑が示しているのは、人体の理想であるというよりも、盛装によって際立たされる権威の成型である。ヴェザリウスによって視覚的範例として使われた古代風の彫刻とは異なって、これらの挿絵は、単に「平均の」身体を表象するのみならず、手本そのものの根本的な変容をも喚起させる。実際、ワルエルダの図が指し示しているのは、医学における概念的な転回であり、そこにおいて、もはや自然の状態のそのままの回復が求められるのではなく、身体の整形的な完全さが求められることになる。このように身体と甲冑とイメージとのあいだを揺れ動くことで、ワルエルダの謎めいた図は、芸術作品に付与された変容の力とともに、医学の言説と政治の言説との絡み合いを浮き彫りにする。より広く言うなら、ここで示唆されているのは、個人の身体とその社会的「ペルソナ（人格＝仮面）」や、それに結び付いた対象物によって与えられるアイデンティティの可塑的な観念である。私は以下で次のことを論じたい。すなわち、再現表象と物理的（身体的）修正とのあいだにあって、これら「古代風」の甲冑が示しているのは、主権者の身体をめぐって展開される政治的解剖学だ、ということである。これら一揃いの鎧によって上演される自己成型（セルフ-ファッショニング）の政治学は、一六世紀において身体と権力と倫理とが絡み合う物質文化の役割を、より間近から眺めることを可能にしてくれるだろう。

かつてヴェザリウスによって採用された彫刻のイコノグラフィーが、身体の生理学的で分析的な再構成を目指すものだったとするなら、ワルエルダの甲冑のトルソは、解剖学の思考におけるひとつの転換点を記している。この転換点は、ワルエルダの師であったイタリアの解剖学者にして外科医、レアルド・コロンボ（一五一五頃―一五五九頃）によってもたらされたもので、身体の機能、体液

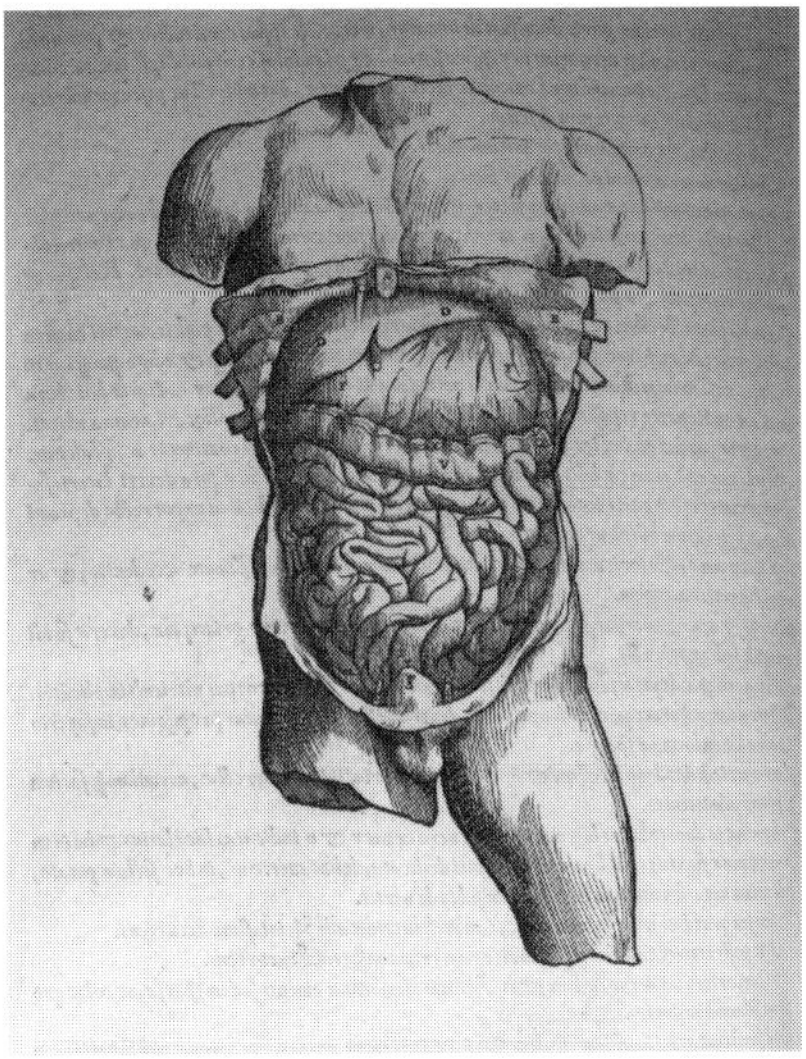

図2　ティツィアーノ工房（帰属）《開腹部をともなうトルソ》（木版、アンドレアス・ヴェザリウス『人体の構造』バーゼル、ヨハネス・オポリヌス、1543年 fi. 6 p. 460.〔History of Science Collections, University of Oklahoma Libraries; copyright the Board of Regents of the University of Oklahoma〕）

の流れ、新陳代謝に重点を置く。ヴェザリウスとは違って、コロンボは全体観的アプローチをとり、身体のスタティックな構造よりもむしろ身体の働きを強調する。循環器のシステムを探求するために、忌まわしいことにもコロンボは、生きた動物を使った生体解剖による実験を試みたのだ。[5] 甲冑は彫刻よりもずっと直感的に生きた身体を喚起させるが、そうすることでワルエルダは、生命の機能を証明しようとした。とはいえ、生きた器官をより間近から把握しようとする試みは、必然的に、身体への物理的な冒瀆という宗教的で社会的なタブーに抵触することになる。とりわけ、グロテスクな体内は、ミハイル・バフチンが言うところの「厳密に制限された（中略）犯すべからざるファザード」[6]としての個人の完全無欠さに挑戦する。甲冑は、それ自体が多くの個々の要素からできているために、断片化された身体を視覚的につなぎ合わせる手段として役立つ。[7] さらに、皮膚と肉の層を徐々に剝ぎ取ることで身体を切開する解剖は、「インタリオ（板刻術）」と呼ばれる金属細工の技法と類似している、と言うこともできる。[8] 一般に甲冑の形態的な統一は、身体の有機的な構成を反映しているとされる。角張った鉄板と装飾的な付属物とでできた中世末期の甲冑一式に代わって、新しいメッキは、可塑性のある形状に打ち出されているため、着用者の身体組織を解剖学的に浮き立たせることになる。[9] こうして甲冑は、政治的で倫理的な背景によって身体の構成に付与される意味を主張すると同時に、解剖学的な知識にも呼応することになるのだ。

1　自己の統治（レギメン・スイ・イプシウス）——カンピの筋肉胴鎧

バルトロメオ・カンピ（一五七三没）が、ウルビーノ侯グイドバルド二世・デッラ・ローヴェレのために製作した「ローマ風（アッラ・ロマーナ）」の有名な一式は、人文主義的な理想から引き出された解剖学的規範を具体化しようとする最も顕著な試みのひとつであるとともに、機能的な甲冑として、医学的な含意に満ちたものでもある（図3）。一五四六年のこの甲冑は、二人の研究者スチュアート・ピアーとホセ・ゴディーが言うように、おそらく、グイドバルドがヴェネツィア軍の長官に任命されたのを機に製作されたものである。[10] この一式は、ワルエルダの謎めいたエングレーヴィングと同様に、筋肉状の黒い胸当てと、四角い首回り、細工された肩甲、口髭のあるライオンの頭部、象嵌細工のある葉冠からなる。二枚の金属板が重なるウエスト部は腹壁筋の輪郭をなぞり、その下には、プテリュゲス〔古代のスカート状の腰巻〕が垂れていて、そこにも金箔の施された真鍮のアップリケが付いており、所有者のエンブレムとモノグラムを示している。胸当ての中央は、翼の付いたゴルゴンの頭部で飾られていて、そこから胸に沿いながらアカンサスの渦巻きが出ていて、乳首のところで終わっている。金箔の施された真鍮の花輪が付いて豊かに象嵌された軽装兜、透かし彫りのある鋼鉄のサンダル、これらは古代ローマの原型を模倣したもので、装備一式を完全なものにしている。ブロンズ彫刻を思わせるような腹部は、解剖学的な細部までモデリングされていて、光沢のある仕上げと、繊細な付属物とによって際立たされている。それらによって、個々の筋肉組織の線がシャープに再現される。肉と甲冑とブロンズ彫刻とのあいだをシフトすることで、解剖学は、行動のポテンシャルと緊張とを示唆するかのように、極度にまで強調されている。モノグラムと紋章は、所有者を明らかにするとともに、この甲冑をいわば人格化しているが、これらを別にすると、

図3　バルトロメオ・カンピ《グイドバルド二世・デッラ・ローヴェレのローマ風甲冑》（鋼鉄と金と銀と真鍮、ペーザロ、1546年、マドリード王立兵器博物館〔Stuart W. Pyhrr / José-A. Godoy, Heroic Armor of the Italian Renaissance: Filippo Negroli and his Contemporaries, exhib. cat., New York, Abrams, 1998, cat. no. 54, p. 278.〕）

この甲冑には、図像学的なプログラムを提供するものは何もない。代わって、付属物や装飾は、はっきりと筋肉の胸当てに従属していて、まるで魔術的な力の備わる遺品でもあるかのように、この胸当てを枠付け、飾り、誇示している。このような見せかけの中身と目的によってトルソは特徴付けられるが、こうすることで、象徴的な意味は、解剖学そのものに委ねられるのだ。この装備一式に身を固めた所有者は、その運動能力を上演すると同時に、自分自身の理想的なイメージへと変貌を遂げる。言い換えるなら、甲冑は、それを身に着ける者の分身となることで彼を偽装させ、身体的欠点を修正することで彼の存在を強化しているのだ。

このように、身体と甲冑の構造的な両義性は、物質文化の人類学的な次元を示している。ここにおいて客体は、視覚的表象の媒介というよりもむしろ、身体の延長として機能し、秩序ある姿勢やコントロールに積極的にかかわっていく[11]。身体能力の上演は、畏敬の念を示す臣下に対して支配者が行使する権力の一方向的なヒエラルキーを暗示しているように思われるが、これに対して、甲冑が示しているのは、もっと両義的な権力の源泉である。支配者自身がみずからの分身によって変容させられる限りにおいてのみ、臣下を変容させるのだ。イメージであれ客体であれ、それらは、理想的に表象された人物に向けて鏡像を送り返すことで、この鏡像に一致するように彼を促す。とはいえ、倫理的な自己完成への絶えざる刺激として機能してきた肖像や政治的寓意とは対照的に、甲冑は、身体的で解剖学的な力を管理することによって、文字通り支配者の身体を方向付けるのだ。

この美的変身の様式的慣習は、「健康な心は健康な身体に宿る（メンス・サーナ・イン・コルポレ・サーノ）」という原則に従う人文主義の倫理的言説に由来するもので、比例と適正という古代の規範に根差した道徳と解剖学とを結び付けている。身体は、内的な性質を表出し形作るダイナミックな力の場とみなされ、身体の処理を通して魂の道徳的完全性が示唆されるにいたる。たとえば、マルシリオ・フィチーノ（一四三三―一四九九）によって練り上げられた議論の寓意的な趨勢は、一六世紀になると、医学的な含意を打ち出し、身体の政治的イメージの一部となり、とりわけ諸芸術によって定着していく。プラトンの『饗宴』への注解（一四八四年）においてフィチーノは、「外面を作るのは内面の完璧である」と述べていたのだが[12]、バルダッサーレ・カスティリオーネ（一四七八―一五二九）になると、自己陶冶される宮廷人の美は、精神的傾向に由来するのではなくて、技術的に形作られるものとして説明される。[13] さらに、もっと顕著なことにも、身体の構成は、君主の鑑というジャンルに姿を現わし、支配者にとって、政治的で道徳的な振る舞いの指針ともなる。たとえば、ドイツの人文主義者で神学者のヤーコプ・ヴィンプフェリング（一四五〇―一五二八）は、その著『アガタルキア』（一四九八年）において、「自己の統治（レギメン・スイ・イプシウス）」を推奨している。それによって支配者は、その臣下たちをほとんど魔術のように正すこと（コレクティオ）ができる、というのだ。国家によって教育され形成される理想的な市民を思い描いていたプラトンとは異なって、ヴィンプフェリングにおいて、君主は、徳の「模範（エグゼンプルム）」として行為することが求められ、そうすることでその臣下たちを育成することができる。[14] さらに興味深いことに、改革以後の神学者ウォルフガング・ザイデル（一四九二―一五六二）は健康案内としての鑑を考案し、共同体の福利を、君主の健康に帰した。[15] こうした知的環境において、開業医としての経験を積んだワルエルダは、ローマのレアルド・コロンボの後継者として働いていた当時、体と心の健康に関する本をみずから公刊したのだった。その『心身の健康』（一五五二年）は、フランスのローマ教皇特使ジロラモ・ヴェラッロ枢機卿に献呈され、貴族の衛生学とダイエットと振る舞いのガイドラインを略述している。とりわけワルエルダは、宮廷の礼儀作法を医学の用語で組み立てなおし、身体訓練の効用を弁護しようとした。[16] このような「養生術（レギメン・サニタティス）」は、さらに、コスメティック（アルス・オルナトリア）の医学的な再検討や、ガブリエーレ・ファッロピオ（一五二三―一五六二）とジロラモ・メルキアーレ（一五三〇―一六〇六）によって支持された形成外科（アルス・レパラトリア）の誕生と出合う。[17] その結果、解剖学的な知識の治療への利用は、コスメティックな規範の倫理的指針と合体し、宮廷の医学書の中に再翻訳されることとなった。

これら諸芸術と諸論考のどちらにも見られる解剖学のカノン化は、規範への衝動を生み出したが、このことは、甲冑の補綴的で整形外科的な使用の中にきわめてはっきりと認められる。「キリストの戦士（ミレス・クリスティ）」という新約聖書の人物像の寓意的な読みに基づいて、甲冑は、道徳が身体に刻印される最初のメディウムとして登場する。「神の甲冑」は、身体の強さではなくて徳の大きさによって守る。それゆえ、「神の甲冑」は逆説的にも不可視のものであり、ひるがえって、理想的な裸性を表わすことになる。[18] ロッテルダムのエラスムス（一四六六―一五三六）が、影響力のあるその著『キリスト教戦士の手引き』において、人文主義の読者のためにその人物像を再創造したのも、この意味においてである。政治的な隠喩として作られた彼の身体の解釈によると、支配者は、解剖学的に脳に位置する理性の原理を具現化している。横隔膜の下にある胃に関しては、エラスムスは、人間の動物的な性質、地上の必要、官能的快楽を割り当て、そこから反乱や暴動が生じるという。[19] ここから彼が結論するのは、倫理的な「模範（エグゼンプルム）」としての支配者の役割であり、そのためには、ただ「望ましくて正しいと考えること」だけを欲し、「理性の判断の掟に反するような、過度で急進的で堕落したことを一切」為さないことである。[20] それゆえ、バルトロメオ・カンピの「ローマ風」の一式において、観者の注意を引くのが筋肉の胸当てであり、同時に、支配者の身体の欲望が抑制され、臣下の潜在的な不服従が抑圧されているのも、驚くべきことではない。

2　君主を鋳型にはめる――ティールに見られる子供の寓意的アクセサリー

ここで述べたような、主権者のコモンウェルスと身体との内的な結び付きは、再現表象的というよりも補綴的で、象徴的もしくは寓意的で解剖学的でもあるような甲冑の観念を示唆している。とはいえ、支配者に行使される補正の力が、君主の鑑や振る舞いの書におけるよりもいっそう直接的に表われているのは、人文主義の教育書においてである。子供の従順さを利用することで教師に期待されるのは、心と体の両方を鍛えることである。そのために一方で、人文主義の教えと宗教の啓発をつかさどり、他方で、身体訓練とセルフ・コントロールを指揮する。たとえばエラスムスは、『子供の教育について』（一五〇六／一五〇九年）や『礼儀作法について』（一五三〇年）において、教育に関する全般的なアプローチの輪郭を描き、「息子の全存在を完全にコントロールする」よう父親に要求している。[21] 子供の身体のプロポーションは、適切な衛生法や食事摂取や運動、さらには巻き布の使い方によって形成されるが、そうである限りにおいて、画像を教育的に使うことによって、粗野な欲望を抑え、人格を陶冶する必要があるとされる。[22] 少年に要求されるのは、ゆったりとした身振り、バランスのとれた姿勢、落ち着いた歩き方であり、極端な服装は避けられる。子供は、表情を変えてばかりいることを慎んで、代わりに落ち着きと敬意を示さなければならない[23]。

同じように、イタリアの人文主義者で政治家のピエトロ・パオロ・ヴェルジェリオ（一三七〇—一四四四／一四四五）は、その古典的な論考『若者の高貴な振る舞いと自由な学習について』において、身体の反射像の倫理的な効果を支持して、若者は定期的に鏡を見なければならない、と説いている。というのも、「すばらしい外見を持つ者は悪徳でそれを汚すことはないだろうし、逆に、ゆがんだ外見の者はみずからの美徳によって自分を魅力的にしようと努めるだろう[24]」からである。彼が言うには、歴史や神話や聖書の「模範」との類似において、自分自身の生きた肖像（ウィーウァ・エフィギエ）を理解することは、訓練の効果をもたらす[25]。印象的にもヴェルジェリオは、「年齢が許せばすぐにでも」アームと甲冑を使えるようになることを勧めている。そしてとりわけスパルタ市民に言及し、伝えられるところでは、彼らは「まるで四肢か衣のように（中略）武器を身体の一部として」使っていた、と述べている[26]。エラスムスとヴェルジェリオによって示唆された君主の身体の形成は、後に教皇ピウス二世となる人文主義者のエネア・シルヴィオ・ピッコローミニ（一四〇五—一四四六）の『子供の教育について』（一四五〇年）において、詳細な振る舞いの規定としてきわめて厳密に示されることになる。ピッコローミニは、身体の健康状態と軍人としての勇敢さへの一般的な要求を、はっきりと美的な規範に置き換えている。身体と振る舞いと服装の「適正（デコールム）」を強調することで、彼は、その一〇年ほど前にレオン・バッティスタ・アルベルティ（一四〇四—一四七二）によって視覚芸術のために採用された修辞学の概念を活用している[27]。君主に求められるのは、正確さと規則正しさと比例の指針に適合するとともに、その動きを和らげ様式化することである。計画された「中庸な」身体を獲得するために、ピッコローミニは、学生に以下のことに努めるよう忠告する。「君の表情を一定に保つこと、唇をゆがめたり舌でなめたりしないこと、（中略）顎を突き出したり地面を見つめたりしないこと、首を左右にひねらないこと、両手を広げないこと（中略）。君の瞼の動きは適切に制限されなければならない。君の両腕はまっすぐで、足取りは確かで安定していなければならない[28]」。さらに、彼は服装についても規律的で整形外科的な効果を課している。教育における怠慢を批判しつつ彼は、柔らかいリネンの衣装を避けるよう勧める。

図4　ユストゥス・ティール《フェリペ三世の教育の寓意》（油彩・カンヴァス、159 × 105 cm 1590年、マドリード プラド美術館、inv. No. P01846〔© Museo Nacional del Prado〕）

図5　ルチオ・ピッチニーノ（帰属）《フェリペ三世の子供用装具＊》（ミラノ、1585年頃、マドリード　王立兵器博物館　inv. No. B4–B5 ニューヨーク、メトロポリタン美術館、acc. No. 19. 128. 1-2〔José-A. Godoy/Silvio Leydi (ed.), Parures Triomphales: Le Maniérisme dans l'Art de l'Armure Italienne, exhib. cat., Geneva, 5 Continents, 2003, cat. 81 (a), p. 306.〕）

硬い素材の方が「四肢をより丈夫にし、仕事により耐えるようにする」からである[29]。

こうした点において、甲冑は、倫理的で解剖学的で行動的な規範を形にしている。それは、人文主義の教育的指針を代理表象するとともに、この指針に物理的な道具を提供しているのだ。装備一式の重い素材によって組み立てられた構造は、装着者の姿勢を矯正し、その運動を様式化する。一六世紀における子供の装飾品の人気によっても実証されるように、甲冑のもつ規律的な力は、とりわけ、フランドルの画家ユストゥス・ティールによって描かれた、スペイン王の継承者である若々しいフェリペ三世（一五七八―一六二一）の肖像画に端的に表現されている（図4）。こわばったポーズの王子は、豊かな浮き出し模様と象嵌細工の施された胸当てに身を固めているが、それは一五八五年頃にミラノで制作されたものである（図5）。そこにはまた、ゴルゴンの頭部のついたカバセット〔金属製のヘルメット〕が見られるが、これはもともと、同じくハプスブルク家のコレクションにあった別の一式の一部であった。フェリペの背後にはクロノス（サトゥルヌス）がいて、クピドーを引き止め、良き統治のアトリビュートをもつ美徳を前方へと案内している[30]。この絵画は、寓意的というよりも直感的に、甲冑によって具現される倫理的要求を君主に「着せて／投資して」いるのだ。王子は、甲冑を着けて描かれている自分を見て、知的に導かれると同時に、一方で身体的な教育の意味を教えられ、他方でこの甲冑を実際に装着することでその教えを実行するよう促される[31]。

3　整形外科的甲冑

甲冑が身体にもたらす矯正的で規律的な効果は、政治的・教育的な著作に示されているが、最もはっきりと記録されているのは、整形外科的な甲冑の使用においてである。たとえば、アルザス地方の理髪師にして外科医ハンス・フォン・ゲルスドルフ（一四五五頃―一五二九）は、その著『外科手術のための現場読本』（一五一七年）において、筋骨格の歪みを矯正するために、甲冑の腿当てを利用すること、ねじれた腕や脚を伸ばすために、留め金でとめられたア

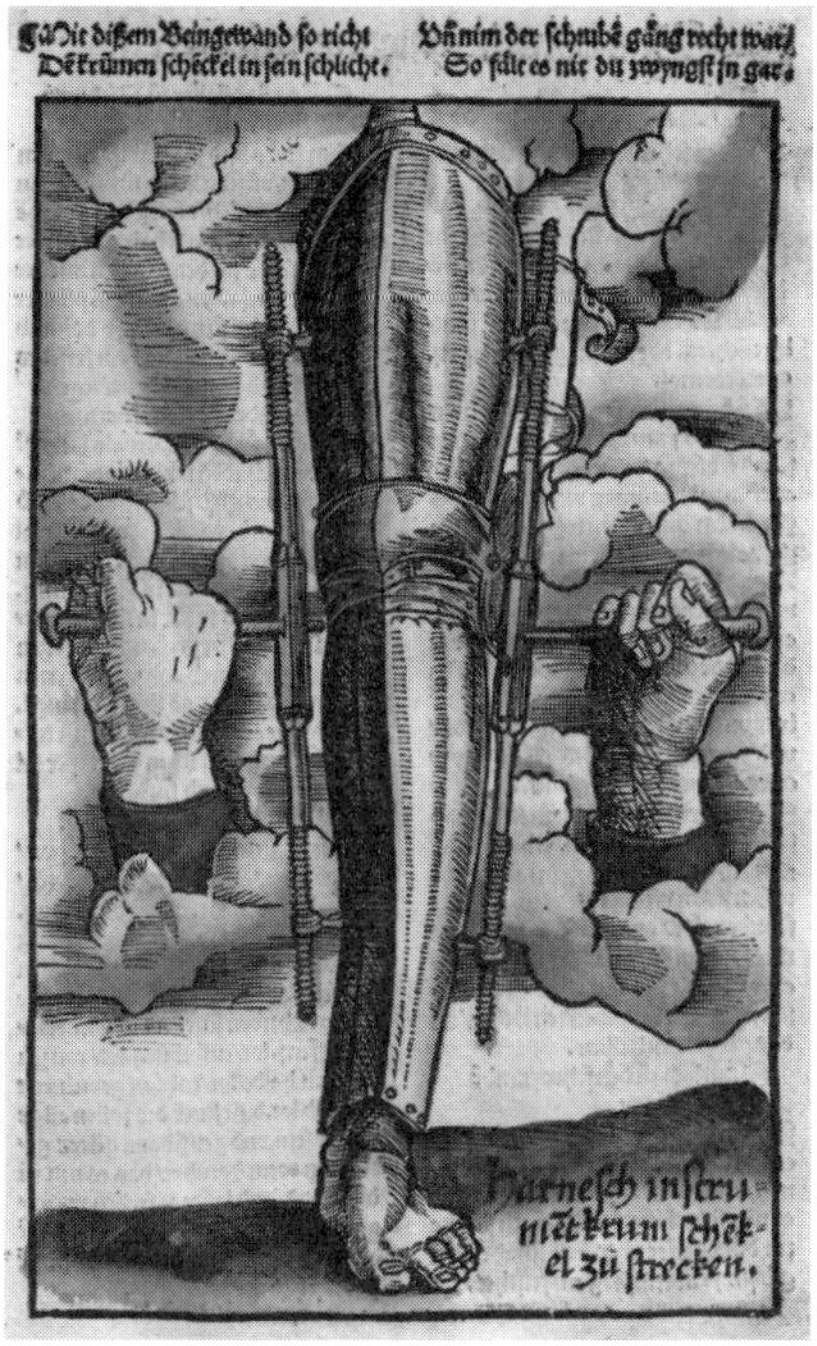

図6　ハンス・ヴェヒトリン《太腿を伸ばすための甲冑の腿当て》（木版に手で彩色、ハンス・フォン・ゲルスドルフ『外科手術のための現場読本』より、ストラスブルグ　ヨハン・ショット、1517年、fol. 6r.〔CC BY-NC-SA 3.0 The College of Physicians of Philadelphia Digital Library, accessed April 27, 2017, http://www.cppdigitallibrary.org/items/show/2173〕）

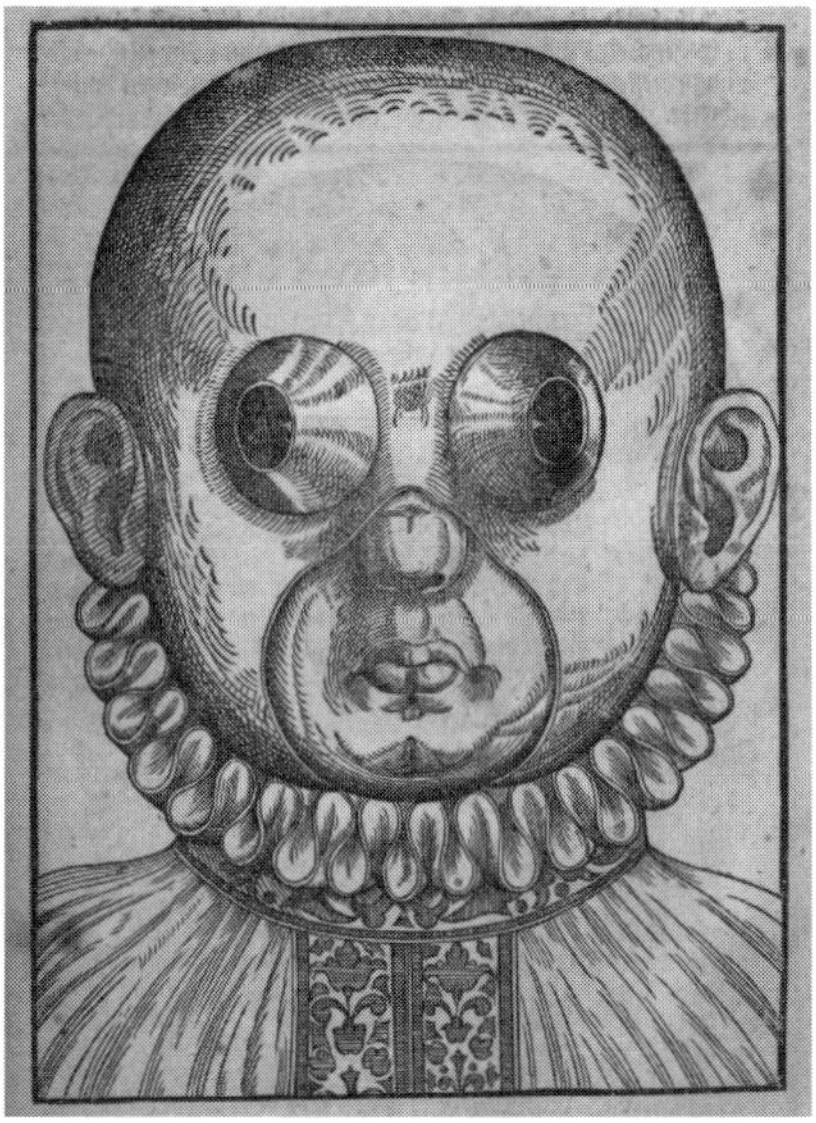

図7　ゲオルク・バルティシュ《斜視を矯正するための仮面》（木版、ゲオルク・バルティシュ『眼科論　眼の役割』ドレスデン、シュテッケル、1593年、fol. 16r.〔History of Science Collections, University of Oklahoma Libraries; copyright the Board of Regents of the University of Oklahoma〕）

ーム・ガードを使うことを示唆している（図6）。この本に添えられたハンス・ヴェヒトリン（一四八五生）の木版画には、まるで奇跡のおかげで回復するかのように、雲間から出てくる手によって道具が扱われているところが描かれている。[32] 一方、ザクセン選帝侯アウグストゥスの宮廷医師だったドイツの眼科学者ゲオルク・バルティシュ（一五三五―一六〇七）は、両目の筋肉を調整するためのフェイス・マスクを考案した（図7）。道徳的な怠慢が身体にもたらす影響を主張する彼は、子供に斜視が起こるのは、母親が子供を無視する（Verwahrlosung）ためだとみなした。彼が言うには、そうした母親は、嫌悪感を催すものを見たり、官能的な刺激過多に侵されたりしているとされる。[33] その著『眼科論』（一五九三年）において、彼は、革製のマスクを紹介し、これを、甲冑のドイツ語の用語法を使って「兜 Sturmhut」と呼んでいる。[34] 外眼筋の誤った方向を正すことで、このマスクは、集中する視線や拡散する視線を和らげることを目的とする。同じように、面貌［顔の上半分を覆う部分］は、装着者の視界を狭めるため、これらのマスクは、開いた両目の穴を有効活用し、両目の動きを限定する。とはいえ、この場合は甲冑とは対照的に、外からの危害を阻止するという目的ではなくて、内へと働きかけ、解剖学的な力を管理する。胸当てもまた、整形外科的に使用された。歴代フランス国王のお抱え医師であった、名高い理容師にして外科医アンブロワーズ・パレ（一五一〇頃―一五九〇）は、脊柱側弯の場合に脊柱を矯正するために、鋼鉄製のコルセットの使用を勧めている[35]（図8）。幼児期や子供の時期の脊柱の成長を調整するために使われるこれらの器具は、とりわけ中世末期の馬上試合で使われた「コルベントゥルニエー」と呼ばれる胸当てに、驚くほどよく似ている。ルネ・ダンジューの

『馬上試合の書』（一四六〇―一四七〇年）の絵（図9）に見られるように、この種の馬上試合のために制作された胸当ては、パレの考案になるものと同じく、重みを軽減し、風通しを良くするために多くの穴があけられていた[36]。さらに、整形外科的な処理以外にも、このフランスの外科医は、両腕や両手のために取り外しのきく補綴的な器具を考案した。おそらくそれらは、うろこ状の篭手［こて］や胸当てから着想を得たものである（図10）。人間の解剖学を取り戻すとともに強化もするこれらの装置は、部分的にメカニカルなもので、一六世紀における機械への関心を共有している[37]。エラスムスやピッコローミニが要求するように、姿勢を矯正し、身体の先端までまっすぐにし、足取りを加減し、視線を調整する

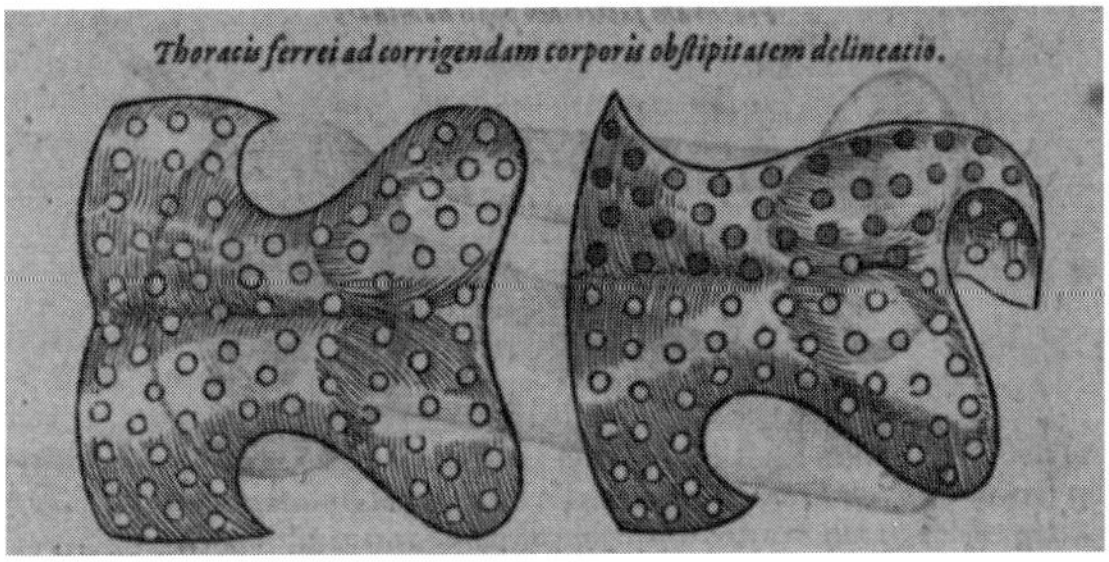

図8　整形外科用コルセット（木版、アンブロワーズ・パレ『外科術』フランクフルト、ヨハン・ファイアアーベント、1594年、第XXII書、第VIII章、p. 653.〔Bibliothèque Numérique Patrimoniale du Service Commun de la Documentation de l'Université de Strasbourg〕）

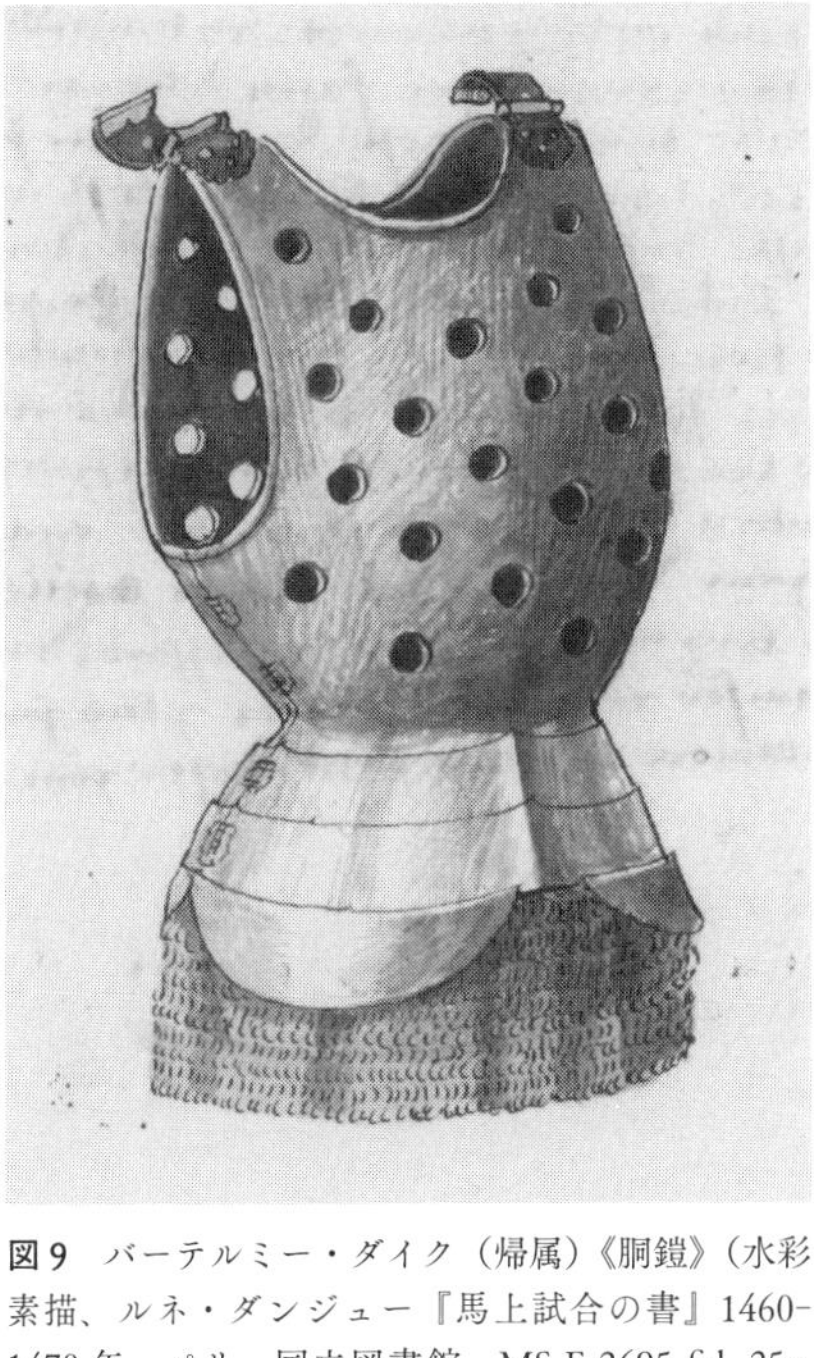

図9　バーテルミー・ダイク（帰属）《胴鎧》（水彩素描、ルネ・ダンジュー『馬上試合の書』1460-1470年、パリ、国立図書館、MS F 2695 fol. 25v.〔gallica.bnf.fr / Bibliothèque Nationale de France〕）

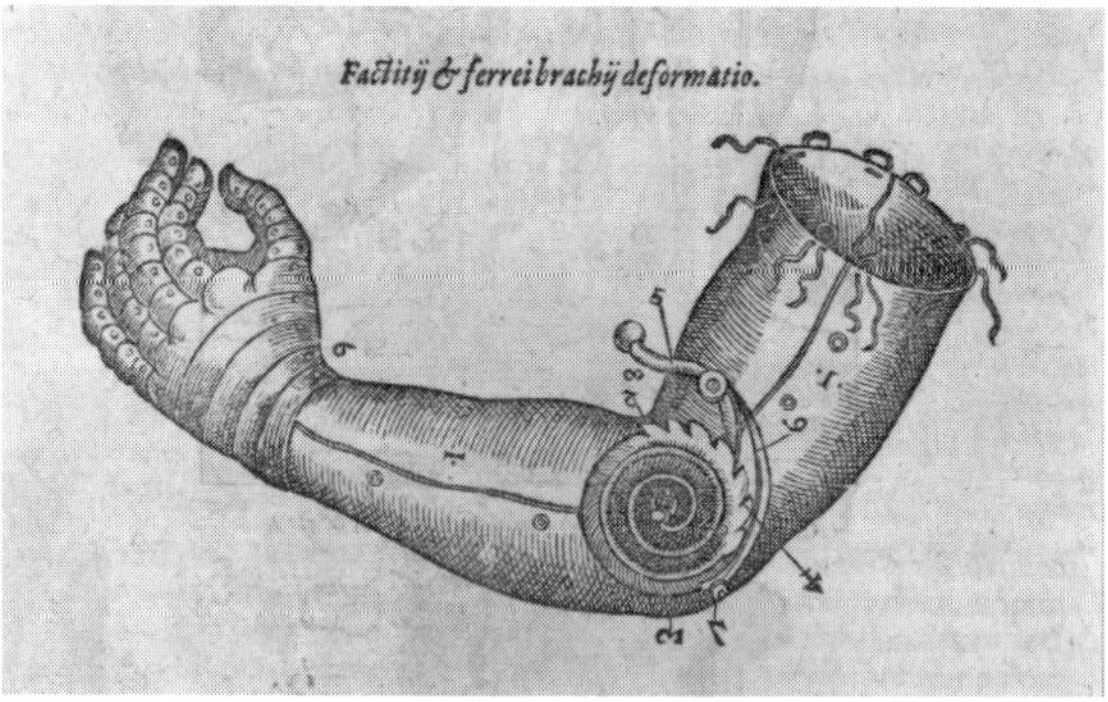

図 10 腕の補綴（木版、アンブロワーズ・パレ『外科術』フランクフルト、ヨハン・ファイアアーベント、1594 年、第 XXII 書、第 XII 章、p. 657.〔Bibliothèque Numérique Patrimoniale du Service Commun de la Documentation de l'Université de Strasbourg〕）

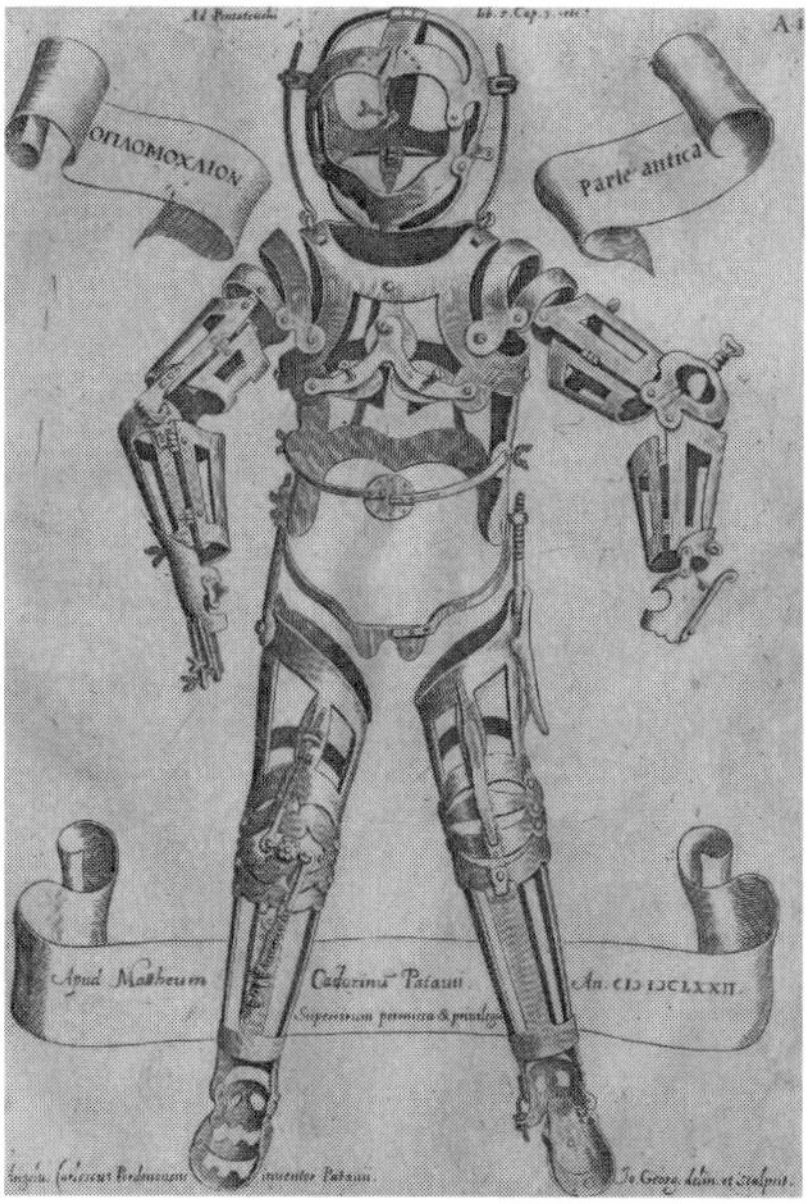

図 11 ヨハン・ゲオルク（アンゲルス・カルレスクスによる）《オプロモクシリオン》（銅板エングレーヴィング、ヒエロニムス・ファブリキウス『外科術』パドヴァ、マッテオ・カドリーノ、1671 年、tav. A1.）

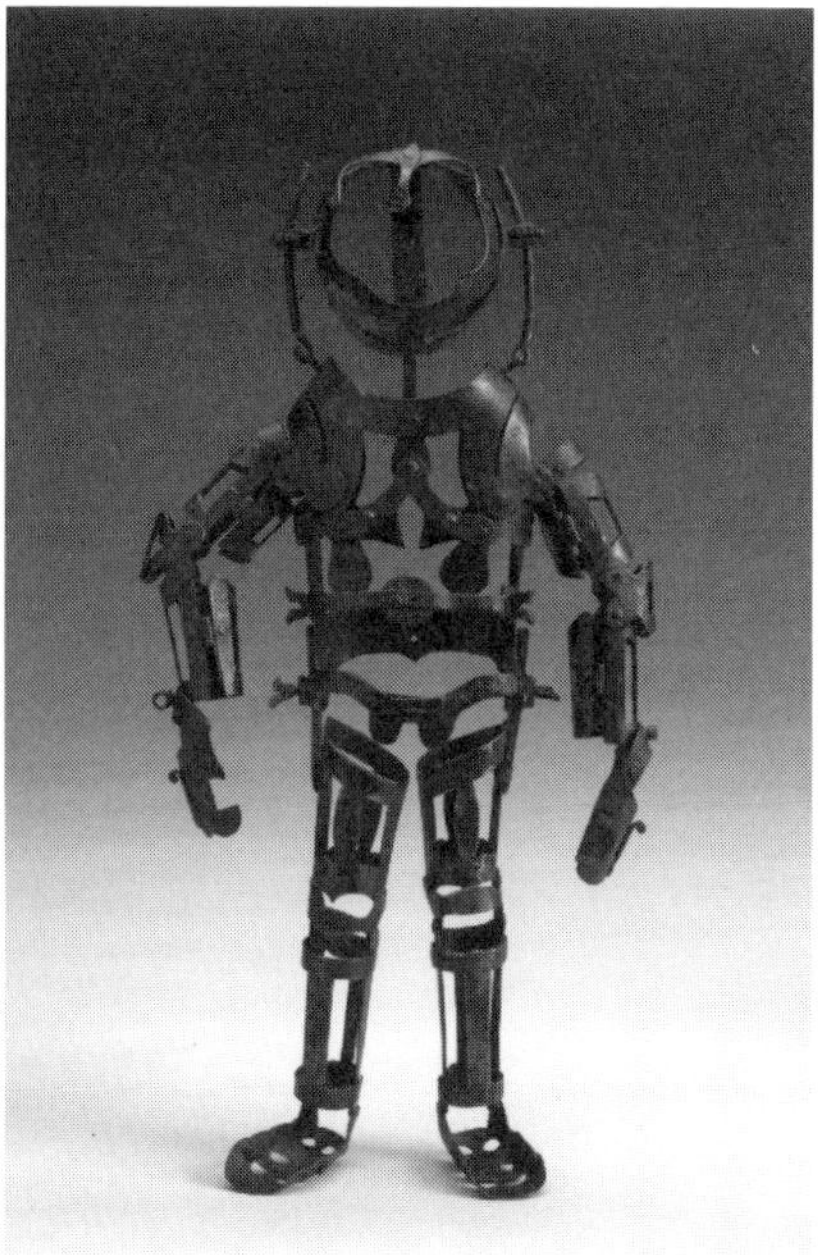

鉄製のマネキン（1570–1700 年（？）ロンドン科学博物館　inv. no. A73318.〔© Wellcome Trust/ Science Museum / Science & Society Picture Library, All rights reserved〕）

ことで、甲冑は、支配者の身体を、倫理的に規律化し、解剖学的に基準化するのに役立つ。すべての骨格と筋肉において、人文主義の理想に従って身体をシェイプ・アップすることで、身体の細部にいたるまで確固とした権力を示そうとするのだ。

まるで亡霊のような装飾に詰め込まれている最後の例として、ヒエロニムス・ファブリキウス（一五七三―一六一九）の死後の出版になる『外科術』（一六四七年）の一枚の挿絵（図11）があるが、これは、甲冑における整形外科の先史を喚起させている。整形外科的な自動人形へと変貌した、いわゆる「オプロモクシリオンΟΠΛΟΜΟΧΛΙΟΝ」は、「外科医的な胴鎧」[38]によって覆われ、ありうる限りの添え木やコルセットや仕掛けを一堂に組み合わせている。[39]この紙のマネキンは、逆説的にも、それ自身の生命を喚起させつつ、矯正的スタンダードを前提とする筋骨組織の機械的な作用を示唆しているのである。「人間＝機械」はこうして、身体の倫理的変容の頂点を画することになる。[40]

4　装甲した身体の政治的解剖学

エルンスト・カントーロヴィッチはその著『ユニフォームの神々』（一九六一年）において、神々や王や皇帝たちを軍服姿で描く文化の力学を解明しようとした。そこで引き合いに出されるのは、政治的達成を彼らモデルに固有の美徳に帰する「勝利の神学」である。カントーロヴィッチが言うには、甲冑に身を固めた支配者は、「彼の変わらぬ武勲と優れた道徳性を称える（中略）生きたトロフィー」となる。[41]その影響力ある著書『王の二つの身体』（一九五七年）において、彼は、キリスト教における王権の概念の誕生を跡付けているが、このときにも同じテーマに触れていた。それによると甲冑は、象徴的な中枢となるもので、肖像のモデルを二重化することで、皇帝の身体を分割し、二重の性質を示唆する。つまり、自然の人格と彼の王国の神秘的人格化の二つである。[42]これまで見てきたような甲冑の変容の力は、しかしながら、これとは別の政治思想の系譜を指し示してもいる。観客の視覚的な理解を目的とするのではなくて、装着者本人の変容を目的とすることで、身体を分割するのではなくて、身体を形成するのだ。それによって、支配者の身体は神秘的な身体に移し変えられるのではなくて、自然の身体に働きかけ、それに絶えず異を唱えることで、その身体をまったく自然のものとは見えないようにする。こうした読みにおいては、身体とイメージとの二元論を前提とするプラトン的な表象の概念とは対照的に、イメージは、身体そのものにおける政治的で倫理的な指針を積極的に浮き彫りにする。

さらに、甲冑の規律的な効果は、ミシェル・フーコーの権力の系譜学とも食い違う。初期近代における支配の集中と人格化を跡付けながら、フーコーは、君主とその臣下というヒエラルキーの対立が、一八世紀になると、個人の規律的なコントロールを目的とする政治的解剖学によって取って代えられる、と解釈した[43]。しかしながら、甲冑の使用に内包される主権の倫理的で身体的な束縛は、それよりはるかに両義的な権力の概念を示唆している。君主と臣下は、お互いに対立しあうのではなくて、技術的というより共通の象徴的母体によって結び付く。興味深いことにも、規律化されているのは、君主であって臣下ではない。支配者が道徳的で政治的な体制を実行するのは、フーコーの言うような禁止の力によってではなく、みずからその体制を具現化することによってである。対象物によって変容させられることで、君主は、美的に高められた「模範」となる。そしてこの「模範」は、外的な強制や合理的な審議に訴えることによってというよりも、身体的な再演を喚起することによって、観衆に働きかける。こうした「生体 - 美学的」あるいは「図式的」効果は、彼の権力を維持させることもあれば、短命に終わらせることもある[44]。言い換えるなら、君主の変貌は、個人的権力の原動力を示すとともに、それを行使するのに必要な力の倫理的な境界を示してもいるのだ。

注

（1）Juan Valverde de Amusco, *Historia de la Composicion del Cuerpo Humano*, Rome, 1556, [fol. 4r]. Trans. after K. B. Roberts / J. D. W. Tomlinson, *The Fabric of the Body: European Traditions of Anatomical Illustration*, Oxford, Clarendon Press, 1992, p. 211. 文献の概観については次を参照。Anne Dillon, *Michelangelo and the English Martyrs*, Farnham, Ashgate, 2012, pp. 213–223; Roberts / Tomlinson, *op. cit.*, pp. 210–217. ヴェザリウスの見本のヴァリエーションと「修正」の議論については次を参照。Arthur William Meyer / Sheldon K. Wirt, 'The Amuscan Illustrations', *Bulletin of the History of Medicine*, 14, 1943, pp. 667–687.

（2）たとえば以下を参照。Samuel Y. Edgerton, *Pictures and Punishment: Art and Criminal Prosecution during the Florentine Renaissance*,

Ithaca, Cornell University Press, 1985, pp. 216–219; Roberts / Tomlinson, *op. cit.*, p. 214.

（3）社会的慣習を克服するための手段としての彫刻見本の利用については次を参照。Glenn Harcourt, 'Andreas Vesalius and the Anatomy of Antique Sculpture', *Representations*, 17, 1987, pp. 28–61, here pp. 34–43; 52–53.

（4）「ローマ風」ないしは「古代風」の甲冑の特徴と利用については次を参照。Stuart W. Pyhr / José-A. Godoy, 'Introduction', *Heroic Armor of the Italian Renaissance: Filippo Negroli and his Contemporaries*, exhib. cat., ed. Stuart W. Pyhr / José-A. Godoy, New York, Abrams, 1998, pp. 1–24, here p. 2.

（5）伝記と医学史の概観については次を参照。Andrew Cunningham, *The Anatomical Renaissance: The Resurrection of the Anatomical Projects of the Ancients*, Adlershot, Scolar Press, 1997, pp. 143–166; Garabed Eknoyan / Natale G. De Santo, 'Realdo Colombo (1516–1559): A Reappraisal', *American Journal of Nephrology*, 17, 1997, pp. 261–268.

（6）Mikhail Bakhtin, *Rabelais and his World*, trans. Helene Iswolsky, Bloomington, Indiana University Press, 1984, p. 320.〔ミハイル・バフチン『フランソワ・ラブレーの作品と中世・ルネサンスの民衆文化』川端香男里、せりか書房、一九九五年〕。グロテスクな身体の概念については同書を参照。*ibid.*, pp. 303–367. 解剖学的知識の進歩によって引き起こされた身体と自我の不安の増大について包括的な研究に以下のものがある。Enrique Fernandez, *Anxieties of Interiority and Dissection in Early Modern Spain*, Toronto, University of Toronto Press, 2015.

（7）複数の要素のアッサンブラージュとしての甲冑については次を参照。Carolyn Springer, *Armour and Masculinity in the Italian Renaissance*, Toronto, University of Toronto Press, 2010, pp. 4–5. ジャック・ラカンの「鏡像段階」に沿って、「理想自我」としての甲冑という精神分析的な説明についても同書を参照。*ibid.*, pp. 12–13.

（8）この技法は、ミラノのフィリッポ・ネグローニ（一五一〇頃—一五七九）によって少し前に考案されたところであった。Gian Paolo Lomazzo, 'Trattato dell'Arte della Pittura, Scoltura et Architettura', *Scritti sulle Arti*, vol. 2, ed. Roberto Paolo Ciardi, Florence, Marchi & Bertolli, 1974, pp. 7–589, here lib. VII, cap. XXV, p. 548. ネグローリ工房全般については次を参照。Pyhr / Godoy, *op. cit.*; Bruno Thomas / Ortwin Gamber, 'Die Mailänder Plattnerkunst', in: Bruno Thomas, *Gesammelte Schriften zur Historischen Waffenkunde*, vol. 2, Graz, Akademische Druck- und Verlagsanstalt, 1977, pp. 971–1098; 1563–1579, figs. 1–26; Silvio Leydi, 'Les Armuriers Milanais dans la Seconde Moitié du XVIe Siècle. Familles, Ateliers et Clients à la Lumière des Documents d'Archives', *Parures Triomphales: Le Manièrisme dans l'Art de l'Armure Italienne*, exhib. cat., ed. José-A. Godoy / Silvio Leydi, Geneva, 5 Continents, 2003, pp. 25–55.

（9）組み合わせ的なものから彫刻的ないし有機的なものへと、甲冑の概念が変化することについては次を参照。Donald J. LaRocca, 'Monsters, Heroes, and Fools: A Survey of Embossed Armor in Germany and Austria, ca. 1475–ca. 1575', *A Farewell to Arms: Studies on the History of Arms and Armour*, Delft, Legermuseum Delft, 2004, pp. 34–55, here pp. 36–38.

（10）Pyhr / Godoy (ed.), *op. cit.*, cat. no. 54, pp. 278–284. 全体の詳細な記述と議論については次を参照。John F. Hayward, 'The Revival of Roman Armour in the Renaissance', *Art, Arms, and Armour: An International Anthology*, vol. 1, 1979–1980, ed. Robert Held, Chiasso, Acquafresca Editrice, 1979, pp. 144–163, here p.157; Springer, *op. cit.*, pp. 85–89. とりわけその防衛的兵法とライオンの毛皮のもつシンボリズムについては次を参照。Victor I. Stoichita, '*"La Seconde Peau": Quelques Considérations sur le Symbolisme des Armures au XVIe Siècle*', *Micrologus*, 20, 2012, pp. 451–463, here pp. 453–456.

（11）精神の肉体化ないし形態化一般については次を参照。Shaun Gallagher, *How the Body Shapes the Mind*, Oxford, Clarendon Press, 2005; John Michael Krois, 'Bildkörper und Körperschema', *Bildkörper und Körperschema: Aufsätze zur Verkörperungstheorie Ikonischer Formen*, ed. Horst Bredekamp / Marion Lauschke, Berlin, Akademie-Verlag, 2011, pp. 252–271.

（12）Marsilio Ficino, *Marsilio Ficino's Commentary on Plato's 'Symposium'*, ed. a. trans. Sears Reynolds Jayne, Columbia, University of Missouri, 1944, or. V, cap. I, pp. 64 / 164. 身体の美と理想のプロポーションについては同書を参照。*ibid.*, or. V, cap. VI–VII, pp. 70–73; 173–176. 教育や振る舞いにおいてイメージが危険な役割を果たすというプラトンの考え方については以下を参照。Maria Luisa Catoni, *La Comunicazione Non Verbale nella Grecia Antica: Gli Schemata nella Danza, nell'Arte, nella Vita*, Turin, Bollati Boringhieri, 2008, pp. 262–317.

（13）宮廷人の振る舞いや身体的性格については次を参照。Baldassare Castiglione, *Il Libro del Cortegiano*, ed. Walter Barberis, Turin, Einaudi, 1998, lib. I, cap. XIX–XX, pp. 48–51.〔バルダッサーレ・カスティリオーネ『宮廷人』清水純一ほか訳、東海大学出版会、一九八七年〕。衣服の戦略的な選択については同書を参照。*ibid.*, lib. II, cap. XVII, pp. 158–160.

（14）君主の美徳については次を参照。Jakob Wimpfeling, 'Agatharchia', in: Bruno Singer, *Die Fürstenspiegel in Deutschland im Zeitalter des Humanismus und der Reformation*, Munich, Fink, 1981, pp. 173–249, here [4]–[12], pp. 231–237. 支配者の模範的ステータスについては同書を参照。*ibid.*, [6], p.233.

（15）生理学と有徳性の相関については同書を参照。Singer, *op. cit.*, pp. 251–253. 初期近世における「君主の鑑」の内容と役割一般については次を参照。Hans-Otto Mühleisen〔et al.〕(ed.), *Fürstenspiegel der Frühen Neuzeit*, Frankfurt, Insel-Verlag, 1997; Hans-Otto

Mühleisen / Theo Stammen (ed.), *Politische Tugendlehre und Regierungskunst: Studien zum Fürstenspiegel der Frühen Neuzeit*, Tübingen, Niemeyer, 1990.

(16) この点については次を参照。Juan Valverde de Amusco, *De Animi et Corporis Sanitate Tuenda Libellus*, Paris, 1552, pp. 105-119. 一般に、医者の助言と政治的言説の医学化については以下を参照。Jacob Soll, 'Healing the Body Politic: French Royal Doctors, History, and the Birth of a Nation, 1560-1634', *Renaissance Quarterly*, 55, 2002, pp. 1259-1286.

(17) 化粧術の概念の再考については次を参照。Mariacarla Gadebusch Bondio, *Medizinische Ästhetik: Kosmetik und Plastische Chirurgie zwischen Antike und Früher Neuzeit*, Munich, Fink, 2005. 支配者の美的な自意識の増大と、再生および形成外科の促進において鍵となる役割を果たすことが期待される「模範」については、次を参照。Valeria Finucci, *The Prince's Body: Vincenzo Gonzaga and Renaissance Medicine*, Cambridge / London, Harvard University Press, 2015, pp. 4; 64-73.

(18) 裸体と着衣の両義性については次を参照。Anne Hollander, *Seeing Through Clothes*, Berkeley, University of California Press, 1993, pp. 83-156.

(19) 動物と人間の身体の相同関係と公共の福祉については次を参照。Erasmus of Rotterdam, *The Manual of the Christian Knight*, London, Morrison & Gibb, 1905, pp. 81-88, here pp. 86-87.

(20) *Ibid*., p.88.

(21) Erasmus of Rotterdam, 'On Education for Children / De Pueris Instituendis', *The Erasmus Reader*, ed. Erika Rummel, Toronto / Buffalo / London, University of Toronto Press, 1990, pp. 65-100, here p. 67.

(22) 幼児の身体の型については同書を参照。*ibid*., pp. 67-68. 教育の手助けとなる画像については同書を参照。*ibid*., p.96. 一般に、子供における不完全な生理学という観念は、ガレノスやエフェソスのソラヌスに由来するが、これについては次を参照。Susan R. Holman, 'Modelled as Wax: Formation and Feeding of the Ancient Newborn', *Helio*, 24, 1997, pp. 77-95.

(23) 以下を参照。Erasmus of Rotterdam, 'On Good Manners / De Civilitate', *The Erasmus Reader*, ed. Erika Rummel, Toronto / Buffalo / London, University of Toronto Press, 1990, pp. 101-121, here p.102. 表情の抑制については同書を参照。*ibid*., pp. 117-118. 笑いについては次を参照。*ibid*., pp. 104-105. 動きの様式化については次を参照。*ibid*., pp. 107-108.

(24) Pier Paolo Vergerio, 'De Ingenuis Moribus et Liberalibus Adulescentiae Studiis Liber / The Character and Studies Befitting a Free-Born Youth', *Humanist Educational Treatises*, ed. a. trans. Craig W. Kallendorf, Cambridge / London, Harvard University Press, 2002, pp. 2-91,

here p. 13.

（25）自己を映し出す鏡として集団が芸術作品を使うことについては、次を参照。Stefano G. Casu, 'Speculum Principis: Notes on two Plaquettes by Filarete', *The Medal*, 66, 2015, pp. 38–49.

（26）Vergerio, *op. cit.*, p.75.

（27）支配者の肖像画における観相学、適応性、偽装についての芸術的言説に関しては次を参照。Diane Bodart, *Pouvoirs du Portrait sous les Habsbourg d'Espagne*, Paris, CTHS / INHA, 2011, 120–128; 132–139.

（28）Aeneas Silvius Piccolomini, 'De Liberorum Educatione / The Education of Boys', *Humanist Educational Treatises*, ed. a. trans. Craig W. Kallendorf, Cambridge / London, Harvard University Press, 2002, pp. 126–259, here cap. 12, pp. 139–141.

（29）*Ibid.*, p.139.「適正（デコールム）」と「所作術（キロノミア）」の諸原則については同書を参照。*ibid.*, cap. 11–12, pp. 138–141. 一般に、人文主義の教育における身体と霊魂の関連については次を参照。Hans-Ulrich Musolff, *Erziehung und Bildung in der Renaissance: Von Vergerio bis Montaigne*, Cologne, Böhlau, 1997, pp. 69–85.

（30）肖像画と甲冑の詳細な議論については次を参照。Álvaro Soler del Campo (ed.), *The Art of Power: Royal Armor and Portraits from Imperial Spain*, exhib. cat., Madrid, TF editors, 2009, cat. nos. 58–60, pp. 256–259; Godoy / Leydi (ed.), *op. cit.*, cat. nos. 81–82, pp. 484–486; Stephen V. Grancsay, 'Lucio Piccinino: Master Armorer of the Renaissance', *The Metropolitan Museum of Art Bulletin*, 22, 1964, pp. 257–271, here pp. 266–271.

（31）フェリペ三世のしつけ方についての包括的な記述、もろもろの教育論の影響と関連の政治的言説に関しては次を参照。Antonio Feros, *Kingship and Favoritism in the Spain of Philip III, 1598–1621*, Cambridge, Cambridge University Press, 2000, pp. 15–31.

（32）軍事医学史におけるゲルスドルフの考案物の位置については次を参照。Eric Gruber von Arni, 'The Treatment of Injury and Disease', *Henry VIII: Arms and the Man, 1509–2009*, exhib. cat., ed. Graeme Rimer [et al.], Leeds, Royal Armouries Museum, 2009, pp. 59–69, here p. 62. とりわけそれらの補綴的な使用については次を参照。Bruno Valentin, *Geschichte der Orthopädie*, Stuttgart, Thieme, 1961, pp. 12–16.

（33）これについては次を参照。Georg Bartisch, *Ophthalmoduleia: Das ist Augendienst*, Dresden, Stöckel, 1583, fol. 14r. バルティシュにおける道徳と占星術と魔術の役割については次が簡潔にまとめている。Bartisch cf. Mimi Cazort / Monique Kornell / Kenneth B. Roberts (ed.), *The Ingenious Machine of Nature: Four Centuries of Art and Anatomy*, exhib. cat., Ottawa, National Gallery of Canada, 1996, cat. no. 54, pp. 168–169. 一般に、母親の想像力や視覚的な効果が胎児の形成に影響するという考え方については、次を参照。Frances Gage, *Painting as Medicine in Early Modern Rome: Giulio Mancini and the Efficacy of Art*, Pennsylvania, The Pennsylvania State University Press, 2016, pp. 87–119.

（34）Bartisch, *op. cit.*, fol. 16r–v. 添えられた木版画による挿図は、バルティシュも述べているように、みずからが描いた水彩の素描に基づいて制作された。*ibid.*, [p. 17].

（35）鉄のコルセットを着用する脊柱側弯の扱いについては次を参照。A. N. Williams / J. Williams: "Proper to the duty of a chirurgeon": Ambroise Paré and Sixteenth Century Paediatric Surgery', *Journal of the Royal Society of Medicine*, 97, 2004, pp. 446–449, here p. 447; Valentin, *op. cit.*, pp. 18–20.

（36）Ambroise Paré, *Opera Chirurgica*, Frankfurt, Johann Feyerabend, 1594, lib. XXII, cap. VIII, p. 653.

（37）義足・義手の初期の歴史と甲冑製作の役割については次を参照。Vittorio Putti, 'Historical Prostheses', *Journal of Hand Surgery*, 30, 2005, pp. 310–325.

（38）Johannes Scultetus, 'Anhang / vom Chirurgischen Kueraß', in: Hieronymus Fabricius, *Wund-Artznei*, trans. Johannes Scultetus, Nuremberg, Johann Daniel Tauber, 1673, pp. 1–17, esp. p. 6. 古代の自動人形と言葉をしゃべる芸術作品との類似については同書を参照。*ibid.*, p. 9. エジプトの手本に言及して、スクルテトゥスは、「外科の迷宮」という秘密の寓意的読みを付け加えているが、それは、対象のファンタスマゴリア的な特性を証言している。*ibid.*, pp. 7–8.

（39）「オプロモクシリオンΟΠΛΟΜΟΧΛΙΟΝ」に集められた個々の器具一式の医学史的な要約については次を参照。*op. cit.*, pp. 71–72.

（40）自動人形の規律的な内包は、中世の叙事詩文学によって予告されている。そこでは自動人形は、宮廷の振る舞いの規範を強調するものとして描かれている。Elly Rachel Truitt, *Medieval Robots: Mechanism, Magic, Nature, and Art*, Philadelphia, University of Pennsylvania Press, 2015, pp. 60–63.

（41）Ernst H. Kantorowicz, 'Gods in Uniform', *Proceedings of the American Philosophical Society*, 105, 1961, pp. 368–393, here p. 381.

（42）これについては次を参照。Ernst. H Kantorowicz, *The King's Two Bodies: A Study in Medieval Political Theology*, Princeton, Princeton University Press, 1997 [=1957], pp. 72–73.〔カントーロヴィチ『王の二つの身体——中世政治神学研究』小林公訳、平凡社、一九九二年〕

（43）Michel Foucault, 'The Meshes of Power', trans. Gerald Moore, *Space, Knowledge and Power: Foucault and Geography*, ed. Jeremy W. Crampton / Stuart Elden, Adlershot, Ashgate, 2007, pp. 153-162, here pp. 154-156. 規律権力における「微視的物理学」の全般的説明については次を参照。Michel Foucault, *Discipline and Punish: The Birth of the Prison*, trans. Alan Sheridan, New York, Random House, 1995, pp. 7-31; 135-141.〔フーコー『監獄の誕生――監視と処罰』田村俶訳、新潮社、一九七七年〕

（44）生き写しの対象や人工的に変形された身体から生まれる「図式的」効果については次を参照。Horst Bredekamp, *Der Bildakt: Frankfurter Adorno-Vorlesungen 2007*, Berlin, Wagenbach, 2015, pp. 48-49; 111-112.

第8章　転倒の芸術

ホルスト・ブレーデカンプ
岸本督司／福間加代子訳

1　キリスト教美術の弁証法

トリーア州立博物館には、これといった形状をとらないほどかたちのくずれた石造彫刻が一点所蔵されている。上体に向かって幅が狭まっていくこの石像には、彫り込まれた鑿痕の上部から、やや隆起した帯状のたすきが向かって右斜め上に続いている（図1）。一見して抽象的とも思える形状のことを考慮すれば、この石造彫刻は、ブランクーシ、さもなくばナウム・ガボといった彫刻家の初期作品のそばで展示されていても、何の違和感もない。

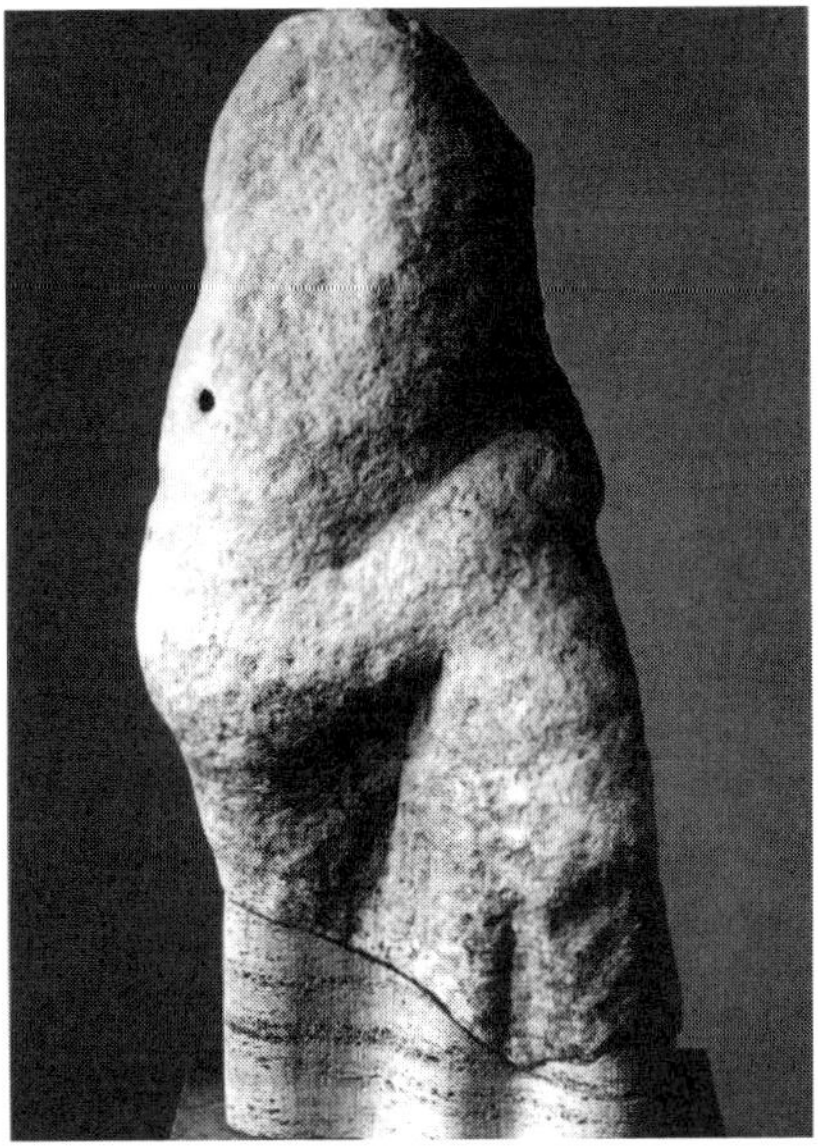

図1　ウェヌス、あるいはディアナの損壊されたトルソー像（2世紀、大理石と砂岩、ライン州立博物館、トリーア〔Gramaccini, Noberto: *Miribilia. Das Nachleben antiker Statuen vor der Renaissance*, Mainz 1996, Abb. 10〕）

　ところが、この彫像の起源は、古代にあるとともに中世にもある。この石塊のなかに埋れているのは、ディアナ像か、もしくはカプアのウ

図2　カプアのウェヌス（紀元前4世紀、大理石、210cm、国立考古学博物館、ナポリ〔Venus von Capua, Neapel〕）

ェヌス（現ナポリ国立考古学博物館蔵）に体現されているようなウェヌス像である[1]（図2）。何世紀にもわたって、このトリーアの彫像は鎖で吊るされ、巡礼者たちから石をぶつけられてきた。霊験あらたかであったはずの女神がかくのごとき無形のトルソに変わり果ててしまっているせいで、こんな彫像のうちにおよそ神性が宿るなどとは、とうてい信じられなくなっているに違いない[2]。

オリュンポスの神々は、信仰をそれぞれ分け合うことができた。したがって、たとえばニケやウェヌスは、多様な側面からなる知覚世界、想念、情念の数々を、おのおのにゆかりのあるものとみなすことができたのである。分け合うことができるがゆえに調和も欠いているこの神々の世界には、あらかじめ物質も含まれていた。そのため、かかる多神教の宇宙はおしなべて、図像に描きやすかったのだ。

こうした物質観、形態観、多神教の世界観に対して、一神教の各宗教はこぞって異を唱えた。神は、御自らが創造した世界の彼岸にあるものである。つまり、神はその世界のなかでは、矮小化された姿でしか、その姿を描くことができないのである。それゆえ、神を描くことはことごとく、神を瀆することなのである。旧約聖書は、聖典というかたちでこの戒律を定めている。「あなたはいかなる像も造ってはならない。上は天にあり、下は地にあり、また地の下の水の中にある、いかなるものの形も造ってはならない」（『出エジプト記』第二〇章四節、新共同訳[3]）。この偶像禁止という点で、初期キリスト教はユダヤ教の立場を継承し履行するだけにとどまらなかった。むしろ、その禁止をいわば積極的に執行する立場をとったのである。ルカの使徒言行録には以下のようにある。「わたしたちは神の子孫なのですから、神である方を、人間の技や考えで造った金、銀、石などの像と同じものと考えてはなりません」(『使徒言行録』第一七章二九節、新共同訳)。神はけっして描くことはできない。これは、原始キリスト教徒たちの譲れない信念の一つであった。宗教改革期の聖像破壊者たちはこの信念を継承していたのである。[4]

さて、今日まで決着がつかず多くの衝突の火種になっているにもかかわらず、同様の偶像禁止の規定はイスラム教にも通じるものである。[5] ユダヤ教やとりわけキリスト教を通じて、また、少なくともスペインではイスラム教を通じて西欧が形成されてきたとすれば、図像を根本的に敵視する世界三大宗教がこのヨーロッパ大陸で合流しているといえるだろう。だが、ヨーロッパが特異なのはそのためではない。むしろ、ヨーロッパの特殊性が求められるべきなのは、偶像を敵視する素地から造形文化が成立してきたという逆説にある。しかも、もともと図像に敵対的だからこそかえってこの造形文化は華ひらいたのである。図像批判、イコノクラスム、フォルム生成が渦巻くなかで、図像否定論は、歯止めが効かなくなった図像制作の波に押し流されるようになった。かくして、図像否定と図像肯定という相反する賛否両論のプロセスを介して、対立する考え方が公然と世間に広まることになった。肯定ではなく肯定そのものの否定に端を発する思考様式は、否定そのものにも疑問を投げかけることによって未曾有のダイナミズムを生み出してきた。そのような思考様式はいずれも、偶像を敵視するというこの根本的な気質と一脈通じているのである。

2　図像崇拝と偶像破壊

くわえて、聖像破壊では身体が図像で置き換えられるようになった。九世紀に成立したモスクワの『クルドフ詩篇』のある頁はその一例で、他に類をみないものだ。頁の右上には十字架上のキリストが描かれている[6](図3)。そして同頁の右手から、胆汁混じりの葡萄酒や酢を浸み込ませた海綿がキリストに差し出され、左手には、キリストの脇腹を傷つけた槍が示されている。かたや下段の二人に目を転じると、そのうち手前の男も槍を手にしている。この槍にも海綿が突き刺さっているが、その鉾先は円形のイコンに向けられている。傍に付記された銘からも無条件に明らかなように、

図3　磔刑と聖像破壊(作者不詳、細密画、9世紀、『クルドフ詩篇』、モスクワ歴史博物館〔Cod. Add. gr. 129, Fol. 67r Foto Marburg, Nr. LR. 314/45〕)

この二人の聖像破壊主義者は、ゴルゴタでキリストとともに磔刑に処された二人の盗賊に符合している。つまり、かたや神の子を処刑し、かたやその図像を殺めているのだ。

冒頭で紹介したウェヌス像への投石は、古代の偶像への攻撃として行われていた。『クルドフ詩篇』の挿絵では、そのこと自体がキリスト教に内在する一つのモティーフとなっている。古代の彫像を標的にした攻撃は、キリスト教の図像世界に対する聖像破壊というかたちでいくどとなく新たな波のように押し寄せた。こうした怒濤のような攻撃は、表向きは俗世の動きとして、侮蔑の対象となった社会共同体の図像文化をも呑み込むことになった。フス派をはじめ、偶

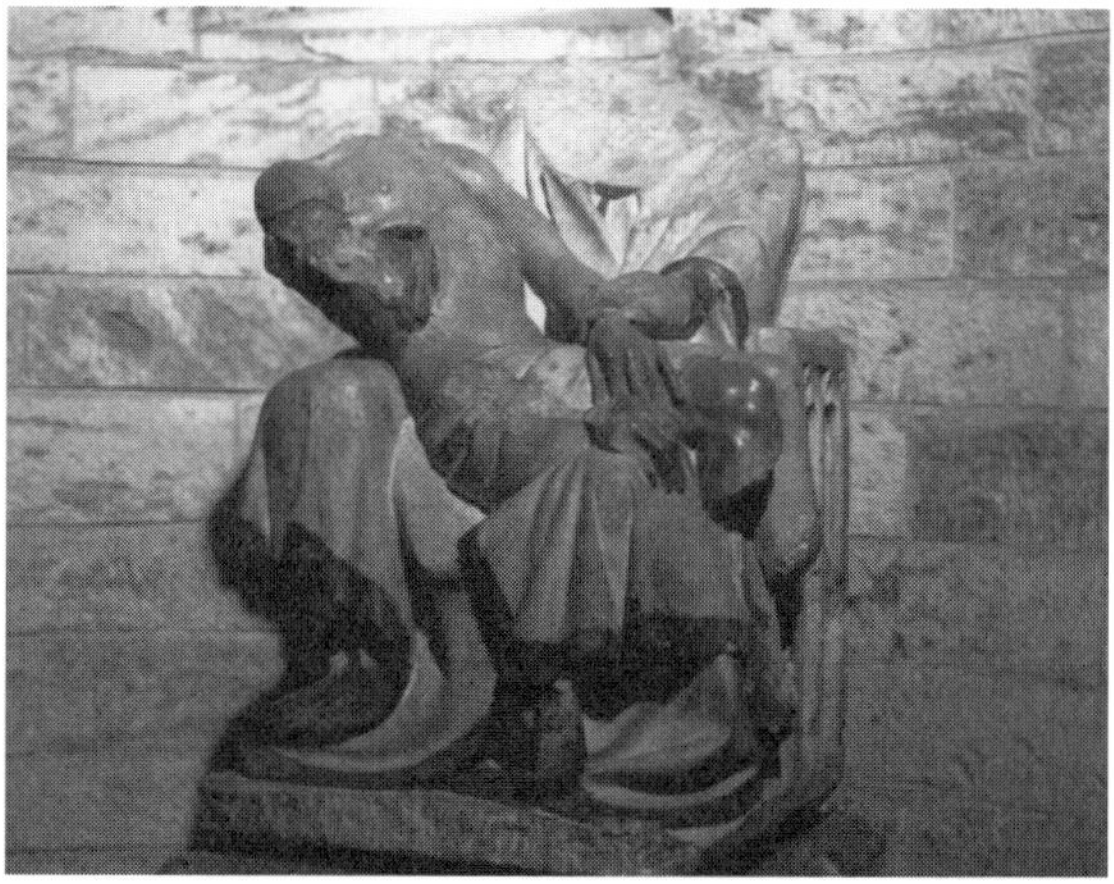

図4　ピエタ像(1390年ごろ、1420年ごろ破損、聖イジー聖堂、プラハ〔Pietà (Vesperbild), um 1390, um 1420 mutiliert, Veitsdom, Prag〕)

像を敵視する宗教改革者、フランス革命時の聖像破壊主義者、さらには二〇世紀ならびに二一世紀初頭の全体主義運動の偶像根絶論者にいたるまで、そうした例には枚挙にいとまがない(7)。

しかし像は、破壊されても依然として意味のある事象にはちがいなかった。同様のことは、ほぼありとあらゆるかたちでの破壊にあてはまる。プラハのフラッドチャニ区の聖イジー聖堂にあるピエタ像（図4）のように古くから伝わる作品は、とりわけおぞましい事例である。あたかも神聖とされている表面の裏に隠れた、味も素っ気もない材質は暴かれるべきだ、とでもいうかのように、このピエタ像は破壊された状態のまま保存されている。そして、たとえばある聖母マリア像の顔（図5）と同じように、抽象的な印象を与える際立った形態となったのである。それは、一種の神聖な素材によって、聖像破壊主義者のもくろみの裏をかくことだろう。ここでもまた、破壊された図像はことさら語るイマーゴとなる(8)。

ボヘミアでのこの出来事は、宗教改革の一連の経過の序曲にしかすぎなかった。ミュンスターの再洗礼派など、宗教改革の最も急進的な信奉者たちは、たとえば、ミュンスター大聖堂の毀損された尼僧院長像(9)（図6）など、破壊の名残りをとどめる最大の遺物をもたらした〔一五三四年に神聖ローマ帝国領内で起こった「ミュンスターの叛乱」のことを指す〕。同じことは、フランスにおけるユグノー教徒やネーデルラントの反ハプスブルク蜂起による偶像破壊についてもいえる。

これらは一つの例外もなく伝達媒体と感覚をめぐる闘争である。すなわち、たとえば《聖グレゴリウスのミサ》のような図像では〔画中に描かれた〕眼がくり抜かれてしまった。そのせいで、「視覚《ウィウス》」に執着するカ

図5　顔を切り落とされた聖母（カメニー・ウーイェズトで発見、シナノキ材、1420年ごろ、フラウエンベルク、アルソーヴァ・ジホチェスカ・ギャラリー所蔵、筆者撮影）

トリック教会の姿勢がかえって露呈することになった[10]（図7）。この図像が保存されたのは、攻撃を受けた側の味わった屈辱を伝達媒体として保存し陳列するためである。破壊され辱められた対象として図像を保存することによって、皮肉にも聖像破壊主義者は図像から逃れられないのである。

図6　頭部を毀損された墓石の尼僧院長像（ミュンスター大聖堂〔*Bildersturm. Die Zerstörung des Kunstwerks*, Hg.: Martin Warnke, München 1973, Abb. 9〕）

図7　《聖グレゴリウスのミサ》（細部、1491年、板絵、101 × 76 cm、ミュンスター市立博物館〔*Bildersturm - Wahnsinn oder Gottes Wille?*, Hg.: Cécile Dupeux, Peter Jezler, Jean Wirth, Zürich 2000, S. 336〕）

3　意味の転倒――ドナテッロ作《ユディットとホロフェルネス》

図像がいかなるリアリティおよび表象再現性をもつかという根本的な問い、そして絶えず起こり続けている図像破壊――破壊でありつつも、それが形態創造につながることは上で確認したとおりである――、これらすべては、図像をそれ自身の媒体《メディウム》において考慮することへと導いた。図像とは一貫して、否定の否定であった。これはとりわけ、彫刻に関して言えることであった。矛盾の内にあるこの思考の産物として特筆に値するものは、ルネサンスの三次元の彫像だったのである。この時代には、古代は新たに完全に復興されていた。とはいえ最も優れた芸術家たちは、彫像の構想の段階から、少しでも古代の偶像と取り違えられることを避けるよう、注意を払っていた。そうした芸術家たちは、作品がいかなる一義性にも回収されないようにする、いわば達人たちであった。そして彼らは体系的に、転倒という原理をすすんで制作に取り入れた。転倒、すなわち、あらゆる期待や序列への逆行である。

その第一の例を示すのは、おそらく一四五九年にパラッツォ・メディチの噴水のために制作された、ドナテッロのブロンズ像である。このブロンズ像は、ユダヤ人の美しい未亡人ユディットによるホロフェルネスの暗殺を題材とするものである[11]（図8）。ユディットは、敵であるアッシリア人の宿営地に赴いた。媚びるように巧みな話術を重ねて、ネブカドネザルの将軍であったホロフェルネスの信頼を勝ち取るためである。燃え上がる愛ゆえに、ホロフェルネスはユディットを酒宴に賓客として招いた。ユディットはホロフェルネスと二人きりになった隙に、壁から剣を手に取り、気を失うほど酒に酔ったホロフェルネスの首を斬り落とした。「そして〔ユディットは〕、寝台に近づくと彼の髪をつかみ、

図8　ドナテッロ《ユディットとホロフェルネス》（1459年、ブロンズ、パラッツォ・ベッキオ、フィレンツェ〔Bredekamp, Horst: *Repräsentation und Bildmagie der Renaissance als Formproblem*, München 1995, S. 11, Abb. 2〕）

「イスラエルの神なる主よ、今こそ、わたしに力をお与えください」と祈って、力いっぱい、二度、首に切りつけた。すると、頭は体から切り離された」[12]。

このドナテッロ作のブロンズ群像においては、ホロフェルネスの頭部はユディットに背を向ける――像の正面から見れば前向きの――姿勢にはなっていない。そうではなくユディットは、顔と顔を向き合わせて首を刎ねるために、ホロフェルネスの額の巻き毛を摑み、半身をまっすぐ自分の方に持ち上げた姿勢にしている。この斬首の姿勢により、この場面の強烈さは、見る者には極めて衝撃的である。蔑みを込めて、「客たちのために肉を切り落とす肉屋の女」と呼ばれることもあったほどだ[13]。

それに対し、メディチ家の面々がこの彫像をいかに理解しようとしたかは、制作時に刻まれた台石への銘文から明らかとなる[14]。銘文の序文となっている二行詩節の、冒頭だけをとってみても、錯綜した解釈ないし説明が伝わってくる。いわく、REGNA CADUNT LUXU SURGUNT VIRTUTIBUS URBES（王国は悖徳によって没落し都市は美徳によって勃興する）。没落することと勃興することの対立は、ホロフェルネスのぐったりした姿勢とユディットの迷いつつも聳え立つような姿勢に、それぞれ対応している。ホロフェルネスは、公爵領や王国――つまりREGNA――の独裁と同一視されよう。逆にユディットは、都市――つまりURBES――を人格化したものと同一視されるであろうし、ひいては当然フィレンツェ共和国の象徴としても台石上に登場しているのである。

LUXUSとVIRTUTESの対立構造において、政治的な水準におけるこの悖徳と美徳の対立は、プシコマキア――悪徳と美徳の間での魂の戦い――に関する道徳神学的な領域にも転じられる。

前者を後者が打ち負かすという構図において、その道徳神学的な側面をよりいっそう強めているのは、ユディットの足の姿勢である（図9）。左足が踏みつけているのは、恐ろしく捻じ曲げて固定されたホロフェルネスの左手首である。足の親指はちょうど脈を取るあたりに据えられている。それは、勝ち誇る美徳のこのポーズを通して、打ち負かされた悪徳の生命線と活力の中心を抑えつけることを意図したものだろう。またユディットの右足は、まさしく欲望の中枢である、将軍ホロフェルネスの男性器を踏みつけている[15]。

図9　ドナテッロ《ユディットとホロフェルネス》背面（1459年、ブロンズ、パラッツォ・ベッキオ　フィレンツェ〔Bredekamp, Horst: *Repräsentation und Bildmagie der Renaissance als Formproblem*, München 1995, S. 24, Abb. 11〕）

このように当時刻まれた上述の銘文を検討すると、ユディットとホロフェルネスの間には、独裁性と共和制、ないし王国と都市国家の不和が重ねられていたことがわかる。都市国家の象徴としてユディットは、剝き出しの力の勢いを前にしてはとうてい勝ち目がないと思われていたものの勝利を意味する。勝ち目がないと思われつつも、美、修辞、計略、そして勇敢さを巧みに操ることには長けていたのである。この政治的な意味に、ふしだらなアッシリア人ホロフェルネスの悪徳を美徳が打ち負かすというプシコマキアが結びつけられた。互いに対応する多様な意味水準によって、都市国家の勝利、自由の勝利、徳の勝利、精神の勝利、計略の勝利、そして女性性の勝利に、ユディットの勝利は結びつけられるのである。

この意味の多様性一つとってみただけでもすでに、造形芸術の画期的な到達点といっても差し支えなかろう。とはいえ、このブロンズ作品が、ほとんど無気味といってもいいさまざまな意味の渦を例証するひときわ抜きんでた模範となりえているのは、これまで述べてきたさまざまなモティーフやさまざまな意味の層が同じ形式の伝達媒体のなかで逆転しているからなのだ。

あらゆる疑念の種となっているのは、ユディットの顔である（図8）。かりにこのモニュメントに政治的な意図があるとすれば、目前に迫った救いに対する勝利の歓喜こそが期待されてしかるべきだろう。ところが、勝利の女神のヒロイズムなど、ユディットの顔色からはつゆほども窺うことはできない。〔「王国は悖徳によって没落し都市は美徳によって勃興する」という〕献辞の銘は、彼女の二つの定め、すなわち、勇気と恭順にむしろ似つかわしいものではある〔virtus には「徳」のほかに「強さ」や「勇気」の意もある〕。しかし、ユディットの顔に浮かぶ表情は、この二つの価値を足し合わせたものだけではかならずしも尽くされているとはいえない。ユディットはその生贄を顧みることもせず、まるで心のなかで自問し続けているかのように、瞳を欠く眼は焦点が定まらず虚空にただよっている。一瞬の弱気や怯みというだけでは片づけられないこの顔の表情のことは、自分の行いを最後までやりとげることができるだけの「勇気」をどうか与えてくださいますように、という旧約聖書に記された神への祈願でも等閑視されている〔外典『ユデト書』第一三章七節〕。ユディットは古来、わが子の死を悲しむとともに、そのわが子がいずれ勝利を迎えることになると信じて疑わないマリアの予型とみなされてきた(16)。こうした従来の釈義に照らせば、悲痛と歓喜がないまぜになっているユディットの表情も、結局のところは説明がつくのかもしれない。とはいえ、ユディットの顔を覆う慄然とした恐怖は、ぐっと押し殺されているだけにますます底知れないものになっている。物思いに沈むそのまなざしは、あたかもその一瞬の現実を拒絶しようとするかのようである。隠しようのない緊張のせいで小鼻付近はひきつり、ふっくらとした唇はかすかに開いて心の底からの戦慄を物語っている。戦慄に震えているのは、ホロフェルネスではなく、あくまでユディット自身の内面なのである。彼女の顔が物語っているのは、救いに対する勝利の歓喜というよりもむしろ、自由の名のもとで果たされるべき行為へのおののきなのである。

すでにもうユディットは一撃を加えているだけに、彼女の心の葛藤はよけい熾烈なものになる〔『ユデト書』第一三章八節「彼女は力まかせに彼の頸を二度打ち、首を身体から切りおとした」〕。ホロフェルネスの頸元深く傷痕がぱっくりと口を開けている。かりにもしドナテッロが、この傷口の裂け目をそのままにして何ら手を加えようとしなかったとすれば、てっきり鋳張り〔鋳物で型合わせの悪い鋳型どうしの接合部にできる出っ張り〕の痕と見間違われてもおかしくはなかっただろう。しかし、もとよりそんな鋳張りが残っていれば、この芸術家は何のためらいもなく除去したに違いなかっただろうが[17]（図10）。ホロフェルネスの首を胴体から切り離すべくユディットはとどめの一撃を加えようとふたたび身構え腕を振り上げる。[18]だが、彼女ははたしてほんとうにその腕を振り下ろすことができるのだろうか。

心の葛藤に苛まれて凍りついてしまった顔と符合するように、腕は、まるで内なる声に押しとどめられたかのように、ひどくあからさまな姿勢のまま静止している。[19]政治の図像学によれば、この腕では、打撃を加える可能性が強調されている。まさしくこれは、いつ何時も絶えず目を光らせる仮借なき正義を貫きとおそうとする身振りにほかならない。しかしながら、心理面に立脚すると、もう一つ別の意味が見えてくる。斬首にのぞむ腕は、その硬直した姿勢によって、躊躇を示すサインへと逆転しているのである。ユディットは剣を高くかざしてはいるものの、これは、暴君の殺害をとらえた決定的瞬間ではなく、斬首を決行することへのためらいなのである。

図10　ドナテッロ《ユディットとホロフェルネス》ホロフェルネスの顔（1459年、ブロンズ、パラッツォ・ベッキオ、フィレンツェ〔Pope-Hennessy, John: *Donatello*, Frankfurt a. M. 1986, S. 215〕）

こうした疑念の生じる理由については、ホロフェルネスの頭部が最初の示唆を与えてくれる。骨折を繰り返し腫れ上がった太い鼻の付け根や、吊り上がった濃い眉毛、唇の分厚い大きな口といった彼の顔の要素は、支配的な人相学に従えば、彼の戦士としての実存を示すものである。しかし、ホロフェルネスは酒に酔って弛緩し、さらに一撃目を受けて気絶している。彼の顔は無防備で、憐れみを喚起するばかりでなく、奇妙なことに、無辜の犠牲者だという雰囲気をも漂わせている。ホロフェルネスの頭部は単独で観察すると、洗礼者ヨハネや、あるいはわが身を捧げる殉教者のそれとも重ねることができる。彼は死ぬことで犠牲者としての霊的な勝利をなし遂げているのである。

同じ困惑を彼の身体もまた引き起こす。伝統的な分類の慣習に従うならば、悪徳は醜悪な身体において告発されることが期待されているといえよう。それは、マックス・ドヴォルシャックが自己暗示のなかで、現実に見たものでもある。「競技者の理想とされる身体の代わりに、ホロフェルネスでは酒に酔った好色漢のでっぷりとたるんだ肉体の再現がなされている」(20)。しかし実際は、ホロフェルネスは若々しい肉体を保っている。これは、ホロフェルネスの左手の指が向けられている、享楽によってぶくぶくと太ったバッカスとは対照的である。ホロフェルネスの肉体は、古代の戦士の、筋骨隆々で一片の脂肪もない、逞しさの体現なのである。

ホロフェルネスはその顔と身体において美化されている(21)。しかしそれにともない、献辞の銘が両者の像の主要モティーフと告げている悪徳に対する美徳の勝利は疑問に付されることとなる。同時に、死刑執行者であるユディットと彼女の犠牲者であるホロフェルネスの関係はひそかに重要な問題となる。ホロフェルネスがユディットに敬意を表して開いた宴において、両者がどれくらい近づいていたのかを聖書は明らかにしていない。いずれにせよユディットは敵の軍司令官であるホロフェルネスに大いに媚びを売り、ホロフェルネスはユディットの美しさだけではなく、彼女の弄する甘言によってその手中に堕ちることになる。ユディットは不実にも言葉巧みに、ホロフェルネスの真実の情愛を駆り立てる。そしてこの情愛を利用しつくし、恋に落ちたホロフェルネスを斬り捨てる。ユディットによる救いのための行いには、不正義の一瞬も含まれていたということになる。ドナテッロがホロフェルネスを美化しているのは、こうした事情を反映してのことである。それに対して、深いメランコリーに沈んだユディットの姿から伝わってくるのは、より高次の自由の名の下にみずから過ちを犯してしまったことを、彼女が自覚しているということである。

矛盾がかくも明瞭にユディットの顔に映し出されていると、刑の執行はそれだけに困惑したものとなる。ドナテッロは、殺害者と犠牲者を勝者と敗者に分離して独立させるのではなく、両人物を関連づけるという、野外彫刻の歴史において未解決の課題を克服しようとした。ユディットは立っていなければならなかったため、聖書の示唆に従って、寝床に横たわったままのホロフェルネスの首を斬るのは問題外であった。二人の登場人物を結びつけるという要請によって、ホロフェルネスの首を引っ張り上げるユディットの身振りは動機づけられる。しかし、ユディットの体がホロフェルネスの体をほとんど飲み込んでしまっている点はそうではない。ユディットは脚の間で相手の上体をまっすぐに固定するために、ホロフェルネスの肩に乗っているのである（図９）。

正面から見ると（図８）、この位置取りはユディットがホロフェルネスの頭部を自身の性器へと引きつけているかのような印象をもたらす。彼女の脚によって覆い隠されている左側からみるとその感は一層強くなる。ユディットは、ホロフェルネスの処刑の瞬間に、彼にとっては命取りとなった肉体的な結合の願望を叶えてやっているのである。

背面においてこの身振り言語の転倒はとりわけ印象深くなる。こちら側では、ホロフェルネスの投げ出された両脚が斜め向きにユディットの体から伸び出てくるように見える。まるで両者が溶け合った混合体から脚が突き出ているかのように（図９）。二人の肉体は一つの身体に結合し、勝利や気絶、そして殺害というモティーフに対して、一つに溶け合うという、それらに逆行する意味が結びついているのである。

図 11　アンブロージョ・ロレンツェッティ《善政の寓意》（1338-1339 年、フレスコ画、パラッツォ・プッブリコ、シエナ〔Bredekamp, Horst: *Repräsentation und Bildmagie der Renaissance als Formproblem*, München 1995, S. 15, Abb. 4〕）

ここにさらなる契機がつけ加わる。ユディットはホロフェルネスの上体と頭部を自身の最も内密な個所へと引きつけている。そのために彼女が加える二撃目は、ともすれば彼女自身にあたってしまう危険がある。彼女が打つ手をとどめているのは、どうやらホロフェルネスへの攻撃によって自身が傷ついてしまうかもしれないためでもある。このことは、身体的な意味においても、またメタファーとしてもいえることである。

シエナのパラッツォ・プッブリコにあるアンブロージ

ヨ・ロレンツェッティ作《善政の寓意》の正義の擬人像が具体例の一つとして挙げられるように、人格化された正義は繰り返し、剣をもち悠然と君臨する女性の姿で現されてきた。彼女は斬首された頭部を膝の上に抱えているのである（図11）。

しかしドナテッロのユディットはホロフェルネスの頭部を自身の下腹部に引きつけている。このことによって彼女は姦通者のイコノグラフィへと接近し、斬りおとされた恋人の頭部を永遠に自身の陰部に抱えるよう強いられることになる。斬りつけようと振り上げた手が硬直しているのも、その動作の完遂を想像した者は誰にでも、この姦通者を示す図像が思い浮かぶ可能性があったためかもしれない。ホロフェルネスがユディットに敬意を表して宴を開いたとき、両者がどれくらい近づいていたか聖書は決定づけていない。しかし少なくとも、ユディットが「彼女を見る男たちの目を惑わすために」できるだけ美しく化粧したことは記されている（『ユデト書』第一〇章四節）。ドナテッロは、ユディットが未亡人という自身の立場を裏切った疑いがあるかのように演出しているのである。それが事実であるか、願望であるかは別にして。

このユディットの彫像において、ドナテッロは途方もないことをなし遂げている。それは、ホロフェルネスの生命と性への攻撃が同時に救済者の罪としてとらえられている点、そしてこの罪がユディットの用いた策略にのみならず、彼女のホロフェルネスへのひそやかな欲望においても基礎づけられている点にある。ユディットは単に英雄なのではなく、殺人者でもある。ホロフェルネスもまた単に悪人なのではなく、殉教者でもある。そして殺害の実行は結合への欲求によって妨害されているのである。

伝統的に善と悪の構図が割り当てられてきた、幾層にも重なる図解の枠組みにおいて、ドナテッロは絶え間なく視覚的な変化を起こしてあらゆる期待を翻弄する。そして犠牲者への同情と同時に主人公《ヒロイン》に対する恐怖を醸成することで、ユディットそれ自体の造形に緊張感をみなぎらせることに成功している。彼女は、美徳が幾重にも実体化した存在から、葛藤を抱えた英雄《ヒロイン》へと変貌する。その葛藤は、外部に働きかけることで晴らすことができるものではなく、内的な矛盾を苦しみながら持ち続けることで増幅されるのである。

図 12　《ヘカテー像》（1500 年ごろ、ブロンズ、ベルリン美術館、彫刻コレクションおよびビザンチン美術館〔ボーデ博物館〕、ベルリン、Barbara Herrenkind 撮影）

図 13　《ヘカテー像》若い顔（1500 年ごろ、ブロンズ、ベルリン美術館、彫刻コレクションおよびビザンチン美術館〔ボーデ博物館〕、ベルリン、Barbara Herrenkind 撮影）

4　内的な分裂による運動の拡張

この現象はさらに三つの彫像に触れながら追求する必要がある。内二つはベルリンにあるボーデ博物館の展示品である。そこに一体の特異なブロンズの小像がある[22]（図12）。その彫像は置かれた部屋の中心部を占めており、内的な動きを起点にその部屋全体を埋め尽くしているように思える。彫像はジュビレ・エバート＝シフェラーも評するように、顔を三つ備えた女性が前方へ突き進みつつある姿を示しており、アンドレア・リッチオの作品とされている。両手にもっているアトリビュート、つまり松明と心臓が、後でつけ加えられたものかどうかはこれまでのところ明らかではない[23]。

　このブロンズの像は大股で歩む女性の姿をしている。服は革で締めつけられ、重々しい襞《ひだ》が大きく広がっている。彼女の右足はたった今地面に置かれたばかりで、左足はほとん

図14　《ヘカテー像》年老いた顔（1500年ごろ、ブロンズ、ベルリン美術館、彫刻コレクションおよびビザンチン美術館〔ボーデ博物館〕、ベルリン、Barbara Herrenkind 撮影）

図15　《ヘカテー像》子供（1500年ごろ、ブロンズ、ベルリン美術館、彫刻コレクションおよびビザンチン美術館〔ボーデ博物館〕、ベルリン、Barbara Herrenkind 撮影）

ど追いついていない。こうした足の動きにより彼女の素早い動きが強調されている。歩みの早さは若々しい肉体を思わせる。実際頭部のやや左側に表されているのは、カールした髪に縁どられた若い女性の顔である（図13）。しかし、仔細に観察すると、彼女の顔つきからは愛すべき魅力が失せてしまう。軽く開かれた口はかすかにゆがみ、目は眼球が輝いているように見える。巻き髪のウェーブは額の上で菱形に分かれ、頭部へと開いていくようである。この開いた部分は、蛇のような体を彼女の頭頂部に巻きつけている竜の口である。彼女の左肩の向こうには、はるかに年を取り、縦横にしわの刻まれた第二の顔がのぞいている（図14）。若い女性の額に口を開いている竜は、老女の額を覆う布の隙間から尾をうねらせている。老女はこちらを凝視しており、まなざしの強烈さはゴルゴンのそれのようである。

　脇から眺めると背中側に第三の顔が現われる（図15）。これは、頬のふっくらとした子供の顔をしている。目は閉じており、自身の来し方を振り返っているようである。

若い女性と年取った女性の顔の競演に子供が加わり、年齢期の三相を形成している。[24] このモティーフはこの彫像において、浮かぬ顔をした純真さから、あいまいな優美さを経て、老女の「邪悪なまなざし」の恐怖へと、激しさを増しながら入れ替わり展開する。

ヘカテーは、三つの相の入り混じった夜の女神であり、お伴と犬たちをつき従えて、彼女が出会うあらゆる人々にぞっとするような恐怖を感じさせる。[25] 正面観がもたらす若々しく美しいものの世界に不意に身の毛もよだつ恐怖が入り込んでくる。美が一枚のベールを張ってはいるが、そこから不気味なものが透けて見えてくるのである。いずれにせよ、表情のバリエーションは身体の動作と結びつく。そして鑑賞者は「彫像の周囲を巡らないわけにはいかないだろう。その際はおのずと、中立的な子供からものいいたげな若い女性を経て拒絶的な老女へと行き着く、円運動の経路を繰り返し辿ることになるのである」。[26]

この彫像と出会った人はほとんどだれも生気と表現の二重の戯れから逃れることができないだろう。この二重の戯れは、像が三つの相に分裂していることで、渦巻状の動因を生み出している。その動因は、単に像の運動の方向へと漂うだけではなく、側面や背面へと引き寄せられもするのである。マイケル・フリードのいう演劇性（Theatricality）を思い起こしてもいいかもしれない。しかしここで生じているのは、あらゆる方向へ伸びていきながら、同時に内部での円運動をも生み出している、動きの拡張がもたらす驚異なのである。

5　縮約された転倒の緊張

驚異的であるという点にかけて、「このヘカテー像」にいささかも引けを取らないのが、ブダペストにある小振りのブロンズ群像《エウロペの掠奪》である[27]（図16）。その大まかな人体配置といい、その細部といい、『ヒュプネロトマキア・ポリフィリ（ポリフィロの愛の戦いの夢）』（図17）に登場する凱旋行列の一台の山車に腰掛けたエウロペの群像に符合している。牡牛の尻尾の丸め具合に始まり、エウロペの同じような座り方や、胴体あたりまで等しくまくれ上がった

図16 《エウロペの掠奪》（アンドレア・リッチオに帰属、1495／1505年、ブロンズ、ブダペスト、国立西洋美術館、ブダペスト〔*Rinascimento e passione per l'antico. Andrea Riccio e suo tempo,* (Hg.: Andrea Bacchi und Luciana Giacomelli), Trento 2008, S. 317〕

図17 フランチェスコ・コロンナ《エウロペの勝利》（『ヒュプネロトマキア・ポリフィリ』挿絵、ヴェネチア、1499年、木版画〔*Natur und Antike in der Renaissance,* Hg.: Dieter Blume, Herbert Beck, Frankfurt a. M., 1985, S. 156, Abb. 94〕）

彼女の衣に続き、果ては頭部を背後に反り返らせた牡牛が前かがみになったエウロペと視線を合わせる様子にいたるまで、一致点が多々見受けられる。『ヒュプネロトマキア・ポリフィリ』の挿絵に描かれたエウロペが、仮にもその右腕を後方に高く振りかざしていたとすれば、おそらくは共通の典拠であろうミトラ神の図像とも相まって、構図はほぼ同一になっていたことだろう。(28)

ただ、共通点が多いだけに、相違点はなおさら明らかである。後方に引っ張られた牡牛の首や、憤怒に駆られ拳を振り上げ、殴りかかろうとするエウロペといった点を見れば、角に両手を掛けてじゃれ合いながら牡牛を御するのどかな光景が、狂ったように死闘を繰り広げる緊張感あふれる場へと一変していることに気づくだろう。もしかするとブダペストの群像を制作した彫刻家は、ホラティウスの『歌《カル》章《ミナ》』に共鳴して、この誘拐された女を復讐する女に変貌させたのかもしれない。(29) 元の典拠となったミトラ神の図像で要請されているように、はたまた『ヒュプネロトマキア・ポリフィリ』の該当する場面でも強調されているように、そもそも本来ならば、舞い上がった衣にこそエネルギーが注がれていてしかるべきであろう。ところが、ブダペストの群像におけるエウロペには、手本にされた図像とは対照的に、こうした表現が欠落しているのである。

この省略と関係しているのは、掠奪の場面に焦点が当てられた、『ヒュプネロトマキア・ポリフィリ』の二番目の版画である（図18）。そこでは、はためく衣服の描写が抜け落ちているが、それは、高く伸ばされた腕によって代わりに表現されていると考えることもできるだろう。衣の描写が欠けている分、勢いはすべて顔に集約されることとなった。〔群像において〕牡牛の瞳は物欲しげに、誘拐した女と視線を交わそうとする一方で、彼女のしかめっ面は、取り乱すマイナスの存在をわたしたちに呼び覚ます。半分露わになった彼女の乳房が喚起するのは、女狩人である。そして彼女の風貌の尋常でない部分、すなわちその巻き髪は、ゴルゴンの蛇の頭髪を思い起こさせるのだ。その蛇の頭髪はまた、ヘカテーの存在をも呼び起こすだろう。その髪の毛が、顔の周りでのたうつことによって、表情の効果は強められている。このようにエウロペがゼウスに対して優勢を誇ることは、あの優位関係、すなわち愛の女神が戦いの神に勝利したことの繰り返しになっている。体を後ろに反らせるという牡牛のそのやり方は、ルクレティウスがその著作のなかでありありと描写した、マルスのウェヌスに対する願望のあり方を想起させるだろう。「強大な兵力を誇るマルス、彼はしばしば君の膝にもたれかかる。彼は、永遠に続く恋の痛手に心打ち砕かれた。上に目を向け、筋骨隆々たる首筋を後ろに反らせ、焦がれながら食い入るように君を見つめる。女神よ、汝に恋焦がれたるは、反り返った男の息が汝の口にかかるがごとく」[30]。

これらのエピソードすべてにおいて、個々に割り当てられた役割は転倒させられている。見つめられる者が熱狂的な演者へと変わり、加害者が被

図 18　フランチェスコ・コロンナ《エウロペの掠奪》（『ヒュプネロトマキア・ポリフィリ』挿絵、ヴェネチア、1499 年、木版画〔Colonna, Francesco: *Hypnerotomachia Poliphili,* krit. u. kom. Ausgabe, G. Pozzi, L. A. Ciapponi, Padua 1980, S. 151〕）

害者に変わることによって、このブロンズ像は立ち居振る舞いの転倒を描き出しているのだ。これだけは確かだと思われるのは、被害者というエウロペの役割が転倒し、罰を与える場面へと変化しているということである。とはいえこの場面では、殴られる側でありながら、依然として欲望を抱き続けるというかたちで、ゼウスの勝利が明示されている。ブダペストのブロンズ作品においてエウロペは、誘拐した側が彼女になおも恋焦がれている一方で、誘拐された者から復讐者へとその身を転じているのだ。

こうして生気と表現の二重の戯れは、内なる緊張によって新たに作り出される。しかしながらここでこの緊張は、一連の動きを挫くのではなく、牡牛とマイナスの競演を通じ、エネルギーを敵味方という役回りに向け直しているのだ。わたしたちはこれを縮約された転倒として解釈することができるだろう。

6 翼の生えた縮約

締めくくりとして最後に取り上げる例は、ベルリンのボーデ博物館に所蔵されている、二番目の彫像である（図19）。ランツフートの彫刻家ハンス・ラインベルガーの手になるこの作品では、インスブルックにある皇帝墓碑のためにブロンズ彫像群を制作してもらいたいというマクシミリアン一世からの注文とどうやら関係があるらしい[31]。はじめて至近距離で接したときからすでに、この立像にはどこか狼狽させるものがある。まだ手つかずのごてごてとしたブロンズの塊のような外観なのだ。しかしそれでいて、輪郭線は明確で、かついまにも手を広げるかのようで切実に涙にむせんでいるようにも見える。不安定な形態のうちに、かろうじて識別できるのは、さしあたり聖母マリアとその子の頭部である。マリアは、ビザンチン時代に起源をもつパエヌラと呼ばれる外套に身を包んでいるが、この外套は、マリア自身が姿を現わす際の極めて威厳あるモティーフとみなされてきた。このモティーフによって彫刻家は、ある伝説を暗示している。その伝説によれば、聖母マリアは、聖母像の真の原画であることを身をもって証明するために福音書記者ルカのもとに姿を現わしたというのだ。

鋳造されたあと一切加工されていないという点で、この立像には格別の意味がある。[32] 加工されていないことは、以下のような箇所に認めることができるだろう。表面が粗いために、たとえば左の大腿部には気泡や欠損の跡が残り、大きく揺れる外套の裾は、「鰐皮《わにがわ》」を思わせる仕上がりとなっている。[33] それに加えて、この作品には一部に、焼きの段階での失敗が見受けられる。数ある欠損箇所の一つに、キリスト像の左膝の上部にぽかりと空いた穴がある（図20）。いうならば、これは、雛型として重宝され大切に手入れされてきた最初の彫像の一つなのである。[34] この像は、失敗作にもかかわらず、モースブルク・アン・デア・イーザル市庁舎〔モースブルク・アン・デア・イザールはランツフートにほど近いイーザル河畔の都市〕に設置され崇拝されている。[35] それだけにいっそう重要なのは、そのフォルムである。

正面から作品に対峙したときには、あれほど平板に見えたというのに、まわりこんで別の角度から眺めると、俄然、豊かな立体感を帯び、奥行きが広がっていく。彫像を右側から眺めると、衣の表面ごしにふっくらとした体の丸みが感じられるように、Y字型の襞《ひだ》がくっきりと浮き出ている（図21）。対角線に走る襞の躍動感にくらべて、外套からのぞくマリアの左膝はがっしりとしている。また、衣装の裾の部分には物質性がいっそうあらわになっている。粗くごてごてとしたかたちをしたその裾は、左腕から台座まで弛みなくぴんと張ったまま下り、左脚を経て内なる渦のようなものにつかまって丸まりながら独自の動きをみせている。この動きは、腰元あたりにある袖口の広い縁飾りの揺れ具合をみてもわかるように、その周辺部の衣が

図19　ハンス・ラインベルガー《聖母マリア像》（1515年ごろ、ブロンズ、ボーデ美術館、ベルリン、Barbara Herrenkind 撮影）

翻ったために生じているわけではない。奥に引っ込んだ右脚のせいで、子供は不安定な状態に置かれることになり、それだけにいっそうきつく抱きしめられなければならなくなるのだ。

側面から見た彫像は、まるで手品をつかったかのようにスリムに引き締まっている。それはあたかも目に見えない透明なパイプ管の枠にはまりこんでしまったかのようだ（図22）。もっとも、深鉢状の襞（Schüsselfalten）は、確かに二つとも前方に跳ね上がり、とりわけ左膝とその背後にあるパエヌラの生地によって立像の重厚感が強調されているが、こうした特徴は、正面から見たときに生じる揺らぎとは矛盾している。

図20 ハンス・ラインベルガー《聖母マリア像》欠損個所のある細部（1515年ごろ、ブロンズ、ボーデ美術館、ベルリン、Barbara Herrenkind 撮影）

図21 ハンス・ラインベルガー《聖母マリア像》やや右側面（1515年ごろ、ブロンズ、ボーデ美術館、ベルリン、Barbara Herrenkind 撮影）

図22　ハンス・ラインベルガー《聖母マリア像》側面（1515年ごろ、ブロンズ、ボーデ美術館、ベルリン、Barbara Herrenkind 撮影）

図23　ハンス・ラインベルガー《聖母マリア像》背面（1515年ごろ、ブロンズ、ボーデ美術館、ベルリン、Barbara Herrenkind 撮影）

　背面から見た姿は、またもやこれまでとは違った様相を呈している（図23）。飾り襞はフードから、均一に柔らかく流れるような衣の起伏へと垂れ下がり、右腕の下で束ねられている。この襞はさらにそこから、反対方向に管状のたわみを通って立像の左足付近で跳ね上げられている。正面側の騒々しさとはうってかわって、ここにはまさにグロテスクで空虚な面が広がっている。この広がりは、側面に膨らんだ裾の襞とことさら鮮やかな対照をなしている。

　この像は、眺める視点が変わるごとにそれぞれ異なった外観を呈する。作品の含蓄を堪能するには、このベルリンのブロンズ像の周囲をまずは歩いてみることである。そうすると、ぐるりと四五度回転して立ち止まるごとに、まるで違った特徴を見せるのだ。奥行きのある空間構成へとつながる複雑な表面は、その表情をころころと変貌させる。その卓越した技巧によって、この彫像は、演劇における多角的視点のもつ潜在的な重要性を示している。そのつど別の姿を見せるという観点では、この彫像の印象は漠然としている。とはいえ、それはかならずしも不鮮明という意味ではなく、たっぷりと凝縮されているという意味なのである。しかも、この彫像では、ヘカテー像のように、周りを歩きながら眺めるように促される。ひょっとしたらここでフリードのいう演劇性（Theatricality）、すなわち自己の内部に閉じこもる没入（Absorbtion）に反するような主題が認められるかもしれない。それにもかかわらず、この彫像にはこのプロセスを示すさらなる特質が提供されている。見る者がみずから動かざるをえなくなることで、その「ダイナミックな性格」に気づかされることになる。ジョン・マイケル・クロイスは、この概念を定義して、芸術におけるあらゆる知覚を成立させる身体図式上の基本条件としている。[36] 没入はこれとは対極の渦をつくりだすのだ。

ドナテッロの巨大な彫像《ユディットとホロフェルネス》のみならず、以上見てきた三体の小像からもわかるのは、生気と表現は緊張に起因し、この緊張は、美しい形態とその妨害の交代劇に依拠していることだ。ヘカテー像では内部分裂の運動が描出され、エウロペの群像では縮約された転倒として像そのもののエネルギーが発揮されていた。その一方で、ラインベルガーの手になるこの彫像は、あたかも細長い管のなかを上昇していくように、多孔性の重厚感のままに浮遊している。この彫像では、生気と表現を生み出す第三のモティーフとなる翼の生えた縮約が実現している。

この三つの可能性は、むろんそれぞれそれが唯一の可能性というわけではないし、また別の概念を提示できることはあえていうまでもない。むしろ私にとって重要なのはまさしく差異における共通点である。古代以降の西欧の造形芸術を構造的に駆り立ててきたのは、西欧芸術の自己否定の否定である。それは結果として、さまざまな自己矛盾を定式化し解消するための、したがって、これらの矛盾を内部から抑制し阻止するための不断の準備となった。「生」と呼びうるものとの構造的な融合があるとすれば、それは力強い定式化、そして、熾烈な対立の間の形式上の和解のなかにある。あるいは、ありとあらゆる「生」の矛盾とその充溢のただなかにこそあるのだ。

注

ヘカテー像および聖母像（ラインベルガー作）の写真は、バーバラ・ヘーレンキントが撮影したものである。

（1）*Die Geschichte der antiken Bildhauerkunst* (Hg.: Peter C. Bol), *Bd. II, Klassische Plastik*, Mainz 2004, S. 472f.

（2）Norberto Gramaccini, *Mirabilia. Das Nachleben antiker Statuen vor der Renaissnce*, Mainz 1996, S. 41.

（3）Christoph Dohmen, *Das Bilderverbot. Seine Entstehung und seine Entwicklung im Alten Testament*, Frankfurt am Main 1987.

（4）Dagmar Stutzinger, "Einleitung. Die Einschätzung der bildenden Kunst", in: *Spätantike und frühes Christentum (Hg.: Herbert Beck und Peter C. Bol), Ausstellungskatalog*, Frankfurt am Main 1985, S. 228–235. 宗教改革については以下を参照。Jörg Jochen Berns, *Von Strittigkeit der Bilder. Texte des deutschen Bilderstreits im 16. Jahrhundert, 2 Bde.*, Berlin und Boston 2014.

（5）Silvia Naef, *Y a-t-il une "question de limage en Islam?"*, Paris 2004; Almir Ibric, *Islamisches Bildverbot vom Mittel- bis Digitalzeitalter*, Wien 2006; *Das Bild Gottes in Judentum, Christentum und Islam. Vom Alten Testament bis zum Karikaturenstereit* (Hg.: Eckhard Leuschner und Mark R. Hesslinger), Petersberg 2009.

（6）Kathleen Corrigan, *Visual polemics in the ninth-Century Byzantine psalters*, Cambridge und New York 1992, S. 140f.

（7）Louis Réau, *Histoire du Vandalisme. Les Monuments Détruits de L'Art Français, 2 Bde.*, Paris 1959; Dario Gamboni, "The Destruction of Art", London 1997; Iconoclash (Hg.: Bruno Latour und Peter Weibel), Cambridge/Mass. und London 2002; *Bildersturm. Wahnsinn oder Gottes Wille?* (Hg.: Cécile Dupeux, Peter Jezler und Jean Wirth), Bern 2000.

（8）Horst Bredekamp, *Kunst als Medium sozialer Konflikte. Bilderkämpfe von der Spätantike bis zur Hussitenrevolution*, Frankfurt am Main 1975, S. 298–300.

（9）Martin Warnke, "Durchbrochene Geschichte? Die Bilderstürme der Wiedertäufer in Münster 1534/1535", in: *Bildersturm. Die Zerstörung des Kunstwerks* (Hg.: Martin Warnke), München 1973, S. 65–98.

（10）*Die Wiedertäufer in Münster, Ausstellungskatalog*, Münster 1983, S. 142. この箇所では、この絵画が南ドイツに起源をもつことも考え合わせて、当地での図像破壊の際にもう損なわれていたかもしれない、との推測も示されている。

（11）この像の歴史に関して最も実り豊かなのはVolker Herznerによる以下の論考である。Volker Herzner, "Die "Judith" der Medici", in: *Zeitschrift für Kunstgeschichte*, Bd. 43, 1980, S. 139–180; 研究史については同論考S. 140–143を参照。また、おそらく最も鋭い形

態分析を提示しているのは Reinhard Liess, “Beobachtungen an der Judith-Holofernes-Gruppe des Donatello”, in: *Argo. Festschrift für Kurt Badt zu seinem Geburtstag am 3. März 1970*（Hg.: Martin Gosebruch und Lorenz Dittmann）, Köln 1970, S. 176–205 である。同論考においても、また Emma Barelli, “Donatello’s Judith and Holofernes: an extreme moral instance”, in: *Gazette des Beaux-Arts*, Bd. 92, 1978, S. 147f においても両性間の緊張関係の問題は極めて的確に記されている。最後に以下も紹介しておこう。Joachim Poeschke, *Die Skulptur der Renaissance in Italien. Band 1. Donatello und seine Zeit*, München 1990, S.117f.

（12）旧約聖書、外典『ユデト書』第一三章七—九節。

（13）Mav Dvorák, *Geschichte der italienischen Kunst*, Bd. I, München 1927, S. 121. Carl Justi が口にした言葉とされているが典拠は示されていない。

（14）伝承の歴史や研究状況、そして解釈については以下を参照。Herzner, 1980, S. 170ff.

（15）Liess, S.185; Hans Martin von Erffa, “Judith-Virtus Virtutum-Maria”, in: *Mitteilungen des Kunsthistorischen Institutes in Florenz, Bd. 14*, 1969/70, S. 460–465, ここでは特に S. 462; Herzner, 1980, S.144, 149 を参照。

（16）Erffa, S. 463f.

（17）H. W. Janson, *The Sculpture of Donatello*, London 1957, S. 204.

（18）Frida Schottmüller, *Donatello. Ein Beitrag zum Verständnis seiner künstlerischen Tat*, München 1904, S. 53, 69f., 102.

（19）Herzner, 1980, S. 170.

（20）Dvorak, S. 121.

（21）Herzner, 1980, S. 148.

（22）Horst Bredekamp, “Schönheit und Schrecken”, in: *Natur und Antike in der Renaissance, Ausstellungskatalog*, Frankfurt am Main 1985, S. 153–172. Sybille Ebert-Schifferer, “Der eilige Lebens-Lauf und seine Schutzgöttin. Überlegungen zur Berliner ‘Hekate’”, in: *Das Modell in der bildenden Kunst des Mittelalters und der Neuzeit. Festschrift für Herbert Beck*（Hg.: Städelscher Museums-Verein, betreut von Peter C. Bol）, Petersberg 2006, S. 121–138.

（23）Ebda, S. 124.

（24）「新しい天使」と同じように、災いに満ちた進歩の背後に取り残された道のりへと向いているように見える。Walter Benjamin, Geschichtsphilosophische Thesen, 9, in: ders., *Gesammelte Schriften*（Hg.: Rolf Tiedemann und Hermann Schweppenhäuser）, Bd. I.2,

Frankfurt am Main 1974, S. 697f. ヴァルター・ベンヤミン『暴力批判論　ヴァルター・ベンヤミン著作集1』高原宏平・野村修編訳、晶文社、一九六九年、一一九―一二〇頁。

(25) 三方を向いた造形については以下を参照。Willibald Kirfel, *Die Dreiköpfige Gottheit*, Bonn 1948, S. 107f. mit Quellen.

(26) Ebert-Schifferer, 2006, S. 124.

(27) 解釈については以下を参照。Bredekamp, 1985, Manfred Leithe-Jasper, "Europa auf dem Stier", in: *Zu Gast in der Kunstkammer, Ausstellungskatalog* (Hg.: ders.), Wien 1991, S. 68–78 und Annegret Friedrich, "Die Schöne und das Tier", in: *Die Verführung der Europa, Katalog der Ausstellung Berlin* (Hg.: Barbara Mundt), Frankfurt am Main 1988, S. 218–227, ここでは特にS. 224を参照。

(28) したがって、アラ・コエリ教会の下のグロッタに施されたミトラのレリーフを考慮に入れる必要がある。Volker Krahn, "Europa auf dem Stier", in: *Die Verführung der Europa, Katalog der Ausstellung Berlin* (Hg.: Barbara Mundt), Frankfurt am Main 1988, S. 89–106, ここでは特にS. 92を参照。

(29) Horaz, Oden, III, 27, 46–50; Übers. nach: Horaz. Werke in einem Band (Übers.: Manfred Simon), Berlin und Weimar 1990, S. 88. ホラーティウス『歌章』藤井昇訳、現代思潮社、一九七三年、一六九―一七一頁。以下を参照。Leithe-Jasper, 1991, S. 69f und Horst Bredekamp, "Der Raub der Europa als Lehrstück. Über die Macht der Ohnmacht", in: *Europa. Die Zukunft der Geschichte, Ausstellungskatalog* (Hg.: Cathérine Hug in Zusammenarbeit mit Robert Menasse), Zürich 2015, S. 20–31. ここでは特にS. 24fを参照。

(30) Lukrez, rer. nat., I, 34–39. Übers. nach: Titus Lucretius Carus, De rerum natura. Welt aus Atomen (Übers.: Karl Büchner), Stuttgart 1977, S. 11.

(31) Guido Messling, "Anarchist und Apelles? Altdorfer und der deutsche Humanismus", in: ebda., S. 20–25.

(32) Gisela Kraut, *Lukas malt die Madonna. Zeugnisse zum künstlerischen Selbstverständnis in der Malerei*, Worms 1986.

(33) ヴィルヘルム・ピンダー Wilhelm Pinder による描写。Wilhelm Pinder, *Die deutsche Plastik vom ausgehenden Mittelalter bis zum Ende der Renaissance*, Bd. 2, Potsdam 1924, S. 463.

(34) イタリアへと目を向けたこうした彫像の発展については以下を参照。Irving Lavin, *Visible Spirit. The Art of Gianlorenzo Bernini, Bd. I*, London 2007, S. 33–61.

(35) Dagmar Plugge, "Lebenslebendigkeit und Abstraktion - Die Berliner Bronzemadonna Hans Leinbergers und die Frankfurter Figur", in: *Ansichts Sache. Das Bodemuseum Berlin im Liebieghaus Frankfurt. Europäische Bildhauerkunst von 800 bis 1800* (Hg.: Herbert Beck und

Hartmut Krohm), Frankfurt am Main 2002, S. 143–151.

(36) John Michael Krois, *Bildkörper und Körperschema*, Berlin 2011, S. 71.

第3部　イメージ知と形式

イメージ知と形式

美術史からイメージ学への変遷のなかで当時の美術史家たちが試みたことは、様式（Stil）のみならず、より幅広い図像理解のために自然と人工の発現形態としての形式（Form）を観察対象に取り込むことであった。「イメージ知」の概念は、自然と人工がなすイメージの潜勢力を論じようとしてきたイメージ学を支える基礎的な考え方としてこの転換を支えてきた。「イメージは知っている」とも訳されるこの概念は、イメージを既知の「知」の形象として理解することに留まらず、そこに宿る未だ知らざる「知」へ目を向けることを喚起するのである。

第3部各章のタイトルには「グラフィカルユーザインタフェース」「ポストメディウム」「無框性」「ゆがみ」という時代と文化、そして媒体を超えたキーワードが並ぶ。これら四つの論考の繋がりを従来の美術史的なアプローチで語るのは困難である。そこで、イメージ学的視点から考察してみよう。すると、そのどれもが「枠」や「容れ物」といった、存在（イメージや身体）を包括的に規定する形式（Form）に関わるイメージ知を論じたものであることがうっすらと浮かび上がってくる。コンピュータ画面に窓（ウィンドウ）として現れるＧＵＩ、映画やヴィデオ・アートを取り巻くポストメディウム的状況、日本美術的なものとしての「無框性（枠なし性）」、君主の容れ物としての甲冑・肖像画という具合である。

マルガレーテ・パチケは『知のイメージ世界』第3・2巻「ディジタル・フォーム」（Akademie Verlag, 2005）の責任編集を務めるなど、ヘルマン・フォン・ヘルムホルツ文化技術センター「技術的イメージ」部門で早くから図像研究の中核を担ってきた研究者のひとりである。第9章でパチケはアルンハイムやゴンブリッチの芸術知覚論に依拠し、コンピュータディスプレイの窓（グラフィカルユーザインタフェース）上で繰り広げられてきたイメージ思考の様式史を論じている。そして、コンピュータ史学者やメディア理論家が見落としてきた一つの事実を指摘する。七〇年代以来、ＧＵＩ設計などコンピュータサイエンス研究に多大な貢献をしてきたパロアルト研究所（Xerox PARK）で行われた視覚に関する理論的な議論が図像に関する「美術史」理論にもとづいていたという事実である。この事実は、テクストのなかで引用されている豊富なGUIに関する図版のなかに時代を超えてキースラーのインスタレーション（一九二四年）やヴァールブルクによる図像パネル「略奪（RAUB）」（一九二七年）を配置し、コンピュータリテラシーの観点からわれわれのイメージ思考を借用するという視覚的叙述によっても見事に説明されている。GUIを通したディスプレイ上の操作と思考のなかに、アビ・ヴァールブルクが到達した美術史における「方法論的実践」が宿っていることを私たちに身をもって認識させてくれるのである。ぜひ、図版一枚一枚を丁寧に読み解きながら読んでいただきたい。

第10章に登場する門林岳史はメディウム／メディアという「氾濫」の一言に集約され、ただ消費されるものとなりかねないトピックに果敢に踏み込み、確かな光明の一筋を見出している。そこにはおそらく二つの理由がある。ひとつはマーシャル・マクルーハン研究を通して培われたメディア論への強固な素地である。そして、もうひとつは「G・Th・フェヒナーの精神物理学」（『現代思想』二〇〇〇年四月号）、「美はどこへ行ったのか」（『美学芸術学論集』第八号、二〇一二年）など、知覚論と経験科学のレビューを徹底し、観察者が不在になりがちなメディア論を感性論的に捉えていることにある。これが、鳥瞰的な視野をもった、メディウムと対峙する当事者として、ロザリンド・クラウスの「ポストメディウム概念」の射程と限界を明快に論じ分け、その概念が抱える問題点を次々と浮き彫りにすることを可能にしているのではないだろうか。

門林は「ポストメディウム／ポストメディア的状況に対して抵抗の戦線を展開するのであれば、クラウスのように自らに固有の領土を保持する戦略ではなく、ブリオーが示唆するように自らの実践を脱領土的に展開していく戦略のほうに、まだしも希望を見出せるように思われる」と言う。そして、「ふくいちライブカメラ」に指を指し続けた事件における「監視カメラ」映像のフィードバック・ループに介在する膨大な数のネットワークの構図を例に挙げ、「芸術の自律性のみに奉仕するものとして捉えるのでは解釈の枠組みが狭すぎる」と現在のポストメディウム論の限界を指摘する。

この指摘は、いささか消極的なものと感じられるかもしれない。だが、門林が例示するフィードバック・ループのなかに芸術としての自律性に収まりきらないほどの複雑なネットワークを抱え込む構図は、ナム・ジュン・パイクの《T

V仏陀》――まさにクラウスがナルシシズムとして槍玉に挙げた初期ヴィデオ・アートのひとつである――でもメタファー的ながら試みられていた。その点からすれば、門林がより適当な説明原理を要請するポストメディウム的状況は現在とこれからの問題だけではない。門林が「メディウムを混ぜかえす」と言うように、美術史とメディア論がそれぞれ構築してきたイメージメディアの枠組みに対しても遡及的にその再編の必要性を迫る野心的な宣言なのである。

ちょうど本書の折り返し点となる第11章は西洋的なものと東洋的なものの間の文化史から美術史までを縦横無尽に颯爽と駆け巡る稲賀繁美の美術論である。「異質なるものが触れ合う時に生まれる」ものを論じた、稲賀の大著『接触造形論』（名古屋大学出版会、二〇一六年）が土台となっている。そのうえで、国外からのイメージ研究者たちが日本美術を読み解く手がかりを得られるようなグローバルな視点への転換が試みられている。様式や理論レベルの東西比較ではなく、その間に揺れ動いた人の動きや、洋を跨いだ人と人の接触から生まれた事象を追うことで生き生きと描いていると いうのも興味深い。

稲賀は日本藝術について「「日本らしさ」は西側世界の範例に対して「容認できぬ同一性」と「容認可能な異質性」とのあいだで提示されるほかなかった」と言う。言い得て妙である。これは日本文化を世界で論じるにはまずは西側世界の土俵に登らねばならないというへりくだりを感じさせるかもしれない。しかし、言語特有の修辞への偏重が英米圏からの批判対象ともなっているドイツのイメージ学者たちは耳が痛いだろう。なぜなら、これは視点を西欧側に移せば、西欧主義的美術論批判にも聞こえるからである。それは各所で発露する稲賀の論調にも見て取れる。稲賀は「無框性（枠なし性）」の考察の結句に南方熊楠を挙げ、「だがそれこそ熊楠が世紀末の倫敦で闘った相手であり、乗り越えようと自らに課した西欧近代科学の限界ではなかったか」という。また、矢代幸雄が紹介した「たらしこみ」が「こうした技法実践は、イヴ＝アラン・ボワとロザリンド・クラウス共編『アンフォルム』ではもとより視野に収まらず、ハナから無視されている。（中略）ここで非西欧の側から介入する必要があるだろう」とも主張する。

ヴァールブルク研究所「イメージの放浪手段（*Bilderfahrzeuge*）」プロジェクトに象徴されるように美術史・イメージ学は図像理解の枠組みをさらに押し広げようとしている。その一方で研究コミュニティと使用言語の局所集中化という矛盾も抱えている。その状況に対して、稲賀は西洋的な眼からイメージを語り尽くそうとすることの限界を、共通の思考道具であるイメージを東西の接触という緊張関係のなかに置くことによって適切に問題化しているのである。

第7章でも独特な視点から甲冑史を論じたイェーガーだが、第12章ではマニエリスム期に絵画や造形物で表現された歪みを様式としてではなく「生体美学的」効果を引き起こす形式として論じている。そのなかで、イェーガーは「甲冑や肖像の「ゆがみ」は、メランコリックな苦痛を表現するというよりも、同時代の政治的および生理学的言説に含意する戦略的関心に資するもの」だという。それは「「自己形成」と「集団的心理」の共鳴」であると説明されている。これは、ローマ時代やプラトンが『国家』で論じた君主論とは正反対であると考えられる。その理由はマニエリスムの君主像が「想像力への感染」を目的として生み出されたからであるとイェーガーは主張する。その根拠がコールマン・ヘルムシュミットによるグロテスクな兜、レオナルド・ダ・ヴィンチの頭部像、ジュゼッペ・アルチンボルドの「合成された頭部」を手がかりに模索され、想像力に「感染」する図像とはいかように作用するのかが手際よく読み解かれてゆく。そして、「身体を「ゆがませ」、視線を断片化し、知覚を異化することでこれらの事物は批判的市民を解体し、その代りに力を奪われ、畏敬の念で麻痺した臣民を生み出した」のではなかろうかという、独創的な発見がなされている。ちなみに、イェーガーが甲冑史を論じる二つの章には明確なコンセプトの違いがある。第7章「君主の補綴的身体」は美術史的なアプローチで、そして第12章「ゆがみの政治学」はイメージ学的なアプローチで論が構成されている。その点を踏まえて読み比べていただくのも面白いだろう。

門林が指摘するポストメディウム論の限界では、ネットワークの飽和状態こそが芸術の自律性を麻痺させ制御不能な状態を生み出し、それが結果として「折りたたまれた現在という牢獄」を突き破る力を生み出すことが示唆されている。イェーガーによれば、マニエリスム期の甲冑のゆがみは民衆の感覚を麻痺させる。つまり、その容れ物は君主を拘束するのではなく、逆にある種の義務から解放するものであるという。為政者としての責務と民衆からの視線の飽和状態が精神的病理に繋がる牢獄を生み出した結果としてマニエリスム期にそのような形式が生み出されたのであれば、そこに現在のポストメディウム的状況を考察する手がかりを得ることはできないだろうか。

パチケは「枠」によるイメージの拘束は方向感を喪失させるものであると述べる一方、「無框性（枠なし性）」など余白への考察から「道」への糸口をひらいた稲賀は、詩聖タゴールから「道の果てに私の聖地があるのではない。私の歩む道の両側に私の聖地は佇んでいる」という言葉を引用し、「道」における方向感覚の喪失と精神的な空間感覚の転換に言及している。この二者の論の対比は、西洋にとっての枠組みをなすことと東洋にとっての枠を取り払う行為は決して対立するものではなく、実は内部のイメージを拘束から解放するという同じ目的を持っていたのかもしれないという仮説を導く。

さて、いよいよ本書も折り返し点に差し掛かる。徐々に姿を現してきたイメージ世界を引き続き楽しんでいただきたい。

（坂本泰宏）

第9章　太陽の下に新しきものなし
――グラフィカルユーザーインターフェイスへの美術史的アプローチ

マルガレーテ・パチケ
難波阿丹訳

Apple社がMacintoshコンピュータの発売を発表したとき、一九八四年の『ニューズウィーク』誌に出された一八頁の広告には次のように書かれていた。「二三五万のアメリカ人のうち、わずかの人々しかコンピュータを使うことができない。――Macintoshの導入は、残りの私たちのためにある」[1]（図1）。「残りの私たちのためにある」というスローガンは次のように明確化される。「このコンピュータはより初期の機械とは異なり、技術的な専門家のみに提供されるのではない」。その特徴は新しいユーザーをひきつけるべくデザインされており、「残りの私たちのためにある」とは、例えば、ユーザーインターフェイスのグラフィカルな組織、インタラクティブでアイコン的な界面としてのスクリーン等、インタラクションの独自の形式であった。それから三〇年以上が経過した現在、ごくわずかなユーザー、すなわち一九八四年からの「残り」の人々が、広大な世界的マイノリティに変化している。コンピュータやあらゆる種類のデジタル装置と、いわゆるGUIと縮約されるグラフィカルユーザーインターフェイスを通じて相互にやり取りすることは、世界中のユーザーにとってほぼ自然な習慣になりつつある。もちろん、今日、多種のタッチスクリーンや、私たちの振る舞いを辿り、動きを感覚する入力装置を備えた「自然な」インターフェイスが標準になり、元来はデスクトップ・コンピュータのためにデザインされた「グラフィカル」インターフェイスのインタラクティブな可能性がより伸長されている。しかし、今日確立されたデジタル装置のパワフルな地位は、Macintoshのそれのようなインターフェイスの新し

図１　Apple Macintosh のカバーと見開き広告、1984 年秋

いアイコニックな特徴の導入に先導されている。確かに、ウィンドウ、アイコン、メニュー、そしてポインター（WIMP）に特徴づけられるGUIが、今日、あるいはもしかすると二〇、二一世紀においてすら実に頻繁に見られる、もっとも視覚的なイメージだと述べることはまったくもって誇張ではない。いつでも、またはどこでも、世界中のユーザーがコンピュータの電源を入れるとき、彼らはほぼ同一の図像的（pictorial）なシステムとしてGUIを扱い始める。GUIとは、オペレーティングシステムによって提供されたインフラストラクチャをなす図像的なシステムである。それはコンピュータとのあらゆるインタラクションをイメージとのインタラクションに変更する。以下のように言えば十分だろう。すなわち、これらのイメージの汎用的な性質は、莫大な財政的、政治的、そして文化的な力を、特にAppleやMicrosoftのようなメーカーに与えているのだ。[2]

一九七〇年代から、GUIは図像的なシステムとして複雑な様式的発達を経験した。デジタルイメージの特定のジャンルとして、それらは数々の形式的連続性を確立することで、いくつか一連の様式上の特徴を考え出している。このような背景の下、ある者は製品のユニークさを強調しつつデジタル産業の論理に挑戦し、あらゆる新しいインターフェイスが絶対的な斬新さとして導入されるという歴史的議論を進めるだろう。これらの主張と対照的に、美術史的な観点からウィンドウ‐アイコン‐メニュー‐ポインター‐インターフェイスの充実した形式的特徴の連続性を辿ることは、インターフェイスの特定の美学を探究する様式史を目的としている。この美学はこれらのイメージを世界中のユーザーに対してとても力強く、同時に非常に理解しやすく標準化しているのである。重要な問題とは、これらのメディアの図像的地位を定義することであるように思われる。

実際のところ、ユーザーインターフェイスの特定の図像的、アイコニックな地位とは、その当初から論争点であり続けている。明確に言うならば、Macintosh を顕著な事例としてＧＵＩの広告が公開された一九八〇年代初頭以降からである。一般的なコンピュータ誌において、例えば、一九八四年にハーヴァード・ペニントン（Harvard Pennington）が述べた以下のような反応を認めることができる。「アイコンはイノテックに基礎づけられたアイデアである。アイコンの使用はあなたが言葉を読み、理解できず、それゆえ図像を必要とすることを仮定している。（中略）アイコンとマウスは読み書きできない者をできるようにはしないであろう。図像（アイコン）を指示することは長い時間でも継続しうる。遅かれ早かれ、あなたは指示し、選択することを止め、考え、タイプし始める」[3]。初期の批評がアイコンを非難し、コマンドラインからグラフィカルインターフェイスへ方向を転換したことを嫌悪する一方、これらの批判はある重要な前提に基づいていた。それは、イメージのいかなる認識論的価値も否定し、ゆえに言語への傾倒を言明するということである。実際にＧＵＩのデザインは、可視的、アイコン的、あるいは広範囲における視覚的思考の理論的な言説への傾倒に依拠しているのだが。

これらすべてがパラドックスのような事態に帰結する。図像的なシステムはおそらく今日においてもっとも力強く、またもっとも見られるイメージであるが、言語は一見したところその道具的な性格によって、そのようなインタラクションのプロセスにおいては見落とされている。のみならず、このイメージは歴史的、理論的研究においてすら見過ごされてきた。つまり、長い間その図像的地位は軽視され、あるいは無視すらされてきたのである。この論考はそれゆえ、デジタルイメージと伝統的なアナログの指示法とのもつれを示すことによって、ＧＵＩをそれ自身の正当性を有した特定の図像的システムとして定義するべくいくつかの議論を行うものである。そのため、第一に、初期ＧＵＩの確立をめぐって進化したイメージに関する言説を探究する。第二に、その発端から複雑なＧＵＩの様式史的発達を調査する。これらの目的ゆえに、この論考は一九七〇年代以降のＧＵＩの歴史からいくつかの重要な契機を焦点化する。このような

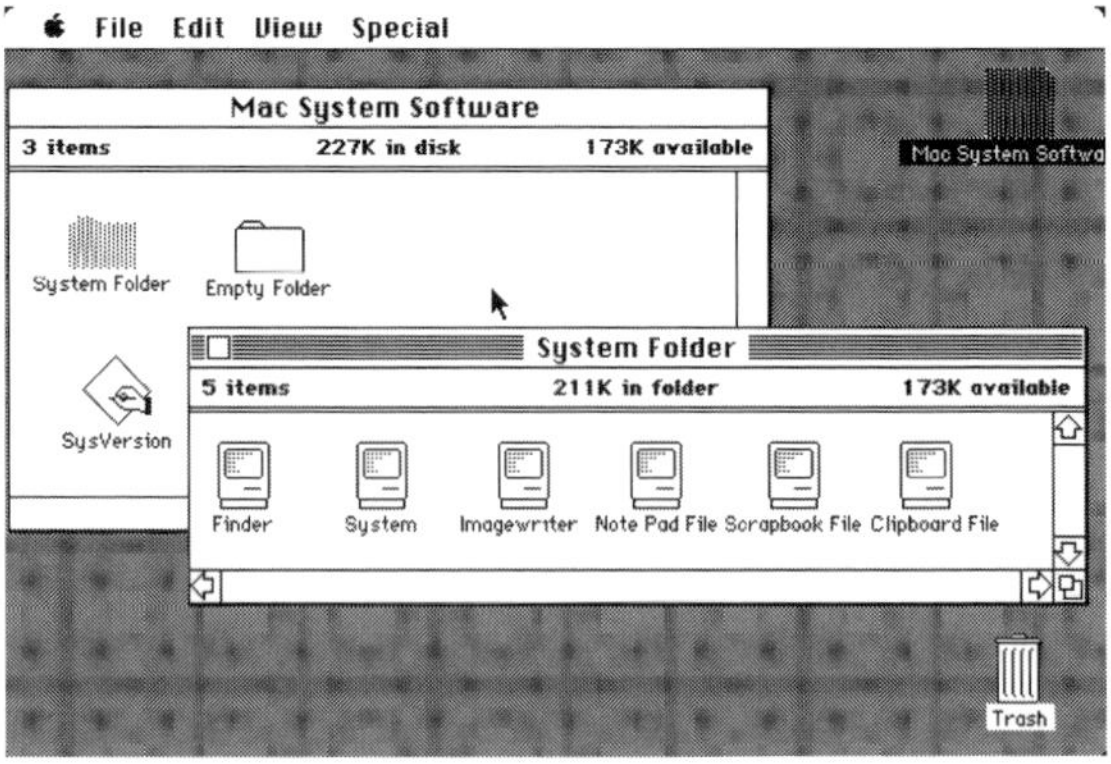

図2　Apple Macintoshのグラフィカルユーザーインターフェイスのスクリーンショット、1984年

議論はデジタルイメージの美学を定義するのに役立つであろう。

1　デジタルな様式をデザインする——デジタル革命におけるアナログの伝統

草創期の段階から、グラフィカルインターフェイスはその視覚的形式が純粋に機能的な性質に還元されなくてはならないという批判に対面してきた。すなわち換言するならば、その形式がGUIの根本から道具的な特質の直接的な帰結であるということである。また他の言葉で言い換えるなら、インターフェイスのデザインが直接的に、あるいは疑いの余地なく、機能から形式への移行に結論づけられているということである。技術的イメージは美術的な価値を失っているように見えるのみならず、明確なデザイン上の選択の帰結とみなされた。しかし、この議論の系譜は一九八四年からのApple社のMacintosh、一九八三年からのApple社のLisa、一九八一年からのXeroxのStarにおける初期の三つのGUIに関する広告からいくつかの決定的な契機を精査することによって、容易に克服されてしまうだろう。

MacintoshコンピュータのためのGUIのデザイン（図2）と共に、Appleはインターフェイスデザインに新しい基準を設定した。安定性という観点において、インターフェイスの一貫性、全体的な視野や感覚のみならず、アイコンやウィンドウ構成の特定の細部（例えば特徴的な細い縞模様）のように単純な要素の装飾的デザインを見出すことによってであった。Macintoshのインターフェイスデザインのためにappleに雇われ、このように見かけ上「新しい」視覚形式すべてに対して責任を負っていたグラフィックデザイナーのスーザン・ケア（Susan Kare）は、当然ながら寄せ集めのスクラッチからデジタルな形式を創出したわけではなかった。むしろ彼女は美術やデザイン由来の「アナログ」な形式の豊富なレパートリーを利用したのである。例えば、Macintosh のいわゆるコントロールパネル（図３）のために、ケアはヘンリー・ドレフュス（Henry Dreyfuss）が一九七二年に著した『シンボル・ソースブック』[4]（図４）からサンプルをいくつか取り出して使用した。コントロールパネルは全般にテクスト的な要素を禁じ、ユーザーに対して純粋に視覚的－アイコニックな手段によるインタラクションのオプションを明示する。キーボードを打つ素早い、または遅い反応といった可能となる多様な速度を視覚化する目的で、ドレフュスのうさぎと亀のペアを彼女は採用した。[5]

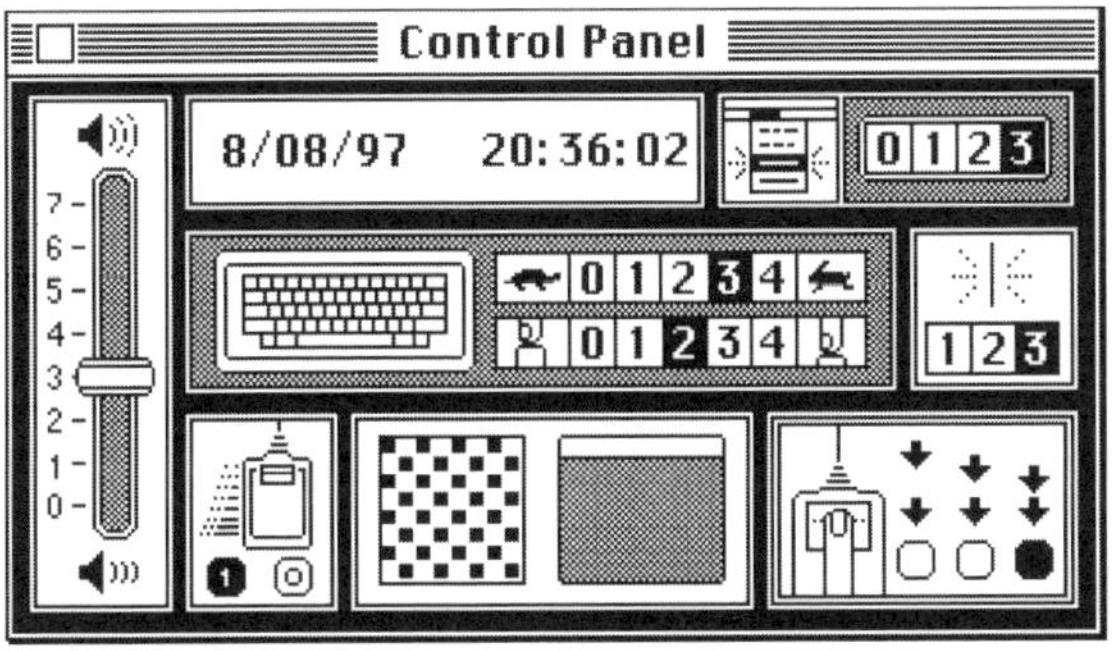

図３　Apple Macintosh のグラフィカルユーザーインターフェイスの詳細、コントロールパネル、1984年

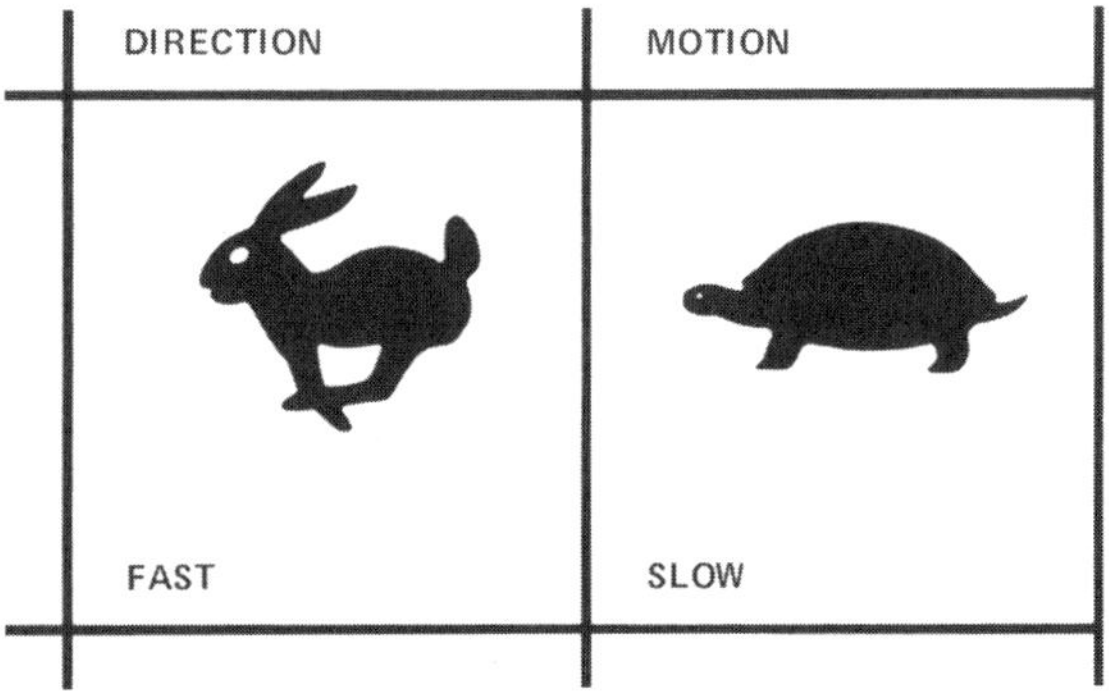

図４　ヘンリー・ドレフュス『シンボル・ソースブック』、うさぎと亀のシンボル、1984年

ケアが続けている歴史的イメージへの実際の言及と、すでに存在する「アイコニックな」要素は一致していない。事実、あらゆる視覚的様式の通時的特徴に対するケアの明白な理論的気づきは、新しいイメージやイメージの技術がより古く、既に存在しているものの伝統に常に根づいていることを強調する多様な言明において明らかにされている。「私はいまだにこんなジョークを言う。「太陽の下に新しきものなし」。そしてビットマップ・グラフィックは、モザイク画やニードルポイント、あるいはその他の偽物のデジタル形式のようである。これらすべては Apple 社に

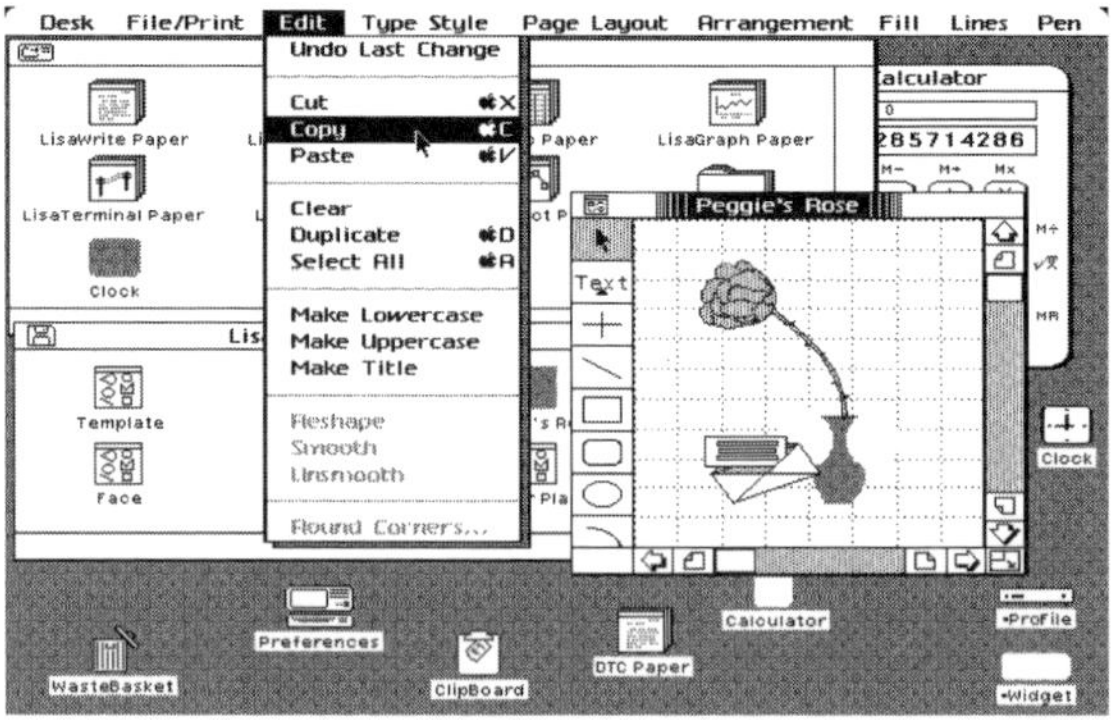

図5　Apple Lisa グラフィカルユーザーインターフェイスのスクリーンショット、1983年

行く前に私が習い覚えたものだ」(6)。この意見はケアのプロの芸術家としての経験から引き出されたものであるのみならず、正統な伝統への鋭い意識を証明している。実際に、彼女はしまいに次のように述べることで美術史的な感性をほのめかしていた。「そしておそらく美術史が私に感覚をもたらした」(7)。美術史に言及することは単なる言明ではなく、彼女が言うように根本的に訓練された「感覚」である。ケアはもともと美術史家として訓練を受けていたので、これはそれほど驚くに値しない。当初はファインアーティストとして、彼女は一九七八年にニューヨーク大学で博士号を取得した。この経験は彼女の実際的なアプローチのみならず、いかなる形式も、技術的な地平においてすら歴史的に基礎づけられるという彼女の信念を徹底的に形作り、定義づけたのである(8)。ニューヨーク大学におけるケアの美術史家としての訓練は、当時そこで教えていたホースト・ジャンソン（Horst Janson）の影響を受けた。それゆえ、ケアの「美術史的な感覚」はジャンソンがまさにエルヴィン・パノフスキー（Erwin Panofsky）の学生であったこともあり、ハンブルクのイコノロジー学派においてよく伝えられている。

インターフェイス要素の形式が整えられるプロセスがいかに深く多面的であったかはMacintoshの先駆者であるApple社のLisa（図5）をさらに詳しく見るとき明らかになる。ポラロイド写真形式のインターフェイス-イメージの重要で希少な資料はその開発過程から保存されており、プロトタイプから最終的な製品までインターフェイスの特定の段階を記録している（図6）。今日もっとも重要なインターフェイス要素のいくつかのデザインはこれらのポラロイドによって跡づけられる。例えば、ディスプレイにおけるメニューの位置の進化がそれである。メニューオプションはスクリーン平面上をポップアップとして自由に漂っていた後、第二段階ではウィンドウの下部の縁に位置づけられた。そ

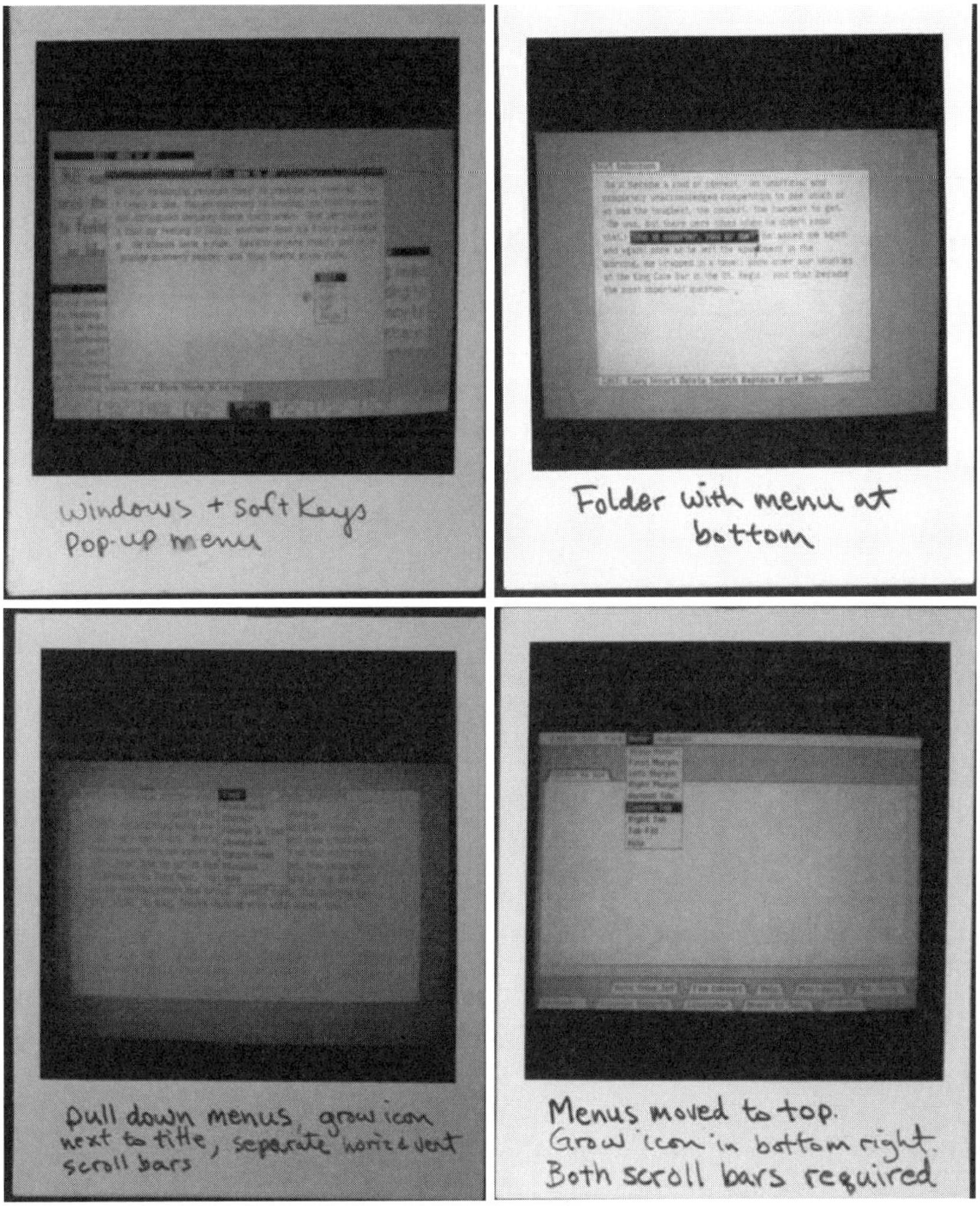

図６　Apple Lisaグラフィカルユーザーインターフェイスのポラロイド、メニューバーの位置の発展、1979/1980年

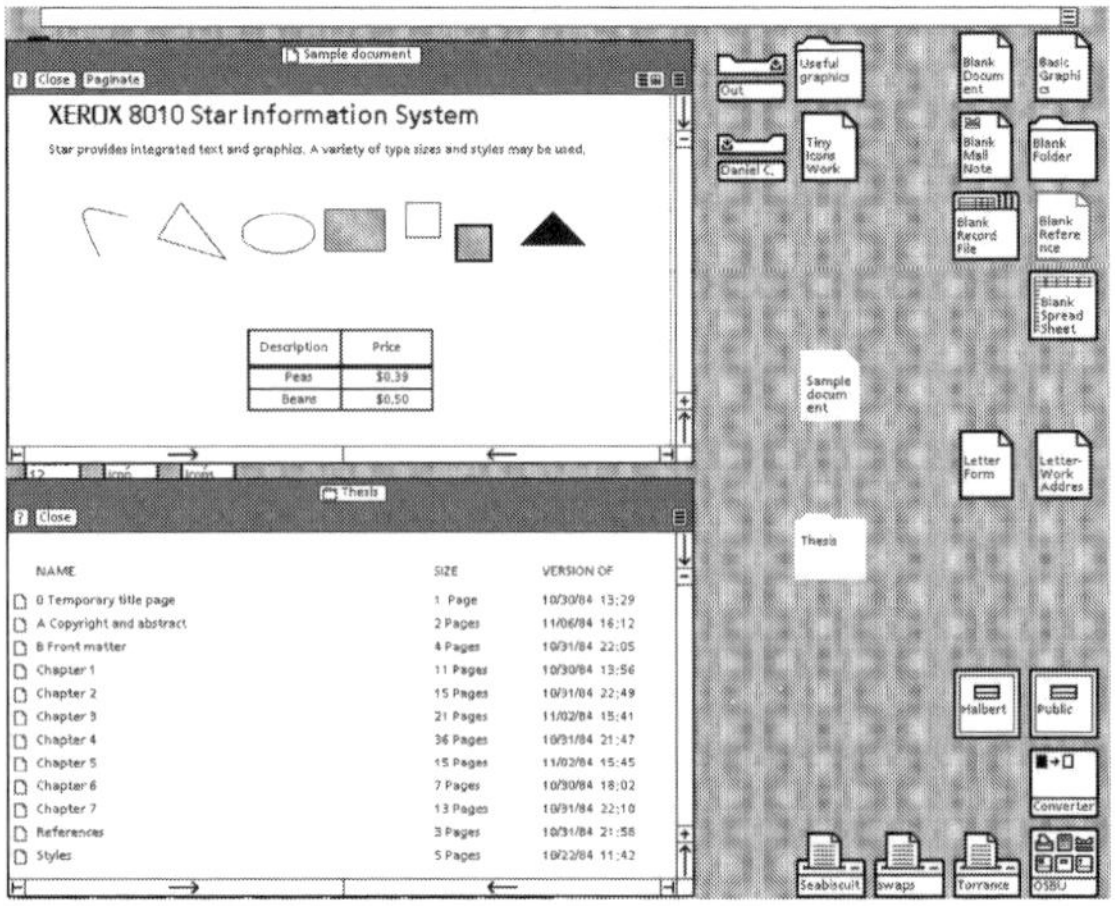

図7　Xerox Starグラフィカルユーザーインターフェイスのスクリーンショット、1981年

してウィンドウの上部の縁に場所を見出し、最終的には固定されたバーとして、スクリーンの際の上部の縁にいわゆるドロップダウンメニューとして配置されたのである。

このような種類の反復と変更は、すべての段階においてユーザーの試験をパスする必要があり、Lisaのインターフェイスの特徴であるのみならず、XeroxコーポレーションのStar、正式名称ではXerox8010インフォメーションシステム（図7）のインターフェイスデザインにも使用されていた。当初の設計に基づいて、一七の特定のアイコンを備えた四つの異なるセットが編集（コンパイル）された（図8）。そのうえで、それらの機能性——それらの「ユーザビリティ」はもっとも効率的なものを判定し誤った解釈を取り除く目的で、訓練を受けていない潜在的なユーザーと共に試験される。これらの試験結果に基づき、ある種のアイコン-デザインはプロフェッショナルなグラフィックデザイナーであるノーム・コックス（Norm Cox）の手助けを得てより改良されたのである。

このプロセスにおいて主要な基準のひとつは概念モデルに基礎づけられている。その基準とはStarのすべてにわたるインターフェイスデザインのプロセスに適応可能な原則を設定している。このモデルはいくつかの対立軸に関してStarとインタラクションする方法を決定した。例えばユーザーのためのインタラクションは、具体化を通して容易にされるべきである。これに対して抽象化は困難であるように考えられた。もっとも重要な対立軸のひとつは、積極的な価値としての可視性と、消極的な価値としての不可視性との対立である。この対立軸のモデルに従って、Starのインターフェイスデザイナーたちは「可視性」をインターフェイスのすべての要素に関する絶対的な基準とみなした。「よくデ

Figure 2.
Set 2 (Bowman)

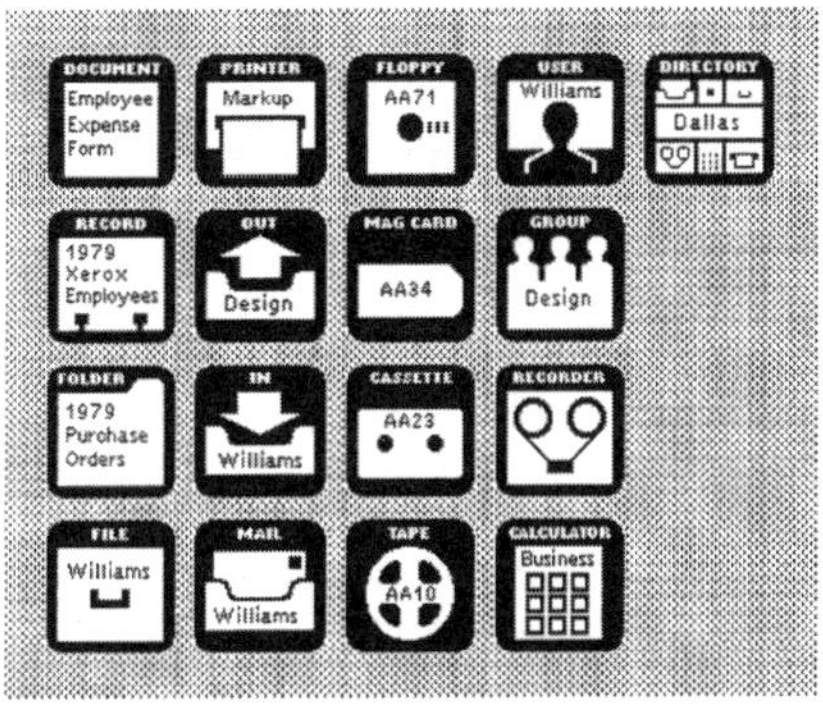

document　printer　floppy disk　user　directory
record file　out-basket　mag. card　group
folder　in-basket　cassette　recorder
file drawer　in-basket (with mail)　mag. tape　calculator

Figure 1.
Set 1 (Cox)

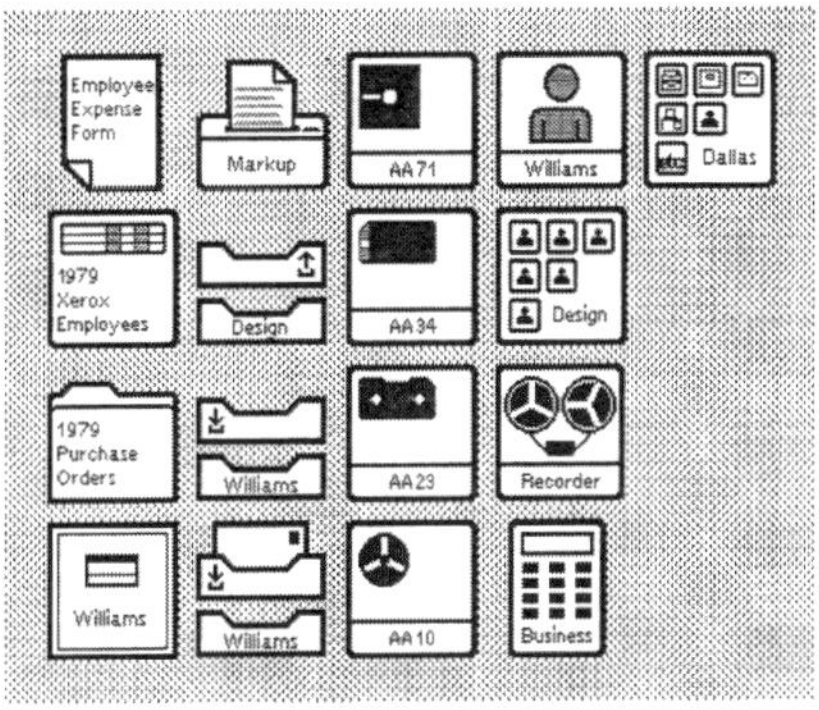

document　printer　floppy disk　user　directory
record file　out-basket　mag. card　group
folder　in-basket　cassette　recorder
file drawer　in-basket (with mail)　mag. tape　calculator

Figure 3.
Set 3 (Smith)

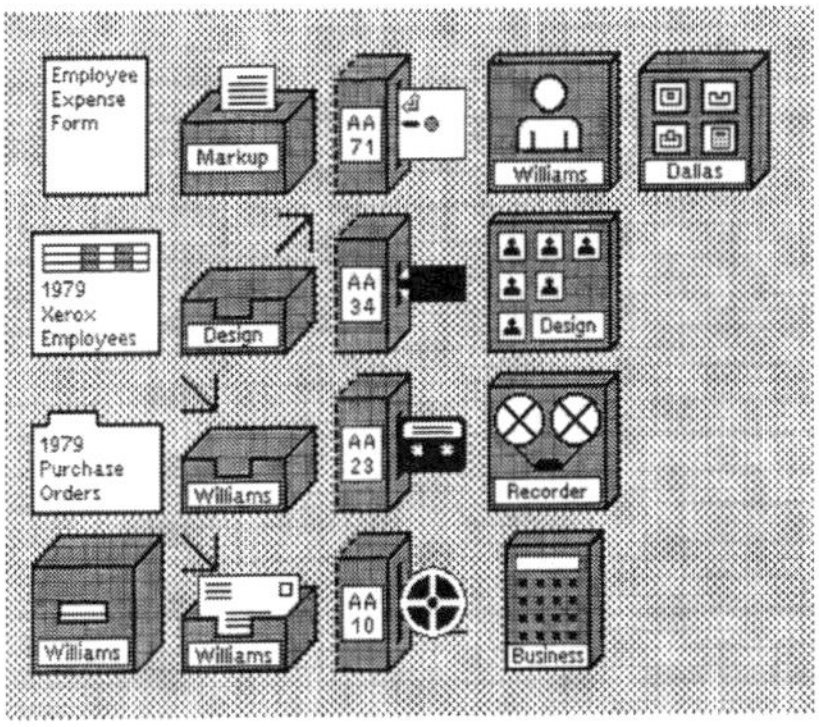

document　printer　floppy disk　user　directory
record file　out-basket　mag. card　group
folder　in-basket　cassette　recorder
file drawer　in-basket (with mail)　mag. tape　calculator

Figure 4.
Set 4 (Judd)

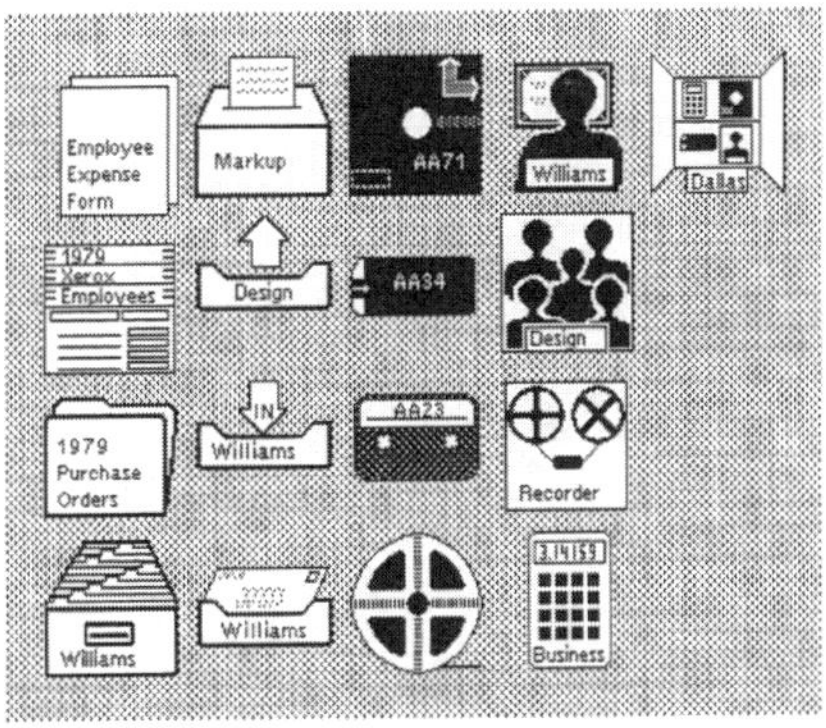

document　printer　floppy disk　user　directory
record file　out-basket　mag. card　group
folder　in-basket　cassette　recorder
file drawer　in-basket (with mail)　mag. tape　calculator

図8　Xerox Star、17の特定のアイコンを備えた4つの異なるセットのデザイン、1981年以前

ザインされたシステムはすべてをスクリーン上で可視化された課題に関連づける。それは物事をコード＋キーの連結のもとに覆い隠すことはないし、慣習を覚えるように強いることもない。（中略）コンピュータシステムにおいて扱われるすべての物事が可視化されるとき、ディスプレイのスクリーンは、ある種の「視覚的なメモリ」として振る舞うことによって、短期記憶における負荷を開放する。思考はより容易に、生産的になる。よくデザインされたコンピュータシステムは、実際に思考の「質」を改善することができる。そのうえ、視覚的なコミュニケーションはしばしば線的なコミュニケーションより効率的である。「一枚の絵は千の言葉に値する」[9]。その絶対的な可視性という規範は Star のあらゆるＧＵＩのデザインに適応された。それは、Star のインターフェイスが、いかなるウィンドウ機能の重複をも特色としていない事実において特に明らかである。あらゆる種類の要素を隠すことを避けるべく、いわゆる分割したウィンドウが採用された。

もっとも、ウィンドウを分割するという選択も可視性の規範も、一九八〇年頃のコンピュータエンジニアリングとインターフェイスデザインの技術的地平に合致してはいない。初期の広告製品のインターフェイスエンジニアの言明において共通のスローガンとなった「絵は千の言葉に値する」は、一九七〇年代におけるインタラクションをめぐる概念的研究と視覚的思考の理論において正当な科学的背景を有していた。

2　ＧＵＩの美術史的基礎づけ――Xerox PARC におけるルドルフ・アルンハイムとエルンスト・ゴンブリッチ

一九八〇年代の Star、Lisa、Macintosh に始まるＧＵＩの広告の位相は、一九七〇年代の実験的な過程によって先行されていた。その間、基本的には、ウィンドウ、メニュー、そしてアイコン等のグラフィカルユーザーインターフェイスのすべての特定の要素が発展した。このプロセスの中心になったのが一九七〇年に Palo Alto で Xerox コーポレーションによって設立された Xerox PARC 研究所であり、とりわけ PARC のコンピュータ科学者のアラン・ケイ（Alan Kay）が代表を務める PARC のラーニングリサーチグループである。同グループが後に典型的なＧＵＩ（図9）を構成するすべての基本要素を確立したのは、オブジェクト指向プログラミング言語Smalltalkに関する仕事の一部としてであった。そして当初Smalltalkは、子どものための、子どもと共にある概念的なプログラミングの試みであったのである。特にジェローム・ブルーナー（Jerome Bruner）とジャン・ピアジェ（Jean Piaget）による発達心理学から採用したモデルに言及しつつ、グループは全体論的なインタラクションのコンセプトを発展させ、アイコニックな提示法に関する言説を創始した。視覚に形式を与えるこれら当初の試みが進むなか、訓練されていないユーザーのためのインタラクティブな要素、視覚的思考の概念、そして知覚の認知理論が包括的に議論されたのである。

コンピュータ史学者やメディア理論家に見落とされている決定的なポイントとは、Xerox PARCの視覚性に関する理論的議論が図像に関する「美術史」理論に基づいていたという事実である。技術的イメージの言説においてデジタルインターフェイスの図像理論の理論的基礎を規定するために参照されたのが、ルドルフ・アルンハイム（Rudolf Arnheim）とエルンスト・ゴンブリッチ（Ernst Gombrich）であった。[10]

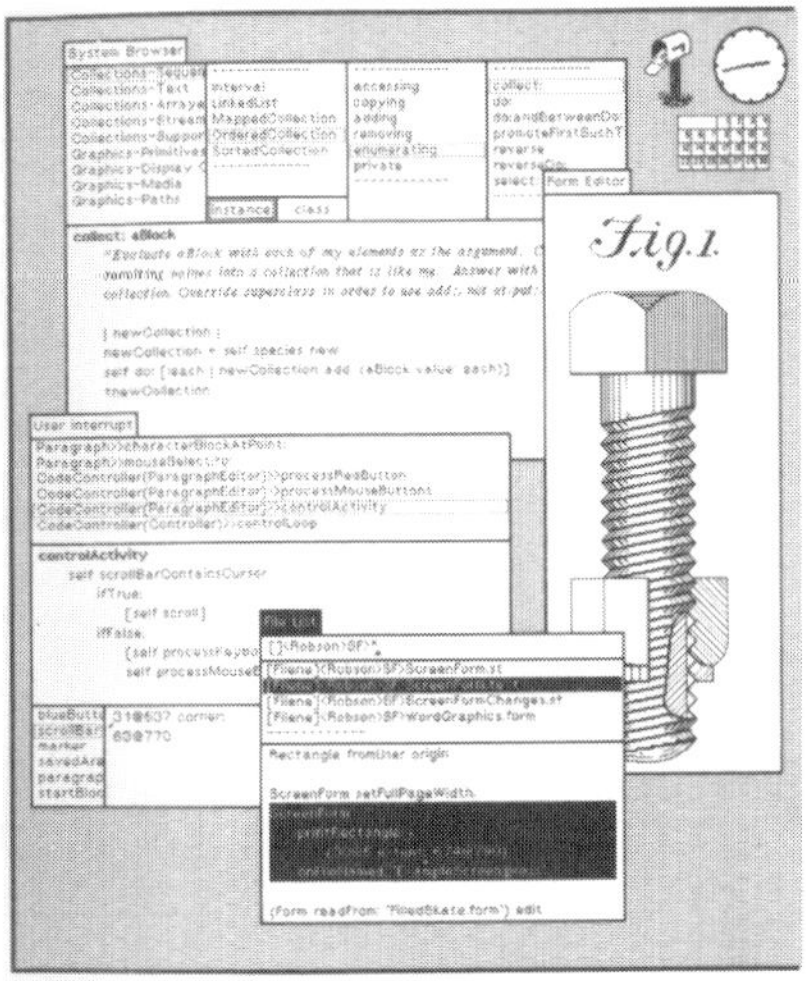

図9　Xerox Alto上で作動するSmalltalkグラフィカルユーザーインターフェイスのスクリーンショット、ca. 1975年

図像とイメージに関する議論の基本的な脈絡は、PARCのアラン・ケイのグループメンバーであったデヴィッド・C・スミス（David C. Smith）の一九七七年に出版された著書『ピグマリオン——創造的思考をモデル化し触発するコンピュータプログラム』[11]に示されている。創造的思考の触発という副題においてすでに押し出されているスミスの主要な議論に関しては、ゴンブリッチの『芸術と幻影——図像的表現の心理学的研究』（一九六〇年）とアルンハイムの『視覚的思考』（一九六九年）の重要な概念が展開され、議論されている。[12]

スミスの基礎となる前提条件は、プログラミング行為、そしてコンピュータとのインタラクションと関連している。それは創造行為であり、また動きを与える行為（魂を吹き込む行為）であるとすら彼は認識しており、それゆえ芸術的な実践とぴったりと提携し、彼にとってはまた、創造とデザインの技術的プロセスのモデルとしても機能している。議論の前提としてこれを捉えるならば、スミスのすべてのテクストを導き、GUIに関するすべての仕事について言い得る主要な仮説とは、（単なるイラストレーションや静的な表象としてではなく、創造を可能とする因子として）見ることを認知的な行為、そしてイメージを認識論的手続きと把握することである。この議論を補強し伝達するために、アルンハイムの視覚的思考理論が参照されるのである。しかし、スミスはアルンハイムについて、イメージの内で作動する活発で感覚的な活動としての思考のアイデアを導くためにだけ言及するのではない。むしろその主旨を発展させるために、可視性と言語という対立軸と、認識論的、認知的プロセスにおけるそれらの特別な役割が用いられる。スミスが書き記したところによれば、言語あるいは「言葉」が、思考を可能にする因子としてまったく不十分であるということである。また、この「言葉」あるいは「言語」における欠落は、アルンハイムによる議論の支持に伴って具体化されている。

一九七〇年代のコンピュータエンジニアリング、プログラミングとソフトウェアの文脈で、言語が不十分であるという主張を洗練することは叶わない。この主張の反論は以下のような事実に依拠している。すなわち、スミスとPARCの科学者たちは科学的共同体（コンピュータ・サイエンスの共同体）の一部であり、ソフトウェアを操作するときやプログラムを組むときに形式言語やロジックによって進めるため、テクスト的なのである。——この言語偏重の絶対的で驚くべき問題を強調するために、スミスは『視覚的思考』のある箇所を引用する。そこで、アルンハイムは言語に基づいた思考を厳しい言葉で非難している。「言語は（中略）分析判断（中略）によって、情報を提供することができる（一方で）、純粋な言葉的思考は思考のない思考の原型であり、それは蓄積されたものに自動的に訴えるのである。これは役には立つが不毛である」[13]。言語が非難される一方、イメージの特権性がアルンハイムを引き続き引用することによって強調されている。「視覚的メディウムはそれゆえ非常に上級である。なぜなら、それはオブジェクト、出来事、関係のすべての特徴に対して構造的相同性を提供するからである。利用できる視覚的形式の多様性はあり得る発語音と同様に優れている。しかし、問題となるのは、もっとも実体的な例である幾何学的形状のように、それらがあらかじめ限定されたパターンに従って組織されうるということである。視覚的メディウムの基本的な長所とは、口語の一次元的な連続性と比較して、それぞれの形を二次元、あるいは三次元的な空間の内に表象する点である」[14]。この箇所の核となるメッセージは、言語の連続的な性質が単純にイメージや視覚的メディウムの多次元性と競合できないということである。結局のところ、スミスは心的イメージの特質について、物質的イメージ、すなわち図像に照応する手段や程度を気にかけているのである。重要なのは、図像的なデジタルインターフェイスはいずれも、視覚的思考のプロセスによってユーザーの想像力を刺激する、と述べられる必要がある点である。現在、アルンハイムによれば、心的イメージは現実的ではなくイメージの模倣的形式である。そして、スミスは『視覚的思考』からの一節を引用することによって、再びアルンハイムの先導に従う。「思考に必要とされるある種の「心的イメージ」は、いくつかの視覚的場面の完全で、多彩で、信頼に足るレプリカではありそうにない」[15]。繰り返しになるが、スミスがアルンハイムを参照して説明するように、イメージはむしろ、常にある構造的な同一性と結びあわされた抽象性のあらゆる水準で存在するのである[16]。

このような構造的相同性の概念に従って、デジタルインターフェイスに適合する形式を見出す試みがゴンブリッチへの言及により確認された。インターフェイスとその要素の表象の問題に関して、ゴンブリッチの『芸術と幻影』の根本的な議論が基礎として採用されている。ゴンブリッチにとって現実の芸術的模倣としての表象とは、「無垢な眼」の帰結ではない。むしろ、芸術家（と同様に観者）の認識が、何が生み出され、見られているのかを決定すると共に、眼の継続的な試験と訂正（作成とマッチング）の題材である歴史的なスキーマの影響を受ける[17]。「無垢な眼とその他の神話」と題する彼自身のセクションを導入するとき、スミスはゴンブリッチを引用することで核心をつく。「古代や近代における芸術の形式は、芸術家が外界で見ているものの複製ではないのと同様、芸術家が心にとどめているものの複製ではない。両方のケースにおいて、それらは習得されたメディウム、すなわち芸術家と鑑賞者の伝統やスキルによって育まれたメディウム内での描写である」[18]。ゴンブリッチのスキーマの概念を強調することで、スミスは根本から歴史的な次元を彼のデジタルな想像力の理解へと書き込んでいる。これは――まったく無意識的にではあるが――スミスが喚起した様式の美術史的分類を含んでおり、ゴンブリッチの議論の要点であった。より強引に言うならば、コンピュータ科学者であるスミスは、暗黙に美術史的な様式への気づきを非芸術的イメージの次元へと移行し、それを進化する技術的イメージの基盤へと刻み込んでいるのである。[19] スミスはXerox Starのデザイングループに所属していたため、当初の商業的なグラフィカルユーザーインターフェイスのデザインに直接的なインパクトを有した。スミスによってStarの「可視性」のパラダイムが、このイメージの理論的言説のひとつの軌跡、しかしながら即座に消滅する軌跡として姿を現している。一方で、この可視性のパラダイムが、実際は同時に様々なプラットフォームを通してGUIの構造を強化しているのである。

3　マルチタスキングと様式の通時性

一九八〇年代にGUIが市場に紹介されて以降、知識の伝達、法的に許容された、あるいは違法のコピー、そしてガイドラインを通しての標準化のメカニズムといった多様な要因が、GUIのプラットフォームを横断する特定の形式的要素の拡大を促進した。しかし、すでに一〇年後、インターフェイスにおける形式の大部分がよりいっそう等質的になった。そしてGUIの特定のメーカーが市場を席巻し始めたのである。初期に主流をなしたメーカーは、Microsoftであり Apple（図10）であった。一九九〇年代の間、インターフェイスデザインに抜本的な変更はなかった。オペレーティングシステムWindows 3.1.（一九九二年）、Windows 95（一九九五年）、Windows 98（一九九八年）におけるMicrosoftのGUIとオペレーティングシステムMacintosh System 7（一九九一年）、Mac OS 8のAppleのGUIと共に、GUIの形式の相対的な安定化と停滞が続いた。同時に開発されたマルチタスキングとウィンドウ数の増加がスクリーンに遍在するウィンドウの重複する構造を生み出した。ゆえに、ウィンドウの重複とは、マルチタスキング時に（図11）ユーザーの日常的な――しばしばじれったい――経験として重要な特徴になった。もし誰かがWIMPの段階におけるGUIの図像的性質を定義し指示しようとするなら、重複するウィンドウとディスプレイにおける多数のウィンドウの多種多様な配置は決定的であるように思われるだろう。――なぜなら、多数のウィンドウがディスプレイ上に組織される特定の

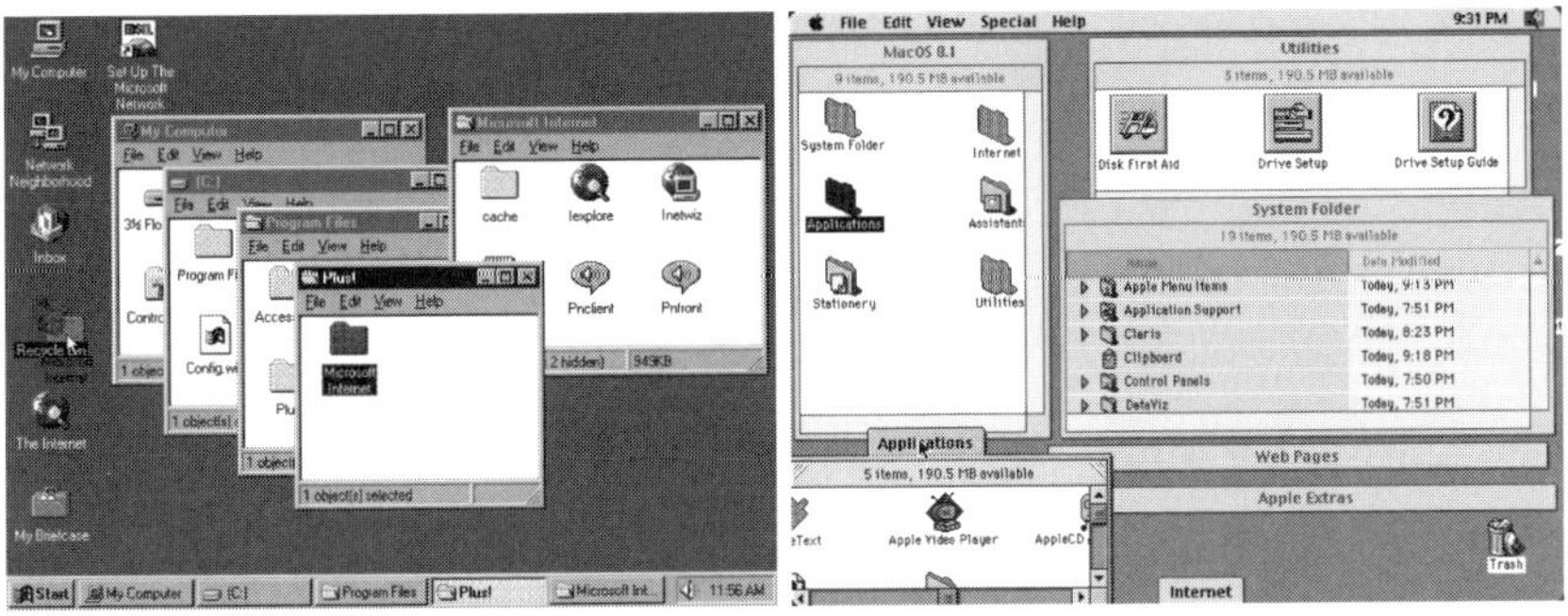

図 10　Microsoft Windows 95（左）と Apple Macintosh OS 8 のグラフィカルユーザーインターフェイスのスクリーンショット（右）1995、1997 年

図 11　重複するウィンドウのスクリーンショット、2000 年

図12　フレデリック・キースラー、ニューシアターテクニックの国際エキシビション、インスタレーションビュー、ウィーン、1924年

方法とは、ある図像的空間を構築しているためである。

レフ・マノヴィッチ（Lev Manovich）やアン・フリードバーグ（Anne Friedberg）といったメディア理論家たちは、中心的なパースペクティブのコンセプトや、レオン・バティスタ・アルベルティ（Leon Battista Alberti）のウィンドウのメタファーと関連させて、ウィンドウのもっとも一般的な使用からGUIの図像的性質を定義してきた。これらの方法とは対照的に、私はいくつか特定の歴史的段階、すなわちインターフェイスの様式的発展が、長期間強力に、重複するウィンドウによって特徴づけられたことを考慮に入れるよう提案したい。[20] それゆえ、インターフェイスの図像的性質やデジタルな想像力をウィンドウの比喩——イメージにおけるルネサンスのコンセプトによって比較し議論するのみならず、むしろより限定して、多数のイメージとオブジェクトの配置や、重複構造を使用するイラストに特定的に現れるある様式的構造やイメージの近代的なコンセプトと比較することを私は提案したいのである。[21]

理論的であると同様様式的に、観者と多数のパネルやオブジェクトとのインタラクションの問題は二〇世紀初期の前衛芸術の関心の焦点だった。この期間中、空間的に多数配列されたイメージやオブジェクトと人々がインタラクションする手段——スクリーン上の多数のワークスペースや空間的なインタラクション（「配列するウィンドウ」）との類似において——が、建築とデザインの実践において広範に検討された。次元性、動き、そして観者／ユーザーとオブジェクトやイメージとのインタラクティヴィティの問題は、幾人かの芸術家が取り組んだ主要な目標だった。例えば一九二〇年代のルートヴィヒ・ミース・ファン・デル・ローエ（Ludwig Mies van der Rohe）のコラージュデザイン、一九二〇年代のフレデリック・キースラー（Frederick Kiesler）の展示会デザインと建築、

図13　アビ・ヴァールブルグ、『ムネモシュネ・アトラス』の図版、1927年〔ヴァールブルクによる図像パネル「略奪（RAUB）」（1927年）〕

一九二〇年代のハンス・リヒター（Hans Richter）とテオ・ファン・ドゥースブルフ（Theo van Doseburg）の映画と空間的実験、ヘルベルト・バイヤー（Herbert Bayer）の図像のためのディスプレイ・インスタレーション（図12）においてである。このようにイメージをコラージュのようなインターフェイスによって時空間に配置するあらゆる実験的手法は、観者の方向喪失感と戯れつつ、彼をすべてのものとより強力にインタラクションするよう駆り立てた[22]。インタラクションが中心であったものの、ユーザビリティや一覧性ではなく方向喪失がここにおける目的であった。

デジタルに重複するウィンドウと、アナログな形式や前衛芸術作品とを比較することで、私はモダニズムとデジタル、前衛芸術とコンピュータとのインタラクションに因果関係を見出し、両者の系統的な関連性をほのめかすつもりではない。むしろ私は、価値のあるアイコニックな存在であり、それ自身の正当性を有するイメージとしてのデジタルインターフェイスの観念とは、デジタルとアナログの視覚的現象の通時的な比較と各々の視覚的現象の形式的同一性の精査を通して作り上げられ、強調されると主張したい。異なるメディアや歴史的モーメント間の形式や、構造的に同一なイメージ配列の異なる目的を比較することは、デジタルな形式としてそれら自身を提示している見かけ上短命な視覚的現象をより正確に把握するために、発見的な道具を提供している。そしてこれは、比較の用語では概念的であると同時に認識論的配置においては形式的に、もっとも顕著な例としてアビ・ヴァールブルクのディスプレイと『ムネモシュネ・アトラス』[1]の図版（図13）によって進められた美術史における中心的な方法論的実践である。

注

（1）Apple Computer Inc., “Introducing Macintosh”, 20-seitige Werbeanzeige, in: *Newsweek*, Fall 1984, S. 2.

（2）翻訳は、以下に基づく。Pratschke, Margarete: Windows als Tableau. Zur Bildgeschichte grafischer Benutzeroberflächen, Phil.Diss., Humboldt-Universität zu Berlin, 2011.

（3）Harvard Pennington, “Of Mice, Windows, Icons, and Men”, in: *Creative Computing*, Bd. 19, Nr. 11, 1984, S. 214. フリードリヒ・キットラーやシュテファン・ハイデンライヒといったメディア理論家が行った、一九九〇年代のイメージによるヒューマンコンピュータインタラクションに対する批判の基本的観点は、一九八〇年代の批評において既に実質的に先取りされていた。Friedrich Kittler, “Protected Mode”, in: *Computer, Macht und Gegenwehr. InformatikerInnen für eine andere Informatik*, hg. v. Ute Bernhardt/ Ingo Ruhmann, Bonn 1991, S. 34–44; Friedrich Kittler, “Vom Götterbild zur Computeranimation”, in: *Notation. Kalkül und Form in den Künsten*, Ausst.kat., hg. v. Hubertus Amelunxen/ Dieter Appelt/ Peter Weibel, Berlin 2008, S. 261–268; Stefan Heidenreich, “Icons. Bilder für User und Idioten”, in: *Icons*, hg. v. R. Klanten, Berlin 1997, siehe: http://www.khm.de/~sh/texte/icons.html (09/2011).

（4）Henry Dreyfuss, Symbol Sourcebook. An authoritative guide to international graphic symbols, New York/ London 1972. Macintosh のためのケアのデザインについては以下を参照。：Andy Hertzfeld, “Desk Ornaments. A Brief History of Desk Accessories”, in: ders.: Revolution in the Valley. The Insanely Great Story of How The Mac Was Made, Bejing 2005, S. 56–59.

（5）Dreyfuss 1972, S. 27.

（6）Susan Kare, “Interview”, Listener: Alex Pang, 8. September 2000：(*Making the Macintosh. Technology and Culture in Silicon Valley*), Transkript, siehe: https://web.stanford.edu/dept/SUL/sites/mac/primary/interviews/kare/trans.html (10/2017).

（7）Kare 2000.

（8）Kare, Susan D.: A study of the use of caricature in selected sculptures of Honore Daumier and Claes Oldenburg, Ph.D. thesis, New York University, 1978.

（9）David C. Smith, Charles Irby, Ralph Kimball, William Verplank, Eric Harslem, “Designing the Star User Interface”, in: Byte, Bd. 7, Nr. 4, 1982, S. 242–282, hier: S. 258–260.

（10）この記述に関しては、以下を参照。Margarete Pratschke, “Die Entstehung grafischer Benutzeroberflächen als Bild. Zur Rezeption von

Rudolf Arnheim und Ernst Gombrich in der Computer Science der 1970er Jahre", in: kritische berichte. Zeitschrift für Kunst- und Kulturwissenschaften, Jg. 37, Nr. 4, 2009, S. 54–63.

（11）David C. Smith, *Pygmalion. A Computer Program to Model and Stimulate Creative Thought*, Basel/ Stuttgart 1977.

（12）Ernst H. Gombrich, *Art and Illusion. A Study in the Psychology of Pictorial Representation*（The A. W. Mellon Lectures in the Fine Arts; 5/ Bollingen series; 35, 5）, New York 1960［dt.: *Kunst und Illusion. Zur Psychologie der bildlichen Darstellung*, Köln 1967］; Rudolf Arnheim, *Visual Thinking*, Berkeley, Los Angeles 1969［dt.: *Anschauliches Denken. Zur Einheit von Bild und Begriff*, Köln 1972］.

（13）Smith 1977, S. 8; vgl. Arnheim 1969, S. 231.

（14）Smith 1977, S. 8; vgl. Arnheim 1969, S. 231.

（15）Smith 1977, S. 15; vgl. Arnheim 1969, S. 104.

（16）Smith 1977, S. 8; vgl. Arnheim 1969, S. 227. アルンハイムはここで心的・精神物理学的なプロセスの構造的な同質性に関するヴォルフガング・ケーラーの類質同像の仮説を引き合いに出している。以下を参照。Mitchell G. Ash, *Gestalt psychology in German culture, 1890–1967. Holism and the quest for objectivity*, Cambridge u.a. 1995, S. 176ff.

（17）ここでゴンブリッチはカール・ポパーの認識論を引き合いに出している。以下を参照。Sheldon Richmond, *Aesthetic criteria. Gombrich and the philosophies of science of Popper and Polanyi*, Amsterdam［u.a.］1994.

（18）Smith 1977, S. 21; vgl. Gombrich 1960, S. 370.

（19）Horst Bredekamp, "Bildbeschreibungen. Eine Stilgeschichte technischer Bilder? Ein Interview mit Horst Bredekamp", in: *Das Technische Bild. Kompendium zu einer Stilgeschichte wissenschaftlicher Bilder*, hg. v. Horst Bredekamp, Birgit Schneider, Vera Dünkel, Berlin 2008, S. 36–47.

（20）Lev Manovich, *The Language of New Media*, Cambridge, Mass. 2001; Anne Friedberg, The Virtual Window. From Alberti to Microsoft, Cambridge, Mass. 2006.

（21）Margarete Pratschke, "Jockeying Windows. Die bildräumlichen Strukturen grafischer Benutzeroberflächen als visuelle Grundlage von Multitasking", in: *Multitasking. Synchronität als kulturelle Praxis*, Ausst.kat., Neue Gesellschaft für Bildende Kunst, Berlin 2007, S. 16–24.

（22）Margarete Pratschke, "Die Architektur digitaler Bildlichkeit – 'overlapping windows' zwischen Displays und gebautem Raum", in: *Das Auge der Architektur. Zur Frage der Bildlichkeit in der Baukunst*, hg. v. Andreas Beyer, Matteo Burioni, Johannes Grave, München 2011, S.

483-508.

訳注

〔1〕原文ママだが、図13は『ムネモシュネ・アトラス』ではない。正確にはヴァールブルクによる図像パネル「略奪（RAUB）」（一九二七年）である。

第10章　メディウムを混ぜかえす

――映画理論から見たロザリンド・クラウスの「ポストメディウム」概念

門林岳史

本章は、美術批評家ロザリンド・クラウスが二〇〇〇年頃から展開している「ポストメディウム的状況／条件（post-medium condition)」をめぐる議論を読解し、いくつかの著作と論文にまたがって展開されているポストメディウム論の内実を明らかにするとともに、(1)とりわけ映画理論との関係性からその意義について考察する。のちに詳しく見るように、クラウスのポストメディウム論は、同時代の映画理論に刺激を与えるとともに、クラウスの議論自体がスタンリー・カヴェルの映画理論に触発されていた。そのようにして、美術批評と映画理論という二つの言説のあいだで、ポストメディウム概念をめぐって交わされる往復運動に目を向けることで、美術批評という言説の内部にはとどまらないこの概念の射程を明らかにすることが本章の目的である。

1　クラウスのポストメディウム理論

クラウスが「ポストメディウム」概念に見出している射程を確認することからはじめよう。なによりもまず強調しておくべきことは、この概念は、事実上「ポスト＝メディウム固有性」を意味していると理解して差し支えない、ということである。すなわち、クラウスが提起している「ポストメディウム的状況／条件」とは、美術批評家クレメント・グリーンバーグによる高名な「メディウム固有性」概念がもはやその機能を失効しているような現代美術の状況にほかならないのである。

グリーンバーグが「さらに新たなるラオコオンに向かって」（一九四〇年）、「モダニズムの絵画」（一九六〇年）などの一連の批評において、諸芸術ジャンルにおけるモダニズムの運動を支える理念として「メディウム固有性（medium specificity）」概念を提唱したことはよく知られている。彼は、モダニズムの運動を、諸芸術が自己批判によって表現を純粋化していく過程として捉え、それにあたっては諸芸術における表現は、そのジャンルが使用するメディウム（絵画におけるキャンヴァスや筆、顔料など）に固有なものへと必然的に限定されていくと主張した。[2]このような彼の理論は、三次元的な奥行き空間のイリュージョンよりもキャンヴァスの平面性を強調するモダニズム絵画の動向、とりわけジャクソン・ポロックなどに代表される抽象表現主義を、同時代において理論的に後押しすることになった。

クラウスが述べる「ポストメディウム的状況」とは、インスタレーション・アートの流行などに代表されるおおむね一九七〇年代以降の現代美術の状況、すなわち、現代美術がそれぞれのメディウムに固有の表現を追い求めなくなり、むしろ領域横断的なメディウムの使用が所与となった状況を指している。しかしながら、ここでのクラウスの意図は、「メディウム固有性」概念によって押し進められるグリーンバーグ流のフォーマリズム的な美術批評が久しく有効性を失っていることを高らかに宣言することにあるのではない。クラウスは一連の論考において、ポストメディウム的状況を例証するインスタレーション・アートなどの動向に対してはっきりと敵意を示しており、そこには彼女の戦略の二重性が読みとられなければならない。

それにあたってはまず、クラウスの著作に以前から見られるグリーンバーグに対する両義的な態度を指摘しておく必要がある。同世代の美術批評家マイケル・フリードと同様、クラウスはグリーンバーグの強い理論的影響のもと、一九六〇年代に『アート・フォーラム』誌などを媒体として美術批評家としての活動をはじめた。その後、彼女は『アート・フォーラム』誌と袂を分かち、一九七六年にアネット・マイケルソンらと『オクトーバー』誌を創刊する。同誌はポスト構造主義、記号論、脱構築主義、ラカン派精神分析、ポストモダニズムなど、主にフランスを発信源とする思想の潮流をアメリカに導入し、美術批評のみならず、北米の批評言説全体に対してきわめて大きな影響力を持ち続けたことはよく知られている。こうした彼女の経歴を思想的遍歴として言い換えるなら、グリーンバーグ流のフォーマリズム的なモダニズム理解から徐々に理論的距離をとるようになった彼女が、『オクトーバー』での共同作業を通じて新しい理論を摂取し、自らの批評言語を構築していった過程として理解することができるだろう。

しかしながら他方で彼女は、ともすれば消費社会礼讃という含意をはらむポストモダニズムの動向に対しては一貫して批判的であった（例えば彼女は、しばしばフレドリック・ジェイムソンによる批判的なポストモダニズム理解を援用する）。すなわち、彼女はあくまでモダニズムのプロジェクトを継続させることを批評家として支持しており、それをグリーンバーグとは別の仕方で批評言語として構築していくこと、いわばオルタナティヴ・モダニズムを模索し続けることが彼女の批評家としての課題であったと言ってよい。彼女の批評家としての立場に見られるこうした二重の戦略ゆえに、彼女がグリーンバーグに言及する際、それはともすれば両義性をはらんだものとなる。(3) つまり、一言で言えばクラウスにとってグリーンバーグとは、最大限の敬意を払い、全力で乗り越えなければいけない先達であり続けてきたのであり、それゆえの葛藤があった。

このようにしてクラウスのこれまでのキャリアに通底する戦略の二重性をふまえれば、彼女がポストメディウムという術語に込めた二重の戦略はいくぶんか理解しやすくなる。すなわち、一方でポストメディウム概念を、メディウム固有性というグリーンバーグの教義から距離をとり、オルタナティヴ・モダニズムを模索するというかつてからの彼女の戦略の延長線上に位置づけうる。しかしながら他方で彼女は、ポストメディウム概念を練りあげることを通じて、メディウム固有性概念を拡張的に再定義し、そのことで、彼女が「ポストメディウム的状況」と呼ぶポストモダンなイメージの氾濫に対して芸術に固有の領域を擁護しようとするのである。

では、どのようにして彼女は、この二重の戦略をなし遂げているのだろうか。以下に具体的に検討したい。最初に、クラウスがメディウム固有性概念をどのように拡張し、それを再定義しているかを確認しておこう。ポストメディウムをめぐる一連の論考のなかで、クラウスは繰り返しメディウム固有性概念の再定義を試みているが、簡潔にその骨子を定式化するならば以下のようになる。

第一に、彼女にとって、（芸術表現が用いる）メディウムとは、技術的支持体（technical support）のことであるが、それは必ずしも（例えば絵画におけるキャンヴァスや筆、顔料のような）物質的支持体（material support）とは一致しない。したがって、彼女にとって、芸術表現においてメディウム固有性を追求することは、（単純化されたグリーンバーグ主義がしばしばそのように理解されるように）一定のジャンルの物質的条件へと芸術表現を還元することではない。そして、メディウムを技術的支持体として拡張的に再定義するこのような着想が、メディウム固有性の第二の再定義を可能にしている。すなわち、彼女にとって、メディウム固有性の追求とは、一定の技術的支持体が可能にする表現を、一定の約束事（convention）ないし「自動性（automation）」（スタンリー・カヴェル）へと練りあげることである。

具体的な事例を挙げて説明しておこう。このようなメディウム固有性の拡張的再定義について論じるにあたって、クラウスが好んで取り上げる作家のひとりにジェイムズ・コールマンがいる。コールマンは、一九八〇年代頃よりスライド映写機を用いた作品を作っている。これらの作品群においては、スライド映写機からある種の演劇的なシーンを撮影した映像が映し出され、それにしばしば音声トラックがともなう。映像は、コンピュータ制御された複数のスライド映写機によってゆっくりとディゾルブしながら切り替わっていき、音声トラックからは登場人物の台詞をともなうナレーションが流される。

クラウスが論じているように、スライド映写機は、かつては商業的なプレゼンテーションや街頭広告などにも使用されていたメディアであり、コールマンはそれを芸術表現のためのメディウムとして転用ないし「再発明」している。さらに、作家自身が明らかにしているように、コールマンのこれらの作品群は、フォトノベルと呼ばれるジャンルの表現形式を借用したものであるという。例えばコールマンの作品においては、ゆっくりと切り替わるスライドの枚数を節約するために、映画であればショットの切り返しによって表現するような人物同士の対話が、一枚のスライドで表現される。その結果生じるのは、クラウスが「二重のフェイスアウト（double face-out）」と呼ぶ表現形式であり、すなわち、対話している二人の人物の視線が交わることなく、ともに画面の外側を向いている、いささかぎこちない光景が映し出さ

れることになる。(4)

クラウスによれば、このようなコールマンの表現手法は、スライド映写機という技術的支持体を芸術表現のためのメディウムとして用い、それが可能にする表現形式を「(再)発明」したものである。言い換えれば、コールマンはスライド映写機という技術的支持体のメディウム固有性を追求している。しかしながら、スライド映写機と音声トラックからなるコールマンの表現は、必ずしもそれらのメディウムの物質的条件には還元されない。例えば上に述べた「二重のフェイスアウト」という形式は、スライド映写機の物質的条件には必ずしも由来しない。ここでコールマンがこれらのメディウムに固有の表現として見出したものは、彼がフォトノベルから借用してきた慣用的な表現形式も含み込んでいる。

このようにして、コールマンの作品群は、クラウスが拡張的に再定義した意味におけるメディウム固有性を追求した表現として理解できる。すなわち、コールマンはスライド映写機を彼のメディウムないし技術的支持体として採用し、このメディウムにとって固有の表現を一定の「約束事」へと練りあげているのである。クラウスは、彼女の一連のポストメディウムをめぐる論考のなかでもひとつの集大成と位置づけられる『アンダー・ブルー・カップ(*Under Blue Cup*)』において、このような意味でのメディウム固有性を追求している一連の作家たちを、ポストメディウム的状況に抗する「メディウムの騎士たち」と呼んで称揚している。クラウスが挙げる「メディウムの騎士たち」には、コールマンの他に、エド・ルーシェイ(技術的支持体としての自動車)、ウィリアム・ケントリッジ(消去しながら書き進められる素描のコマ撮りアニメーション)、ソフィ・カル(メディウムとしての調査報道)などが挙げられる。(5)

こうして見ると、先に言及したクラウスのポストメディウム論における二重の戦略の内実が理解できるだろう。すなわち、彼女は、メディウム固有性の概念によって定式化されるグリーンバーグ流のモダニズム言説がもはや機能しないポストメディウム的状況を認めたうえで、そうしたポストメディウム状況のなかで、そして、それに抗して、なおもモダニズム的な芸術の自律性の領域を確保しうるような批評言語を練りあげるべく、メディウム概念を再定義しようとしているのである。これが、グリーンバーグ流のモダニズムを乗り越えつつ、ポストメディウム的状況の現状肯定にも転落することなく、モダニズムのプロジェクトを継続しようとする彼女の批評における二重の戦略である。(6)

2　ポストメディウム論の受容——美術批評と映画理論

それでは、こうしたクラウスによるポストメディウム論は、同時代の美術批評言説に対してどのような影響力を行使しているだろうか。最初に指摘しておく必要があるのは、「展開された場における彫刻」、「写真の言説空間」、「指標論」などのかつてのクラウスの名高い論考と異なり、ポストメディウム論は、少なくともこれまでのところ、現代美術の動向について重要な洞察を与える批評言説としては必ずしも認知されていないことである(7)。確かにポストメディウム論は、高名な美術批評家の新しい理論的展開として幅広く知られてはいるが、それを理論的な枠組みとして積極的に援用する論考は少なく、その意義や是非を問う論考は、否定的ないし懐疑的な見解のものが多い。

クラウスのポストメディウム論に向けられた批判は、大きく分けて次の二点に絞られる。第一に、クラウスのポストメディウム論は、かつてからの彼女の批評と同じく、扱う作家や作品についての強い価値判断を含むものの、優れた作品をそうでない作品から区別する判断基準を欠いている、という批判である。例えばクラウスは、上に紹介したジェイムズ・コールマンをめぐる議論を展開するなかで、ジェフ・ウォールの作品にいくぶんか否定的に言及している。ジェフ・ウォールは、街頭広告などに用いられるライトボックス写真を自らの作品に転用したスタイルで知られる作家である。商業的ないし広告的なメディアを芸術表現に応用するという点ではコールマンとウォールは共通しており、いずれの作家もクラウスが拡張的に再定義した意味でのメディウム固有性を追求していると理解できそうであるが、クラウスはコールマンを「メディウムの騎士」として称揚するのに対して、ウォールには批判的である(8)。

そして、第一の論点とゆるやかに関連するもうひとつの論点として、クラウスの議論は、現代美術の幅広い実践を包括的に扱うには、あまりに視野が狭く硬直した理論的枠組みである、という批判が挙げられる。例えばキム・ジフンは、『「北海航行」——ポストメディウム状況の時代の芸術作品（*"A Voyage in the North Sea": Art in the Age of the Post-Medium Condition*）』を中心とするクラウスの一連のポストメディウム論が、一九六〇年代の構造映画を肯定的に参照しているのに対し、同時代の拡張映画やインターメディアの動向をほぼ黙殺している点を指摘し、現代美術における映像を用いた実践の幅広い展開を包括的に説明するための理論的射程を欠いているとする[9]。

こうした一連の批判は、クラウスの盟友であるオクトーバー派の批評家たちにも共有されている。彼らの共著である『一九〇〇年以降の芸術——モダニズム・反モダニズム・ポストモダニズム』に収録されている共同討議において、クラウスがポストメディウム論の自説を展開しはじめると、ベンジャミン・ブクローやイヴ＝アラン・ボワらによって違和感が表明されるのである。例えばハル・フォスターは次のように述べている。「モダニズムのメディウム固有性のあとにポストメディウム的状況が現れ、それが今度はメディウムの刷新——拡張された意味においてであれ——によってなんらか埋め合わされるというこの物語には私も満足できません。戦後期にはそう簡単には縫いあわせられない諸々の複合的な亀裂がありますよ[10]」。この発言には、上に挙げた批判の二つの論点の双方が含まれている。すなわち、クラウスのポストメディウム論は、理論的な視野が狭く、したがって扱いうる作品も限定的であり、その選択は恣意的である、と言うのである。

このように、クラウスのポストメディウムをめぐる議論は、美術批評の言説内部においては、これまでのところどちらかというと不評を被っているといってよい。他方で彼女の理論は、同時代の映画理論に対して、けっして小さくはない刺激を与えており、本章の目的にとってはこちらの方が興味深い。メアリー・アン・ドーン、D・N・ロドウィック、フランチェスコ・カゼッティといった映画理論家たちが、デジタル時代における映画の存在論的条件についての理論化を進める過程で、一様にクラウスのポストメディウム論に言及しているのである[11]。どうしてだろうか。端的に、一九九〇年代頃から段階的に進んできた映画の制作・流通・上映環境のデジタル化のなかで、映画というメディウム自体がポストメディウム的状況にあるからである。すなわち、デジタル技術の到来とともに、映画というジャンルのメディウム固有性を（もしそのようなものがあるとして）、単純にセルロイド・フィルムという物質的な支持体に求めることができなくなった。その結果、映画というメディアは、ある種のアイデンティティの危機という状況にある、というのが彼らに共通した関心である。例えばドーンは、フィルム時代の映画にとって、そのメディウム固有性の要であったインデックス性が、デジタル時代に危機にさらされているとする。ロドウィックは、映画のメディウム固有性をフィルムの物質性に還元できない現状を認めたうえで、クラウスと同様にスタンリー・カヴェルを再読しながら、映画の存在論をその物質的な次元ではなく潜在《ヴァーチャリティ》性の次元に求めようとする。あるいはカゼッティは、同様の認識に立脚しながら、ポスト映画の時代においても日常経験としての「映画的なるもの」は存続していくと主張する。すなわち、彼らは一様に、デジタル技術の到来とともに映画というメディウムの存在論的条件が根底から変容している可能性に眼を向けており、そこから出発して映画のメディウム固有性に関わる理論化の作業を行っているのである。彼らによるクラウスへの言及はおおむね表層的なものにとどまっているものの、ポストメディウム論が彼らの興味を引きつけた理由はその点にある。

　しかしながら、ここで慎重な検討が必要である。映画のメディウム固有性は、デジタル時代に初めて危機にさらされたとしてよいのだろうか。ここで二つの立場を対比させてみたい。

①映画は今日、ポストメディウム的状況にある。なぜなら、デジタル時代において、映画のメディウム的条件は、その物質的支持体であるセルロイド・フィルムに還元できないからである。今日、必要とされているのは、映画の存在論を、その単一の物質的なメディウムに還元することなく再構築することである。

②映画はその誕生の瞬間からつねにすでにポストメディウム的状況にあった。なぜなら、映画のメディウム固有性は、グリーンバーグにとっての絵画のメディウム固有性とは異なり、映画に固有の単一の物質的支持体に存するのではないからだ。むしろ、映画のメディウム固有性は、一連の技術的支持体（フィルム・カメラ・映写機・スクリーン・映画館など）と、映画的経験を構造化する一連の約束事のうちに存している。

　この双方が、慎重な検討に値する重要な問題設定であり、これまでのところ映画理論は、主に①の立場から出発してクラウスのポストメディウム論に関心を寄せてきた。しかしながら、私の考えでは、映画理論がクラウスのポストメディウム理論から汲みとるべき教訓の核心は、むしろ②で定式化した立場のほうにある。その点で興味深いのは、そもそもクラウスがポストメディウム理論を練りあげるにあたって、スタンリー・カヴェルの映画理論がその着想の源として大きな役割を果たしていたことである。

3　クラウスによるカヴェル注釈

カヴェルは『眼に映る世界――映画の存在論についての考察』（初版一九七一年）において、映画のメディウム的条件についての存在論的考察を行った。カヴェル自身が序文で書いているように、同書を執筆するにあたって彼は、当時ハーヴァード大学の若い同僚であったマイケル・フリードとの交流に刺激を受け、グリーンバーグの美術批評を再読するように促された。[12] 結果として『眼に映る世界』は、直接的な言及こそ少ないものの、グリーンバーグのメディウム固有性の理論を映画というメディウムに応用しつつ、必要な変更を加えながらメディウムの理論を練りあげる、という性質をともなっている。したがって、グリーンバーグ（とフリード）の美術批評が映画というメディウムをめぐるカヴェルの存在論的考察に刺激を与え、そのカヴェルの理論がひるがえって、クラウスがグリーンバーグのメディウム理論を批判的に継承しつつポストメディウム理論を展開する際の理論的な着想を与え、さらにはそのクラウスのポストメディウム理論が二〇〇〇年代以降の映画理論家たちによるデジタル時代の映画をめぐる理論化の作業に刺激を与える、という、美術批評と映画理論のあいだで重層的に交わされる影響関係があったことになる。本章は、このように領域を横断しながら次々に亜種を生み出していくような、理論の異種交配性に眼を向けてみたい。

しかしながら、カヴェルによる映画メディウムの存在論およびクラウスによるその解釈に眼を向ける前に、クラウスのポストメディウム論の着想源となっているもうひとつの映画理論に言及しておきたい。クラウスの小さな著作『「北海航行」――ポストメディウム状況の時代における芸術作品』（二〇〇〇年）は、一連のポストメディウム論のなかでも比較的初期に発表されているにもかかわらず、もっとも豊かな理論的展開がなされている論考である。同書でクラウスは一九七〇年代頃のマルセル・ブロータースの一連の作品を鮮やかに読解し、一般的にはインスタレーション・アートの先駆者として理解されがちなブロータースを、（クラウスの後の言葉では）ポストメディウム的状況に抗する「メディウムの騎士」として位置づけている。その議論のなかでも、メディウム固有性の概念を練りあげて物質的条件に還元されない新たなメディウム概念を提起する重要な箇所で、クラウスは映画装置理論に言及しているのである。

さて、こうした接合点において映画の固有性について考察することがもたらす豊かな満足は、〔映画という〕メディウムの集合的な条件〔aggregate condition〕に由来する。こうした集合的条件に導かれて、わずかに後の世代の理論家たちは、映画の支持体を「装置」という複合的な概念を用いて定義するようになった。すなわち、映画にとってのメディウムないし支持体は、セルロイド製の映像の帯でも、それを撮影するカメラでも、それに運動する生命を与える映写機でも、それをスクリーンに中継する光線でもなく、スクリーンそれ自体でもなく、むしろ、それらすべてを一緒にしたうえで、背後にある光源と眼前に投影される映像のあいだにとらえられた観客の位置も含んだものである。(13)

ここでクラウスが映画装置理論に言及する文脈（「接合点」）とは、構造映画の文脈、すなわち、マイケル・スノウやポール・シャリッツなどに代表される一九六〇年代の実験映画の動向である。クラウスは、一九六〇年代末から七〇年代初頭にかけて構造映画などの前衛的な実験映画の動向を推進する役割を果たしたアンソロジー・フィルム・アーカイヴズ（ジョナス・メカスらが創設したニューヨークの映画上映施設）にリチャード・セラやロバート・スミッソンといった若い世代のアーティストたちが集っていた光景を懐古するなかで、上に引用したように映画装置理論に言及しているのである。歴史的な文脈を補っておくと、装置理論は、とりわけ英語圏の映画研究に導入される際には、構造映画の手法と近接性の強い理論として受けとめられていた。すなわち、四五分間持続する単一のズームのみによって構成されるマイケル・スノウ『波長』（一九六七年）や、数フレームごとに異なる色面を目まぐるしくつなぎあわせることでフリッカー現象を生じさせるポール・シャリッツの一連の映像作品は、映画というメディウムの技術的条件そのものを露わにする試みとして理解されていた。そして、映画を一連の技術的・文化的条件が複合した「装置」として理解する装置理論は──ルイ・アルチュセール的な物語のイデオロギー的読解へと向かう側面もあわせもつが──、構造映画と同じ関心を共有するメディウム的な思考として受容されていたのである。(14)

そのような文脈をふまえたうえで、クラウスは装置理論を──そして、構造映画を──、映画のメディウム固有性を、単一の物質的支持体に還元できない一連の技術の複合体として定式化する理論として位置づけた。彼女にとって、構造映画が実践し、装置理論が理論化した映画におけるメディウム固有性の追求は、単一の物質的メディウムに還元されず自己差異化をはらんでいるが、それと同時に徹底してモダニズム的な実践であった。そして、クラウスによれば、そうした映画における複合的なメディウム固有性の認識は、リチャード・セラらグリーンバーグ＝ポロック以後のアーティストたちに、同様の自己差異化をはらむメディウム固有性の追求を促したという（これまで言及してこなかったが、「自己差異化」はクラウスによるメディウム概念の拡張的な再定義の重要な一要素である）。クラウス自身は、メディウムの理論としての映画装置理論という着想を、上に紹介した以上に展開していないが、この着想は装置理論を、映画のポストメディウム的条件（映画はつねにすでにポストメディウム的状況にあった）を潜在的に思考していた先駆的な理論として再読する契機を与えている。

さて、次にクラウスによるカヴェルの映画理論の読解を検討しよう。映画装置理論と同様、カヴェルの映画理論もまた、クラウスにとってはグリーンバーグ的なメディウム固有性概念を拡張する契機を与えている。それを検討するためには、まずもってカヴェル自身が、グリーンバーグ的なメディウム固有性をどのように読み替えて映画というメディウムに適用したのかを概観しておく必要がある。

カヴェルにとって、映画のメディウム固有性を支える中心的な概念は「自動性（automatism）」である。『眼に映る世界』においてカヴェルは、この概念を複数の次元にまたがって使用している。少なくとも以下三つの位相を指摘することができる。

第一に、カヴェルにとって、映画というメディウムの物質的基盤を支えているのは「連続した自動的な世界の投影（a succession of automatic world projections）」である[15]。すなわち、映画は、世界をそのまま写しとる写真というメディウムの技術的特性に依拠しており、さらに、その写真的映像を継起的にスクリーンに投影することが、映画というメディウムについて合意可能な最低限の固有性である。

この第一の次元における映画の自動性に依拠して、第二に、映画の自動性の（ハイデガー的な意味合いにおける）存在論的な位相が導き出される。例えばカヴェルは次のように述べている。

私はこれまで映画が、見られることがないまま見ることを可能にしてくれることで、世界の魔術的再生への願望を満たしてくれるものと述べてきた。このようにしてわれわれが見たいと望むものは、世界そのものである。――つまり、すべてだ。（中略）われわれが世界そのものを見たいと望んでいるとはすなわち、われわれが見ることそのものの条件を望んでいるということだ。これこそわれわれが、われわれと世界との結びつきを確立する方法である[16]。

ここではこうしたカヴェルの発言の哲学的含蓄に立ち入ることはしないが、こうした論述においてカヴェルは、映画が世界の外観を自動的に再生することができる、と述べるにはとどまらず、私たち現存在が世界そのものへと再び立ち現れることを自動的に可能にしている、と述べているように見える。ここでのハイデガー的な含意は明らかだろう（『眼に映る世界（*The World Viewed*）』というタイトルは、明白にハイデガー『世界像の時代（*The Age of the World View*）』を意識している）。

そして第三に、世界を自動的に呈示する映画の能力に関わる以上二つの概念規定とは別の系列の――しかし、後に見るようにそのうち一つ目の定義とは部分的に関連をもつ――「自動性」概念がある。それが、一定の芸術ジャンル内部に確立される「約束事」として理解される自動性である（ただし、カヴェルは「約束事（convention）」という術語をクラウスほど多用していない）。例えば、フーガの技法に習熟した演奏家であれば、一定の旋律が与えられれば、その曲の続きを自動的にインプロヴィゼーションすることができるであろう。カヴェルは『眼に映る世界』に先立って、「脱＝作曲された音楽（Music Discomposed）」（初出一九六七年）において、まだ「自動性」という術語を用いていないものの、こうした意味での約束事ないし伝統が芸術的な創造行為にとってもたらすものについて、すでに考察していた[17]。「脱＝作曲された音楽」においても『眼に映る世界』においても、カヴェルが関心を寄せていたのは、モダニズムの時代において、芸術家による創作行為が、このような意味での自動性に依拠することが困難になっているという事態である。かくしてカヴェルは次のように述べる。

私は現代の芸術家の務めを、その芸術分野の新しい一事例を創り出すことではなく、その芸術分野のなかに新しいメディウムを創り出すことであると性格づけた。これを、新たな自動性を確立する務めと考えることができるかもしれない[18]。

すでに概観したクラウスによるメディウム概念の拡張的な定義からも明らかなように、カヴェルによる以上三つの自動性概念のうち、クラウスの関心をもっとも惹いているのは、第三の位相である。実際、クラウスは上に引いた一節を繰り返し参照している（さらにクラウスは、自動性のインプロヴィゼーションとしての側面にシュルレアリスム的な「自動筆記（automatisme）」の含意さえ読みとっている[19]）。

すなわちクラウスは、一定のジャンルとそれが用いる技術的支持体が可能にする「約束事」まで含み込むようなかたちで、メディウム固有性概念を再定義した。そのようなメディウム固有性の理解において、モダニズムの芸術家の使命とは、一定のジャンルにおける約束事に基づいてそのジャンルが可能にする表現の「新しい一事例」を創り出すことではなく、そのジャンル内部に「新しいメディウム」を創出ないし発明することである。それは同時に、新たな約束事を、すなわち「新たな自動性」を発明することを意味している。クラウスにとってはこれこそが、異種混交的なメディウムの使用が所与となったポストメディウムの時代において、モダニズムのプロジェクトを継続するためのひとつの道であった。

それでは、上で暫定的に三つに分類したカヴェルの自動性概念のうち第一と第二の位相、すなわち、映画というメディウムについての存在論的考察から導き出される自動性についてはどうであろうか。グリーンバーグからカヴェルへ、そしてクラウスからデジタル時代の映画理論へとメディウム概念をめぐって交わされる美術批評と映画理論のあいだの往復運動に注目している私たちの立場からは、カヴェルの自動性概念の映画理論としての側面からクラウスがなにを汲みとっているかに興味が惹かれる。それにあたってはまず、カヴェルの理論内部で自動性概念の第一と第二の系列と第三の系列がどのように交差しているかを確認しておく必要があるだろう。実際、『眼に映る世界』は、自動性概念がこのように複数の次元にわたって使用されているがゆえに、首尾一貫した理論的体系として理解することが困難になっている。そして、カヴェル自身が少なくとも部分的にはそのことに自覚的である。以下、長くなるがそのことを示す重要な箇所を引用する。

〔カメラと上映機の物理的メカニズム〕は映画のメディウムの物理的あるいは物質的基盤を生み出しているが、それを私は、連続した自動的な世界の投影と言い表している。このような物理的基盤の側面に意味をあたえるものは、形式とジャンルと類型とテクニックの芸術的発見であり、それらも私は自動性と呼びはじめたのであった。

芸術的事実のこれらの水準を区別しようとしているのに、自動性という概念を——ともかくも自動的という言葉を——映画の物理的な基盤の記述にも使うのは間違っている〔perverse〕と思われるかもしれない。私は、ここで私自身がこの間違いを犯しているとは思わない。部分的には、それは映画芸術そのもののアイデンティティに関係している。——映画という芸術のメディウムは、このような製造業的なメカニズムをその基盤にたしかにもっているという事実である。また部分的には、それはモダニズム芸術一般の運命と関係がある。——自身の芸術分野の物理的基盤を意識し、それを引き受けているがゆえに、モダニズム芸術は、その基盤によって自らの芸術分野をコントロールさせることを肯定すると同時に否定せざるを得ないということだ。このことのゆえにまた、メディウムという観念を諸々の芸術の物理的基盤への参照に限定することから解放しようと努めているにもかかわらず、私はなおも、それらの基盤を名指すためにも、諸芸術の内部での成果の様態を性格づけるためにも、同じ言葉を使い続けているわけだ[20]。

クラウスはカヴェルの自動性概念にもっとも入念に取り組んだ論考「「岩盤」——ウィリアムズ・ケントリッジによる投影のための素描」(初出二〇〇〇年)において、この箇所に注釈を加えている[21]。以下、クラウスの注釈をひもといていくが、それにあたってはまず、上の引用を三つの部分に分けておこう。第一にカヴェルは、自動性という概念の使用について自らがカテゴリーの混同という過ちを犯しているのではないかという疑問を呈している(「は間違っていると思われるかもしれない」まで)。続いてカヴェルは、そのことを否定し、部分的な理由を二つ挙げている(「肯定すると同時に否定せざるを得ないということだ」まで)。そして、最後にカヴェルは、自動性概念と同じく、メディウム概念についても、自身が異なるカテゴリーにまたがって同じ術語を使用していることを認めている。

最初の部分について。カヴェルは自らが映画の物質的な基盤を「連続した自動的な世界の投影」とする自らの考えを確認したうえで、それに意味を与えるのは「形式とジャンルと類型とテクニックの芸術的発見」であり、その側面をも自分は自動性と呼ぶ、と述べている。クラウスは、この「形式とジャンルと類型とテクニックの芸術的発見」を、私たちの整理における第三の自動性概念、すなわち、ある芸術メディウム(この場合は映画)の内部で創出された約束事として解釈している。この解釈は、引用した箇所の内部においてただちに自明というわけではないが、『眼に映る世界』全体の論旨を振り返れば妥当といってよい。実際、カヴェルは別の箇所で、類型的人物やジャンルについて、「映画というメディウムに内在するひとつの可能性」として論じている[22]。

したがって、カヴェルはこの箇所で、最初に映画というメディウムの物質的基盤と、映画というメディウム内の約束事の両方に自動性という概念を使用していることを認め、そのうえで続けて、そのことを正当化する部分的な理由を二つ挙げていることになる。第一の理由は、映画は事実としてそうした物質的基盤をもっているから、というものである。第二の理由は、モダニズム芸術一般の「運命」に関わる。「自身の芸術分野の物理的基盤を意識し、それを引き受けているがゆえに、モダニズム芸術は、その基盤によって自らの芸術分野をコントロールさせることを肯定すると同時に否定せざるを得ない」とカヴェルは述べる。どういうことだろうか。そして、なぜこのことが、自動性という概念を二重の意味で使用する理由を与えているのだろうか。

クラウスは、この第二の理由に注目し、そこに『眼に映る世界』の別の箇所での論述を外挿することで、一見したところ明解とは言えない上記のカヴェルの論述に一定の解釈を与えている。クラウスは、私たちの整理における自動性の第一と第二の位相、すなわち、映画の物質的な基盤およびそれが可能にする世界の呈示（クラウスの要約によれば、映画による世界の呈示は、観者の世界への現前を宙づりにしたままなされる）に言及したうえで、次のように述べている。

しかし、映画が機械的に〔観客の世界への〕不在を保証し、したがって、個人性と孤立という近代的諸問題を自動的に宙づりにすることだけでは、この不在という形式を芸術の水準まで引きあげるのに十分ではない。というのも、「映画を芸術の一候補にしてきたものは、諸々の自動性の伝統へのその生来的な関係である」とするならば、カヴェルが議論するように、「映画による、自動性の伝統的な使用への信頼の消滅は、映画をモダニズムに否応なく向かわせる。おのれの力を回復するようなやり方でこの消滅を認知することへの映画の潜在的な可能性は、モダニズムを映画のひとつの選択肢にする」。

そして、ここにおいてこそ、一方で物質的な基盤、他方で新しいメディウムを創造する課題という二つの自動性がたがいに重なりあうのである[23]……。

このクラウスの注釈自体、けっして分かりやすいものではないが、おそらくこういうことだろう。すなわち、一方では伝統的な芸術ジャンルにおける自動性の使用（そこにおいては、作品とはジャンル内部における自動性ないし約束事に則った一事例である）と、モダニズム芸術における自動性そのものの創出（作品とは、新しいメディウムそのものの発明である）の対比がある。他方で、映画という若い芸術ジャンルは、「諸々の自動性の伝統へのその生来的な〔natural〕関係」ゆえに、芸術の一候補となることができた。すなわち映画は、「連続した自動的な世界の投影」をその物質的基盤としているがゆえに、自動性の伝統的な使用へと自然に自らを同化させることができた（クラウスが参照している箇所の付近で、カヴェルは「どうやって映画はこれほど長い間、伝統的なままであることができたのか[24]」と反語的に問うている）。

しかし、ひとたび映画が自動性の伝統的な使用への信頼を失うならば、そのとき映画は必然的にモダニズムへと、すなわち、映画内部における新たなメディウムの発明へと向かわなければならない。このとき、映画の物質的基盤としての自動性と、新たなメディウムの発明という意味での自動性が重なりあうことになる。この二つの自動性が重なりあう地点を、クラウスは「私が繰り返し参照してきたフォーマリズム的内破が課する十字路」と言い換えている。ここでのフォーマリズム的内破とは、「一九六〇年代において、メディウムが物質的な条件をめぐって「本質化」されたものとして理解された――絵画はいまや、すべての表層的な約束事が取り払われてしまい、その物理的な平面性というそれに定義を与える基底にまで還元されたものとして読解された」、そうした状況のことである[25]。したがって、ここでクラウスが、映画におけるモダニズムをめぐるカヴェルの言及に注釈をつけるとき、具体的な言及はないものの、暗黙のうちに一九六〇年代の構造映画を参照している可能性が高い。構造映画もまた、上のような意味での一九六〇年代のフォーマリズム的内破の産物であった。そして、そのように解釈するならば、先の引用でカヴェルが挙げていた、自動性概念に二つの意味を担わせる第二の理由は理解しやすくなる。すなわち、構造映画は、「自身の芸術分野の物理的基盤を意識し、それを引き受けているがゆえに」、そうした物理的基盤としての自動性を、すなわち映画装置そのものを露わにすることで、「その基盤によって自らの芸術分野をコントロールさせることを肯定すると同時に否定」する。そのとき、映画の物理的基盤としての自動性への意識は、自らに折り返され、そのような自己反省性そのものが、映画内部における新たなメディウムとしての自動性を形成する。かくして、映画における二つの自動性は、メディウムへの省察というモダニズム的な契機において、分かちがたく折りあわされることになる。

このようにして、クラウスの注釈に促されながら、自動性概念の二重の使用をめぐるカヴェルの釈明を、一定程度首尾一貫して理解することが可能になる。ただし付記しておくと、カヴェル自身は『眼に映る世界』においてモダニズム絵画におけるメディウムについては一定程度言及しているものの、映画への参照はほぼ伝統的な物語映画に限られていて、構造映画その他の実験映画の動向への言及はほぼ存在しないので、このようにモダニズムの方向性に強い負荷をかけた解釈はカヴェルの読解としてはバランスのとれたものとは言えないだろう。(26) いずれにせよ、映画というメディウムにすでに含まれている重層的な性質ゆえに、カヴェルは自動性概念を複雑に練りあげざるをえなかったこと――クラウスの言葉を借りれば、自己差異化をはらんだ概念として――は、以上の読解により示せたと思う。そして、すでに述べたように、クラウスにとってのカヴェルの重要性の中心は、メディウム内の約束事としての自動性概念にあるものの、カヴェルの自動性概念がすでにはらんでいた重層性こそが、クラウスをさらなる概念的練りあげへと向かわせたと言ってよいだろう。そして、そのことは、映画におけるポストメディウム的状況の探求に向けて、これまでになされてきた以上の視座を与えてくれるはずである。

4　メディウム／メディアを混ぜかえす

さて、先に『眼に映る世界』より引用した自動性概念の二重性をめぐるカヴェルの釈明には、もうひとつ、第三の部分が残されていた。すなわち、カヴェルによれば、自動性概念を二重に使用するのと同じ理由により、メディウム概念にもまた、二重の概念規定を担わせざるをえない、というのである。クラウスは上に紹介した注釈において、この部分にも注目しており、カヴェルはメディウムという術語を、諸芸術の物理的基盤と同時に、諸芸術内部での約束事のためにも用いることで、フォーマリズム的内破に対して抵抗を示したのだと評価している。(27) しかし、カヴェルがメディウム概念に二重の意味作用を担わせ、事実上、「メディウム」と「自動性」を部分的には互換可能な概念として用いていることは、クラウスがポストメディウム論を練りあげるにあたって、これだけにはとどまらない意義をもたらしている。クラウスは『「北海航行」』の序文を次のように書きはじめている。

最初、私はメディウムという語に打ち消し線を引き、この言葉をあまりにも批評的に有毒な廃棄物として葬り、そこから遠ざかって語彙上の自由の世界へと歩んでいこうと考えていた。「メディウム」は、あまりに汚染されており、あまりにイデオロギー的に、あまりに教条的に、あまりに言説的に負荷を担わされているように思われた[28]。

続けてクラウスは、当初「メディウム」に換えてカヴェルの「自動性」概念を用いる構想を抱いていたと述べ、「自動性」概念の有用性を説明しはじめる（ただし、『「北海航行」』におけるカヴェルへの言及はほぼ序文に限定されている）。しかしながら、結局クラウスは、カヴェルにならって「メディウム」という語を使い続けることを選択した。「かくして、最終的に私が「メディウム」という語を保持することに決めたとすれば、その理由は、この語に付随するすべての誤解や濫用にもかかわらず、この言葉こそが私が差し向けたい言説領域のうえに開かれた術語だからである[29]」。

クラウスは、メディウムという概念を用いて、彼女がポストメディウム的状況と呼ぶ言説領域を展開していくことに、――かつての彼女と同じ洗練された文体をもって――一定程度成功していると言ってよいだろう。しかし、注意が必要である。右の引用の直前で彼女は、「medium」の複数形を「media」ではなく「mediums」と綴り、そこに注をつけている。「このテクストを通じて、私は *medium* の複数形として *mediums* を用い、*media* との混同を避ける。*media* は、その語が指示しているコミュニケーションの諸技術のために取っておく[30]」。こうした態度に徴候的に現れるように、クラウスはポストメディウム論全体を通じて、芸術表現のためのメディウムとコミュニケーション技術としてのメディアを峻別し、常に後者に否定的な価値を割り当てているのである。こうした態度を、彼女は同書の結論で高らかに宣言している。

フレドリック・ジェイムソンはポストモダニティを、広告によってであれ、コミュニケーション・メディアによってであれ、サイバースペースによってであれ、文化的空間がイメージによって全面的に飽和した状態として特徴づけた。このようにして社会的・日常的な生活が完全にイメージに浸透されていることが意味するのは、彼によれば、美学的経験はいまやいたるところにあるということであり、こうした文化の拡張は、個別の芸術作品という観念をまったく問題含みのものにしてしまっただけでなく、美学的自律性という概念そのものを空虚にしてしまった。（中略）しかしながら、こうした状況のなか、このような実践にしたがわないことに決めた数少ない現代美術の作家たちがいる。すなわち、インスタレーションとインターメディア作品の国際的な流行——こうした動向において、芸術は本質的に、資本に奉仕したイメージのグローバル化と共犯関係にある——に従事しない決断をした作家たちのことである。(31)

先に、クラウスのポストメディウム理論が、現代美術の動向のマッピングとしては視野が狭く、適用の範囲が恣意的かつ限定されているという批判を紹介した。繰り返すように、クラウスのポストメディウム論が現代美術の展開に対してもつ理論的有効性の検証は本章の目的ではないが、上のようなメディウムとメディアの峻別は、クラウスの議論を、現代のメディア状況を適切に理解し、あるいはさらに対抗的な言説や実践を展開するにあたっても、応用可能性を狭めているように思われる。現代のポストメディウム的ないしポストメディア的状況——クラウスはいずれにせよ、ポストメディウム的状況に、グローバル資本主義とコミュニケーション技術がもたらした美学的経験の飽和状態を認めているのだから、この際、ポストメディウムとポストメディアを区別する意味はない——に抗して、美学的経験の自律性を確保しようとするクラウスの批評的態度には共感する。しかしながら、美学的メディウムをコミュニケーション・メディアから峻別し、ますます閉ざされていく美学的メディウムの自律的領域に退却することは、大局的に見て有効な戦略とは言えないだろう。

ここで補助線として、「関係性の美学」を提唱し、一九九〇年代以降の現代美術シーンにおいて強い影響力を持つキュレーター、ニコラ・ブリオーの発言は参考になる。ブリオーは、クラウスのポストメディウムをめぐる議論がグリーンバーグ流のキッチュへの嫌悪を引き継いでいることを確認したうえで、次のように述べているのである。

しかし、この命題をひっくり返してみよう。キッチュの現代的な形式が、伝統という粉飾された枠組みの内部へと芸術的な諸命題を閉じ込めることにほかならないとしたらどうだろうか。そして、真の芸術は、まさしく、それが採用するメディウムに暗に含まれる決定論を逃れる能力によって定義されるとしたらどうか。言い換えるなら、今日私たちは、グリーンバーグがそうしたように、自らの手段の固有性に自足しているアヴァンギャルドの保存のために闘争するのではなく、むしろ、芸術のソース・コードの非決定性、その散種のために闘争しなければならない。そうすることで、逆説的にもキッチュを際立たせる超フォーマット化に対抗して、ソース・コードがどうやっても回復不可能になるようにしなければならないのである。[32]

本章でこれまでに用いてきた語彙で言い換えるなら、ブリオーが述べていることはこういうことである。すなわち、今日必要とされる戦略は、美学的メディウムの領域の自律性を守るために戦うのではなく、むしろ、美学的メディウムをコミュニケーション・メディアのうちに意図的に拡散させ、両者の区別が不可能なまでに混交させることである。そうでなければ、美学的メディウムは結局のところ、そのようなものとしてグローバル資本主義経済下のイメージの流通のなかで従順に消費されてしまうほかないだろう。クラウスの立場とは真っ向から対立する戦略であり、そのどちらにもそれぞれに応じて弊害が含まれるにちがいない。それを現代美術の実践に即して詳細に検討することは、私の能力を超えている。しかしながら、それ自体としては押しとどめることが不可能なポストメディウム／ポストメディア的状況に対して抵抗の戦線を展開するのであれば、クラウスのように自らに固有の領土を保持する戦略ではなく、ブリオーが示唆するように自らの実践を脱領土的に展開していく戦略のほうに、まだしも希望を見出せるように思われる。[33] そこで、そのような戦略へとクラウスのポストメディウム理論を読み替えていく可能性を提示するべく、最後に結論にかえてひとつの事例を紹介することで、問いを開いておきたい。

それにあたってはまず、『オクトーバー』誌創刊号に掲載されたクラウスの初期の論考「ヴィデオ——ナルシシズムの美学」（初出一九七六年）に言及しておく必要がある。[34] この論考においてクラウスは、その当時興隆しつつあった初期ヴィデオ・アートの作品群を痛烈に批判している。二〇〇〇年頃以降のポストメディウムをめぐる論考においても彼女は、ヴィデオ・アートの一連の実践を、ポストメディウム的状況を例証するものと位置づけ、ごく限られた作品を除いて一貫して否定的な態度をとり続けているが、こうした態度の原点を初期のヴィデオ・アート論に認めることができるのである。[35]

クラウスによれば（一九七〇年代当時の）ヴィデオ・アートのメディウム固有性とは、ナルシシズムという心理的状態であるという。範例的な作品として、クラウスにならって、初期ヴィデオ・アートを代表する作品、ヴィト・アコンチ《センターズ》（一九七一年）を取り上げよう。本作品は、アコンチ本人がカメラの中心に向かって指をさし続けるバストショットの映像が二〇分ほど続く、というものである。こうした映像を撮影するにあたって、作家はおそらく、自らを撮影しているカメラの映像をテレビ・モニターに映し出し、自分の指が正確にモニターの中心に位置していることを確認しながら撮影を続けたと想像される。撮影している映像をリアルタイムでプレイバックできるという特徴は、フィルムで撮影する映画には不可能なヴィデオならではの利点であり、初期ヴィデオ・アート作品の多くは、カメラ、モニター、被写体（多くの場合作家本人）の三つの項が作る閉じたフィードバック・ループを表現上の利点として活用していた。

クラウスは、初期ヴィデオ・アートの作品群に幅広く見られるこうした特徴を、ヴィデオ（とモニター）というメディウムを鏡として用いるナルシシズム的な「自己反映（autoreflection）」であると規定し、それを、モダニズムの優れた作品（例えばジャスパー・ジョーンズ《アメリカの国旗》（一九五四—五五年）が参照される）[36]が見せる「自己反省性（self-reflexiveness）」と鋭く区別する。すなわち、彼女によれば、ヴィデオ・アートの実践は、フィードバック・ループの回路が作り出す空間的閉鎖のうちで、「折りたたまれた現在という牢獄（the prison of a collapsed present）」[37]に閉じ込められている。そして、そうした条件からの自己差異化の契機——モダニズム的な「自己反省性」の産物——を含むとされるいくつかの例外的作品（例えばリチャード・セラ《ブーメラン》（一九七四年））を除いて、ヴィデオ・アートの実践全般を彼女は断罪しているのである。

このようにヴィデオ・アート全般に対してクラウスが示す敵意は、後年のポストメディウム論にも引き継がれているが、一連の批判はヴィデオというメディウムについての粗雑な理解に基づいており、いささかバランスを欠いていると言わざるをえない。やや粗雑ながらマッピングしておくと、クラウスはヴィデオというメディウムを、マス・メディアとしてのテレビとほぼ同一視しており、したがって、ヴィデオは、先に挙げた美学的メディウムとコミュニケーション・メディアの二項対立においては、常に（否定的な価値を帯びた）後者に位置づけられる。さらに、クラウスはサミュエル・ウェーバーのテレビ論にならって、ヴィデオに（そしてテレビに）「構成的な異種混交性（constitutive heterogeneity）」[38]を見てとっている。しかしながら、すでに確認したように彼女は映画装置論に着想を得て、映画にも同様の構成的な異種混交性を読みとったはずであった。そうした異種混交性こそが、自己差異化をはらむ技術的支持体としてメディウム概念を練りあげる理論的契機をクラウスに与えたのである。そうであるならば、ヴィデオと映画の異種混交性はどのように差異化可能なのか、なぜ同じ異種混交性がヴィデオに負の価値を担わせるのかは、彼女の議論の内部で明らかとは言えない。

ここでクラウスによるヴィデオ・アート批判の総体について、これ以上詳しく検討するかわりに、近年の日本におけるヴィデオの実践からひとつの事例を紹介したい。

二〇一一年八月二八日、東日本大震災後の福島第一原子力発電所に設置された監視カメラ「ふくいちライブカメラ」の前に、白い防護服に身を包んだひとりの作業員がやってきて、監視カメラに向かって指をさし続けた、という事件が起こり、日本国内で広く報道された。「ふくいちライブカメラ」のライブ映像は、福島第一原子力発電所の公式サイトよりインターネット配信されており、また、その映像は一時間おきに区切られてYouTube上の「ふくいちライブチャンネル」にもアップロードされている。のちに二〇一二年三月になって、この「指さし」映像は、若い現代美術作家である竹内公太の個展「公然の秘密」（於XYZ Collective）において、作品として発表される。ただし、竹内はカメラに映っている作業員が自分であるとは公言していない。事件後には作業員のものと思われるホームページも公開されているが、そのホームページも匿名にとどまっている。

それでは、その作業員は実際のところ、なにをやっていたのか。ホームページには図解が掲載されており、監視カメラの映像が作るループ上の経路を描いている。それによれば、福島第一原子力発電所の監視カメラで撮影された映像は、まず東京電力のサーバーに送られる。そこからいくつかサーバーを経由して映像のデータはプロバイダーまで届けられるのだが、その間、様々な人の眼がこの映像を見ている。そして、プロバイダーから作業員の手もとのスマートフォンに電話回線を通じて映像が送信され、作業員はこのスマートフォンで監視カメラのライブ映像を確認しながら、監視カメラに対して指をさしていた、ということになる。

さらにホームページには、この実践がヴィト・アコンチ《センターズ》（一九七一年）へのオマージュであることも明記されている。確かにアコンチと匿名の作業員はともに、ヴィデオ映像が流通するフィードバック・ループの回路を用いて、カメラの中心に向かって指をさし続けるというパフォーマンスをしたのだから、竹内の作品は、原発の監視カメラを用いて《センターズ》を再現したものとも捉えうる。しかしながら、二つの指さし映像のあいだには大きな違いがある。アコンチの作品の場合、フィードバック・ループは、自らの身体とカメラとモニターのあいだで閉じたものであった。それに対して、ふくいちライブカメラの指さし映像の場合、監視カメラと、その前に立っている作業員のあいだのフィードバック・ループには、膨大な数のネットワークが介在している。したがって、竹内は、現代の社会において飽和状態にある映像のネットワークのうちに、かりそめのフィードバック・ループを作り出し（いわば再領土化し）、それを――匿名のうちにとどまりながら――作品化した、ということになる。

この竹内の作品を、クラウスがジェイムソンを参照しながら主張したように、現代社会に飽和するイメージのうちに美学的自律性の領域を作り出した実践として評価できるだろうか――だとするならば皮肉にも、竹内の指さし映像もまた、クラウスが批判する「折りたたまれた現在という牢獄」におけるナルシシズム的実践ということになりはしまいか。あるいはむしろ、ブリオーが述べたように、美学的メディウムとコミュニケーション・メディアを混交し、「芸術のソース・コードの非決定性、その散種」を実践したのだと評価するべきだろうか。実際には、その両者を含み込みつつ、さらに他にも様々な読解の可能性へと開かれた実践と理解するのが適切だろう。少なくとも指摘できるのは、作品として発表される以前にニュース報道されたこの実践をポストメディウム理論の観点から擁護するとしても、芸術の自律性のみに奉仕するものとして捉えるのでは解釈の枠組みが狭すぎるということである。ポストメディウム状況に抗するクラウスの理論的展開を、もはや芸術の実践にはとどまらない様々な実践の説明原理を与える理論へと鍛えていくことが必要とされている。

注

(1) これまでに出版されたポストメディウム概念をめぐるクラウスの論考としては、第一に、比較的初期に発表された短い著作として Rosalind Krauss, *"A Voyage on the North Sea": Art in the Age of the Post-Medium Condition* (Thames & Hudson, 1999)（以下、*VNS* と略記）がある。また、論文集 Rosalind E. Krauss, *Perpetual Inventory* (MIT Press, 2010)（以下、*PI*）には、ポストメディウム概念をめぐってそれ以前に発表された論考のうちいくつかが収録されている。Rosalind E. Krauss, *Under Blue Cup* (MIT Press, 2011)（以下、*UBC*）は、それまでに発表された一連の論考と部分的に重なる内容を含みつつ、ポストメディウム概念をめぐる一冊のまとまった著作としてまとめなおされたものである。

(2) クレメント・グリーンバーグ『グリーンバーグ批評選集』藤枝晃雄訳、勁草書房、二〇〇五年、二六—四七頁、六二—七六頁。

(3) もっとも顕著な事例として以下の著作が挙げられる。Rosalind E. Krauss, *The Optical Unconscious* (MIT Press, 1993).

(4) クラウスのコールマン論としては、ポストメディウム論としても最初期のものである下記の論考を主に参照した。また、以下にもコールマンへの言及がある。Rosalind Krauss, "...And Then Turn Away?: An Essay on James Coleman," *October* 81 (1997): 5–33. Rosalind E. Krauss, "Reinventing the Medium," *Critical Inquiry* 25 (1999): 289–305（ロザリンド・クラウス「メディウムの再発明」星野太訳、『表象』第八号、四六—六七頁）; "'Specific' Objects," *PI*, 47–53.

(5) *UBC*, 19.

(6) 甲斐義明は、編訳書『写真の理論』（月曜社、二〇一七年）に寄せた解説「ロザリンド・クラウス——写真とシミュラークルについての覚書」で、『表象』第八号の特集「ポストメディウム映像のゆくえ」に掲載された共同討議「ポストメディウム理論と映像の現在」について注記して、「あたかもクラウスがメディウム・スペシフィシティ（各メディウム固有の特質）の放棄をいまだ唱えているかのように説明する発言が、出席者の一部によって繰り返されている」（二四七頁）と述べている。甲斐によれば、それとはまったく逆に、クラウスのポストメディウム論の狙いは、メディウム固有性の実践を葬り去ろうとするポストメディウム状況に抗する芸術家を擁護することにあり、そのためにクラウスは「グリーンバーグ流のメディウム概念を（完全に放棄するというよりは）改訂しようと」（二三六頁）しているのだという。上記の共同討議で司会を務めた私も、甲斐の批判の矛先に含まれているだろう。クラウスのポストメディウム概念を正確に理解するというよりは、むしろ様々な領域への応用可能性を検討することを目的とした討議であったため、クラウスの議論をいささか単純化して紹介していたところはいなめず、甲斐が指摘するような誤解を招き寄せかねない発言があったことを真摯に受けとめるとともに、批判に感謝したい。ただし、甲斐の議論は、クラウスのポストメディウム論をグリーンバーグ流のメディウム固有性との連続性のうちで理解する方向に傾いた結果、本章で指摘している両義性を若干捉えそこねている懸念がある。上述の共同討議の書誌情報は以下の通り。加治屋健司・北野圭介・堀潤之・前川修「共同討議　ポストメディウム理論と映像の現在」『表象』第八号、一八―四五頁。また、北野圭介編『マテリアル・セオリーズ――新たなる唯物論に向けて』（人文書院、二〇一八年）、一〇七―一四三頁に再録。

（7）この点に関しては、注（6）の「共同討議　ポストメディウム理論と映像の現在」中の加治屋健司の発言も参考になる。

（8）クラウスによるウォール批判の是非を検証するのは本章の目的を超えるが、この方向性での議論として下記を参照。Diarmuid Costello, "Automat, Automatic, Automatism: Rosalind Krauss and Stanley Cavell on Photography and the Photographically Dependent Arts," *Critical Inquiry* 38: 4 (2012): 819–854; Diarmuid Costello, "On the Very Idea of a 'Specific' Medium: Michael Fried and Stanley Cavell on Painting and Photography as Arts," *Critical Inquiry* 34 (2008): 274–312.

（9）Ji-hoon Kim, "The Post-Medium Condition and the Explosion of Cinema," *Screen* 50: 1 (2009): 114–123. 拡張映画をめぐるクラウスの議論の批判として下記の研究書、とりわけ序章も参照。Andrew V. Uroskie, *Between the Black Box and the White Cube: Expanded Cinema and Postwar Art* (University of Chicago Press, 2014). また、『アンダー・ブルー・カップ』に対する下記の書評も、より広範な現代美術の動向についての説明能力に関して同様の批判を展開している。Margaret Iversen, "The Medium is the Memory," *Art History* 36: 2 (2013): 457–460.

（10）Hal Foster, Rosalind Krauss, Yve-Alain Bois, Benjamin H. D. Buckloh, and David Joselit, *Art since 1900: Modernism, Antimodernism, Postmodernism*, Thames & Hudson, 2004, 776.

（11）以下を参照。Mary Anne Doane, "The Indexical and the Concept of Medium Specificity," *Differences: A Journal of Feminist Cultural Studies* 18: 1 (2007): 128–152; D.N. Rodowick, *The Virtual Life of Film*, Harvard UP, 2007; Francesco Casetti, *The Lumière Galaxy: Seven Key Words for the Cinema to Come*, Colombia UP, 2015; Francesco Casetti, "Back to the Motherland: The Film Theatre in the Postmedia Age," *Screen* 52: 1 (2011): 1-12. ドーンとロドウィックのクラウスへの言及をめぐってはJi-hoon Kim, "The Post-Medium Condition and the Explosion of Cinema"が参考になる。また、これらの映画理論家とは少し異なる視点から、メディア理論家のマーク・

B・N・ハンセンもクラウスのポストメディウム論に批判的に言及している。Mark B. N. Hansen, *New Philosophy for New Media* (MIT Press, 2006) の序章を参照。

(12) スタンリー・カヴェル『眼に映る世界——映画の存在論についての考察』石原陽一郎訳、法政大学出版局、二〇一二年、二〇—二一頁。

(13) *VNS*, 24–25.

(14) 例えば装置理論を英語圏の映画批評に導入した下記のアンソロジーを参照。クラウスも先に引用した箇所につけた注で同書に言及している。Teresa de Lauretis and Stephen Heath, eds, *The Cinematic Apparatus*, Macmillan, 1980.

(15)「映画というメディアの物質的基盤（平面的で枠どられた支持体が絵画のメディアの物質的基盤であるように）は、これまでに登場した言葉で言えば、連続した自動的な世界の投影である」（『眼に映る世界』一一六頁、訳変更、強調原文）。以下、『眼に映る世界』からの引用にあたっては、下記の原著を参照し、必要に応じて訳を変更した。Stanley Cavell, *The World Viewed: Reflections on the Ontology of Film*, Viking Press, 1971.

(16)『眼に映る世界』一五四—一五五頁。

(17) Stanley Cavell, "Music Discomposed," *Must We Mean What We Say: A Book of Essays*, Updated edition, Cambridge UP, 2002, 167–196.

(18) カヴェル『眼に映る世界』一五八頁。

(19) 例えば下記を参照。"'The Rock': William Kentridge's Drawings for Projection," *PI*, 62; *VNS*, 5: *UBC*, 79.

(20) カヴェル『眼に映る世界』一五八—一五九頁、訳変更。

(21) Rosalind Krauss, "'The Rock': William Kentridge's Drawings for Projection," *PI*, 55–88. 下記に部分訳がある。ロザリンド・クラウス「岩——ウィリアム・ケントリッジのプロジェクションのためのドローイング」城丸美香訳『ART TRACE PRESS』第三号、二〇一五年、一四六—一五五頁。ただし、以下の引用にあたっては既訳を参照しつつ新たに訳しなおした。

(22) とりわけ第五章「類型的人物、シリーズ、ジャンル」を参照。引用した語句は『眼に映る世界』六八—六九頁。

(23) "'The Rock'," *PI*, 64（「岩」一五三—一五四頁）。クラウスが引用している箇所は『眼に映る世界』一五六頁に該当する。

(24)『眼に映る世界』一五八頁。

(25) "'The Rock'," *PI*, 64（「岩」一五四頁）。

(26) 実際、石岡良治が指摘するように、クラウスは一九七四年の時点で『アート・フォーラム』誌に『眼に映る世界』の書評を執筆しているが、そこでは古典的ハリウッド映画を特権視するカヴェルの態度に彼女は不満を示している。石岡良治「メディウムの肌理に逆らう——ロザリンド・クラウスにおけるポストメディウムの条件」（『述』第三号、一五六—一六四頁）参照。クラウスによる書評は以下。Rosalind Krauss, "Dark Glasses and Bifocals, A Book Review," *Artforum*, May 1974: 59-62.

（27）"'The Rock'," *PI*, 64（「岩」一五四頁）。

（28）*VNS*, 5. 原文はイタリック体による強調

（29）*VNS*, 7. 原文はイタリック体による強調

（30）*VNS*, 57 n.2.

（31）*VNS*, 56.

（32）Nicolas Bourriaud, *Radicant : Pour une esthétique de la globalization*, Denoël, 1999, 161. 下記の英語訳も参照。Nicolas Bourriaud, *The Radicant*, trans. by James Gussen and Lili Porten, Lukas & Sternberg, 2009, 138.

（33）このような問題構成については、以下の論考において、ガタリのポストメディア概念を再検討する過程を通じて考察した。門林岳史「ポストメディア時代の身体と情動——フェリックス・ガタリから情動論的転回へ」、大澤真幸編『身体と親密圏の変容』岩波書店、二〇一五年、一三一—一五九頁。

（34）ロザリンド・クラウス「ヴィデオ——ナルシシズムの美学」石岡良治訳、展覧会カタログ『ヴィデオを待ちながら——六〇年代から今日へ』、二〇〇九年、東京国立近代美術館、一八四—二〇五頁。同論考は『永続的目録（*Perpetual Inventory*）』にも再録されている。

（35）「ヴィデオ」の解題としては、日本語訳に添えられた訳者の石岡良治による注記に加えて、石岡良治「メディウムの肌理に逆らう」も参考になる。また、ヴィデオ・アートを含む実験映像にとってのクラウスのポストメディウム論の射程を論じた論考として下記がある。阪本裕文「多義性の析出——実験映像におけるポストメディウム論の有用性」『表象』第八号、六八—七五頁。

（36）『永続的目録』に収録される際には、同作品への言及は、正方形の入れ子構造がキャンヴァスを埋め尽くしたフランク・ステラ《グラン・カイロ》（一九六二年）に置き換えられている。

（37）「ヴィデオ」一八七頁（訳変更）。

（38）例えば以下の箇所でクラウスはこの概念に言及している。"Fat Chance," *PI*, 27; *UBC* 119; *VNS*, 31. ウェーバーの議論は以下。Samuel Weber, "Television, Set, and Screen," *Mass Mediauras: Form, Technics, Media*, Stanford UP, 1996, 108.

第11章　道・無框性・滲《にじ》み
——美術における「日本的なもの」をめぐる省察

稲賀繁美

近代日本の「美」の思索者や美術史家たちが西側世界との交渉のなかで紡ぎ出した幾つかの鍵言葉《キーワード》に注目したい。まず岡倉天心は『茶の本』で道教の「道」を提示した。「小径」pathとか「舟」vesselとも解釈される言葉だが、岡倉は「通過のなか」in the passageを強調する。ハイデガーの「道行き」unterwegsを予感させる言葉遣いである。次に鼓常良は「無框性」を日本藝術の特性として発案したが、そこにはカントの「無関心性」やヘーゲルの「無究性」との類縁が顕著だろう。三番目に矢代幸雄は日本の工藝や絵画における「暈《ぼか》し」に注目したが、これは戦後五〇年代のアンフォルメルを予兆させる。どうして彼らはこうした観念を導き出したのか。そこにはいかなる条件が隠されていたのか。「日本らしさ」は西側世界の範例に対して「容認できぬ同一性」と「容認可能な異質性」とのあいだで提示されるほかなかった。その両極端のあいだの「余白＝遊び」を解明し、そこに、近代日本が西欧化のなかで探し求めた「日本の美学」の生態を測定したい。論述の都合で、第三点から順に遡行する。(1)

1　「暈し」「たらしこみ」

矢代幸雄（一八九〇—一九七五）はメディチ協会から英文で出版した三冊本の大著『サンドロ・ボッティチェルリ』（一

図1　著作の図版刷り見本を点検する矢代幸雄（ロンドン、1925年）（神奈川県立近代美術館（編）『矢代幸雄資料展』2004年）

図2　サンドロ・ボッティチェリ《書物の聖母》（1481-82、ポルディ・ペッツォーリ美術館〔ミラノ〕）

九二五年）〔表記ママ〕で知られる。ケネス・クラークは矢代への追悼文で、作品の部分拡大写真を広範に活用する手法には、矢代が先鞭をつけたと述べている。細部に画家の無意識な癖が露呈するとは、ジョヴァンニ・モレッリの観察だった。フィレンツェでバーナード・ベレンソンの東洋からの唯一の弟子として遇された矢代にも、アビ・ヴァールブルクへの言及は見られる。《プリマヴェッラ》の細部の草花を観察する矢代の注視には、ヴァールブルクの兆候学と、その志向において重なる部分があるだろう。[2] 矢代が図版試し刷りを確認する様子が写真に残るが、そこに写る《書物の聖母》（一四八一—八二年）は二〇一六年、東京都美術館で展覧された。書物を読む幼子イエズスの姿を矢代自身が反復していることも見落とせまい。矢代は救世主のPathosformelを無意識に実践しているからである。

その矢代は日本美術には写実主義の伝統は欠如しており、そこで主流をなすのは装飾的、象徴的な表現である、と『ニューヨーク・タイムズ』日曜版の一九三六年九月六日の記事で述べていた。[3] いささか乱暴にもみえる矢代の主張だが、それは例えばカラヴァッジョの《聖トマスの不信》（一六〇一—〇二年）と、俵屋宗達の《蓮池水禽図》という、ともに一七世紀の二つの作品を対比すると、納得できようか。復活したキリストの脇腹の傷を探ろうとする聖トマスは、光と影の対比も鮮やかな画面に浮かび上がる。だが西欧絵画の明暗（キアロスクーロ）があくまで表象される個物の陰影を際立たせるのに対して、東洋の墨絵、とりわけ宗達の場合には、墨の濃淡が画面全体の配置を塩梅する。

矢代は同じ英文記事で彫刻にも話題を転じ、西欧の写実的な人体表象のみを「古典的」な規範として、それによって世界彫刻史を判断する姿勢には疑念を呈している。精神性の表現は写実の限界の彼方にある、というのだ。水墨画に戻っても、とりわけ日本で高く評価された牧谿の《瀟湘八景図》などが、西欧の明暗法とは無縁の原理によって統御されていることは明らかだろう。ちなみに「ノータン」はフェノロサが西欧の「明暗法」に代置すべき術語として、遺著『中国と日本藝術の諸時代』（一九一二年）の序文ほかで提案していた日本語発音の漢語概念だった。そこにはジェイムズ・マクニール・ホウィスラーの《夜想曲》*Nocturne* も影を落としていた。[4]

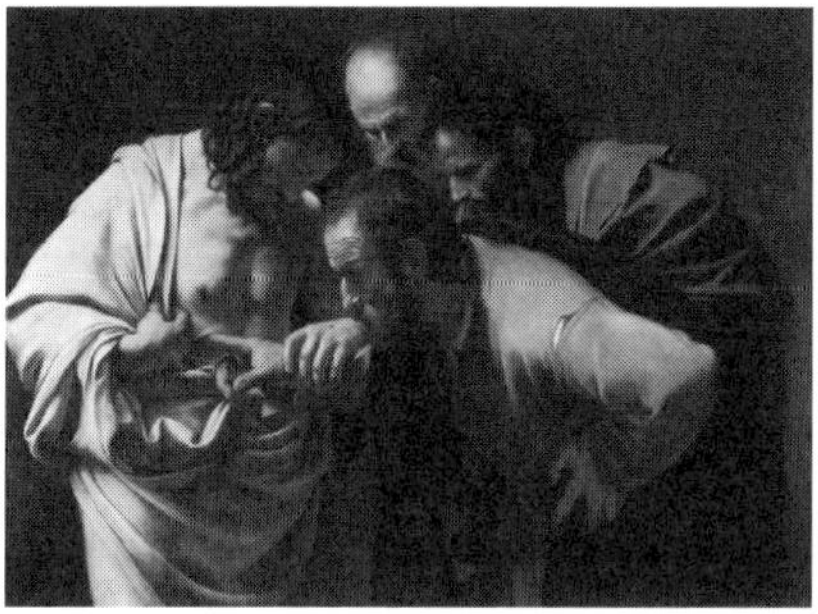

図 3　カラヴァッジョ《聖トマスの不信》（1601-02、油彩、107×146 cm、サンスーシ絵画館〔ポツダム〕）

図 4　俵屋宗達《蓮池水禽図》（縦 116.0 cm、横 50.0 cm、江戸時代、17 世紀、京都国立博物館）

図5　雨漏茶碗　銘「蓑虫」（根津美術館）

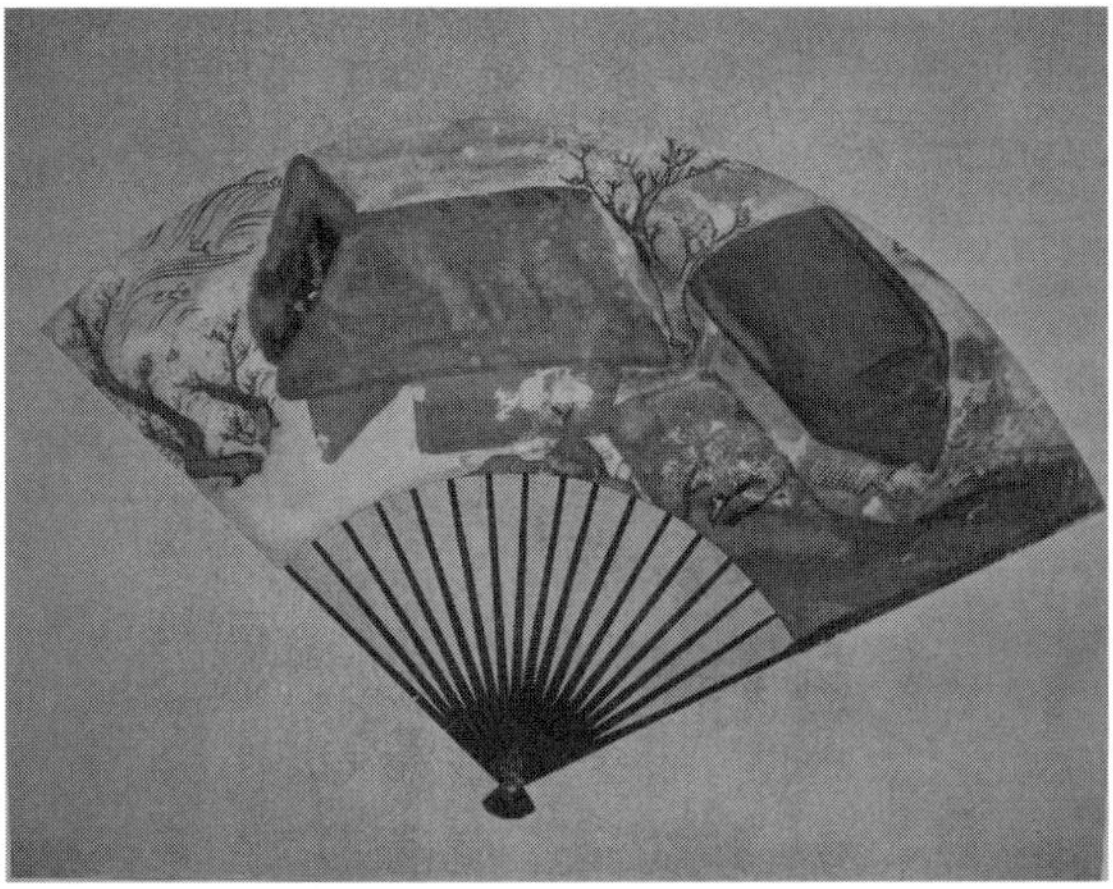

図6　俵屋宗達《田家早春図—扇面散貼付屏風》（京都・醍醐寺・三宝院、Yukio Yashiro, *2000 Years of Japanese Art*, Thames & Hudson, 1958, p. 236.）

こうした矢代の価値判断の裏には、矢代が欧州に留学していた大正年間の日本における議論も無視できまい。ワシリー・カンディンスキーの『藝術における精神的なもの』（一九〇八年）の訳者、園頼三は、『藝術創作の心理』（一九二二年）で東洋古来の「気韻生動」の観念が、カンディンスキーの議論を補完するものであると主張する。ホゥイスラーの友人だったアーサー・ジェローム・エディは『立体派と後印象派』（一九一四年）で日本美術に言及し、そこで東洋の特徴として「セイドー」（生動）を得意げに披露する。[5] だが園はこれに反論して、西洋でテオドール・リップスらが唱えて日本でも流行となった「感情移入」Einfühlung の説は、すでに千年前に東洋の「気韻生動」によって論破されており、したがって感情移入は「東西の別なく総ての藝術的活動の根底」に認められるものだ、と主張する。そのうえで清の画家、惲南田（一六三三―一六九〇）の説をみると、気韻生動は内的必然より動くとあって、これはカンディンスキーの最新理論に言うInnere Notwendigkeitの議論を想起させる、と述べる(6)。

矢代幸雄は一九三九年にベルリンで開催された『日本古美術展』においても文化外交官として活躍していたが、日本敗戦後には国際文化振興会より英文二巻本の『日本の美術宝典』（一九六〇年）を監修・出版する(7)。その下巻の表紙に取られた雪舟の《破墨山水図》（一四九五年）、あるいは図版の掲載された長谷川等伯の《松林図屏風》などをめぐって、矢代は「滲みの感覚」（一九四六年）と題する議論を展開していた（『水墨画』一九六九年に収録(8)）。そこで彼は《雨漏茶碗　銘「蓑虫」》にみられるような液体の浸潤による偶然の景色chance imageを評価する美意識が、宗達の《田家早春図》や、本阿弥光悦の書の背景をなす《伊勢物語・芥川図》あるいは《四季草華下絵古今和歌巻》などに、装飾的かつ象徴的な「たらしこみ」技法として活用され、それが尾形光琳の《紅白梅図》の梅の古樹の幹の描写、あるいは同じ光琳の《流水図乱箱》内側の墨流しの技法などへと受け継がれる様に注目する。

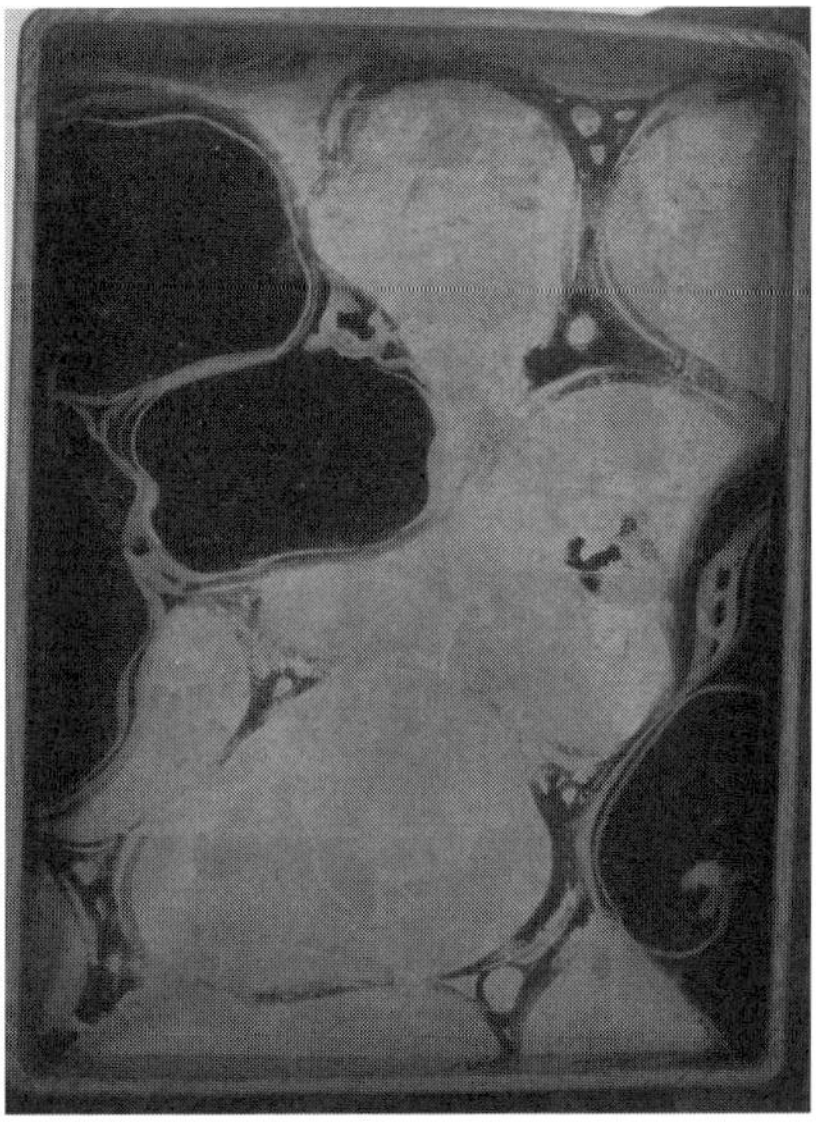

図7　尾形光琳 流水図乱箱（京都民藝館旧蔵）

こうした技法実践は、イヴ＝アラン・ボワとロザリンド・クラウス共編『アンフォルム』ではもとより視野に収まらず、ハナから無視されている。だが、これらオクトーバー派とは対立関係にあるジョルジュ・ディディ＝ユベルマンの刻印に関する考察『接触による類似』の提唱する問題意識や論争にも、ここで非西欧の側から介入する必要があるだろう(9)。

2　枠なし性・無框性

その矢代幸雄も言及していた概念に、鼓常良の提唱した「無框性」Rahmenlosigkeit がある。鼓はドイツ留学中の一九二八年に『美学および一般藝術学雑誌』という権威ある学術誌に「日本美術様式における無框性」を発表した。それが反響を呼び、インゼル書店より、ドイツ語で『日本美術』（一九二八年）をも刊行した。インゼル書店は後述する岡倉覚三の『茶の本』の独語訳刊行元でもあった。鼓の著書の日本語版『日本藝術様式の研究』（一九三三年）は八〇〇頁を超える大著として知られるが、その序文にも『茶の本』独語版への言及がある。[10]

鼓の「無框性」についてはドイツ語論文から議論の核心を引用しておこう。[11] 鼓によれば藝術作品においてなんらかの欠落 Mangelhaftigkeit があることは、場合によってはその作品の表象にとってむしろ好都合 günstig でもある、という。あきらかに岡倉の『茶の本』を受けた主張だが、そこから鼓は議論を発展させ、枠なし性 Rahmenlosigkeit は日本的な想像においていかなる制約をもなさない限りにおいて、お墨付き Berechtigung を得るのだという。さらにこの無框性こそが、藝術作品を所与の空間のうちに閉じ込めるのではなく、むしろ時宜を得て縦横に移りゆく übersiedeln という一種の自由を与えるのだ、と。

ここではこの「移動」あるいは「移住」Übersiedelung を鼓自身の思索の枠外に「うつして」みたい。ここで想起されるのが、南方熊楠（一八六七—一九四一）である。民俗学者として『ネイチャー』ほかの英語圏の学術誌に膨大な数の寄稿や投稿を果たした熊楠は、故郷、熊野の森で粘菌の研究に打ち込んだことでも知られている。[12] ホルスト・ブレーデカンプが主張するように、チャールズ・ダーウィンが進化論構築に際して、図像形象のうえで珊瑚から示唆を受けたのだとすれば、[13] 日本人として進化論の洗礼をまっさきに受けた世代の一員である熊楠は、粘菌のうちに自らの生態学 ecology 構想のモデルを見出したといってよい。エルンスト・ヘッケルの『自然の形態』（一九〇四年）では粘菌も左右相称のトロフィー・ディスプレイよろしく静的な紋章図形のなかに凍結されている。これに対して熊楠の野帳を見ると、

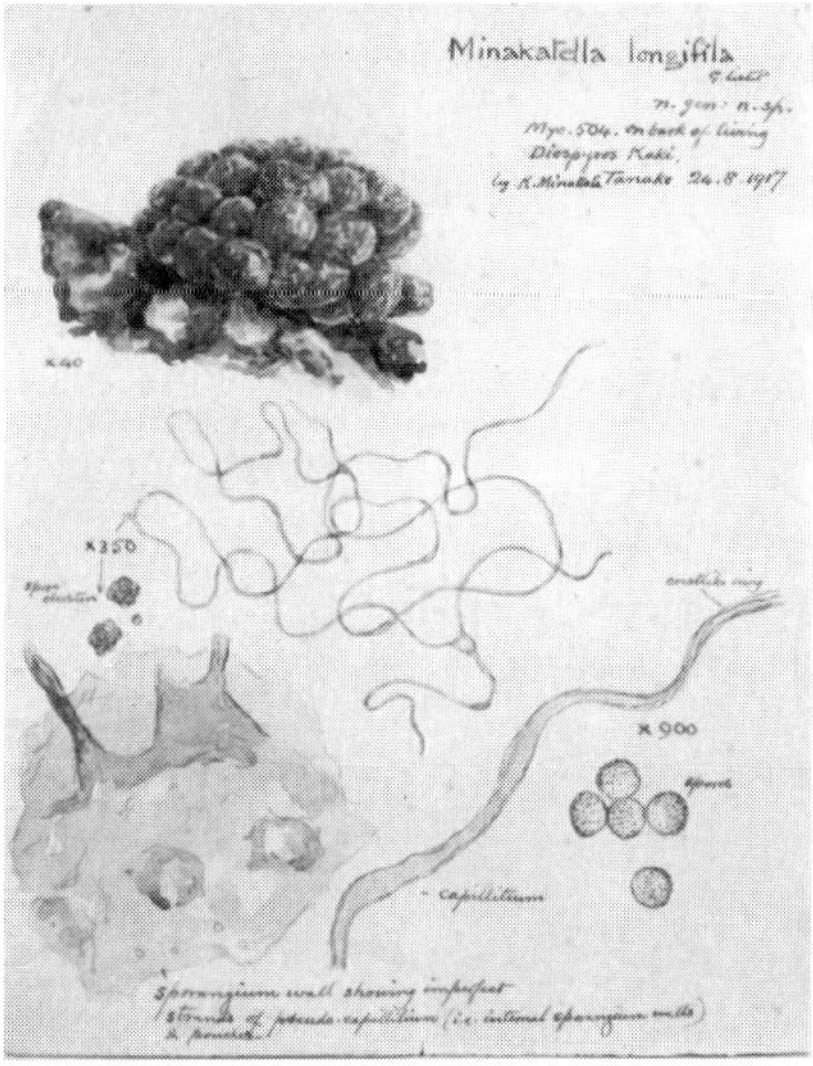

図 8　南方熊楠が発見した粘菌、ミナカテラ・ロンギフィラの彩色図

図 9　南方熊楠は、身体の問題として物－事－心の相関関係を図に表した。上は土宜法龍宛書簡（1893（明治 26）年 12 月 21 日–12 月 24 日）、下は南方熊楠「ロンドン抜書」より拇印の図（1899（明治 32）年）

自ら発見した新種の粘菌がつぎつぎと変態を遂げてゆく動態観察に主眼が置かれている。熊楠が粘菌に着目したのは、それが菌類として植物の性質を帯びていながら、実際の生活相にあっては動物同様に餌を目指して自由に「移動」し、「移住」する性質を発揮したからである。珊瑚の枝分かれを模したダーウィンの進化図式のうえでも、粘菌は植物界と動物界との中間地帯を占めており、どちらつかずであるとともに、植物から動物へと、枠を超えて越境する生体だった。

枠組によって存在を明確に分類するという自然誌の志向に対して、分類学だけではかえって現実の枢要な働きを見落とすことになるという方法論的な危惧が、南方熊楠の基本的な発想だった。ロンドン滞在期にパリに居た真言宗僧侶、土宜法龍に宛てた有名な書簡（一八九三年一二月）には、「物」と「心」が重なった部分に「事」が生じるという図示がある。物心二元論では「出来事」を取り逃がす。現象学におけるノエマとノエーシスとの相互

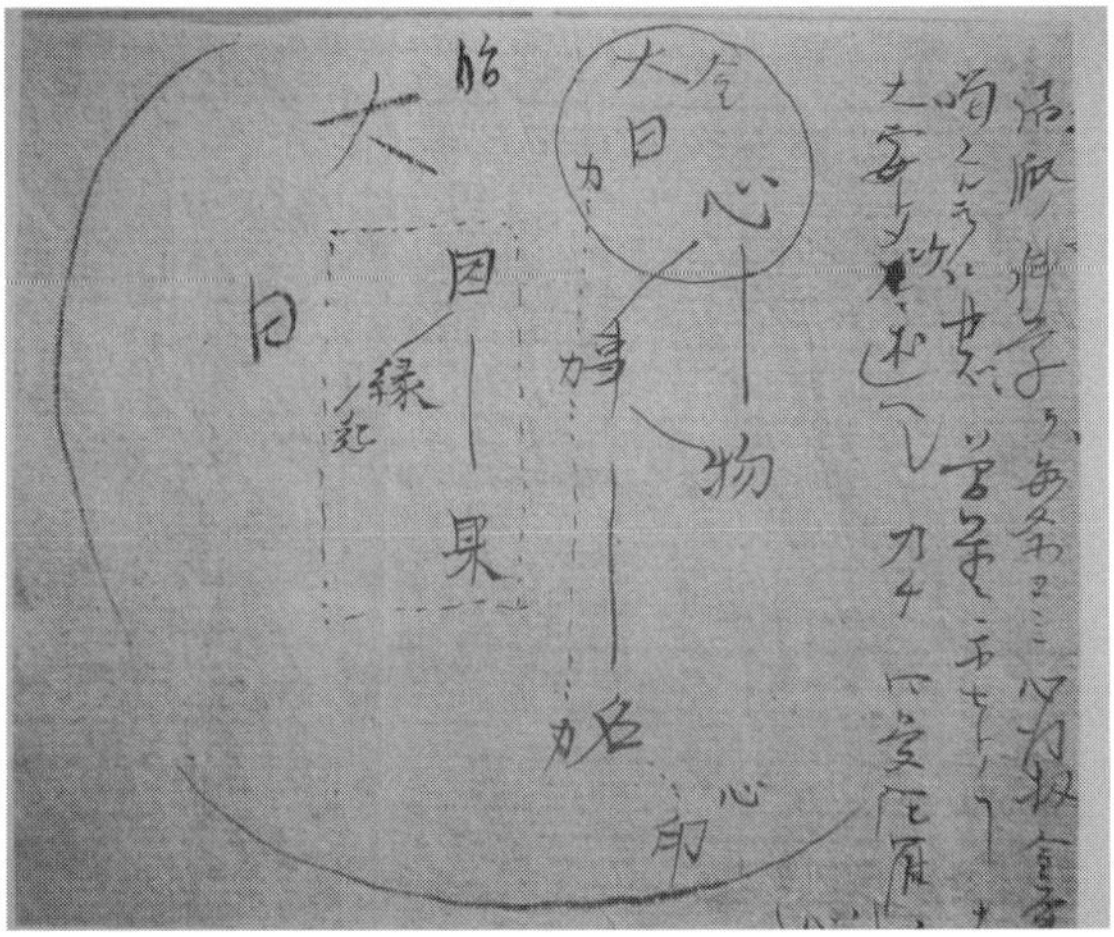

図10　南方熊楠が描いた曼荼羅（1903年8月8日付）

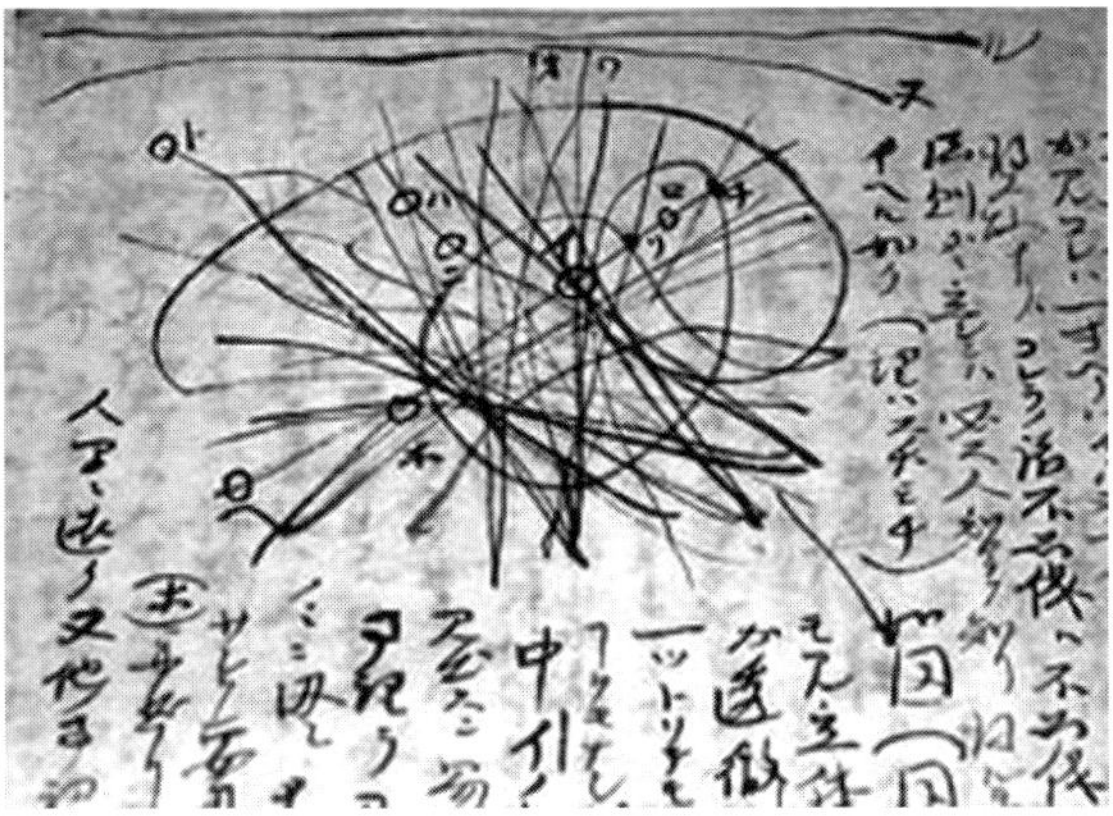

図11　理事無碍　説明の図　南方熊楠（土宜法龍宛書簡、1903年7月18日付）（松居竜五・ワタリウム美術館編『クマグスの森——南方熊楠の見た宇宙』（とんぼの本）新潮社、2007年）

作用をも彷彿とさせる視点であり、エルンスト・カッシーラーの象徴の哲学を援用するならば、自然界と人間側の知覚との交点に「象徴」が生まれるという図式とも重ね合わせうるだろう。

この心‐物‐事の三角形は、帰国後の一九〇三年八月八日の土宜宛書簡では、「金」すなわち金剛界曼荼羅の世界に組み込まれる。「事」には「名」が授けられ、それは「印」ともなるが、そこには「大日」より発する「力」が届いている。だがこの金剛界の左には「胎」すなわち胎蔵界曼荼羅が位置しており、両者が「両界曼荼羅」を構成する。ここには真言密教の代表者の地位を占めていた土宜に対して、その祖、空海の教えを垂れようとする熊楠の大胆な姿勢が看

図12　ジャクソン・ポロックのアクション・ペインティング（左）、濱田庄司の流し掛け（右）

て取れる。胎蔵界にあっては、単純な「因」「果」関係の連鎖の脇に、「縁起」という伏在系が並存することが示される。西欧近代の自然科学では厳密な因果関係を単線の原因結果と見て現象を理解しようとする傾向が著しい。だがそうした世界観では見落とされる伏在系にも注目する必要がある。この考えは一九〇三年七月一八日の土宜宛書簡では、ひとつの事象が複雑な「理」の束によって遠く近くに囲繞されているという錯綜した図式に描かれる。鶴見和子が中村元の示唆を受けて「南方曼荼羅」と呼んだ図式である。

筆者はこれを、華厳経でいう「理事無碍」法界の生々流転の状況を、一瞬の瞬間写真として固定したものと想定している。またこの図式は戦後北米の抽象表現主義の旗手となったジャクソン・ポロックの晩期のaction paintingと興味深い類似性を示しており、それがけっして単なる偶然ではなかったことも、すでに指摘した[14]。ちなみにポロック自身もその晩年には、濱田庄司といった日本の民藝運動に根差した陶工が、柄杓で釉薬を焼成前の陶磁器に自在にドリップする「流し掛け」の技法を駆使していたことを知っていた。濱田自身は、《白釉黒流描大鉢》などで駆使してみせた、この一見安易で偶然任せの絵付けを正当化するのに、ここには自身の四〇年にわたる経験の蓄積がおのずと発露するのだと主張してみせていた。思うにこれは、ラスキンとの訴訟のおりにホィイスラーが自らの《夜想曲》の即興制作を擁護するためにもちだした論拠の、焼き直しではなかったか[15]。

ポロックとほぼ同時代の日本では、例えば具体美術協会に属する女流画家、田中敦子も《地獄門》（一九六五—六九年）で、原色の円形色彩群が相互に作用を及ぼし合う状況を捉えていた。イスラーム学者としても著名な言語哲学者、井筒俊彦の模式を借りるならば、ここには華厳教学の説く「事事無碍」が巧みに図示されている、といえよう。[16]「一一塵中に一切の法界を見る」すなわち、ひとつひとつの微細な塵のなかに法の理がことごとく反映している、との認識が「理事無碍」だったならば、「事事無碍」とはひとつの塵がそれ以外のすべての塵のひとつひとつによって照映され、その網の目のなかに個として析出する、という道理だろう。遠隔地映像受像機すなわちいわゆるtelevision受像機を利用して、この華厳の理を映像化しようとしたのが、ほかならぬ白南準すなわちナム・ジュン・パイクだったはず。ほんの数年前には無根拠な戯れとして退けられていたこの稲賀の解釈は、藝術家自身の証言や夫人の手記、さらには周囲の証言が発掘されるにつれ、近年急速にその信憑性を増している。[17]

筆者は、現代美術におけるこうした動向を、華厳経のインドラ（Indra　因陀羅、梵：[illegible]、[illegible]）網によって結び付けようと、近年腐心している。長らくパリで創作に没頭した工藤哲巳は《無限の糸のなかのマルセル・デュシャン――プログラムされた未来と記録された過去記憶のなかでの瞑想》（一九七七年）で、綾取《あやと》りに興ずるダダイスト晩年の肖像を鳥籠のなかに幽閉し、インドラ網をDNAの二重螺旋に書き込まれた遺伝子情報と重ね合わせ、リチャード・ドーキンスの「利己的遺伝子」を思わせる論法で人間存在の奴隷性を暴き立てた。[18]またベルリンで活躍を続けている塩田千春は《DNAからの対話》（二〇〇四年）で、用済みとなった靴を多くの公衆から譲り受け、それを赤い運命の糸で束ねて天蓋を作ることにより、偶然性の符牒のもとに集約されたモノたちが、ヒトの意思を介してコトへと飛翔する様を作品化してみせた。ここに華厳教学の発想法を見る解釈は、方法論としては、アリストテレスの三段論法やいわゆる矛盾律、排中律を侵犯することとなる自家中毒を、意図的に循環論法として反復することになる。そのためか、華厳思想で現代美術を説く試みは、英語圏の学会では、生理的な拒否反応に迎えられる場合が頻繁である。[19]だがこれこそ熊楠が世紀末の倫敦《ロンドン》で闘った相手であり、乗り越えようと自らに課した西欧近代科学の限界ではなかったか。

3　物質的記憶・生気論のゆくえ

さて、熊楠が八年間に及ぶ長期の倫敦《ロンドン》滞在から帰国の途についたおり、インド洋上ですれ違った一隻の船には、ちょうど逆向きに官費留学により倫敦《ロンドン》へと向かう三〇代前半の夏目金之助（一八六七―一九一六）が乗船していた。ちなみにこのふたりは年齢も同じであり、東京大学予備門での同窓でもあった。帰国後、東京大学文学部で教鞭をとるものの、教職から離れ、国民作家として知られることとなる夏目漱石には、短編集『夢十夜』（一九一二年）がある。[20]

その「第六夜」は鎌倉期の仏師、運慶（一一五〇頃―一二二三）がいまに生きており、仁王の像を彫っているのを見物する話である。運慶が木材のなかから鑿と槌を自在に振って仁王の鼻や眉を刻み出すのをみて、話者が思わず讃嘆すると、傍らにいた若い衆が、お前さんは分かっておらぬと意見する。若衆にいわせれば、仏像を彫り出すのは、土のなかに埋まった石を掘り出すようなものだから、造作もないことで、もとより失敗する謂われなどないのだという。意外な説明に心動かされた話者は、それではというので、勇んで自宅の傍らにあった倒木の残りを次々に刻んでみるのだが、当然のことながらというべきか、目指す仁王は現れない。明治の材木に仁王は埋まっていない、と妙な合点をするところで夢は終わる。

運慶の《仁王》といえば、奈良は東大寺南大門の巨大な寄木造りの阿吽の金剛力士の木彫（一二〇三年）が、執筆中の漱石の脳裏にあったはずだ。加えてこの夢想譚の種としては、フィレンツェの市庁舎前に佇立するミケランジェロの《ダヴィデ》（一五〇四年）像も無視できまい。漱石はミケランジェロの逸話を、運慶の仁王に転嫁した。これは筆者の仮説だが、東北大学の漱石文庫に今も保存されている書籍から推定するに、漱石はおそらくは倫敦《ロンドン》滞在中あるいは帰国後ほどなく、ウォルター・ペイターの『ルネサンス』（一九〇四年）およびジョン・アディングトン・サイモンズの『イタリアのルネサンス』（一八九九年）を読んでいた可能性が高い。漱石文庫所蔵図書を閲覧してみると漱石による書き込みは確認できないが、前者には岩のなかから生命が現れる様が述べられ、後者には鑿と槌が余剰を取り払うと、あたかも予見されていたように、大理石の仮面の下から形態が出現すると叙されている。

これらの逸話の下敷きとなったのは、周知のとおりミケランジェロ自身がヴィットリア・コロンナに宛てた詩で述べた「硬いアルプスの石のなかに生動する像があるとして」や、ジョルジョ・ヴァザーリが『藝術家列伝』のミケランジェロの条に残した記述である。彫刻家とも交友のあったベネディット・バルキ（一五〇二／〇三—一五六五）は彫刻家の詩にアリストテレス主義者としての解釈を施し、藝術が刻み出す形態は藝術家の魂のなかに存すると、アヴェロエスによるアリストテレス『形而上学』への解釈を引用している。この段を分析した若き日のエルヴィン・パノフスキーは『イデア——古代藝術理論の概念史への貢献』（一九二四年）で的確な指摘を下す。すなわち、ミケランジェロは、物理的な形態の実現が魂の内的なエイドス endon eidos に常にそして必然的に劣る、とまでは明言していない、と。[21]

とはいえ、これらの状況証拠と漱石の物語とには、決定的な差が認められる。ミケランジェロ本人も、また世紀末ロンドンのルネサンス研究者たちも、誰一人として『夢十夜』の若い衆ほどにはっきりと、彫刻とは土のなかから石を掘り出すのと同様に造作もないことだ、などとは、言いきっていない。漱石の夢では、像の記憶は物質の内奥にそれとして形態を宿している。そこでの創作活動は、およそ藝術家の魂の内面を不透明な物質へと投射するような営みである——とは看做されていない。

ここには物質に霊性が宿ると見る生気論が顔を出し、それが物質と精神とを厳密に区分する正統派のプラトン主義やアリストテレス主義と袂を分かつ分岐点が明確に示されている。奇しくもここで、漱石の『夢十夜』の運慶解釈は、南方熊楠の図式との相性のよさをも示している。「物」と「心」との交わる地点に「事」が生じる。材木と仏師の手との接触点に仏像が現れる。ちなみにアリストテレスは「手とは魂のようなもの」という謎めいた表現を残している。形態 morphe に注目したアリストテレスには、精神をひたすら頭脳に位置づけ、身体とは切断しようとした、いわゆるデカルト主義とは異なる思考が潜んでもいたようだ。[22]

4　「道」あるいは passage にむけて

精神性はいかにして物質のうちに宿るのか。あるいは物質から抜け出て彷徨うのか。物質はいかにして精神性を宿し、記憶の保存庫となり、さらには生気を帯びる animated のか。ここまでの考察からは、こうした問いが導かれる。そしてこれは、とりわけ近代以降、西欧の思潮や物質文明に触れた日本の知識人たちにとって、西欧近代の思想が忌避するだけに、かえって避けて通れない枢要な問いとなった。ここで「粘菌」の熊楠や「運慶」の漱石より数歳年上の思索者、矢代幸雄が同じ横浜育ちの先達として意識し、鼓常良も無框性の考察の出発的として言及した、天心、岡倉覚三（一八六三―一九一三）に登場を請うこととなる。

岡倉の名声を確立した英語著作三部作の最後が、インゼル書店より独訳も刊行された『茶の本』（英語原文一九〇六年）だった。『茶の本』には丹霞和尚の逸話として、飄逸な禅の講話が取られている。(23) 岡倉はこの逸話を iconoclastic と形容しているが、ここには明らかにビザンチン世界における聖像論争への目配せがある。丹霞（七三八―八二四）は唐代の高僧として知られるが、ある冬の寒い日に暖を取るため、木彫りの仏像を薪にしていたという。それを傍らの者が見咎めて「なんたる冒瀆」What sacrilege! と恐れ混じりの怒声を発する。これに丹霞は穏やかにこう答えたという。「いや、舎利を頂戴しようと思ってな」と。「こんな仏像から舎利など取れるはずもありますまい」との反論に、禅坊主は再び答える。「舎利が取れなかったとなれば、これは仏陀ではなかったことになる。となれば自分も冒瀆など犯してはおらぬことになるな」と。そう啖呵を切るや彼は焚火のほうに身を屈めたという。(24)

この逸話は、岡倉がボストンの上流階級のご婦人方から笑いを取った様子をも彷彿とさせる。物に仏性が宿るか否かは、突き詰めれば信仰する側の心持ち次第。だが心の側は、場合によってはそれを廃棄するという「冒瀆」を犯す覚悟のもとで「物」に仮託する営みを通じてはじめて、「仏性」なら「仏性」を「事」として現象せしめることもできる。

このあたりのあわいを、伊勢神宮の「遷宮」あるいは行政の建築用語でいう「造替」を通して、いささか考察してみよう。初期の日本学者として『古事記』英訳にも取り組んだバジル・ホール・チェンバレンは『日本旅行者案内』（一八九二年）で、「ある英語圏旅行者の報告」としてこう記録している。伊勢神宮には絵画作品も彫像も装飾彫刻らしいものも見当たらない。それは空っぽの容器でしかない。しかも土着の日本人たちは、「それを我々にみせようともしない」のだ、と。(25) 内部の空虚なることを隠蔽する装置としての伊勢神宮。くわえてその木造檜造りの掘立小屋構造は、二〇年に一度解体されて置き換えられるため、もはやその始原にあったはずの構造の物理的な証拠物件を、組織的かつ人為的に繰り返して喪失している。それは欧米文化圏の定義でいうところの「遺蹟」の否定である。(26)

神社とは一般に、祖先の記憶を幽霊として次の世代へと伝達する容器だろう。そしてその容器は科学的にみれば、定義からして実体に欠けた空虚なる「霊」という不在の存在の不在を指し示す場所でしか、ありえない。だがそれは、不在であり人智を超えた「物」を「心」が「事」として心眼に見るための装置でもある。現在の木造の社は、丹霞が火にくべた仏像にも似て、実際には聖遺物ではない異物として、そこになにが欠如しているかを示している。さらに二〇年ごとの造替のたびに解体されるべき古い社は、束の間のあいだ、新しい社と並置されたあと、消滅して更地にされる。その空虚な場所は、もはや不在の過去つまり起源と、二〇年後の未来とを示すための「選ばれた土地」lieu d'électionであり、その空虚こそが、霊の宿りには不可欠であることを、自らの空虚によって示している。そして解体されてその用材を全国の社にリサイクル供給する社殿と、新たな魂を受け取る社殿とは、ふたつながら二重螺旋のDNAを思わせる形状で互いに絡まり、歴史的に螺旋を描くことによって、世代交代の新陳代謝を果たしてゆく。そこに、過去の遺蹟、廃墟ではなく、「民族の生きた建築精神の精髄」、「神聖なる空間の生命」を見たのが、ドイツから亡命に等しい境涯で日本に束の間「移住」Übersiedelungした、建築家・ブルーノ・タウトだった。(27)

記憶の台座《うてな》は、みずからは新陳代謝によって物質的な永続性を自己否定し、遷宮の儀礼により自己消滅を遂げることを通じて、原初の記憶を次の世代へと伝達する。形象の継続性は物質的な執着を斬り捨てる断絶、物理的な非連続を担保として、逆説的にも保証される。「魂を物質に籠めること」Einverseelungあるいは「生命を肉体に籠めること」Einverleibung——。「記憶の本質」Gedächitniswesenを更新し刷新するためのひとつの「道」が、ここに見えてくる。(28)

ここでようやく「道」の考察への糸口が開ける。だがここでは岡倉覚三が『茶の本』で触れた「道」の定義を確認するに留めよう。いわく「〝道〟とは、普通言われるような小径であるというよりは、むしろ通過のさなかにある」（強調引用者）the Tao is in the Passage rather than the Path と。ここには、『存在と時間』執筆の段階で、シュタインドルフ夫妻によるドイツ語訳『茶の本』を伊藤吉之助から贈られていたマルティン・ハイデガーがやがて「道すがら」unterwegs という言葉に託すことになる含意が、端的かつ簡潔に述べられている。そしてそれは、岡倉とも生涯に二度インドで見《まみ》えていた詩聖・ラビンドラナータ・タゴールの言葉を想起させる。「道の果てに私の聖地があるのではない。私の歩む道の両側に私の聖地は佇んでいる」と。これは日本人画家、野生司香雪の旅立ちに臨んでタゴールが一九三六年一〇月六日に手向けた詩句だった[29]。この岡倉そしてタゴールの教えに従って、道行きのうちに道の理念が生成することを心に留めておこう。ここから生生流転、輪廻転生といった概念の再解釈が要請されることになるが、それはまた別の機会の課題としたい[30]。ただここで岡倉が用いたpassageという言葉が、ただの偶然でヴァルター・ベンヤミンによって選ばれたのではないことだけは指摘しておこう。そしてアビ・ヴァールブルクの説く「形象に宿る情念」や無意識的記憶の連鎖に関する洞察が、ここで岡倉が『茶の本』に託した見解とも、決して無関係ではなかったことを示唆することで、本章の仮初の結論に代える[31]。

注

（1）的確な「お題」を提示され、筆者を今回の会合に招聘された、田中純教授に深い謝意を表する。

（2）田中純「細部の野蛮な自律性――矢代幸雄・ヴァールブルク・バタイユ」『イメージの自然史』羽鳥書店、二〇一〇年、第IV部第1章。

（3）より詳しくは、S. Inaga, "Yashiro Yukio between the East and the West in Search of an Aesthetic Dialogue," Krystyna Wilkoszewska ed., *Aesthetics and Cultures*, Krakow: Universitas, 2012, pp. 43-60. 和訳は稲賀繁美『絵画の臨界――近代東アジア美術史の桎梏と命運』名古屋大学出版会、二〇一四年、第V部第3章。

（4）詳しくは、稲賀繁美「「日本美」から「東洋美」へ？――継承と再編の軌跡」岩波講座『岩波講座日本の思想　儀礼と創造』

第7巻、岩波書店、二〇一三年、二六八—二七〇頁。

(5) Arthur Jerome Eddy, *Cubists and Post-Impressionism*, Chicago+ A.C. McClurg, 1914; 1919, p. 149. なお久米正雄による和訳では、この部分を含む章は訳出されていない。一方、この章は「後期印象派と絵虚事」アーサー・ゼローム・エッヂーとして、『中央美術』大正四年、一九一五年第一巻第二号、萩原直正抄訳が七二—七六頁に掲載されている。

(6) Eddy 1914, p. 278. 園頼三『藝術創造の心理』警醒社書店、一九二二年、一四二頁以降。

(7) Yashiro Yukio, dir., *Art Treasures of Japan*, In 2vols., Kokusai -Bunka Shinko-Kai, 1960.

(8) 矢代幸雄「滲みの感覚」(一九四六年)、『水墨画』岩波新書、一九六九年。

(9) Yve-Alain Bois and Rosalind E. Krauss, *Formless, A User's Guide*, Urzone Inc., 1997.〔イヴ゠アラン・ボワ、ロザリンド・E・クラウス『アンフォルム——無形なものの事典』加治屋健司・近藤學・高桑和巳訳、月曜社、二〇一一年〕Georges Didi-Huberman, *L'Empreinte*, Centre Georges Pompidou, 1997. 同様の提案は稲賀『絵画の臨界』四八二頁。

(10) Tanehisa Otabe, "Tsuneyoshi Tsuzumi, Vorläufer einer komparativen Ästhetik. Seine Theorie der „Rahmenlosigkeit"", http://u-tokyo.academia.edu/

(11) Tsudzumi Tsunejoshi, „Rahmenlosigkeit des japanischen Kunststils," *Zeitschrift für Ästhetik und Allgemeine Kunstwissenschaft*, 22, 1928, ss. 54-55. 鼓常良『日本藝術様式の研究』章華社、一九三三年。原文は以下：...so kann eben die Mangelhaftigkeit eines Kunstwerkes manchmal für sie〔Vorstellungen des Werkes〕sogar günstig sein. Gerade die Rahmenlosigkeit gewinnt hierin eine Berechtigung, weil sie unserer〔japanischen〕Einbildung keine Schranke setzt. Sie gewährt anderseits auch dem Kunstwerk sozusagen eine Art Freiheit, indem sie dasselbe auf den wirklich gegebenen Raum nicht einschränkt, sondern, wenn es ihm gefällt, fast überallhin übersiedeln läßt.

(12) 松居竜五『南方熊楠の学問形成』博士論文、東京大学総合文化研究科博士学位請求論文、二〇一六年。追って『南方熊楠——複眼の学問構想』慶應義塾大学出版会、二〇一六年。

(13) Horst Bredekamp, *Darwins Korallen*, 2005.〔ホルスト・ブレーデカンプ『ダーウィンの珊瑚』濱中春訳、法政大学出版局、二〇一〇年〕

(14) 稲賀繁美『接触造形論——触れ合う魂、紡がれる形』名古屋大学出版会、二〇一六年、第I部第1章。

(15) この逸話は矢代幸雄『日本美術の特質』岩波書店、一九六五年（初版一九四三年）にも言及されている。

(16) Toshihiko Izutsu, *The Structure of Oriental Philosophy*, II, Keio University Press, 2008, p. 180.

(17) 稲賀『接触造形論』第I部第1章、註46。

(18) 詳しくは、稲賀「遺伝子の繭に包まれた蛹はどんな夢を見るか?」『接触造形論』第II部第5章。

(19) Shigemi Inaga, "Kegon/Huayan View of Contemporary East Asian Art", *Cross Sections*, Vol. 5, The National Museum of Modern Art, Kyoto, 2013. とりわけ本論文が英語圏の学術論文査読で被った批判はpp. 18–20に詳しい。

(20) 稲賀による分析は、「モノの気色——物質性より立ち昇る精神の様相」"Spirits emanating from Objecthood, or the Destiny of the Informed Materiality," モノ学感覚価値研究会アート分科会編『物気色 *Mono-Ke-Iro*』美学出版、bilingual Edition, 2010, pp. 64–82. 和文は追って『接触造形論』第III部第4章。

(21) Erwin Panofsky, *Idea, Ein Beitrag zur Begriffsgeschichte der ältern Kunstheorie*, Leibzig/ Berlin: Teubner, 1929.〔E・パノフスキー『イデア——美と芸術の理論のために』伊藤博明・富松保文訳、平凡社、二〇〇四年、一六〇—一六九頁〕

(22) ジャン・ブラン『手と精神』中村文郎訳、法政大学出版局、一九九〇年。

(23) Okakura Kakuzô, Tenshin, *The Book of Tea* (1906); *Das Buch von Tee*, ubs. M. u. U. Steindorf (Leipzig: Insel-Verlag, 1922).『茶の本』としての村岡博による日本語訳は一九二九年。

(24) 原文は以下のとおり "« What sacrilage! » says the horror-striken bystander. "I wish to get the Shali (Buddha's remain, like relic) out of the ashes", calmly rejoined the Zen. "But you certainly will not get Shali from this image!" was the angry retort, to which Tanka replied, "If I do not, this is certainly not a Buddha and I am commiting no sacrilege." Then he turned to warm himself over the kindling fire." Kakuzo Okakura, *The Book of Tea*, (1906); Dover ed. 1964, p. 28.

(25) "There is nothing to see and they〔i.e. Native Japanese〕would not let you see it." In "Ise" by Basil Hall Chamberlain, *A Handbook for Travellers in Japan*, London: J. Murray, 1892.

(26) Shigemi Inaga, « La vie transitoire des formes-Un patrimoine culturel à l'état d'*eidos* flottant », pp. 145–156. Junko Miki, « Représenter le sanctuaire d'Ise-Une dialectique entre fermeture et ouverture », pp. 125–144, in Jean-Sebastien Cluzel et Nishida Masatsugu (sous la direction de), *Le Sanctuaire d'Ise, récit de la 62e Reconstruction*, Bruxelles: Mardaga, 2015.

(27) Bruno Taut, *Das japanische Haus und sein Leben*, Japanische Übersetzung, Tokio, Sanseido, 1937; Nachdruck: Berlin: Gebrüder Mann Verlag, 1997.

(28) この問題系には、田中純が『過去に触れる——歴史経験・写真・サスペンス』羽鳥書店、二〇一六年に、異なった角度からだが、鋭くかつ執拗に追求している。

（29）ミュージアム氏家　図録　開館五周年記念展『インドと荒井寛方』一九九八年、図版53。本文で引用した詩は吾妻和男訳をやや改変。

（30）Cf. Shigemi Inaga, "Kuki Shuzo and the Idea of Metempsychosis: on the Fringe of Theosophical Thinking ?", International Conference, *Theosophy Across Boundaries*, Universität Heidelberg, Sep. 24–26, 2015. 追って、*Japan Review* No. 31, 2017, pp. 105–122.

（31）本章は、Vorläufiges Programm zum Humboldt-Kollege 2016 in Tokio, Japan : Bilder als Denkmittel und Kulturform –Aby Warburg, Technische Bildung und der Bildakt における英語講演（二〇一六年四月一〇日、東京大学駒場キャンパスにて）を自由に和訳し、学術誌掲載のため体裁を改めたものである。お招きいただいた田中純教授、討論の機会を得たホルスト・ブレーデカンプ、カール・クラウスベルク両氏に謝意を表する。

第12章　ゆがみの政治学
——マニエリスムとメランコリーの肖像

フェリックス・イェーガー
白井史人訳

引き伸ばされて失した均衡、ねじれた姿勢、および錯綜する構図によって特徴づけられるマニエリスムは、美的および知的な感受性を揺るがす。ルネサンス絵画の要となる均衡という規範から逸脱することで、この「手法＝マニエラ(maniera)」は芸術の模倣理念の基礎を崩した。エルンスト・ゴンブリッチとエルンスト・クリスによれば、マニエリスムの芸術家による内的ヴィジョンは、現実を歪曲し構図の理念性を暴露する。(1) これらのイメージは、もはや対象の魅力に屈せず美的認識と批判的反省へと誘う、近代的な視線の誕生を示すものと捉えられる。しかしながらマニエリストの「ゆがみ(deformation)」は、時代に根差した様式として捉えるとはるかに両義的な力を示唆するものだ。周知のように、この転換を示す歴史記述上の概念は論争の的となってきた。「反古典的」形態表現は、宮廷趣味の変化や、宗教改革によって進んだ精神性の刷新、さらに当時の政治、社会、経済の変動によって引き起こされた一般的な不安などの様々な要因と結びつけられる。(2) これらを背景として、様式の変化は、高揚する自己意識もしくは心理的衝動が形成する無意識の知覚傾向の現れと考えられている。

これらの矛盾が最も強く露見するのが、為政者の肖像である。人格を備えた権力という認識の増大に伴い、権力の主体の同一性を裏付けると同時に、大衆に訴えかける集団的表象を喚起するために肖像が必要とされた。肖像は個人の趣味の表現でもあり、視覚文化の産物でもある。さらに文化的前提、社会的条件および感情の状態によって形成される顔の認識への知覚的感受性は、マイケル・バクサンドールが「時代の眼」と呼んだ形態感覚の歴史性を探求するための、最も繊細な指標として際立っている(3)。かくして肖像の「ゆがみ」は、意識的な自己形成と集団的心理の共鳴を同時に示す。本章が辿るのは、マニエリストによる甲冑と肖像画の鍵となる対象に潜むこれらの緊張関係である。そして「ゆがめられた」像が生み出された政治的基盤と、同時代の哲学、美術理論、および生理学の言説における位置づけを明らかにすることを目指す。私見によれば、これらの像は観客によって読み取られる政治的メッセージを伝達するよりも、身体的反応を惹起する点に主眼が置かれている。このような「生体美学的（soma-aesthetic）」次元は、一六世紀の権力、知覚および芸術の絡み合いを照射するであろう。

1　為政者の醜悪化——ヘルムシュミットのグロテスクな兜

とりわけ「グロテスク」と呼ばれる兜は、伝統的に古代の「古典的」身体像と結びつけられてきた倫理規範に抵触するほど、顔貌の歪みを強調した。当時、最も力を持っていた為政者たちから委嘱された極めて精巧な品々は、儀礼で使われる装飾品の一部や、宮廷の収蔵品として権力を表象する道具として誇示された。しかしながら「古代風（all'antica）」もしくは「ローマ風（alla romana）」の甲冑と異なり、「健全な精神は健全な肉体に宿る（mens sana in corpore sano）」といった人文主義者の規範にうたわれた装着者の運動能力を強化するようには見えない。概してマニエリストのユーモア感覚に帰せられるものの、グロテスクな兜は禁欲主義や魔除け図に収まらない繊細な性格を備えている(4)。一五一五年頃にアウクスブルクで活動した甲冑製作者のコールマン・ヘルムシュミット（Kolman Helmschmid：一四七〇／一四七一—一五三二）の手による面頬付の密着式バーゴネット（図1）は、とりわけ錯綜した特徴を示す。装着者の頭部と首を完全に覆うこのバーゴネットは、首鎧が組み込まれた頭蓋部分と、両側面の中央に付けられたエンボス加工の面頬からなる。この面頬は男性の顔として形作られ、頂点には装着者のための細い眼球用スリットがあり、睫毛、眉毛、および皺が刻まれた眼球用の穴、突出した鍵状の鼻、および上方に曲がった口ひげとわずかに開かれた口を備えている。表情豊かな顔面が、

図 1　コールマン・ヘルムシュミット《面頬付の密着式バーゴネット》（鉄・金、アウクスブルク、1515 年頃、ニューヨーク、メトロポリタン美術館〔Acc. no. 04.3.286a, © The Metropolitan Museum of Art, URL: www.metmuseum.org〕）

恐怖や警告から嫌悪、当惑へと至る両義性に満ちた感情を伝えるように見える点も興味深い(5)。

ヘルムシュミットは同業者のなかでも最も特権的な者の一人で、ハプスブルク宮廷の緊密な助言のもと働いていた。マクシミリアン一世やシャルル五世のほか、彼はマインツ大司教アルブレヒトやマントヴァのゴンザーガ家・フェデリコ二世など、ヨーロッパの多くの貴族のために兜を製作した(6)。上記の特殊な作品はザクセン選帝侯の「賢王」フリードリヒ三世（Frederick III：一四六三―一五二五）に関連するとされており、神聖ローマ帝国の改革や宗教改革時の教皇への挑戦は、彼の並々ならぬ政治的自信の現れである。ほぼ同時期にヴィッテンベルクの宮廷画家であったルーカス・クラナッハ（父、Lucas Cranach the Elder：一四七二―一五五三頃）が一五〇九年頃に彫った肖像と比較すると（図2）、ヘルムシュミットの面貌は、突き出た鼻、起伏に富む唇、鼻と唇の間の溝などの選帝侯の特徴を漠然と示唆するに過ぎない。しばしば複製されたクラナッハの「標準的」肖像のタイプは、金属性へアネットと豊かなあごひげ、そして縮れた眉毛のもとで厳格な表情を湛えるやや太めのフリードリヒ三世の半身像を代表するものである(7)。

しかし、この肖像が醸し出す決断力と政治的鋭敏さは、件の兜からはさほど感じられない。顔面の解剖学的特徴が誇張されて人物の認識が事実上困難となる一方で、感情的訴求力は高まっている。アウクスブルクにおいて遅くとも一五一〇年から多くの観相学的著作が出版され広く普及していたことを鑑みると、こうした期待の裏切りは非常に謎めいている(8)。ヘルムシュミットは同時代の思想で提起されていた疾病徴候学的解釈を認めたように見える。彼が顔貌をこのように伸長、

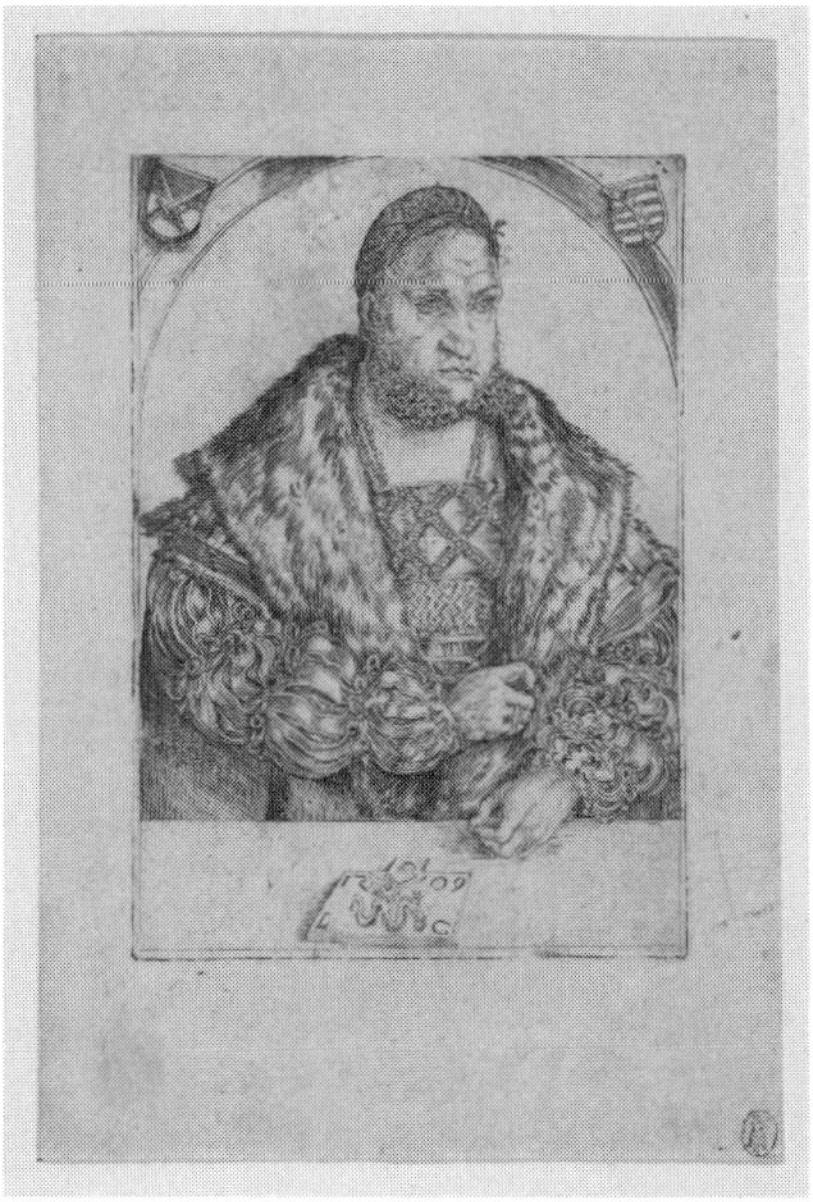

図2　ルーカス・クラナッハ（父）《〈賢王〉フリードリヒ3世ザクセン選帝侯》（版画、12.5×9 cm（平板）、1509年、ニューヨーク、メトロポリタン美術館〔Acc.no. 30.12.5, © The Metropolitan Museum of Art, URL: www.metmuseum.org〕）

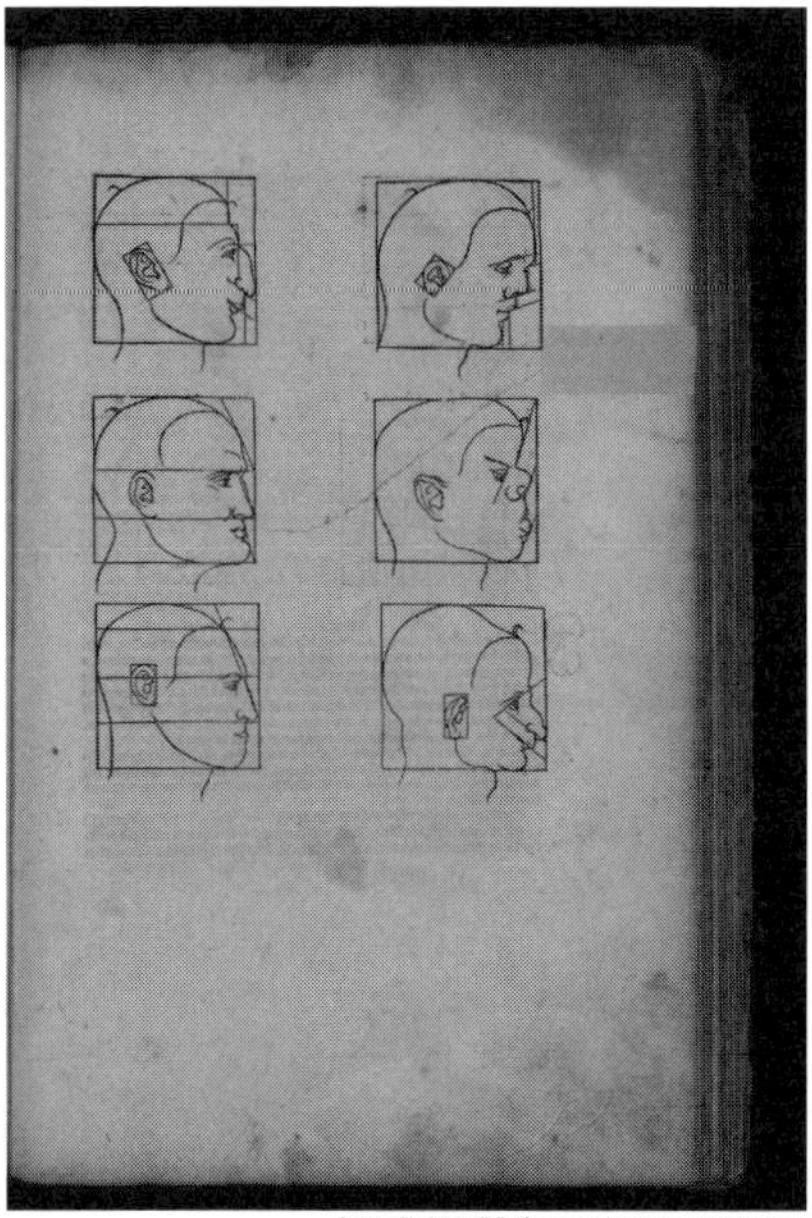

図3　アルブレヒト・デューラー《6人の横顔の頭部》（木版、17.7×5 cm、『人体均衡論』ニュルンベルク〔Hieronymus Andreae 1528, n. pag. [fol. 100 = Q4r]〕、ストラスブール国立大学図書館〔BNU R10974.〕）

圧縮、および湾曲させることは、アルブレヒト・デューラー（Albrecht Dürer：一四七一―一五二八）と同じく、理想的な比率を持つ規範的表現を破壊するものであった。デューラーは当時、フリードリヒ三世と定期的に仕事をしており、散逸してしまった行進用装飾具をヘルムシュミットと共作している最中であった[9]。一五一〇年に書き始められ、一五二八年に出版された影響力の大きい著作『人体均衡論 Von menschlicher Proportion』においてデューラーは、彼が述べるところの「見知らぬ（unbekannt）」ものになるまで人体を変形して描く方法を詳述している[10]。これらの行為は芸術家の技巧を証明するものだが、より重要な点はそれが「醜さと（中略）ゆがみの起源[11]」を理解するための教育的手段として役立つことである。芸術家は「識別可能（kantlich）」で適切に再現する際に避けるべきことを学ぶため、あえてモデルをゆがめて書くよう推奨される。奇妙なことに、早くも一五一三年に製作されたスケッチから採られた付属木版画は[12]（図3）、ヘルムシュミットの面貌と驚くほど類似している。デューラーの説明によれば、こうした「人為的」もしくは「不快な（widerwärtig）」歪曲は、「算術的」変形と異なり明確な人物同定さえ犠牲にしており、醜聞の図に通じる嘲笑的な用途すら思わせる。[13]

2　メランコリーの感染――レオナルド・ダ・ヴィンチの頭部像

一六世紀の芸術家の間で印刷を通して広く知れ渡っていたレオナルド・ダ・ヴィンチ（Leonardo da Vinci：一四五二―一五一九）作のいわゆる「グロテスク」な頭部には、ヘルムシュミットの作品に明示されているのと同じような描写と変形との間の緊張関係が見出されてきた。手慰みのように書き付けられたり、時に完成した形で彼の日記やノートに残るそれらのデッサンは、しばしば初期の諷刺画として言及されることもあるが、より複雑な要因を指示していよう。一四九〇年頃に製作され、特に忘却しがたい印象を残すインクデッサンは（図4）、狭く円形に配置された五人の半身像を示しており、それぞれの顔は異なる感情や精神状態を表現していると推定される。オークの葉による飾環を戴冠し右向きに横顔を見せる中央の禿頭の老人、顎を突き出し顔をしかめる女、頭を恍惚とのけぞらせ叫ぶ男、もう一人の思い悩み俯く男、そして波立つ頭髪を細いヘアバンドで束ねた小人のような人物。ジョルジョ・ヴァザーリ（Giorgio Vasari：一五一一―一五七四）は、その著作『芸術家列伝』でこのデッサンを「風変りな」事象のなかの

図4　レオナルド・ダ・ヴィンチ《5つのグロテスクな頭部》（ペン・インク、26×20.5 cm、1493年頃、ウィンザー王室図書館〔Inv.no. RL 12495 Clayton, Martin: Leonardo da Vinci. The Divine and the Grotesque. London 2002, cat.no. 41, p. 97.〕）

図5　ヒエロニムス・ボッシュの後継者《十字架を背負うキリスト》（油彩・板、76.7×83.5 cm、1510–1535年、ヘント、美術博物館〔Museum voor Schone Kunsten, Inv.no. 1902 H〕）

「喜び」を示すものとしているが[14]、特徴的表情の尋常ならざる誇張は、思弁的な観相学的解釈を誘発してきた。これらの頭部は感情の型や四つの気質を視覚化したものとされる。またしばしば精神疾患の疾病分類学的類型化やメランコリー的退行の段階を先取りしたものと理解されてきた[15]。

エルンスト・ゴンブリッチは、上記の頁に実際に描かれているのは、肖像の様々な型や経験的な観察をモンタージュしたものではなく、中央にいる老人が周囲の群衆に嘲笑されている公的な辱めの場面であると説得力をもって主張している[16]。しかし、レオナルドのデッサンに見られる観相学的特徴の歪曲は、ヒエロニムス・ボッシュの後継者によって描かれ、レオナルドの習作に影響を受けたとされる《十字架を背負うキリスト Christ carrying the Cross》（図5）のような辱めの場面でのより忠実な描写とは異なる。聖書の場面を取り上げた半身像を円形に配置した構図は、レオナルドによるグロテスクな頭部デッサンの構図を反映しているものの、痛ましく内省的なキリストの繊細な顔立ちは、見物人たちの残忍なゆがみと鋭く対比している[17]。それに対して、レオナルドのデッサンは、オークの葉による飾環によって他の人物と区別された主たる高貴な人物を、視覚的に貶められたほかの人物たちと同じく歪曲して描いている。彼の顔貌に付与された表情の誇張による「ゆがみ」は、社会的な不名誉を拭い去るのではなく、嘲笑的な効果を強めるのである。ゴンブリッチの解釈によれば、この構図にみられる自己矛盾的力学は、レオナルドのナルシスト的性格に由来する乖離した知覚と強迫神経症的行動を示すものである。したがって中央の老人は、自身の矛盾を孕む身体像を憑かれたように再現してきたレオナルドによる芸術家の自己像を、無意識に歪めて具現化したものとして理解できる。[18]ゴンブリッチによれば、レオナルドは「身体醜形障害（body dysmorphia　略号ＢＤＤ）」の症候を示していた。この障害は自らの身体がゆがんでいる錯覚に囚われ、結果としてあらゆるものに不安を覚え社会を拒絶するに至るものだ。全体の輪郭や文脈の情報を異常に排除して細部に過度に執着する視覚処理の認知バイアスを、この失調が補強しているように見える。[19]

レオナルド自身、同時代の観相学的言説の枠組みのもとで芸術家の創作を認識していた。彼の理論的著作によれば、芸術家は自身の体格や性格を作品のなかにどうしても持ち込んでしまう。換言すれば、芸術家は標準的構図や図像的類型、および様式の性質を自動的に自己複製してしまう。たとえ芸術が自然の模倣を目指しても、彼の説明によれば「それぞれの絵画の状態は芸術家に従う」[20]。この自己表象への傾向は精神による前意識的判断の結果であり、精神が画家の手を導き身体の形と動きを決定づける。例えば画家が狂気に陥っている場合、「物語絵にその狂気が十分に示されている。その絵画では人物が一貫性を欠き、ある人物はこちらに、別の人物はあちらにと、あたかも人物たちが夢見ているかのように彼らは自分たちの行動に注意を向けていないのだから」[21]。しかし、芸術家による創造的作品を決定づける強迫的衝動は、絵画の内部に浮遊しているだけではなく、観衆にも影響を及ぼすと考えられる。観る者は、絵画のなかの運動、身振り、そして情念を身体化することが期待される。「すなわち、もし物語絵が恐怖心や、怯えや、臆病風を、あるいは苦しみや、悲しみや、嘆きを表象したり、もしくは快感や悦楽、笑いや同じような状態を表現する場合には、その絵画を観るものは物語絵の人物たちが表象するのと同じ状態にあるような気持ちになり、手足を動かすまでの精神状態に身を置くようにせねばならない」[22]。レオナルドによれば、このような「生体美学的」効果は、あくびの図が「絵画を見つめ続ける限り」あくびを誘発するような生理的反射に類似している。[23]

マニエリストの芸術理論で好まれた想像力という強力な概念に対してレオナルドは、創作の際に身体化された性向および知覚に備わる身体的効果を重視する。当時の生理学上の概念とも通じるが、ファンタジー（phantasia/ingenium）は精神のなかの独立した機構ではなく、生理的状態や超自然的な力に影響されやすい非常に繊細な器官であると考えられる。

図6　ポントルモ《祝福するキリストとアダムとイヴの創造（祝福するキリスト）》（黒チョーク・紙、32.6×18 cm、1546–1556年、フィレンツェ、ウフィツィ美術館素描版画室〔n. 6609 F〕〔Falciani, Carlo a. Natali, Antonio: Pontormo. Cinisello Balsamo, Milan 2014, p. 238, fig. 25.〕）

芸術的創意は病理的干渉や悪魔の操作と入り交じり、反対に芸術作品の症候学的解釈を示唆するだろう。夢、幻覚、そして芸術的創造などに現れる「形成力（vis formativa）」と想像力との関係を考慮すると、芸術作品に移し替えられた生理学的「拒絶」は観る者にも作用することになる。[24]

気質主義の枠組みでは、特にメランコリー気質は両義性に満ちていた。マルシリオ・フィチーノ（Marsilio Ficino：一四三三―一四九九）は、アリストテレス主義的伝統におけるメランコリーの狂気をプラトンの霊感（furor divinus）と結びつけることで擁護したが、メランコリー芸術は錯乱と混乱を引き起こすと疑われていた。[25] レオナルドのグロテスクな頭部の図を美的浪費と単純化したヴァザーリは、ポントルモ作のサン・ロレンツォの失われたフレスコ連画について「この作品を見つめる者にメランコリーの霊感を与えるようだ」と関心を寄せている。一一年の孤独な生活を経て生み出されたメランコリーの画家によるこれらの絵画の極めて独創的な構図は、《祝福するキリスト》（図6）などの構図の習作が伝えている。「あらゆる規則、比率、あるいは遠近法」を無視し、再認不能なまでに人物たちの比率を歪ませ、説明不能なほど構図の不要な部分を誇張することで、ポントルモは彼の作品に気質上の性質を注ぎ込んだと考えられる。それはヴァザーリが「その画を見て気が狂い、生きたまま自らを生き埋めにするのではないか[26]」と恐れをなしたほどだ。伸長された身体、ひねった姿勢、冷淡な色彩などのポントルモによるマニエリスト様式の特徴は、実際にメランコリーに特徴的な症候である。例えばギリシャの物理学者であったエフェソスのルーフス（Rufus of Ephesus：紀元後一世紀頃）は、影響力の大きな著作『メランコリーについて』で、土星的に陰気な状態は、大きな胴体、やつれた四肢、せわしない動きによって身体的に表現されると主張した[27]。これらを踏まえると、ヘルムシュミットのグロテスクな兜に代表される肖像の「ゆがみ」は、古典的な解釈が示唆するような美的もしくはユーモラスなものとして理解されるべきものではなかったことが分かる。むしろ反対に、恐怖、混乱および狂気などの極端な身体的反応を喚起したのである。フリードリヒ三世は、自身の歪められた表象に身を包むことで、逆説的にメランコリー気質を具現化し、臣民に視覚的に「感染」しようとしたのだ。

3　隠された王——アルチンボルドの合成された肖像

当時のメランコリー気質の人物として最も名を馳せた皇帝ルドルフ二世（Rudolf II：一五五二—一六一二）のために製作されたジュゼッペ・アルチンボルド（Giuseppe Arcimboldo：一五二六／二七—一五九三）の「合成された頭部（teste composte）」は、観る者に同じような両義的な効果を及ぼす。おそらくレオナルドのグロテスクな習作に着想を得て、これらのアッサンブラージュは、形態的な類似性を通じて様々な事物、植物、動物、特定の主題に関する典型物などを組み合わせる。そのようにして浮かび上がる顔貌は、アレゴリーを擬人化したものと一般的に捉えられている[28]。しかしこれらの頭部は、優れた技術や生命力への一般的な参照にとどまらず、政治的言説を支え、為政者を称揚するのではなく隠蔽することを企図しているように思われる。

一五九〇年頃に描かれた《ウェルトゥムヌスとしての皇帝ルドルフ二世像 Vertumnus》〔以下、《ウェルトゥムヌス》と

図7　ジュゼッペ・アルチンボルド《ウェルトゥムヌスとしての皇帝ルドルフ2世像》(油彩・板、70×58 cm、1590年、ストックホルム、スコークロステル城〔Inv. no. 11615〕CC0 1.0)

略記」(図7)は、ジョヴァンニ・パオロ・ロマッツォ(Giovan Paolo Lomazzo：一五三八—一五九二)が伝えるところによれば、皇帝により「気まぐれな創意工夫(qualche cosa capricciosa)」[29]という依頼のもとで製作された。この頭部像は、自然や変身を司るローマの神とともに、ルドルフ二世自身を具現化したものとされている。一六〇〇年頃のハンス・フォン・アーヘン(Hans von Aachen：一五五二—一六一五)による実物をモデルとしたと考えられる慣習的な描写と比較すると(図8)、アルチンボルドの表現は確かに皇帝の顔つきの特徴を備えている。四季の果実、野菜、そして花によって構成された半身像は、厚い胸板、幅広い肩、そして筋骨たくましい首筋などの頑健な肉体を描き出す。左から捉えた半身の横顔はより注意深く合成され、一般的な肉感の印象を生む。皇帝の顔の解剖学的特徴を伝えるのはたっぷりとした頬を思わせる中央の二つのリンゴで、その上に載る小ぶりの果実は厚みのある涙嚢を表現する。枝分かれになった小麦の穂は豊かな眉毛で、顔面の毛を思わせるキビの円錐状の花序に豆のさやが重なる。毬栗の上の二つの赤いサクランボが、ハプスブルク家の血筋として広く認められている突き出た顎を形作っている点も興味深い[30]。

グロテスクな像ほど誇張された顔立ちとまでは言えないものの、《ウェルトゥムヌス》は、同じような断片化という視覚的エコノミーの存在を明らかにする。その断片化は顔の形態を無化し、意味に満ちた細部によって再構成するのだ。様々な板面とアップリケから成る甲冑の構成に似て、アルチンボルドの頭部は視覚的なモナドの集合物であり、それらが階層的ではなくむしろ加算的に並べられることで、形態の統合を回避している。この意味で、この絵画はルドルフ二世の百科全書的な「驚異の部屋」を思い起こさせる普遍的な秩序の感覚に訴えかけはしない。統治者が体現するマクロコスモスとミクロコスモスの普遍的調和を肯定するのではなく、自然のもとでの人間の実際の地位に疑義を唱えるのである。黄金時代の回復を呼び起こすような図像学的解釈に反して、ルドルフ二世は閉所恐怖症的に周囲の環境に溶解する。この肖像は、わずかに識別可能なほどに顔立ちの特徴をとどめるのみである。[31]

ルドルフ二世は、深刻な鬱病期に気まぐれな行動に走ったり、麻痺に陥ったりしたため、同時代人にはメランコリーを患っていると考えられていたようだ。プラハ城で隔離生活を送るようになり、社会との接触を断ち、周囲への猜疑心は増大するばかりであった。科学と芸術を広く庇護したことを鑑みると、こうした苦悩が、秘術への不健全な傾倒や奇妙なものへの異常な嗜好をもたらしたと考えられる。[32] アルチンボルドの「気まぐれな（capricious）」発明が遊び心に満ちた形態操作を示しているのは確かである。しかしその一方で、日常的な事物の再配置に捧げられた異常な関心は、知覚された混乱に秩序を取り戻そうとする体系化への偏執的衝動の証左でもある。さらに、この肖像は描かれた対象を隠蔽するのと同じ程度に、隠された意味を明かしていると理解できよう。昆虫の擬態と同じように、ルドルフ二世は彼の周囲に合わせて自らの表象を視覚的に順応することで、彼自身と外界との境界を攪乱する。[33] この過剰な模倣による効果は、精神医学上の用語では自己意識が失調した「離人症」か、もしくは現実の知覚が乱れる「現実感喪失」などの特徴とされ、いずれも阻害、錯乱、さらに全般的な不安を引き起こす。[34]

しかし逆説的なことに、主体の瓦解は決して偶発的ではなく、同時代の政治的言説の症候であると同時に、統治権力の行使と関わりがあった。フェリペ二世（Philip II：一五二七―一五九八）統治下のスペイン宮廷で、一五六三年から一五七一年にかけて八年

図 8　ハンス・フォン・アーヘン《ハプスブルク家のルドルフ 2 世》（油彩・カンヴァス、61.5×48.7 cm、1606–1608 年頃、ウィーン、美術史博物館〔Inv.no. 6438〕〔©KHM-Museumsverband, URL: www.khm.at/de/object/1ff1de7740/〕）

間を過ごしたルドルフ二世は、統治者が姿を現すのではなく、誇示しつつ隠蔽することを旨とする儀礼的な王権の理念を身につけたようだ。周知のように、フェリペ二世は直接的な接触を避けてできる限り旅をせず、エスコリアルの迷宮的宮殿に隠遁した。こうした政治的レトリックとしての隠遁は、「神の不在（Deus absconditus）」に倣い神秘的な権威をまとうことを意図していた。フェリペ二世は、彼自身を舞台に上げるのではなく、身体的さらに視覚的に自らを隠蔽するという戦略により彼の主体を人格として示すことを避けたのである。アルチンボルドの頭部像に似て、スペインのハプスブルク家の肖像画は表情を切り詰め、暗い背景に廷臣を厳格に配置してシルエットを形成し、擬古的な様式上の手段を用いた。再現が帯びる個人の訴求力を曖昧にし、描かれる対象を具現化するよりも影を投げかけたのである。(35) 政治的麻痺や現実感覚の失調を示唆する一方で、この場合の自己隔離は、合理的言説や道徳上の義務に制限されない絶対的な権力の存在を示している。実際、隠された王は、共同体を超えた領域に移されている限りにおいて自由に威力を発揮するだろう。

一般的には中世の王権の理念を回復するものと思われているが、この帝王的神秘主義は奇妙なことに当時の最も現代的な政治思想を反映している。周知の通り、マキャヴェッリ（Niccolò Machiavelli：一四六九—一五二七）が『君主論 Il Principe』（一五一三年）で王族に対して倫理的規範から離れて彼らの名声を戦略的に使用するよう助言し、とりわけ権力を維持する道具として恐怖を用いる有効性を強調した。(36) フェリペによる隠遁の政治手法のように、統治者は神の威信に比肩する「恐怖（tremendum）」を発することで、常に畏怖されるように振る舞うことが求められる。(37) 必要に応じて慎重に統治を進めるなかで、統治者は「偉大な詐称者であり偽善者であること」(38) が要請され、虚実を思いのままに操作する。(39) フランスの法学者ジャン・ボダン（Jean Bodin：一五三〇—一五九六）もまた、合法的枠組みのなかではあるが「偽り（dissimulatio）」の政治的利益を提唱した。彼が提唱した統治性の理念は、法を打ち立てる絶対的権力に基礎づけられた政府を構想していた。その統治は合理性や分別ではなく、意志と力のみに左右される。(40) 興味深いことにボダンは、臣民との直接的な接触を避け、自身を雲のなかのような両義的な存在とするよう為政者に警告している。為政者は神の深遠な現前に倣い、「選ばれた少数のものを通して、幻視や夢によって」コミュニケーションすべきなのである。(41)

ミラノでアルチンボルドとも協力していたロンバルディアの詩人・理論家のグレゴリオ・コマニーニ（Gregorio Comanini：一五五〇―一六〇八）は、論文「フィジーノ、もしくは絵画の目的について Il Figino overo del Fine della Pittura」（一五九一年）において、《ウェルトゥムヌス》に生気を与えている政治的主張と並び、この構成に含意された乖離的逆説を強調している。「奇妙で歪んだ図像」に代弁させつつ、ローマの神は以下のように叫ぶ。「私は私自身とは異なる／そしてそのように異なっていても私は／ただ一つであり、様々な事物から／（中略）私は類似したものを描く」。外面的には怪物のように見えても「私は王のイメージを隠し持っており」、最終的には観る者に「偉大なるルドルフ二世のもとにひざまずく」よう要求する。[42]「ゆがめられた」肖像はそれゆえに、メランコリーの人格を表すだけではなく、権力の蓄積を目的とする視覚的戦略をひそかに担うのである。知覚を「非人格化」し「非現実化」することで、皇帝はメランコリックな視線を喚起し、臣民の畏敬を維持すると考えられたパラノイアの美学を促進するのだ。

4　市民の一掃、臣民の形成

アルチンボルドの象形文字的な頭部像を論じているのと同じ論文のなかで、コマニーニは模倣が持つ政治上の反響効果を詳述している。プラトンに言及しながら、彼は芸術の内容や形式、および普及に対する統治府による支配を肯定する。この部分ではコマニーニは、美的な喜びよりも、国家の繁栄を圧迫する極端な反応を引き起こしうる図像の形成効果と積極的な潜在的可能性を強調している。「古典的」芸術に典型的な廉直性、規則性および均衡などの形態上の特徴は、法律や道徳に通じるような「不変で堅固な」[43]態度を涵養する。プラトンによるエジプト芸術に関する論述と同様に、レオナルドの芸術理論的思考にも浸透している「シェーマ的」もしくは「身体的」な模倣の効果をコマニーニは説明しているようだ。その主張によれば、青少年は市民的価値を内面化するため、公式な芸術に例示されているポーズを再現すべきとされる。[44]一方で技術革新は、鑑賞者を誘惑し精神の理性的機構を危機に陥れるとして権威者によって罰せられた。[45]グロテスクな甲冑と「ゆがめられた」肖像は、コマニーニが賞賛したにもかかわらず、芸術の「シェーマ的な」活用を肯定せず、実際にはプラトンの規範を転覆する。奇妙なことにそれらの図像は精神を堕落させ、身体的欲望や情動を強化する。そうした欲望や情動はプラトンが要求するところでは、「ある国家において、邪悪な人々に権力を与え、街を彼らに引き渡してしまった時と同じように[46]」干上がらすに違いないものである。

プラトンはその著作『国家』において、この「反シェーマ的」効果を国政術の体液病理学の枠内に位置付け、ルネサンスの人文主義において広く議論を呼んだ。法を欠いた欲望と狂気の疑念に蝕まれた独裁制は、メランコリー気質へと特徴づけられる。プラトンの指摘によれば、「その本性や習慣もしくは両者を要因として酩酊や色欲、さらに狂気へと陥った時に[47]」為政者は独裁者に成り下がってしまう。ニコラウス・クザーヌス（Nicholas of Cusa：一四〇一―一四六四）は『普遍的協和について De Concordantia Catholica』（一四三三年）において、国家を身体と捉える生理学的比喩を用いてプラトンの政治概念に賛同し、災厄が共有財産に降りかからないよう四つの気質のバランスを維持する物理学者に皇帝をなぞらえた。メランコリーは過剰な強欲の印として「高利貸し、詐欺、謀略、窃盗、略奪」を生み[48]、為政者によってしか治癒できないとされた[49]。一六世紀に権力の人格化が増大するにつれて、皇帝自身の健全さが国家の安寧に不可欠のものと考えられるようになった。例えば宗教改革後の神学者であるヴォルフガング・ザイデル（Wolfgang Seidel：一四九二―一五六二）は、統治者のメランコリーを予防し健康を促進する君主鑑を考案したのである[50]。

甲冑や肖像の「ゆがみ」は、メランコリックな苦痛を表現するというよりも、同時代の政治的および生理学的言説に示唆されるような戦略的関心に資するものとして捉えられる。古代の「古典的」身体をモデルとして市民的な習慣を形成する代わりに、これらの図像は想像力に「感染」し、プラトンが非難した非常に有害な効果を促成するようになった。恐怖、混乱、ショックなどの極端な反応を引き起こすことで、ゆがんだ図像は合理的な判断をすり抜けて、鑑賞者へ身体的に作用するメランコリックな視線を喚起する。それゆえに為政者は、美徳を理想的に具現化したポーズをとり「シェーマ的」な再現を誘発するのではなく、臣民からの監視を避けて自らを道徳的義務から解放しようとした。神秘の経帷子に覆われて、生きているかのように振る舞うのではなく、図像による「生体美学的」効果に基づいて為政者は行動したのである。身体を「ゆがませ」、視線を断片化し、知覚を異化することでこれらの事物は批判的市民を解体し、その代わりに力を奪われ、畏敬の念で麻痺した臣民を生み出した。これらの事物は、「マニエリスム」をしるしづける危機意識（sense）を記録するのではなく、危機の感覚刺激（sensation）を最も潜在的に伝達するものとして立ち現れるのである。

注

（1）マニエリスムの前史に関してはGombrich, Ernst a. Kris, Ernst: The Principles of Caricature, in: British Journal of Medical Psychology 17 (1938), pp. 319–342を参照（特に原著pp.331–334）。

（2）最も重要な文献としては以下の文献を参照。Shearman, John: Mannerism. Style and Civilization. London〔et al.〕1990〔=1967〕, pp. 15–22; 39–41; 135–137; 171およびDvořák, Max: Über Greco und den Manierismus, in: id.: Kunstgeschichte als Geistesgeschichte. Studien zur Abendländischen Kunstentwicklung. Munich 1924, pp. 259–276〔マクス・ドヴォルシャック『精神史としての美術史――ヨーロッパ芸術精神の発展に関する研究』中村茂夫訳、岩崎美術社、一九八六年、二六三―二七九頁〕を参照（特にpp. 269–271）。さらにHocke, Gustav René: Die Welt als Labyrinth. Manier und Manie in der Europäischen Kunst. Von 1520 bis 1650 und in der Gegenwart. Hamburg 1957, pp. 55–57〔グスタフ・ルネ・ホッケ『迷宮としての世界――マニエリスム美術』種村季弘・矢川澄子訳、美術出版社、一九六六年、九九―一〇二頁〕など。

（3）視覚の社会的形成に関してはBaxandall, Michael: Painting and Experience in Fifteenth Century Italy. A Primer in the Social History of Pictorial Style. 2. ed. Oxford 1988, pp. 29–32〔『ルネサンス絵画の社会史』篠塚二三男・池上公平・石原宏・豊泉尚美訳、平凡社、一九八九年、五八―六二頁〕を参照。芸術の文脈における顔認識の生理学と心理学に関する概説としては、Bruce, Vicki a. Young, Andy: In the Eye of the Beholder. The Science of Face Perception. Exhib. cat. Oxford 1998を参照。

（4）一六世紀の甲冑の類型学に関してはPyhrr, Stuart W. a. Godoy, José-A.: Introduction, in: Heroic Armor of the Italian Renaissance. Filippo Negroli and his Contemporaries. Ed. by Stuart W. Pyhrr a. José-A. Godoy. Exhib. cat. New York 1998, pp. 1–24を、「グロテスク」な甲冑に関する概観はLaRocca, Donald J.: Monsters, Heroes, and Fools. A Survey of Embossed Armor in Germany and Austria, ca. 1475–ca. 1575, in: A Farewell to Arms. Studies on the History of Arms and Armour. Ed. by Gert Groenendijk〔et al.〕. Delft 2004, pp. 34–55を参照した。

（5）より詳細な記述は以下の文献を参照。Kienbusch, Carl Otto v. a. Grancsay, Stephen V.: The Bashford Dean Collection of Arms and Armor in The Metropolitan Museum of Art. Portland 1934, pp. 70–77.

（6）ヘルムシュミットの伝記的事実の概観には Gamber, Ortwin: Kolman Helmschmid, Ferdinand I. und das Thun'sche Skizzenbuch, in: Jahrbuch der Kunsthistorischen Sammlungen in Wien 71 (1975), pp. 9–38 を参照。

（7）この肖像については Hoppe-Harnoncourt, Alice: Glaube und Macht. Lucas Cranach d. Ä. – Porträtist in Bewegter Zeit, in: Dürer, Cranach, Holbein. Die Entdeckung des Menschen: Das Deutsche Porträt um 1500. Ed. by Sabine Haag [et al.]. Exhib. cat. Munich 2011, pp. 113–119を参照（本章では特に p.114）。「忠実さ」という問題含みの概念に関する一般的な議論は、Müller, Matthias: "Menschen so zu malen, dass sie erkannt werden und zu leben scheinen." Naturnachahmung als Problem in Lucas Cranachs Höfischer Porträtmalerei, in: Apelles am Fürstenhof. Facetten der Hofkunst um 1500 im Alten Reich. Ed. by Matthias Müller [et al.]. Exhib. cat. Berlin 2010, pp. 57–73 を参照。

（8）南ドイツにおける観相学的著作の製作と普及に関しては、Reißer, Ulrich: Physiognomik und Ausdruckstheorie der Renaissance. Der Einfluss Charakterologischer Lehren auf Kunst und Kunsttheorie des 15. und 16. Jahrhunderts. Munich 1997, pp. 56–65 を参照。

（9）デューラーが一五一七年頃に残した一連の習作スケッチは、マクシミリアン一世が一五一六年に委嘱したいわゆる「銀の甲冑」における共同作業を示唆している。Norman, Alexander V.: Albrecht Dürer, Armour and Weapons, in: Apollo 94 (1971), pp. 36–39 を参照（本章に特に関係するのは pp. 38–39）。

（10）この点は Dürer, Albrecht: Vier Bücher von Menschlicher Proportion (1528). Ed. by Berthold Hinz, Berlin 2011, lib. 3, fol. O1r, p. 169 を参照〔『「人体均衡論四書」注解』下村耕史訳・注、中央公論美術出版、一九九五年、一六六―一六八頁〕。

（11）原文は前掲書の lib. 3, fol. Q5r, p. 196 の筆者訳。

（12）これらのスケッチは、人体の均衡に関する著作の草稿に伴うもので、いわゆる「ドレスデン・スケッチブック」に綴じられていた。'Dresdner Skizzenbuch', Msc. Dresd. R. 147f, fol. 94r, Sächsische Landesbibliothek, Dresden = Bruck, Robert (ed.): Das Skizzenbuch von Albrecht Dürer. Strasbourg 1905, pl. 122を参照。この点に関しては、Dürer 2011（注10）, p. 303, 277.90が更に詳しい。

（13）デューラーによる「ゆがみ」の概念は、Huguenin, Angela Fabienne: Hässlichkeit im Portrait. Eine Paradoxie der Renaissancemalerei. Hamburg 2012, pp. 290–299 を参照。ヘルムシュミットによる兜と醜聞の仮面との間の図像的類似性に関しては、Jäger, Felix: Sovereign Infamy. Grotesque Helmets, Masks of Shame and the Prehistory of Caricature, in: Images of Shame. Infamy, Defamation and the

Ethics of oeconomia. Ed. by Carolin Behrmann. Berlin/Boston 2016, pp. 169–192 を参照（本章の関連部分は pp.173–178）。

（14）Vasari, Giorgio: Leonardo da Vinci, in: Lives of the Painters, Sculptors and Architects. Ed. by David Ekserdjian. Transl. by Gaston du C. de Vere. New York［et al.］1996, vol. 1, pp. 625–640を参照（特に原著 pp. 630–631）〔『芸術家列伝3——レオナルド・ダ・ヴィンチ、ミケランジェロ』田中英道・森雅彦訳、白水社、二〇一一年、七—三八頁〕。

（15）詳細な記述は Clayton, Martin: Leonardo da Vinci. The Divine and the Grotesque. Exhib. cat. London 2002, cat.no. 41, pp. 96–99 にみられる。これらのデッサンは、遅くとも一七世紀にはいわゆる観相学的著作と関連づけられてきた。作者の死後の歴史記述上の展開は Kwakkelstein, Michael: Leonardo da Vinci as a Physiognomist. Theory and Drawing Practice. Leiden 1994, pp. 94–102 を参照。観相学的含意を再提唱する議論として、Britton, Piers D. G.: The Signs of Faces. Leonardo on Physiognomic Science and the 'Four Universal States of Man', in: Renaissance Studies 16（2002）, pp. 142–162 が挙げられる。

（16）Gombrich, Ernst H.: Leonardo's Grotesque Heads. Prolegomena to their Study, in: Leonardo. Saggi e Ricerche. Ed. by A. Marazza. Rome 1954, pp. 199–219.

（17）ボッシュの作品におけるレオナルドの頭部像の影響に関しては、Woodward, Linda Scalera: Influences of Leonardo da Vinci and the Italian High Renaissance on the Paintings of Hieronymus Bosch. MA Thesis. Lamar University 1997, pp. 41–45 を参照。また、このデッサンにみられる社会的、人種的な痕跡（stigmatization）を、Strickland, Debra Higgs: The Epiphany of Hieronymus Bosch. Imagining Antichrist and Others from the Middle Ages to the Reformation. Turnhout 2016, pp. 133–134; 93–94 が論じている。

（18）Gombrich 1954（注16）, pp. 210–212 を参照。ゴンブリッチの解釈は、フロイトの「神経症的」唯我論を参照している。同時代の記述を通してその文脈を論じたのは Wittkower, Rudolf a. Margot: Born under Saturn. The Character and Conduct of Artists: A Documented History from Antiquity to the French Revolution. New York 1969, pp. 75–78 である〔ルドルフ・ウィットコウアー、マーゴット・ウィットコウアー『数奇な芸術家たち——土星のもとに生まれて』中森義宗・清水忠訳、岩崎美術社、一九六九年、一七一—一七八頁〕。歴史記述の再検討は Collins, Bradley I.: Leonardo, Psychoanalysis, & Art History. A Critical Study of Psychobiographical Approaches to Leonardo da Vinci. Evanston 1997 を参照。

（19）身体醜形障害は、美的感受性の高揚にも結び付くと考えられた。この症状を Feusner, Jamie D.［et al.］: What causes BDD. Research Findings and a Proposed Model, in: Psychiatric Annals 40, 7（2010）, pp. 349–355 が概観している。歴史的には、この概念はより広い疾病分類学的概念における「メランコリー」から発展した点は、Berrios, German E.: The History of Mental Symptoms. Descriptive Psychopathology since the Nineteenth Century. Cambridge 1996, pp. 276–281を参照（特にp. 279）。

（20）Leonardo da Vinci: Treatise on Painting［Codex Urbinas Latinus 1270］. Transl. by A. Philip McMahon. Princeton 1956, vol. 1, lib. 2, cap. 86, p. 55.〔『レオナルド・ダ・ヴィンチ　絵画の書』斎藤泰弘訳、岩波書店、二〇一四年〕

（21）同前。「自動模倣（automimesis）」の概念に関しては、Kemp, Martin: 'Ogni dipintore dipinge se'. A Neoplatonic Echo in Leonardo's Art Theory?, in: Cultural Aspects of the Italian Renaissance. Essays in Honour of Paul Oskar Kristeller. Ed. by Cecil H. Clough. Manchester 1976, pp. 311–323; Zöllner, Frank: 'Ogni Pittore Dipinge Sé'. Leonardo da Vinci and 'Automimesis', in: Der Künstler über sich in seinem Werk. Internationales Symposium der Bibliotheca Hertziana Rom 1989. Weinheim 1992, pp. 137–159などの文献を参照。

（22）Leonardo da Vinci 1956（注20）, vol. 1, lib. 2, cap. 267, p. 110.〔斎藤訳、二〇一四年、一四一頁〕

（23）前掲書のlib. 1, cap. 33, p. 22を参照。レオナルドは子供や動物の行動に、同様の自動的もしくは非理性的な反応を観察している。例えば、前掲書lib. 1, cap. 16, p. 9; cap. 31, pp. 21–21を参照。絵画はまた、視線に催眠術を施し愛へと誘うと思われていた（前掲書lib. 1, cap. 33, p. 22）。

（24）知覚の生理学的理論や「想像力（imagination）」という論を要する概念の一般的な議論としてはKlemm, Tanja: Bildphysiologie. Wahrnehmung und Körper in Mittelalter und Renaissance. Berlin 2013, pp. 200–205; 223–229; Baader, Hannah: Frühneuzeitliche Magie als Theorie der Ansteckung und die Kraft der Imagination, in: Ansteckung. Zur Körperlichkeit eines Ästhetischen Prinzips. Ed. by Mirjam Schaub［et al.］. Munich 2005, pp. 133–151; Kemp, Martin: From 'Mimesis' to 'Phantasia'. The Quattrocento Vocabulary of Creation, Inspiration and Genius in the Visual Arts, in: Viator 8 (1977), pp. 347–398などの文献を参照。

（25）ルネサンス期のメランコリーに関する言説は、Klibansky, Raymond［et al.］: Saturn and Melancholy. Studies in the History of Natural Philosophy, Religion and Art. London 1964, pp. 351–394; Wittkower 1969（注18を参照）, pp. 98–108を参照〔中森ほか訳、一九六九年、二一七—二三五頁〕。狂気と芸術的霊感の密接な関係については、Hocke 1957（注2を参照）, pp. 172–173を参照〔種村ほか訳、一九六六年、三〇五—三〇六頁〕。

（26）特にVasari 1996（注14を参照）, Jacopo da Pontormo, vol. 2, pp. 339–371のp. 370を参照。ヴァザーリによるメランコリーの病理的概念化に関しては、Gründler, Hana: Die Wege des Saturn. Vasari und die Melancholie, in: Le Vite del Vasari. Genesi, Topoi, Ricezione. Die Vite Vasaris. Entstehung, Topoi, Rezeption. Ed. by Katja Burzer［et al.］. Venice 2010, pp. 71–82参照（特にp. 75）。ポントルモに関してはHocke 1957（注2参照）, pp. 19–21〔種村ほか訳、一九六六年、三五—三八頁〕; Wittkower 1969（注18参照）, pp. 69–71

〔中森ほか訳、一九六九年、一六一―一六四頁〕を参照。

(27) Rufus of Ephesus: On Melancholy. Ed. by Peter E. Pormann. Tübingen 2008, F11, pp. 34–35; F14, pp. 36–39 を参照。元来は暗い顔色と結びつけられてきたメランコリーは、青ざめた肌の色合いによって示されたり、メランコリーと粘液質の特徴が広く混同されるようになった。ルーフスによるメランコリーの医学的概念に関しては、Klibansky [et al.] 1964（注25参照）, pp. 48–55 を参照。

(28) この点の議論は、DaCosta Kaufmann, Thomas: Arcimboldo. Visual Jokes, Natural History, and Still-Life Painting. Chicago/London 2009, pp. 26–36 を参照。

(29) Lomazzo, Giovan Paolo: Idea of the Temple of Painting. Ed. a. transl. by Jean Julia Chai. University Park, Pa 2013, XXXVIII, p. 165.

(30) 《ウェルトゥムヌス》の個別の特徴を詳細にまとめているのが Reitz, Evelyn: Discordia Concors. Kulturelle Differenzerfahrung und Ästhetische Einheitsbildung in der Prager Kunst um 1600. Berlin 2015, pp. 525–536 である。ハンス・フォン・アーヘンによる肖像画に関しては、Fusenig, Thomas (ed.): Hans von Aachen (1552–1615). Hofkünstler in Europa. Exhib cat. Berlin [et al.] 2010, cat.no. 58, p. 186 を参照。

(31) 図像学的解釈については、DaCosta Kaufmann 2009（注28を参照）, pp. 97–102; Beyer, Andreas: Das Porträt in der Malerei. Munich 2002, p. 183; Bredekamp, Horst: Thomas Hobbes. Der Leviathan. Das Urbild des Modernen Staates und seine Gegenbilder, 1651–2001. Berlin 2003, pp. 78–79 などを参照。この頭部像を意味論および修辞学的に読解する試みは、明確な象徴主義へ疑義を呈する一方で、いずれも政治的意味作用を見逃す傾向にある。Morel, Philippe: Le Teste Composte di Arcimboldo, le Grottesche e l'Estetica del Paradosso, in: Arcimboldo, 1526–1593. Ed. by Sylvia Ferino-Pagden. Exhib. cat. Milan 2008, pp. 221–231; Maiorino, Giancarlo: The Portrait of Eccentricity. Arcimboldo and the Mannerist Grotesque. University Park, Pa 1991, pp. 76–82 など。

(32) 伝記的、また歴史記述的な概観としては Evans, Robert John Weston: Rudolf II and his World. A Study in Intellectual History, 1576–1612. Oxford 1973, pp. 43–63 を参照〔ロバート・J・W・エヴァンズ『魔術の帝国――ルドルフ二世とその世界』中野春夫訳、平凡社、一九八八年、六一―一〇五頁〕。ルドルフ二世が精神錯乱と考えられている点に関しては、Midelfort, H. C. Erik: Mad Princes of Renaissance Germany. Charlottesville/London 1994, pp. 125–140 を参照。

(33)「まやかしの擬態」と人格失調および視覚文化との並行関係に関しては、Caillois, Roger: Mimicry and Legendary Psychasthenia, in: October 31 (1984) [=1935], pp. 16–32 を参照。

(34) 臨床の概説は Simeon, Daphne a. Abugel, Jeffrey: Feeling Unreal. Depersonalization Disorder and the Loss of the Self. Oxford 2006 を

参照。

（35）この点に関しては、Bodart, Diane: Pouvoirs du Portrait sous les Habsbourg d'Espagne. Paris 2011, pp. 280–286; Cremades, Checa: Monarchic Liturgies and the "Hidden King" を参照。一六―一七世紀のスペインの宮廷肖像画の機能と意味に関しては、Iconography, Propaganda, and Legitimation. Ed. by A. Ellenius. Oxford 1998, pp. 89–104（本章では特に原著pp.97–102を参照）; Parker, Geoffrey: Imprudent King. A New Life of Philip II. New Haven/London 2014, pp. 285–287を参照。ルドルフ二世のスペイン・ハプスブルク宮廷での早期教育に関しては、Evans 1973（注32参照）, pp. 49–51がさらに詳しい。「偽り dissimulatio」の政治的含意に関する一般的な議論は、Snyder, Jon R.: Dissimulation and the Culture of Secrecy in Early Modern Europe. Berkeley [et al.] 2009を参照。

（36）この点はMachiavelli, Niccolò: The Prince. Ed. a. transl. by Peter Bondanella. Oxford 2005, XVII, pp. 57–59を参照〔『君主論』森川辰文訳、二〇一七年、一四二―一四八頁〕。

（37）Machiavelli, Niccolò: Discorsi sopra la Prima Deca di Tito Livio, in: Tutte Le Opere. Ed. by Mario Martelli. Florence 1971, pp. 72–254を参照。ここでは特にlib. 1, cap. 11, p. 94を参照。

（38）Machiavelli 2005（注36参照）, cap. 15, p. 53を参照〔森川訳、二〇一七年、一三二―一三四頁〕。

（39）同書のcap. 18, p. 61を参照〔森川訳、二〇一七年、一五〇―一五五頁〕。

（40）統治権の概念に関してはBodin, Jean: Les Six Livres de la République. Un Abrégé du Texte de L'Édition de Paris de 1583. Ed. by Gérard Mairet. Paris 1993, lib. 1, cap. 8, pp. 111–137を参照。

（41）同書のlib. 4, cap. 6, p. 384を参照。

（42）Comanini, Gregorio: The Figino, or On the Purpose of Painting. Art Theory in the Late Renaissance. Transl. by Ann Doyle-Anderson a. Giancarlo Maiorino. Toronto [et al.] 2001, pp. 19–25を参照。

（43）Comanini 2001（注42参照）, pp. 46–47.

（44）エジプト芸術の実践に関しては、同書のpp. 46–47および、Plato: Laws = Plato in Twelve Volumes, vols. 10–11. Ed. a. transl. by Robert Gregg Bury. Cambridge, Ma/London 1967, vol. 1, 656D–657A, pp. 100–103を参照〔『ミノス　法律（プラトン全集13）』田中美知太郎・藤沢令夫編、森進一・池田美恵・加来彰俊訳、岩波書店、一九七六年、一二六―一二八頁〕。芸術の「シェーマ的」効果に関しては、Plato: Cratylus, in: Plato in Twelve Volumes, vol. 4. Ed. a. transl. by Harold N. Fowler. Cambridge, Ma/London 1977, pp. 1–191（特に英訳書423A–B, pp. 422–423を参照）〔『クラテュロス　テアイテトス（プラトン全集2）』田中美知太郎・藤沢令

夫編、水地宗明訳、岩波書店、一九七四年、四一―一七一頁（特に一二〇―一二一頁）〕。この点を論じた文献としてはCatoni, Maria Luisa: La Comunicazione Non Verbale nella Grecia Antica. Gli Schemata nella Danza, nell'Arte, nella Vita. Turin 2008, pp. 262–317 が挙げられる。「身体シェーマ」という概念を理論的に探るBredekamp, Horst: Der Bildakt. Frankfurter Adorno-Vorlesungen 2007. Berlin 2015, pp. 48–49; 111–112 も参照。国家にとっての芸術の有用性と危険性に関してはWind, Edgar: Untersuchungen über die Platonische Kunstphilosophie, in: Heilige Furcht und andere Schriften zum Verhältnis von Kunst und Philosophie. Ed. by John Michael Krois a. Roberto Ohrt. Hamburg 2009, pp. 41–82 を参照。

(45) Comanini 2001（注42参照）, p. 53 を参照せよ。道徳哲学による芸術の基礎づけに関する一般的な議論としては、同書のpp. 46–58を参照。プラトンによる「詩的」模倣への批判はPlato: The Republic = Plato in Twelve Volumes, vols. 5–6. Ed. a. transl. by Paul Shorey. Cambridge, Ma/London 1978, vol. 1, 401B–D, pp. 256–257; vol. 2, 606C–D, pp. 462–463 を参照〔『クレイトポン　国家（プラトン全集11）』田中美知太郎・藤沢令夫編、藤沢令夫訳、岩波書店、一九七六年、二一八―二一九頁、七二一―七二二頁〕。

(46) Plato 1978（注45参照）, vol. 2, 605A–C, pp. 456–459.

(47) 前掲書 vol. 2, IX, 573B–C, pp. 342–345 を参照。プラトンにおけるメランコリーと独裁の関連に関しては、Klibansky [et al.] 1964（注25参照）, pp. 15–17; 145–146 を参照。

(48) Nicholas of Cusa: The Catholic Concordance. Ed. a. transl. by Paul E. Sigmund. Cambridge 1995, lib. 3, para. 593, pp. 320–321.

(49) クザーヌスにおける気質主義の政治的含意に関してKlibansky [et al.] 1964（注25参照）, pp. 119–120 を参照。

(50) この点に関してはSinger, Bruno: Die Fürstenspiegel in Deutschland im Zeitalter des Humanismus und der Reformation. Munich 1981, pp. 250–270 を参照（本章では特にpp. 251–253）。

訳注

原文に生没年表記がある人名は、生没年と原文における表記を併記した。書名、原文で英語以外の言語で表記されている語、および引用符でくくられている語は原則として本文内の原語を併記した。さらに翻訳上の必要に応じて原語を表記している部分がある。

既訳がある文献は書名・論文名と該当箇所の頁数を表記したうえで最大限に参照・活用するが、文脈にあわせて適宜変更を加えた場合もある。既訳が複数ある文献は、最新のものの初版情報を掲載した。

第4部　イメージと自然

イメージと自然

自然科学における観察や実験と、外界をミメーシス的に再現する美術創作の営みを比較した場合、その双方においてつねに問題になっているのは、広義におけるイメージの産出であると言えるだろう。これまで自然科学者たちは、イラストや図形、グラフ、さらには写真をはじめとするテクノロジーをつうじて、植物、動物、昆虫、菌類、鉱物、人間の臓器、さらには電磁気や分子、宇宙空間にいたるまで、さまざまな自然現象を科学的なイメージへと変換することに専心してきた。他方で、画家や彫刻家たちは、写実的な手法であれ、抽象化を施すのであれ、自然現象を美学的に表象することをつづけてきた。科学的なイメージと芸術的なイメージの相違点は、前者が科学的認識という客観的な知識や真理に寄与するためのものであるのにたいし、後者は、たとえあるがままの対象をいかに忠実に写生することを心掛けようとも、主観や時代といった不純な要素によって媒介されているという点にしばしば求められる。

だが、科学的なイメージにたいして透明かつ中立的な客観性がつねにかならず保証されているかと言えば、それは大いに疑わしい。なぜなら、科学者がイメージによって自然を認識しようとするとき、ミシェル・フーコーをあらためて引き合いに出すまでもなく、かかる試みを支える〈科学知〉そのものが、歴史的・文化的・社会的なエピステーメーによって根底から規定されているからだ。それゆえ、科学的なイメージには、ちょうど芸術作品における様式のように、各時代や社会を支配する〈科学知〉の制度的枠組が反映されているわけであるが、逆に言えばそれは、エピステーメーそのものが諸々の科学的イメージによって構築されているという事態を意味してもいる。さらに、科学的認識の対象としての自然現象もまた、所与の対象としてイメージへと変換されるのではなく、むしろイメージという媒介によってそのつど新たに立ち現れてくるものであって、つまりはイメージによる構築物にほかならないと主張することすらできるかもしれない。そのように考えたとき、科学的なイメージと芸術的なイメージのあいだの差異はかぎりなく曖昧なものにならざるをえないだろう。

第4部に収められた三つの論考は、いずれもイメージと自然という主題を扱ったものであるが、そこではさらに、イメージを介しての自然科学と芸術美学の接近ないし交錯という問題が隠れた共通項になっているように思われる。最初に収録された濱中春の論考は、「イメージによる知の構築可能性」という問題をめぐって、ドイツの実験物理学者G・C・リヒテンベルクが一七七七年に発見したリヒテンベルク図形——放電後の絶縁体の表面に現れる放射状ないし同心円状の模様——という具体例を考察するなかで、「一八〇〇年前後に固有の知の形」を浮き彫りにする試みである。第1節で強調されているように、この対象選択は、それ自体がすでに、既存のイメージ学の言説にたいする異議申し立てをなしている。というのも、これまでの自然科学にまつわるイメージ研究では、「科学史上なんらかの意義があるとみなされている知識の形成に関与したものを掘り起こし、再評価する」ことに主眼が置かれる一方、リヒテンベルク図形のような「「失敗例」」は、そのような進歩史観的なパースペクティヴから暗に排除されてきたからである。

さらに濱中は、対象にアプローチするにあたって、「記述」「模写」「転写」「メディア化」「記号化」という五つの観点から、リヒテンベルク図形というイメージの特殊な歴史性を鮮やかな手つきで検証していく。そこで明らかにされるのは、一八〇〇年ごろのエピステーメーの特徴をなす「過渡期に特有の知の形」である。すなわち、博物学と物理学のはざま、美と客観性のはざま、類似性と因果性のはざま、自然言語と科学記号のはざま、そしてとりわけ芸術と科学のはざまで、リヒテンベルク図形というイメージは受容され、言説化され、多様な実践行為の対象とされたのだ。なお、本論考は、二〇一五年にドイツで上梓された、単著『認識とイメージ——一八〇〇年ごろのリヒテンベルク図形の科学史（Erkenntnis und Bild: Wissenschaftsgeschichte der Lichtenbergischen Figuren um 1800）』のエッセンスをまとめたものであり、科学史と視覚文化論を軽やかに横断する新たなイメージ学のすぐれた成果を凝縮したものとなっている。

ビルギット・シュナイダーの論考もまた、フンボルトが一八一七年に作成した気候帯図を手がかりとして、一八〇〇年ごろの〈科学知〉のエピステーメーを再構成しようとする。ただし、ここで議論の中心をなすのは、「総観的視覚化」という言葉に集約される、イメージによってもたらされる自然認識のひとつの新たな形態である。すなわち、きめ細かな観測網をつうじて信頼できるデータを可能なかぎり多く収集したうえで、平均値の算出や共通パターンの析出といった「統計的手法」を駆使することで膨大なデータをグラフや地図といった形式で視覚化し、さらには複数の統計表を相互に比較することで総観的な視線によって全体を包括的に把捉することを可能にするという新たな思考様式が、まさにアレクサンダー・フォン・フンボルトの気候帯図のなかに明確に現れているというのだ。さらにシュナイダーは、そのような「総観的視覚化」の延長線上に、現代におけるコンピュータ・グラフィクスやインターフェース・デザインのみならず、宇宙船から撮影された地球の写真に象徴されるような「システムとしての地球にたいする生態学的な視線」を位置づけていくのだが、それにもまして興味深いのは、「総観的視覚化」というプロジェクトの先駆的試みとして、一八世紀のバウムガルテン美学があるという指摘である。シュナイダーによれば、観測データを概観可能なイメージのかたちで視覚化したいという願望は、バウムガルテンが構想した感覚的認識の理論の根底にある「認識を感覚的‐美学的に評価したいという願望」に結びついているのであり、その意味においてアレクサンダー・フォン・フンボルトの気候図は、《アイステーシス》の問題系とも深く結びついているのである。

濱中とシュナイダーの論考がもっぱら科学史という側面から自然と芸術とイメージの関わりを考察するものであったのにたいし、第4部の掉尾を飾るホルスト・ブレーデカンプの論考——二〇一六年四月に東京大学駒場キャンパスで開催された「イメージ学」をめぐるシンポジウムの初日の基調講演として発表された原稿に基づいている——では、イギリスの芸術理論家ウィリアム・ホガースによる「美の線」という理念をライトモティーフとして、美術史、図像学、哲学、自然科学、メディア論を縦横無尽に越境しつつ、自然／芸術という二分法的な区別が無効化するようなハイブリッドなイメージの歴史的系譜をたどることに主眼が置かれている。そこではまさにブレーデカンプの領域横断的な関心と知識を反映するかたちで、一六〇〇年前後に描かれたマニエリスム絵画から、デューラーの作図教則本、ライプニッツの数学的記号、ゲーテの進化論、ダーウィンの美の概念、ローベルト・コッホの菌類の素描、一九世紀初頭のクラゲの再現画、現代におけるクラゲの写真、さらには青色光を照射すると蛍光を発するように遺伝子操作された神経細胞など、多種多様な対象が具体例として論じられている。そこで一貫して問題とされるのは、たとえばホガース的なS字曲線のイメージが、自然物の精密描写のなかに取り入れられたり、デューラーやライプニッツ、ゲーテ、ダーウィンといった芸術家や思想家によって全自然の運動の全体原理と見なされたりすることで、自然とそれを象徴するイメージとがたがいに同化しあうという事態にほかならない。さらにブレーデカンプは、自然そのものが「それ自身の姿としての自然を離れて、象徴世界へと突き進んでゆく」結果として生じた怪物的な例として、イギリスの芸術家オディール・クリックによる二重螺旋の図表を挙げたうえで、自然とイメージとの境界が溶解する現代を「ネオ・マニエリスム」の時代として捉えることができるのではないかと問いかけることで濃密な議論を締めくくるのだが、そのような〈いま〉に向けられたアクチュアルなまなざしは、第4部を構成する三つの論考のすべてに共通するものであろう。三人の論者たちは、それぞれ違った角度から過去の事象を考察していくなかで、現代における芸術と自然とイメージの関係について、さらにはそこから浮上する知のエピステーメーについてみずから思考していくことを、読者の一人ひとりに要請しているのである。

（竹峰義和）

第13章　視覚化と認識のあいだ

――リヒテンベルク図形と科学のイメージ研究の射程

濱中　春

自然科学や技術の領域における図像や視覚化の形式や機能には、近年、科学史と美術史の双方から関心が寄せられている。科学者がノートに描きとめたスケッチから、研究の過程で生まれ、利用されるさまざまな図像や形象、そして論文や書物に掲載される図版まで、自然科学は多様な視覚的イメージにあふれている。それらは写実的な絵、抽象的なグラフやダイアグラム、写真、CG、あるいは立体的な標本やモデルなどさまざまな形式をとり、知識の形成と伝達に関与してきた。また、一七世紀に発明された顕微鏡や望遠鏡などの光学機器、一九世紀の写真術やX線、また近年ではMRIやCTスキャンなどの新たな視覚化の技術によっても、科学におけるイメージの世界は拡大してきた。

本章では、このように自然科学の多様な局面に遍在する視覚的イメージにかんする近年の研究動向を概観した上で、一八世紀末に発見された放電現象、リヒテンベルク図形の初期の研究史という事例を通して、科学のイメージ研究の射程について考えてみたい。図像や形象を科学的知識の構築にかかわる因子としてとらえることによって、イメージ研究にどのような論点が提起されるだろうか。リヒテンベルク図形というイメージをその発見当時にとりまいていた知的な文脈を再構成する作業を通して、イメージによる知の構築可能性をめぐる思索を深めるための手がかりを探ることが、以下の小論の目的である。

1　科学のイメージへのアプローチ——科学史と美術史

自然科学における視覚的イメージの研究に先鞭をつけたのは、科学史である。すでに一九七〇年代後半には科学の図像にかんする先駆的な研究が生まれているが、このテーマが本格的に追究されることになる主要な契機は、八〇年代の科学社会学（科学知識の社会学）に見いだすことができる。そこでは科学的知識を社会的な構成物とみなす立場から、実験、観測、コミュニケーションなどの科学の実践行為とそこで生まれる表象、特に視覚的表象が注目されるようになった。歴史的な研究もこの動きに共鳴した結果、八〇年代末以降、科学史では視覚化や視覚的表象を主題として学術雑誌でたびたび特集が組まれたり、論集や研究書が数多く出版されるようになり、この傾向は現在まで続いている。科学的実践と並んでコレクションや展示、器具や装置、複製技術など、科学の物質文化としての側面への関心も、図像や視覚化の研究の進展に与ってきた。また、最近ではデジタル技術を用いたイメージングなどの新たな領域も研究対象となっている。(1)

一方、美術史においても、英語圏では一九八〇年代半ばにB・M・スタフォードという傑出した存在が登場して、知識の視覚化の歴史を描き出したほか、(2)レオナルド研究の第一人者M・ケンプも『芸術の科学』（一九九〇年）以降、議論の対象を科学的な図像に広げるようになった。(3)しかし、美術史の立場から自然科学のイメージにアプローチする研究が質的にも量的にも大きな進展をみせるのは二〇〇〇年代以降のことであり、その中心地はドイツ語圏である。背景としては、ドイツ語圏において一九九〇年代後半から顕在化した、美術史学からイメージ学（Bildwissenschaft）への発展的転換の動きが指摘できる。英語圏の視覚文化論より時期的には遅れるが、イメージ学の名の下で美術研究の方法論にたいする意識が先鋭化されると同時に、対象が狭義の芸術作品から多義的なイメージ全般へと拡大され、それにともなって自然科学から生まれた図像や形象という非芸術的なイメージにも光があてられることになったのである。

そして、このような流れの中で二〇〇〇年代にドイツ語圏で、美術史の伝統を継承しながら科学のイメージ研究を牽引したといえるのが、H・ブレーデカンプである。ブレーデカンプは一九九九年以降、ホッブズ、ライプニッツ、ダーウィン、ガリレオの思想や科学を図像に着目して論じた著書を次々と刊行しており、そこでは知が生成する現場におけるイメージの働きが、緻密な図像分析と大胆な視点の転換を通して鮮やかに提示されている[4]。同時にブレーデカンプは、二〇〇〇年にベルリン・フンボルト大学で科学技術の領域で生まれたイメージにかんする研究プロジェクト〈技術的イメージ（Das Technische Bild）〉を立ち上げ、そこでも中心的な役割を担ってきた。二〇一〇年頃からは、ブレーデカンプの関心の中心は〈技術的イメージ〉から〈像行為（Bildakt）〉論へと移行あるいは拡張してきているようだが[5]、上記のプロジェクトやその後続企画およびそれらの周辺では、数多くの研究成果が生まれている[6]。

このように、現在、自然科学のイメージにかんする研究は、科学史と美術史のいずれにおいても活況を呈しているということができる。同時に、両者の認識のあいだには微妙な差異も見いだされる。社会構成主義自体は科学論で大きな論争を呼んだとはいえ、科学史における視覚的表象の研究では、関心や対象が多様化する中でも、知識の構築性という認識はそのアプローチに通底している。そこではイメージの記号論的・図像学的な解釈よりも、それらの作成や受容、あるいは視覚化の過程に焦点があてられており、それは科学活動における図像は対象や思考の透明な媒体ではなく、それらの媒介や変換を通して知識が形成されるプロセスの一部であるという意識の表れといえる[7]。一方、美術史からのアプローチで強調されているのは、科学のイメージは、観察や実験結果の再現表象やテクストの図解であるにとどまらず、知の構築プロセスに独自のしかたで能動的に参与する要素の一つであるという認識である。「自然科学のイメージは、表現の対象である研究結果を受動的に再現するのではなく、それを固有の領域から独自に刻印づけ、生み出す」とし、それを「図解する表象としてではなく、その生産的な力において、認識の獲得を構成する独自の重層的な要素としてとらえること」を目指すという〈技術的イメージ〉プロジェクトのマニフェストは[8]、科学史の構築主義的な立場と基本的に重なるが、知識の構築性よりもイメージの能動性や生産性のほうに力点が置かれている点では前者から区別される。

ここで思いきって図式的な整理を試みれば、科学史と美術史は「イメージによる知の構築可能性の探究」というコンセプトを共有しながら、前者ではそのうちの「構築可能性」、後者では「イメージによる」という部分にそれぞれ重点が置かれているという見取り図を描くことができる。それにたいして、どちらのアプローチにおいても、「イメージによって」「構築可能」とされる「知」の概念それ自体が議論の対象となることは、これまであまりなかったように思われる。自然科学のイメージの研究では、従来あまり顧みられていなかった図像の中から、科学史上なんらかの意義があるとみなされている知識の形成に関与したものを掘り起こし、再評価する試みがしばしばおこなわれてきた。たとえばブレーデカンプの研究も、ダーウィンやガリレイのスケッチが、進化論や月面の凹凸、太陽の黒点の発見など、現代では科学のいわゆる「発展」や「進歩」の決定的なひとこまとされている知識の形成に際して重要な役割をはたしたことを指摘するものである。ダーウィンのノートに描きとめられた一見とるにたらない落書きのようなスケッチに、進化論の構想を決定した鍵がひそんでいるといった指摘は、非常に刺激的であり、その論証のプロセスにも説得力がある。

　しかし、科学の歴史の中で生み出されてきたのは、そのような輝かしい経歴を再構成することができるイメージばかりではないはずだ。科学史や美術史によって光をあてられた一握りの図像の背後では、無数の図像が顧みられることのないまま闇の中で眠っているだろう。また、不可視のものが視覚化されたとしても、それが「有意味」とされる知識の形成に直接にはつながらない場合も少なからずあるだろう。では、そこで何をもって、ある図像が形成に関与したと思われる知識を、科学的に「有意味」あるいは「無意味」なものと判断するのか。言い換えれば、科学のイメージ研究においては、その対象を選択する際にすでに、科学知にかんする特定の価値判断が介在しているのではないか。この点については、科学史と美術史のいずれにおいてもこれまであまり議論されてこなかった、あるいは自明のこととされてきたように思う。だが、イメージがそれと結びつく知識の価値によって選別されるとすれば、そこで排除されたイメージとともにとりこぼされてしまうものもまたあるのではないだろうか。

　このような問題意識の下で、次節では、イメージによる知の構築のいわば「失敗例」の一つとして、最初にふれたリヒテンベルク図形の初期の研究史をとりあげて[9]、科学のイメージ研究の可能性について再考してみたい。この図形をめぐって発見当初におこなわれた取り組みは、電気研究に寄与するところは少なかったが、同時代の自然科学のアクチュアルな問題に深くかかわっていた。そこで視覚化と科学的な認識とのあいだに存在した距離は、イメージによる知の構築可能性という主題にとってどのような意味をもつのだろうか。

2　リヒテンベルク図形の初期研究史——一八〇〇年頃のイメージをめぐる実践行為

リヒテンベルク図形とは、一七七七年にドイツの実験物理学者ゲオルク・クリストフ・リヒテンベルク（一七四二—一七九九）が発見した現象で、ガラスや樹脂などの絶縁体の表面に放電した後、粉末をふりかけると、それが特定の形の図形を形成するというものである（図1）。現代の物理学では沿面放電の一種とされているが、電気研究の黎明期であった一八世紀後半には、電気を安定的に可視化し、しかも放電する電荷の種類によって異なった形——プラスの場合は放射状、マイナスの場合は同心円状——をとることから、電気学の発展に寄与するものとして注目を集め、同時代の物理学に広く受け入れられて研究された。

しかし、実際には、リヒテンベルクをふくめて一八世紀末から一九世紀初頭の物理学者たちは、この現象が発生する仕組みを解明することはできず、彼らの研究が同時代や後世の電気研究に貢献することもほとんどなかった。その最大の原因は、電気にかんする知識の圧倒的な不足にあるといえ、リヒテンベルク図形がイオンとエレクトロンの作用として説明されるには、二〇世紀初頭まで待たなければならなかった。そのため、リヒテンベルク図形の初期の研究は、これまでこの現象の研究史の記述に際してはほとんど顧みられることはなく、図形の発見から半世紀ほどは、従来のヒストリオグラフィーではほぼ空白の期間となっている。

だが、当時の研究や受容の実態を調べてみると、一八〇〇年前後にはリヒテンベルク図形をめぐってさまざまな実践的な取り組みがおこなわれていたことがわかる。そして、それらはいずれもこの現象のイメージとしての独特の性質にかかわるものであった。リヒテンベルク図形は、

—細かい粉末から形成される

—電気によって生み出される

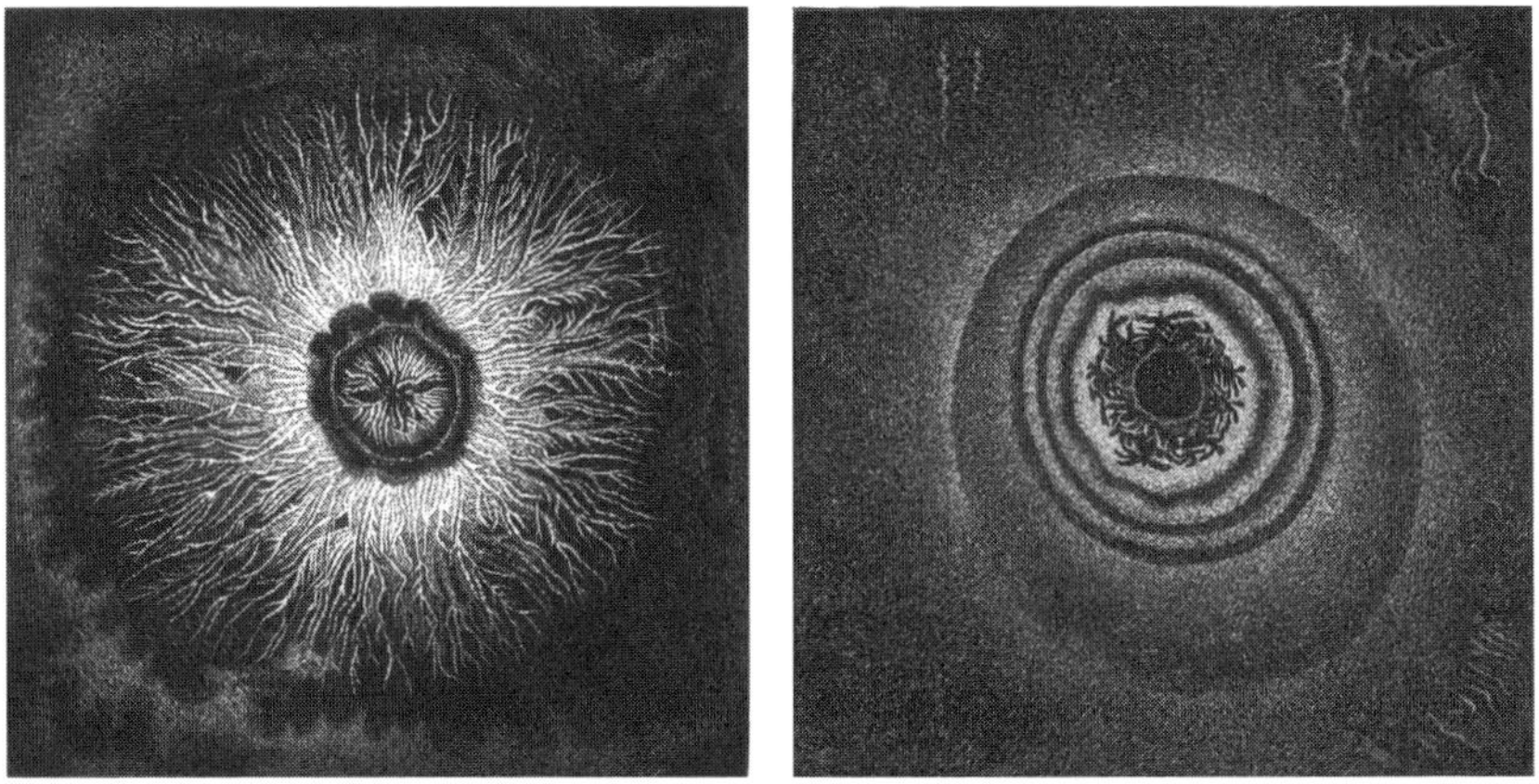

図1　リヒテンベルク図形：プラス図形（左）とマイナス図形（右）（リヒテンベルクの論文の図版、1778年、メゾチント〔Georg Christoph Lichtenberg, “De nova methodo naturam ac motum fluidi electrici investigandi”, *Novi Commentarii Societatis Regiae Scientiarum Gottingensis*, Tums VIII, 1778, *Commentationes physicae et mathematiae classis*, pp. 168–180, Tab. II, III.〕）

―電荷の種類によって異なった形をとる
―放電のしかたや粉末の種類などにかんして人間が操作することができる

という特徴をもつイメージである。そして、このような独自のイメージとして、リヒテンベルク図形は発見当時、記述、模写、転写、メディア化、記号化という実践行為の対象となっていた。これらはいずれも、現代からみればかならずしも「科学的」とはいえない行為であり、電気が視覚化されたにもかかわらず、その物理学的な性質の解明に至るまでの道程を引きのばしていた回り道のようにさえみえる。しかし、これらの取り組みを当時の自然科学研究のコンテクストの中においてみると、それらは一八〇〇年前後に固有の知の形によって刻印されており、それ自体が知的な営為であったことが明らかになる。

記述

リヒテンベルク図形の研究は、まずその形を詳細に記述することから始まった。いうまでもなく観察と記述は博物学の基本的な方法であるが、「博物学（自然誌）の終焉」（W・レペニース）の時代、あるいは博物学をパラダイムとする「古典主義時代」（M・フーコー）から近代への転換期とされる一八〇〇年頃[10]になお、リヒテンベルク図形の研究が記述を主要な方法としていたことの意味について、まず考えてみたい。

この点にかんする歴史的文脈を再構成する際には、同時代の雲の気象学が有効な参照項となる。細かい粉末からなるリヒテンベルク図形は複雑な形状をしており、特に放射状の図形として比較的把握しやすいプラス図形にくらべて、マイナス図形は特徴に乏しく記述しにくいとみなされていた。そのため当時、マイナス図形の形は雲にたとえられることが多かったが、雲もまた従来、形を把握することが困難な対象とみなされていた。一八世紀までの気象学では、雲の研究はもっぱらその成立の仕組みと物理学的な性質の説明に占められており、無限の変化と多様性を示すその形態は関心の外におかれていたのだ。それにたいして、一八〇三年にイギリスの気象学者L・ハワードが発表した、雲の形態にもとづく分類と命名の方法が、遅まきながら雲の気象学に博物学的な記述のパラダイムを導入することになる。

社会学者のR・シュティヒヴェーは、一八世紀の自然研究は「記述」（博物学）と「説明」（物理学）という二元的な体系で構成され、そこで記述は説明の基盤として位置づけられていたことを指摘している[11]。この記述と説明、あるいは博物学と物理学の二元体系は、一八世紀後半になると、実験物理学と熱や電気、磁気、光のような不可量物の登場によって揺らぎ始めるのだが、その中で雲の気象学は、対象の形態の把握の困難さという事情により、前述したように一八〇〇年頃になってようやく従来からの「説明」という認識形式に「記述」がくわわり、それにもとづいてあらためて博物学と物理学の二元体系が構築されるという例外的な過程をたどった分野といえる。

そして、リヒテンベルク図形もまた、この二元体系を背景として発見された。リヒテンベルクが特にマイナス図形の成立の仕組みを説明することの難しさを、その形の記述しにくさに帰していたように、リヒテンベルク図形は電気の実験物理学の対象であるにもかかわらず、その研究においては一八〇〇年頃にもなお博物学と物理学の二元的な関係が保たれていた。つまり、リヒテンベルク図形は発見当時、雲と同様に記述にかんしてハードルの高い対象とみなされており、だからこそその研究に際しては、同時代の雲の気象学と同様にまず博物学のパラダイムの確立が求められ、それを基盤としてリヒテンベルク図形の物理学、つまりその成立の仕組みや物理学的な性質の説明が可能になると考えられていたのだ。粉末からなるリヒテンベルク図形は、形を把握することがかならずしも容易ではないからこそ、その研究では「博物学の終焉」の時代においてもなお記述という方法の有効性が認められていたのである。それは、この図形のイメージとしての特性と一八世紀に特有の知の体系とが交錯したことによって生じた認識であったということができる。

模写

一八世紀末から一九世紀初頭にかけてリヒテンベルク図形をとりあげた論文や書物には、時にこの図形の図版も掲載されている。それらは当時の出版物に一般的であったように銅版画で作製されているが、特徴的なのは、そこで多様な種類の版画技法が用いられていることである。エングレーヴィング、エッチング、アクアチント、クレヨン法、スティップル法など、リヒテンベルク図形は書物によってさまざまな銅版画技法を用いて図版化されている。

電気図形を最初に図版化したのは発見者のリヒテンベルクだが、その際に彼はメゾチントの技法で図版を作製させた。銅板の表面全体に細かい傷をつけた上で、描き出したい形に応じてそれを削りとっていくという方法でつくられるメゾチントは、黒から白への明暗の滑らかな諧調を特徴とする技法である。先に述べたように細かい粉末からなるリヒテンベルク図形は、その密度の濃淡によって生じる明暗の微妙なグラデーションをそなえている。当時、実験物理学の図版にメゾチントが用いられることは珍しく、リヒテンベルクはそのような電気図形の模写に最も適した技法としてあえてメゾチントを選んだと考えられる。

その背景としてあげられるのは、リヒテンベルクが電気図形を発見する数年前に、天文学者T・マイアーの遺稿集の編纂に従事していたことである。リヒテンベルクはそこでマイアーが残した素描をもとに月面図を作製したが、その際には月面の凹凸によって生じる陰影を表現するために、既存のさまざまな月面図で用いられている版画技法を比較・検討している。最終的にリヒテンベルクが選んだのは、線刻による詳細な描写を得意とするエングレーヴィングの技法だが、彫版師に宛てた詳細な指示からは、彼が陰影のグラデーションの表現に細心の注意を払っていたことがうかがえる。

また、マイアーは色彩体系の研究においても功績を残しており、リヒテンベルクはその論文も遺稿集に収録して解説しているが、そこでも色調の微少な差異の知覚と表象が問題となっている。色彩の体系化は一八世紀の色彩学の重要なテーマであり、マイアーは赤・黄・青の三原色を三つの頂点として、そのあいだにそれらの混合によって生み出される色彩を段階的に並べた色彩三角形を構想していたが、リヒテンベルクはマイアーの理論にもとづいて自分でも実際に色彩三角形を作製している。全二八色からなるリヒテンベルクの色彩三角形は、それほど細かく分節されたものではないが、その制作過程の記述からは、彼がやはり非常に注意深く色彩の諧調を観察し、また表現しようとしていたことがわかる。

このように色調や明暗の微妙な差異を識別することは、一八世紀の視覚文化の主題の一つであった。そして、銅版画の技法というテーマもここに結びついている。色彩体系の理論的・実践的な研究と並行して、一八世紀には絵画や素描の複製手段として銅版画のさまざまな技法が開発されたが、それは対象の形態だけではなく、描写の質感、そしてなによりも色調や明暗の忠実な再現の要請に応えるためであった。たとえば一七世紀末に発明されたメゾチントは、一八世紀には特に肖像画の複製手段として好んで用いられた。そして、このような銅版画技法の多様化が芸術の世界の中だけにとどまる事柄であったわけではないことを、ほかならぬリヒテンベルク図形の図版が示している。先述したように、一八〇〇年前後にはリヒテンベルク図形の図版は、メゾチントの他にもさまざまな技法で作製されており、当時知られていた銅版画技法のほとんどを、リヒテンベルク図形の図版で確認することができる。そして、そこにはリヒテンベルク図形という同一の対象の図像でありながら、非常に多様な明暗の階調の表現をみることができる。

こうしてリヒテンベルク図形は、美術史家W・ブッシュが一八世紀における「視覚の精緻化」[12]と呼ぶプロセスのただ中で発見されたのであり、そこでは芸術と科学の境界を越えて、色調や明暗の差異を視覚的により細かく識別することに大きな関心が寄せられていた。したがって、リヒテンベルク図形という明暗の微妙なグラデーションを特徴とするイメージを銅版画で図版化することは、当時はたんなる技術的な問題ではなく、アクチュアルな知的な意味をもつ行為であったことになる。多様な技法で作製された図版は、それぞれが視覚の精緻化のさまざまな様相を映し出しているのだ。そして、このような視覚の精緻化のプロセスは、特にリヒテンベルク自身において明確に跡づけることができる。先にみたように、リヒテンベルクはマイアーの遺稿集の編纂に際して、天文学と色彩学という視覚的な知覚と表象の問題にとりわけ意識的であった学問領域と取り組んだ。そして、それを通して養われた目で、数年後に自身が発見したリヒテンベルク図形を観察し、その明暗の諧調の再現に最も適した技法としてメゾチントで図版を作製することになるのである。メゾチントによるリヒテンベルク図形の図版は、一八世紀の科学と芸術がともに追求していた、視覚による明暗や色調の精緻な識別という主題を範例的に体現しているといえる。

転写

一八〇〇年前後にはまた、リヒテンベルク図形を描き写すかわりに、それが粉末でできているという特性を生かして、図形に紙などを押しつけてそのまま写しとり、定着させるという方法も開発された。リヒテンベルク図形を直接に転写することによって、その形を言語で分節したり、明暗の諧調を識別する必要はなくなり、図形は言語や図像による媒介なしに再現される。このようにして成立したイメージは、人間の判断や操作が介在しないことによって客観性を保証されているように思われる。しかし、一八〇〇年頃にはリヒテンベルク図形の転写は、客観性よりもまず第一に美という観点から評価されていた。当時書かれた転写方法の説明や、現在まで残されている、さまざまな色や配列でアレンジして転写されたリヒテンベルク図形は、その装飾的な美にたいして科学的な興味と同等の、あるいは時にそれを上まわる関心が向けられていたことを示している。

リヒテンベルク図形の転写にたいするこのような評価の意味は、同時代に植物の実物刷り(ネイチャー・プリンティング)をとりまいていた状況を参照することで明確になる。植物に直接にインクをつけて印刷するという方法は古くから実践されていたが、一八世紀にはより洗練され、実物刷りは植物学の図版の小さな一角を占めていた。しかし、実物刷りは植物そのものからの転写であることによって、素描や版画よりはるかに正確に対象を再現することができるというこの方法の実践者たちの主張にもかかわらず、それはけっして植物学の図版の主流になることはなかった。このような一八〇〇年前後の植物学における実物刷りの評価の低さは、科学的客観性という概念自体の歴史性を示唆している。科学史家L・ダストンとP・ギャリソンは、自然科学の図版において人間の介入を排除した「機械的客観性」が登場するのは一九世紀半ば頃のことであり、一八世紀から一九世紀初頭にかけての科学では、「自然への忠実性」、つまり、自然の多様性の背後に存在する本質を見極めることに知的な価値が見いだされていたと指摘している[13]。植物学の図版はその代表例であり、そこでは個々の具体的な植物の姿の再現ではなく、一つの種に共通する普遍的な型を提示することが重視されていた。そのため、「機械的客観性」をそなえたイメージである実物刷りではなく、学者と画家が対象の個体ごとの差異を捨象し、典型を抽出した素描や版画による図版こそが、植物学では求められたのである。

リヒテンベルク図形の転写の同時代における評価も、このような科学的客観性の歴史の中に位置づけることができる。リヒテンベルク図形の転写は、植物の実物刷りと同一の原理で作製される。そして、後者と同様に前者もまた、「自然への忠実性」という価値が支配的であった一八〇〇年前後の時期には、その「機械的客観性」が高く評価されることはなかったのだ。一方、当時、植物学の図版が陶器の図案など装飾的な目的にも転用されたように、「自然への忠実性」は美という価値と両立するものであった。それにたいして「機械的客観性」が追求されるようになった一九世紀後半には、科学の図版において美の要素は後景化することになる。ここから、リヒテンベルク図形の転写という客観的なイメージが、同時代にはまず美的な観点から評価されたことは、客観性が科学的な価値として認識されていなかった一八〇〇年前後という時代に特有の現象であったということができる。当時、それが「客観的なイメージ」よりも「美しいイメージ」として受けとめられたという事実は、科学的客観性の歴史の一部であり、その概念の不在をいわば陰画のように浮かび上がらせているのである。

メディア化

リヒテンベルク図形は、発見当初、記述や模写の対象となっただけではなく、それ自体が書字・描画メディアとしても用いられた。樹脂やガラスの板の上で蓄電器の一種であるライデン瓶を、その先端で線を引くように動かしたり、あるいは絶縁体の上に文字や図形をかたどった金属の型を置き、それを通して放電した後で型を取り除いて、粉末をまくと、線や型の形に沿ってリヒテンベルク図形が形成される。このような方法で文字や絵を描くことは、現代の目には科学というより娯楽に近いように映るが、学問と娯楽、アカデミックな科学と通俗科学との境界がまだ流動的であった一八〇〇年頃には、この行為にはたんなる戯れ以上の意味がふくまれていた。

リヒテンベルク図形の描画メディアとしての利用は、一八世紀末にはしばしば氷や雪の結晶の成立を物理学的に説明する試みと結びつけられた。リヒテンベルク図形を用いて、窓に凍りついた霜、つまりいわゆる「霜の花」に似た図形を描くことができることから、水の結晶化は電気の作用によって起こるという推論が生まれたのだ。粉末のかわりに水蒸気でリヒテンベルク図形をつくることで、自然現象の再現度を上げる方法まで考案されている。また、正電荷によって作られる放射状のリヒテンベルク図形の形が雪の結晶に似ていることを根拠に、水の結晶化の原因を電気に帰する学者もいた。

ここには「電気気象学」という一八世紀後半に特有の知の形式がみられる。フランクリンによって雷が電気の作用であることが証明された一八世紀後半には、さまざまな気象現象を電気実験で再現することによって、それらを電気の作用として説明する理論が一定の支持を得ており、リヒテンベルク図形も描画メディアとしてこの文脈の中へ受容されたのである。電気気象学では、雷や虹やオーロラ、また当時は気象現象とみなされていた地震や潮の満ち引き、火の玉なども、電気を用いた実験で模倣され、それを根拠に電気現象として説明された。

ここで働いているのは、現象の類似性から原因の共通性を推論するという論理であり、それはルネサンスに起源をもつ魔術的な思考の啓蒙時代における末裔とみなすことができる。一八世紀末にリヒテンベルク図形による書字や描画の方法を、霜の花の模倣もふくめて特に熱心にとりあげたのは、「自然魔術」をタイトルに掲げ、珍しい自然現象の説明や娯楽的な実験の集成として当時、人気を博していた通俗科学書だが、これはルネサンス期にさかのぼる歴史をもつジャンルである。ルネサンスの自然魔術は、自然界のさまざまな事象を実践的・経験的に探究することによって、自然の本性を解明することを目指した学知であり、一八世紀の自然魔術は、そこから科学的知識による自然の脱魔術化という理念を引き継ぎ、それをより強く前面に押し出したものになっている。

しかし同時に、ルネサンスと啓蒙時代の自然魔術の認識の枠組みのあいだには決定的な断絶も見いだされる。フーコーが中世とルネサンスのエピステーメーとして指摘したように[14]、ルネサンスの自然魔術をささえていたのは、万物が隠された類似性によって相互に無限に照応しあっているという世界像であり、それらの事物という文字によって記された自然という書物を読み解くことが自然魔術の営為にほかならなかった。それにたいして、啓蒙時代の自然魔術の一形態といえる電気気象学にみられるのは、現象のあいだに存在する明白な類似性からそれらに共通の原因を帰納的に推論するという合理的な思考である。そこでは類似性はもはや世界認識の基盤ではなく、ある一つの自然現象を説明するための論理的な手段にすぎない。

こうして自然魔術という近世的な知の形式は啓蒙時代に合理化され、そこでリヒテンベルク図形は描画メディアとして電気気象学の格好の事例となって、水の結晶化の説明に根拠を提供することになった。ただし、水の結晶化が実際には電気と無関係であるように、一八世紀の電気気象学における類似性の思考を近代的な科学の論理とみなすことはもちろんできない。現象の類似性の背後にある原因の共通性を証明するためには、類似性を因果性に直結させるよりもはるかに精密で複雑な手続きが必要であり、その点で電気気象学もまた早晩、限界に行きあたらざるをえなかった。このような意味で、描画メディアとしてのリヒテンベルク図形をとりまいていたのは、一八〇〇年前後という近世と近代のはざまの時代に特有の認識のあり方であったということができるだろう。

記号化

ルネサンスの自然魔術の基盤となっていた類似性の原理は、しかし、一八〇〇年頃の科学的思考の中で完全に姿を消したわけではない。リヒテンベルク図形は電荷の種類によって異なる形をとることから、発見当時、正電荷と負電荷を識別する手段となることも期待されていた。そして、この記号性によって、リヒテンベルク図形は科学記号をめぐる同時代の議論の中で特別な役割をになうことになる。

そもそも一八世紀末には正電荷と負電荷という概念自体がまだ確立されておらず、それらを一種類の電気の二つの異なった相とみなす一元説と、二種類の異なった電気が存在するとする二元説とが存在し、二種類の電荷をどのような名称で呼ぶべきかが議論になっていた。そこで、どちらの理論にも適用できる記号として、＋と－という数学記号を——しかも電気図形にかんする論文の中で——導入したのがリヒテンベルクである。その際に彼は、正電荷と負電荷を表す＋と－という記号の恣意性を強調している。それらは、相互に相殺しあう二つのものの対称的な関係を意味するにすぎず、それぞれが表す電気の性質とは無関係であり、記号表現と記号内容のあいだに有縁性は存在しないのだ。

一八世紀から一九世紀初頭にかけての自然科学は、言語と記号の学としての性格を色濃くもっていた。リンネが考案した植物の二名式命名法はその代表例だが、当時、言語や記号の変革による認識の枠組みの転換を植物学以上に明確に意識して実践したのは化学である。化学は一八世紀後半にフロギストン説から酸素説へのラディカルなパラダイム転換を経験したが、この「化学革命」において決定的な役割をはたしたのが、ラヴォアジェらによって提案された化学物質の新しい命名法であった。代数学をモデルとして、物質をその性質とは無関係に化学的な組成のみにもとづいて命名する分析的な方法は、化学の新しい説明理論に対応したものであった。また、命名法と同様のコンセプトで新しい化学記号もつくられたが、それらは単純なシンボルとその組み合わせから構成されていることによって、記号の恣意性と分析的な方法とを命名法以上に明白に示している。

リヒテンベルクが電気学に導入した＋と－という記号は、この新しい化学の命名法や記号法と基本的な考え方を共有している。それらは恣意的な記号によって自然を分析的に把握するという近代科学に特有の認識の形を体現していた。それにたいして、同時期にドイツの物理学者J・W・リッターが考案した電気の記号は、科学記号のもう一つのあり方を提示している。リッターは一八一〇年に出版された著書『ある若き物理学者の遺稿からの断片』の中で、正電荷と負電荷を表すために＋と○という記号を考案しているが、そのアイデアの源泉はリヒテンベルク図形にあった。つまりそれらは、正電荷では放射状、負電荷では同心円状となるリヒテンベルク図形の形をモデルとしてつくられた有縁的な記号なのだ。

リッターの発想はロマン主義的な自然言語の思想、つまり、自然を一つの言語体系、その言語を形式と内容が一致した有縁的な記号とみなし、それらを解読することによって世界の隠された意味が明らかになるという構想に根ざしていた。中世にさかのぼり、ルネサンスの自然魔術にも通底している自然言語の思想は、ロマン派の詩人ノヴァーリスなども共有していたものだが、リッターはこの主題を自然科学において追求しており、そこでリヒテンベルク図形に一つの可能性を見いだしたといえる。彼はリヒテンベルク図形を電気という自然が生み出した文字とみなし、それを電気記号のモデルとすることによって、自然言語の思想を同時代の科学の中で現実化しようとしたのである。

こうしてリヒテンベルク図形は、電気によって生み出され、しかも電荷の種類によりそれぞれ特徴的な形をとるイメージであることによって、近代科学とは異なるもう一つの自然認識の形をあらためて呼び覚ますための手がかりをもたらした。リッターの記号は、リヒテンベルク図形の研究を一八〇〇年頃の科学記号論に接続するとともに、それによって、この図形が当時、成立しつつあった近代的な科学と、自然研究を類似性の原理にもとづいて再構築する試みとが交差する地点で発見されたことを示しているのである。

3　イメージによる知の構築可能性をめぐる思索のために

以上、駆け足ではあるが、リヒテンベルク図形をめぐって発見当初におこなわれていた実践行為の諸相と、それらをとりまく知的な文脈を概観してきた。一七七七年に発見されたリヒテンベルク図形は、不可視の電気を安定的に視覚化したが、そのことがすぐに電気についての科学的知識を獲得するための十分条件になったわけではない。一八〇〇年頃の物理学者たちにとっては、リヒテンベルク図形はまずその形を言語で分節され、明暗を視覚的に識別されなければならなかった。また、その美や、他の形象との類似性、あるいは記号性にも、電気図形の発見当初には重要な意味が見いだされていた。そして、それらの主題を、リヒテンベルク図形の研究は、気象学、天文学、色彩学、植物学、化学など同時代の他の学問分野と共有していたが、それはこの図形の記述や模写、転写など、一見、非科学的にみえる実践行為こそが当時の自然認識の一般的な形式であったことを意味している。一八〇〇年前後は——再び図式的にまとめると——、自然にかんする認識の枠組みが、博物学や自然魔術に代表されるような近世的な「自然にかんする知（Wissen von der Natur)」から、近代的な「自然科学（Naturwissenschaft）」へと移行していく過程にあった時期にあたる。そして、当時、リヒテンベルク図形をめぐっておこなわれたさまざまな実践行為は、この過渡期に特有の知の形を体現していたといえる。記述と説明の二元体制、視覚の精緻化、科学的客観性の概念の不在、類似性の思考の合理化およびその回復の試みなど、リヒテンベルク図形の初期の研究には、一八世紀末から一九世紀初頭にかけての自然科学に固有の知のあり方を見いだすことができる。言い換えれば、リヒテンベルク図形が発見当初、電気の物理学的な研究よりも、イメージとしてさまざまな実践行為の対象となったのは、当時はまさにそれらの実践自体が知的な意味をもつ営みにほかならなかったからなのだ。

ここから科学のイメージ研究のために導き出すことができるのは、科学的知識の構築性に関心をもつ科学史的なアプローチと、そこにおけるイメージの能動性に重点をおく美術史的なアプローチにくわえて、イメージが構築する知の概念そのものの歴史性という論点である。イメージによって構築される知の内実とは何か、そこで何をもって科学的知識とみなすのか、「科学」と「非科学」とはどのように区別されるのかといった問題を、個々のイメージにかんしてそのつど歴史的文脈の中で問い直すこと――つまり、「科学知」の概念自体の歴史性や構築性を、個々の事例において確認することもまた、イメージによる知の構築可能性についての思索を深める一つの契機になることを、リヒテンベルク図形の初期の研究史は物語っている。

もちろん、科学史においていわゆるホイッグ史観の問題や同時代的コンテクストを再構成することの重要性が意識されて久しく[15]、科学知の概念の歴史性はあらためて指摘するまでもないことなのかもしれない。しかし、それでもなお確認しておきたいのは、第1節で述べたように、視覚的表象にかんする科学史研究は、自然科学から生まれた図像を観察対象や思考内容の忠実な鏡とみなす通念にたいして、それがさまざまな技術や観念の介在の下で知を形づくる要素の一つであるという認識にもとづいていることである。そうであるとすれば、イメージがその構築に関与する知の概念についても、それを形成する歴史的・社会的・文化的な条件を明確にすることは、科学のイメージ研究にその一部として織り込まれているのではないだろうか。また、美術史的なアプローチにかんしていえば、科学の図像の分析にも応用可能とされる手法の一つであるイコノロジーでは、図像の成立の背景にある歴史的なコンテクストを踏まえた解釈が不可欠だが[16]、科学の図像の場合には、そこに知の概念規定というメタレベルでの歴史的文脈も必然的にふくまれてくるはずである。——何を科学知とみなすのかという問いは、科学のイメージに向きあう者一人一人に向けられている。自然科学から生まれる図像や形象を、固有の可能性をそなえた知的なファクターとしてとらえるとき、それらのイメージは私たちに、そこで問題となる知の概念についての省察を促しているのである。

注

（1）科学史における視覚的表象にかんする研究の状況については、さまざまな雑誌特集や論集の序論等で記述されている。ここではそれらをふくめて代表的な研究を紹介し、多くの文献情報を掲載したものとして、Klaus Hentschel, *Visual Cultures in Science and Technology: A Comparative History*, Oxford University Press, 2014 をあげておく。このテーマについて日本語で書かれたものとしては、橋本毅彦『描かれた技術——科学のかたち』（東京大学出版会、二〇〇八年）と『図説　科学史入門』（ちくま新書、二〇一六年）がある。

（2）バーバラ・M・スタフォード『アートフル・サイエンス——啓蒙時代の娯楽と凋落する視覚教育』一九九七年、『ボディ・クリティシズム——啓蒙時代のアートと医学における見えざるもののイメージ化』二〇〇六年、『実体への旅——１７６０年—１８４０年における美術、科学、自然と絵入り旅行記』二〇〇八年（いずれも高山宏訳、産業図書）。

（3）Martin Kemp, *The Science of Art: Optical Themes in Western Art from Brunelleschi to Seurat*, Yale University Press, 1990; *Visualizations: The Nature Book of Art and Science*, The University of California Press, 2000.

（4）Horst Bredekamp, *Thomas Hobbes. Der Leviathan. Das Urbild des modernen Staates und seine Gegenbilder*, 1651–2001, Akademie Verlag, 2003. ホルスト・ブレーデカンプ『ダーウィンの珊瑚』二〇一〇年（濱中春訳、法政大学出版局）、『モナドの窓』二〇一〇年、『芸術家ガリレオ・ガリレイ』二〇一二年、『ライプニッツと造園革命』二〇一四年（いずれも原研二訳、産業図書）。

（5）Horst Bredekamp, *Der Bildakt*, Klaus Wagenbach, 2015.

（6）たとえば *Bildwelten des Wissens: Kunsthistorisches Jahrbuch für Bildkritik*, 2003ff.; Horst Bredekamp, Birgit Schneider, and Vera Dünkel, eds., *Das Technische Bild: Kompendium zu einer Stilgeschichte wissenschaftlicher Bilder*, Akademie Verlag, 2008（英訳 *The Technical Image: A*

History of Styles in Scientific Imagery, The University of Chicago Press, 2015).

(7) 科学における視覚的表象にかんする先駆的な論集 *Representation in Scientific Practice* (Michael Lynch and Steve Woolgar, eds., The MIT Press, 1988) の編者たちは、その再考版 *Representation in Scientific Practice Revisited* (Cateljne Coopmans, Janet Vertesi, Michael Lynch, and Steve Woolgar, eds., The MIT Press, 2014) の中で、「表象」という概念がはらむ問題と、それにもかかわらずこの言葉を用いた意図について論じている。

(8) Bredekamp et al., op. cit., p. 8.

(9) 第2節は次の拙著の内容を大幅に圧縮したものであり、ここでは参考文献は直接に言及するもの以外は省略する。Haru Hamanaka, *Erkenntnis und Bild: Wissenschaftsgeschichte der Lichtenbergischen Figuren um 1800*, Wallstein, 2015.

(10) ヴォルフ・レペニース『自然誌の終焉』山村直資訳、法政大学出版局、一九九二年。ミシェル・フーコー『言葉と物』渡辺一民・佐々木明訳、新潮社、一九七四年。

(11) Rudolf Stichweh, *Zur Entstehung des modernen Systems wissenschaftlicher Disziplinen: Physik in Deutschland 1740–1890*, Suhrkamp, 1984, pp. 16–30.

(12) Werner Busch, *Das unklassische Bild: Von Tizian bis Constable und Turner*, C. H. Beck, 2009, p. 178. Cf. pp. 250–274.

(13) Lorraine Daston and Peter Galison, *Objectivity*, Zone Books, 2007.

(14) フーコー、前掲。

(15) たとえばジョン・ヘンリー『一七世紀科学革命』東慎一郎訳、岩波書店、二〇〇五年、一―一〇頁を参照。

(16) Bredekamp et al., op. cit., pp. 48–53.

第14章　「ある地域の全体的印象」
――アレクサンダー・フォン・フンボルトによる気象の総観的視覚化

ビルギット・シュナイダー
竹峰義和／長谷川晴生訳

気象学のデータがはじめて視覚化されたのは、二〇〇年前のことだった。その際に中心的な役割を果たしたのが、自然研究家のアレクサンダー・フォン・フンボルトである。フンボルトの業績においては美学が重要な位置を占めている。というのも、フンボルトはイメージからもたらされる認識力が自然を認識するうえで鍵となると見なしていたからである。フンボルトは視覚的美学が研究にとってもつ意味を高く評価しており、それが製図家、地図製作者、図版画家としての彼の活動の基盤となった。かくしてフンボルトは、世界的な規模における天候の観測値の系列を一枚の総観図というかたちではじめて視覚化し、それによって近代的な気候学の基礎を築いたのである。地理学者で科学史家のマーク・モンモニアーは、この最初の気象学上のデータ図像が登場した歴史的時期について、次のように問うている。「彼らはなぜ、これほど長くの時間を要したのであろうか。ここでいう「これほど長くの」とは、およそ三三年間である。また、「彼ら」とは、プファルツ気象学会の会員や賛同者、そして彼らの科学的な継承者たちのことである」[1]。ここでモンモニアーが気象学上のデータの視覚化を可能にするための基盤として示唆しているのは、マンハイム気象学会が刊行した天文暦である。この天文暦には、長年にわたって体系的に集められた最初の観測データが含まれていた――何年もまえから、各諸侯に仕える信頼のおける「統計の下僕たち」が、観測所で一日に三回、統一規格の器具をもちいて、決められた時間に測定をおこなっていたのである[2]。その結果としてもたらされた堂々たる統計表は、一七八三年から一七八五年のあいだに一二巻本のかたちで出版された。つまり、このマンハイム天文歴は、当時としては最大の観測網による気象学上の観察結果をひとつにまとめた、最初の大規模なデータ収集だったのである。観測網は、ヨーロッパからグリーンランドを経て北アメリカにまでいたる、およそ四〇カ所の国際的な観測地点から構成されていた。だからこそモンモニアーは、この天文歴の気候データが、それも一八一六／一七年にいたるまで、表というフォーマットのままにとどまり、つまりはグラフや図のかたちで視覚化されなかったことに驚いているのである。マンハイムに拠点をもつ天候資料保管係が重視していたのは、データを純粋に記録することであって、データを分析することではなかった。一八一六年になってはじめて、物理学者のハインリヒ・ヴィルヘルム・ブランデスが、マンハイム天文歴に基づいて一七八三年の天候図を事後的に描いたのであり、一八一七年にアレクサンダー・フォン・フンボルトが、ブランデスとは無関係に、当時彼が手に入れることができたすべての気象学上のデータに基づいて、一枚の気候地図を作成したのである。

本章の出発点をなす問いは、なぜ「これほど長くの」時間を要したのか、というモンモニアーによる歴史記述上の問いに準拠している。すなわち、年代順の表を見るだけでは不十分だと見なされるようになり、最終的には表に代わってデータ分析のために空間というカテゴリーが前景化するにいたったとき、一八〇〇年ごろの知をめぐるそのような錯綜した諸条件の変化はいかにして起こったのだろうか。問題となっているのは図とグラフがもつ潜勢力である。図やグラフによってもたらされる視覚的構成は、空間化という手法をつうじて調査対象に内在する関連やパターンを探り出すことを可能にする。(3) こうした見解は、グラフ作成や主題別の地図学の歴史のなかで、領域の違いを超えて有効性が認められてきた。取りとめのないデータを線という形式によって感覚的に読み取ることは、一八世紀末になってようやく手探りのかたちで試みられるようになった。とはいえ、それが方法として広く普及するためには、一九世紀を待たねばならなかったのである。

それゆえ、気象学上のデータの視覚化と、とりわけフンボルトの気候帯地図は、データ、視覚化の方法、認識のあいだの関係を典型的に示すことができる。気候帯地図が発展を遂げていく時代において、表形式で集積された観測データは、認識上の性能という点で、ますます批判を浴びるようになった。早い時期にデータの洪水という事態を経験したことが、堆積した表の数々にたいして、実際は見通しのきかない道具だという印象を与えた。この道具は認識を促進するものではもはやなく、むしろ数値というかたちをとった知へのまなざしを歪める、というのである。ハインリヒ・ヴィルヘルム・ブランデスが、一八二〇年になっても、観測地点で蓄積されたデータを表形式で整理したものにたいして、埋蔵された宝のように認識を隠してしまうだけの、見通しもきかなければ役にも立たない生の素材として批判したのはそのためである。

われわれが手にしているのは、ほとんど見通せないほどの数にのぼる気象の観察結果にすぎない。その大部分は、埋蔵された宝のように、学問の役に立つこともなく、ただそこにあるだけだ。なぜなら、何千もの観察結果を有意義なかたちで比較し、そこから何らかの結果を見つけ出すという、言うまでもなく大変な苦労を引き受けようとする者など誰もいないからである。[4]

物理学者のゲオルク・C・リヒテンベルクも、一八世紀末にすでに、「観察はあまりに多いが、手を加えられることはあまりに少ない」ことを認めるとともに、「観察で得られた素材が際限なく増大することによって生まれた洪水を堰き止めるために、栄えある年月を費やして有用な観察法を構築する必要があるだろう[5]」と要求していた。こうした評価の背後に存在しているのは、データには本来、これまで表という媒体において獲得しうるとされてきたものよりも多くの認識が含まれている、という推測である。

これらの発言が示しているのは、データ量がますます膨れ上がっていったことが、無数に存在する観測結果を逐一分析することをいかに困難にしたかということである。この時代に、総観図というかたちでデータをひとつにまとめて同時に眺めること、すなわち概観という方法がひとつの新たな学術的パースペクティヴになったのだとすれば、〔概観という方法と新たな知という〕両者の発展がどのように結びついていたのか、と問うことができる。このような総観的なまなざしこそが、そこで特定の研究対象をそもそもはじめてもたらしたものにほかならない。たとえば気候学では、これ以降、気候を観測データにおける統計的対象として研究するようになったのである。

このような問いにとって、アレクサンダー・フォン・フンボルトの気候帯地図は、多くの点で興味深い。第一に、この図は、等値線、すなわち同一の値をもつデータ・ポイントを結んだ線に基づいてデータを視覚化した初期の例をなしている。第二に、この図によってフンボルトは、これまでの研究とは違って観測データや統計的方法に体系的に基づくような、近代的な気候学を基礎づけた。こうした方法の結果として生まれた総観的な図像の数々は、形態をもたない気象現象に形態を与え、気候帯同士の関係を空間的なかたちで明確化した。「気候」は「大気の平均的状態」と定義づけられ、それ以降は統計的に規定されるものとなる。これこそが、歴史家たちが一九世紀的なものとして記述した「フンボルト的科学」に特徴的な思考様式（ルドウィック・フレック）にほかならず、かかる思考様式はデータの視覚化の歴史と結びついている。[6]というのも、「フンボルト的科学」の特徴として挙げられるのが、感覚的に把捉可能にするための諸々の方法や、全体との関係へのまなざし、平均値や典型的なもの、一般的なものを強調する統計だからである。広く収集された事実に基づいて世界を包括的に記述したいという願望は、しばしば地図をもちいつつ、データの平均値を総観的に視覚化したいという願望、すなわち認識を感覚的‐美学的に評価したいという願望と不可分に結びついていた。その際、データの視覚化を試みた先駆者たちは、アレクサンダー・ゴットリープ・バウムガルテンの美学的綱領を引き合いに出すことができた。バウムガルテンは、感覚的認識の一般理論と教説を構想していたが、そこには教育上の諸理念のみならず、学的な認識力のために美学を取り入れることも含まれていた。バウムガルテンによれば、美学という手段をつうじて、学問を「どんな人の理解力にも合ったもの」にするとともに、「判明に認識しうるものの領域の外部においても認識の改善」を進展させるべきであるという。[7]図版、認識、美学は、「感覚化」という手段をつうじて新たに結びつくことになったのであり、この結びつきによって新たな認識が可能となるとともに、未知のものが印象を残すようになったのである。

それゆえ、アレクサンダー・フォン・フンボルトの「最初の」データ図版にまつわる問いが興味深いのは、それがひとつの発展史に、あるいは一人の「発明家」に歴史的な箔を付けているからではない。それが興味深いのはむしろ、図版をもちいた方法論の初期の試みを実地に即して分析する可能性を提供してくれるからである。そのような試みがなおも手探りのものだったのは、フンボルトがすでに実証済みの方法論のレパートリーを引き合いに出すことができなかったからである。そのような初期の試みの数々を見ていくことによって、一九世紀初頭のヨーロッパにおける特有の知覚形式および美学的な認識理想としての「思考様式」ないし「時代の眼」（マイケル・バクサンドール）のより詳密な理解に寄与することができるだろう。観測、統計、視覚化の方法を今日にいたるまで重要な三要素としている近代的な気候学は、まさにこの時代に出現したのである。

1　データを気候地図のかたちで総観すること

あらゆるテーマにたいして主題別の図やデータ図版が存在している今日では、データが視覚化されるにいたるまでに長い道のりを要したことは奇妙に思われるかもしれない。これまでの研究者は、いうなれば書物の脇に置いてある眼鏡をかけなかったかのようであり、視覚化されることでデータがいかなる明確な変容を遂げたかという問題については歪んだ見方しかできなかった。それにたいして、データの可視化になぜ「これほど長くの」時間がかかったのかという問いは、今日の視覚習慣、思考様式、認識と数理最適化の理想など、一九世紀の図版作成の試みにそもそも由来しているものについても同じく明らかにすることができる。コンピュータ・グラフィックスやデータ・ジャーナリズム、あるいはインターフェース・デザインなど、データおよびその視覚化に依拠する諸領域がその例となるだろう。現在、視覚化するという手法は支配的な道具となっており、それぞれの「データ氷山」の一角をピックアップして可視化することすらできるようになっている。データを総観的に視覚化することは、あらゆる大きさのデータ量にも要求される標準的な見方となっており、「まず全体像を、必要に応じて細部を〔overview first, details on demand〕」というモットーに従っているのである。

「等温線地図」と題された目立たない一枚の図版を理解するためには、少々時間が必要である。経度を示す網線とそ

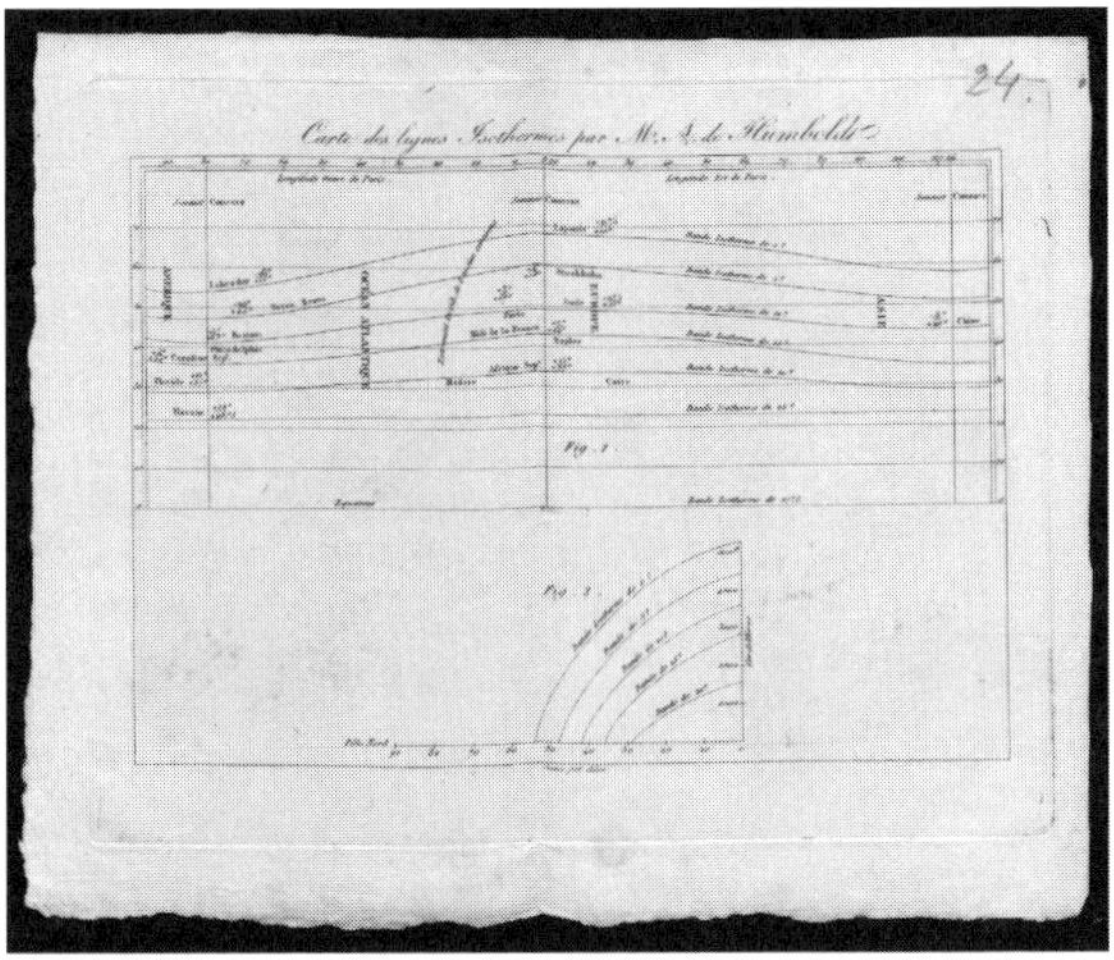

図1　本初子午線がパリに置かれた、58カ所の観測地点に基づく北半球の気候帯の等温線地図。アレクサンダー・フォン・フンボルト、1817年。Staatsbibliothek Berlin – Preußischer Kulturbesitz より引用。

のあいだに書き込まれた等温線とが、形状によっても色によっても区別しづらいからである（図1）。一見したところ、すべての線が同じくらい重要であるように見える。もう少し仔細に眺めると、緯度を示す網線から七本の波線が浮き上がって見えてくる。緯線は、わずかな弧を描きつつ、図の左右を横断している。最下部の緯線のみが直線である。それぞれの等温線は摂氏五度ごとに引かれ、「〇度帯」、「五度帯」等といった文字が記されており、「二五度帯」まで存在している。さらに三本の垂直線が、等温線の頂点の部分を切断するかたちで引かれている（「凹の頂点」と「凸の頂点」）。この三本の線は、図の全体に拡がる等温線の曲線が音波のように左右対称であることを強調している。本初子午線をなすのはパリを通る経線である。

典型的な地図であれば、陸地の輪郭線から地図上の位置がわかるはずだが、フンボルトは〈地図〉を作成するにあたって、そのような輪郭線を描くことを完全に放棄した。そのために、これが世界地図の一部であるとただちに認識するのは困難である。この地図のどの部分が世界地図のどの場所に相応するのかについての詳しい情報は、文字のかたちでしか与えられていない。経緯度線の座標のうちに記された「アメリカ」、「大西洋」、「ヨーロッパ」、「アジア」という文字が、おおまかな位置を示している。それと同じく、そこに書き入れられた一五個の都市名に関しても、それぞれの地図上の位置をはっきりと示すような点記号が存在しないために、正確な位置はわからない。都市名のそばには、年間の最高気温と最低気温の平均値が記されている。

これらの文字情報をもとに、等温線の基礎をなしているのは北半球の地図を投影したものであり、北アメリカの東海岸から、ヨーロッパ、アジアへといたる領域を示していると推測することは確かに可能である。だが、図の抽象度が高く、そのために判読しづらいことが、のちに欠点と見なされるようになったようである。かくして、等値線という手法をもちいた後続の地図は、慣習的なメルカトル図法という形式で大陸の輪郭線も描くようになった。しかしながら、ここで浮上してくるのが、この「等温線地図」がいかなる知を孕みもっているかという問いである。

2　一八〇〇年ごろの気候データ

フンボルトは、図版のもとになったデータを、巨大な折り畳み式の表というかたちで刊行していた（図2）。この表は、フンボルトによる等温線についての論文の末尾に掲載されている。そのなかでフンボルトは、表の背後にある方法やデータと決然と取り組んでいる。冒頭でフンボルトが強調しているのは、地球上の気温分布についての問題にたいして「厳密な計算」(8)をおこなおうとした者がこれまで存在しなかったという事実である。それゆえ、既存の「データ」(9)をみずからの新しい方法によって「分類すること」(10)が目標であるとされる。

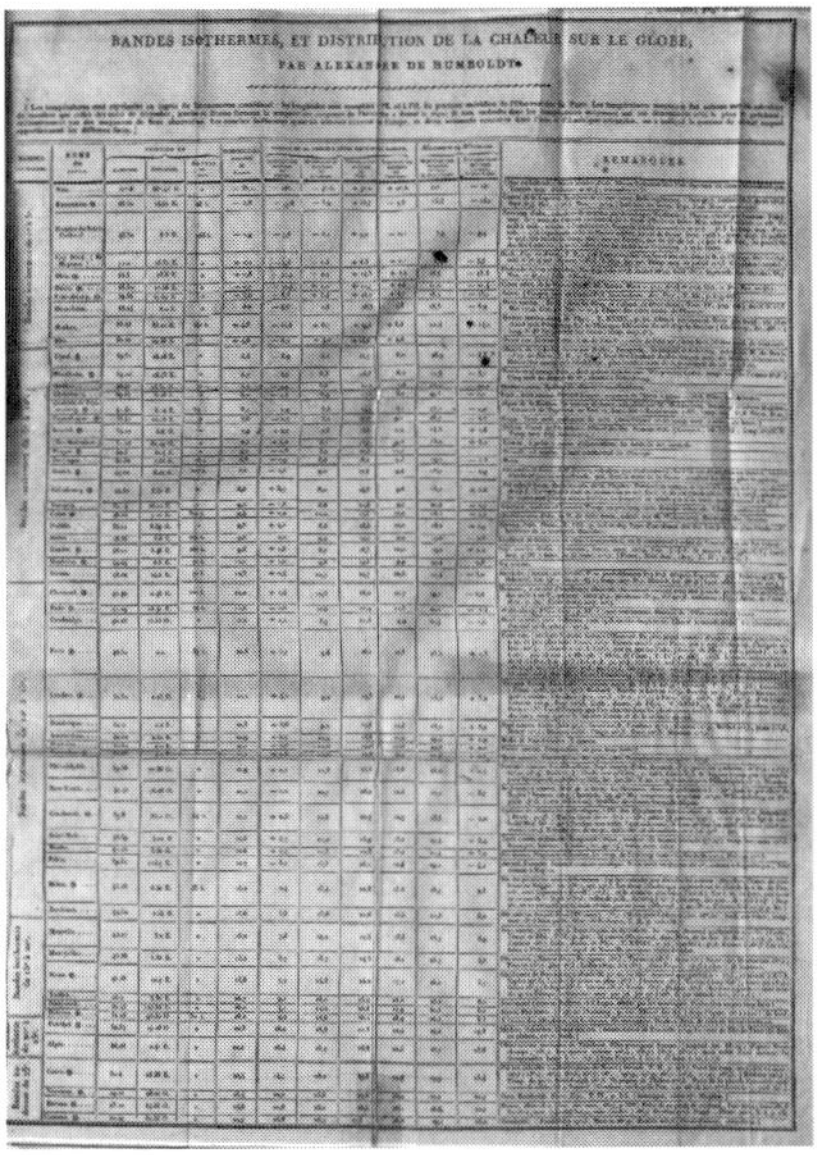

図 2　図 1 の地図にまつわるデータについて詳述した、アレクサンダー・フォン・フンボルトによる等温線に関する論文に掲載された表。Staatsbibliothek Berlin – Preußischer Kulturbesitz より引用。

等値線によってデータを新たに分類したことはまた、気候に関する新たな認識をもたらした。フンボルトの方法が気象学にとって新しいものであったように、そこから生じた結果もまた、地球上の気温分布にまつわる古い考えの数々を一掃したのだが、しかしながら、その一方でフンボルトは、新たな方法という衣装のもとで、気象にまつわるある種の理想像を持ち越してもいた。それまでの気候に関する教説は、古典古代の博物学以降そう説明されてきたように、地球が理想的な球形をしているというイメージに立脚していた。そこから当時の研究者たちは三つから五つの気候帯を導き出したのだが、それは地球を緯度ごとに整然とした帯域に分割するものだった。とはいえ、この理論では、航海の際にそこから著しく逸脱する経験をする場合があることの説明がつかなかった。すなわち、航海時の気温の観測結果は地理的帯域の図面とかならずしも一致しておらず、緯度がまったく同一であるにもかかわらず気候が非常に異なるという事態もありえたのである。こうした観察結果の原因を究明するためには、さらに観測をつづけていくことしかない。

しかしながら、フンボルトが地図にまとめた観測値は、さまざまな情報源に由来している。フンボルトは、一七九九年から一八〇四年にかけてのアメリカ旅行のあいだに自分で測定したり、同僚から提供を受けたりしたみずからのデータに加えて、たとえばリチャード・カーワン、トマス・ヤング、レオンハルト・オイラーといった過去数十年間の研究者たちが部分的に書籍のかたちで刊行した観測値をとりわけ活用していたのである。さらにフンボルトは、すでに言及したマンハイム天文暦の数値のいくつかをみずからの分析のうちに組み込んでもいた。手に入るすべての観察材料を批判的に評価することが、フンボルトの出発点となった。それにくわえてフンボルトは、さまざまな地点から得られた観測値を吟味し、たとえば高度が不明な場所のデータなど、いくつかの観測値を除外した。アジアでの観測値の多くが抜け落ちているのはそのためである。とくに信頼のおける観測値には、太陽をあらわす二重丸の天文学記号（「より正確［plus de précision］」という意味をあらわしている）が付されている。また、フンボルトは、いかにして気温の平均値が得られたか、どのような道具をもちいてどの時間に観測されたかについても、厳密な考察をおこなっている。測定方法が標準化されていなかったために、観測値の多くは相互比較に耐えるものではなかった。そのためにフンボルトは、五八カ所の観察結果のみを使用可能と見なし、等温線地図を北半球の一部に縮小したのである。

フンボルトはデータの分析結果を詳細に記述したが、それはとりわけ、気温の平均値を求めたうえで、等値線の基盤をなす内挿法という新たな手法によってこの値を線で描き出すことを意味している。[11] 観測地点の気温、緯度と経度、高度に加えて、フンボルトは観測値に解説を付記した。観測期間がもっとも長い地点では三九年間におよぶ一方、多くの観測値はわずか二年間のものであり、長崎での観測にいたっては一二カ月間しかなされていなかった。これらの観測値は、通常は三〇年間にわたって測定するという、のちに定められた気候観察のフレームワークと比較するならば、きわめて短期間の産物にすぎない。

すでにリチャード・カーワンは、一七八七年の論文「異なった経度における気温の推定」のなかで、北半球のさまざまな観測地点での年間気温を、表形式でいくつかの気候帯に整理していた。[12] フンボルトの研究は、誰よりもカーワンの仕事に依拠しており、データを新たに区分するにあたってカーワンの分類を採用したうえで、さらにそこに発展を加えた。すでにフンボルトは、気候帯の位置に合わせて表を二重線で細分していた。二重線は、摂氏〇度、五度、一〇度、といったように、五度ごとに地球を分割している。つまり、これらの二重線は、表のなかですでに、等温線に基づく地理的-気候的な秩序を暗に示しているのである。これらの二重線は、地図に移し替えられ、等値線の手法が適用されることで、カーヴを描く曲線となって、地球上における各帯域の地理的位置を明確に示すようになるのである。「かくして、年間気温が等しい個所を結んだ線、あるいは新たな語をもちいるならば等温線は、赤道と平行に走っているわけではなく、磁力線のように角度を変動させながら緯線と交差していることが判明する」。[13] このようにして等温線は、類似している気候上の気温条件下にある平均的な気団の位置を可視化する。つまり等温線は、同じ平均値をもつデータ記録のあいだを線で結ぶことで、データ空間を組織化し、目に見えない大気の平均状態を視覚化するのである。

このように、等温線地図は一方で、過去の気象についての局所化された量的な知を示している。他方で、フンボルトがみずからの気候帯地図によって気候学にまつわる問題に適用したのは、年間気温の平均値を視覚化し、それを空間のなかに位置づけるという手法であり、つまりはひとつのトポグラフィにおいて局所化するという手法だった。データ、統計、視覚化の方法をこのようなかたちで結合することで、はじめて気候帯が明確となり、さらなる問題と接続可能になる。同じ理由から、フンボルトの若き同僚であった気象学者のルートヴィヒ・F・ケムツもまた、気候学とは気象学の地理的な部分であり、「気候誌〔Klimatographie〕」であると述べていた。

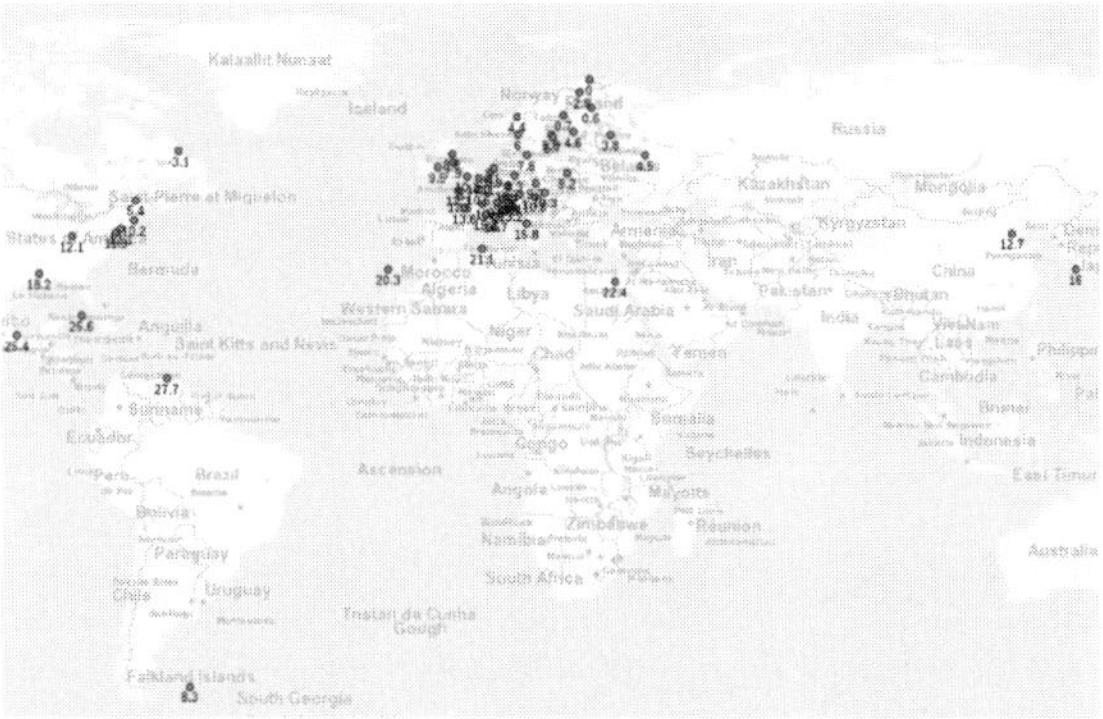

図3　アレクサンダー・フォン・フンボルトの気候地図の背景をなす観測地点。Birgit Schneider, Thomas Nocke und Magnus Heitzler 2013, Potsdam Institut für Klimaforschung.

3　概観が隠すもの

データ図像にとってしばしば典型的なのは、そこでは基盤となるデータがもはや目に見えなくなるという事態である。フンボルトにおいても、五八カ所の観測地点のすべてが地図に書き込まれているわけではない（図1と図3を比較されたい）。地図の背後にある観測網は、視覚化されるなかで消滅している。しかしながら、そのなかには、すなわち「とぎれなく観測しているかのような幻想を巧みなかたちでつくりだす」能力のなかには、内挿線がもつ視覚的な力も存在していると思われる。[14] データ線を引くにあたっては計測網が根拠となるわけだが、その目の細かさや粗さがどれくらいであったかについて、これらの線から見て取ることはもはやできないのである。

だが、このことは、総観的なデータ線が一八〇〇年ごろまで諸科学において広くもちいられることがなかった、もうひとつの理由をなしている。一七六五年にハインリヒ・J・ランベルトは、論文「確実性の理論」のなかで、観測データを曲線で表記することは数学的方程式に基づいてはいないのではないか、という一般的な懐疑を表明していた。ランベルトによれば、線が依拠する数学的方程式——データの視覚化にあって規則となるもの——がなかったならば、「これらの線は、いわば自由自在に描かれた（中略）ようなものになるに違いない。諸々の点の位置が（中略）明らかに少しおかしく、いかなる規則にも従わなくなると、線は単調きわまる曲線を描きつつ点と点のあいだを通り抜けていくことになる」[15]。データ・ポイントどうしを大きな空白をまたいで一本の線で結ばなくてはならない以上、そのようなかたちで生み出された線には

「幾何学的な明晰さ」[16]が欠けているというのである。だが、同時にランベルトは、データに基づく研究において、データの分析をさらに進めるためには、「自由自在に線を引く」[17]以外の手段がないこともしばしばであると認識してもいた。

それから半世紀後のフンボルトにあっては、「幾何学的な明晰さ」が欠けていることにたいして、いかなる懸念も読み取ることはできない。ここで内挿という総観的かつ視覚的な方法は、この方法を採用した者がそれぞれのデータ・ポイントを結ぶ線をどのように引くのか自在に決めなくてはならなくなることで、データ分析におけるさらなる解釈手順となる（図4）。「等温線地図」の東ヨーロッパからアジアにかけての地域では、ゆるやかな幾何学的曲線が、推測を多分に交えたかたちでとりわけ自由自在に描かれている。というのも、地球のこの地域には二カ所の観測地点しか存在せず、それゆえ平均気温の線を引くことが完全に不可能だったからである[18]。

もちろん、今日と比較すれば、当時のフンボルトが図像を作成するにあたって依拠することができた観測地点の数は、きわめて粗い網をなしているにすぎない。だが、まさにそのような非精密さのなかに、それにつづくすべての気象観測網を体系的に構築するためのプログラムが同時に潜んでいたのであり、そのようにして気候帯は次第に明確なイメージを取るようになっていくのである。

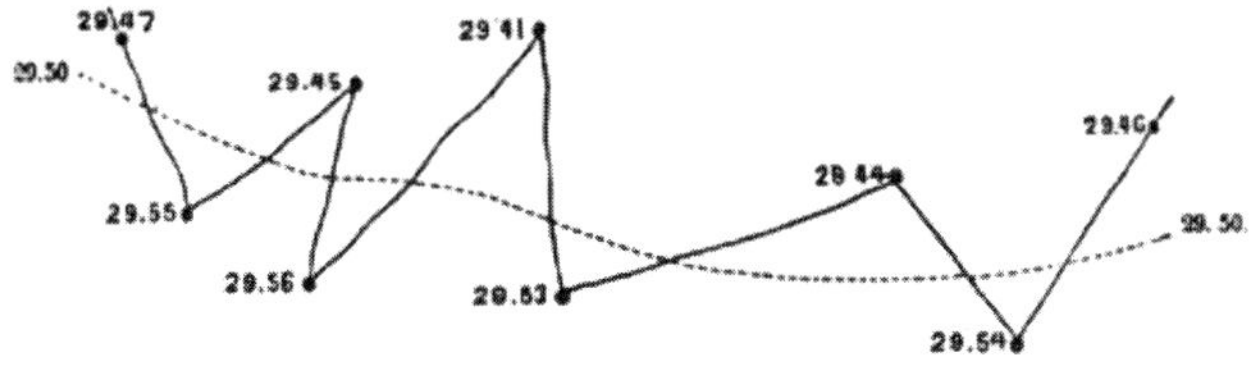

図4 アメリカの実践気象学に関する手引書（1871年）に掲載された、等圧線を引くためのグラフィックな内挿法の原則を図示したもの。Mark Monmonier: Air Apparent. How Meteorologists Leaned to Map, Predict and Dramatise Weather, Chicago/London 1999, S. 51.

4 総観と体系的全体性としての地球

この節では、「等温線地図」をさらに詳細に検討する代わりに、次の問いを中心に据えることにしたい。すなわち、新しい総観的な視覚体制が一八〇〇年ごろに現実化したとき、それはどの程度まで、フンボルトの地図を典型とするような制限のない知が啓蒙によって示唆された結果だと見なすことができるだろうか。フンボルトが視覚化の実践において依拠することのできた具体的な手本を考察するならば、今日まで効力をもつ総観的視覚が含意するものをより正確に捉えることができるだろう。

先例としてフンボルトが知っていたのは、エドモンド・ハレーによる地磁気に関する地図だった。[19] ハレーの地図には等値線がもちいられているが、それは地図の歴史においてもっとも初期の、他に類例を見ない事例をなしている。ハレーは一七〇一年の「海図」において、航海用の等偏角線を採用した地図を作成していた。それはハレーが一六八九年および一七〇〇年の二度にわたる研究航海で集めた観測結果に基づいていた。一八〇四年、すなわち「等温線地図」が出版される一三年まえに、フンボルトははじめて自分で地磁気に関する地図を描き、ジャン＝バティスト・ビオとの共作として『物理学誌《ジャーナル・ド・フュジーク》』に発表していた。[20] この「磁力強度の減退」という表題のもとに出版された図版において、フンボルトは等値線という方法をはじめて使ったのである。

それと同じく、フンボルト独自のグラフィックな実践についても考察されなければならない。そうした実践は、彼のメモ書きや遺稿資料が印象的なかたちで証明しているように、地図製作、天文観測法、デッサン、統計、さらには表体系や記号体系にまでおよんでいた。たとえばフンボルトは、フライブルクのプロイセン山岳局に勤務していたとき、垂直に切り取った山岳の断面図を描くという手法を習い覚えたが、そのような作図法を地図製作一般に応用した。フンボルトの手による数多くの山岳断面図とアンデス山脈の自然図を見比べるならば、そのことは明らかである。フライブルクでフンボルトは、もっぱら国務大臣のフリードリヒ・アントン・フォン・ハイニッツのために働いていた。ハイニッツは国家表の役割についての論文で知られる人物であり、「国家全体」を究明するべく、プロイセンの統治に新機軸をもたらそうとした。[21] ハイニッツによれば、データの集積、統計学的な評価、表は、財政学において鍵となる役割を果たす。フンボルトが公刊した著作において、あらゆる種類の図像や地図や図版が重要な役割を果たしていることや、とりわけフンボルトが、データをグラフィックに分析するために、棒グラフ、線グラフ、三角表など、当時はまだほとんど普及していなかったインフォグラフィックをみずからの研究対象に適用したことのうちに、グラフィックな認識方法にたいする一般的な関心が示されている。[22]

さらに、フンボルトの地球地理学に重要な刺激を与えたものとして、すでに一八世紀に実験的に試みられていたさまざまな様態の鳥瞰図法を挙げることができる。おそらくそのもっとも堂々たる例となるのが、フランツ・ルートヴィヒ・プフュッファー・フォン・ヴューアー（一七六二―一七八六年）が何年もかけて製作した、六・六一×三・八九メートルという巨大なサイズのスイス中部の立体地表模型だった。フンボルトは、おそらく一七九五年のスイス旅行の際に、この模型を見学していた。それと同じく重要なのは、国境線のない地理学という新たな理想によって描かれた諸々の地図の存在だった。[23] フンボルトの同僚であるカール・リッターの地図帖は、そのような文脈のなかで考察する必要がある。リッターが一八〇六年に刊行した植生地理学にまつわる地図帖は、フンボルトに刺激を与えていたのである。

図５　レリーフによってあらわされたヨーロッパの地表。カール・リッター、1806 年。Staatsbibliothek Berlin – Preußischer Kulturbesitz より引用。

　リッターの地図帖のなかの一枚の図版は、「フンボルト的科学」の「時代の眼」をとりわけよく示している。リッターの地図帖の最初に登場する銅版画の図版は、今日の読者には奇妙なほどに現代的であるように見える[24]（図５）。そこでは、白黒の濃淡をつけた印刷によって、あたかもヨーロッパを人工衛星スプートニク一号から眺めるような視線が構築される。ここでリッターは、経緯度線や場所記号など、一般的な地図を見るときに目に入ってくる表章のすべてを除去し、ヨーロッパの地殻構造の褶曲を鳥瞰から眺めたレリーフとして表現している。もっとも高い隆起は白い尾根として識別できるようになっており、低い平野部は暗く着色され、ウラル山脈、ピレネー山脈、アルプス山脈がはっきりと目につく。この一八〇六年の図は、彩色印刷がいまだ存在しないとはいえ、ヨーロッパを地球の測量結果としてではなく、地球にたいするダイレクトな視線のシミュレーションとして提示しているのである。だが、人工的な視距離を選択したことは、地球の表情が人間には触れることのできない場所として示されるという結果も生んだ。これこそが、主体と客体の分裂、人間と自然の分裂という啓蒙時代から推し進められ、教え込まれてきたものの徴候として、のちに問題視されるようになった視線にほかならない。(25) この視線は、とりわけ宇宙船のアポロ八号や一七号から撮影された写真――『地球の出』(一九六八年)や『ザ・ブルー・マーブル』(一九七二年)――によってはじめて公衆の意識に焼きつけられたものであり、近代における「地球人の故郷への想い」を喚起するうえで大きな意味を獲得した。だが、リッターの地図が裏づけているのは、総観という新しい模範像の登場と同時に、一八世紀以降、外部から地球を眺める特殊な視線という幻影《ファンタスマゴリー》的なプログラムが普及しはじめたという事実である。それゆえ、宇宙から地球全体を眺めるという視線は、『ザ・ブルー・マーブル』のスナップショットが誕生するよりもずっと以前に、視覚的な説得力をもって構成されていたのであり、人間の意識ないし「人間の環世界」(ヤーコプ・フォン・ユクスキュル)がこのような方向へと視覚的に拡張されたのである。このあと、見通しを生み出すこと、パノラマをつくること、全景という方法(のちに「マクロスコープ」や「広角レンズ」と呼ばれることになるもの)で外部を想像することが問題となった。この遠くからの視線という重要な視点は、ロマン派の風景描写のなかにも見出される。それは、「そこから世界を計測し、認識することができるような、世界の外部に置かれた一個の中立的な点を想像する近代的な認識主体の立脚点(26)」をなしているのである。

このような総合に基づく観察方法を公準とした思考法は、まさに全体像に狙いを定めようとする自然研究者の特定の見方と同時に登場した。「自然をひとつの視線のもとに捉え、局所的な諸現象を抽象化する術を心得ている者であれば、北極や南極から赤道へと生気あふれる温度が上昇するにつれて、いかに有機的な力や活気が徐々に増加していくかを見て取るのである(27)」。フンボルトが理想としたのは、「ある地域の全体的印象」を目的とするとともに、風景画家たちも習得したような総観的な視線だった。(28) この視線の特殊性は、分割するのではなく、結合するところにある――植物学の体系家が一群の植物を分類するように、「骨相学者は[それらを]相互に結びつけなくてはならない」のだ。(29) 他方で、全体への視線は、ヨハン・ヴォルフガング・フォン・ゲーテの試みとも比較可能である。ゲーテとフンボルトは、植生地理学の問題について活発に議論を交わす仲だった。ゲーテもまた、分類し、総合するために、さまざまな関係に思考を向けたのである。

総観的な視線という理想は、多くの図版例で確認することができるが、そこでは、風景、地平線、空、天に新たな役割が与えられている。すなわち、そのような視線が注視するのは、典型的なもの、一般的なものであって、個別のもの、特殊なものではないのである。一八世紀の表がもたらしたデータ洪水がこのような視覚体制によって可視化されたとすれば、それはまた、並べて見比べたり、平均値をとったりすることで、細部にたいする微視的な視線のなかで見過ごされてしまうものを暴き出すという傾向に従っている。抽象的なものを目に見えるようにすることができる図像も研究成果になったことは、視線の認識力を中心に据える総観的方法の帰結であるように思われる。

しかしながら、総観というパースペクティヴのなかで視野に入ってくるようになったもののうちには、動植物の空間分布についての問いや、地形を決定する特徴的な要因のすべての関係をつくりだそうとする試みも含まれる。そのような光に照らされたとき、地球は、すべてが相互に結びついて影響を与えあうようなひとつの複雑系として現れることになった。また、このあと宇宙は、地球の気候に影響を与え、氷境線を、風を、海流を、動植物の形態を、最終的には人間の文化を刻印づけるような諸力の相互作用だと考えられるようになった。すべてはすべてと結びついており、無数の相互作用によってたがいにからみあっている。総観的な図面によって、「多様性における統一、形態や配合が異なるものの結合、自然物と自然力の総体、生命をもった全体」である自然は、ひとつの全体的な視覚へと「連結」[30]される。かくして、このような全体的な視覚性という地平のうえに、生態学ないしシステム学の原型が輪郭づけられたのである。

5　より目の細かな観測網を求める声

これ以降、グラフィックなデータ分析法が存在するようになったとはいえ、個々の表の認識能力は、一六八〇年にライプニッツがすでに誇示したものとなおも変わりなかった[31]。まずは表が、内容を見通したり、比較可能にしたりするような分類をおこなうことを可能にした。しかしながら、個々の表を眺めるのではなく、多くの表を見るということから、新たな見通しえなさが生じることになった。表を望んだように視覚化したものは、長いリストを集中的にめくる作業を代替することを約束したが、内容を分析するためには、なおもそうした作業が必要とされた。分析のためにリストをめくることは、時間の浪費を意味していたのであり、それについて、地図学者のジャック・ベルタンは、のちにきわめて具体的にこう記した。「それぞれ一〇〇行、一〇〇列ある二つの数値表を相互に比較するためには、少なくとも二万回におよぶ知覚の瞬間が必要である[32]」。とはいえ、視覚化がもたらす認識的な価値は、純然たる時間の節約という価値を上回っている。フンボルトは、地理学にとって表は不十分だと指摘していた。すなわち、主題別の地図であれば表面化できるものについての多くの知識を、表は未知のままに放置してしまうというのである。

われわれが地図の代わりに、緯度、経度、高度に関する表だけしか所有していなかったとすれば、大陸の形状や地表の不均一さをもたらした注目すべき関係の多くは、永遠に知られないままだっただろう[33]。

ヨハン・ヴォルフガング・フォン・ゲーテも、そのような考えを抱いていた。すなわちゲーテは、フンボルトによるアンデス山脈の比較図版を見たとき、統計学と地理学が結合して豊富な認識をもたらすという旨の記述をおこなっているのである。

表現形式が（もっとも狭い意味において）象徴的であるばかりでなく、視覚的なものとなるならば、地理学と統計学の研究はきわめて容易になる。というのも、図版によって感覚的に捉えられるようにすることは――我が国のきわめて著名な学者たちの多くがいみじくも主張しているように――、地理学や統計学のみならず、自然史においてもきわめて強力な手段である。すなわち、それによって、地理学の研究が素人にも簡単にできるようになり、初学者にとってより印象的なものとなるのである[34]。

つまり、国家学、地誌学、自然学を例に取れば、統計データを一括して眺めるような観点と、そのようなデータを地理学的に配列することの潜勢力が明らかになるというのである。ここで問題になっているのは、とりとめのない未加工の生《なま》データを感覚的に視覚化されたものへと変化させることである。それこそが、このあと貫徹されていくことになるプログラムにほかならない。気象学のデータがかなり遅れて視覚化されたのはなぜか、という本章の冒頭で提示した問いにたいして、メディア美学的ないしメディア認識論的な解答を示すことができる。一八〇〇年ごろになると、表の認識性能は、この〔表という〕認識手段によって蓄積されたデータを表現し、把握可能にするにはもはや不十分なものとなった。データを収集し、集約し、保管するだけでは十分ではなくなったのである。積み重ねられた用紙が増大していくにつれて、それまで視界に入ってこなかった新たな見通しえなさが生まれた。表という形式でデータを分類することから登場したのが、統計上のパターンや配列を線という形式で視覚化することで、〔データのみならず〕表どうしをも大きなスケールで比較し、そこからより深い理解を得たいという願望だったのである。それゆえ、気象学や気候学がはじめに見つけ出さなくてはならなかったのは、統計的に評価された測定値におけるパターンを認識するうえで指針となる独自の線だった。かつてレオナルド・ダ・ヴィンチは、天文学の要諦を、線なくしては「測量の技術は盲目となる」という記憶に値する一文によってまとめたが(35)、このダ・ヴィンチの言葉は、線によってはじめて気象活動を認識した気候研究にも当てはまるのである。

だが、表と視覚化の相互作用のなかで、今日まで有効性をもつプログラムが展開していった。すなわち、より多くのデータを、しかもますます目の細かなものとなっていく観測網から得られたしっかりとしたデータを求める声が、徐々に高まっていったのである。フンボルトが描きだした北半球の気候地理は、なおも空白だらけだったものの、まさにそれゆえに、それは未来にとっての研究課題となった。「等温線地図」は、ますます緊密に結びついていく観測網や標準化された測定値に基づく一連の図像のなかの最初の図像だった。「等温線地図」をグラフィックなかたちで構成するうえで基礎となったデータベースがわずか五八カ所の観測値にすぎず、「気温現象」をごく大雑把にしか捉えられない図面であることを、フンボルトも承知していた。それは、フンボルトの言葉によれば、今後の研究が「数量を増加させ、誤りを訂正することに徐々に成功していく[36]」までのものにすぎない。このように、気候地誌を等値線で表記した最初の地図は、将来的な課題のための叩き台となる図面として理解されていたのである。このことは、このあとフンボルトが、世界規模の観測網を組織したり、プロイセン国内の気象データ収集を制度化するべく「プロイセン気象学研究所」や「王立統計局」の創設を提案したりすることで、気象データの空隙という弊害を除去しようと努めたことにも示されている。ハインリヒ・ベルクハウスの『自然地図帖』（一八三八―一八四八年）は、もともとはフンボルトの『コスモス』（一八四五―一八六二年）を地図によって補足するものとして構想された書物であるが、そこでは最終的に、動植物や気温の分布を表現するため、等値線がよりきめ細かに引かれた地図が数多く掲載された。そのような全体にたいする視線、概観することによって得られた全体的印象、計量化された宇宙の秩序こそがまさに、システムとしての地球にたいする生態学的な視線をもたらし、そのような視線を確保するための諸々の技術体系を生みだしたものにほかならない。それ以降、一九世紀に確立された基準の数々や、ますます目が細かくなっていくグローバルな気象観測網は、時計のように正確に、何千もの場所から得られたつねに新たな気候データを日々捉えつづけている。そのようにして、ここから気候変動に関するグローバルな地理学の基礎が生みだされるのである。

注

（1）Monmonier 1999: 18.

（2）データを収集する官吏は、扱うデータ量が増えていくなかで、一八〇〇年ごろから「統計の下僕」と呼ばれるようになった。Nikolow: 2001: 48を参照。

（3）Weigel 2002. Krämer 2012. Krausse 1999.

（4）引用はこうつづく。「これまでは、一年のなかで晴れの日、曇りの日、雨の日が何日あったか、どのくらいの頻度で東風や北風が吹いたか等々といったことが、およそすべての年度分のデータから導き出されるのが常である。そうした結果を軽んじてはならないことは確かであるが、そこから得られる知見は実際には取るに足らないものにすぎない。気象学を進歩させたいのであれば、われわれは必然的に別の構成を試みなくてはならない」。W. Brandes: Beiträge zur Witterungskunde. Geschichte der Witterung des Jahres 1783, Leipzig (1820), S. 26. Schneider-Carius 1955: 159より引用。

（5）Schneider-Carius による Lichtenberg の要約。Vgl. Ebd. 161.

（6）Cannon 1978.

（7）Baumgarten 1988: § 3.〔バウムガルテン『美学』一五頁〕

（8）Humboldt 1843: 5.

（9）Vgl. Humboldt 1817: 18.

（10）Vgl. Humboldt 1989b: 18.

（11）Humboldt 1989b: 32–37.

（12）Vgl. Kirwan 1787: 113.

（13）Alexander von Humboldt: Einleitende Vorbemerkungen über die geographische Vertheilung der Pflanzen, 1817, S. 202 in: Schriften zur Geographie der Pflanzen, Darmstadt 1989, Hanno Beck, Bd. 1.

（14）Grevsmühl 2014a: 43.

（15）Lambert 1792: 475.

（16）Ebd. 425.

（17）Ebd. 430.

（18）トマス・ノッケは、筆者のために、フンボルトのデータに基づいた地図を今日の手法で描いてくれた。すると、「等温線地図」の曲線の規則性がよりよく理解できるようになった。大雑把に言えば、地図の左半分の等温線は、データに正確に対応している。もっとも、データのみではこれほど均等な線を引くことはできないだろう。このことは、フンボルトが気候にまつわる古い観念になおも影響を受けており、自然の秩序にたいする地理学的な裏付けを求めていたことを最終的に示している。

（19）Vgl. Humboldt 1989b: 18, 25, 33.

（20）Humboldt /Biot 1804.

（21）Heinitz 1786: 4. また、vgl. Segelken 2003; Campbell-Kelly 2007.

（22）Humboldt 1811: Tafeln 19 u. 20.

（23）度重なるナポレオン戦争のあいだにヨーロッパの国境が頻繁に変更されたことが、純粋な地図製作法に比べて政治的な地図製作法が人気を失うことにつながったのかもしれない。地図製作者としてのリッターも、地図を純粋な地形として描いていた。Vgl. Beck 1979: 25.

（24）Ritter 1806.

（25）ハンナ・アーレントやガヤトリ・チャクラヴォーティ・スピヴァクがその例である。Vgl. z. B. Diedrichsen/Franke 2013; Grevsmühl 2014a.

（26）Krämer 2010: 829 f.

（27）Humboldt 1806: 28.

（28）Ebd. 28, 30 f.

（29）Ebd. 31.

（30）Humboldt 2004, S. 10 u. 11.

（31）Leibnitz 1986: 340–349.

（32）Bertin 1974: 11.

（33）Humboldt 1989b: 44f.

（34）Goethe 1813: 3. このゲーテの文章は、財政学の教授だったアウグスト・F・G・クローメによる『各国国勢の総観』（一八一八年）の序文において引用された。クローメは、一九世紀初頭に刊行されたこの著書のなかで、統計的な手法をもちいて作成されたヨーロッパ各国の最初の主題別地図を刊行した。Nikolow 2001: 23–56 に引用。

（35）Vinci 1909: 11.

（36）Humboldt 1989b: 97.

参照文献

Baumgarten, Alexander Gottlieb（1988）: Theoretische Ästhetik: Die grundlegenden Abschnitte aus der Aesthetica. Hg. Schweizer, Hans Rudolf, Hamburg: Meiner Verlag.〔バウムガルテン『美学』松尾大訳、玉川大学出版部、一九八七年〕

Beck, Hanno; Ritter, Carl（1979）: Genius der Geographie. Zu seinem Leben und Werk. Berlin: Dietrich Reimer Verlag.

Bertin, Jaques (1974): Graphische Semiologie. Diagramme, Netze, Karten. Berlin, New York: De Gruyter, 1974.

Campbell-Kelly, Martin u.a. (Hg.) (2007): The History of Mathematical Tables. From Sumer to Spreadsheets. Oxford: Oxford University Press.

Cannon, Susan Faye (1978): Science in Culture: The Early Victorian Period, New York Science History Publ.

Diederichsen Diedrich, Franke Anselm (Hg.) (2013): The Whole Earth California and the Disappearance of the Outside. Berlin: Sternberg Press.

Grevsmühl, Sebastian (2014a): „The Creation of Global Imaginaries: The Antarctic Ozone Hole and the Isoline Tradition in the Atmospheric Sciences“, in: Schneider, Birgit; Nocke, Thomas (Hg.): Image Politics of Climate Change, Visualizations, Imaginations, Documentations. Bielefeld: transcript Verlag, S. 29–53.

Grevsmühl, Sebastian (2014b): La Terre vue d'en haut. L'invention de l'environnement global. Paris: Editions du Seuil.

Heinitz, Friedrich Anton von (1786): Tabellen über die Staatswirthschaft eines europäischen Staates der vierten Grösse, nebst Betrachtungen über dieselben. Leipzig: Heinsius.

Humboldt, Alexander von; Biot, Jean Baptiste (1804): „Sur les variations de magnétisme terrestre à différentes latitudes“, in: Journal de Physique 59, S. 429–450.

Humboldt, Alexander von (1811): Atlas géographique et physique du Royaume de la Nouvelle-Espagne. Paris: F. Schoell.

Humboldt, Alexander von (1843): „Des lignes isothermes et de la distribution de la chaleur sur le globe“, in: ders.: Asie Centrale. Recherches sur les chaines de montagnes et la climatologie comparée. Band 3, Paris: Gide.

Humboldt, Alexander von (1817): „Des lignes isothermes et de la distribution de la chaleur sur le globe“, in: Mémoires de physique et de chimie de la Société d'Arcueil. Bd. III, Paris: Perronneau, S. 462–602.

Humboldt, Alexander von (1806): Ideen zu einer Physiognomik der Gewächse. Tübingen: Cotta'sche Buchhandlung.

Humboldt, Alexander von (1989a): „Von den isothermen Linien und der Verteilung der Wärme auf dem Erdkörper“, in: ders.: Kleinere Schriften. Erster Band. „Geognostische und physikalische Erscheinungen“. Stuttgart/Tübingen 1853, S. 206–314, (Übersetzung von Mémoires de physique et de chimie de la Société d'Arcueil, Bd. III, Paris 1817, S. 462–602), Reprint in: ders.: Werke 6, Schriften zur Physikalischen Geographie, Hg. Beck, Hanno, Darmstadt: Wissenschaftliche Buchgesellschaft, S. 18–97.

Humboldt, Alexander von (1989b): Schriften zur Geographie der Pflanzen, Bd. I, hrsg. von Hanno Beck, Darmstadt: Wissenschaftliche Buchgesellschaft.

Humboldt, Alexander von (2014): Kosmos. Entwurf einer physischen Weltbeschreibung. Frankfurt a.M.: Eichborn.

Kirwan Richard (1787): An Estimate of the Temperature of Different Latitudes. London: J. Davis.

Krämer, Sybille (2012): „Punkt, Strich, Fläche. Von der Schriftbildlichkeit zur Diagrammatik", in: Cancik-Kirschbaum, Eva; Totzke, Rainer (Hg.): Schriftbildlichkeit. Wahrnehmbarkeit, Materialität und Operativität von Notationen. Berlin: Akademieverlag, S. 79–100.

Krämer Sybille (2010): Die Welt aus der Satellitenperspektive: Google Earth, in: Christoph Markschies, Ingeborg Reichle, Jochen Brüning, Peter Deuflhard (Hg.): Atlas der Weltbilder. Berlin: Akademie Verlag, S. 422–434.

Krausse, Joachim (1999): „Information auf einen Blick – Zur Geschichte der Diagramme", in: Form + Zweck 16, S. 4–23.

Lambert, Johann Heinrich (1792): Beiträge zum Gebrauche der Mathematik und deren Anwendung. Bd. 1, Berlin: Verlage des Buchladens der Königl. Realschule.

Leibniz, Gottfried Wilhelm (1986): „Entwurff gewißer Staats-Tafeln" [verfasst 1680], in: Preußische Akademie der Wissenschaften/ Akademie der Wissenschaften DDR (Hg.): Sämtliche Schriften und Briefe. Vierte Reihe: „Politische Schriften". Bd. 3, Berlin: Akademie Verlag, S. 340–349.

Monmonier, Mark (1999): Air Apparent. How Meteorologists Learned to Map, Predict, and Dramatize Weather. Chicago, London: The University of Chicago Press.

Nikolow Sybilla (2001): „A.F.W. Crome's Measurements of the ‚Strength of the State': Statistical Representations in Central Europe around 1800", in: History of Political Economy 33 (Suppl 1), S. 23–56.

Ritter, Carl (1806): Sechs Karten von Europa. Schnepfenthal: Buchhandlung der Erziehungsanstalt.

Schneider-Carius, Karl (1955): Wetterkunde, Wetterforschung. Geschichte ihrer Probleme und Erkenntnisse in Dokumenten aus drei Jahrtausenden. Freiburg, München: Verlag Karl Alber.

Segelken, Barbara (2003): „Staatsordnung im Bild der Tabelle am Beispiel Anton von Heinitz (1785/86)", in: Bildwelten des Wissens 3, S. 34–47.

Vinci, Leonardo da (1909): Traktat von der Malerei. Nach der Übers. von Heinrich Ludwig neu hrsg. und eingel. von Marie Herzfeld. Jena:

Eugen Diederichs Verlag.〔レオナルド・ダ・ヴィンチ『絵画の書』齋藤泰弘訳、岩波書店、二〇一四年〕
Weigel, Sigrid (2002): „Zum ‚topographical turn'. Kartographie, Topographie und Raumkonzepte in den Kulturwissenschaften", in: KulturPoetik 2, S. 151–165.

第15章　イメージと自然との共生

――ネオ・マニエリスムにむけて考える

ホルスト・ブレーデカンプ
清水一浩訳

1　エルンスト・カッシーラーと体制《バウプラン》の問い

本稿で示してみようとするのは、美術史・図像史や、自然科学・哲学といった単独の分野だけでは解きえない問題があるということである。むしろ美術史と自然研究との中間領域でも――いや、そのような中間領域でこそ――さまざまな分野の協働をまさに要請する類いの問いが立てられる。

しかしそのような協働は、いましがた挙げたような分野では長らく稀なことであった。そのため、ここに開かれるさまざまな可能性の実例を得るには、比較的遠い過去に遡らなければならない。そのような例のひとつを提供してくれるのが、文化史家アビ・ヴァールブルクのハンブルク文化科学図書館、ケプラーの惑星軌道を模した有名な楕円形閲覧室である（図1）。ヴァールブルクは、今日にいたるまで超えるもののない、さまざまな分野の研究者たちによる協働の風土を生み出した。そこには、環世界概念にかんする生命記号論の創始者ヤーコプ・ヨハン・フォン・ユクスキュルや、哲学者エルンスト・カッシーラーもいた。カッシーラーは、ヴァイマル共和政時代におけるマルティン・ハイデガーの哲学上の好敵手であり[1]、美術史家ヴァールブルクと密接な関係にあったほか、それに劣らぬ親交を生物学者ユクスキュルとも結んでいた。

図1　《ヴァールブルク文化科学図書館の閲覧室》（写真）〔Lesesaal der Kulturwissenschaftlichen Bibliothek Warburg, Fotografie〕。

「形態賦与の論理」においてカッシーラーは、およそ形をなすということを、さまざまな視角を協働させなければ解けない特殊な問題と見なしている。[2] そこでカッシーラーの挙げている例は、さまざまな造形現象のなかでも最重要なもののひとつであり、直接的にであれ間接的にであれ本稿の中心に置かれるべきものである。すなわちイギリスの芸術家・芸術理論家ウィリアム・ホガースの「美の線」である。これは、英語で著わされた美学のなかでもおそらく最重要なテクスト、ウィリアム・S・ホガースが一七五三年に公刊した『美の解析』[1]に由来する。

ホガースの「美の線《ライン・オヴ・ビューティ》」は、彎曲部で少しだけ太くなるS字型の蛇状線として描かれている（図2）。こうして芸術家・風刺家のホガースによって「美」にあてがわれた記号は、円形でもなければ方形でもなく、「ヴァラエティ」――変化に富むこと、多様であること――の象徴《シンボル》としての蛇状線である。ここでホガースは美を、逸脱と変移、つまり特殊性と多様性と同義に見なしている。だからこそ、美の普遍的原理を象徴する線は、さまざまな視角が協働するなかから知覚されるほかないわけである。

ホガースにおけるヴァラエティとしての美の概念に即してか、エルンスト・カッシーラーは「哲学の体系におけるシンボルの問題とその位置づけ」において、「ホガースの美の線」にたいして取りうる多様な視点に言及している。じっさいカッシーラーは、美学にとっての「美の線」の意味、数学にとっての意味、また物理学にとっての意味を例示してみせている。[3] しかし「美の線」[4]という例にさいしてカッシーラーにとって決定的に重要なのは、『シンボル形式の哲学』の基底をなしていた考えと同じこと、すなわち、そうした意味のさまざまな分類が――イマヌエル・カントによって行なわれたような――「感性的なもの」と「意味的なもの」との二元論的区別に帰着してはならないということである。この象徴を理解するには、それを感性と意味との「分けられない統一」として見なければならない。さまざまな相異なる「視点〔……〕を、その構成的原理において理解しようとする[5]」こと、これが哲学の最重要な課題だというわけである。

事例に即して明快に議論しているだけに、はっきりしているのは、ホガースにあってはさまざまな形態で示されて「ヴァラエティ」に富んでいたS字型曲線を、それでもカッシーラーが自然事象からはきっぱり区別していることである。カッシーラーは、動物の「体制《バウプラン》」および知覚網《メルクネッツ》と、人間の文化的な象徴体系とを峻別する[6]。このような「批判的な限定」は、「「文化世界」の構築」が解明されるための「条件」とも言われる[7]。こうして文化的な象徴体系を非生物学的なものへと限定することを、カッシーラーはけっして譲ることなく前提としてしまう。「作品」を「基礎現象」に数え入れて、そこには「束の間のもの、過ぎ去りゆくもの、一時的なものが（中略）確固として保持されていなければならない」としているのは、たしかにカッシーラーの慧眼である[8]。しかしカッシーラーにおいて、そのような世界は生物学的なものから切り離され、これにたいして生物学的なものは、自律的な枠組みのなかに何としてでも押しとどめられている。じっさい『認識問題』第四巻でも強調しているように、カッシーラーは、生物が自らの環境に依存しているという話になると、きまってヤーコプ・フォン・ユクスキュルのいう生物の「閉鎖性」に言及する[9]。自然の記号論と人間の記号論とを隔てる境界は、カッシーラーにとっては踏み越えることのできない堅固なものである。それは何よりも『シンボル形式の哲学』

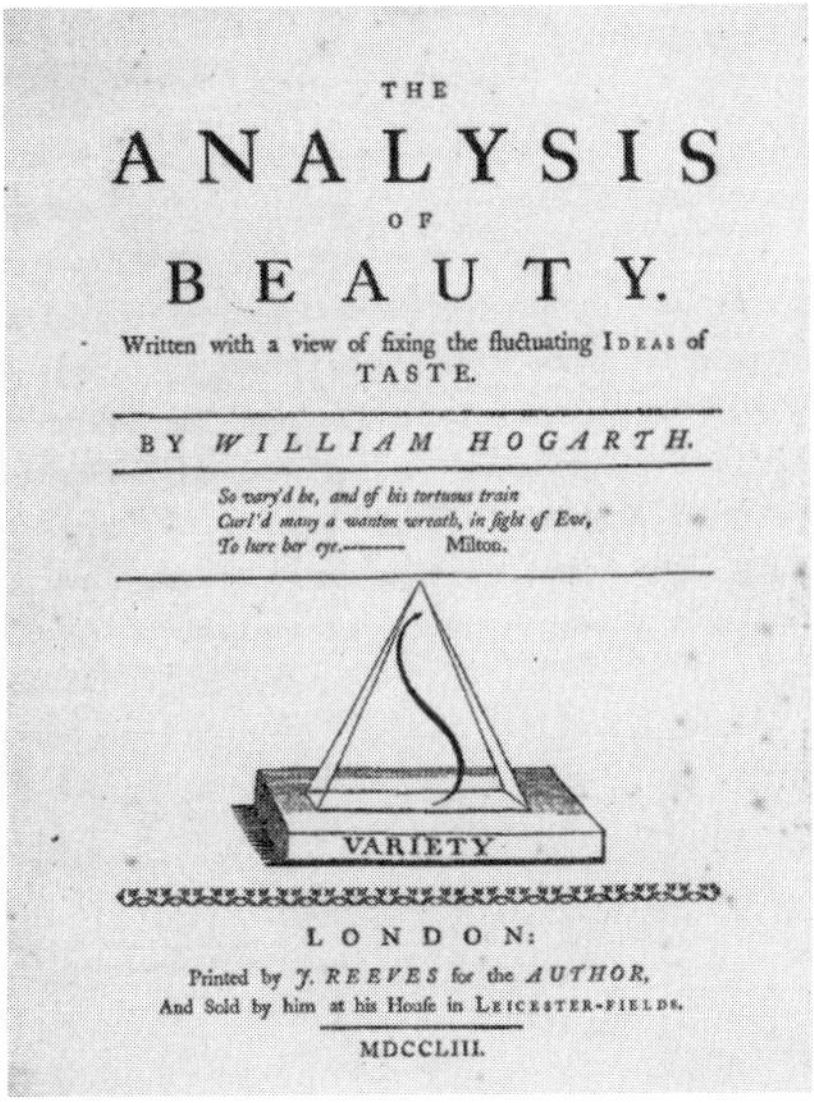
THE
ANALYSIS
OF
BEAUTY.
Written with a view of fixing the fluctuating IDEAS of TASTE.
BY WILLIAM HOGARTH.
So vary'd he, and of his tortuous train
Curl'd many a wanton wreath, in sight of Eve,
To lure her eye.——— Milton.
VARIETY
LONDON:
Printed by J. REEVES for the AUTHOR,
And Sold by him at his House in LEICESTER-FIELDS.
MDCCLIII.

図2　ウィリアム・ホガース『美の解析』（ロンドン、1753年）、扉〔William Hogarth, The Analysis of Beauty, London 1753, Titelseite〕。

で繰り返し述べられているとおりである。なかでも核となる言明[10]は何度も敷衍され、『人間』にも取り入れられている。[11]

このような堅固な境界画定は、もちろんカッシーラーにたいする心からの敬意をもって――ヴァールブルク研究所との密接な結びつきもあって、カッシーラーは今日でもなお刺激と説明の宝庫である――しかし歴史的な資料と現代的な事態とを手がかりにして問いに付されなければならない。本稿の主たる議論は、マニエリスムの時代と呼ばれる時期にある。マニエリスムの時代にも、また現代におけるマニエリスムの回帰と見える事態にも、カッシーラーの議論を支持する要素もあれば、逆に批判する要素も見出されるはずである。

2　マニエリスムの特徴

一六〇〇年前後の数十年間のヨーロッパ美術では、ほかの時代には例のないほど手業《てわざ》の技巧が評価され、賞賛されていた。そこから、マニエリスムという概念がこの時代の呼び名となった。「マニエリスム〔Manierismus〕」という言葉は、ラテン語で「手」を意味する「マヌス〔manus〕」に由来している。手によって為される超絶技巧が、マニエリスムという様式概念のもともとの意味である。この意味では「マニエール」も「マニエリスム」も、否定的な含意のある呼び名ではない。この名で呼ばれるのは、むしろ限界を知らぬ卓越した技量一般である。技量の発揮される表現媒体の違いも問題ではない。むしろ重要なのは、さまざまな表現媒体を組み合わせること、表現媒体を隔てる境界を巧みに越えることであり、極《きわ》められた技巧性だけがそれを可能にするのである。[12]

一五八〇年頃に制作された、オランダの芸術家ヘンドリック・ホルツィウスの自画像が証し立てているのは、優れた技巧性によって個性的な素描と機械的な芸術との区別が無効になる事態である[13]（図3）。自身の手を描いたホルツィウスのこの素描の魅力は、軟骨化した部分も含む内部構造や、皮膚に浮き出た血管などの遠慮のない再現ぶりにだけでなく、凹版画の技法にも見える表面の細かな線影の精密さにも存している。じっさい、滑らかな接近と乖離を見せつつ平行に描かれた肥瘦線の精確さは、銅版に掻きつけられた機械的な線描画を思わせる。

しかし、これは見かけのことにすぎない。この手は印刷物ではなく、理解を超えた精密さによる素描である。ここでホルツィウスは、素描《ディゼーニョ》という媒体において、機械的な印刷技術を止揚している。見たところ対立している二つの技術・媒体の協働が、これほどの高水準で達成された例はほとんどない。印刷技術が、対立相手である素描の技術を促して――印刷技術を追い越させはしないにせよ――印刷技術に追いつかせる。こうして、印刷技術に優る素描の精密さを媒体として、印刷技術それ自身が評価されるという事態が生じているのである。

マニエリスムは、自然的／人為的、生／死、規範的／倒錯的といった境界画定を体系的に問いに付した。このこと自体、我々の時代を映し出す鏡として見ることができる。我々の時代に問題となっているのは、ますます多くの領域で、イメージ／自然、あるいはイメージ／物体という区別が、たんに象徴的にではなく、物質的にも無効になり始めているということだからである。

正反対の二つの領域を隔てる境界画定を、手業の技巧性が無効にする。このような事態の際立った例が、一六〇〇年頃の別な作品にも見られる。ヨーリス・ホーフナーゲルによる、きわめて精密なトンボの絵である[14]（図4）。画面上の昆虫は光を受けて影を落としているが、それはまるでトンボを例示するために描かれた絵ではなく、いまにも飛び立ちそうな実物のようである。

この印象は、たんに想像力によって生み出されただけのものではない。画面の下方に位置する二匹のトンボをよく見ると、それがわかる。下方の二匹のトンボの羽には、孔だらけの箇所、大きく欠けてしまった箇所がある。それはなぜかと言えば、この羽がホーフナーゲルによって貼り付けられたものだからである。三匹のトンボの

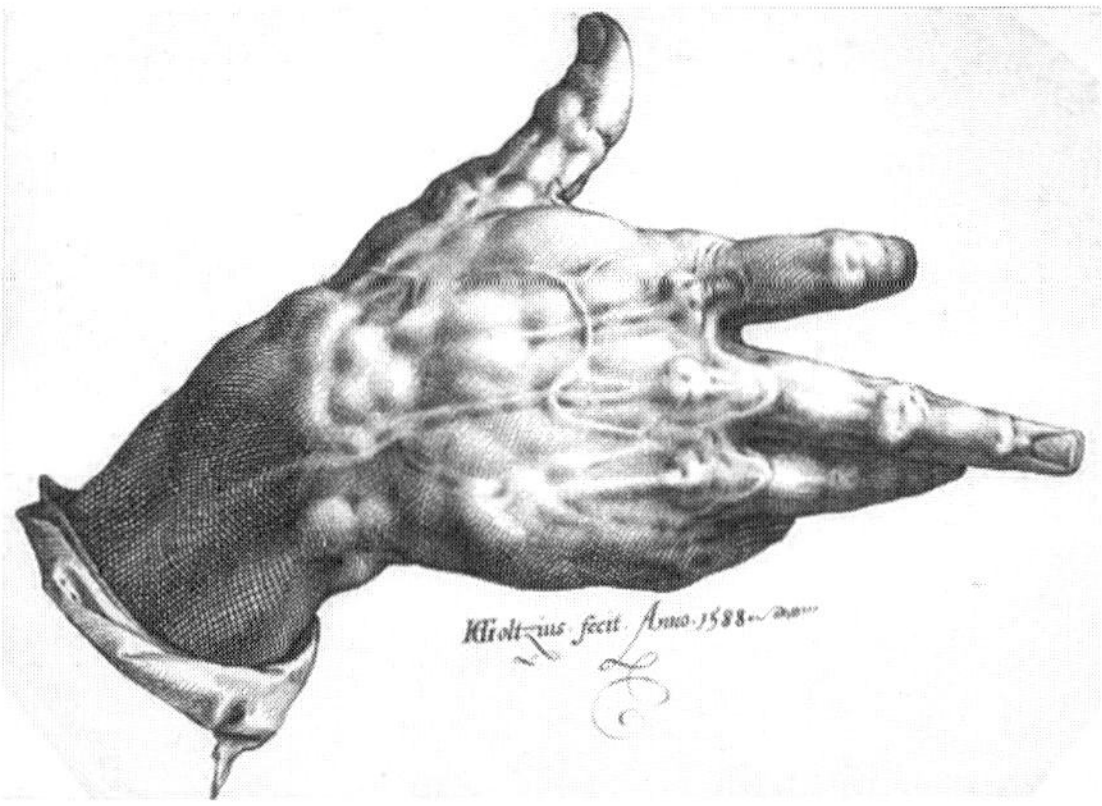

図 3　ヘンドリック・ホルツィウス《芸術家の右手》（茶色インクによるペン画、23 × 32.2cm、1588 年、ハーレム、テイラー博物館所蔵）〔Hendrick Goltzius, Die rechte Hand des Künstlers, 1588, Feder in Braun, 23 × 32, 2 cm, Tylers Museum, Haarlem〕。

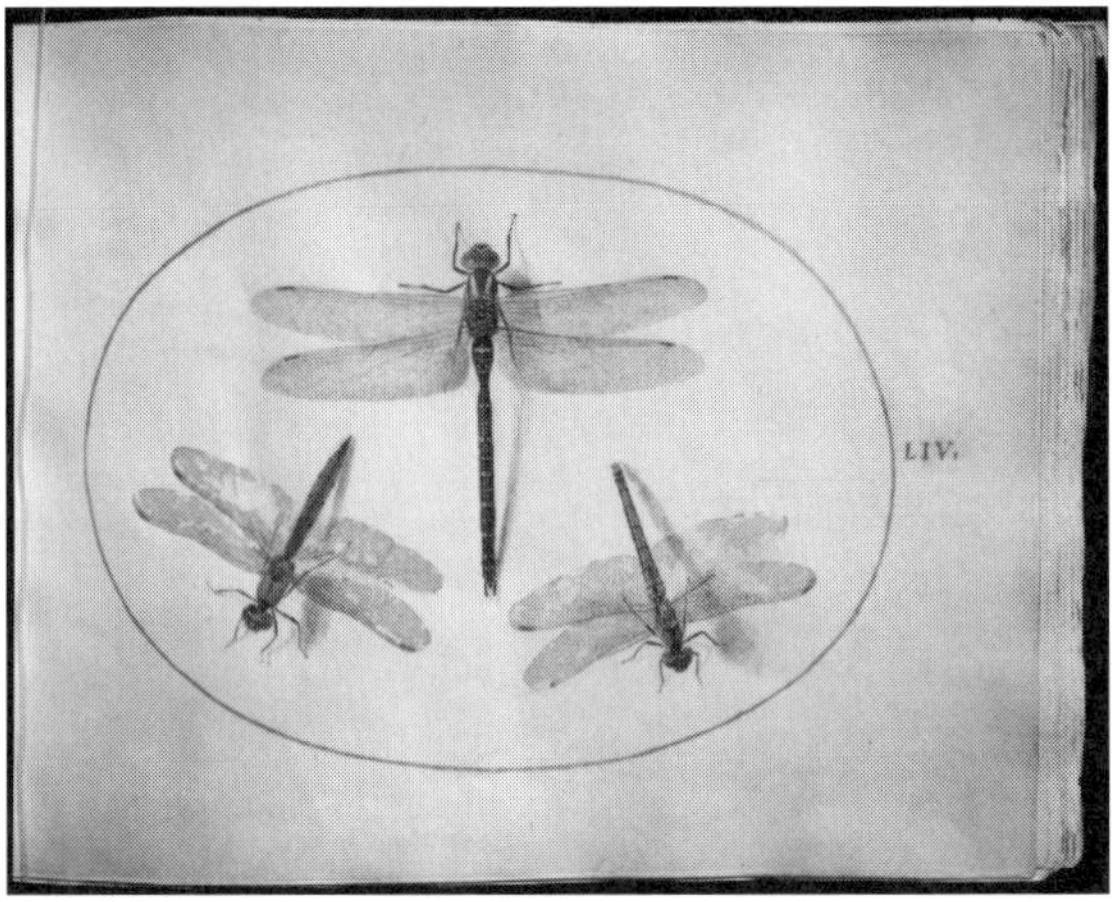

図 4　ヨーリス・ホーフナーゲル《均整のとれた動物および昆虫》、図 54（羊皮紙に描かれたグアッシュ水彩画、14.3 × 18.4 cm、1575–1580 年頃、ロンドン、ナショナル・ギャラリー所蔵）〔Joris Hoefnagel, Animalia Rationalia et Insecta, Tafel LIV, um 1575–1580, Wasserfarbe, Gouache, Pergament, 14,3 × 18,4 cm, National Gallery of Art, London〕。

体はいずれも描かれたものだが、下方の二匹の羽は自然界から採ってこられた実物なのである。この羽が今日までの幾世紀を乗り越えて一箇所も損なわれずにいたら、絵と実物との融合は完璧なままだったことだろう。ここでは、自然が芸術の一部になってしまうほどにまで技巧的に自然へと近づこうとする熱情《マニア》が、芸術と研究をともに推し進める本質的特徴となっている。それゆえ、このホーフナーゲルによるハイブリッド作品は、過去に遠くほの見える標語的イメージと見なすことができる。すなわち、イメージのなかで芸術／自然の峻別が浸蝕されるさまを表わした揺籃期本である。ここではイメージそれ自体が、自然であると同時に模像である。自然が芸術に同化していると同時に、芸術が自然に同化している。

こうして自然／芸術を隔てる境界を越えること、その越境の原理を的確な表現にもたらした者として、おそらく詩人トルクァート・タッソ以上の者はいないだろう。タッソの箴言によれば、芸術は自然の模倣者を自称しているが、当の自然のほうでも芸術を模倣している。この自然の戯れが、模倣する／されるの基準を狂わせる。「まるで自然が作りあげた芸術のようなのだ、何しろ慰みとして／みずからの模倣者を戯れに模倣するがごときなのだから[15]」。これが、ホーフナーゲルの作品に表われているようなマニエリスムの根本原理である。

こうして自然が芸術に変貌し、芸術が自然に変貌することで、カッシーラーにとって不動の前提だった自然／芸術という両領域間の境界画定は、すでに問いに付されている。自然の模倣物たるイメージのなかで当の自然が自らに固有の概念性を放棄するという事態、すなわち自然物であると同時に象徴でもあるという事態をみれば、自然／芸術の境界画定は完全に疑わしいものとなる。

3　内在的象徴としての蛇状線

ヤコポ・リゴッツィが一六〇〇年頃に描いた、もつれあったつがいの蛇は、描かれたもののイメージと象徴との緊密な結びあいがありうることを示す、ごく早期の例のひとつである[16]（図5）。ぴんと張った表面に弾力性を感じさせる立体的な体から、皮膚の装飾模様、様子を覗うようにもたげられた鎌首、それにあわせてぎこちなく強ばった尻尾にいたるまで、このつがいの蛇を表現するにさいしての精巧さは、きわめて行き届いている。

蛇という動物種の説明に充てられたページの中心を占めながら、ここに描かれた二匹の蛇は、紙面から浮き上がって

図5　ヤコポ・リゴッツィ《二匹の毒蛇：チェラステとアモディーテ》（素描、47.5×36 cm、1577年、動物図版集・4、フォリオ132、ボローニャ大学図書館アーカイヴ、ウリッセ・アルドロヴァンディ・コレクション所蔵）〔Jacopo Ligozzi, Zwei Vipern: Ceraste und Ammodiet, Zeichnung, 1577, 47, 5×36 cm, Archiv der Universitätsbibliothek Bologna, Sammlung Ulisse Aldrovandi, Tavoli di Animali IV, fol. 132〕。

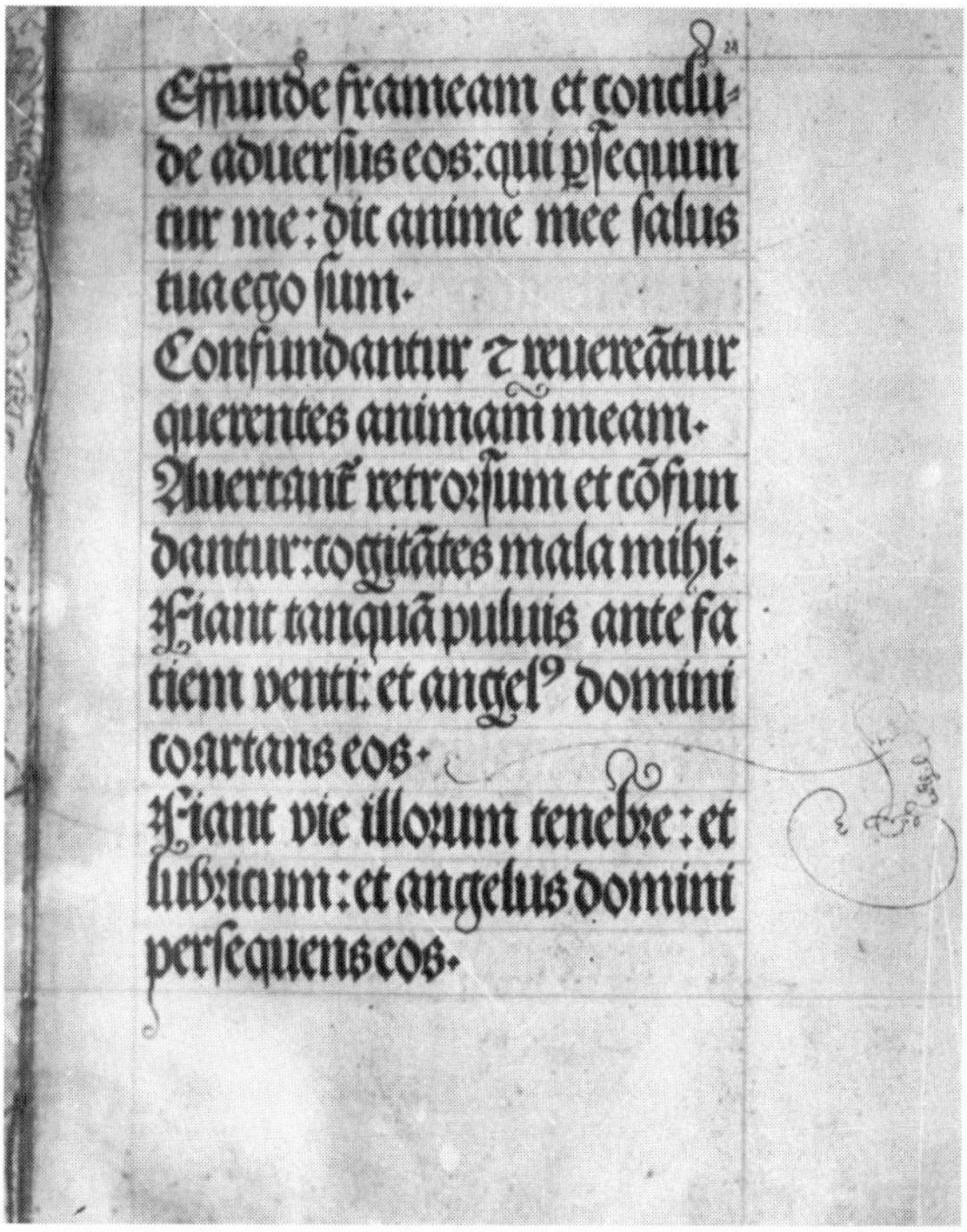

図6　アルブレヒト・デューラー《マクシミリアン一世の祈禱書のための欄外装飾画》（1515年、ミュンヒェン、州立図書館所蔵、フォリオ30右）〔Albrecht Dürer, Randzeichnung zum Gebetbuch Maximilians I., 1515, München, Staatsbibliothek, fol. 30r.〕。

いるように見える。威嚇するように舌をちらつかせながら鎌首をもたげることで、いずれの蛇も紙面に影を落としているからである。まるで生きているかのような体がからみあって、比較的均整のとれたX型をなしている。このX型は、文字を読む方向とは逆に左に向かって開かれ、この逆行性だけでもすでに不穏・危険といった意味を生じている。つまりX型という形だけでも或る過剰が生じていて、一見すると中立的に自然を忠実に写し取ったこの絵のなかに紛れ込んでいるのである。ここにはイメージによる過剰と呼びうるようなものの要素がある。この二匹の蛇は、自らの姿をつうじて、たんに蛇であることを超える大きな象徴となりうる。そのなかで二匹の蛇は、芸術と自然とを隔てる境界を巧みに操り、無効にする。描かれた二匹の蛇のイメージのなかで、表象するもの／されるものという両極を解消するような象徴形式が、そこに描かれている当の自然に嵌め込まれている。この絵では、描かれたものがそれ自身の象徴となっている。このようなモティーフには、やはりマニエリスム概念に結びついた或る要素がある。その要素には長い伝統があって、自然と芸術とを隔てているように見える境界を乗り越えることを、一貫して事としてきた。遅くとも、マクシミリアン一世の祈禱書にデューラーが描いた欄外装飾画以後には、螺旋型こそが、自然のみならず発明の才能のとりうる、ともかくも可能な運動形式いっさいを抽象したものだと見なされるようになった[17]（図6）。デューラーの『測定法教則』では、螺旋型が直線・円・S型線へと還元され、S型線においていっさいの造形の潜勢力が展開されることが説かれている[18]（図7）。このようなイメージの抽象能力には、きわめて複雑な事態をも一撃で捉える可能性があることになる。

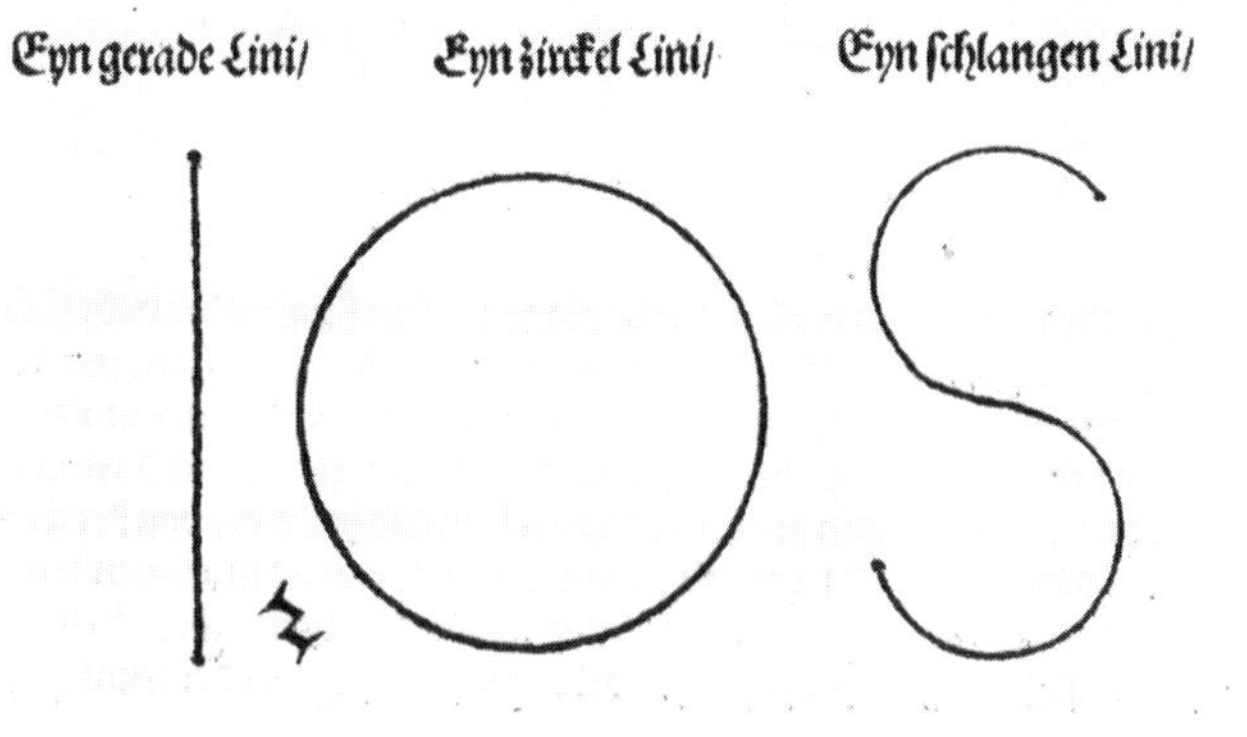

図 7　アルブレヒト・デューラー《三つの基本図形》（『測定法教則――コンパスと直定規とを用いた直線・平面・立体の測定』ニュルンベルク、1525 年、フォリオ 2 右）〔Albrecht Dürer, Drei Basiszeichen, aus: Underweysung der Messung, mit dem Zirckel und Richtscheyt, in Linien, Ebenen unnd gantzen corporen, Nürnberg 1525, fol. 2r.〕。

これを出発点として、このような瞬間的に働く抽象技術は数多くの派生形態をもつことになった。それはゴットフリート・ヴィルヘルム・ライプニッツの哲学にまで至っている。じっさいライプニッツの哲学では「一瞥《クー・ドゥイユ》〔coup d'œil〕」が、すべてを包摂する認識の条件とされている[19]。また、いっさいの自然の運動を包摂する全体的原理としてデューラーが説いたS型線を、ライプニッツは、積分を表わす数学的記号へと転用している[20]（図8）。

自然の構成要素と芸術の表現形式との融合が現われているものとして、自然研究者ジビラ・メーリアンが一七〇〇年頃に描いたきわめて印象深いイメージがある。スリナムへの研究旅行中に描かれた昆虫画のいくつかには、いかにしてイメージが二次的なレベルで現象を抽象して一般化しうるのかが表わされている。そのひとつがマニオクの絵である[21][22]。そこに描かれている雀蛾（図9）は、まさに精密さと抽象との混合からなる形象のひとつである。じっさい、この雀蛾の吻管はまるでト音記号のような形になってしまっているが、これほど極端な形は自然界には見られない。自然研究者でもある芸術家メーリアンは、蛇の尻尾のような動きを蛾に取り入れ、記号的

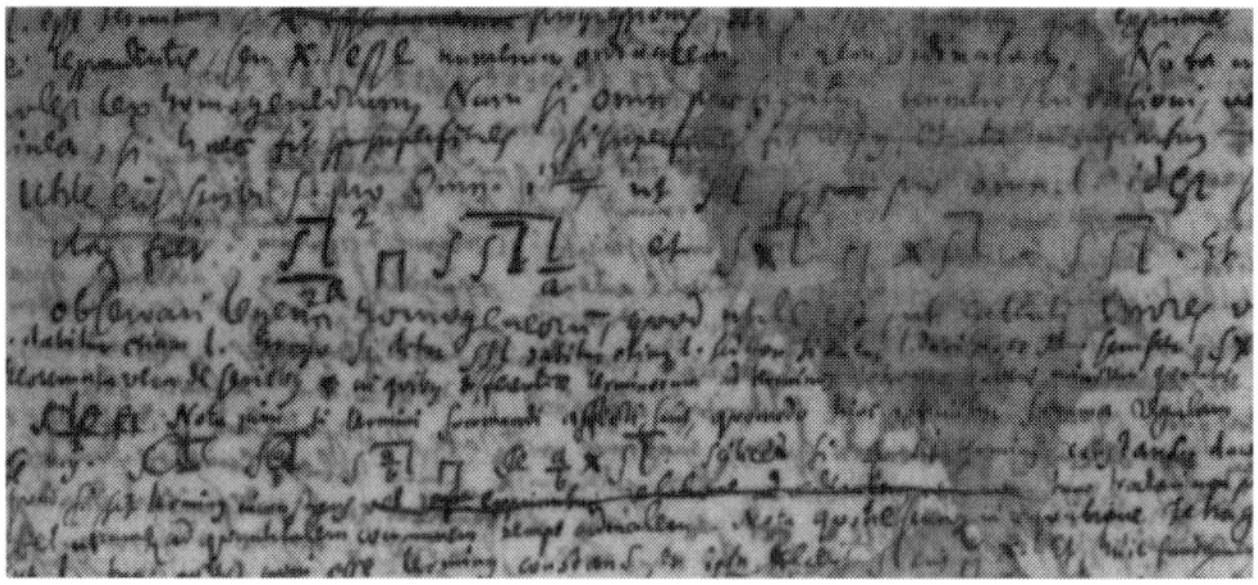

図8　ゴットフリート・ヴィルヘルム・ライプニッツ《S字の第一の応用》(1675年10月20日)〔Gottfried Wilhelm Leibniz, Erste Verwendung des S-Zeichens, 20.10.1675〕。

図9　マリア・ジビラ・メーリアン《マニオク、雀蛾、芋虫、大蛇》雀蛾の拡大図（不透明染料および水彩絵具を用いて羊皮紙に描かれた水彩画、サンクト・ペテルブルク、科学アカデミー・アーカイヴ所蔵、分類番号P・IXの8・33）〔Maria Sibylla Merian, Maniok, Schwärmer, Buckezirpe und Riesenschlange, Detail des Falters, Aquarell- und Deckfarben auf Pergament, St. Petersburg, Archiv der Akademie der Wissenschaften, Nr. P IX, 8, 33〕。

に誇張して表現することによって、全自然を表わす記号にまでこの蛾を先鋭化させている。そう認識してみればわかるように、ここでは自然が、蛇の尻尾と蛾の吻管との協働をつうじて、自然それ自身の内的な運動構造を表わす隠喩的イメージへとたどりついているのである。[22]

自然を表現するイメージのなかで、自然の運動法則および変態法則それ自体が、抽象的なイメージ形式となる。このイメージ形式が、そこで表現されている当のものに、それを表わす象徴として有機的に組み込まれる。自然を表わす象徴が、当の自然それ自身のイメージの形態構造《モルフォロギー》の一部となる。象徴形式が、有機体それ自身の一部となる。ありありとした自然の現前が、新たに当の自然それ自身を全体として表わす象徴となる。かくして自然は、当の自然それ自身と、その象徴形式を表わすイメージとのハイブリッドであることになる。以上のような議論は、哲学的に見てもけっして精

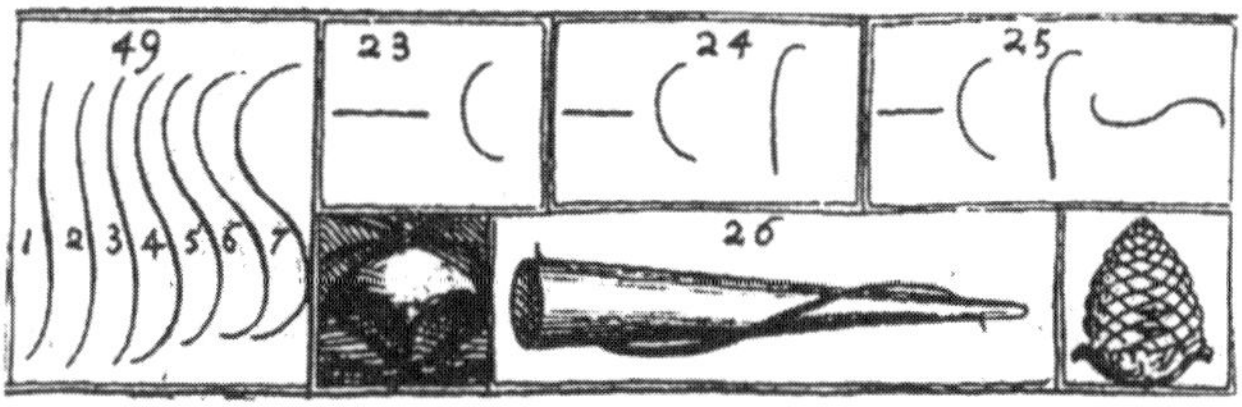

図 10　ウィリアム・ホガース『美の解析』（1753 年、図 1 、銅版画）〔William Hogarth, Analysis of Beauty, Tafel 1, 1753, Kupferstich〕。

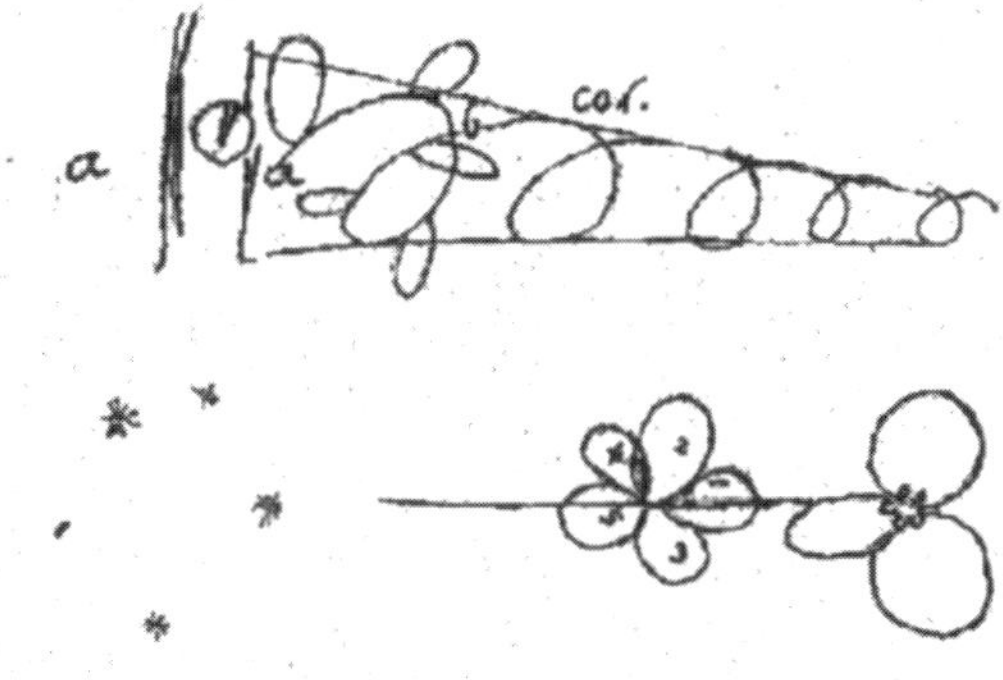

図 11　ヨハン・ヴォルフガング・フォン・ゲーテ《植物の螺旋傾向のための諸図式》（鉛筆画、ヴァイマル、ゲーテ・シラー文書館所蔵、分類番号 NFG／GSA 26／LXI 3・7 の裏面）〔Johann Wolfgang von Goethe, Schema zur Spiraltendenz der Vegetation, Bleistift, Goethe- und Schillerarchiv, Weimar, Nr. NFG/GSA 26/LXI 3, 7, Vs.〕。

図 12　撮影者不明《チャールズ・ダーウィン》(写真、撮影年不明)〔Anonym, Charles Darwin, Photographie, o. J.〕。

巧さを欠いているわけではない。哲学でも、「転落する」形而上学〔„rückstürzende" Metaphysik〕として、象徴化の作用が問題となっているからである。それは、ボンの哲学者ヴォルフラム・ホグレーベが『非知の残響』で、物それ自体に内在する超越性として、きわめて印象深く展開しているとおりである(23)。

その後の歴史にとってきわめて重要な意味をもったのは、我々の出発点であったイギリスの芸術家・芸術理論家ウィリアム・ホガースが、全自然を表わすS型線を三次元の円錐に巻きつけることで螺旋型へと変化させ、もって新たに自然の運動ポテンシャルと、人間の想像力および思考力の運動ポテンシャルとを捉えようとしたことである(24)(図10)。

ヨハン・ヴォルフガング・フォン・ゲーテは、このS型線・螺旋型によって、チャールズ・ダーウィンに先立って自然の進化を考えていた(25)(図11)。ダーウィンは、『種の起源』(初版・一八五九年)で自然の進化という考えを新たな水準に引きあげたが、同書の第三版以降ではゲーテをはっきり自らの先駆者として讃えるのを忘れていない(26)。ヴィンフリート・メニングハウスが明らかにしたように、チャールズ・ダーウィンの性選択《セクシュアル・セレクション》原理の根底には、ホガースの「美の線」と同じヴァラエティとしての美《ビューティ》の概念がある(27)。ホガースの蛇行するS型線が体現しているのは、ダーウィンが進化の第二モデルとして展開することになった原理、すなわち変化追求がもっている機能としての美である。揺るぎない多様性追求――つまり曲線やからみあいに象徴される逸脱や変移の追求――というダーウィンの美の定義は、ホガースの美の概念に一致するとともに、美学的な古典主義からは考えられるかぎり遠いものであった。

一八八〇年頃のポートレート写真では（図12）ダーウィンの美《ビューティ》の概念が、樹に巻きつく蔓草《つるくさ》の姿をとって、自然の象徴として演出されている。もちろん撮影それ自体が演出されているのである。この写真にダーウィンの姿が撮影されるにあたって、同じ原理がダーウィン自身に適用されている。もちろん撮影それ自体が演出されているのである。ダーウィンの蓄えているモジャモジャとしたヒゲは、樹の幹に巻きついて上へと伸びる蔓草に対応しているようにも見える。じっさい、ダーウィンがそのような樹に並んで立っているのには、何の理由もないわけではない。つねに新たなS型線を描き始める蔓草の伸長ぶりは、ダーウィンにとって、自らのヒゲに対応するだけでなく全自然を象徴するものでもあった。かくして、この蔓草に対応することで、ダーウィン自身が全自然の原理を体現していることになる。それは、ホガースがヴァラエティの美としての蛇行運動の理論によって定義したのと同じ原理である。(28)

4　写真および素描による視覚化

機械的な制作という点で、写真のほうが素描よりも再現の精確さで優っている、と長らく言われてきた。広く流布している考え方によると、写真の発明によって素描は終焉を迎えたか、少なくとも科学研究での利用については限界に達したということになっている。写真の精確さが指標となることで、手書きの素描は余計なものとなったというわけである。とすれば、自然の表現が当の自然それ自身の象徴性を可能にするのか――それどころか要請しさえするのか――という問いも、やはり余計なものとなるように思われる。このような考えも、やはり写真による自然の直接的な複製画像によって終止符を打たれたことになるはずだからである。

こうした素描と写真との衝突を範型的に体現しているのが、ローベルト・コッホの事例である。コッホは、まず修練を積んだ素描の名手として出発した。一八七六年に発表された炭疽の病原体についての画期的な論文には、コッホ自身の手になる素描を含んだ彩色リトグラフィが付せられている(29)（図13）。軽く押し当てる筆遣いで明色を重ねてゆく技法、光の当たったFig. 6の円の描き方、遠近法に基づいてデフォルメされたFig. 7の条線など、通常菌体に戻ってゆくバシ

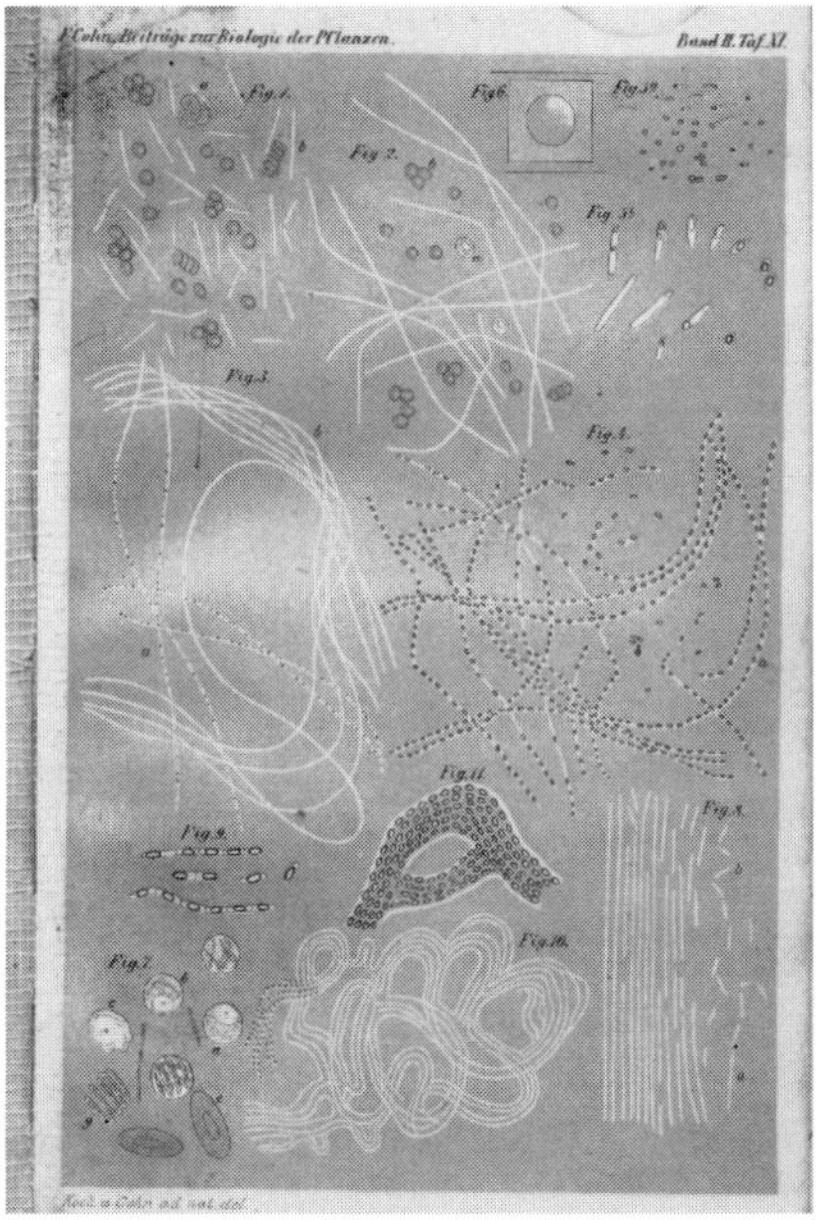

図13　ローベルト・コッホ《炭疽の病原体》（彩色リトグラフィ、1876年、『植物の生物学』第2巻第2分冊、1876年所収、図11、プロイセン文化財団ベルリン州立図書館所蔵）〔Robert Koch, Milzbranderreger, 1876, Farblithographie, aus Cohns Beiträge zur Biologie der Pflanzen, 2, Heft 2, Tafel XI, 1876, Staatsbibliothek Preußischer Kulturbesitz Berlin〕。

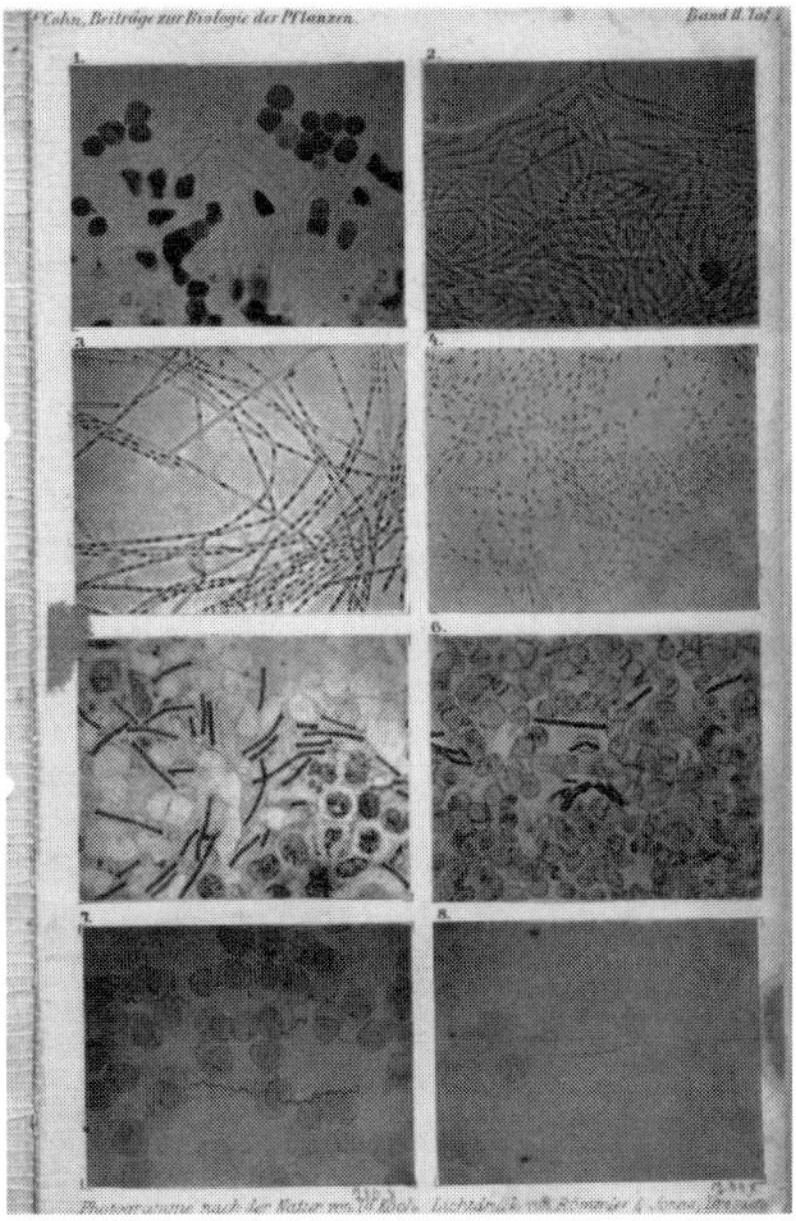

図14　ローベルト・コッホ《細菌の顕微鏡写真》（1877年、『植物の生物学』第2巻第3分冊、1877年、所収、図16、プロイセン文化財団ベルリン州立図書館所蔵）〔Robert Koch, Mikrografien von Bakterien, 1877, aus Cohns Beiträge zur Biologie der Pflanzen, Heft 3, Tafel XVI, 1877, Staatsbibliothek Preußischer Kulturbesitz Berlin〕。

ラス属菌の芽胞の「可能なかぎり忠実なイメージ」を読者に伝えるためにコッホが用いている描画技法は、けっして精巧さを欠いていない[30]。しかしコッホはこのような成果に満足できず、別な選択肢として、自らの目的にいっそう適した顕微鏡写真の撮影機材を工夫することになった。

　その翌年、一八七七年には、写真によって得られた成果に高ぶる喜びとともに、コッホは「細菌を研究・保存・写真撮影する方法」を発表している。この論文には、七〇〇倍に拡大された画像を示す八枚の写真を一組とする図版が、三つ付せられている。そのうちのひとつは、バシラス属菌の芽胞形成に新たに充てられたものである（図14）。挿画という添え物にすぎなかった図版が中心に据えられ、いまやその周りをテクストが取り巻くことになった[31]。

　この結果に圧倒されて、コッホは五年

からである。[33]

の後にさらなるテクストを書き、その議論を進めるにあたって原則の転回を示している。「顕微鏡でなければ見えない対象の写真イメージは、場合によっては当の対象それ自体よりも重要である」[32]。というのも写真は「たんなる挿画ではなく、何よりまず論証の根拠、いわば証拠文書」であり、「その信憑性にはわずかな疑いの余地もあってはならない」からである。[33]

かくして、コッホにとって対象と写真とは直接的に結びついていて、顕微鏡写真においては「プレパラート自身の影もイメージとして記録され、顕微鏡でなければ見えない対象が自らを描き出す」ほどである。[34] コッホにとっては、きわめて巧みに描かれた素描よりも、きわめて不完全な写真のほうが有用であることになる。[35]

しかしコッホも、彼の仲間の研究者たちも、すぐに問題に直面した。すなわち、写真では瞬間的なもの・個別的なものしか記録できないという問題である。手書きの素描には可能だった一般化が、写真には望めない。撮影装置に由来する弱点の克服も難しい。

またコッホは、一八八七年に刊行されたエドガー・M・クルックシャンクの『細菌の写真』にみられるような写真への彩色にたいして[36]（図15）――この著作はコッホを讃えているのだが――さしあたりは反感しかもたなかった。それだけにコッホにとっていっそう痛ましかったのは、専門的な手続きを踏んだ彩色だけが、ある面では病原体を培地からくっきり切り離して見せられるのだという認識である。ノーベル賞を受賞した翌年である一九〇六年、コッホは「ピロプラズマの発生過程について」で出発点に立ち返り、改めて手書きの素描を用いている（図16）。掲げた図版のうち最初の四つの絵が、コッホ自身の手になるものである。[37] しかしそれ以外は、ベルリンの芸術家マックス・ランズベルク〔Max Landsberg, 1850–1906〕によって仕上げられている。たとえばテキサス熱の病原体となる寄生生物の絵は、亡霊のような超現実的な特色が見られ、攻撃的な調子に転化したユーゲントシュティールの形を思い起こさせる（図16のFig. 14）。

コッホの事例からわかるように、視覚化するということは、そこで表現される当のものの認識にとって、なくてもよい付け加えではなくて、むしろ不可欠な構成要素である。晩年のコッホは、写真と素描との二つの方法を併用していた。

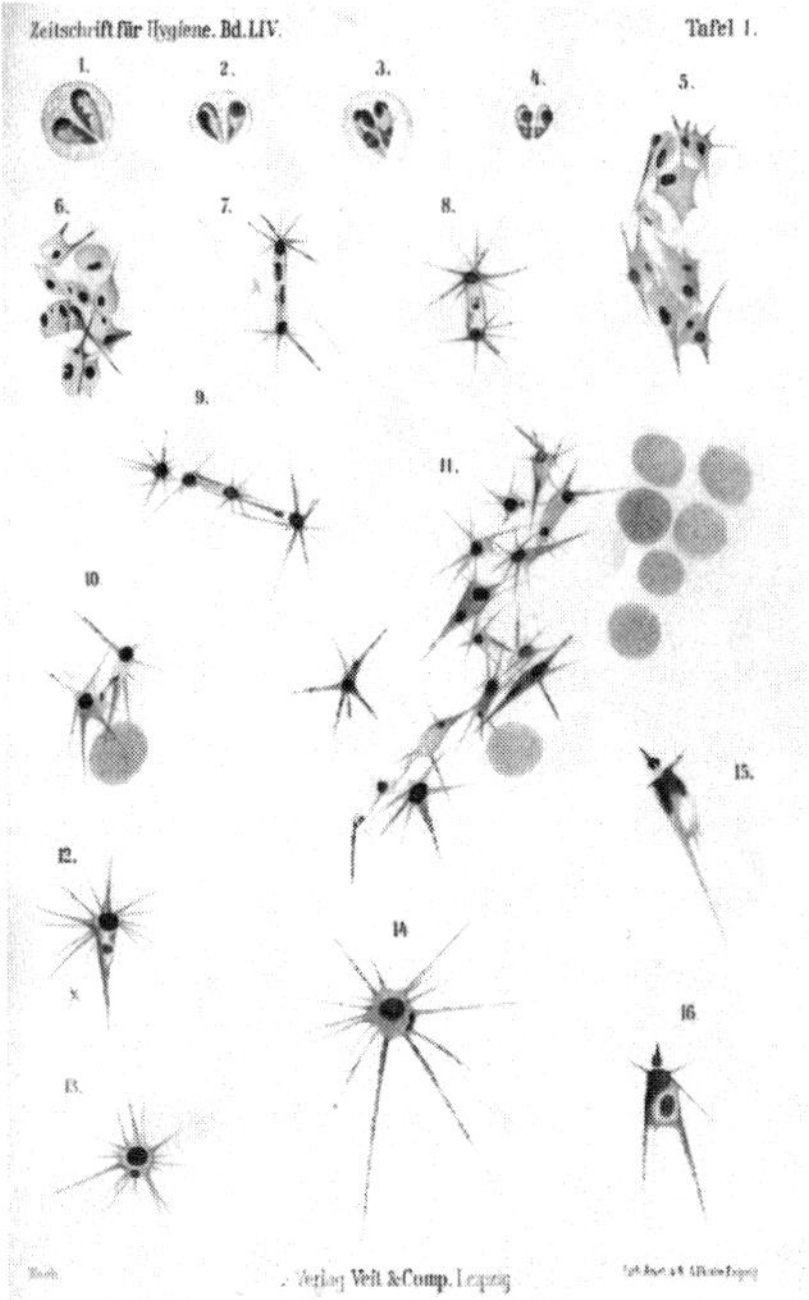

図16　ローベルト・コッホ《「ピロプラズマの発生過程について」のための挿画》(『衛生学・伝染病』第54巻、1906年所収)〔Robert Koch, Illustration zur Entwicklungsgeschichte der Piroplasmen, in: Zeitschrift für Hygiene und Infektionskrankheiten 54, 1906〕。

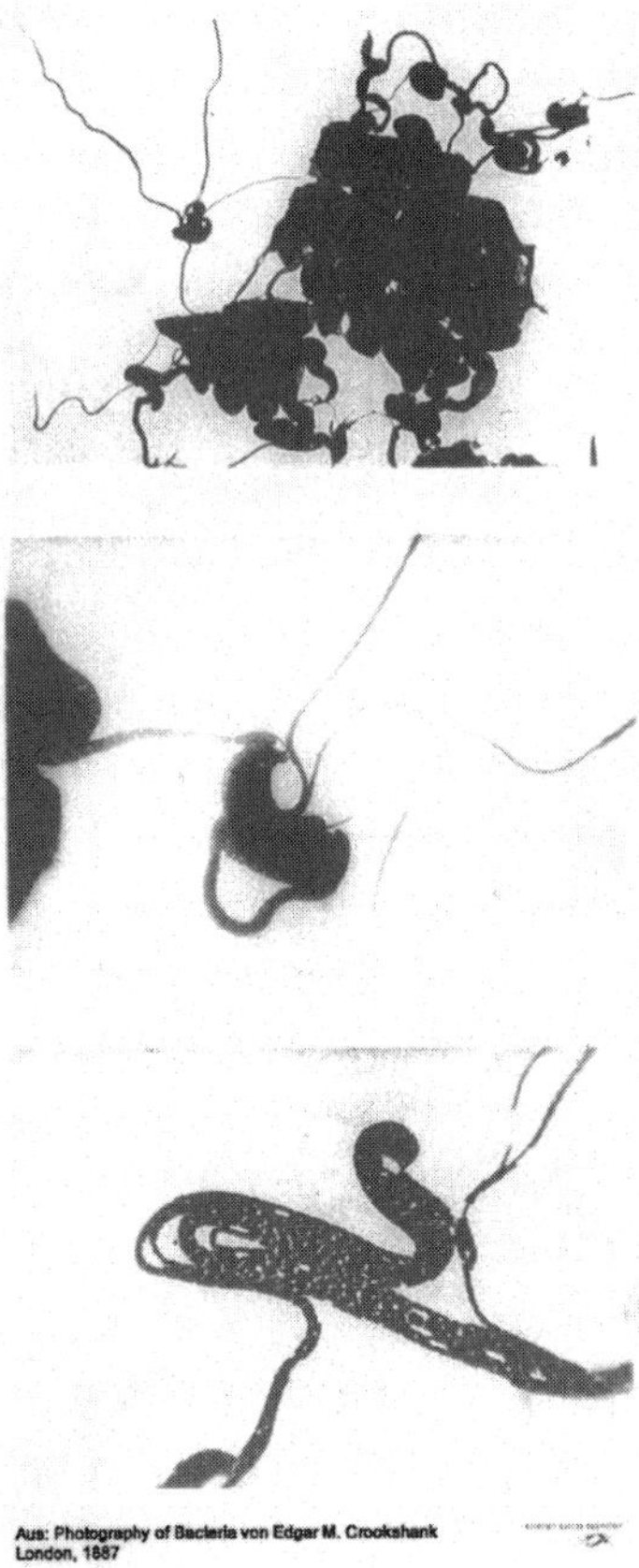

図15　エドガー・M・クルックシャンク《細菌》(彩色写真、1887年)〔Edgar M. Crookshanks, Bakterien, kolorierte Fotografie, 1887〕。

機械による記録の強みは、そのつどの特殊な瞬間を捉えることにある。これにたいして素描は、特徴を強調して表わすことができる。ここに見てとられるのは、写真が極端に個別的な現象を記録するのにたいして、主観的な素描は普遍的特徴を――したがって標準となるべきものを――抽象し、脱人格化することができるという逆説である。

5　デジタル写真の内在的象徴性

比較してみればわかるように、同じことが我々の時代の写真にも当てはまる。数年前に刊行された美術史家ヤン・アルトマンの教授資格申請論文は、一八〇〇―一八〇四年にフランスの自然学者たちによって行なわれた、南洋へのいわゆる「ボダン探検旅行」をテーマとしている。その探検旅行の成果は、何よりもクラゲの再現画にある。キュアネア・ラマルキイ〔Cyanea lamarckii〕というクラゲの水彩画[38]（図17）には、ふわりと立ち上がる傘が見事に描かれている。そのぶん触手の躍動感は抑えられ、ゆらゆらとした動きが水平になって終わっているところもある。漏斗状に広がる青い傘の口だけでなく、何よりまず褪せた緑の胃腔がきわめて精巧に描き込まれている。孤高の荘厳さをもって、このクラゲは、紙面上でいまにも動き出しそうなほど巧みに描かれているとともに、あらゆる細部にわたって強調され、誇張されてもいる。しかしそれらの細部は、ばらばらなものの寄せ集めにはけっしてなっていない。印象深い感情移入の才能によって、あくまで途切れのない一個の有機体として再現されている。

ここでの彩色は、特徴を強調して明確にすることで、表現の精確さと並んで、一貫した体系的相貌を示してみせるのにも貢献している。クラゲの体を構成する個々の要素は、実験室で整えられた条件下でしか可能でないような明確さで再現されている。この水彩画は、自然の的確な模倣と分析的な強調という相反することを、同時に行なっているのである。

しかし対象を再現する技術的な可能性とともに、この能力は過去のものとなった――このような想定を、ここで議論することができるかもしれない。それを検証する手がかりが、比較的最近の生物学における運命的な存在にある。それ

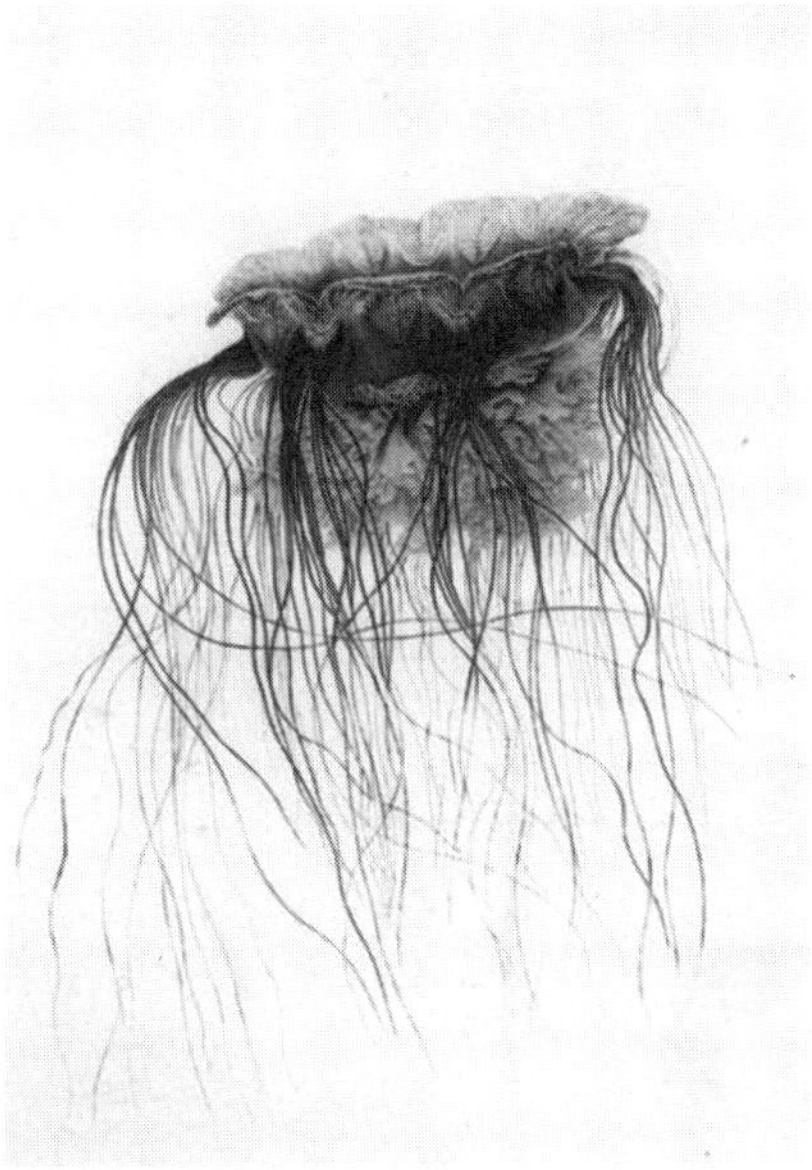

図17　シャルル・アレクサンドル・ルシュール《キュアネア・ラマルキイ》(羊皮紙に描かれた水彩画、ル・アーブル自然史博物館、ルシュール・コレクション所蔵)〔Charles-Alexandre Lesueur, Cyanea lamarckii, Wasserfarbe auf Pergament, Collection Lesueur, Muséum d'Histoire natuelle du Havre〕。

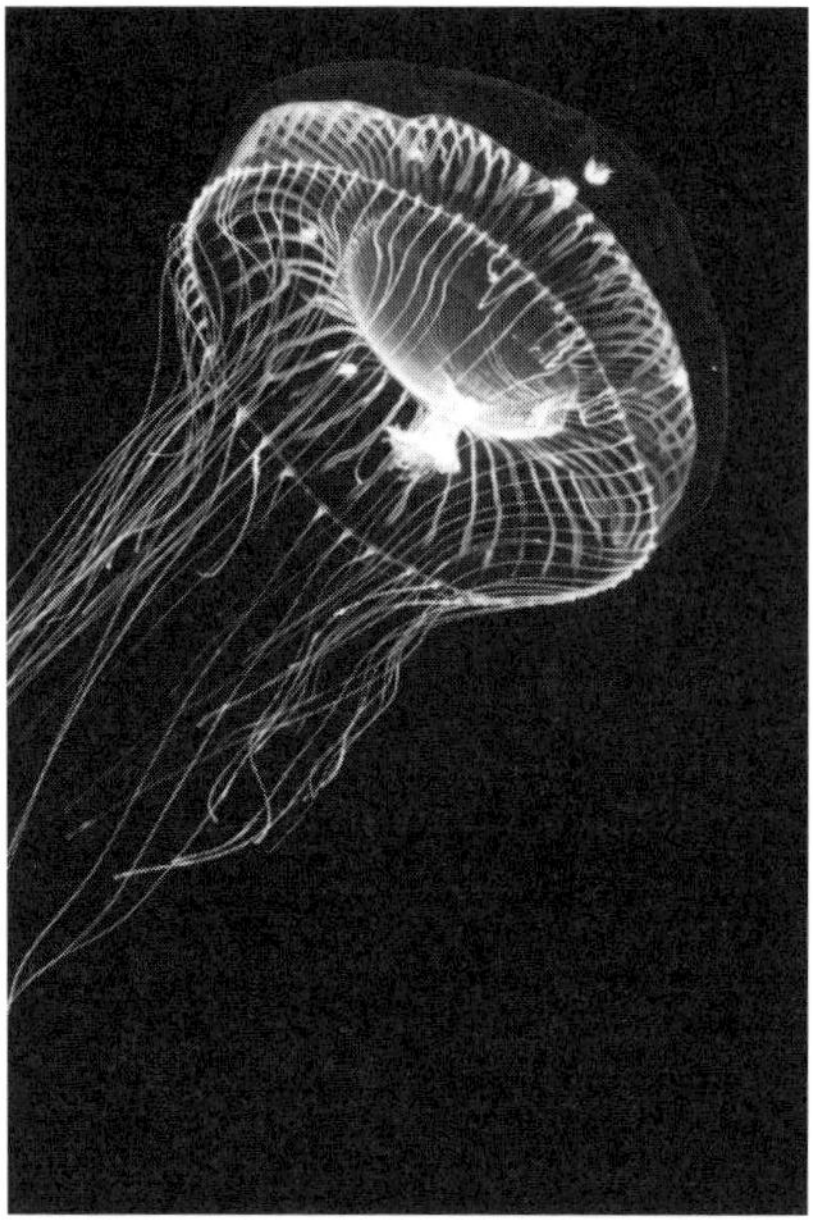

図18　C・ミルズ《ヒドロクラゲ、アエクオレア・ヴィクトリア》(ワシントンのフライデイ・ハーバーにて撮影された写真、『ナショナル・ジオグラフィック』所収)〔Die Qualle *Hydromeduse Aequorea Victoria* aus Friday Harbor, Washington, Fotografie, National Geographic, Fotografie C. Mills〕。

はアエクオレア・ヴィクトリア〔Aequorea victoria〕という、北太平洋に棲息するクラゲである[39](図18)。ここに掲げた印象深い写真に見られるのは、そのクラゲが前進すべく傘を後ろに煽《あお》っているところである。こうして加速することで触手を後ろになびかせつつ、このクラゲは画面の右上方に向かって進んでいる。一見すると何も難しいことなどなく、ある瞬間を撮影したものとして、この写真のクラゲは水のなかを漂っているように見える。ありふれた普通の解釈によれば、これは自然それ自体を写し取ったものだということになるだろう。しかし写真と素描とを歴史的に比較してみれば、このクラゲには、それに特有な表現の歴史性が見られるのである。

写真は、手書きの素描に取って代わったわけではない。むしろ互いを補強するという結果を生んだ。この比較の出発点である問題のクラゲの写真には、そのことが癪にさわるほど明らかに示されている。自然の模倣と分析的な明確化とのあいだでの微妙な綱渡りは素描の得意とするところだが、これが見事に写真の加工修正へと流れ込んでいるのである。透過的な暗色の傘のしたで、内側の弧が非現実的な感じを与える燐光のように輝いているが、それは胃腔もまったく同じであり、刺胞にも同じことが当てはまる。このクラゲを見ると、投光器で下から照らされているかのような印象を受ける。まるで投光器がクラゲの体の構成要素を精確に狙い、海中の暗がりを背景に当のクラゲを照らし出しているかのようである。写真は、素描の特徴を取り入れることで、素描のもつ分析的な機能を担うことができているわけである。

厳密に受け取れば、このクラゲは、どう表現されるかにかかわらず、もちろん当のクラゲそれ自身であるのに違いない。しかしすでに明らかなのは、このクラゲについての認識が、当のクラゲを再現する媒体にかかわらないわけではないということである。それに何よりも明らかなのは、そのような媒体が、認識という出来事のなかに不可分に組み込まれ、もって認識の対象であるかぎりの自然物にも分有されている以上、けっしてなかったことにはできないということである。それは、対象のさまざまな面を捉えさせてくれる以上、素描と同じように自然物の研究にとって不可欠な媒体にほかならない。対象を強調・誇張する分析的な——したがって例外なく当の対象を象徴化する——表現方法によっても、いや、そのような表現方法によってこそ、自然は捉えられ、理解される。この驚くべき結論から、本稿の最終節へと進むことにしよう。

6　ネオ・マニエリスムの原理としてのイメージと自然との共生

アエクオレア・ヴィクトリアは、カルシウムイオンに触れると青色発光するタンパク質をもつことで知られている。この青色光が、同じくこのクラゲのもつ緑色蛍光タンパク質の励起を惹き起こす。この緑色蛍光タンパク質が、励起エネルギーを受けて蛍光を発する。こうして緑色光が発せられる（図19）。したがって、このときクラゲのなかで起こっているのは、青色光から別な色の光へのエネルギー転換である。さらに九〇年代の初めに明らかにされたのは、緑色蛍光

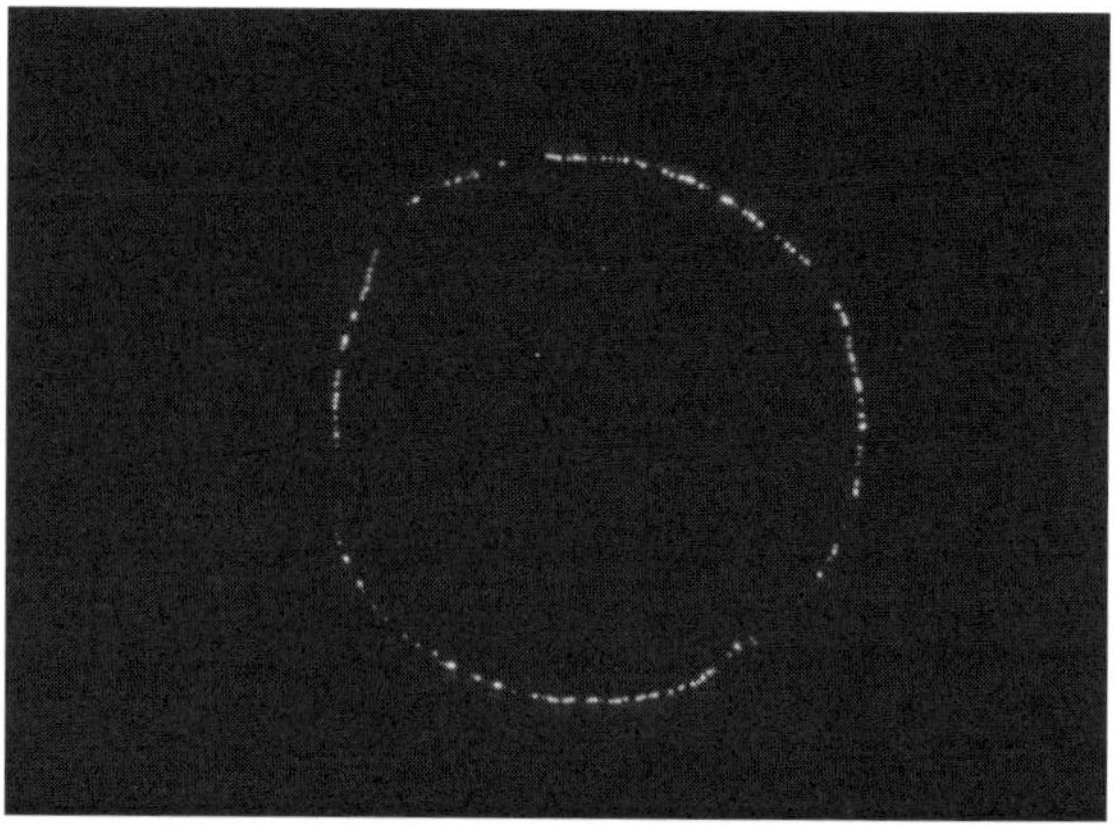

図19《アエクオレア・ヴィクトリアの生物発光現象》〔Biolumines-zenz-Erscheinung der *Hydromeduse Aequorea Victoria*〕。

タンパク質が紫外線を受けると、ほかの有機体内でも同じ生物発光を起こすということである。ここに緑色蛍光タンパク質の途方もない一般的意義があった。分子生物学者クラウス・シュヴァムボルンがわかりやすく説明してくれているように、このクラゲが分子生物学にとって決定的なものとなったのは一九九四年のことである。これと同じ年に、芸術理論家ゴットフリート・ベームは「図像的転回《アイコニック・ターン》」という概念を打ち出していた。[3] シュヴァムボルンによれば、アエクオレア・ヴィクトリアは生物学におけるそのような転回《ターン》の象徴《アイコン》であり、それまでは不可視だった現象の研究を可能にすべく惹き起こされる光が登場してきたことの象徴なのである。[40]

アエクオレア・ヴィクトリアの体内で緑色蛍光タンパク質によって惹き起こされる緑色発光は、ほかの有機体へと導入・発現することができるようになった。ここ数年来、そこから興味深い現象が生じてきている。研究者たちが、いわば自然それ自体のなかに絵を描き始めたのである。自然科学的な分析におけるイメージへの要求に応えるべく、誘導放出抑制〔STED: Stimulated Emission Depletion〕を用いた新たな研究方法が開発された。この方法は、対象となる生体物質に蛍光分子を結合させ、対象自身に代わって光源の役割を担わせる。いわば表示されるべきものに表示器が組み込まれるのである。これによれば、六ナノメートルという極小サイズの対象まで発光させられる。位置を変えながらこのような操作を繰り返すことで、今日まで想像することもできなかったほど小さな表面が、蛍光によって観察できるようになった。ここに掲げたのは神経細胞のイメージである（図20）。神経細胞の突起物が、初めて具体的な姿で再現され、可視化された。自然それ自体が、発光能力をもちうるべく変貌させられたわけである。ゲッティンゲンの研究者シュテファン・ヘルは、これを開発した功績を讃えられて、二〇一四年にノーベル賞を贈られた[41]。

この方法から派生した研究分野に、いわゆる光遺伝学がある。そこでは、やはり蛍光を発するようにされた藻やクラゲの遺伝子が、レトロウイルスを介して神経細胞に送り込まれる。この神経細胞は、青色光を照射されると反応を示す。これを利用して、それまでは知られていなかった神経回路を図示することができるようになった（図21）。これによって自然の形態を表わすイメージを認識するために、まずはそのようなイメージを生み出すことのできる複合的な自然物、ある種のキメラが作られる。こうして、イメージをなす能力をもつことに生存権を有する新しい有機体が生じる。ここに示唆されているのは、イメージへの要求に応えるべく自然に組み込まれた有機体と、もともとの自然それ自身とをともに包括する、新しい象徴的な自然概念である。かくしてイメージへの要求は、まさに「示してみせる《モーンストラーレ》」という意味での怪物《モンスター》を生み出した。それは、自然をイメージ化するところに生まれた被造物《クリーチャー》にほかならない。

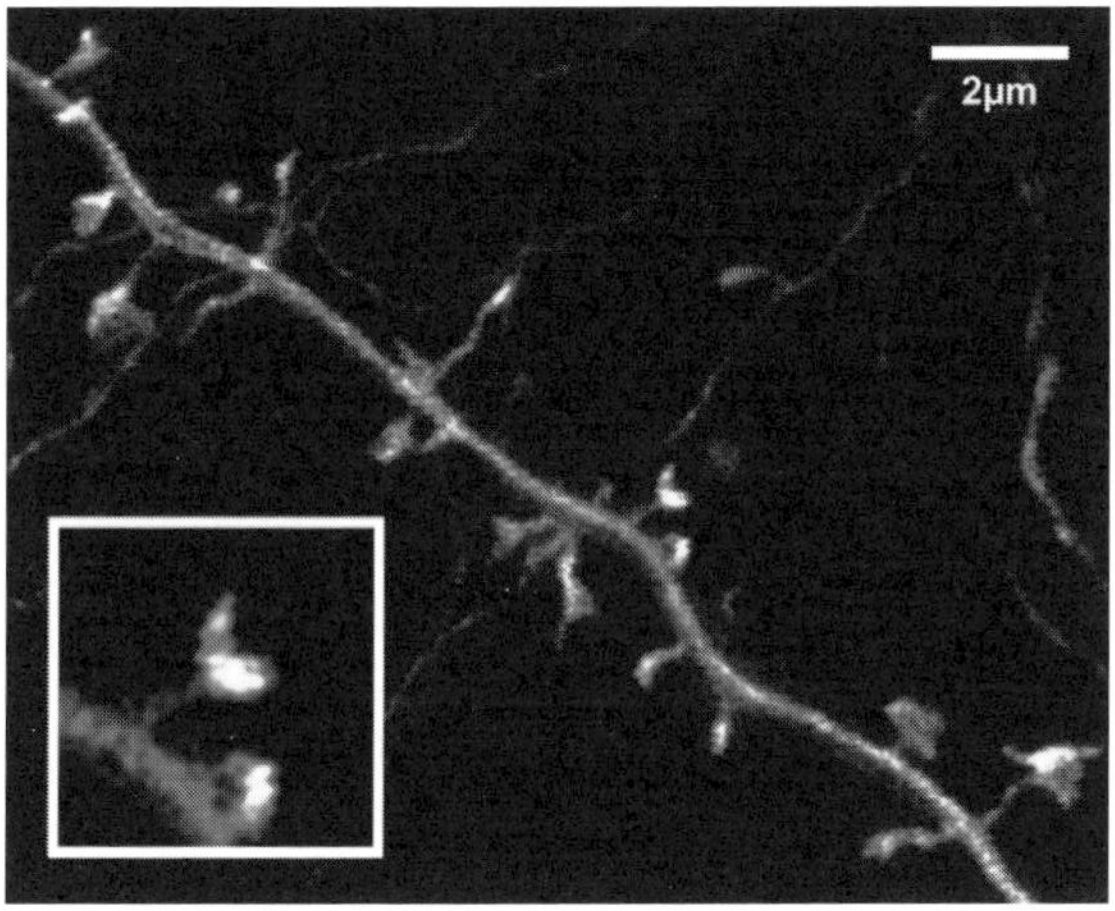

図20《誘導放出抑制による、生きたマウスの脳からとった神経細胞》（写真、マックス・プランク生物物理化学研究所）〔Stimualted Emission Depletion-Fäden aus dem Gehirn einer lebenden Maus, Fotografie, Max-Planck-Institut für biophysikalische Chemie〕。

光照射によるマウスの脳細胞の活性化を介して、マウスの記憶の働きをカラー・イメージにすることができるようになった[42]（図22）。しかしこの事態の途方もない点は、たんにそういうことができるようになったこと自体にではなく、むしろイメージ生産の方法を操作可能な回路に変えられるようになったことにある。いわゆるチャネルロドプシンによって細胞に開かれるチャネルを介して、低周波の光によって当の細胞を活性化／抑制することができる。つまり光による刺激で細胞の活性化をオン／オフすることができるようになったのである。これによって神経細胞の活動は、それまで知られていなかったほどの深さで認識し、イメージ化することができるようになっただけでなく、操作することもできるようになった。かくしてイメージ分析が、光速で行なわれる制御の媒体となった。ＳＴＥＤや光遺伝学だけでなく、およそ統合生物学の行方を左右するような要因は至る所に感知できるが、いまや写真もそのひとつである。線虫類やマウスの神経細胞に埋め込むべきタンパク質の採取源となったクラゲは、それまでのアエ

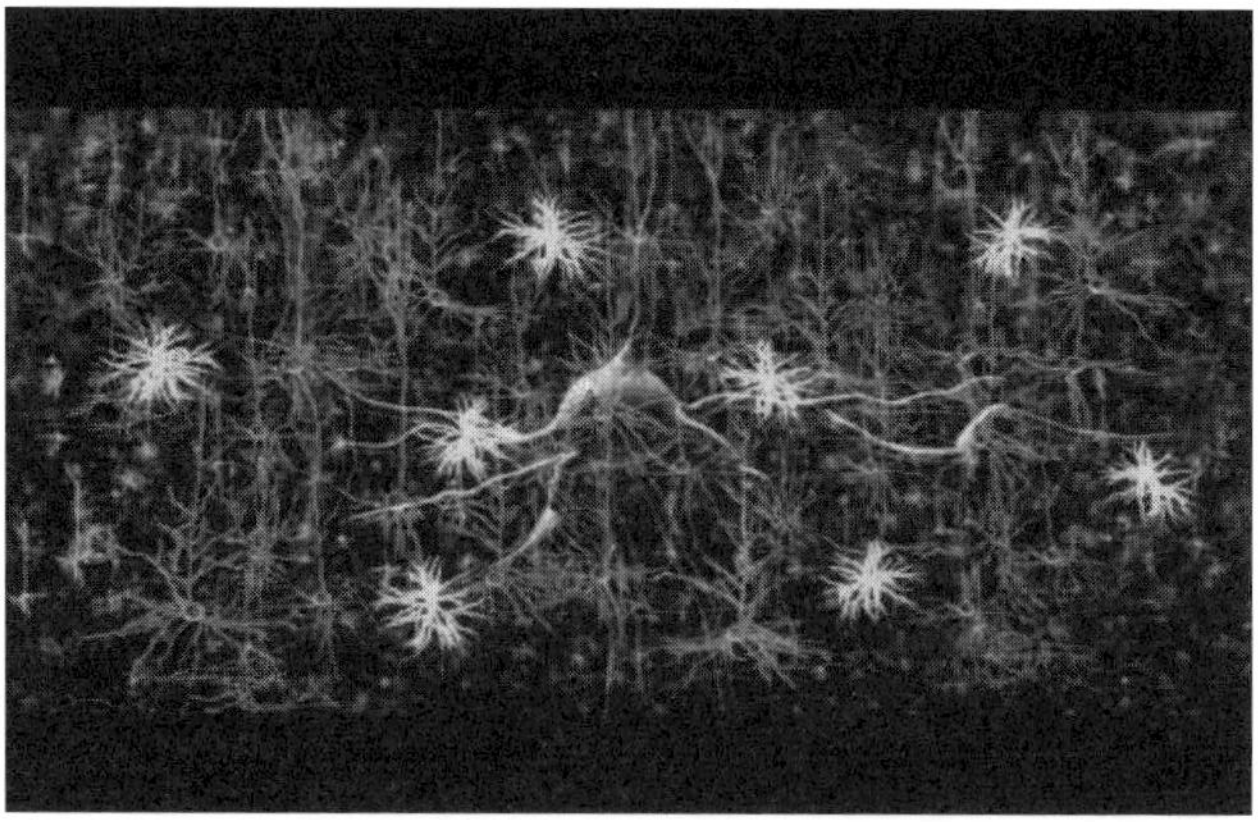

図 21　《青色光による神経回路の図示》〔Kartierung der Nervenbahnen durch Blaulicht〕。

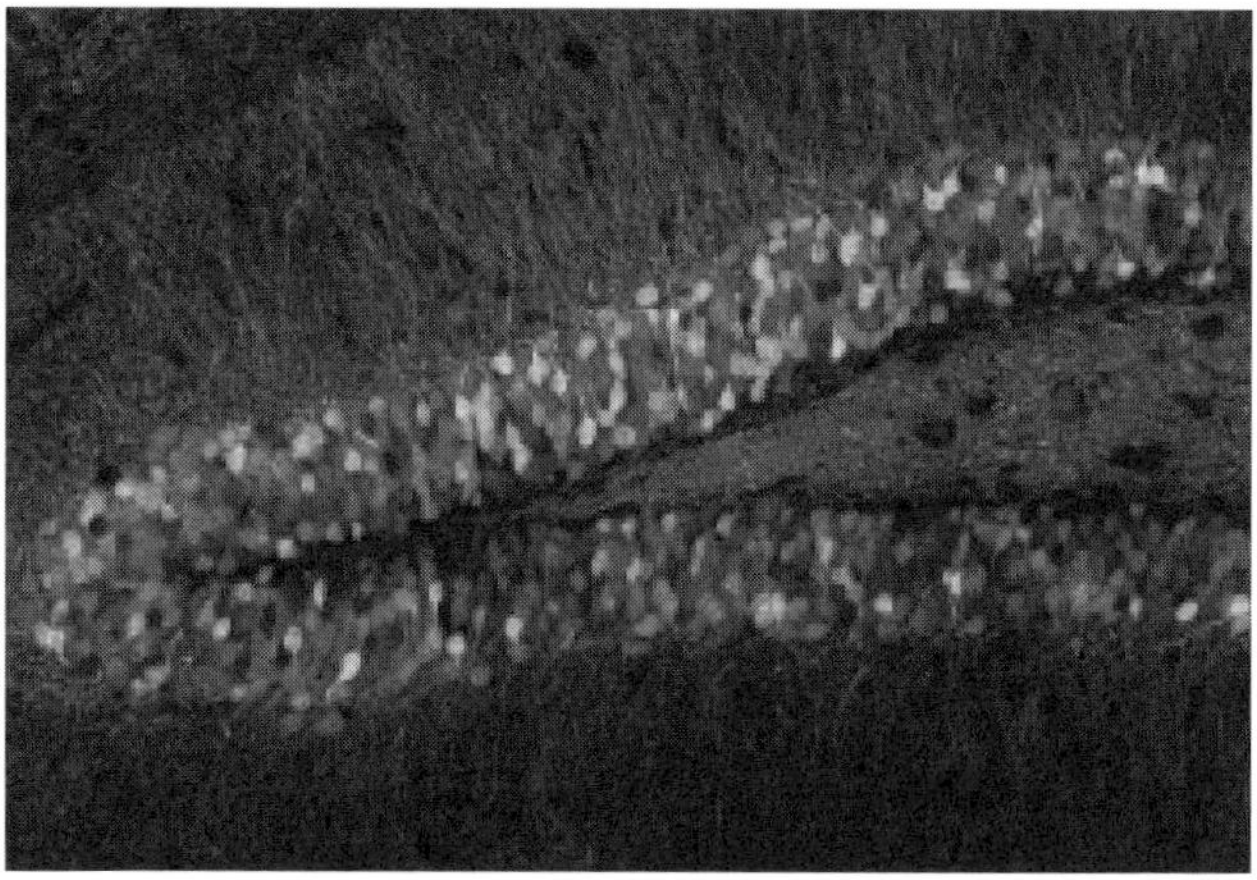

図 22　《マウスの脳細胞における蛍光タンパク質の彩色表現による「モザイク・イメージ」》（彩色写真、2011 年）〔"Mosaikbild" des Farbausdrucks fluoreszierender Proteine in Hirnzellen einer Maus, 2011, kolorierte Fotografie〕。

クオレア・ヴィクトリアの地位ゆえに、まさにサイケデリックに彩色された写真によって、そのような操作の象徴《アイコン》となった（図23）。

こうしてイメージと有機体とを結ぶ閉回路《クローズド・サーキット》が、悪魔を召喚する魔法陣なのかどうかも、いずれ明らかになるだろう。いずれの可能性もあることを、経験は教えている。この技術は非常に有望なものであって、わずか数年の後にノーベル賞に値すると見なされもしたわけだが、不気味なものでもあるには違いない。いずれにしても、芸術理論にとって最高度に重要なもの、魅惑的なものである。この技術は、対象をありありと現前させる手段としての素描と写真とのいずれにおいても目指されているイメージと自然との同化を、いまや自然それ自身の水準で展開してゆくからである。

図 23 《サイケデリックに彩色されたクラゲ》（彩色写真）〔Psychedelisch kolorierte Qualle, Fotografie〕。

このような事態をじっくり検討する機会をエルンスト・カッシーラーが得ていたら、それなりに言うことがあっただろう。おそらくカッシーラーであれば、文化的な象徴形成と自然的な生物圏とのあいだに自ら画定した境界を、あくまで保持したことだろう。問題となる被造物《クリーチャー》が人造物であるという点では、たしかにカッシーラーの考えは正しいと認めてもよい。しかしその被造物も、生物圏という世界の一部であって、その隠喩ではない。だからこそ、それは人為／自然の複合物なのである。カッシーラーの鋭いメスでさえ、そこに境界を画定することはできない。重要なのは、カッシーラーの立てたカテゴリーを救うことではない。そのようなカテゴリーが現在無効になっているとすれば、それが何を意味するのかを評価すること、これこそが重要なのである。

私見では、ここでかかわっている問題圏から、我々の時代をネオ・マニエ

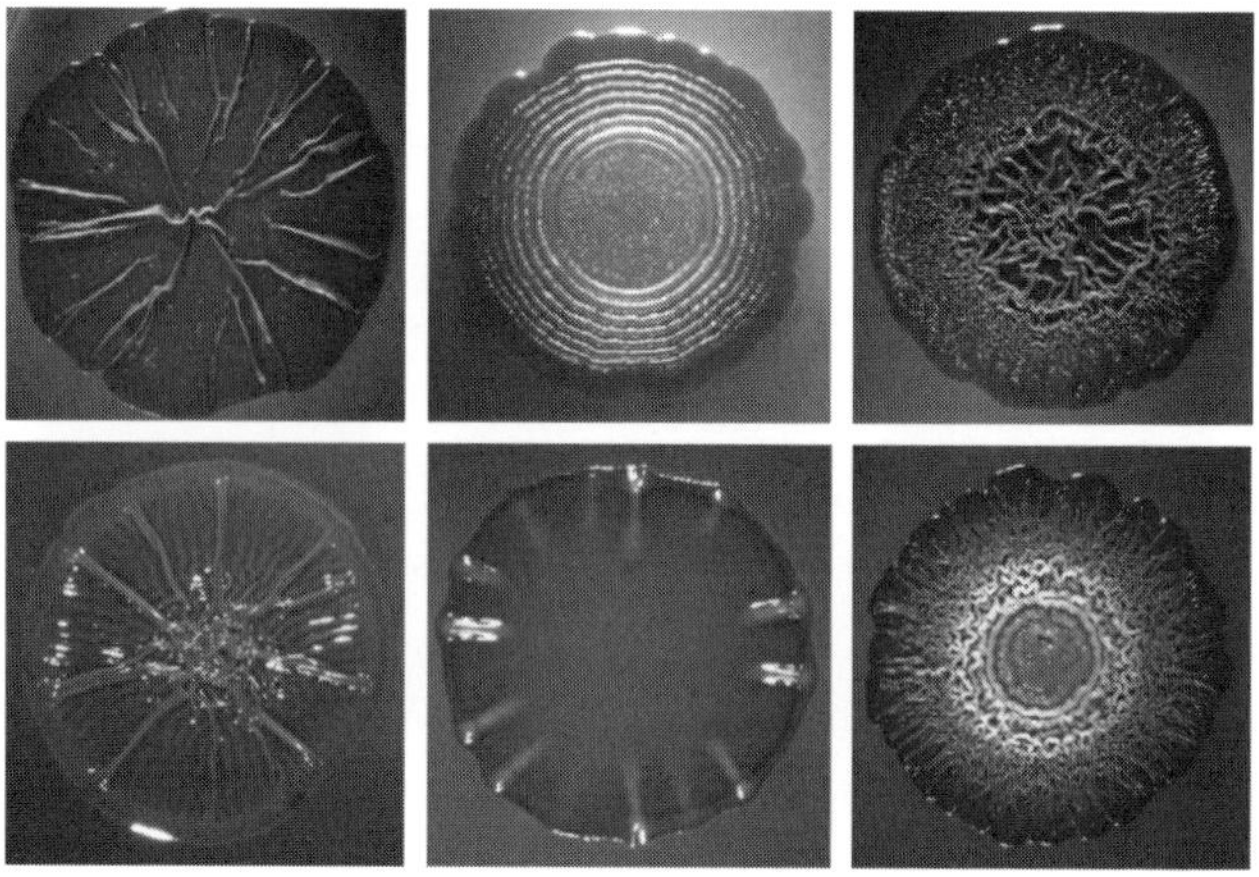

図 24　レギーネ・ヘンゲ《菌膜の形成》〔Regine Hengge, Formationen eines Bakterienfilms〕。

リスムと特徴づけることができる。現在、自然のイメージ化とイメージの器官化とがどんどん試みられ、それが全般的な変貌の形式の徴候として現われてきているのだとすれば、その狙いは、かつてあった歴史的なマニエリスム——一六〇〇年頃にあらゆる境界を巧みに越えようとした表現様式——の狙いから、そう遠く隔たったものではない。

現在、自然研究の多くの領域でイメージと物体とが融合しているとすれば、そのような両者の共生は、さらに進んで自然それ自体に反映しうる。たとえば無数の極小有機体の群れがどのようにして自ら——イメージを、と言わないとすれば——構造をもち、浴室の簀子《すのこ》のしたにできる菌膜のような印象深い形態にまとまってゆくのかを、細菌研究者レギーネ・ヘンゲは印象的な方法で視覚化しようとしている[43]（図24）。そうした視覚的イメージの問題が、イメージ論として立てられているわけではない。しかし現代の可視化技術をつうじて意識することのできる自然イメージの問題を、そのような語彙を用いずに言い当てている者は少なくない。ここでも、対象の表現がすでに対象自身の象徴化を示唆していないかどうかが問題なのである。

マニエリスムに結びついたものの回帰の最も主要な徴候は、一般に、人新世概念の成功の歴史に見てとることができる。この概念は、根本的には以下のことを意味している。すなわち、およそ造形作用がイメージを生み出すなかでこそ効果を発揮するのだとすれば、人間時代に形づくられる特有の地質学的な層を語りうるかぎり、人間による地球のイメージ化が浸透しているということである[44]。だとすると、しかし地球全体がひとつのイメージと化していることになり、したがって地球それ自体のどんな表現も、いわばそれ自体として表象された自然ではなく、むしろ形を得ていない物質とイメージ化との混合物を意味していることになる。

7　結び

ありありとした現前によって自然が芸術を規定するほどにまで技巧的に自然に近づこうとする熱情に、今日まで芸術と研究をともに推し進めている本質的特徴がある。我々の出発点は、ヴァラエティとしての美を表わすホガースの「美の線」についてのエルンスト・カッシーラーの考察だった。「美の線」の蛇状型が象徴しているのは、さまざまな視角を協働させなければ自然現象もその象徴化も捉えられない、ということだった。カッシーラーは人間の文化的圏域に議論を制限していたが、これまでに明らかとなったように、自然を表現するなかで当の自然それ自身が象徴化されるのである。

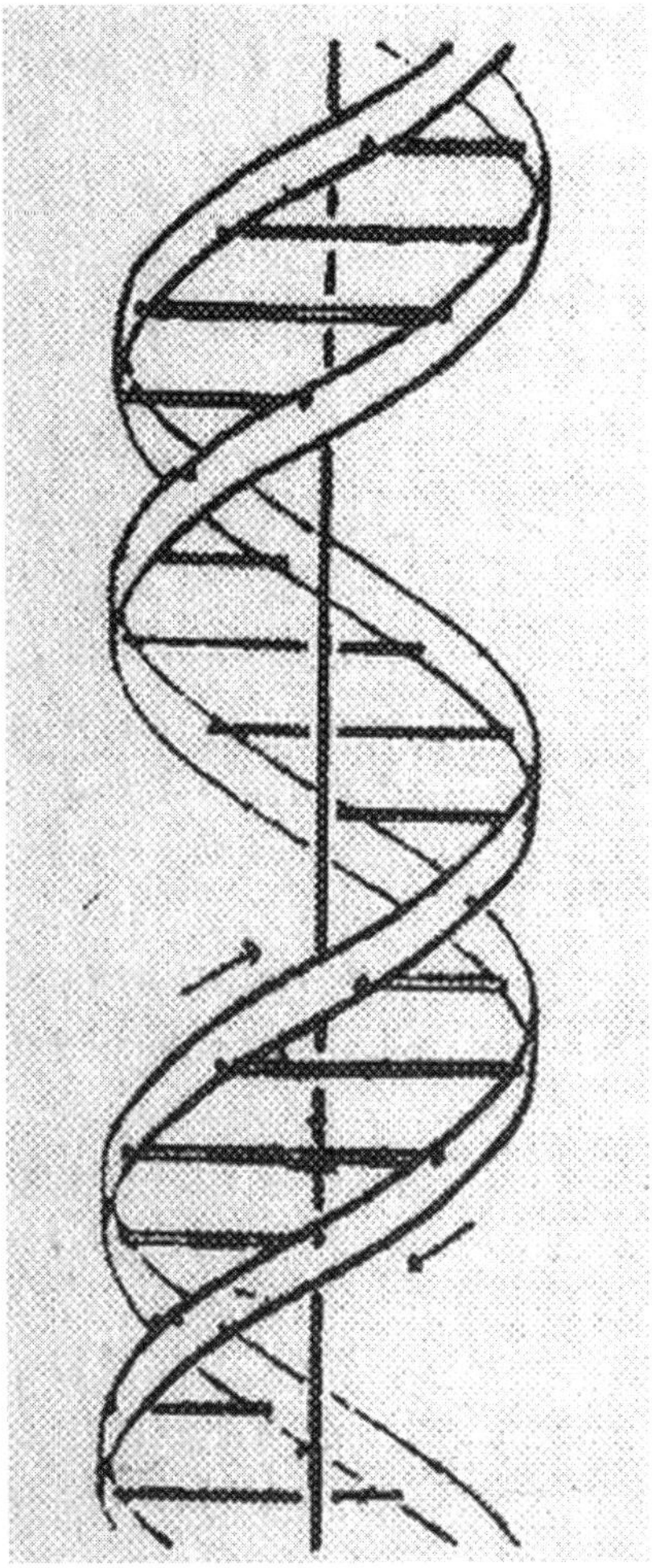

図25　オディール・クリック《二重螺旋の図表》（線描画）〔Odile Crick, Schema der Doppelhelix, Graphik〕。

特に際立った例となるのが、ここ五〇年の主要な象徴となっている二重螺旋である（図25）。S型線を空間的に三次元化し、いくつも複製して螺旋型へと動態化することは、パウル・クレーの教育的な教科書でも展開されている[45]（図26）。それは、しかし自然それ自身の姿としての自然を離れて、象徴世界へと突き進んでゆく。その途方もなさ、怪物性を示しているのが、芸術家オディール・クリック〔Odile Crick, 1920-2007〕の手になる二重螺旋の図表《ダイアグラム》である。観る者にとって、認識論という点では身の毛のよだつ図表である[46]。たしかに最近の二五年ほどの間に、この二重螺旋の図表の先鋭さは、遺伝子研究それ自体によっても——いや、それによってこそ——どんどん相対化されてしまった。しかし、デュ

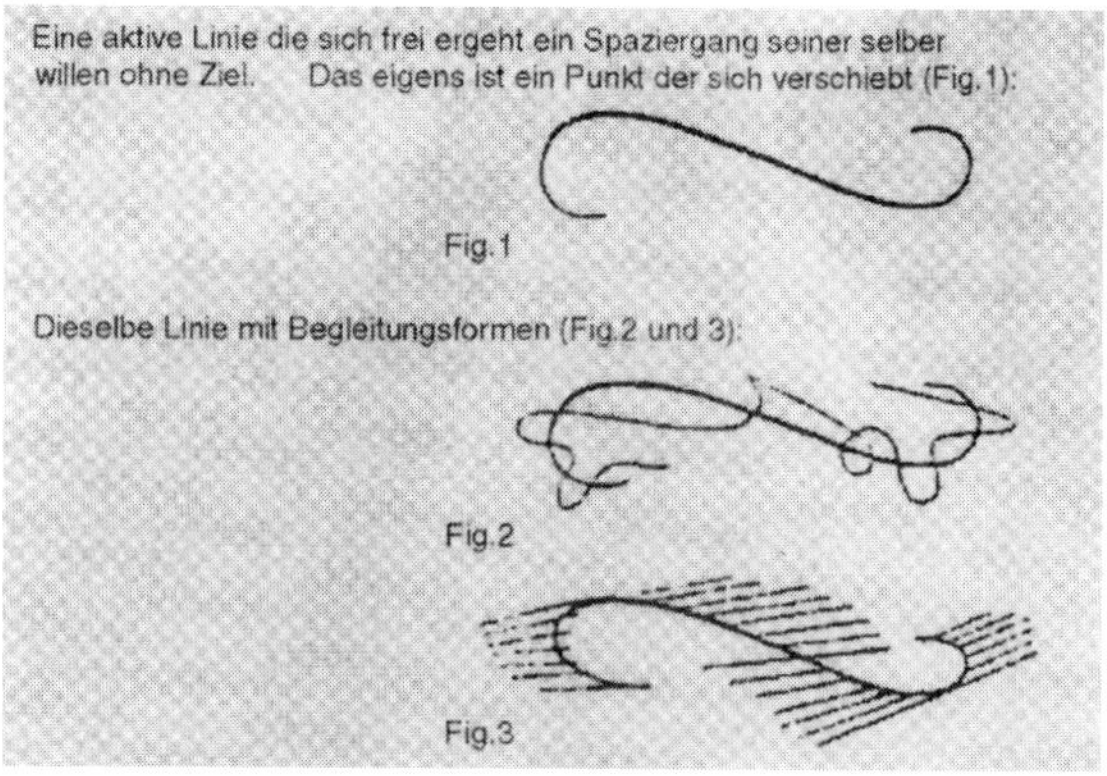

図 26　パウル・クレー『教育スケッチブック（バウハウス叢書第2巻）』（ミュンヘン、1925年、6頁）〔Paul Klee, Pädagogisches Skizzenbuch (Bauhausbuch 2), Detail, München 1925, S. 6〕。

図 27　ダニエル・カーネマン『ファスト&スロー』（ロンドン、2011年、表紙）〔Daniel Kahnemann, Thinking, Fast and Slow, Buchtitel, London 2011〕。

ーラーの見出した抽象のイメージ、いっさいの自然的事態の潜勢力を表わす抽象のイメージが、二重螺旋によって与えられたこと、あるいはむしろ二重螺旋に読み取られたこと、これは依然として問題であり続けている。

最終的には、考えることとそれ自体にも同じことが当てはまる。ここ何年かで、ノーベル賞受賞者ダニエル・カーネマンの『ファスト&スロー』以上に成功した刊行物は、それほど多くはない。この本は、イメージによる直観と精確さとの協働をテーマとしている[47]（図27）。原著を見ると、表紙のデザインにもすべての章にも、全自然と想像力とを表わすとされたあのS型線が——ホガースに遡り、それを介してさらにデューラーにまで遡るS型線が——あしらわれている。つまりここでも問題となっているのは、自らの身をもって象徴となる形態、そのような形態としての思考なのである。

ここに示されているのも、さまざまな領域を分ける境界画定が無効となるような事態が、改めて取り上げられているということである。我々は、このような傾向をネオ・マニエリスムの本質的特徴として再構築しようとしたのだった。これらのすべての現象と問題には、たんに心を奪うだけでなく批判的にものを考えさせる特徴もある。それだけに、それらの現象と問題とを何らかの理論にもたらさねばならない。専門分野や学問領域にかかわらず、我々の時代はネオ・マニエリスムとして理解できる——この考察が当たっているとすれば、それだけますます、その肯定的な面も否定的な面も、きっちりと我々の時代の理論にもたらさねばならない。それも一元論のキッチュとしての理論にではなく、現在画定されているさまざまな境界線を無効にしてゆく考察という意味での理論にである。ネオ・マニエリスムのような概念は、まだそのような理論になってはいない。しかし、これまで記述してきたようなさまざまな現象は、ネオ・マニエリスムの概念に結びつけてみれば、もっと明確に捉えることができるはずである。

注

（1）Peter E. Gordon, *Continental Divide. Heidegger, Cassirer, Davos*, Cambridge, Mass. und London: Harvard University Press 2010.〔Vgl. auch: „Davoser Disputation zwischen Ernst Cassirer und Martin Heidegger“, in: Martin Heidegger, *Kant und das Problem der Metaphysik*, 6. Aufl., Frankfurt am Main: Vittorio Klostermann 1998, S. 274–296.「ダヴォス討論（カッシーラー対ハイデガー）」岩尾龍太郎訳

（初出は『みすず』一九八八年三月号）、『ダヴォス討論（カッシーラー対ハイデガー）／カッシーラー夫人の回想抄』岩尾龍太郎・真知子訳、《リキエスタ》の会、二〇〇一年、七―五〇頁。〕

（2）Ernst Cassirer, „Zur Logik des Symbolbegriffs (1938)", in: ders., *Aufsätze und kleine Schriften (1936–1940)* [= *Gesammelte Werke. Hamburger Ausgabe* (ECW), hrsg. von Birgit Recki, Bd. 22], Text und Anmerkungen bearbeitet von Claus Rosenkranz, Hamburg: Meiner 2006, S. 112–139.

（3）Ernst Cassirer, „Das Symbolproblem und seine Stellung im System der Philosophie (1927)", in: ders., *Aufsätze und kleine Schriften (1927–1931)* [= ECW, Bd. 17], Text und Anmerkungen bearbeitet von Tobias Berben, Hamburg: Meiner 2004, S. 253–282, hier: S. 258.〔エルンスト・カッシーラー「哲学の体系におけるシンボルの問題とその位置づけ（一九二七）」、『シンボル・技術・言語』篠木芳夫・高野敏行訳、法政大学出版局、一九九九年、二九頁。〕

（4）Ernst Cassirer, *Philosophie der symbolischen Formen. Erster Teil. Die Sprache*, 10., unveränderte Aufl., Reprographischer Nachdruck der 2. Aufl., Darmstadt 1953, Darmstadt: Wissenschaftliche Buchgesellschaft 1994, S. 3 f.〔カッシーラー『シンボル形式の哲学（一）』生松敬三・木田元訳、岩波文庫、一九八九年、一九―二一頁。以下も参照されたい。Ebd., S. 19 f. 同書、四四―四六頁。〕

（5）Cassirer, 2004, S. 259.〔前掲『シンボル・技術・言語』三〇頁。〕

（6）Ernst Cassirer, *An Essay on Man. An Introduction to a Philosophy of Human Culture*, New Haven: Yale University Press 1944, S. 24.〔カッシーラー『人間――シンボルを操るもの』宮城音弥訳、岩波文庫、一九九七年、六三頁。〕 Vgl. John Michael Krois, „Ernst Cassirer's Philosophy of Biology", in: *Sign Systems Studies*, Bd. 32, Nr. 1/2, Tartu: Tartu University Press 2004, S. 277–295, hier: S.291.

（7）「表情機能の働きの批判的な限定と批判的な正当化」(Ernst Cassirer, *Zur Metaphysik der symbolischen Formen* [= *Nachgelassene Manuskripte und Texte*, hrsg. von John Michael Krois und Oswald Schwemmer, Bd.1], hrsg. von John Michael Krois unter Mitwirkung von Anne Appelbaum, Rainer A. Bast, Klaus Christian Köhnke und Oswald Schwemmer, Hamburg: Meiner 1995, S. 121.〔エルンスト・カッシーラー『象徴形式の形而上学』笠原賢介・森淑仁訳、法政大学出版局、二〇一〇年、一七一頁〕)。

（8）Cassirer, 1995, S. 156.〔前掲『象徴形式の形而上学』二三〇頁。〕

（9）解剖学的な細部は、それを含む有機体の全体と相互的な関係にある（Ernst Cassirer, *Das Erkenntnisproblem in der Philosophie und Wissenschaft der neueren Zeit. Vierter Band. Von Hegels Tod bis zur Gegenwart [1832–1932]*, Hildesheim, Zürich und New York: Olms 1991, S. 138〔エルンスト・カッシーラー『認識問題――近代の哲学と科学における／4　ヘーゲルの死から現代まで』山本義

隆・村岡晋一訳、みすず書房、一九九六年、一六二―一六三頁。以下も参照されたい。前掲『シンボル・技術・言語』一八六頁〕)。

(10)「どんな文化も、特定の精神的なイメージ世界、特定のシンボル形式を生み出すなかで自らを実効的に証し立てるのであれば、哲学の目標は、そのような文化的産物の背後に遡ることではなく、むしろ当の産物を形づくっている根本原理のなかで当の産物それ自体を理解し、意識化することにある。(中略)生は、たんなる自然な所与の存在という圏域を超え出てゆく。生は、そのような存在の一断片にとどまるものではないし、たんに生物学的でしかないような事態でもない。むしろ生は、自らを変化させて「精神」の形式へと完成させるのである」(Ernst Cassirer, „Erkenntnistheorie nebst den Grenzfragen der Logik und Denkpsychologie (1927)", in: ders., *Aufsätze und kleine Schriften (1927–1931)* [= ECW, Bd. 17], a.a.O., S. 13–82, hier S. 49. Vgl. Oswald Schwemmer, *Kulturphilosophie. Eine medientheoretische Grundlegung*, München: W. Fink 2005, S. 154 f. 〔Vgl. auch ders., *Philosophie der symbolischen Formen*, a.a.O., S. 51. 前掲『シンボル形式の哲学(一)』九五頁〕)。

(11) Cassirer, 1944, S. 24.〔前掲『人間』六三頁。〕

(12) Horst Bredekamp, „Der Manierismus. Zur Problematik einer kunsthistorischen Erfindung", in: Wolfgang Braungart (Hrsg.), *Manier und Manierismus*, Tübingen: Niemeyer 2000, S. 109–129. Vgl. Bernhard Huss und Christian Wehr (Hrsg.), *Manierismus. Interdisziplinäre Studien zu einem ästhetischen Stiltyp zwischen formalem Experiment und historischer Signifikanz*, Heidelberg: Universitätsverlag Winter 2014.

(13) Huigen Leeflang und Ger Luijten (Hrsg.), *Hendrick Goltzius (1558–1617). Drawings, Prints and Paintings*, Zwolle et al.: Waanders et al. 2003, S. 244 f.

(14) Marjorie Lee Hendrix, *Joris Hoefnagel and the „Four Elements". A Study in Sixteenth-Century Nature Painting*, Mikrofische-Ausg., Ann Arbor, Mich.: University Microfilms International 1985. この原理については、以下も参照されたい。Karin Leonhard, *Bildfelder. Stilleben und Naturstücke des 17. Jahrhunderts*, Berlin: Akademie Verlag 2013, S. 245–247.

(15) Torquato Tasso, *La gerusalemme liberata*, Firenze: Salani 1976, S. 387: „Di natura arte par, che per diletto / l'imitatrice sua scherzando imiti" (16, 10, 3 f.). 〔トルクァート・タッソ、A・ジュリアーニ編『エルサレム解放』鷲平京子訳、岩波文庫、二〇一〇年、三九一頁。〕

(16) Corinna Tania Gallori und Gerhard Wolf, „Tre serpi, tre vedove e alcune piante. I disegni 'inimitabili' di Jacopo Ligozzi e le loro copie o traduzioni tra i progetti di Ulisse Aldrovandi e le pietre dure", in: *Mitteilungen des kunsthistorischen Institutes in Florenz*, Bd. 57, Heft 2, Firenze: Centro Di 2015, S. 213–251, hier: S. 219.

（17）Friedrich Teja Bach, *Struktur und Erscheinung. Untersuchungen zu Dürers graphischer Kunst*, Berlin: Gebr. Mann 1996, S. 273–302.

（18）Albrecht Dürer, *Vnderweysung der messung mit dem zirckel vn richtscheyt in Linien ebnen vnnd gantzen corporen*, Nürnberg: Hieronymus Andreae 1525, S. A2.〔Vgl.: http://daten.digitale-sammlungen.de/bsb00095496/image_9　アルブレヒト・デューラー『「測定法教則」注解』下村耕史訳編、中央公論美術出版、二〇〇八年、一三―一四頁。〕

（19）Horst Bredekamp, „Die Erkenntniskraft der Plötzlichkeit. Hogrebes Szenenblick und die Tradition des Coup d'Œil", in: Joachim Bromand und Guido Kreis（Hrsg.）, *Was sich nicht sagen läßt. Das Nicht-Begriffliche in Wissenschaft, Kunst und Religion*, Berlin: Akademie Verlag 2010, S. 455–468.〔ホルスト・ブレーデカンプ「一瞬の認識力――ホグレーべの場景視と一望の伝統」茅野大樹訳、本書第19章。〕

（20）Gottfried Wilhelm Leibniz, *Der Briefwechsel von Gottfried Wilhelm Leibniz mit Mathematikern*, hrsg. von Carl Immanuel Gerhardt, Berlin: Mayer & Müller 1899, S. 154.〔Vgl.: https://archive.org/details/derbriefwechselv00leibuoft　ゴットフリート・ヴィルヘルム・ライプニッツ「求積解析第2部」三浦伸夫・原亨吉訳、『ライプニッツ著作集2――数学論・数学』、工作舎、一九九七年、一六五頁。〕Vgl. Horst Bredekamp, *Die Fenster der Monade. Gottfried Wilhelm Leibniz' Theater der Natur und Kunst*, 2. Aufl., Berlin: Akademie Verlag 2008, S. 93.〔ホルスト・ブレーデカンプ『モナドの窓――ライプニッツの「自然と人工の劇場」』原研二訳、産業図書、二〇一〇年、一〇二―一〇三頁。〕

（21）Kurt Wettengl（Hrsg.）, *Maria Sibylla Merian 1647–1717. Künstlerin und Naturforscherin*, übers. aus dem Niederländ. von Marinus Pütz, Ostfildern-Ruit: Gerd Hatje 1997, S. 226 und 229（Tafel auf S. 215）; vgl. auch David Attenborough, Susan Owens, Martin Clayton und Rea Alexandratos, *Wunderbare seltene Dinge. Die Darstellung der Natur im Zeitalter der Entdeckungen*, aus dem Engl. übers. von Ursula Wulfekamp, München: Schirmer Mosel 2008, S. 146 f.〔*Amazing Rare Things. The Art of Natural History in the Age of Discovery*, London: Royal Collection Publ. 2007, S. 146 f.〕メーリアンの研究旅行については以下を参照されたい。Maria Sibylla Merian, *Metamorphosis insectorum surinamensium*, Amsterdam: Selbstverl. 1705; vgl. auch Ella Reitsma, *Maria Sibylla Merian & Daughters: Women of Art and Science*, Amsterdam et al.: Rembrandt House Meseum et al. 2008, S. 220–224.

（22）Horst Bredekamp, „Das Prinzip der Metamorphosen und die Theorie der Evolution", in: *Jahrbuch 2008 / Berlin-Brandenburgische Akademie der Wissenschaften（vormals Preußische Akademie der Wissenschaften）*, Berlin: Akademie Verlag 2009, S. 209–247, hier: S. 214.〔Auch in: Volker Gerhardt, Klaus Lucas und Günter Stock（Hrsg.）, *Evolution. Theorie, Formen und Konsequenzen eines Paradigmas in Natur, Technik und Kultur*, Berlin: Akademie Verlag 2011, S. 17–47, hier: S. 20. ただし細かな語句に少なからぬ変更が施されている。〕

（23）Wolfram Hogrebe, *Echo des Nichtwissens*, Berlin: Akademie Verlag 2006, S. 380 f.

（24）David Bindman, *Hogarth and his Times. Serious Comedy*, London: British Museum Press 1997, S. 168 f.

（25）Johann Wolfgang von Goethe, *Goethes Briefe. Bd. 1. Briefe der Jahre 1764–1786*, textkritisch durchgesehen und mit Anmerkungen versehen von Karl Robert Mandelkow unter Mitarbeit von Bodo Morawe, München: C. H. Beck 1988, S. 187/ Z. 15–17.〔一七七五年七月三一日付けのヨハン・カスパー・ラーヴァター（Johann Caspar Lavater, 1741–1801）宛ての書簡。〕Vgl. auch Johann Wolfgang Goethe, *Sämtliche Werke. Briefe, Tagebücher und Gespräche. II. Abt., Band 1. Von Frankfurt nach Weimar. Briefe, Tagebücher und Gespräche vom 23. Mai 1764 bis 30. Oktober 1775*, hrsg. von Wilhelm Große, Frankfurt am Main: Deutscher Klassiker Verlag 1997, S. 462; od. ders., *Goethes Briefe. 2. Band. Frankfurt Wetzlar Schweiz. 1771–1775*〔= *Goethes Werke* (WA), hrsg. im Auftrage der Großherzogin Sophie von Sachsen, IV. Abtheilung, 2. Band〕, Weimar: Hermann Böhlau 1887, S. 281; https://books.google.co.jp/books?id=vH8OAAAAYAAJ&pg=PA281〕 Vgl. Adolf Portmann, „Goethe und der Begriff der Metamorphose", in: *Goethe Jahrbuch*, Bd. 90, 1973, S. 11–21〔vgl.: http://www.digizeitschriften.de/dms/toc/?PID=PPN503540463_0090〕; Hans Werner Ingensiep, „Metamorphosen der Metamorphosenlehre. Zur Goethe-Rezeption in der Biologie von der Romantik bis in die Gegenwart", in: *Goethe und die Verzeitlichung der Natur*, hrsg. von Peter Matussek, München: C. H. Beck 1998, S. 259–275. Vgl. auch Uwe Pörksen, „Raumzeit. Goethes Zeitbegriff aufgrund seiner sprachlichen Darstellung geologischer Ideen und ihrer Visualisierung", in: *Goethe und die Verzeitlichung der Natur*, a.a.O., S. 101–127, hier: S. 115.

（26）Charles Darwin, *Die Entstehung der Arten durch natürliche Zuchtwahl*, Übers. von Carl W. Neumann, Nachwort von Gerhard Heberer, Stuttgart: Reclam 2001.〔Vgl.: http://darwin-online.org.uk/contents.html#origin　チャールズ・ダーウィン『種の起原（原書第６版）』堀伸夫・堀大才訳、朝倉書店、二〇〇九年、viii頁／『種の起原（上）』八杉龍一訳、岩波文庫、一九九〇年、三六三頁。〕 Vgl. auch Johann Wolfgang von Goethe, „Erster Entwurf einer allgemeinen Einleitung in die vergleichende Anatomie, ausgehend von der Osteologie", in: ders., *Morphologische Hefte*, bearbeitet von Dorothea Kuhn〔= *Die Schriften zur Naturwissenschaft*, vollständige mit Erläuterungen versehene Ausgabe im Auftrage der Deutschen Akademie der Naturforscher Leopoldina, begründet von K. Lothar Wolf und Wilhelm Troll, hrsg. von Dorothea Kuhn und Wolf von Engelhardt, Abt. 1, Bd. 9〕, Weimar: Böhlau 1954, S. 119–151.〔Auch in: ders., *Goethes Naturwissenschaftliche Schriften. 8. Band. Zur Morphologie. III. Theil*〔= WA, II Abtheilung, 8. Band〕, Weimar: Hermann Böhlau 1893, S. 5–58; https://archive.org/details/s02p03werkegoethe08goet　ゲーテ「骨学から出発する比較解剖学総序論の第一草案」『ゲーテ形態学論集・動物篇』木村直司編訳、ちくま学芸文庫、二〇〇九年、八一—一三八頁（ただし「翻訳にあたり割愛せざるをえないテクストもある」との

こと（同上、三四六頁））／「骨学にもとづく比較解剖学序説第一草案」高橋義人訳、『ゲーテ全集14』潮出版社、一九八〇年、一七六―一八七頁（ただし「七章と八章は割愛」されているとのこと（同上、五〇〇頁））。〕

(27) Winfried Menninghaus, „Biologie nach der Mode. Charles Darwins Ornament-Ästhetik", in: *Was ist schön?*, Begleitbuch zur Ausstellung in Dresden vom 27. März 2010 bis 2. Januar 2011, hrsg. für das Deutsche Hygiene-Museum von Sigrid Walther, Gisela Staupe und Thomas Macho, Göttingen: Wallstein 2010, S. 138–147.

(28) Horst Bredekamp, „Darwins Korallen und das Problem animalischer Schönheit", in: *Bilderwelten. Vom farbigen Abglanz der Natur*, hrsg. von Norbert Elsner, Göttingen: Wallstein-Verlag 2007, S. 257–280, hier: S. 257 f.

(29) Robert Koch, „Die Ätiologie der Milzbrand-Krankheit, begründet auf die Entwicklungsgeschichte des Bacillus Anthracis", in: *Cohns Beiträge zur Biologie der Pflanzen*, Bd. 2, Heft 2, Breslau: J. U. Kerns Verlag 1876, S. 277–311, Taf. XI. 〔Später auch in: ders., *Gesammelte Werke von Robert Koch* (GW), unter Mitwirkung von G. Gaffky und E. Pfuhl hrsg. von J. Schwalbe, Bd. 1, Leipzig: Georg Thieme 1912, S. 5–26, Tafel I. Vgl.: http://edoc.rki.de/browsing/rki_rk/　ローベルト・コッホ『ローベルト・コッホ氏文集』宮入慶之助訳、南山堂書店、一九一二年、一一―六〇頁。Vgl.: http://dl.ndl.go.jp/info:ndljp/pid/934895/36〕 Fig. 5b 以外の図は、すべてコッホの手になるものである。

(30) Koch, 1876 (s. Anm. 29), S. 286. 〔GW, Bd. 1, a.a.O., S. 11. 前掲『ローベルト・コッホ氏文集』、二六頁（「成るべく其のまゝにとて、書きたるもの」）。Vgl.: http://dl.ndl.go.jp/info:ndljp/pid/934895/20〕 ここだけでなく以降の議論にかんしても、以下を参照されたい。Franziska Brons, *Photographierter Mikrokosmos. Die Exploration des Unsichtbaren in Bakteriologie und kriminalistischer Urkundenuntersuchung*, Magisterarbeit, Humboldt-Universität, Berlin 2004. この修士論文を読んでさまざまなヒントを得られたことについて、ここでフランツィスカ・ブロンスに謝意を表わしておきたい。

(31) Robert Koch, „Verfahren zur Untersuchung, zum Conservieren und Photographieren der Bakterien", in: *Beiträge zur Biologie der Pflanzen*, a.a.O., Bd. 2, Heft 3, 1877, S. 399–434, Taf. XVI. 〔Später auch in: GW, Bd. 1, a.a.O., S. 27–50, Tafel II u. III〕

(32) Robert Koch, „Zur Untersuchung von pathogenen Organismen", in: *Mitteilungen des kaiserlichen Gesundheitsamts*, Bd. 1, 1881, S. 1–48, hier: S. 11 〔später auch in: GW, Bd.1, a.a.O., S. 112–163, hier: S. 123〕; vgl. Thomas Schlich, „Repräsentation von Krankheitserregern. Wie Robert Koch Bakterien als Krankheitsursache dargestellt hat", in: *Räume des Wissens. Repräsentation, Codierung, Spur*, hrsg. von Hans-Jörg Rheinberger, Michael Hagner u. Bettina Wahrig-Schmidt, Berlin: Akademie-Verlag 1997, S. 165–190, hier: S. 179. Vgl. auch Ragnhild

Münch u. Stefan S. Biel, „Expedition, Experiment und Expertise im Spiegel des Nachlasses von *Robert Koch*“, in: *Sudhoffs Archiv*, Bd. 82, H. 1, 1998, S. 1–29.〔Vgl.: http://www.jstor.org/stable/20777650〕

(33) Koch, 1881, S. 14.〔GW, Bd.1, a.a.O., S. 126.〕

(34) Koch, 1881, S. 11〔GW, Bd. 1, a.a.O., S. 123〕; vgl. Schlich, 1997 (Anm. 32), S. 173.

(35) Koch, 1877, S. 400–402〔GW, Bd. 1, a.a.O., S. 27–29〕; Koch, 1881, S. 10–15〔GW, Bd. 1, a.a.O., S. 122–127〕.

(36) Edgar M. Crookshank, *Photography of Bacteria*, London: H. K. Lewis, 1887, ohne Seitenangabe, Plate XVI.〔Vgl.: http://nrs.harvard.edu/urn-3:FHCL:1254810?n=153〕

(37) Robert Koch, „Beiträge zur Entwicklungsgeschichte der Piroplasmen“, in: *Zeitschrift für Hygiene und Infektionskrankheiten*, Bd. 4, 1906, S. 1, Taf. I.〔Später auch in: GW, a.a.O., Bd. 2. 1, 1912, S. 487–492, Tafel XXXIV. ただし「図版解説」によれば，図中の最初の四つの絵は「軍医中尉クーディケ博士によって描かれた（Von Oberarzt Dr. Kudike gezeichnet）」とのこと（ebd., S. 492）。〕

(38) Jan Altmann, *Zeichnen als beobachten. Die Bildwerke der Baudin-Expedition (1800–1804)*, Berlin: Akademie Verlag 2012, S. 150 f.

(39) Klaus Schwamborn, „Farben als Proteine: Wie aus Bildern neue Organismen werden“, in: *Bildwelten des Wissens. Kunsthistorisches Jahrbuch für Bildkritik. Bd. 4, 1. Farbstrategien*, Berlin: Akademie Verlag 2006, S. 17–24, hier: S. 18.

(40) Ebd., S. 19.

(41) Stefan W. Hell und Jan Wichmann, „Breaking the diffraction resolution limit by stimulated emission. Stimulated-emission-depletion fluorescence microscopy“, in: *Optics Letters*, Vol. 19, Issue 11 (1 June 1994), S. 780–782.〔Vgl.: https://doi.org/10.1364/OL.19.000780〕 Vgl. Alison Abbott, „The glorious resolution“, in: *Nature*, Vol. 459, Nr. 7247 (4 June 2009), S. 638 f., hier: S. 638.〔Vgl.: http://www.nature.com/news/2009/090603/full/459638a.html〕

(42) Tamily A. Weisman, Joshua R. Sanes, Jeff W. Lichtman und Jean Livet, „Generating and Imaging Multicolor Brainbow Mice“, in: *Cold Spring Harbor Protocols*, July 2011, S. 763–769: http://cshprotocols.cshlp.org/content/2011/7/pdb.top114.full

(43) Diego O. Serra und Regine Hengge, „Stress responses go three dimensional. The spatial order of physiological differentiation in bacterial macrocolony biofilms“, in: *Environmental Microbiology*, Vol. 16, Issue 6 (June 2014), S. 1455–1471.〔Vgl: http://onlinelibrary.wiley.com/doi/10.1111/1462-2920.12483/full〕

(44) Paul J. Crutzen und Eugene F. Stoermer, „The ‚Anthropocene‘“, in: *Global Change Newsletters*, Nr. 41 (May 2000), S. 17 f.〔Vgl. http://

www.igbp.net/download/18.316f18321323470177580001401/1376383088452/NL41.pdf〕 Vgl. Paul J. Crutzen, „Geology of mankind“, in: Nature, Vol. 415, Nr. 6867 (3 January 2002), S. 23〔http://www.nature.com/articles/415023a〕; ders., „Die Geologie der Menschheit“, in: *Das Raumschiff Erde hat keinen Notausgang. Energie und Politik im Anthropozän*, Texte von Paul J. Crutzen, Michael D. Mastrandrea und Stephen H. Schneider, Mike Davis und Peter Sloterdijk, Berlin: Suhrkamp 2011, S. 7–10.

(45) Paul Klee, *Pädagogisches Skizzenbuch*, 4. Aufl., Faks. Nachd. d. Ausg. von München: A. Langen 1925, Berlin: Gebr. Mann 1997, S. 7.〔Vgl.: http://digi.ub.uni-heidelberg.de/diglit/klee1925/0009　パウル・クレー『教育スケッチブック』利光功訳、中央公論美術出版、一九九一年、七頁。〕

(46) J. D. Watson und F. H. C. Crick, „Molecular Structure of Nucleic Acids. A Structure for Deoxyribose Nucleic Acid“, in: *Nature*, Vol. 171 (April 25, 1953), S. 737.〔Vgl.: www.nature.com/nature/dna50/watsoncrick.pdf〕

(47) Daniel Kahneman, *Thinking, Fast and Slow*, New York: Farrar, Straus and Giroux 2011.〔ダニエル・カーネマン『ファスト&スロー――あなたの意思はどのように決まるか？（上・下）』村井章子訳、ハヤカワ文庫、二〇一四年。〕

訳注

〔1〕William Hogarth (1697–1764), *The Analysis of Beauty. Written with a View of Fixing the fluctuating Ideas of Taste*, London: Printed by J. Reeves for the auther, and sold by him at his house in Leicester-Fields, 1753. ウィリアム・ホガース『美の解析――変遷する「趣味」の理念を定義する試論』宮崎直子訳、中央公論美術出版、二〇〇七年。

〔2〕以前の稿では以下の文献も掲げられていた。Horst Bredekamp, „Die Unüberschreitbarkeit der Schlangenlinie“, in: *minimal – concept. Zeichenhafte Sprachen im Raum*, hrsg. von Christian Schneegass, Amsterdam; Dresden: Verlag der Kunst 2001, S. 205–208.

〔3〕Vgl. auch Gottfried Boehm, „Die Wiederkehr der Bilder“, in: *Was ist ein Bild?*, hrsg. von Gottfried Boehm, München: Fink 1994, S. 11–38, hier: S. 21; Horst Bredekamp, „In der Tiefe die Künstlichkeit. Das Prinzip der bildaktiven Disjunktion“, in: *Sehen und Handeln. Symposium "Sehen und Handeln", November 2009*, hrsg. von Horst Bredekamp und John M. Krois, Berlin: Akademie Verlag 2011, S. 206–224, hier: S. 223–224.

訳者附記

ここに訳出したのは Horst Bredekamp, „Symbiose von Bild und Natur. Überlegungen zum Neomanierismus" である。本稿のもととなるテクストは、二〇一六年四月九日に東京大学駒場キャンパスで行なわれた国際学術会議「フンボルト・コレーク東京2016　思考手段と文化形象としてのイメージ――アビ・ヴァールブルクから技術的イメージ・図像行為まで」第一日の基調講演のひとつとして口演された（https://humboldtkolleg.wordpress.com/）。そのさい、その拙訳も配布された。

その後、講演原稿は改訂され、いくつかのセンテンスや語句が削除・変更され、原註が再整備された。本稿の底本としたのは、二〇一七年一一月二二日付けの改訂版である。誤記が疑われる箇所などの疑問点は、著者に問いただして訂正してある。

第5部　神経系イメージ学

神経系イメージ学

神経系イメージ学とは二〇〇三年にカール・クラウスベルクによって提唱された、一九世紀以降の神経科学までの知覚論を参照し、イメージ分析と知覚分析の弁証法からイメージ表象を読み解こうとする概念である。[1] 混同されがちであるが、芸術作品をトリガーとして引き起こされる情動体験と脳活動の相関を主な研究トピックとする神経美学とは根本的に異なる。二〇一一年に改訂版が出版されたメッツラー美術史辞典にも「神経系美術史・イメージ学」という項目で収録されており、現在ではかつての芸術心理学に代わる美術史の一分野として徐々に認識されはじめている。しかしながら、中世・ルネサンス期に描き手の思惑として組み込まれた生理に訴える図像のレトリックに着眼したタンヤ・クレム編の論集『図像生理学（Bildphysiologie）』（Akademie Verlag, 2013）という例外を除き、十分に実践されてきたとは言い難い。そこには少なくともふたつの問題がある。ひとつは、表象としてのイメージ生成を観察するために欠かせない、外的と内的なイメージのあいだの「一瞬」に関する問題である。もうひとつはいまや十分に認識されていることだが、人文学と経験科学を繋ぐ方法論的問題である。第5部ではこれらふたつの問題に焦点をあて、各論としての神経系イメージ学を実践するための地ならしが試みられる。[2]

クラウスベルクとブレーデカンプはそれぞれの視点から内的なものを伴う「イメージ成立」を論じている。美術史やイメージ学では物理的な眼で捉えきれない徴候の察知から生じる内的なものの存在が議論の対象とされる一方で、その定義の不鮮明さが度々問題になってきた。この問題に対してクラウスベルクはハインツ・ヴェルナーやフリードリヒ・ザンダーによって提唱された「現実・微視発生」をペースメーカーとして心理的なイメージ成立の瞬間を捕捉することを試みている。「その射程はヴェルフリンによるバロック様式の特徴づけから一九五〇年代の未完成の議論に及ぶ」という。クラウスベルクはそこに心理学と美術史、ふたつの系譜の二重螺旋構造を見事に浮かび上がらせるのである。とくに注目すべきはクラウスベルクがウィリアム・シュテルンの解釈から導く「心理的な現在は、「現在時における投影」

によって、非同時的な構成要素も一つにまとめて内的なイメージ／直観をつくりだせる」という主張である。これは、ブレーデカンプによる「一望」に依拠したイメージ現象学と、現行の神経科学における神経系並列処理の空間ドメインに関する知見[3]を超領域的に、かつ齟齬なく結び付ける重要な指摘である。美術史と心理学の影響史を洞察し、その隔りを紡ぐことで分離した知のDNAを修復する。その上に神経系イメージ学の礎をなそうとするクラウスベルク独特の思考世界を垣間見ることができる。神経系イメージ学入門としても、うってつけの論考ではないだろうか。

一方、ブレーデカンプは「一望（Coup d'œil）」の横断的系譜学から、イメージ成立の瞬間について、軍事理論までを取り込んだ大胆な論を展開していく。カール・フォン・クラウゼヴィッツの軍事理論解釈を頼りに紐解かれる「一望」の空間特性は、イメージ論に「轟音（Krach）」下の場景的認識として、視覚のみならず聴覚（音響知覚）や触覚（障害物や空気振動）を取り込んでゆく。まさに、ブレーデカンプが『モナドの窓』（産業図書、二〇一〇年）で取り上げたライプニッツの素描「肉体－魂－ペンタゴン」のように、視覚のイメージ認識の構図が聴覚、そして触覚までも取り込み、多感覚的なイメージ論へと姿を変えてゆくのである。往々にして膨大な図像群の読み解きからイメージ作用に迫るブレーデカンプが概念の系譜からテーゼを導くという類い稀な議論展開にも注目である。なお、このブレーデカンプの論考は、坂本泰宏とラインハルト・マイヤー＝カルクスが責任編集を務めた『知のイメージ世界』第10・2巻「イメージ・音・リズム」（De Gruyter, 2014）の理論的出発点でもある。同書では各論として音とイメージの交叉点への考察が試みられている。

ヴィンフリート・メニングハウスと石津智大は言語と芸術の経験科学を切り拓いてきた先駆者として、最先端の研究成果を報告するだけでなく、その研究に向けられた批判への応答、そして現状での限界について赤裸々に論じている。世代を大きく隔てるが、文芸学的な「情動」という問いから経験科学へ至ったメニングハウス、そして実験心理学から人文学に根ざす「美醜」という問いへ至った石津という両者の思考のコントラストにも注目して読んでいただきたい。

石津智大はロンドン大学ユニヴァーシティー・カレッジ校で長年、神経美学の父であるセミール・ゼキと共に、その領域の発展に貢献してきた若手研究者である。fMRIによる実験データを用いて美的経験と眼窩前頭皮質（mOFC）

の活動の相関を報告した二〇一二年の *PLOS ONE* 掲載論文「脳に基づく美の理論に向けて（Toward a Brain-Based Theory of Beauty）」は、過去一〇年に刊行された神経美学論文のなかで最も重要なもののひとつに数えられている。「神経美学の功績のひとつは、批判を受けることそのものではないか」という石津は、過去に人文学から寄せられた四大批判に対して前向きな回答を示している。神経美学に対する批判は少なくない。しかし、その多くが未だ一九九九年に刊行されたセミール・ゼキ『脳は美をいかに感じるか』（日本経済新聞社、二〇〇二年）を批判するもので、新しい成果に眼が向けられていないことが多い。石津が訴える現場の声は、今一度、神経美学と人文学の目的や意識の共有部分と違いを明らかにしつつ、その対話を実現するものではないだろうか。

かつて、ヴィンフリート・メニングハウスは二編に分けて刊行された博士論文『無限の二重化』と『敷居学』でヴァルター・ベンヤミン読みとして確固たる地位を築いた。その文芸学者メニングハウスが経験美学へと方向転換をしたことは、ドイツ人文学界のなかで驚きのニュースとして受け止められた。それから暫しの時が経過し、つい先日、経験美学者メニングハウスとしての最初の総論となる「美的感情とは？（What are aesthetics Emotions）」という長大な論文が米国心理学会の刊行する論文誌 *Psychological Review* に掲載された。そこに至るまでの舞台裏を五つの事例や私的な見解も交え、文芸学者の視点から論じたのが本書掲載の論考である。

大著『吐き気』（法政大学出版局、二〇一〇年）と「否定的感情の快」の実験という、理論と経験科学の協働のなかで否定性バイアスへの「科学的洞察は、経験心理学的研究からしか得ることができなかった」と言うように、メニングハウスの学術的本質は、経験美学の敷居を跨いだいまもなお、かつてと同じ場所に根ざしていることを強く感じさせる。そして、経験美学的文学研究の本質を「シシュフォス的状況」と消極的に喩えつつも、それでもなお「文学の省察を再び伝統的な修辞学、詩学、美学の複合領域的な姿に近づけられるかもしれない」というメニングハウスの探究心は、人文学が忘れつつある、その本気の有り体を私たちに感じさせてくれるものではなかろうか。ちなみにこの論文はドイツではまだ刊行されていないことにも触れておきたい。世界と比較して独自の翻訳市場形態をもち、世界中の思想が流れ込む日本の人文学の土壌の方が現在のメニングハウスの考えをより中立的に汲み取ることができるのではないかというメニングハウスと編者らの考えの一致から、翻訳稿の先行発表が実現した(4)。

本書の締めとなる坂本泰宏の論考は、クラウスベルクやブレーデカンプが論じる、イメージが触媒となり浮上する内的なもののなかでもとくに動的なもの、つまり、運動に関わるイメージの「内在」は何処にあり、いかに経験科学的に捕捉可能かをテーマとしている。メニングハウスや石津が論じている経験美学や神経美学の動向も踏まえ、イメージ論として、経験科学に対して適当な批判性をもって接することを心がけた。拙論「皮膚、そして微小表象への旅」(『思想』二〇一六年四月号)では、直観と表象のあいだの中間空間を黒い箱(ブラックボックス)と呼び、外的イメージと内的イメージの両側から帰納的に迫ることを試みた。本論では、その中間空間を実在論的に、「内在」発生に伴う知覚刺激の「量」と「質」の転換が起こる場という仮定からイメージ学的かつ経験科学的な推論に耐える演繹モデルとして考察している。基本的には、ライプニッツの知覚論を柔軟に解釈することでイメージの内在を(経験)科学的に観察するための手がかりを摑もうという試みである。その上で、「像行為」を含むイメージの潜勢力を経験科学的に解釈する上で大きな誤解を生みかねない「身体化認知」――「身体化された認知」とも訳される、ミラーニューロン仮説を支える概念である――との混同による科学の縄張りを超えた拡大解釈を避けるため、ブラッドフォード・マホンによる「身体化認知批判」に則り、像行為に基づくイメージの「内在」の射程を明確に定義することに努めた。この論考はブレーデカンプのインタビューの中でも言及されている坂本による現行プロジェクトの理論編という位置付けでもある。

神経系イメージ学、そして経験美学・神経美学を取り巻く学問の潮流はクラウスベルクの論考で顕著に描写されているように、複雑に入り組んだ学問史や思想の相互影響史の中から生み出されてきた。あくまで一つの切り口ではあるが、これらを一八三〇年以降のドイツを中心とした神経系人文学(神経系イメージ学に限定しない音楽学や文芸学を含めた概念)という方法論模索の分類から相関図として纏めたもの(図１)を掲載しておく。第５部の各論考の背景やそれぞれ繫がりを考察する際に併せて参照していただきたい。

神経系イメージ学は、いま、まさに起こっている、現在進行形の学問である。このイメージ世界への挑戦が、批判を交えつつ、イメージにまつわる新たな発見と知的刺激を引き起こすことに繫がれば幸いである。

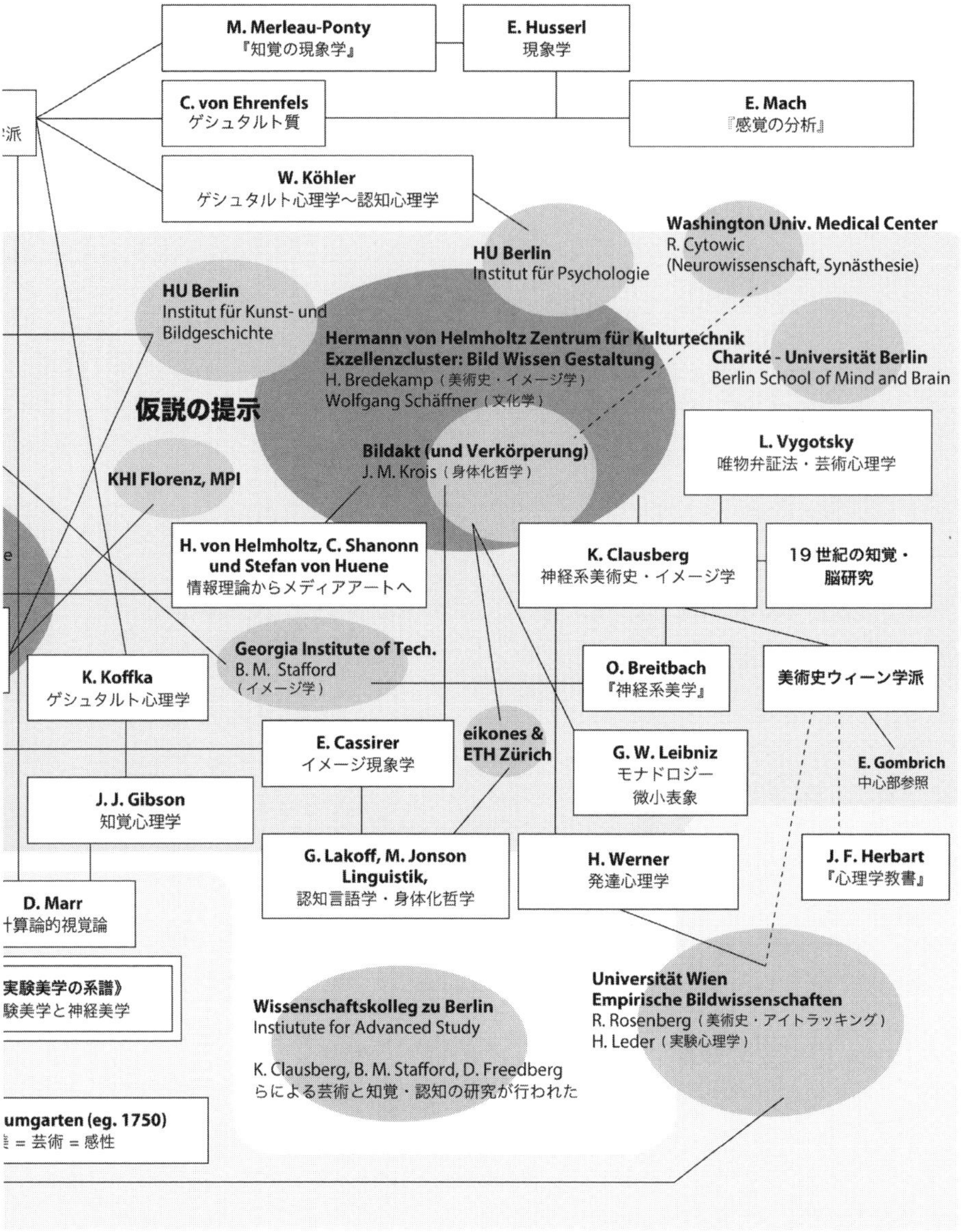
M. Merleau-Ponty
『知覚の現象学』
E. Husserl
現象学
C. von Ehrenfels
ゲシュタルト質
E. Mach
『感覚の分析』
W. Köhler
ゲシュタルト心理学〜認知心理学
HU Berlin
Institut für Psychologie
Washington Univ. Medical Center
R. Cytowic
(Neurowissenschaft, Synästhesie)
HU Berlin
Institut für Kunst- und
Bildgeschichte
Hermann von Helmholtz Zentrum für Kulturtechnik
Exzellenzcluster: Bild Wissen Gestaltung
H. Bredekamp（美術史・イメージ学）
Wolfgang Schäffner（文化学）
Charité - Universität Berlin
Berlin School of Mind and Brain
仮説の提示
Bildakt (und Verkörperung)
J. M. Krois（身体化哲学）
L. Vygotsky
唯物弁証法・芸術心理学
KHI Florenz, MPI
H. von Helmholtz, C. Shanonn
und Stefan von Huene
情報理論からメディアアートへ
K. Clausberg
神経系美術史・イメージ学
19世紀の知覚・
脳研究
Georgia Institute of Tech.
B. M. Stafford
（イメージ学）
K. Koffka
ゲシュタルト心理学
O. Breitbach
『神経系美学』
美術史ウィーン学派
E. Cassirer
イメージ現象学
eikones &
ETH Zürich
G. W. Leibniz
モナドロジー
微小表象
E. Gombrich
中心部参照
J. J. Gibson
知覚心理学
G. Lakoff, M. Jonson
Linguistik,
認知言語学・身体化哲学
H. Werner
発達心理学
J. F. Herbart
『心理学教書』
D. Marr
計算論的視覚論
実験美学の系譜》
験美学と神経美学
Universität Wien
Empirische Bildwissenschaften
R. Rosenberg（美術史・アイトラッキング）
H. Leder（実験心理学）
Wissenschaftskolleg zu Berlin
Instiutute for Advanced Study
K. Clausberg, B. M. Stafford, D. Freedberg
らによる芸術と知覚・認知の研究が行われた
umgarten (eg. 1750)
＝芸術＝感性

神経系人文学の相関図

《ドイツ語圏を中心とした学問史 (1750-) と神経系人文学の系譜図》

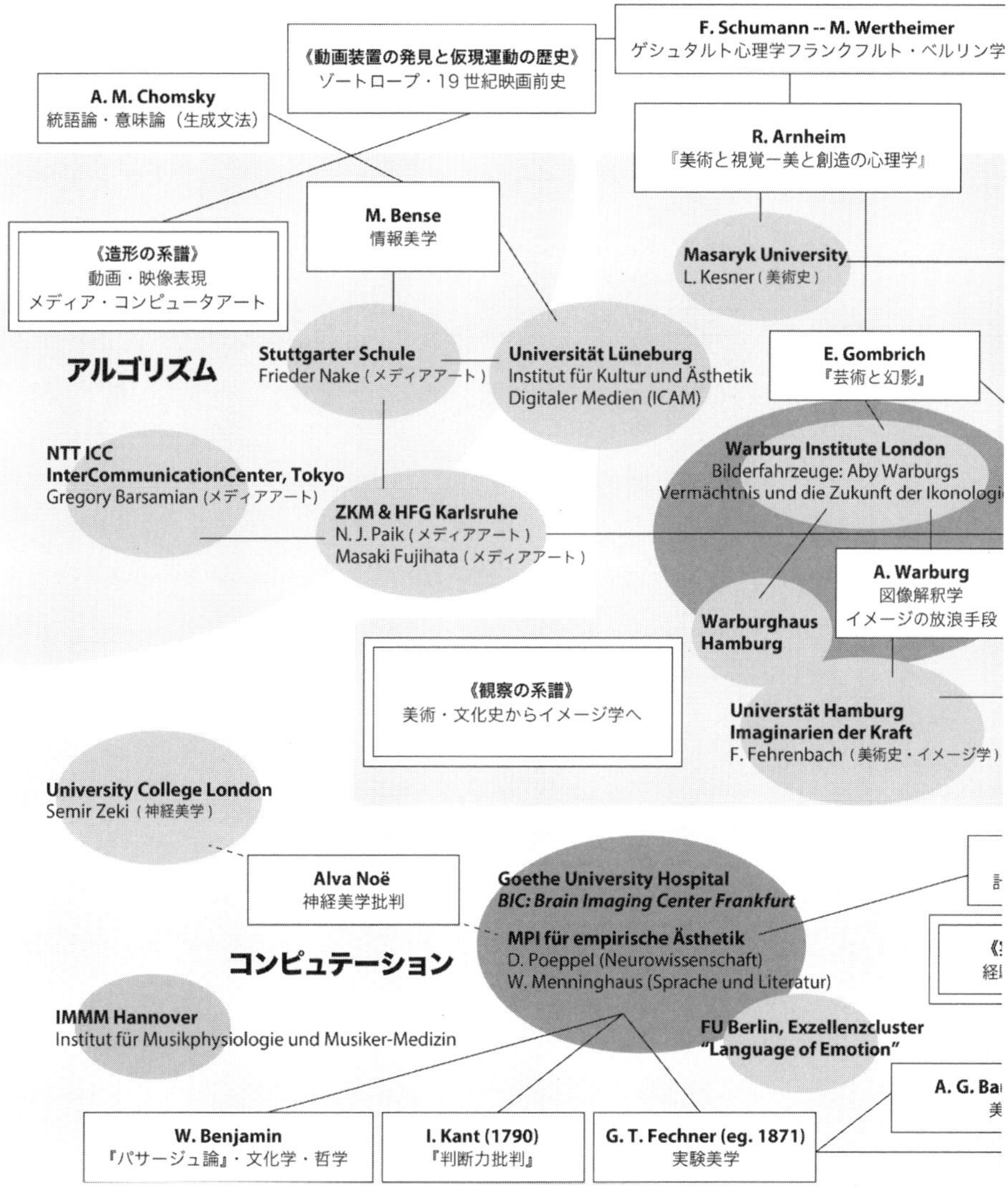

図１　ドイツ学問史と

（坂本泰宏）

注

（1）神経系イメージ学を最初に日本に紹介した田中純は「美術史を視覚表現の実験結果が蓄積された膨大なアーカイヴとしてとらえ、そのサンプルと脳科学の知見とを付き合わせることにより、今まで美術史が取り扱ってこなかったイメージの意味の層である、表象としてのイメージが生成する次元を明らかにする」と解説している（『現代思想』二〇〇五年七月号、九〇頁）。

（2）ブレーデカンプ、クラウスベルク、石津の論考各編は『思想』二〇一六年四月号「神経系人文学特集」に掲載されたものを改稿のうえ再収録、メニングハウス稿も部分的に『思想』掲載のものに準ずるが大きな追加・削除が加えられている。

（3）視覚ではNassi, J. J., & Callaway, E. M. (2009). Parallel processing strategies of the primate visual system. *Nature Reviews Neuroscience*, 10(5), 360. 言語ではPoeppel, D. (2011). Genetics and language: a neurobiological perspective on the missing link (-ing hypotheses). *Journal of neurodevelopmental disorders*, 3(4), 381. を参照。

（4）ドイツ語版は二〇一九年秋にDe Gruyterから出版予定の、Sakamoto, Y., Jäger, F., & Tanaka, J. (Hg): Bilder als Denkmittel und Kulturform - Bildwissenschaftliche Dialoge zwischen Japan und Deurschland. に掲載予定である。

第16章　神経美学の〈前形態《ゲシュタルト》〉[1]

カール・クラウスベルク
濱中　春訳

岩城見一に捧ぐ

一九二〇年代末、いわゆる〈現実発生 Aktualgenese〉——第二次世界大戦後には〈微視発生 microgenesis〉として国際的に知られるようになる概念——が研究対象として注目を集めるようになった。最終的な〈ゲシュタルト質〉〔知覚現象における部分や要素の総和以上の一つのまとまりのある全体としての性質〕——ベルリンのゲシュタルト心理学の三巨頭ケーラー、コフカ、ヴェルトハイマーによって後に世界中に広められたもの——が、いわば結晶のような簡潔性《プレグナンツ》と不変性をそなえているのに対して、それらに先立つ〈現実発生〉が登場したのである。発生の原理は、三つのレベル、すなわちゲシュタルトの現実の成立と、精神の全発達過程、つまり一般的および個別的な発達のいずれにおいても作用すると考えられるようになった。ゲシュタルトの創出の〈系統発生〉と〈個体発生〉に、ゲシュタルト心理学のいうプレグナンツ〔知覚の体制化において優先される単純で秩序のとれた形態〕の突然の出現とは逆に、〈観察における形の生成〉が加わったのである。

このような研究が始まったのは、心理学と芸術学がまだ密接に関連しあっていた時代であった。ヴィルヘルム・ヴントのような万能学者は、実験する哲学者にとってはまったく自明なこととして美学の問題に取り組んでいた。〈現実・微視発生〉のパイオニアたちを含む次の世代の研究者たちも、まだ学問の全体的な連関を前提としていた。彼らの研究は二つのより一般的な観点、つまり、明暗と色空間の把握と、意識における現在時の問題に根ざしていた。それらを背景として、知覚の瞬間的な形成に関する、現在でも重要性を持つ問題が提起されたのである。そして、その際に中心的な概念の一つとなったのは、〈前形態《ゲシュタルト》 Vor-Gestalt〉というドイツ語であった。本章ではこの言葉を、特にその系譜学的な意味において〈現実・微視発生〉のペースメーカーとして位置づける。

1　背景

ヨーロッパにバックグラウンドを持つ微視発生研究の最近の専門家の一人タリス・バッハマン(2)は、このような事柄への認識はすでに一九世紀に芽生えていたと指摘している。ヘルマン・フォン・ヘルムホルツ、フランシスクス・コルネリス・ドンデルス、ヴィルヘルム・ヴント、その他多くの人々は〈潜時〉、つまり知覚と反応の間で生じる短時間の遅れに気づき、その研究を行っていた(3)。

早くも一八二〇年頃には天文学者ヴィルヘルム・ベッセル（一七八四―一八四六）が、星の位置を測定する際にはずれが生じるが、それは観測者の個人的な「気質」に左右されるようだということに気づいていた。その三〇年後には、当時、ベッセルと同じくケーニヒスベルク大学に勤めていたヘルマン・フォン・ヘルムホルツ（一八二一―一八九四）が、人間の神経刺激の伝達速度をはじめて測定した(4)。知覚の遅れとその発生という研究領域はこのように開かれていたのである。そしてそれは、たいていは気づかれないままに留まる〈微小で曖昧な知覚〉についての、ライプニッツにまで遡る推測と結びついた。

一八九〇年代には実践的および概念的な脳研究の進歩によって、知覚の形成についてより詳細なモデルが生まれた。ウィーンの脳研究者ジークムント・エクスナー（＝エーヴァルテン）（一八四六―一九二六）は、神経系の〈抑制〉と〈促通〉の概念によって〈意識の器官における［心理的な］興奮〉の構想を打ち立て、後の研究に大きな影響を与えた。「曖昧な知覚として［大脳］皮質において一連のプロセスが起こり、その結果が意識に組み入れられる。ただし、それらのプロセスの要因を後になってもう一度意識によって捉えることはできない。それはいわば意識の外部で進行する心理的な生なのであり、その結果が意識に受け入れられて、感覚の役割を演じるのである」[5]。

このような将来性のある言葉が、さらに掘り下げた研究の舞台を用意した。バッハマンが言及しているように、一八九二年にはすでに、一時期、ライプツィヒのヴントの研究室で働いたことのあるロシアの心理学者ニコライ・ランゲが、残念ながら翻訳はされていないが、複数の著作の中で、瞬間的な知覚は――おそらくエルンスト・ヘッケルの〈生物発生および精神発生の原則〉の反復説の図式にならって――複数の発展段階をへて形成されるという見解を提示していた[6]。

知覚の生成・変化・消滅の根本的な原因として、ライプツィヒ、プラハ、ウィーンで活躍し、生理光学の分野でヘルムホルツのライバルであったエーヴァルト・ヘーリング（一八三四―一九一八）は、空間の暗さと空間色を研究した[7]。「自分と視覚の対象との間のいわゆる何もない空間は、昼間は夜とはまったく違って見える。暗さが増してくると、それは対象の上だけではなくわれわれと対象との間にも広がり、ついには対象を完全に覆い隠して、それだけで空間を満たす」とヘーリングは一八七九年に述べている[8]。そのような外的な経験に〈心像〉――フランシス・ゴールトン（一八二二―一九一一）が一八八三年に導入した概念[9]――という内的なイメージが加わった。それらはいずれも、一世代の研究者全員の育ての父といえるヨハネス・ミュラー（一八〇一―一八五八）が、まだ若かった一八二六年に書いた『幻視的な視覚現象』の遠い子孫であり名残りであった。「眠りにつく前に目を閉じていると、視野の暗闇にさまざまな光る像が見えないということはめったにない[10]」。

さらに一九世紀初頭には、フリードリヒ・ヘルバルト（一七七六―一八四一）が、意識の内容の出現と消失について論じていた[11]。〈識閾〉と〈表象系列〉という彼の概念モデルに基づいて、最終的にはさまざまな実験が行われるようになった。たとえばオスヴァルト・キュルペ（一八六二―一九一五）は、まだライプツィヒでヴントの助手を務めていた一八九一年に、「感覚的印象の客観化と主観化に関する研究」を行い[12]、その際にはじめて実験結果が指示に左右されることを考慮に入れた。同様の実験は、その後一八九五年にアメリカでカール・エーミル・シーショア（一八六六―一九四九）によっても行われた[13]。

ウィーンでは、すでに一八八八年に聴覚の専門家ヴィクトル・ウルバンチッチュ（一八四七—一九二一）が「一つの感覚の興奮が他の感覚に及ぼす影響について」の実験を行っており、そこでは彼は新たに発見された〈共感覚〉という現象を出発点としていた[14]。一九〇七年にはウルバンチッチュの詳細な研究『主観的な視覚像』が続き、一九〇八年にはさらなる研究『主観的な聴覚現象』によって補足された[15]。一九二二年にカール・ビューラー（一八七九—一九六三）がウィーン大学に招聘されたとき、彼は『色彩の現象方法』の完成原稿を携えていた[16]。〈色彩の空間性〉と〈空間の暗さ〉は知覚心理学だけではなく芸術学にとっても鍵概念になっていた。それはビューラーに先立ってダーヴィト・カッツ（一八八四—一九五三）が、その著書の中ではっきりと[17]——レオナルドの『絵画論』に関連づけて——ヘルムホルツ、ヘーリング、フェヒナーによって開始された感覚生理学的・現象学的な研究の流れを引き継いで本格的な〈絵画光学〉を打ち立てていたからである。ただし、ビューラーがその研究を一九二二年に刊行したのに対して、残念ながらカッツのさらなる研究が出版されることはなかった[18]。

色彩を帯びた空間の暗さは、芸術学において——とりわけウィーンでは——、ルネサンス期以来讃えられてきた線遠近法の対極となった。また、現代美術も色彩がもたらす奥行きの陶酔感をますます追求するようになった。アメリカの光の芸術家ジェームズ・タレル（一九四三—）は、二〇世紀初頭に理論と実験によって研究された色空間のイリュージョンを、数十年後に実に圧倒的な効果へと発展させたのである。

2　前景

では、現実・微視発生研究の二人の創始者に話を進めよう。脳研究の中心地の一つであったウィーンでは、一九一五年から一六年にかけて、若きハインツ・ヴェルナーがジークムント・エクスナーの生理学実験室で助手として働いていた。一九一三／一四年にはフリードリヒ・ザンダーが、当時、精神物理学の「メッカ」であったライプツィヒでヴントの助手として学者の道を歩み始めた[19]。そこでは——もう一つの場所でも同様に——知覚の瞬間的な展開のプロセスについてさまざまな推測が蓄積されていった。しかし、そのようなテーゼが一連の実験によって妥当性を確認され、言語化されて概念形成が行われたのは、一九二〇年代に入ってからであった。

ウィーンの音楽学者・心理学者のハインツ・ヴェルナー（一八九〇―一九六四）は多才な人物であった。彼の関心の広さは、その研究の端緒となった観点の幅広さに表れている。ヴェルナーの論文「微小旋律法と微小和声法について」[20]は、現実・微視発生研究の基礎を築いた文献の一つとみなされているが[21]、一九二三年からハンブルク大学心理学実験室において一連の「構造法則についての研究」の一環として生まれたものである[22]。この研究の射程は幾何学的・視覚的錯覚から動的な造形の問題、言語構造から音響ゲシュタルトの形成にまで及ぶ幅広いものであった。この一連の研究の中で原理としては〈微視発生〉のコンセプトも提示されてその概念が準備されており、ヴェルナーはそれを［アメリカへの］亡命後に英語の専門用語に取り入れたのである[23]。――当初はそれより大きな影響力を持っていた〈現実発生〉という言葉をつくり出したフリードリヒ・ザンダー（一八八九―一九七一）は、このテーマに関連する最初のいくつかの論文の中ですでにヴェルナーの研究を引き合いに出すことができた。

ザンダーは、一九二六年に「空間的律動論」という論文の中ではじめて〈前ゲシュタルト Vorgestalt〉の概念を説明している。「〈前ゲシュタルト経験〉とは、ある集合体の現実的な形成、つまりゲシュタルトの形成に先立つ、しばしば明確な特徴を持つ経験期のことである。この先行期は著しく全体的で感情的である。前ゲシュタルト経験の意味は、そこで形に向かって突き進むゲシュタルトの重要性にともなって大きくなる。芸術家や詩人、哲学者たちはこの創造的な状態における感情の衝動と全体的な感動について語っている。特定の条件の下では、特に視覚に関しては、ゲシュタルトの発生を前ゲシュタルト経験の個々の段階、つまり〈前ゲシュタルト〉において追跡することが可能である。これらの前ゲシュタルトは、完成した最終ゲシュタルト（Endgestalt）ほど分節されておらず、より全体的で、後者のように最終決定されておらず、強い「ゲシュタルトへの衝動」をともなっている」[24]。――〈現実発生〉の概念そのものは、この一年後に出版された論文の中で登場した[25]。

その間に〈新ライプツィヒ学派〉の主唱者の一人となったザンダーは、彼が提案、あるいは着手した実験[26]について、

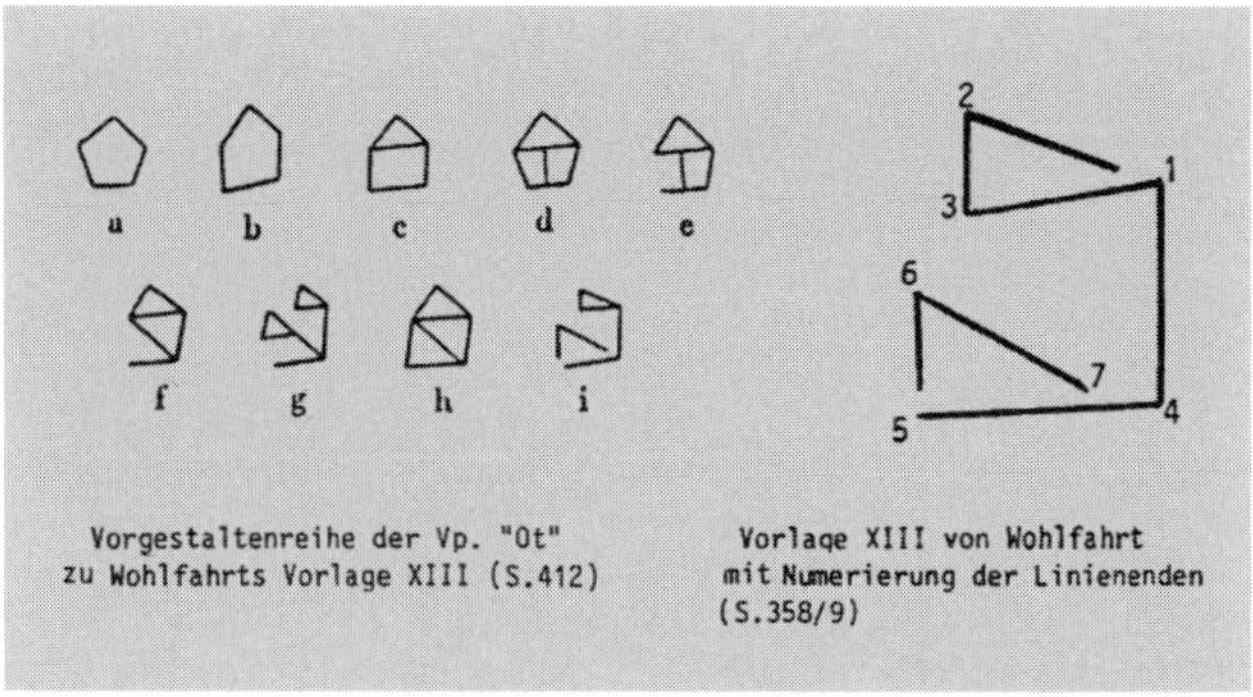

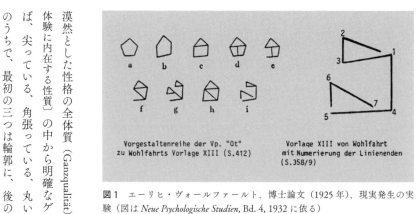

図１　エーリヒ・ヴォールファールト、博士論文（1925年）、現実発生の実験（図は *Neue Psychologische Studien*, Bd. 4, 1932 に依る）

後に次のようにまとめている。それによれば、現実発生の研究は、ゲシュタルト形成の経験の背後で働いているさまざまな力をのぞき見ることを可能にするため、理論的には特に有益であるとされる。現実発生の研究は、刺激の客観的な条件の効果を、ゲシュタルト生成のプロセスを開始するには十分だが、それを決定的には規定しないように制限することに成功すれば、どのような場所でも行うことができる。実験の仕掛けによって、視覚の対象を極度な縮小状態から適度な大きさまで拡大することが可能になる。対象を短時間（瞬間露出器《タキストスコープ》を用いて）、いくつも次々に見せたり、完全な暗闇の中から明るい図形として出現させたりすることもできる。ゲシュタルトが徐々に成立する同様の条件は、視覚的な形象を視野の周辺部から中心へと段階的に移動させることによっても生まれる。そのような実験装置によって、日常的な条件の下では瞬時に起こる知覚のプロセスが、いわば時間的に引き伸ばされて個々の段階において見渡されるようになるのである[27]。

　ザンダーは、一九二八年に現実発生に関する研究の試みをはじめて簡単に報告したとき、すでに以下のように説明していた。個別的および一般的な発達におけるゲシュタルト質の発生にとって、子どもや未開人による視覚的・聴覚的なゲシュタルトの絵や言葉による再現は有益である。どちらの場合も漠然とした性格の全体質（Ganzqualität）〔全体性心理学でゲシュタルト質の上位概念とされ、複合的な全体それ自体に固有の知覚体験に内在する性質〕の中から明確なゲシュタルト質が生まれることがはっきりと見てとれる。全体質としては、たとえば、尖っている、角張っている、丸い、かさばっている、格子状、その他さまざまなものがある。ここにあげた全体質のうちで、最初の三つは輪郭に、後の二つは漠然とした内部構造の性質に、より多く関わっている。ゲシュタルトの形成においては、通常、輪郭の形成が内部の分節に先行する。背景からの区別と、分離された意識野の下位全体（Untergänze）〔知覚内容の総体的な全体の下位概念だが、それ自体が一つの全体でもあるとされる〕の完成は、ゲシュタルトのさらなる形成の前提である。縁の分節と内部の分節は相互に影響を及ぼし合うが、明らかに輪郭のほうが優位に立っている。[28]

ザンダーにとっては当初から、独特に感情のこもった〈前ゲシュタルト経験〉が重要な意味を持っていた。それは、期待が視覚的現実とそれを把握した瞬間に折り合って、ある程度完全な外観を生み出すときに起こる。彼は一九二八年の長い研究報告の中で、現実発生の諸現象を特に詳しく、また表現主義的に誇張された雄弁さで描写している。[29] それによると、現実発生の結果が常に安定した〈最終ゲシュタルト〉であるとはかぎらない。不十分な、あるいは矛盾を含んだ知覚データは、対象の形成を途中で不安定にしたり中断させたりすることがある。そのような場合には不安や不満足の感情が生まれる。ゲシュタルトの生成が完全に逆転すること、つまり極度に感情のこもった〈ゲシュタルトの崩壊〉も、外的な刺激の条件と内的な期待とが変動しながら相互に作用し合う中では起こりうる。[30]

ベルリン学派のゲシュタルト理論とは明らかに異なって、新ライプツィヒ学派の複合・全体性心理学の代表者たちは、期待の内容とその再現結果の変わりやすさを常に強調していた。彼らの見方では、ゲシュタルトの経験には二つの可変的な条件の複合体が決定的な役割をはたす。一つはその都度の外的な刺激の組み合わせであり、もう一つは内因性の構造的な諸力、つまり内的な指向性で、それらの作用の下で、所与の感覚的現実が可能なかぎり最善のゲシュタルトとして経験されるというものである。外的な条件の複合体には、人間の手で作られた作品ももちろん含まれた――そして、それによって美術史が視野に入ってくることになった。

ザンダーはすでにギムナジウム時代から「美術史上の事柄への心理学的なアプローチ」に関心を持っており、[31] ハインリヒ・ヴェルフリンはバロック様式の特徴を論じる際に現実発生の現象と合致する結論に到達していたとも述べている。[32] そうであるとすれば、芸術は知覚体験を特定の目的に合わせて操作する営みであることになる。ザンダーの言葉を引用しよう。「前ゲシュタルトがある一つの〔中略〕全体的な、精神の構造上の深みに源を発する感情の流れの中にしっかりと埋め込まれていることによって、視覚的な形象はしばしば豊饒な凝縮した生を与えられるが、この生は最終ゲシュタルトにおける単に視覚的な具象性への空疎化とは印象的な対比をなしている。（中略）多くの観察者が、この秩序からの逸脱のプロセスに、いかに文字どおりの意味で没入したいと思うか、また、不確かなよりよいゲシュタルトをつかまえておき、その形成という意味でさらに分節したいという衝動をいかに感じるかについて語っている」[33]。

ここでザンダーにとっては、美術史上の二つの代表的な様式の意図が区別されることになる。「ルネサンス建築はゲシュタルトの生成プロセスを最後まで、つまり完全な「美しい」ゲシュタルトに至るまで進める[34]。（中略）［それに対して］バロック建築の経験の仕方は、前ゲシュタルト経験に似た特徴を示す[35]。（中略）ゲシュタルト生成の衝動に満ちた恍惚感を経験させること、創造の未完結のプロセスに没入させることが、バロックの造形の目的である。それが目指すのは、できあがったもの、完成したもの、完璧なもの、最終決定として可能なかぎり最善の形につくりあげられたものの安定性ではない[36]」。――ヴェルフリンの美術史だけが現実発生的な効果に満ちていたわけではなく、マグリットのような一九二〇年代の前衛芸術家も明らかに前ゲシュタルト的な形象を用いて実験していたことは、愛国的・保守的で後にはナチス政権に傾くことになるザンダーはおぼろげにも知らなかったか、あるいは気づいていなかったのか、いずれにせよ、彼の著作の中ではそのことについては何も書かれていない[37]。また、著名な美術史学者たちが同時代にゲシュタルト心理学に関心を寄せていたことについても、ザンダーは言及していない[38]。

同様にザンダーは、早世した「ロシアのピアジェ」ことレフ・ヴィゴツキー（一八九六―一九三四）が同時期に、まったく異なった社会理論的な前提から出発しながら、ある点では非常に似かよった結論に到達していたことも知るよしもなかった。「われわれにとって明白なのは、芸術作品によって、あるいは芸術作品をきっかけとして誰にでも生じる知的なプロセス、つまり思考の過程は、狭義の芸術心理学には属さないということである。それらのプロセスはいわば芸術作品の結果、帰結、結論、影響といったものであり、芸術作品は唯一、その基本作用によってのみ、現実化されうるのである」。これは一九二五年に書かれたが、一九六八年にようやく出版されたヴィゴツキーの『芸術心理学』の根本命題の一つである[39]。別の箇所ではこのように述べられている。「解釈と批判の歴史は、その全てが読者［あるいは鑑賞者］が芸術作品の中に次々と持ち込む一義的な意味の歴史であり、それゆえ、その都度変化してきた合理化の歴史にほかならない」[40]。

端的に言えばこういうことである。ヴィゴツキーが強調した、理性が介入する以前の芸術作品の基本作用は、ザンダーがあれほど雄弁に描写した、最終ゲシュタルトへの突進、つまり〈前ゲシュタルトの経験〉に対応している。したがって、後から行われる合理化に形式上、対応するのは、安定に達した最終的なゲシュタルトであることになる。――ザンダーとヴィゴツキーの間のこのような一致は注目に値する。それは、政治的にはしばしば対立関係にある知覚心理学と美学の構造的な共通性を具体的に示しており、それらの基本的な考え方に注意を促すことには意義がある。

ザンダーの〈現実発生〉の影響史に関して確認できるのは、この概念もまた英語圏の研究に影響を及ぼさなかったわけではないということである。ザンダーは『一九三〇年の心理学』という論集に「構造、経験の全体性、「ゲシュタルト」」というタイトルの論文を寄稿した[41]。英語への翻訳は、当時アルフレッド・ノース・ホワイトヘッドとともに仕事をしていたスザンネ・K・ランガーが担当した。したがって、ホワイトヘッドの「プロセス哲学」が現実発生の研究に刺激を受けたということはおおいに考えられる。とりわけホワイトヘッドが一九三六／三七年にハーバード大学でハインツ・ヴェルナーに出会っているかもしれないことを考えれば、その可能性は十分にある[42]。――もう一つ指摘しておきたいのは、ヴェルナーの研究はヴィゴツキーにも知られていたということである。こうして最終的には現実発生のコンセプトがあちこちへ遍歴しながら網の目のように広がったが、その大部分は第二次世界大戦によっていったん人々の目から隠されることになった[43]。

3　継承

芸術学においては最近ようやく、未完成の芸術作品の原因や意味、作用について踏み込んだ問いが立てられるようになったと、一九五九年に刊行された論集『芸術形式としての未完成』の序文に書かれている[44]。この論集は、断片的なものや未完成あるいは完成不可能なもの、トルソやスケッチのようなもの、〈ノン・フィニート〉などのテーマ群に関心のある著名な美術史学者や音楽史学者たちと一人の神経学者が集まって生まれたものである。［その唯一の神経学者である］クラウス・コンラート（一九〇五―一九六一）は、戦後間もない頃から現実発生の臨床的な側面を研究していたが[45]、今回はシンポジウムの基調講演を行い、それは他の報告者によって何度も言及されている[46]。フリードリヒ・ザンダーが描写した前ゲシュタルト経験によれば、芸術における造形のプロセスだけではなく、たとえば突然浮かび上がる数学的な認識も現実発生的な事象とみなしうると、コンラートは述べている[47]。それだけではなく、理解できないもの、未来に属するもの、未完成なものの暗い母胎から姿を現してついに把握できるようになり、いま完成して目の前に存在する多くのものは、重大な損失を被っているのだ。これはおそらく芸術家も創造行為の後で経験することだろう。「彼［芸術家］は自分の中から苦労して取り出されたものをよしと認めはするだろうが、その結果が前ゲシュタルトの生成の段階にあったさまざまな可能性より劣っていることに幻滅する[48]」。――これがいわばシンポジウムの標語であった。

序文によれば、議論は一貫して発生の問題をめぐって進められ、創造のアイデア、幻視される形のイメージの原形態、〈前ゲシュタルト〉とその生成、そしてヨーゼフ・ガントナー（一八九六―一九八八）が焦点をあてた〈プレフィグラツィオーン〉［芸術作品の創作過程において形成に先立つ諸段階］の概念に向けられた。ハインリヒ・ヴェルフリンのスイスにおける弟子であり友人でもあったガントナーは、現実発生の研究の発展と方向転換に特殊な形で結びついていた。というのはヴェルフリン本人がザンダーの研究を「おおいに歓迎した」とされているからである[49]。

中間の結論として、一九五〇年代までは美術史の問題と現実発生の問題とのかなり密接な結びつきがまだ保たれていた、いや、ある意味ではそもそもその兆しがようやく見られるようになったということができる。しかし、美術史の問題意識が六〇年代以降、変化したことにともなって、学際的な研究は衰退し、停滞した。この転向の原因は、芸術家の個性と推測上のその作品の産出過程という、あまりにも広範に及び、すでに概念としても曖昧な、あるいは多義的なコンセプトにもあったのかもしれない。

現在の脳科学では、ハインツ・ヴェルナーに端を発する〈微視発生〉の研究が盛んになってきている[50]。意義深い例として、二〇〇六年刊行の『最初の二分の一秒』という示唆的なタイトルの論集があげられる。ここでは、このような綱領的な標題の下で、現実・微視発生の美術史的・文化史的な観点に再び焦点があてられている。視覚的な知覚は突然起こるのではなく、数百ミリ秒の間にはじめて意識的に知覚される最終状態に到達する。完全な意識に至る過程で、最初の刺激はさまざまな調整や修正を受ける。期待による方向づけと文化的な特徴や実践はこれまでも常に介入し、知覚の産物をその都度の環境に投影してきた。つまり生活世界のイメージである――それはまた明らかに、非現実的な拡大と器官投射をともなった、あたかも生きているかのようなイメージでもある[51]。

このように短時間で起こる瞬間的な知覚形成のプロセスに、一世紀近く前の〈新ライプツィヒ学派〉の研究、およびヴェルナーがハンブルク大学の心理学実験室で行った研究は、注意を喚起していた。彼らの研究は、神経科学や認知科学の観点においても、また美術史や文化史の観察にとっても非常に有意義であり、科学史を振り返るためにも有益である。

「人間は動き回る視覚的な探検家である。そしてわれわれは、物体や出来事の世界を調査するとき、しばしば自分の視線を移動させるため、視覚は当然ながら高度に動的なプロセスである。通常、一秒あたり二回から四回、注視が起こることを考えあわせると、行動として適切であるとともに現象として重要な表象は、約二五〇から五〇〇ミリ秒の間に視覚のシステムによって修正あるいは新たに構築されなければならない。したがって、注視の間の視覚経験が明らかに定常状態の特性をそなえているとしても、それは土台となっている高度に動的な神経プロセスに依存しているのであり、そのプロセスは一秒につき数回、更新されなければならないのである[52]」。この簡潔な記述は二〇〇六年の論集『最初の二分の一秒』の序章に見られる。ここで特に強調されているのは、いわゆる〈サッカード[53]〉という眼球運動と、ハインツ・ヴェルナーによって英米の研究界に普及した〈現実発生〉あるいは〈微視発生〉によるゲシュタルトの生成との関連性である。

ここまでの議論をまとめよう。知覚内容の構成は――図像表象の制作の場合であれ、その追体験の場合であれ――、本人に気づかれずに知覚と造形の過程を誘導している深層構造の存在を指摘することになるはずである。ライプツィヒとハンブルクで行われた初期の研究が明らかにし、最近の〈微視発生〉研究が裏づけているように、ミリ秒単位でしか数えられない時間に起こる、期待された刺激と実際に与えられた刺激との間の相互作用が、「本当の知覚とみなされる」最終的な結果を決定するのだ。――しかし、そこには微視発生のプロセスが集まってより大きな複合的な知覚となるもう一つ別の次元がつけ加えられなければならなかった。そして、この瞬間的な知覚の時間的な統合もまた、一九世紀にすでに議論の対象となり、最終的には適切な名称も与えられていたのである。

4　イメージの現在

エルンスト・マッハ（一八三八―一九一六）は一八八六年に『感覚の分析』の中で――先行する人々と同じく――〈時間ゲシュタルト〉[54]についても論じている。しかし、彼が主張した自我の各瞬間への分割とともに、意識の時間的な範囲もまた、世界観の転換をもたらす契機となった。アメリカの心理学者ウィリアム・ジェイムズ（一八四二―一九一〇）は一八九〇年に、明らかに瞬間的ではない時間経験の印象の特徴を表すために、〈見かけの現在〉、つまり「外見上の「延長された」現在」という名称を選んだ。空間知覚と時間知覚の間には顕著な違いがあるとジェイムズは述べている。「時間感覚は、たとえば目と比較すると、近視の器官と言えるかもしれない。目は何ロッドもの距離、何エーカーもの面積、それどころか何マイルもの距離でさえ、一瞥しただけで把握することができ、その全体を後でほとんど無数のはっきりと確認できる部分へと分割することができる。それに対して、時間感覚が一度に捉えることができる持続した時間の単位は、数秒の集合体であり、この時間の内部では下位区分はほとんど（中略）明確に識別することができない。われわれが実際に最もよく扱うことになる持続時間――分、時間、日――は、象徴的に捉えられる必要があり、精神的な足し算によって構成されている」[55]。――数秒からなる比較的短い時間だけが直接に知覚可能であるとジェイムズは言う。それより長い時間の幅は、象徴的な足し算によって補われなければならないのだ。この問題には数年後に、ハンブルク大学とその心理学研究所の創立者の一人であるウィリアム・シュテルン（一八七一―一九三八）も取り組んだ。

一八九七年に、当時はまだブレスラウ大学の教育学の教授であったシュテルンは、「心理的な現在時」という比較的短い論文を発表した[56]。彼はここでジェイムズが精神的な象徴上の足し算としかみなしていなかった、ある程度長い時間の表象に照準を合わせている。過去あるいは未来の出来事の時間的な経過について、比喩的で象徴的なイメージだけではなく、直接的で具体的なイメージを得たいという欲求は相当高まっているとシュテルンは言う。そしてこの欲求に応えるのが、〈現在時における投影〉と呼ぶことのできる独特の心理的な現象である。ここにも空間とのアナロジーが存在する。「そのままではけっして一回の知覚行為の対象になることはできない大きな空間的な距離（土地や川の流れ）を、われわれは一枚の小さな紙の上に投影することによって把握する。そこでは一回の意識行為で全体の空間的な連関の全容を見渡すことができるのである。同様に、時間的な連続も尺度を縮小することができるように思われる。その際には、その時間は心理的な現在時の内部におかれ、それによってやはり一回の把握行為で捉えることができるのである[57]」。

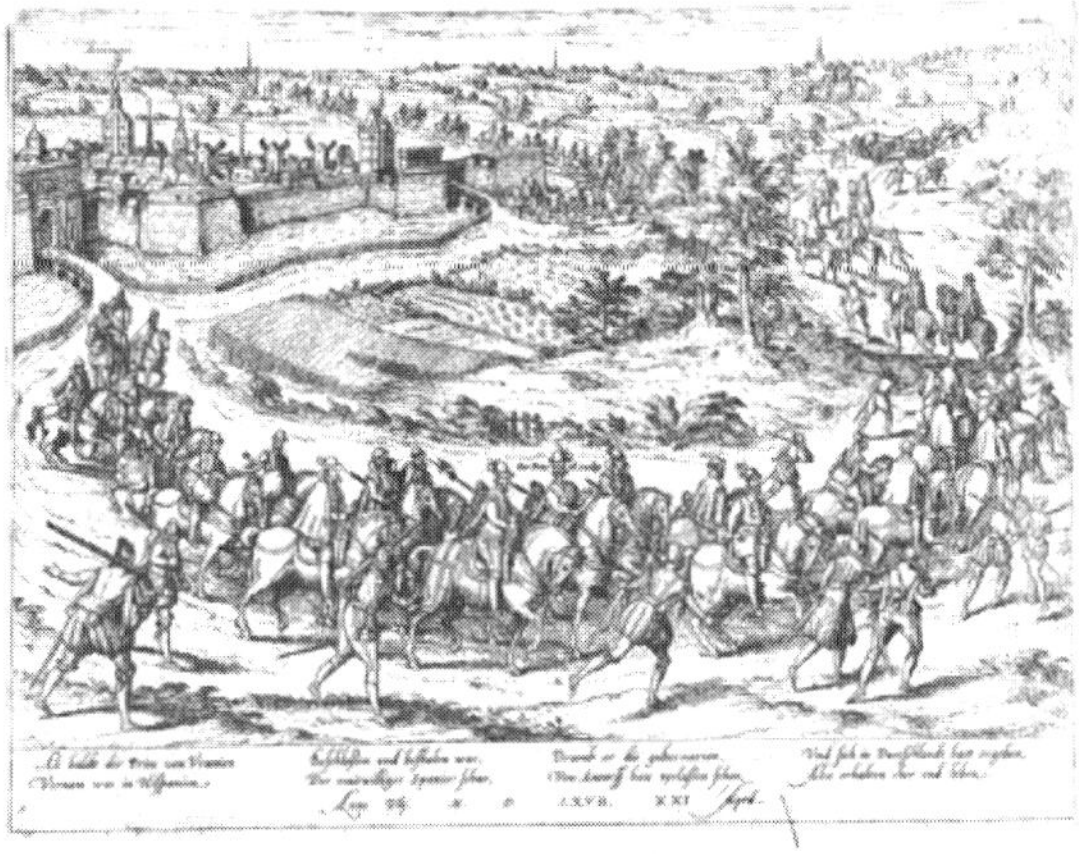

図2　〈現在時における投影〉、フランツ・ホーゲンベルク《ネーデルラントを去って1567年4月21日にディレンブルクに帰還したオラニエ公ウィレム一世》（銅版画、ヴォルフェンビュッテル、アウグスト公図書館、Graph. A1: 1634）

シュテルンはこの引用箇所に先立ってすでに核心的な原理を述べていた。「ある時間の幅の内で起こる心理的な出来事は、場合によっては、個々の部分の非同時性に関わりなく一つのまとまった意識行為を形成することができる。そのような心理的な行為の範囲が及ぶ時間の幅を、私はその〈現在時〉と呼ぶ[58]」。——つまり心理的な現在は、「現在時における投影」によって、非同時的な構成要素も一つにまとめて内的なイメージ／直観をつくりだせるということになる。

これより少し前の一八九五年に、ウィーンの美術史学者フランツ・ヴィックホフ（一八五三—一九〇九）は《ウィーン創世記》の研究の中で、ゴットホルト・エフライム・レッシング（一七

図３　〈現在時における投影〉、《ウィーン創世記》、ヤボク川で天使と組み打ちするヤコブ（6世紀、ウィーン、オーストリア国立図書館、Cod. Vindob. Theol. Graec. 31, fol. XII, 23）

二九―一七八一）が文学について述べた規定を視覚的な表現の世界に転用し、〈連続する絵物語形式〉の概念を打ち出していた。「この物語の方法は非常に奇妙である」とヴィックホフは《ウィーン創世記》の複製版につけた注釈の冒頭で述べている。「それはわれわれが今日の芸術で見慣れているものともまったく異なっている。ここでは、決定的な瞬間が選ばれているわけではない。そのような瞬間が選ばれていれば、テクストに登場する最も重要な人物たちは一つの共通の、大きな影響力を持つ筋にまとめられることになる。そして二枚目の絵では彼らは別の、一枚目に劣らず重要な状況において示され、三枚目と四枚目のやはりよく考えて選ばれた場面では物語が先へ進められる。しかし、ここでは物語に転換をもたらすような際立った瞬間を描いた絵が一枚ずつ集まって一つのまとまりのある作品群を構成しているのではなく（中略）、テクストが流れてゆくのと同様に、そっと滑るように途切れることなく、ちょうど舟に乗って岸辺の風景が目の前を通り過ぎてゆくように、物語のその時々の主人公が連続的に並び合ってテクストに付き添ってゆくのである」[59]。

ヴィックホフは主観的な知覚の特徴をウィリアム・ジェイムズ風に〈意識の流れ〉として説明した。それは、視線を古代末期の写本挿絵に描かれた、本来は横に並んでいる情景の全体図の上を滑らせてゆく。古風な舟遊びのトポスをモデルとして、移り変わる場面が重なり合いながら並び、観察者の仮想上の動きとして感じとられるようになっている。――シュテルンであれば、ここに彼のいう心理学的な〈現在時〉を直接に証明する絵を見いだすことができただろう。

いずれにせよ、シュテルンは分野横断的な視線を、われわれが絶えず――芸術においても――関わっている、ある程度の大きさを持つ形象の複合体へと導いた。それは、絵画の全ての構成要素は同時に起こったものであるというレッシングの理論が求めたように、瞬間的な印象が、実在の、あるいは架空の出来事の経過の正確な断面として捉えられることは実際にはほとんどないからである。そのかわりにシュテルンが新たに提示した〈現在時における投影〉の原理は、視野を構成するさまざまな部分を概観して統合するために――現実の知覚においても絵画による再現においても同様に――必要な縮約の可能性を全て提供した。その後、絵物語形式の時間構造を研究した美術史学者によって、シュテルンの考察が考慮されたことは一度もない。だからこそ一層、それらを遅ればせながら芸術鑑賞のコンテクストにおいて見直すことには意義があるように思われる。

ここで、〈一瞬〉と〈一望〉、つまりそれらの空間および／あるいは時間との関連性に関するホルスト・ブレーデカンプの省察[60]を取り上げても見当違いではないだろう。これら二つの印象的な概念は、現実の状況または人工的に用意された概観図を把握するために用いられる場合には、明らかに時間や空間の収斂に直接に依拠しているように思われる。一瞬で全体を見渡すことは、事態がすでに十分に集約された状態で包括的なまなざしに提供された場合、あるいは同時的な可視性のために技術的な方法が用いられた場合にのみ可能である。地図やダイアグラム、あるいは芸術作品において縮約された筋のことを考えてみればよい。そのような縮約の可能性の心理的な先行段階と結果段階を、シュテルンは〈現在時における投影〉の原理で明確に把握していた。そして、そのような創造的な造形の営みの産物を美術史的に分析する試みは、同時期にヴィックホフによって展開されていた。したがって、たとえば遠くを見晴らした描写および／あるいは短時間の把握における心的な基準と外的な変換のヴァリエーションをより厳密に追究することは魅力的であり、やり甲斐もある仕事になるだろう。シュテルンはそのような細かな弁別の問題も、その研究においてすでに視野に入れていた。

ウィリアム・シュテルンは、他方では『差異心理学[61]』によって、当時、一般的であった類型学の硬直した項目（〈視覚的〉、〈聴覚的〉、〈運動的〉など）に融通性を持たせた人物でもあるが、周囲の人々の研究活動に決定的な影響を及ぼした。彼はハインツ・ヴェルナーをハンブルクに呼び寄せ、それにより、心理的な現在時に関する彼の考察は、このウィーンから来た同僚の微視発生の研究によって補完され、継続されたのである。ハインツ・ヴェルナーがハンブルクで行った「構造法則に関する研究」と彼の『発達心理学』[62]は、シュテルンの現在時のコンセプトに個別の観察と全体的な概観を付け加え、それらのおかげでイメージの経験の過程をより詳細に描き出すことが可能になった。——最後にもう一度、アクチュアルな問題提起を一つだけ強調しておきたい。微視発生的なイメージの成立プロセスが眼球運動（〈サッカード〉）の頻度によって調整されることは、網膜に与えられた印象の収集、修復、選別によってより高次の観察単位の形成が始まるということを示唆している。しかし同時に、記憶と期待がもたらす既存のイメージの馴致も開始する。そのようなプロセスが歴史的な図像資料にどのように表れており、また新たに観察されるのかという問題については、今後多くの芸術学的・神経科学的な研究が行われる余地がある[63]。いずれにせよ、シュテルンの投影モデルとヴェルナーの微視階層によって、心理的な対象形象の、変動的・複合的なものも含めて考えうる全ての集合状態にアプローチすることのできるマスターキーが生まれたのである。——他にも概念的なレッテルが存在する中で、この端緒がいかにしてさらなる影響を及ぼしたのかということは、今後、追跡する必要があるだろう。しかし、なによりもやり甲斐があるのは、この端緒をすでに歴史的に認められている、外部で形成されるイメージ世界と内部で選別されるイメージ世界との間の転換地点として認識し、研究を先へ進めることである。

5　総括

いわば当時の色彩研究——それもまた現代の芸術現象を先取りしていたのだが——がいうところの空間の暗さの中から現れたかのように、一九世紀以降、美術史と知覚心理学の間で瞬間的な形の把握というコンセプトが生まれ、内的イメージと外的イメージの成立に関する現代の神経科学の問題を直接に準備した。〈潜時〉現象から導き出された〈現実・微視発生〉のプロセスは、ドイツ語圏の芸術学という学問分野の中心領域に関わるものであり、その射程はヴェルフリンによるバロック様式の特徴づけから一九五〇年代の未完成をめぐる議論にまで及んだ。一方、近年の脳科学の発展は、この分野横断的な研究の端緒がいかに豊かな実りをもたらすものであったかを明らかにしている。微視発生的な知覚の形成と眼球運動との相互作用の中で視覚的イメージの土台が築かれ、それはその後、「より高次の」芸術鑑賞や制作の対象にもなりうるのである。

ウィリアム・シュテルンは〈心理的な現在時〉の概念によって、人間の意識の時間性のためにはじめて柔軟性のある枠組みを構想した。その中で〈微視発生〉的な対象の形成、つまり知覚内容の形成の第一段階が起こるのである。しかし、シュテルンの具体的な説明を先鋭化して言えば、その後に続く〈内的な河辺の風景〉は、外部で起こるサッカードの飛び跳ねるような動きの連続にどの程度依存しているのだろうか？　微視発生のプロセスは内的なイメージの成立に際してはどのように形成されるのだろうか？　これらはまだ大部分が解明されていない問いであるように思われる。——結論としては、想像と現実の〈前ゲシュタルト〉が生まれる「主観的なイメージ形成の前庭」においては、イメージ学と脳科学が共同研究を行うことに意義があり、またその成果が期待できると思われる。もちろんそのためには、あまりにもお高くとまっていることの多い美術史学的な美学を神経科学の低みへと降りて来させなければならないだろう。

注

（1）本章は二〇一一年に「議論のためのテクスト」として書かれた文章に加筆したものである。タイトルは“Aktualgenese & barocke Bewegtheit – Vor-Gestalten der Neuro-Ästhetik,” *KUNSTGESCHICHTE. Open Peer Reviewed Journal*, www.kunstgeschichte-ejournal.net (ISSN 1868-0542), urn:nbn:de:bvb:355-kuge-132-4.

（2）タリス・バッハマンはエストニアのタルトゥ大学で学び、現在はこの大学の教授であり、ロシア語圏と欧米の両方の研究に通じている。Talis Bachmann, *Microgenetic Approach to the Conscious Mind*, Amsterdam, 2000. — Id., “Microgenesis of Perception: Conceptual, Psychological, and Neurobiological Aspects,” in Haluk Ögmen and Bruno G. Breitmeyer, eds., *The First Half Second. The Microgenesis and Temporal Dynamics of Unconscious and Conscious Visual Processes*, Cambridge MA, 2006, pp.11–33.

（3）Bachmann, “Microgenesis,” 2006, esp. p.12.

（4）Hermann von Helmholtz, “Ueber die Methoden, kleinste Zeitheile zu messen, und ihre Anwendung für physiologische Zwecke,” *Kö-*

nigsberger naturwissenschaftliche Unterhaltungen, 2. Band, 2. Heft, Königsberg, 1851, pp. 169-189, p.175f. *Wissenschaftliche Abhandlungen*, Bd. 2, Leipzig, 1883, pp. 862-880に再掲。 Id., "Ueber die Zeit, welche nöthig ist, damit ein Gesichtseindruck zum Bewusstsein kommt," *Monatsberichte der Königlich-Preussischen Akademie der Wissenschaften zu Berlin* 1871, pp. 333-337.

（5）Sigmund Exner, *Entwurf zu einer physiologischen Erklärung der psychischen Erscheinungen*, Leipzig and Wien, 1894, p. 69ff, 引用は p. 236.

（6）Bachmann, *Approach*, 2000, p. 25ff. — Bachmann, "Microgenesis," 2006, p. 12 および文献一覧。 —バッハマンはランゲに着想を与えた人物としてダーウィンとスペンサーをあげている。

（7）Ewald Hering, *Zur Lehre vom Lichtsinne. Sechs Mittheilungen an die Kaiserl. Akademie der Wissenschaften in Wien*, Wien, 1876.

（8）Ewald Hering, "Der Raumsinn und die Bewegungen des Auges," *Hermanns Handbuch der Physiologie*, Bd. III, 1, Leipzig, 1879, p. 573.

（9）Francis Galton, *Inquiries into Human Faculty and its Development*, London, 1883.

（10）Johannes Müller, *Ueber die phantastischen Gesichtserscheinungen. Eine physiologische Untersuchung mit einer physiologischen Urkunde des Aristoteles über den Traum, den Philosophen und Aerzten gewidmet*, Coblenz, 1826, § 34-36, pp. 20-22.

（11）Johann Friedrich Herbart, *Psychologie als Wissenschaft, neu gegründet auf Erfahrung, Metaphysik und Mathematik*, Erster, synthetischer Theil, Königsberg, 1824, Siebentes Capitel. Von den Vorstellungsreihen niederer und höherer Ordnungen; ihrer Verwebung und Wechselwirkung, § 100, p. 349ff.

（12）Oswald Külpe, "Untersuchungen über Objektivierung und Subjektivierung von Sinneseindrücken," *Festschrift Wilhelm Wundt / Philosophische Studien*, Bd. 19, 1902, pp. 508-556.

（13）Carl Emil Seashore, "Measurements of Illusions and Hallucinations in Normal Life," *Studies from the Yale Psychological Laboratory*, Vol. 31, 1895, p.1ff.

（14）Victor Urbantschitsch, "Ueber den Einfluß einer Sinneserregung auf die übrigen Sinnesempfindungen," *Pflügers Archiv*, Nr. 42, 1888, pp. 154-182. 詳しくは以下を参照。 Karl Clausberg, "'Wiener Schulen' im Rückblick. Eine kurze Bildergeschichte aus Kunst-, Natur- & Neurowissenschaften," in Elize Bisanz, ed., *Das Bild zwischen Kognition und Kreativität. Interdisziplinäre Zugänge zum bildhaften Denken*, Bielefeld, 2011, pp. 21-73.

（15）Victor Urbantschitsch, *Über subjektive optische Anschauungsbilder*, Leipzig and Wien, 1907. — Id., *Über subjektive Hörerscheinungen und subjektive optische Anschauungsbilder*, Leipzig and Wien, 1908.

(16) Karl Bühler, *Handbuch der Psychologie*, Jena, 1922, Erster Teil. Die Struktur der Wahrnehmungen. 1. Heft. Die Erscheinungsweisen der Farben.

(17) David Katz, *Die Erscheinungsweise der Farben und ihre Beeinflussung durch die individuelle Erfahrung*, Leipzig, 1911, Ergänzungsband 7 der *Zeitschrift für Psychologie* (I. Abteilung der *Zeitschrift für Psychologie und Physiologie der Sinnesorgane*).

(18) カッツは『色彩世界の構造』の第二版（一九三〇年）の序文で，「私はこの問題に関する非常に長い原稿を手元に持っている。それは戦争の前にほとんど完成していた」と述べている。David Katz, *Der Aufbau der Farbwelt*, 2nd completely revised ed., Leipzig, 1930.

(19) Friedrich Sander in *Psychologie in Selbstdarstellungen*, ed. by Ludwig J. Pongratz, Werner Traxel, Ernst G. Wehner, Bern, 1972, pp. 309–333, esp. 312ff.

(20) Heinz Werner, "Über Mikromelodik und Mikroharmonik," *Zeitschrift für Psychologie*, 98, 1926, pp. 74–89. — 以下に引用されている。Friedrich Sander, "Experimentelle Ergebnisse der Gestaltpsychologie," *Bericht über den 10. Kongreß der Deutschen Gesellschaft für Psychologie in Bonn 1927*, Jena, 1928; repr. in Friedrich Sander & Hans Volkelt, *Ganzheitspsychologie / Grundlagen, Ergebnisse, Anwendungen / Gesammelte Abhandlungen*, München, 1962, p. 103.

(21) Carl-Friedrich Graumann, "Aktualgenese. Die deskriptiven Grundlagen und theoretischen Wandlungen des aktualgenetischen Forschungsansatzes," *Zeitschrift für Experimentelle und Angewandte Psychologie*, 6, 1959, pp. 409–448, esp. pp. 411–412.

(22) Heinz Werner, ed., "Studien über Strukturgesetze," I, *Zeitschrift für Psychologie*, 94, 1924, pp. 248–264; II., ibd., pp. 265–272; III., ibd., 95, 1924, pp. 316–363; IV., ibd., 98, 1926, pp. 74–89; V., ibd., 101, 1927, pp. 159–181; VI, ibd., 102, 1927, pp. 333–337; VII., ibd., 104, 1927, pp. 201–223; VIII., ibd., 105, 1928, pp. 226–249.

(23) Heinz Werner, "Microgenesis and Aphasia," *Journal of Abnormal and Social Psychology*, No. 52, 1956, pp. 347–353.

(24) Friedrich Sander, "Räumliche Rhythmik," *Neue Psychologische Studien*, 1, 1926, pp. 123–158, esp. p. 127, n.1.

(25) Friedrich Sander, "Über Gestaltqualitäten," *Bericht über den 8. Internationalen Kongress für Psychologie in Groningen 1926*, Groningen, 1927; repr. in Sander & Volkelt, 1962, pp. 70–71. — Id., "Experimentelle Ergebnisse der Gestaltpsychologie," in Sander & Volkelt, 1962, pp. 73–112, esp. p. 101.

（26）決定的な実験観察は、一九二五年にザンダーの下で博士論文を書いていたエーリヒ・ヴォールファールトが行った。Erich Wohlfahrt, “Der Auffassungsvorgang an kleinen Gestalten. Ein Beitrag zur Psychologie des Vorgestalterlebnisses,”（Diss. 1925）, *Neue Psychologische Studien*, 4, 1932, pp. 347–414.

（27）Friedrich Sander, *Gestaltwerden und Gestaltzerfall*, Athen, 1940; repr. in Sander & Volkelt, 1962, p. 113f.

（28）Sander, “Über Gestaltqualitäten,” in Sander & Volkelt, 1962, p. 70.

（29）Sander, “Experimentelle Ergebnisse der Gestaltpsychologie,” in Sander & Volkelt, 1962, pp. 101–102.

（30）Sander, “Gestaltwerden und Gestaltzerfall,” in Sander & Volkelt, 1962, pp. 113–114.

（31）Sander in *Selbstdarstellungen*, 1972, p. 330.

（32）Friedrich Sander, “Gestaltpsychologie und Kunsttheorie,” *Neue Psychologische Studien*, 4, 1932; repr. in Sander & Volkelt, 1962, pp. 383–404. ザンダーはもっぱら Heinrich Wölfflin, *Renaissance und Barock. Eine Untersuchung über Wesen und Entstehung des Barockstils in Italien*, München, 1888〔ハインリッヒ・ヴェルフリン『ルネサンスとバロック——イタリアにおけるバロック様式の成立と本質に関する研究』上松佑二訳、中央公論美術出版、一九九三年〕を引き合いに出している。

（33）Sander, “Gestaltpsychologie und Kunsttheorie,” in Sander & Volkelt, 1962, p. 396.

（34）Ibd., p. 397.

（35）Ibd., p. 398.

（36）Ibd., pp. 399–400.

（37）ナチス独裁におけるザンダーの不名誉な役割については以下を参照。Mitchell G. Ash, “Psychology,” in Frank-Rutger Hausmann, ed., *Die Rolle der Geisteswissenschaften im Dritten Reich 1933–1945*, München, 2002, p. 241ff.

（38）Hans Sedlmayr, “Gestaltetes Sehen,” Belvedere, 8, 1925, pp. 66–73; および “Zum gestalteten Sehen,” ibd., 9–10, 1926, pp. 24–32; id., “Über eine mittelalterliche Art des Abbildens,” *Critica d'arte*, Vol. VI, 1936, pp. 261–269; Otto Pächt, “Gestaltungsprinzipien der westlichen Malerei des 15. Jahrhunderts,” *Kunstwissenschaftliche Forschungen*, Vol. 2, 1933, pp. 75–100.

（39）Lew S. Wygotski, *Psychologie der Kunst*［1925］, Dresden, 1976, p. 42.〔ヴィゴツキー『芸術心理学』柴田義松訳、学文社、二〇〇六年〕

（40）Ibd., p. 79.

（41）Sander, “Structure, Totality of Experience and ‘Gestalt’,” in C. Murchinson, ed., *The Psychologies of 1930*, Worchester MA,1930. ―ドイツ語版：“Funktionale Struktur, Erlebnisganzheit und Gestalt,” *Archiv für die gesamte Psychologie*, 85, 1932, pp. 237–260.

（42）Franz Riffert, “Whitehead’s Theory of Perception and the Concept of Microgenesis,” *Concrescence: The Australasian Journal of Process Thought*, 5, 2004［web-version］.

（43）Albert Wellek, “Gestalt- und Ganzheitspsychologie,” in id., *Ganzheitspsychologie und Strukturtheorie / Zwölf Abhandlungen zur Psychologie und philosophischen Anthropologie*, Bern, 1955, 2nd ed., 1969, pp. 49–81. ―美術史学のコンテクストではKlaus Conrad, “Das Problem der Vorgestaltung,” in J. A. Schmoll genannt Eisenwerth, ed., *Das Unvollendete als künstlerische Form*, Bern/München, 1959.〔クラウス・コンラート「前形成の問題」野村太郎訳、J・A・シュモル編『芸術における未完成』浅井朋子ほか訳、岩崎美術社、一九七一年〕

（44）J. A. Schmoll genannt Eisenwerth, ed., *Das Unvollendete als künstlerische Form. Ein Symposion*, Bern 1959.

（45）Klaus Conrad, “Über das Prinzip der Vorgestaltung in der Hirnpathologie,” *Deutsche Zeitschrift für Nervenheilkunde*, Bd. 164, 1950, pp. 66–70.

（46）Klaus Conrad, “Das Problem der Vorgestaltung,” in Schmoll, *Das Unvollendete*, 1959, pp. 35–45.

（47）Ibd., p. 39.

（48）Ibd., p. 41.

（49）Sander in *Selbstdarstellungen*, 1972, p. 330.

（50）Haluk Ögmen and Bruno O. Breitmeyer, eds., *The First Half Second. The Microgrenesis and Temportal Dynamics of Unconscious and Conscious Visual Processes*, Cambridge MA, 2006.

（51）この点について詳しくはKarl Clausberg, “Gedächtniswesen & Bildparasiten. ›Lebende Bilder‹ als Weltseuche?,” *KUNSTGESCHICHTE. Open Peer Reviewed Journal*, www.kunstgeschichte-ejournal.net（ISSN 1868–0542）, urn:nbn:de:0009–23–20862.

（52）Ögmen Breitmeyer, *First Half Second*, 2006, Introduction, p. 1.

（53）フランスの眼科学者エミール・ジャヴァル（一八三九―一九〇七）が一八七八年に、目は通常、すばやく連続してぎくしゃく動く（フランス語でsaccadeとは「ぎくしゃくした動き」を意味する）ことを発見した。

（54）Ernst Mach, *Beiträge zur Analyse der Empfindungen*, Jena, 1886, p. 104.〔エルンスト・マッハ『感覚の分析』須藤吾之助・廣松渉訳、法政大学出版局、一九七一年〕

（55）William James, *The Principles of Psychology*, New York, 1890, Vol. I, p. 611.

（56）William Stern, "Psychische Präsenzzeit," *Zeitschrift für Psychologie und Physiologie der Sinnesorgane*, XIII, 1897, pp. 325–349.

（57）Ibd., pp. 334–335.

（58）Ibd., pp. 326–327.

（59）Franz Wickhoff, *Römische Kunst*［一八九五年の復刻版の注釈の新版］, Berlin, 1912, pp. 9–10. ―この点については以下を参照。Karl Clausberg, *Die Wiener Genesis. Eine kunstwissenschaftliche Bilderbuchgeschichte*. Frankfurt/Main, 1984.〔カルル・クラウスベルク『《ウィーン創世記》――絵で読む聖書の物語』加藤哲弘訳、三元社、二〇〇〇年〕

（60）Horst Bredekamp, "Die Erkenntniskraft der Plötzlichkeit. Hogrebes Szenenblick und die Tradition des Coup d'Oeil," in Joachim Bromand and Guido Kreis, eds., *Was sich nicht sagen lässt. Das Nicht-Begriffliche in Wissenschaft, Kunst und Religion*, Akademie Verlag, Berlin, 2010.〔本書第19章〕

（61）William Stern, *Über Psychologie der individuellen Differenzen (Ideen zu einer Differentiellen Psychologie)*, Leipzig, 1900; 増補版：*Die Differentielle Psychologie in ihren methodischen Grundlagen*, 1911 and 1921.

（62）Heinz Werner, *Einführung in die Entwicklungspsychologie*, Leipzig ,1926.〔英語版からの翻訳：ウェルナー『発達心理学入門――精神発達の比較心理学』鯨岡峻・浜田寿美男訳、ミネルヴァ書房、一九七六年〕

（63）Martina Engelbrecht, Juliane Betz, Christoph Klein, Raphael Rosenberg, "Dem Auge auf der Spur: Eine historische und empirische Studie zur Blickbewegung beim Betrachten von Gemälden," *IMAGE – Zeitschrift für interdisziplinäre Bildwissenschaft*, Ausgabe 11 vom 06. 08. 2009.

第17章　言語と文学の経験美学
——旧来の文学研究よりうまく処理できること、そしてできないことは何か？

ヴィンフリート・メニングハウス
伊藤秀一訳

経験科学的文学研究とそうではない文学研究は、今日ではほぼ完全に分断された世界である。しかしながら私の理解によれば、言語と文学の経験美学は、理想的にはむしろその正反対のことを成し遂げる。それは歴史的文献学的知見、詩学、修辞学、そして哲学的美学を心理学と言語学の理論的および方法論的ポテンシャルと結びつけるものである。

以下において私は、まず今日の文芸学と詩学、修辞学、美学の伝統との間に横たわる緊張関係を祖述し、それに続いて、私に経験科学との提携を模索させる原因になった非経験的文芸学の限界と欠点を挙げていこうと思う。そして最後に、五つの実例に則して、経験科学の方法と理論に頼ることでどのような付加価値が言語と文学の美学にもたらされうるか述べてみたい。

1　文芸学と詩学、修辞学、美学の緊張関係

文芸学（文学研究）は、私の理解によれば、文学のあらゆる形式を芸術的な言語使用と創造的な思考と描出のそれぞれ特殊な形式として探求するものである。この定義はトートロジーのように聞こえるかもしれない。だがこれが該当するのは、実際に行われている文学研究のごくわずかな一部だけである。もしこの定義が一般的に妥当するのであれば、

詩学、修辞学、美学、そして言語一般の現在の理解が文学研究の基礎になっていなければならないはずである。古典古代の詩学と修辞学（一八世紀まで続くその伝統も含めて）は、弁論、悲劇、喜劇、叙事詩、そして哲学論文を技巧的に制作し、聴衆や読者に効果を及ぼすための学問として、近代美学は芸術作品および自然現象の主観的な体験や価値付けの理論として、そして近代言語学と心理言語学は、言語とそのデータ処理一般についての知識の現状として。

しかし実情は異なっている。一九世紀に近代文芸学が大学の学科として成立したとき、すでに一八世紀に始まっていた修辞学と詩学からの離反は学科の成立史の一部となっていた。美学もまた全体としてわずかな役割しか与えられなかった。そして言語学に基づいた詩学も、一九六〇年代と七〇年代におけるフォルマリスムと構造主義の定理や方法との短い蜜月をすぎれば、そこでほぼ途絶えてしまった。詩学、修辞学、美学、そして言語学に親和性を持つ文芸学についての私の理解と、この目的を実現するための経験的研究方法の複合領域的な統合に歴史的地平を付与するために、この診断にはいくつかの説明が必要となる。

まず知っておかなければならないのは、一八世紀に修辞学と詩学が激しく名声を失墜させたことを示す多くの記録があり、周知の事実となっているということである。[1] どちらも近代的な科学概念と相容れず、策動的操作の技術を提供するだけのものだという批判を免れなかった。近代の天才崇拝も同様に修辞学の軽視に寄与した。「天才」は一義的に修辞的な訓練によって習得可能なものとは考えられなかったからである。修辞学と詩学が持つ高度に洗練された大きな分析ポテンシャルは、この文脈において名声を失墜させた。

修辞学を再活性化させようという試みが企てられることもあったが、今日まで事態にほとんど変化は見られなかった。言語の芸術的彫琢と言語の「詩的」特徴の概念化のための専門技術は、厳密に考えれば文学研究の核となる技術であり、唯一の明らかな独自の売り（ユニーク・セリング・プロポジション）であるにもかかわらず、もはやあまり顧みられることはなくなった。教育においてそこに相応の価値が認められることは少なくなり、多くの文学研究者は、文学言語の特殊性の専門家としてよりも、ありとあらゆる領域の専門家として振る舞おうとする。ありとあらゆることの専門家を自称すること——そしてほとんど任意の方向に向かう素人芸——と文学研究の境界がかつてないほど曖昧になってしまったのは、まさしくこのためである。

文学研究と美学の亀裂は、修辞学や詩学の伝統との亀裂とは全く異なる様相を示す。カントにとって美学は、――それが「説得のからくり」とは無関係である限りにおいて[2]――「悪しき」古い修辞学に対する「良き」近代の選択肢であった。その限りにおいて美学は、反修辞学的文芸学にとって理想的な同盟者であることもできたであろう。しかしその機会は美学自身の側から挫折させられた。というのも、文学がかつて諸芸術の中で占めていた優位ポジションに終止符を打ったのがほかならぬ古典的哲学的美学だからである。たいていの詩学や修辞学は強力な効果を発揮するものだが、美学はそれとは異なり、美的な知覚と評価という領域を超えた原理を目指した。さらに、美学は決して単なる芸術の理論にとどまらず、自然美もファッションやデザインのような現象も取り扱った。

このように主観的に価値づける（判断する）美的な知覚の一般理論に合わせられた焦点には裏面があった。それに伴って領域固有の細分化が相対的に弱体化することになったのである。そもそも芸術作品を「生動的に」、「美しく」、「崇高に」するものの哲学的理論は、具体的な文章やテクストの微細な分析において古い修辞学の精巧な記述システムと比べるとあまり役に立たないことが多い。さらに、たいていの美学論文において文学は、多くの諸芸術の一つにすぎないばかりか、明らかに視覚芸術の優勢の陰に隠れ、後には音楽にすら負けてしまう。カントの『判断力批判』（一七九〇年）はその最良の例である。そこには、バウムガルテン（一七三五年[3]）やエドマンド・バーク（一七五七年[4]）の場合と違って、文学が登場することはほとんどない。この法則に当てはまらない例外は、（ヘーゲルの美学講義[5]のように）長いこと公刊されることがなかったか、あるいは哲学という大学の学科伝統の中では（カール・ローゼンクランツの『醜の美学[6]』やニーチェの『悲劇の誕生[7]』のように）むしろ異端の役割を担わされていた。

それゆえ美学が一般に文学研究の基礎の一つ、あるいはそれどころか唯一の基礎とみなされることもなく、教育もされないということは、それほど驚くべきことではない。それでも――少なくとも私の確信としては――美学を文芸学の基礎の一つとみなす確かな理由がある。

・美学は主観的な知覚と評価に、詩学と修辞学の論文に散見される、たいていは即興の思いつきにすぎない効果仮説と比べ、より洗練された観点を提供する。

・美学が固有の哲学分野として普及するのと並行して、メディアとして急速のブームを体験した一八世紀後半の文学批評は、個々の作家や時代の美的傾向についての「趣味判断」の公共的討議が、華々しく、美学的に精妙に、高い歴史意識を持って、同時に修辞学の知識を備えて行われていたことの好例である。文学批評は美学理論と接触を保っていたばかりではなく、詩学と修辞学の知識や分析的カテゴリーと縁を切ることなく、同時に美学に対する自らの寄与も果たしていたが、それは文学批評の特殊性の一つである。

フリードリヒ・シュレーゲルの『ギリシャ文学研究について』（一七九五―一七九七年）[8]はその絶妙の例となる。ギリシャの悲劇作家をシェイクスピアやゲーテと比較することによって、このテクストは同時に――ディドロ[9]にならって、しかし新しい綱領的な重点を伴って――美や崇高の下位概念ではないとされる新しいカテゴリーを美学に導入する。「関心を引くもの（das Interessante）」である。

ロマン派に精通するヴァルター・ベンヤミンは、彼のバロックのアレゴリー理論（『ドイツ悲哀劇の根源』、一九二五年[10]）で、ニーチェの『悲劇の誕生』（一八七〇―七三年）の路線で、修辞学の要請と歴史的美学的観点を重ね合わせて考察することがどれだけ実りあるものなのかを示す卓越した例を提示した。

修辞学と美学の理論構造を超えて、ヴァルター・ベンヤミンは最初の文学研究者の一人として、比較的幅広く同時代の言語学や（発達）心理学の研究書（その中には経験的手法のものも含まれていた）も精読し評論を書いた[11]。さらに、彼はそこに自分の大小の文学研究書のための補足的な示唆や観点を探した。

文学研究と修辞学、詩学、美学、そして近代の言語学との非常に屈折した関係について略述してきたが、経験的研究のパラダイムが文学の探究において何をなしうるのか、そして何をなしえないのかという問いには何も答えていない。

これまで挙げた修辞学、詩学、美学、そして言語学に親和性の高い文芸学の例は、どれも経験的研究ではない。旧来の研究の欠点はどこにあるのか。そして経験的研究が非経験的研究より優れているのはいかなる点なのか。

2　非経験科学的文芸学の限界と欠点

伝統的な文学研究の基本的な欠陥として最初に挙げるべきなのは、次々に発表される文学研究者の作品分析の記述が、「ふつうの」、すなわち非職業的な読者の受容プロセスにおいて重要なことをそもそも把握しているのか、把握しているならそれはどの程度なのかということについてと、認知と情動のどのようなメカニズムとプロセスがある種のテクスト意匠の読解を読者の側で制御するのかということについて、全く無知であることであろう。文学研究の大部分は「下からの美学」(フェヒナー)[12]というこうした当然の疑問に全く興味がない。

文学研究者は自らの仕事のために、主として彼らの研究対象から期待する何かを求める。例えば、すべての芸術作品は先行する作品とは異なった存在であろうとし、何かしら異なった刺激を提供したがるように、文学研究者も作品に発見しようとするのは、何よりもまず先行する職業的読者が見つけ出していないか、あるいはまだ概念化していない何かである。読むにしても、目で見るにしても、耳で聴くにしても、芸術作品の受容の可能性は、定まらず、完了せず、そして常に新しい――カントはこれを理論的に美的な知覚と評価の基本特徴と定義づけた[13]――が、これは当然のことながら芸術に関連するすべての専門分野の基本前提に属するものである。だが文学研究者の新しい観察はどれも、彼/彼女の前にまだ誰も同じことをなした者がいないというだけの理由で、未来の、そして過去の読解プロセスにとって重要なのだろうか。そして、そもそも公刊された専門家の言説は、それを気にも留めず、もちろん参加もしない読者、典型的に文学作品の実際の読者において多数派を占める読者の美的な知覚と評価にどう関係しているのだろう。

伝統的な文芸学は、自力ではこうした疑問に何一つ答えることはできない。文芸学の専門技術が果たせるのは、せいぜい文学的な対象を精妙に記述し、解釈と美的評価の仮説的な選択肢を描いてみせることだけである。さらに、古典的で文献学的な取り組みが許されるのは、文字化された、すなわちたいていは専門家の手になる読解の、歴史的な分散だけである。この種の「受容美学」の範囲は非常に狭い。作品の同じアスペクトについての発言の数が控えめなだけではなく、言語化自身も文化的に変貌する用語法の影響を免れ得ない。さらに、同一の作品のそれぞれ異なった次元についての発言を直接に相互比較することはほとんど不可能である。そして何よりも、文献学的読解と文献学的受容美学の双方には次の制限が当てはまる。それはすなわち、読むという行為において実際に何が生じているのか、読解が実際にどのような作用を読者に及ぼすのか、そしてその作用がどれだけの規模で個人的、文化的、そして歴史的な偏差に依存しているのか、どのような心理学的メカニズムがこれらのプロセスとその作用を説明できるのか、ということを調べるのは、文献学の可能性の――そして通常はその認識関心の――埒外にある、ということである。

旧来の文学研究のもう一つの構造的な欠陥は、他分野が言語や読解や美的な知覚や評価の心理学的プロセスについてすでに承知していて研究中である事柄に対して文芸学は全般的にいかなる接点も失ってしまったということである。古典的な修辞学や詩学はオールインワンであった。それは「通常の」言語に関するその時代の重要な知識、情動と言語の技巧的な取り扱いによるその影響を扱う心理学、演説、裁判の陳述、そして文学の諸ジャンルにおける言語的な心理誘導の効果の理論である。一八世紀の美学もまだ複合領域的な性格を持っていた。それは自明のように生物学と心理学の要請を含んでいた[14]。この複合領域的な理論デザインは一九世紀に大学の専門分野が分化するとともに壊れてしまった。哲学的美学にも文学研究にも、今日では古典的な修辞学と詩学や一八世紀の美学のような複合領域的な広がりはない。

この広がりはもはや個人的な努力で取り戻せるものではない。各分野の専門化はあまりにも進行し、習得すべき理論と方法の分量はあまりにも大きい。唯一の選択肢は、文学研究と親和的な専門分野との共同作業である。何よりもまず言語学と心理言語学、そして経験美学と人間の認知と情動の探求にとって基礎部門となる心理学、さらには読解と感受と美的な知覚と評価のオンライン・プロセスの理解を掘り下げる神経科学がその対象となる（以下に報告するすべての研究は、そのような複合領域的な共同作業から生まれたものなので、筆者としての主語は常に「我々」を用いることにする）。

決定的なのは、この共同作業が開拓するのは旧来の文学研究の問題解決のための何か新しい方法だけではないということである。ここで開拓されるのはむしろ、言語と読解と芸術作品による認知的挑発と情動的触発についての新しい世界、サイエンスの中で発達した理論が織りなす世界全体でもある。経験的文芸学は、金と時間をかけた気の抜けた計測ですでに既知の諸連関を立証することにおいて伝統的な文芸学から区別されるにすぎないと懐疑派は信じているようだが、それは大きな誤りである。複合領域的な共同作業が興味を喚起し有望なものになるためには、具体的なプロジェクトにおいて、専門分野の方法だけではなく、その個々の理論構造も、しばしば長期にわたる仮説とデザインの討議に付される必要がある。そのとき初めて、複合領域的な取り組みによって古典的な修辞学、詩学、そして美学の複合領域的な思考を今日的な諸条件に取り戻すチャンスが訪れる。

3　言語と文学の複合領域的経験美学の「付加価値」を説明する五つの実例——私自身の仕事から

①言語の美的知覚はある種の調整を要求するのだろうか。あるいはそれは原則的に常に自動的に言語データ処理の構成要素なのだろうか

ロマーン・ヤーコブソンの言語の「詩的機能」の理論は次のように主張している。言語の詩的な取り扱いは決して文学や修辞的演説に制限されるものではなく、様々に異なった程度においてすべての発話の普遍的な選択肢であり次元である、と。[15] これに対して近代言語学の言語モデルは、言語データ処理に美的次元を認めていないし、一般人の意見もどちらかと言えば、言語美学は結局のところ文学美学と意味が重なるというものである。

常に共起する美的な言語知覚というテーゼは科学的に探求できるのだろうか。美的な言語知覚はある種の「調整」が施されたあとで初めて作動するのか、あるいはあるタスクへの反応で作動するのか。このテーゼが自分の経験から直観的に正しいと思うかどうか自問しても、あるいは研究参加者に尋ねても、明らかにたいした成果は得られない。主観的反省や自問を超えた経験的方法だけがここで答えを出すことができる。

この目的のため、ベルリン自由大学の「情動の言語（Languages of Emotion）」クラスターの研究チームが調査方法を開発し[16]、それによって我々は、研究参加者の認識とは無関係に自発的な美的言語データ処理が起こるのか起こらないのかを観察できるようになった[17]。我々は様々な文を並べた不均質なプールを組み立て、予備実験において、それらの文がどれだけ「美しい」と知覚されるのか質問した。この予備実験は、本番の実験のために、異なった読み手によって収斂することなく非常に異なった評価を受ける文を選び出すだけのために行われた。

本実験の参加者は、磁気共鳴画像診断装置（3Tesla-MRT、英語では3T MRI）の中に横たわって選び出された文を読んだ。予備実験の結果に基づいて、我々は、本実験の参加者たちも、全く自発的に美的判断を下すのだから、美的観点から見て様々な質の文にそれぞれ異なった評価を下すのではないかと予期——期待も——した。自発的な美的評価かもしれないものがいわゆる「タスク効果」に上書きされないように、文の明示的な美的評価は求められなかった。それぞれの文について質問されたのは、その内容がある種の意味論的カテゴリーと関係するか否かである。この単純なカテゴリー分類の質問は、付随効果として、スキャナーのデータ収集が文の美的評価と関係しているのではないかという印象をぬぐい去ることに寄与した。画像診断装置の中での脳活性化パターンの記録が終わってから初めて、実験参加者たちは読んだ文を美しさのスケールで評価するように要請された。

この二つのデータ間にはパラメーターの相関が見られた。その結果、次のことが言える。美的評価という課題なしに（画像診断装置のなかで）読むとき脳が活性化するが、個々の実験参加者における活性化の差異と事後的に提出された美的評価の差異の間に著しい正の相関が見られた。それが何を示しているかというと、我々の脳が言葉や文を美的に評価するためには特別な課題や調整は不必要だということである。脳は自発的で自動的に、すなわち傾向としては常に、それを行っている。このデータは、古い修辞学とヤーコブソンの言語モデルの両者によって代表される仮説、すなわち美的な知覚と評価は言語データ処理全般の基礎的で、内発的で、傾向としては普遍的な次元であるという仮説を初めて経験的に支えるものである。

②ヤーコブソンのパラレリズム仮説を実証する実験

ヤーコブソンによれば「詩的」言語は詩に限定されるものではなく、広告のキャッチコピー、政治スローガン、そして他の言語使用においても、とりわけ豊富なパラレリズム構造によって言語のあらゆるレベル（音声論、統語論、意味論）において引き立っている。首句反復、頭韻、脚韻、語反復、律動の過剰な規則性、そして他にも多くの現象がある。[18] パラレリズム的特徴は通常の言語に知覚を濃密化し濃縮する多彩な次元を付加する。それは――叙情詩の枠を大きく超えて――音楽の反復構造や視覚美学におけるシンメトリーや鏡像化の言語における類似物である。[19] その研究はまだ萌芽期にあるが、美学の個々の対象領域を直接比較することを可能にする大きなポテンシャルを持っている。

美的適意の認知的流暢性（cognitive fluency）仮説もしくは処理容易性（ease of processing）仮説[20]は、言語学的パラレリズムが、他の文章において期待されるよりも多くの知覚秩序を提供するので、文章処理（少なくとも音韻論的な）を簡単にし、美的適意を高めるということを予言している。このことはいくつかの経験的研究においても確認された。しかし研究がまだ足りないのは、個々のテクストにより即したパラレリズム的言語特徴の効果である。我々は様々なコーパス（諺、諧謔詩句、悲しい詩、喜びの詩、等々）をベースにした一連の実験によって、パラレリズム的特徴は個々のテクストが目指す情動的および美的効果を強化するということを付加的に示すことができた。この特徴によってテクストは、それぞれの文脈に応じて、よりおもしろく、より悲しく、より感動的に、より簡潔になり、そしてさらに記憶しやすくなる。[21] 実験的手法を用いなければ、言語の特殊な使用の重要な効果は全く探求することはできない。

詩句の理論から、パラレリズム的構造（特に韻律と脚韻）の成就は、しばしば統語論的省略法、個々の音素の削除や付加、意味論的に最適ではない語（しかし韻を踏んでいる）の使用を伴うことが知られている。通常の統語法、形態論、そして意味論からのこうした逸脱――それは古典的な「詩的破格」として詩的言語において認められている――は、理解を容易にするよりはむしろ難しくする。我々はこの効果を詩的言語の「認知的ハンディキャップ」効果と名付け、経験的に証明することもできた。[22] そこから帰結するのは、美的な流暢性効果および非流暢性効果は二者択一と考えるべきではなく、正反対の効果を持つ並行的なプロセスを統合できる多次元的モデルが必要であるということである。それによって詩的言語の効果において、フェヒナーが美学の基礎原理として確定したもの、すなわち非線形の相互作用、相互作用効果が大いに期待できる。[23] 純粋な理論や直観からは、そのような複雑な効果は全く予測不可能である。実験による実証だけがここで道を開く。再びここでもそう結論づけられるのである。

具体例を用いた実験で、我々は詩的で修辞的な言語の三つの変数——脚韻、韻律、そして技巧的な短縮（簡潔《ブレヴィタス》の美徳）——の相互作用を、諺のわかりやすさ、簡潔性《プレグナンツ》、美しさ、そして説得力について調べた。[24] この研究はゲシュタルト心理学の簡潔性（プレグナンツ）概念[25]を言語の美学の研究に適用した初の試みである。文の説得力は修辞的な目標特徴の数に依存するが、簡潔性と美しさの評価とは決して線形的に相関して上昇しなかったし、わかりやすさを高めてもそれと線形的に相関して高まることはなかった。むしろ、三つの修辞的な目標特徴がすべて取り除かれ、それゆえ最もわかりやすいと評価された文と比べると、実験的に全部で三つある目標特徴のうち一つか二つが与えられた文は、わかりにくいし説得力もないと評価された。すなわち修辞的変数には、わかりやすさと説得力に関して、明らかに否定的な効果があったのである。

しかしながら三つの修辞的特徴をすべて備えた文においては強力な転回効果が見られた。それらの文は、音韻論的簡潔性と美しさが最高値であるというだけの理由で——そして同時に最もわかりにくかったにもかかわらず——最も説得力があるものとして選ばれたのである。これに類した一連の実験を通して、音韻論的ゲシュタルト的流暢性を強化すると統語論的意味論的データ処理が困難化するという緊張関係にある詩的修辞的変数の理論について、我々はさらなる基礎理論を公刊してきた。[26]

③詩的言語メロディー——音楽と言語の重要な接続項

上で報告した一連の研究は、ヤーコブソンの純粋に理論的なパラレリズム概念に遡及すれば推論できる多くの認知的および美的な効果を示している。別の研究において我々は、ヤーコブソンのすでに広範なパラレリズム概念をさらに拡大した。我々は、テクスト全体が音の高さや音の長さの推移を鑑みればパラレリズム的であり、純粋な「メロディー」

を含んでいることを示したのである。我々の研究以前には，この仮説はせいぜいのところ叙情詩理論の亡霊でしかなかった。古典古代以来，詩は「歌」（ギリシャ語ではメロス，ラテン語ではカルメン，ドイツ語ではリート，英語ではソング），詩人は「歌い手」と呼ばれていた。しかしこの喚起的な類比が分析的に考究されたのは，音楽と詩の韻律に関係づけるときだけであった。

我々は言葉を文字通り受け止めて，音楽のメロディーと同様に音の高さと音の長さの輪郭によって定義される純粋な詩的言語メロディーを探し出すことにした。そのようなメロディーは，定義上，例えばある種の統語論的フレーズについて証明されてきたような，もっと局所的な韻律的メロディー輪郭とは異なっている。音声化された文学テクストにおけるメロディー的な音の高さや音の長さの推移についての文芸学の仮説や研究を我々は知らない。二つのパラメーター（音の高さと音の長さ）は言語の感性的知覚の強力なファクターであり，我々は黙読する際にもある種の音声形態を作り出すということ（音声学的再コード化[27]）が心理言語学において広く受け入れられているので，これはなおさらのこと研究の隙間といえる。

我々が探している構成概念に迫る最初の手がかりは，普段は詩を読まない研究参加者が，自発的に（それが視覚的に提示されても音声化されても同じく）どれだけその詩が「メロディアス」に聞こえるかということで評価するというだけでなく，それらの評価が個々の詩を区別しているということであった。音楽のメロディーには多数の統計学的尺度があるので，我々は朗読した詩における音の高さや音の長さの推移の統計学的特性もそれによって把捉できるのではないかということを調べた。我々は最後に比較的単純な自己相関尺度に行き着いた[28]。これがすべての音（我々のケースでは録音した詩の音節の音響的パラメーターから抽出されたものだが）にとって，どれほどの程度において音の高さと音の長さの推移が一定のタイムスロットを超えて反復し，それによってメロディーの模様を形成するのかを規定する。詩節（Strophe）は（個々の詩句と比べると），歌において同じメロディーで歌われる，大きめの言語的単位なので，詩においても最も強力なメロディー効果は詩節のレベルで見つかるだろうと我々は期待した。そして，まさしくその通りの結果になった。

実際に詩的な言語メロディーについて語るためには，しかしながらまだ多くの課題が残っていた。次の一歩は，我々の純粋に量的なメロディー尺度に則った詩に特有の違いが個々の朗読者に依存するものではなく、原則的には実に様々な録音においても見られるということの証明であった。そうした場合にのみ、韻律的な朗読者効果ではなく、テクストが生み出すメロディー特性ということになるだろう。一一の録音（プロの朗読者と素人の朗読者）と二つの自動読み上げソフトを用いて、我々は実際に――絶対値においてはかなりの違いが出たものの――詩の個々の朗読に対して一致する相対的ランキングを得たのである。ということはすなわち、テクスト特有のメロディー性の度合いが存在するのだ（全体としてよりわずかではあるが、それでもはっきりとわかるレベルで、これは散文テクストにも当てはまる）。

ここで新たな問題が浮上する。統計的なメロディー尺度は主観的に感じ取られたメロディー性の評価も予想できるのか。両者の相関が示す答えは、その通り、予想できる、である。詩を読むことにおいて素人の読者でさえ自発的に、個々の詩節が同じ韻律だけではなく、それを超えて特徴的に反復する音の高さと長さの推移を示す度合いに気づくのである。別の言い方をすれば、彼らは実際に、そして文字通り、「歌」が聞こえるのだ。

叙情詩研究者の私にとって、これは、言語慣用がこの現象をすでにずいぶん前から示唆してはいたが、刺激的な発見であったし、今でも刺激的である。そしてさらに良い結果が待っていた。元々は別の目的のために選び出されていた四〇編の詩のコーパスにおいて、我々は、我々の統計的なメロディー尺度で高い値を持つ詩は低い値を持つ詩よりも曲をつけられそうな度合いが著しく高いということを確認できた。すでに素人が詩に内在するメロディーを感じ取れるのなら、同じことが職業的作曲家に当然当てはまるということは驚くに値しない。

多数の経験的分析手法（ここではその一部だけに言及した）を用いることで、叙情詩《メロス》の亡霊から、言語の美学のこれからの研究にとって、散文においても、大きなポテンシャルを持つ構成概念を得ることができた。

④芸術作品によって情動的に感動させられるとはどういうことか

古代ローマの修辞学のころから、聴衆／読者／観客を情動的に感動させる（movere）ことは言語芸術の目標のひとつとされてきた。感動の詩学は直観的にわかりやすく、今日でも映画や書物の宣伝文句に用いられる（「感動的な映画」、

「深い感動を呼び起こす小説」)。だがその長い伝統にもかかわらず、感動の詩学には重大な欠陥がある。確かに修辞学は、いかにして文やテクストを感動的に作り上げることができるのかということを例示する。しかし感情が動かされている状態とはそもそも何なのかということの概念的な定義が、この概念を様々に取り上げてきたローマ時代の修辞学にも一八世紀の美学にも欠けている。

それだけではない。近代心理学もこの問題においてはほとんど助けにならない。感情が動かされている状態は、もっとなじみのある感情カタログで取り扱われることはなく、大学等の研究機関の感情心理学は、この感情状態をいつも周辺で、しかもたいていは概要としてしか取り上げてこなかった(日本の研究者である戸梶亜紀彦は例外であった)[29]。伝統的な修辞学、詩学、そして美学の中心概念を体系的な心理学の感情研究の対象にして、心を動かされ、琴線に触れられ、動揺した状態の心理学的定義を基礎として、芸術作品の効果も的確に探求するという課題、そして同時にチャンスがここから生じた[30]。

このプロセスにおいて、我々は修辞学と美学の理論的概念を感情心理学の方法で探求したばかりではなく、同時に感情心理学の理論的モデル、例えば感情の認知的、表現的、生理的、動機的、そして主観的な体験次元の区別に立ち返って考察した。特に力点を置いたのは、経験的方法以外では全く調査不可能な感動／感傷の生理学である。

ここでこの生理学的研究の結果を報告するのは行きすぎかもしれない。ハイライトにだけ言及しておこう。最初に報告できたのは、情動的に感動させる映画を観たときに涙と鳴咽(Gänselaut)が同時に発生し、それゆえにgoosetears(Gänseträne n)という概念も作られたということである。涙と鳴咽は自律神経系の対立する下位システムによって引き起こされる[31]。涙は副交感神経によって、鳴咽は交感神経によってである。フリーダによればこの二つのシステムは、同時に高度の活性化に到達することはできない。だが我々が見つけたのはまさにその事態である。こうして我々は感動の美学の研究において、これまで記録されることはなかった生理学的情動的反応を報告することができたのである。

結果として我々の美学グループの研究は、情動的な感動状態によって非常に複雑な新しい感情心理学の構成概念を開拓した。それは興味深い、そして全体としてほとんど解明されていない「複合感情」のグループに属するものである。

同時に我々は、媒介分析によって、悲しく感動させる芸術作品は、随所で主張されているように、特定の人々が悲しみを触発される感じを好むから美的に気に入られるのではなくて、表面上の悲しみの選好は、感情が動かされている状態（感動）への選好によって媒介されていることを示すことができた。感情が動かされている状態は、たとえ高い程度の悲しみを含んでいても、本源的に肯定的な価値を持っている。[32]

さらに我々は、感動への評価スケールは美しさの評価スケールと相関していることを示すことができた[33]――これは、「感動させる」という属性が、たとえしばしば悲しい内容と結びついても、事実上成功した芸術のはたらきを意味しており、その限りにおいて感情カテゴリーとして直接に美的評価を暗に含んでいるということのさらなる証左となる。だがこうしたわずかな示唆を超えて、ここでこのテーマについての我々の様々な発見を事細かに報告することは不可能である。私の個人的な総括は、いずれにせよ次のようにまとめられるだろう。この五年にわたる言語学者、心理学者、そして神経学者との共同作業を通して、私は「感動させる（movere）」というカテゴリーについて、私が二〇年以上も費やして歴史知識と純粋に哲学的な分析の手法でこれに取り組んできたよりも多くのことを学ぶことができた。

⑤否定的感情への快

私は、少なくとも三〇年以上にわたって、よく言及される「悲劇のパラドックス」について考察をめぐらせてきた。『吐き気』（一九九九年）[34]という本を書いたが、それは否定的感情への快の中でも特に挑発的な種類についてのものだった。この七年間の経験的研究を土台として、我々は一つのモデル[35]を発表したが、私はここで、そのより方法論的な付加価値とより理論的な付加価値について説明してみたい。いずれも複合領域的で複合方法的なパースペクティブから得られたものである。

１、芸術受容者は、たとえ後で訊かれればそう答えるとしても、実際には深刻な否定感情を体験していないのではないか、というのが根本的な哲学的反論である。[36]そもそも我々自身の安全と我々の個人的な利害が芸術作品の受容において本気で危険にさらされるわけではない。ということはすなわち、我々は錯誤して――そして場合によっては社会の要請に合わせて――実際は単なる「思い込まされた感情」にすぎない否定的感情を認めているだけなのか。純粋に哲学的および理論的にこの基本的な反論を無力化することはできない。

同じことが、我々は本当に厳密な意味での否定的感情、あるいは少なくとも混合感情への快を体験しているのかという疑問にも当てはまる。主観的な自己報告は体験の長めの軌跡をまとめたものであり、我々が本当に否定的感情を肯定的感情や美的快と同時に体験していることの証明には使えない。「パラドックス」の断固としたエビデンスということなら、我々が本当に肯定的感情と否定的感情と美的快を厳密に同時に体験していることを証明しなければならないだろう。

そのような証明を我々は示すことができるようになった。特に強力な快の触発の瞬間に、我々はそれと並行して一時的報酬系および肯定的感情と否定的感情の既成の指標の強力な活性化を計測することができた[36]。これによって有名なパラドックスの理論的議論は新しい経験的な土台の上に置き直された。そして純粋に哲学的には反駁不可能な仮説は単なる仮象問題として却下できるようになったのである。

2、我々のモデルで私がここで強調したいもうひとつの点は、芸術受容における否定的感情への快というテーマのために感情心理学の新しい知見の研究から得た理論転移であり、思考衝撃である。数多くの実験の結果、我々の感情システムには「否定性バイアス」、すなわち肯定的感情より否定的感情を優先する傾向があることを示す証拠が見つかった。否定的感情は肯定的感情より強く注意を引きつけ、速く処理され、集中的に体験され、長く記憶にとどまる。「バッド・イズ・ストロンガー・ザン・グッド」[37]。芸術作品が求めるものは、まさしく否定的感情が得意とすることであるという推定において、修辞学と詩学は再び一致している。芸術作品は注意を引こうと競争し、集中的な感情効果を目指し、特権的に記憶されたがる。これによって以下の結論が説得力を持つ。否定的感情は、何らかの方法で囲い込み無害なものにすべき問題ではなく、芸術にとって最初から肯定的に予定された資源なのである。

カタルシス、補償、転換といったモデルは、こうした背景のもとでは、間違った出発点である。我々はそれゆえ、否定的な感情の抱擁（Embracement）を肯定的に考察することを可能とするモデルを提案した。ここではそれ以上詳細に報告はしないが、このモデルにとって、我々の感情システムの「否定性バイアス」への科学的洞察は、展望を切り開く上で重要な役割を果たした。

4　我々はどっちみちすでに知っていたことを経験的にせいぜい立証できるだけなのか

最後に短い寸評を。経験が美学において果たせるのは、せいぜいのところ、我々が哲学や健全な人間悟性からどっちみちすでに知っていたことを立証することだけだ、というのが非経験的に作業する同僚の多くの意見である。それゆえ私は折に触れて、どのような推定をこれまで経験的に反駁してきたのかと尋ねられることが多かった。

これまでの実例は、経験科学が決して理論を持たない計測道具ではないということを示してきた。その反対で、経験科学には文学研究者の私がほとんど知らなかった固有の理論的診断や仮説が含まれており、それらは私の仕事にとって実に興味深いものであることが判明した。私はここで、小さな反論を報告するにとどめよう。

詩には音と喚起される感情の間に密接な結びつきがあるかもしれないというのが、言語学的詩学のお気に入りのアイディアである。一連の著作家たちが、ロマーン・ヤーコブソンも含めて、どの音素が非常に頻繁に用いられるとどんな感情を純粋に音声像的に喚起するのかという具体的な提案を行ってきた。我々はこの古株の定理がなんとか完全に是認されるように助力したいと思った。我々は少なからぬ労力と時間をかけて実験を重ねたが、その結果は皮肉なものだった。立証できた仮説はひとつもなく、追試できた先行実験もなかった[38]。ここで我々は、かつて知っていると信じていたものをもはや何も知らないことになったのである。

そしてもっと悪いことに、というかひょっとしたらもっと良いことに、なのかもしれないが、我々は言語学的詩学の美しいアイディアを我々の実験によって全く反駁しなかったのである。実験に使用されたもの以外に、実際に仮定された音声像的な作用を持つ音素があるのかもしれない。ここで先に進むためには、まだいくらでもたくさんのことが残っている。そしてこのシシュフォス的な状況こそが、経験的研究の決して小さくない部分の本質なのである。

5　結語

文学の美学のための経験的研究はいまだに周縁的な種類である。世界中でも少なめの二桁の数字の学者しかこのセグメントで活動していない。このセグメントの研究レベルも、いくつかの流行している分野が到達したレベルと肩を並べることはできない。しかし私は、慎重な楽天主義で確かな上昇機運を見ており、非経験的文学研究者にも関心を持たれるかもしれない結果をますます期待している。それはとりわけ科学的性質を持つ研究基盤という要請に関してである。それに対して、個々の作品を通しで精読すること（close readings）は、さしあたり経験的文芸学の選択肢には入らない。同様に、デジタル人文学による巨大データコーパスの統計調査も、質的な読書経験に関係づけられた伝統的な文学史や個々のジャンルと時代に対する文学的感覚の育成に取って代わることはできない。経験的文芸学は伝統的文芸学に取って代わることはできないし、その意思もない。そもそも全く競合するものではない。だが経験的文芸学は何か別の付加的なことを成し遂げることができるだろう。それによって文学の省察を再び伝統的な修辞学、詩学、美学の複合領域的な姿に近づけられるかもしれない——もちろん今日の科学システムという全く新しい条件のもとではあるが。

注

（1）Vgl. Bender, J. & Wellbery, D. E. (1990). Rhetoricality: On the modernist return of rhetoric. In: John Bender & David E. Wellbery (Hg.), The end of rhetoric. History, theory, practice. Stanford University Press: Stanford, 3–39.

（2）Kant, I.: Kritik der Urtheilskraft (1790/1908–13). In: Kant's gesammelte Schriften. Hg. von der Königlich Preußischen Akademie der Wissenschaften. Berlin: Georg Reimer, Bd. 5, §53.

（3）Baumgarten, A. G. ([1735] 1983). Meditationes philosophicae de nonnullis ad poema pertinentibus/ Philosophische Betrachtungen über einige Bedingungen des Gedichtes. Hg. von H. Paetzold, Hamburg: Meiner.

（4）Burke, E. ([1757] 1968). A Philosophical Enquiry into the Origin of Our Ideas of the Sublime and Beautiful. Hg. von James T. Boulton. Notre Dame und London: The University of Notre Dame Press.

(５) Hegel, G.W.F. (1970). Vorlesungen über die Ästhetik, in: Hegel, Werke (Theorie Werkausgabe), 20 Bde., Frankfurt am Main: Suhrkamp, Bd. 13–15.

(６) Rosenkranz, K. (1979). Ästhetik des Häßlichen, Darmstadt: Wissenschaftliche Buchgesellschaft (reprograf. Nachdruck der Ausgabe Königsberg 1853).

(７) Nietzsche, F. (1980). Die Geburt der Tragödie. In: Nietzsche, Sämtliche Werke. Kritische Studienausgabe (=KSA), hg. von Giorgio Colli und Mazzino Montinari, München: dtv/ de Gruyter, Bd. 1.

(８) Schlegel, F. (1795–1797/1979). Über das Studium der Griechischen Poesie. In: Kritische Friedrich-Schlegel-Ausgabe, hg. von Ernst Behler unter Mitwirkung von Jean-Jacques Anstett und Hans Eichner, Paderborn/ München/ Wien/ Zürich: Schöningh, Bd. 1, 217–367.

(９) Vg. Diderot, D. ([1767] 1995). On Art II: The Salon of 1767. Trans. J. Goodman. New Haven: Yale University Press.

(10) Benjamin, W. ([1925] 1971). Ursprung des deutschen Trauerspiels. In: Benjamin, W., Gesammelte Schriften, hg. von Rolf Tiedemann und Hermann Schweppenhäuser, Bd. I, Frankfurt am Main: Suhrkamp, 203–430.

(11) Benjamin, W. ([1935] 1972). Probleme der Sprachsoziologie. In: Benjamin, W., Gesammelte Schriften, Bd. 3 (Kritiken und Rezensionen). Hg. von Hella Tiedemann-Bartels. Frankfurt am Main: Suhrkamp, 452–480.

(12) Fechner, G. T. (1876). Vorschule der Ästhetik. Leipzig: Breitkopf & Härtel.

(13) Kant, Kritik der Urtheilskraft § 49.

(14) Vgl. Bierbrodt, Johannes (2000). Naturwissenschaft und Ästhetik 1750–1810. Würzburg: Königshausen & Neumann; Menninghaus, W. (2009)., Ein Gefühl der Beförderung des Lebens'. Kants Reformulierung des Topos lebhafter Vorstellung. In: Armen Avanessian, Winfried Menninghaus & Jan Völker (Hg.), Vita aesthetica. Szenarien ästhetischer Lebendigkeit. Zürich/ Berlin: diaphanes, 77–94; Müller-Sievers, H. (1997). Self-Generation. Biology, philosophy, and literature around 1800. Stanford: Stanford University Press; Zuckert, R. (2007), Kant on beauty and biology: An interpretation of the ›Critique of Judgment‹. Cambridge: Cambridge University Press.

(15) Jakobson, R. (1960). Linguistics and Poetics. In T. A. Sebeok (Hg.), Style in language. New York: Wiley, 350–377.

(16) Bohrn, I. C., Altmann, U., Lubrich, O., Menninghaus, W., & Jacobs, A. M. (2013). When we like what we know – A parametric fMRI analysis of beauty and familiarity. Brain and Language 124: 1–8.

(17) 同じような研究方法で、別の研究は、顔の知覚が、美と無関係な文脈においても、常に自動的に潜在的な美しさの評価を含んでいるということを示した。Vgl. Chatterjee, A., Thomas, A., Smith, S. E., & Aguirre, G. K. (2009). The neural response to facial attractiveness. Neuropsychology, 23 (2), 135–143 doi: 10.1037/a0014430.

(18) Jakobson, Linguistics and Poetics.

(19) Cf. Berlyne, D.E. (1974). Studies in the New Experimental Aesthetics. Steps toward an objective psychology of aesthetic appreciation. John Wiley & Sons, New York; Lerdahl, F., & Jackendoff, R. (1977). Toward a formal theory of tonal music. Journal of Music Theory, 21, 111–171. http://dx.doi.org/10.2307/843480; Margulis, E.H. (2014). On repeat: how music plays the mind. Oxford University Press, Oxford; Palmer, S.E., Hemenway, K. (1978). Orientation and symmetry: Effects of multiple, rotational, and near symmetries. Journal of Experimental Psychology: Human Perception and Performance, 4, 691–702. doi: 10.1037/0096-1523.4.4.691

(20) Reber, R., Schwarz, N. & Winkielman, P. (2004). Processing fluency and aesthetic pleasure: Is beauty in the perceiver's processing experience? Personality and Social Psychology Review 8 (4): 364–382. doi: 10.1207/s15327957pspr0804_3

(21) Menninghaus, W., Bohrn, I. C., Altmann, U., Lubrich, O., & Jacobs, A. M. (2014). Sounds funny? Humor effects of phonological and prosodic figures of speech. Psychology of Aesthetics, Creativity, and the Arts, 8 (1), 71–76. doi:10.1037/a0035309; Menninghaus, W., Bohrn, I., Knoop, C. A., Kotz, S., Schlotz, W., & Jacobs, A. (2015). Rhetorical features facilitate prosodic processing while handicapping ease of semantic comprehension. Cognition, 143, 48–60; Menninghaus, W., Wagner, V., Wassiliwizky, E., Jacobsen, T., Knoop, C.A. (2017). The emotional and aesthetic powers of parallelistic diction. Poetics, 63, 47–59.

(22) Wallot, S., & Menninghaus, W. (2018). Ambiguity Effects of Rhyme and Meter. Journal of Experimental Psychology: Learning, Memory, and Cognition, 44 (12), 1947–1954.

(23) Fechner, G. T. (1876). Vorschule der Ästhetik, 50–53.

(24) korotkov, E. V., Korotkova, M. A., Frenkel, F. E., Kudriashov, N. A. (2003). The informational concept of searching for periodicity in symbol sequences. Molekuliarnaia Biologiia 37: 436–451.

(25) Menninghaus, W., Wagner, V., Knoop, C. A., & Scharinger, M. (2018). Poetic speech melody: A crucial link between music and language. Plos One, 13 (11), e0205980. doi: 10.1371/journal.pone.0205980

(26) Wallot, S. und Menninghaus, W. (2018). Ambiguity effects of rhyme and meter. Journal of Experimental Psychology (accepted); Ober-

meier, C., Menninghaus, W., von Koppenfels, M., Raettig, T., Schmidt-Kassow, M., Otterbein, S. und Kotz, S.A. (2013). Aesthetic and emotional effects of meter and rhyme in poetry. Frontiers in Psychology /*4:*10. doi:, 1–10; Menninghaus et al., . Sounds funny?; Obermeier, C., Kotz, S. A., Jessen, S., Raettig, T., Koppenfels, M. von, & Menninghaus, W. (2016). Aesthetic appreciation of poetry correlates with ease of processing in event-related potentials. Cognitive, Affective, & Behavioral Neuroscience, 16 (2), 362–373. http://doi.org/10.3758/s13415-015-0396-x; Blohm, S, Menninghaus, W., and Schlesewsky, M. (2017). Sentence-Level Effects of Literary Genre: Behavioral and Electrophysiological Evidence. Frontiers in Psychology 8:1887. doi: 10.3389/fpsyg.2017.01887.

(27) Vgl. Breen, Mara (2014). Empirical Investigations of the Role of Implicit Prosody in Sentence Processing. Language and Linguistics Compass 8 (2): 37–50.

(28) Vgl. Liu, L., Wei, J., Zhang, H., Xin, J., & Huang, J. (2013). A statistical physics view of pitch fluctuations in the classical music from Bach to Chopin: Evidence for scaling. PLOS ONE, 8 (3), e58710.

(29) Tokaji, A. (2003). Research for determinant factors and features of emotional responses of "kandoh" (the state of being emotionally moved). Japanese Psychololgical Research 45 (4): 235–249. doi:10.1111/1468-5884.00226.

(30) Kuehnast, M., Wagner, V., Wassiliwizky, E., Jacobsen, T., & Menninghaus, W. (2014). Being moved: linguistic representation and conceptual structure. Frontiers in Psychology. Emotion Science, 5, 1242. doi:10.3389/fpsyg.2014.01242; Menninghaus, W., Wagner, V., Hanich, J., Wassiliwizky, E., Kuehnast, M., & Jacobsen, T. (2015), Towards a psychological construct of being moved. PLoS ONE 10 (6): e0128451. doi:10.1371/journal.pone.0128451

(31) Frijda, N. H. (1986). The Emotions. Cambridge: Cambridge University Press.

(32) Vgl. Hanich, J., Wagner, V., Shah, M., Jacobsen, T., & Menninghaus, W. (2014), Why we like to watch sad films. The pleasure of being moved in aesthetic experiences. Psychology of Aesthetics, Creativity, and the Arts. doi:10.1037/a0035690; Wassiliwizky, E., Wagner, V., Jacobsen, T., & Menninghaus, W. (2015). Art-elicited chills indicate states of being moved. Psychology of Aesthetics, Creativity, and the Arts.

(33) Menninghaus, W., Wagner, V., Wassiliwizky, E., Jacobsen, T., Knoop, C.A. (2017). The emotional and aesthetic powers of parallelistic diction. Poetics DOI: 10.1016/j.poetic.2016.12.00

(34) Winfried Menninghaus (1999). Ekel. Theorie und Geschichte einer starken Empfindung. Frankfurt am Main: Suhrkamp. （ヴィンフ

リート・メニングハウス『吐き気——ある強烈な感覚の理論と歴史』竹峰義和・知野ゆり・由比俊之訳、法政大学出版局、二〇一〇年）

(35) Menninghaus, W., Wagner, V., Hanich, J., Wassiliwizky, E., Jacobsen, T., & Koelsch, S. (2017). The Distancing–Embracing model of the enjoyment of negative emotions in art reception. Behavioral and Brain Sciences, 1–58. https://doi.org/10.1017/S0140525X17000309

(36) Vgl. Kivy, P. (1991). Music alone: Philosophical reflections Krämer, N. C. & Witschel, T. (2010). Demystifying the sad film paradox. A critical analysis of the question of why people enjoy the reception of sad films. Paper presented at the Annual Meeting of International Communication Association, Singapore, June, 2010.

(37) Wassiliwizky, E., Koelsch, S., Wagner, V., Jacobsen, T., & Menninghaus, W. (2017). The emotional power of poetry: Neural circuitry, psychophysiology and compositional principles. Social Cognitive and Affective Neuroscience, 12 (8), 1229–1240. doi:10.1093/scan/nsx069. Vgl. auch Larsen, J. T., Hemenover, S. H., Norris, C. J. & Cacioppo, J. T. (2003). Turning adversity to advantage: On the virtues of the coactivation of positive and negative emotions. In: A psychology of human strengths: Fundamental questions and future directions for a positive psychology, ed. L. G. Aspinwall & U. M. Staudinger, pp. 211–225. American Psychological Association; Larsen, J. T. & McGraw, A. P. (2011). Further evidence for mixed emotions. Journal of Personality and Social Psychology 100 (6): 1095–110. doi: 10.1037/a0021846; Larsen, J. T., McGraw, A. P. & Cacioppo, J. T. (2001). Can people feel happy and sad at the same time? Journal of Personality and Social Psychology 81 (4): 684–696. doi: 10.1037/0022-3514.81.4.684

(38) Baumeister, R. F., Bratslavsky, E., Finkenauer, C. & Vohs, K. D. (2001). Bad is stronger than good. Review of General Psychology 5 (4): 323–70. doi: 10.1037/1089-2680.5.4.323; Cacioppo, J. T. & Gardner, W. L. (1999). Emotion. Annual Review of Psychology 50: 191–214. doi: 10.1146/annurev.psych.50.1.191; Frijda, N. H. (1988). The laws of emotion. American Psychologist 43 (5): 349–358. doi: 10.1037/0003-066x.43.5.349; Ito, T. A., Larsen, J. T., Smith, N. K. & Cacioppo, J. T. (1998). Negative information weighs more heavily on the brain: The negativity bias in evaluative categorizations. Journal of Personality and Social Psychology 75 (4): 887–900. doi: 10.1037/0022-3514.75.4.887; Larsen, R. J. & Prizmic, Z. (2008). Regulation of emotional well-being. In: The science of subjective well-being, ed. M. Eid & R. J. Larsen, pp. 258–289. Guilford Press; Musch, J. & Klauer, K. C. (2003). The psychology of evaluation: Affective processes in cognition and emotion. Lawrence Erlbaum; Vaish, A., Grossmann, T. & Woodward, A. (2008). Not all emotions are created equal: The negativity bias in social-emotional development. Psychological Bulletin 134 (3): 383–403. doi: 10.1037/0033-2909.134.3.383.

(39) Kraxenberger, M., & Menninghaus, W. (2016). Mimological Reveries? Disconfirming the Hypothesis of Phono-Emotional Iconicity in Poetry. Frontiers in Psychology, 7:1779. doi: 10.3389/fpsyg.2016.01779

第18章　神経美学の功績
——神経美学はニューロトラッシュか

石津智大

わたしたちの眺めている外世界がリアルであると考えるのは、大きな誤解である。わたしたちの視覚、聴覚や触覚、外界を捉える感覚知覚は、現実世界をそのまま映し出しているわけではない。あなたが感じている頁の手触り、照明の色、それは物理的なリアリティではなく、入力された知覚情報を脳という臓器が翻訳したものだ。わたしたちの体験するさまざまな「主観性」はすべて、その理のうちにあるといえる。美や愛も、例外ではない。

往年の銀幕俳優、リー・マーヴィンはタフなアクション演技で観客の心を躍らせオスカーに名を刻んだが、同時にわたしたちの主観性についても面白い言葉を残している。一人目の妻との離婚調停に臨んだマーヴィンは、どれだけ相手を愛していたかとの問いに、こう答えた。「*Never got beyond half a tank*（ガソリンタンクの半分以下）」（The Tuscaloosa News, 一九七九年一月三一日）。愛情という、たしかに感じるが、眼に見えず量れない心の状態をガソリンタンクのゲージで表現することで、主観性を客観的な記述として示してみせた。現在、認知神経科学は、愛情や憎しみ、妬みなど、人間らしい主観的な心の状態に関する脳機能に挑んでいる。その試みのひとつが、「美」だ。美しさは芸術や造形に留まらず、道徳や利他的行為などにも立ち現れ、さまざまな場面で情動的な判断に影響を与えている、ヒトのもつ重要な特性のひとつである。わたしたちが感じる主観的体験はすべて、少なくとも個人レベルでは必ず対応する神経活動があるといえる。いかなる情動、思考、愛情や憎悪でさえ、神経活動と結びついていないものはない。この考えに沿えば、美という感性的体験にも神経科学的な基盤があり、脳機能を研究することで知覚や認知を調べることと同様に、美についても研究することが可能であると考える。この考えに基づき、これまで主に人文学で扱われてきた主観性の問題に対応する脳機能の解明を目指している分野が、神経美学である。その概念的スタートは二〇年ほど前、そして最初の脳機能研究論文の発表は一五年前の若い学問分野だ。その短い歴史のなかで多くの成果を発表してきたと同時に、「ニューロトラッシュ（neurotrash）[1]」、「ニューロマニア（neuromania）[2]」などと評され、多くの批判も起こしてきた。トラッシュ、つまりゴミ屑ということだ。そこで本章では、神経美学のこれまでの歴史と成果、その批判を検討し、神経美学がトラッシュなのかを考えてみたい。

1　神経美学とは何か——これまでの研究と成果

神経美学は、今日では実に多様な種類の研究を抱えている。そこでまず、その研究を大まかに二つに分類してみよう。ひとつは、（作家が意図的かそうでないかにかかわらず）芸術表現で利用されているヒトの認知の仕組みを、実験心理学・認知心理学の手法と理論で調べる研究を「分析的神経美学（analytic neuroaesthetics）」と呼ぶ。一方、脳の働きを外側から記録することのできる脳機能画像法を用いて美醜などの主観的体験に関係する脳領域を調べ、脳損傷研究や認知心理学などからの知見とあわせることで、脳と主観性との関係を検討する研究分野を「機能的神経美学（functional neuroaesthetics）」とする。これはあくまで本章での議論をしやすくするための便宜的区分だ。これらは「視覚情報として物体を分析する」過程と「得た視覚情報についてどう感じるか」の過程との区分ともいえる。前者はさらに、色や運動、奥行き表現など、刺激特徴に基づく視覚情報の分析、再構築に関する研究と、その視覚特徴の変化をパラメータとして主観的体験や感性的評価にどのような影響を与えるかを研究する分野とに分けることができる。一方、後者の「得た視覚情報についてどう感じるか」の問題では、得られた視覚情報の認知的・情動的評価（この時点で、記憶、経験、文脈などの影響を受ける）、主観的価値体験に関する脳の働きや機構を研究する。ここでは簡単にいえば、ある主観的体験、例えば「顔の美しさ」に普遍的・特異的に反応する脳活動を調べる。そのため、ある顔刺激にユニークにみられる物理的特徴を、あえて独立した変数としないことも多い。つまり、カラヴァッジョの肖像画もルノワールの肖像画も、芸術的表現の特徴は異なるものの、「美しい顔」という同じ刺激グループとして扱うという方法だ。特定の刺激特徴によって結果が交絡しないように、できる限り低次の刺激特徴、例えば輝度、コントラスト、刺激面積などは統制される。また、実験刺激は芸術作品に限定されず、さまざまな種類の刺激が用いられる。以上のように分類した上で、神経美学の概観をできるだけ包括的に、かつ簡潔に眺めてみる。

初期の神経美学

わたしたちの知覚は脳の仕様に制約されている。紫外線は視えないし、三万ヘルツの音は聴こえない。わたしたちの感覚知覚は、感覚知覚器が受容できる情報しか知覚されない。芸術の表現知覚も、ほぼ同様の制約を受けている。それゆえ、ウルトラバイオレットという絵具はないし、超音波の音符も存在しない。芸術表現も、脳の仕様で決められた可知域の内側で試行錯誤されてきたといえる。知覚の壁を超えるコンセプチュアルアートも現代では多いが、それでも知覚が芸術的体験の基盤のひとつであることは間違いないことだろう。そもそも、ヒトの知覚・認知と審美的体験（aesthetic experience）・芸術作品観賞との関係の研究は、一九世紀、精神物理学の祖であるグスタフ・テオドール・フェヒナーの実験美学に端を発する。当時は脳の活動を外部から計測することは不可能だったため、彼は精神物理学を手法とし、刺激がもつ視覚特徴と感性的体験との関係性を研究した。実証的な美の知覚研究についてはフェヒナー以降目覚ましく発展したとはいえない。しかし、九〇年代に陽電子放射断層撮像法、ついで機能的磁気共鳴画像法（機能的ＭＲＩ）など、ヒトの脳活動を外部から非侵襲的に調べられる脳機能画像法が発展したことで、その実証性の理念は神経美学研究に引き継がれたといえる。

ロンドン大学ユニバーシティ校のセミール・ゼキやカリフォルニア大学サンディエゴ校のヴィラヤヌル・Ｓ・ラマチャンドランが先鞭をつけた、九〇年代後期の初期の神経美学研究では、視覚脳の機能と視覚芸術作品との関係性を論じるところから始まった。これらの研究は、先に挙げた分析的神経美学に分類できる。彼らが主張したのは、脳の視覚情報処理プロセスの仕組みと、芸術家の視覚世界に対するアプローチとの類似性だった。網膜に入力される視覚情報は、いくつかの要素に分けられる。輝度、方位、色、運動などだ。それらの視覚要素の処理は、脳内のそれぞれ別個の処理領域が担う。アレキサンダー・カルダーの《モビール》を観察していると、色や形の知覚がうすれて、運動の知覚だけが強調されていく感じがしないだろうか。キネティックアーティストたちの芸術的試みは、神経生理学者たちが運動に選択的に反応する神経細胞を視覚皮質に発見する二〇年以上前のことだ。しかし、視覚要素の構成単位のひとつとして運動を区分するというコンセプトは両者に通じているといえる。また、「すべての形の基本的な構成要素はなにか？」と問い立てしたピエト・モンドリアンは、その答えを垂直と水平の直線に見出した。三〇年後、神経生理学者たちはまったく同じことを問い、視覚野に縦横の直線に選択的に反応する細胞（方位選択性細胞）を発見し、同じく垂直と水平の線分を視覚の「最小構成要素」と考えた。さらには、初期キュビズムで行われた分析は、物体のアイデンティティが、異なる状況下、異なる角度や距離から観察しても保たれるのはなぜかと考えた「芸術実験」ともいえる。これも生理学者たちが考え、芸術家とは異なる方法で取り組んだ「形態の恒常性」と同じ問題であるといえる。

個別の神経細胞の選択性を超えて、視覚脳全体をシステムとして考えた場合にも、芸術と神経科学には重なる知見がみられる。視覚システムの情報処理はその物体が何であるかを分析する“what”回路と、物体の位置や自分との空間関係を分析する“where”回路（または“how”回路）とに大別される。形や色といった物体情報は前者、輝度や動きなどの位置情報は後者の経路で処理される。モネの《印象、日の出》の画面を見ていると、水面のゆれや地平線から現れる太陽にちらつきを感じることがある。もちろん、絵のなかで水がゆらいでいるわけではないが、それが絵の主題が及ぼすトップダウンの錯覚ではなく、画中のオブジェクトの描かれ方に起因する可能性が指摘されている[(3)]。この作品では、オブジェクトは背景とは異なる色の、かつ同輝度で描かれている。Whereシステムは、輝度変化により地（背景）と図（オブジェクト）を区別する。そのため、オブジェクトが背景と同じ輝度で描かれている場合、境界の検出が曖昧になり、その位置を一義に定めることが難しくなる。ゆえに、モネの画中の水面と太陽は、その位置情報を正確に得ることができず、ちらつくような視覚効果が生み出されるという考えだ。芸術表現と視覚脳プロセスにみられる類似性が示すことは、芸術家と科学者が、各々のもつ別の方法を使って、同じ問題、つまり広い意味でのヒト知覚という問題に挑んできたということを物語っている。

以上が、神経美学初期の話だ。芸術作品を「知覚刺激」として、脳の働きの理解に新しい見方を拓いた分析的神経美学の研究である。つづいて、二〇〇〇年代以降の脳機能画像法を利用した研究をみていく。脳機能の視点からの研究であるため、ほとんどは機能的神経美学と分類してよいだろう。まずは、もっとも身近な「眼」という感覚器を通す美から始めよう。

視る美

あなたは今、モネの《睡蓮》の前に立っている。けぶるような光の洪水が美しい。このとき、あなたの脳はどのように働いているだろうか。二〇〇四年の研究では、絵画における視覚的美の脳活動が調べられた[4]。実験では、風景画、人物画など、幅広い絵画刺激が用いられた。実験参加者は、提示された絵画に感じた美しさの強度をボタン押しにより回答し、その際の脳活動がｆＭＲＩで記録された。この研究の結果、参加者が「美しい」と回答した場合のみ、前頭葉の下部に位置する「内側眼窩前頭皮質（medial orbitofrontal cortex, ｍＯＦＣ）」（図1）が活動することが明らかになった。ｍＯＦＣは、見ている絵画の種類によらず、美しさを感じた刺激であれば常に活動をみせた。それゆえ、この脳活動が特定の絵画に対する反応ではなく、参加者の特定の内的状態、つまり美を感

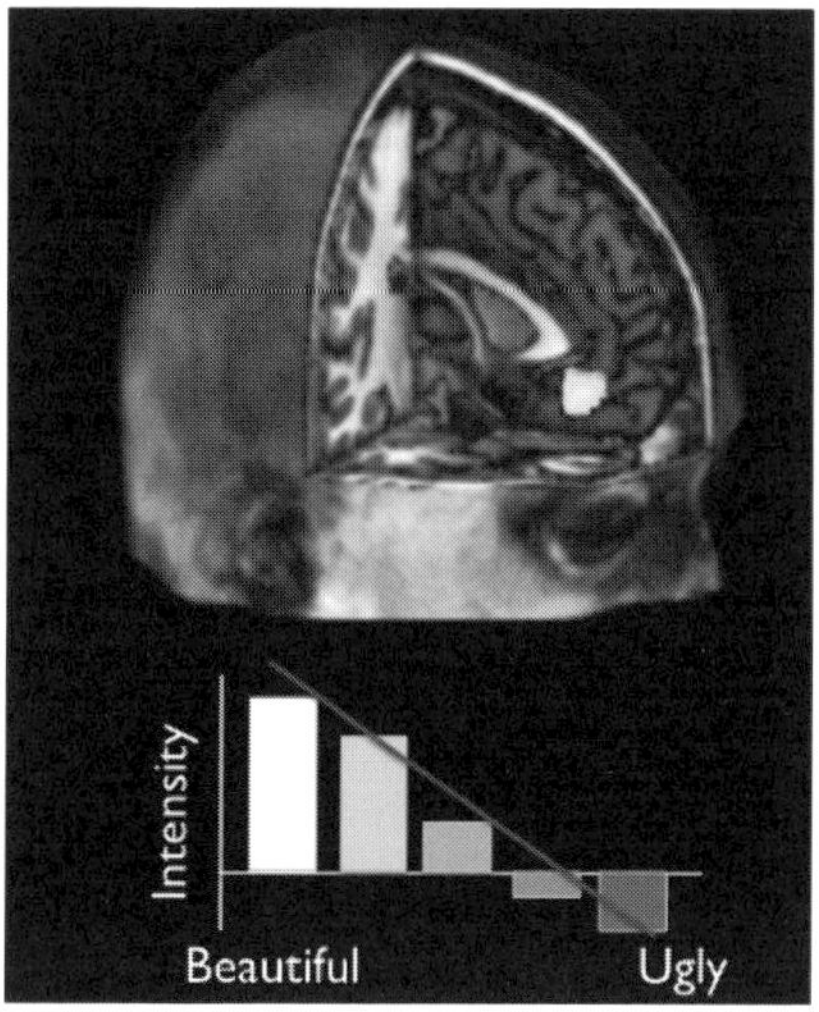

図1　内側眼窩前頭皮質（mOFC）。視覚的美の体験によって活動が生じている。活動強度が美の体験の主観的強度に相関している。

じている状態に対応する脳活動であると考えられる。この活動は、他の視覚刺激、自然風景や建築を刺激とした実験でも報告されている[5]。ｍＯＦＣは、快や報酬に関係する神経伝達物質ドーパミンに関係する神経細胞が集中した報酬系と呼ばれる脳内機構の一部である。現在までの研究で、その他にも美の体験によって腹側線条体や尾状核など、同様に報酬系に含まれる部位の賦活が報告されており、美と快・報酬との結びつきが示唆される。もちろん、両者の関係はそう簡単に結論づけることはできない問題である。この点は後述する。

聴く美

美は視覚以外の感覚様相にも立ち現れる。例えば聴覚、音楽だ。詩や音楽と絵や彫刻を時間芸術と空間芸術とに分けたリカルド・カニュードの言葉を引くまでもなく、音楽と視覚芸術とは、極めて異なる芸術のあり方である。両者の相違性は、同様に脳内の情報処理にもみられ、視覚情報は主に視覚皮質で、聴覚情報は主に聴覚皮質で処理される。つまり、各感覚様相に個別に特別な処理領域が存在するわけだ。それでは音楽的美と視覚的美も、異なる脳の反応を生じさせるのだろうか？　音楽美の脳活動としては、ｍＯＦＣ、腹側線条体、島皮質などが挙げられてきた。しかし、絵画と楽曲、両方を刺激に用いたｆＭＲＩ研究の結果、複数の領野が活動したなかで、唯一、ｍＯＦＣが、視覚美か聴覚美かによらず、美しさの体験にともない共通して反応することが示された[6]。視覚野と聴覚野は、刺激が美しいか醜いかにかかわらず活動していたことから、それぞれの感覚皮質で処理された感覚知覚情報がｍＯＦＣに送られ、美という価値づけがされる可能性が考えられる。音楽と視覚芸術という極めて異なる二つの美が、その異質さにもかかわらず共通の脳部位を活動させることは興味深い。また、ｍＯＦＣの活動強度は、美の体験の主観的強さと相関していた（図１）。つまり、美の体験が強いほど、ｍＯＦＣの活動も増加するということだ。美という眼に見えない体験を、脳機能計測技術により間接的に定量化することができるようになるかもしれない。

視えない美

「*Ce qui est important, ça ne se voit pas.*（たいせつなことは、眼に見えないんだよ）」サン＝テグジュペリ、『星の王子さま』の一節である。眼に視えるわかりやすい幸せを追い求める物質主義社会への警句であり、内面の、感覚知覚されない美しさに平易な言葉で気づかせてくれる。この「眼に視えない美」にも、脳は反応しているのだろうか？「他人を助ける行為」や道徳的な行いなどを「道徳美」と呼ぶことにしよう。あるｆＭＲＩ研究では、顔の魅力度評定を行う課題（審美判断課題）と、その人物が道徳的に正しい行いをしているかを評定する課題（例えば「お腹を空かせている子どもにパンを与えた」、道徳判断課題）を行い、それぞれの脳活動を比較した。[7] その結果、両方の課題でｍＯＦＣの活動増加が認められた。心根の美しさという眼に見えない美。それに対する脳活動も、芸術作品の美と同様の脳活動により表現されていることを示唆している。この結果からは、美と道徳とのつながりも連想されるが、実際この部位を損傷した患者は、道徳的判断が適切に行えなくなることが報告されている。[8] ちなみに、数学者を対象とした研究では、オイラーの等式など方程式の解法に見出される概念的な美、「数理美」も、同じくこの脳部位を賦活させることがわかっている。[9] 以上の研究からは、視覚・聴覚など知覚情報を運ぶメディアに依存しないだけでなく、刺激の具象性をも超えて、美という体験を抽象化する機能を、特定の限局した脳部位が担っている可能性が考えられる。一方で、美学の議論において美と区別される「崇高さ」は、美の体験とは異なる活動パターンをみせる。[10] 大脳基底核の尾状核前部や被殻、小脳の一部、海馬後部だ（図2）。これらの部位は、快、憎しみ、恐怖といった感情に反応するという報告がある。この研究だけをもって結論づけることはもちろんできないが、ジョン・デニスが記したように、正負の情動体験をあわせもつ崇高さの複雑な情動体験を反映している可能性が窺え興味深い。

判断される美

美の体験との相関が指摘されてきたｍＯＦＣだが、一方で、ｍＯＦＣを含む眼窩前頭皮質は、意思決定・判断全般に反応するという知見もある。それゆえ、ｍＯＦＣの活動も、美の体験ではなく単に提示された刺激に対する判断行為を反映しているだけではないかという反論があった。そこで審美的判断を行う際の脳活動を、審美以外の判断、知覚的（明るさの）判断を行う際の脳活動と比較する実験が行われた。[11] mOFCが審美的評価に選択的に関与しているなら、知覚的判断の際には活動がみられず、審美判断を行う場合にのみ反応するはずである。実験では、二つの絵画を一組とするペアの絵画刺激群を用い、審美判断条件では「左右どちらの絵画がより美しいか」、知覚的判断条件では「どちらがより明るいか」を、同じペア刺激で判断させた。その結果、mOFCは審美的判断でのみ賦活し、明るさの判断では有意な活動はみられなかった。mOFCの活動が単なる判断行為にではなく、美しさの判断に選択的に関与していることを支持する結果といえる。

さらにこの研究からは、下頭頂葉や外側前頭前皮質など、両方の判断課題で共通して賦活する部位と、mOFCや大脳基底核など審美的判断でのみ活動する部位があることがわかった。下頭頂葉や外側前頭前皮質は、物体のサイズなど一般的な知覚判断に寄与する一方、大脳基底核は情動処理に関係している。つまり、審美判断が、一般的な判断を行うための脳内モジュールに加えて、情動に関するモジュールも利用して実現されている可能性を示している。脳内に、美に特化した独立した機構があるのではなく、従来の機構を駆使し、mOFCをはじめとする複数の部位が協働して働いている可能性を示している。

影響される美

さて、美術館のなかで美しいと感じた《睡蓮》だが、もしも裏通りの小汚い露店で見たとしたら、あなたは同じ絵を同じように評価できるだろうか？　個人の審美評価は、与えられた文脈や知識から強く影響を受けることが指摘されている。カークらの行った脳機能実験では、コンピュータを使って抽象画のような画像群を作成し、半分に「美術館所蔵」、もう半分に「コンピュータ作成」とラベルづけをして実験参加者に提示した。すると、前者への審美評価が有意に高くなった。[12] つけられたラベルの情報に、美的評価が影響を受けたのだ。このように文脈や知識によって審美評価が増強（または減弱）される際、mOFCや腹側線条体の活動も、同様に増強・減弱することが報告されている。[13] 文脈による影響は、作品の真贋[14]や金銭的価値[15]などでも現れるが、これらの効果は、美術の専門家を対象とするとみられなくなる。専門家は訓練により、作品外の情報の影響を排除できるためと考えられる。面白いことに、その際、専門家の脳内では背外側前頭前皮質というこめかみの少し上に位置する、情報統合や衝動性の制御に関わる部位とｍＯＦＣとの機能的結合が強まることがわかっている。[16]研究者たちは、背外側前頭前皮質がｍＯＦＣの活動を制御している可能性を挙げており、それが専門家の「審美眼」に貢献しているのかもしれない興味深い報告である。この項では、文脈や知識といった、単なる知覚的特徴を超えた情報が、個人の審美体験や嗜好に影響を与えること、また同時に、その個人の脳の働きにも反映していることを紹介した。

操作される美

前項までは、美の体験に関わる脳活動を紹介した。それでは、脳の活動自体を直接操作できたら、美の体験も変化するだろうか？　経頭蓋直流電流刺激法（transcranial direct current stimulation, ｔＤＣＳ）は、頭外からの微弱な電流刺激によって神経細胞の膜電位を変化させ、特定の脳部位を活動促進（または妨害）させることのできる装置だ。カッタネーオらは、ｔＤＣＳを利用して個人の審美体験を変化させられるか実験した。[17]実験協力者にさまざまな絵画刺激を提示し、その「美しさ」と、対照条件として「色の豊かさ」について評定させた。その後、ｔＤＣＳを使って前項で紹介した背外側前頭前皮質に電流刺激を与えた。電流刺激を受けた参加者は、その後ふたたび絵画を観察し、その美しさと色彩の豊かさとの評定を行った。実験の結果、電流刺激を行い背外側前頭前皮質の活動を促進させた条件では、刺激なし条件と偽試行とに比べ、具象絵画に対する審美評価が上昇することが明らかになった。用いられた絵画刺激は、人物画や静物画などを含んでおり、顔や物などの刺激のカテゴリーにも依存していない。特定の脳活動を促進させることにより、個人の美的体験を変化させることが可能であると示した初めての研究である。脳活動を操作することで主観的な体験に変化を及ぼせる可能性は非常に重要だ。うつ病や失快感症などにこの技術を応用できれば、失われた快の感覚を取り戻すことができるかもしれないと、研究者たちは期待している。

醜と美

美の対極として、真っ先に思い浮かべるのは「醜」だろう。美を善、醜を悪とおいたのはG・E・ムーアであるが、醜は概して忌避すべきもの、遠ざけるべきものとして捉えられる。実は、脳のなかでもそれに似たような反応がみられる。醜さを感じているとき、特に強い活動を示すのは、扁桃体と運動野と呼ばれる部位だ。(18) 扁桃体は、脳の深部に位置し、特に恐怖や忌避などネガティブな情動に関与する。醜さが、恐怖や忌避と関連していることは理解しやすいと思う。興味深いのは運動野の活動である。その名の通り運動の指令やプランニングに関連する機能をもつ皮質だ。運動野は、恐怖を感じる刺激に対しては、実際に運動を行わなくても賦活することが報告されている。(19) これは、生体のもつ防衛システムが運動準備を自動的に行うためではないかと解釈されている。醜さの体験にともない生じる運動野の活動も、醜さを自分から遠ざけたいという防御反応を反映している可能性がある。このように、美と醜とではまったく異なる特徴的な脳内機構が関与している。脳機能の視点からは、この二つの美学的概念が、同一軸の双極に位置するものではないといえるのかもしれない。

快と美

その他の美の体験に関する研究でも、腹側線状体、尾状核、島皮質といった報酬系や自律神経調節に関与する領域の活動が報告されている。これらは美の主観体験が報酬価を含んでいることを示唆している。ここでひとつの疑問が浮かぶ。美とは快なのだろうか？　美しさの体験と快感情とは分離が非常に難しい。これまで紹介してきたｍＯＦＣを中心とした美しさの体験に関与する脳領域も、多くが報酬系に含まれ、快の情動に密接に関係している。しかし、眼窩前頭皮質は前頭葉の下部に広がる広い皮質であり、眼窩前頭皮質内で機能的役割分担があるという報告がある。セスキュースらは、金銭的報酬を得るときと、性的報酬を得るときとで、眼窩前頭皮質の活動を調べた。(20) その結果、眼窩前頭皮質でも内側部は性的報酬により強く反応するが、外側前方部は金銭的報酬へより強い反応を示すことがわかった。これは、眼窩前頭皮質のなかにも部位によって機能に違いがあることを示唆している。この方向の研究が進めば、快と美が、反応する脳部位として異なるのかどうかが明らかになる可能性がある。しかし、一方で注意すべき点もある。認知神経科学で一般的に利用されている機能的ＭＲＩがもつ最小空間単位は、ボクセルと呼ばれる立方体であり、一ボクセルを五五立方ミリメートルとすれば、そのなかには五五〇万個以上もの神経細胞が入ることになる。そのため、神経細胞レベルで見た場合にそれぞれ異なる機能があったとしても、眼窩皮質内の同じ神経細胞が快と美との双方に反応するのか、それとも異なる細胞群がそれぞれ異なる体験に反応するのかという問題には、機能的ＭＲＩの結果だけから結論づけることは困難である。機能的ＭＲＩや脳波だけでなく、電気生理学や分子イメージング、オプトジェネティクスや比較認知心理学など、他の研究分野との協力が不可欠だろう。現在までの脳機能研究では（それは人文学や文学でも同様だと思うが）、美と快が分離可能なのか、または同一体験の別称なのか答えることはできない。美の体験を「楽しい美（joyful beauty）」条件と「悲哀美（sorrowful beauty）」条件とに区別した場合、前者は正の感情価（valence）、一方後者は負の感情価をもつ美ということになる。一般的に快は正の感情価をもつと定義される。しかし、この二種類の美について脳活動を調べた最近の研究では、眼窩前頭皮質は両条件ともに反応を示し、ゆえに単純に正の感情価（つまり快）に反応しているわけではないということも報告されている。[21]墓前に花をたむける子供の美しく哀しいシーンは、痛みや共感、感動、庇護、などいくつもの情動を喚起し、一義に言い切ることはできない。しかし、美の体験のタイプの違いについての脳機能研究は、快と美との問題を考察するために有用な知見を提供できると思う。将来どのような答えが導き出されるか非常に楽しみなテーマのひとつである。

決定因子としての美

ここまで、いろいろな場面でわたしたちが感じる美しさの体験に、特定の限局した脳部位の活動が対応していることを紹介してきた。美を論じるとき、わたしたちは多くの場合、芸術の美を念頭においてしまうが、これまで紹介してきた研究からわかるとおり、美の感覚はヒトの行う判断行為全般に広く立ち現れるものだ。芸術にも、自然にも、生き物にも、数学にも、道徳にも、生き方にも。美はユビキタスな感覚だ。そして、人間の行う多様な判断において、その判断材料となる重要な「決定因子」としての機能が、美という体験にはあると考えられる。その判断というのは、「正しさ」や「善性」に関係しているのではないかと思う。「真・善・美」とは、ヒトが理想とし追求する価値だ。視えない美の項で論じたように、ヒトには、美と善を結び付ける認知的バイアスがある。その点で、美の体験とは、物事に対する感情的な「正しさ」や「善性」を判断するための、ある種の情報を媒介する働きをもつと表現できる。この決定因子は、繁殖、倫理、芸術、さまざまな対象に適用できるものだ。種の保存や個体の生存の圧力が比較的少ない現代文明社会で、わたしたちはこの「美」と呼ばれる決定因子を、特に芸術において頻繁に使用しているが、人類の祖先の生活では、配偶個体の選択や安全な居住場所などを判断する際に、非常に重要な役割があったのだと想像できる。量子電磁気学の発展に大きく貢献したポール・ディラックは、こう言い残す。「相対性理論が、これほど物理学者に受け入れられているのは、その数学的な美しさからである。芸術における美が定義できないのと同じく、数学的な美しさを定義することは非常に難しい。しかし、数学を学ぶ者であれば、その価値を感じることは容易である。自然の基本法則を数学で表そうとするとき、単純さと美しさが、同時に求められることはよくあることだ。しかし、もし両者が相容れない場合は、後者を優先させるべきである」。ヘルマン・ワイルも、自然の法則を明らかにする過程で美を重視した人物である。ワイルは、相対性理論と電磁気学を結び付けるための理論を構築した人物だ。彼にとって、その理論は非常に美しいものだった。だが、当時の数学者たちにとって、それは従来の数学が積み重ねた知識に、数学的真実に真っ向から楯突くものだった。ワイルはいう。「わたしは常に、真実を美と統一しようと試みてきた。しかし、どちらか一方を選ばざるを得ないときには、わたしはいつも美を選んだ」。彼の論文の発表後、量子力学の発展を待って、ヘルマン・ワイルの理論はようやく学界に受け入れられることになる。その美しさからではなく、その正しさから。

まとめ

本章では、神経美学の学問としての位置づけ、これまでの成果を概観し、さまざまな場面でわたしたちが感じる美しさの体験に、特定の限局した脳の活動が対応していることを紹介してきた。しかし、美や主観性の脳機能研究に対しては、さまざまな批判もある。要素還元論的な過度の単純化、美‐醜という二値的な条件設定、個人差や社会的要因を除外した解析などの問題はその一部だ。脳の機能という一面から考察しても包括的な理解は望めないということだ。しかし、美を感じる心や、眼に見えない道徳的価値は、わたしたちの主観世界にたしかに存在する。その内的状態に対応する脳機能研究は、神経科学だけではなく人間性を巡る諸学問へ新たな視座を提供できる可能性を秘めている。第2節では、これまで神経美学に対して提出された主な批判について取り上げ、その解説と応答を考えてみたい。

2　神経美学への批判

神経美学は幅広い領域にまたがる多様な研究分野をふくむため、神経美学に抱くイメージが本来の形から乖離した結果生まれた誤解や批判、「神経美学神話」とでも呼べる状況がある。本節ではこの乖離を解説し、対応する回答を試みる。このような分野で、批判が起こることは自然であり健全であると思う。しかし、いくつかの批判は神経美学の目的を誤解しているために生まれたと考えられる。建設的な批判ももちろん数多くあるが、ここでは特に誤解により生まれたと考えられる批判や繰り返される批判を取り上げ検討したいと思う。

批判①「神経科学は芸術を説明できない」

もっとも頻繁に耳にする批判のひとつに「神経科学は芸術を説明できない」がある。「特定の絵画の特徴、例えば印象派絵画の色彩効果などは脳の視覚処理特性で神経科学的に説明できるかもしれないが、（芸術全体に敷衍する）神経科学に基づく芸術理論を構築できるとする神経美学の考えは実現不可能である[22]」。要するに、「神経科学（脳の働き）は「芸術とは何か」を説明できない」、「神経美学は芸術の幅広さを説明できない」という批判だ。これは「機能的神経美学」に分類される研究に対する意見であると解釈してよいだろう。

この批判への回答はシンプルなものだ。「神経美学は芸術を説明しようとしていない」。この種類の批判でもっとも重要なことは、神経美学で扱おうとしている問いを誤解している点だ。神経美学（機能的神経美学）の問題設定は、美学的主観体験や判断、生産において働いている脳内メカニズムは何か、である。色や情動の体験において働いている脳内メカニズムを検討する研究と変わらない問題設定と実験手法であり、道理にかなった科学的な問いだと思う。主観的な美や醜の体験をしている際に対応する脳の機構を研究するものであり、まして「美とはなにか？」という大上段の問いかけをしているのでもない。「美学的体験とはなにか」という問いと「美学的体験に関係する脳機能はなにか」という問いは、そもそも違うのだから。また、「作品背景、作家、社会的文脈など芸術に不可欠な文脈の影響を除外している」という批判も多いが[23]、芸術を説明しようとしていないわけだから、この時点で的外れであることがわかる。とは言え、例えば、前節で紹介したカークらの文脈効果と審美判断の研究などは、この批判に対してひとつの答えを提供できるだろう。

しかしながら、なぜ科学者が美の問題に挑んではいけないのだろうか？　美の体験に対応する脳活動の研究は、単純にわたしたちの知識を広げるものだ。過去五〇年間の色知覚体験に対応する脳内機構の研究の知見抜きには、現代では色についての包括的理論は不完全だといっても言い過ぎではない。それは科学者だけでなく哲学者も同意することだろう。美学的体験についての脳の仕組みを調べることは、美についての問題を扱うひとつの方法であるし、脳研究が唯一の方法であるはずもない。これまでの無数の試みは、包括的で完全な審美理論や芸術理論を生み出すことはできなかった。しかし、それでもトリスタンコード、ドリアン・グレイ、ロンダリーニのピエタについて、今も音楽学的、人文学的、哲学的論考が発表されつづけている。それはなぜか？　そこに何かしらの「説明可能なもの」、「論考可能なもの」があると信じたゆえではないか。科学者たちが同じ問題に、彼らの方法で論考することが非難される必要はない。脳機能という観点が、その議論の場から除外されるべき合理的な理由はないだろう。もちろん、美学的体験の神経科学的知見が、人文学の関心に見合うものかどうかというのは、また別の問題である。だが、もし芸術と科学とが相容れないとしたら、レオナルド・ダ・ヴィンチはおどろくのではないか。

これらの批判に通底するものは、そもそも脳は美学的体験に関係しているのか、との疑念だろう。たしかに、このハードプロブレムは解けないかもしれない。しかし、一八世紀イギリスの哲学者エドムンド・バークは、『崇高と美の観念の起源』で、この問いについて以下のように述べている。「美は、大抵の場合感覚の仲介によって、人間の精神に機械的に作用する、ある事物の性質である」（『崇高と美の観念の起源』中野好之訳）。視覚や聴覚などの美は、それぞれ別個の感覚知覚を通して、しかし同じように人間精神に働きかけるものであると、バークは考えていたようだ。「精神」を「脳」と置き換えさせてもらえるなら、各感覚様相の美は、感覚受容器を通して同様に脳へ働きかけると翻訳できる。DNAの二重螺旋構造と生命、オキシトシンと愛着・絆、ドーパミンと快楽、物質と精神との関係、つまり脳の物質性と精神活動との対応関係は、いくらでも挙げることができる。この「科学ではXを説明できない」議論は、科学の歴史と常にともにあった。「もちろん芸術作品とそれに対するわれわれの反応に、ある程度の一般性があり、それが芸術的理解と芸術的体験について何か示唆することがあるかもしれない。しかし、それは決して完全な説明とはならない[24]」。そうかもしれない。だが、それが芸術の説明・定義の原理的な不可能性のためなのか、それとも科学がまだそこへ辿り着いていないからなのか、わたしにはわからない。

批判②「神経美学はリダクショニズムである」

この意見は、しばしば美術批評と美術史学から提起されるものだ[25]。その通りだと思う。神経美学は、事実、リダクティブアプローチといえる。だが、それが批判されるに能うかどうか、またその批判が一貫しているのかについて、すこし考えなくてはいけない。科学的アプローチは、第一にその性質としてリダクショニズムだ。複雑な事象や仕組みをそのまま扱うことはできない。対象を構成するものを分け、それぞれの部分を測定し検討することで、全体像を組み立てていく。普遍性のある知識に辿りつくにはリダクションが必須ともいえる。生物学や薬理学で、細胞の仕組みを調べたいとしよう。まず構成する要素を区分し、各々の化学反応を調べていくだろう。それと変わらない。薬理学はリダクショニズムだろうか？　そういう批判は聞いたことがない。ここで、生物学や薬理学を一旦おいて、この批判のあがってくる美術批評や美術史学の世界をみてみたい。芸術家や美術史学者たちは、リダクティヴアプローチをとってこなかったのだろうか？　フォーマリズム批評で有名な二〇世紀初頭のイギリスの美術史学者クライブ・ベルは『*Art*』（一九一四年）で、美について以下の問いかけをしている。[26]「ペルシアの陶器、芸術家の偉大な絵画、荘厳なステンドグラスなど、一様に美の感情を生じさせるが、同時に極めて多様である芸術作品に共通するものは何か。それを見つけることができれば、美学の大きな問題のひとつに答えが得られるはずだ。それがないとするならば、芸術作品を語ることに意味などなくなる」。ベルは、すべての視覚芸術の美に共通する「唯一の性質」（"significant form"と呼んだそれは、明確な答えは示されなかったが）を見出そうと議論を展開した。作品そのものの物理的特徴のなかに美の共通項を見つけようとしたベルの試みは、リダクショニズムではなかっただろうか？　感性的判断における普遍性を sensus communis と示したとき、カントはリダクショニストといえなかっただろうか。肖像画だろうが風景画だろうが、日没だろうが音楽だろうが、対象の種類に依存せず、文化背景にも人種にも教育にも依存せず、美の体験に共通してすべてのヒトの脳内で働く脳部位の検討と、上述の人文学的な試みとは、リダクショニズムという点で違うだろうか。すべての形に共通する基本構成要素は何かと問い、縦と横の直線を見出したモンドリアンは、そのときリダクショニストではなかっただろうか。視覚皮質内に方位選択細胞を発見し、〝生理学的な〟基本構成要素だと考えた神経科学者と、どこまで違うだろうか？　多種多様な自然の形を、三角錐、円筒、球に落としこんだセザンヌの試みは、還元的ではなかったか？　神経科学者は、芸術家よりもリダクショニストだといえるのだろうか。*"They were born, they suffered, they died."*（*L'Histoire*）アナトール・フランスは、たった一行で全人類の歴史を要約してみせた。神経美学はリダクショニズムだ。そう、他の多くの知的行為と同じに。それはそんなに大きな問題なのだろうか。

おそらく、リダクショニズムを取り上げるとき、神経美学に対する懸念は、その主張を以下のように捉えているからではないかと思う。「わたしたちの感じている美学的体験は現実ではない。現実にあるのは特定の脳部位の活動だけだ」。[27]たしかにこれは、主観的体験を脳活動に還元する極端なリダクショニズムだ。しかし、わたしの知る限り、神経美学を研究している科学者で、この主張をしている人物も論文も今まできいたことがない。上述したとおり、美学的体験の主観的現実を否定するのとは反対に、神経美学が追求する問いは、まさにその主観性に関する脳の機能といえる。美の体験とは、大部分は主観的感覚と捉えることができる。そしてその感覚があることで、はじめてわたしたちは「美」という問いについて考えることができる。神経美学では、その感覚自体に対応する脳機能の解明を目指しているのだ。

この批判に関連するが、神経美学研究を紹介するメディア記事のなかで、しばしば眼窩前頭皮質などを「ビューティーセンター」や「ビューティースポット」と表現しているのを見かける。これは、眼窩前頭皮質だけが美の体験の処理を行っている」という誤解を招く表現である。脳部位はそれ単独で機能しているわけではない。脳機能画像研究では、大抵の場合二つの条件（条件aとb、または実験条件と統制条件）を統計的に引き算することによって、特定の条件に選択的に働く部位を検討する。例えば、「美しい」と判断された条件から「醜い」とされた条件の活動を引くと、前者に選択的に活動する部位を調べられる。報告される脳部位は、このようにして得られた活動マップであり、例えば「醜」条件でも活動している部位（視覚皮質など）は引かれている。ゆえに、「美」条件で眼窩前頭皮質のみが活動するという記述は誤りで、その他の脳部位も同時に機能している。特定の脳部位が、それ単独で機能すると考える神経科学者はいないだろう。神経科学者が論じているのは、その部位がある特定の体験や精神状態に重要で、その部位がなければ（損傷や一時的機能不全などで）本来の知覚や体験などが減じられるか、または消失する、という点だ。例えば、紡錘状回周辺の損傷によって見知った顔を認識できなくなる相貌失認、第四次視覚野の損傷による色の知覚を失う大脳性色覚障害、同じく第五次視覚野の損傷は運動知覚の喪失をひきおこす。しかし逆に、他の領域から切り離し、それらの部位だけを取り出したら、そこに色の感覚が宿るというわけではない。

「ほぼすべての既知の脳領域は複数の機能をもっている。特定の脳領域（例えば眼窩前頭皮質）の賦活をもって、その人物が特定の心理的状態であると主張することは誤りである」といった批判もあるが[28]、これは妥当な批判だといえる。神経美学だけではなく、脳機能画像法を用いてヒト認知を調べる認知神経科学一般への意見といえるだろう。ただ、ほとんどの認知神経科学研究では、科学者はたった一つの研究結果から主張をしているわけではない。同じ問題を扱った先行研究と、再現実験の結果に基づいているはずだ。神経美学も、脳機能画像法以外の手法、例えば、脳損傷研究による脳部位と認知変容についての知見、tDCSなどの新たな脳刺激技術による因果関係を検討する実験の知見などを総合的に考察している。考察は、推測とある程度の論理的ギャップを含むときがあり、特に若い分野では誤った解釈が生じる場合もある。しかし、客観的な計測に基づいているゆえに、主張を事後的に検証していく仕組みが科学の世界にはある。実験結果が再現できない研究は必然的に消えていくものである。

批判③「視覚特徴の分析だけでは芸術的体験は説明できない」

この批判はすこし説明をくわえよう。以下のような批判だ。

「芸術の神経科学・視覚科学研究は、絵画技法のもつ視覚科学的効果はある程度説明することができるだろう。例えば、印象派絵画に見られる「ちらつきの効果」がどのような原因で生じているのかは、視覚システムから説明できるかもしれないし（例えば、'what-where' システムの違い[29]）、点描画の網膜混合の仕組みを受容野の大きさから説明できるかもしれない（例えば、カラーブレンディング[30]）。しかし、同じ技法を使って描かれた二つの異なる印象派絵画の違いについては、脳活動スキャンは説明することができない。両者は似た視覚効果を生じさせるだろうが、経験としてまったく別物であるはずの両者の違いについて議論することはできない。芸術を理解するという意味は、イメージ（画像）の分析以上のものであるべきだ」。これは、神経美学の研究のうち分析神経美学だけを取り出した批判である。分析神経美学では、主に視覚脳のメカニズムと情報処理プロセスが対象であり、作品内で芸術家がほどこす「トリック」は視覚脳の仕組みを解き明かすのに非常に有用であるが、一方視覚情報処理後の主観的経験については範囲外といえる。しかし、これまでの記述でみてきたとおり、神経美学はそのなかに幅広い研究があり、分析神経美学はそのひとつの分野である。機能的神経美学では、逆に刺激の特性を離れ、視覚刺激（絵画）の分析後に得られる美学的な主観体験が、脳にどのように作用するかを調べる。つまり、この批判は神経美学の一部の研究（特に初期のもの）だけを取り出し一般化したゆえの誤解といえる。

批判④「美だけが美学的体験ではない」

（機能的）神経美学は、そのスタートとして美の体験に関係する脳機能・脳領域に焦点を絞って研究が進められてきた。しかし、美は美的体験（美的範疇）のひとつにすぎず、当然ながら美的体験を美醜という二値に押し込めることはできない。この批判が起こるのは頷ける。しかし、（古代ギリシャまで遡れば）二〇〇〇年前から美を考察し、他の美的範疇との関係を議論してきた哲学とは違い、神経科学がこの問題に関わることができる（許される）ようになったのはつい最近のことだ。まずは美についての脳機能研究に集中することは必要だった。なぜなら美の体験がどの脳領域の活動と関係するか、その脳機能から推測される機能はなにか、その活動は種類の異なる美の体験でもみられるかなど、何も明らかになっていないなかで、美の体験に相関する脳機能は何なのかをまずは特定しなくてはならなかったからだ。また、ある実験で得られた結果は、別の実験でも再現されなくてはならない。再現実験で結果が繰り返し確認され、分野内である程度のコンセンサスが築かれる必要があり、それには時間がかかる。しかし、このプロセスをとおして美の体験に関係する脳反応が絞られることで、やっと美と他の美的範疇とを比較することが意味をもつといえる。美しさの体験を知らない者が美について議論できないように、美に相関する脳反応がまずは特定されなければならない。ここで紹介した内側眼窩前頭皮質を中心とした特定の脳内ネットワークが、その成果のひとつである。そして、これを土台として神経美学は当批判に対して少しずつだが回答を示している。例えば、醜[31]、崇高[32]（図2）、悲哀美[33]など、単純な美以外の美的範疇へと研究テーマを広げ、それぞれ興味深い結果が報告されはじめている。逆説的かもしれないが、これ

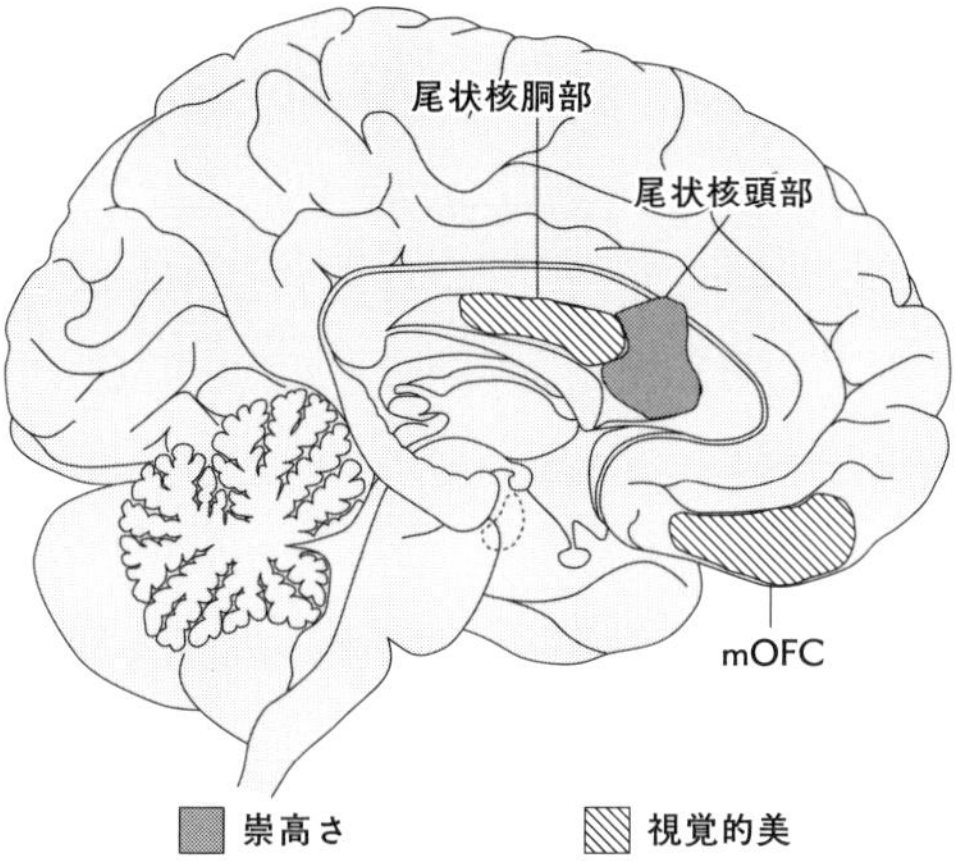

図 2　崇高さの体験および視覚的美の体験に相関する脳活動。前者は尾状核頭部、後者は内側眼窩前頭皮質と尾状核胴部。美の体験に反応する内側眼窩前頭皮質は、崇高さの体験では賦活が認められない。

らのあたらしい研究結果を鑑みることで、神経美学が過去一五年間で捉えようとし続けてきた美というものの性質をあらためて考えてみたいと思う。神経美学の研究成果が実際にどのように従来の美学的理論に影響するのか（しないのか）まだわからないが、拙稿が少しでも神経美学への批判の答えとなり、また新たな批判を生み、その繰り返しが二つの分野の対話となることを願っている。

超越的な美という概念は、実証的な現代美学理論では扱われなくなった。それでも、ヒトはそれを感じることを止められない。わたしたちが感じている、力強くも曖昧なこのセンチメントは、わたしたちの主観性のなかにたしかに存在する。「美」という名をあたえられる以前から、それはわたしたちのなかにあったはずである。神経科学は、重なりあうベールのむこうがわに在る「それ」の、ただ一端を垣間見せてくれるだけかもしれない。しかし、心的状態の計測という技術は、かつてフェヒナーが見透かすことができなかったベールのひとつを開くことができるだろう。そこに見えるものが何を意味しているのか、神経科学者だけでは答えることはできない。人文学領域をはじめとして、発達科学、比較認知科学など他分野との協力があってはじめて、美の実証的な研究は先に進んでいけると考えている。

3　おわりに

本章では、神経美学のこれまでの歴史と成果、その批判を検討した。それでは、「神経美学は哲学や美術史学に貢献するだろうか？」。もちろんしないだろう。神経美学は「脳の仕組み」を理解する学問であり、人文学の主張を肯定も否定もするものではないからだ。その点では、彼らにとって神経美学は、たしかに「ニューロトラッシュ」なのかもしれない。しかし、これまでみてきたように、この分野の研究成果はわたしたちの精神の根幹に関わる活動、主観的体験や芸術的観賞についての研究がすべて「神経美学」の旗のもとに行われたわけではないことは言っておく必要がある。しかし、神経美学の功績のひとつは、批判を受けることそのものではないかと考えている。美と芸術を扱う神経科学的研究に、神経美学というひとつの名称をつけ「分野」として立ち上がらせたことは、神経科学の分野以外へその存在が認知されやすい状況を作りだした。そして、美の研究の総本山である人文学領域へと届き、「ニューロトラッシュ」という批判を引き出すことができた。それが功績なのだと思う。レイモンド・タリスやロジャー・スクルートンのいうように、二〇〇〇年代に入り「ニューロ」と冠がつく新しい神経科学分野がつぎつぎと誕生した。「ニューロエコノミクス（神経経済学）」、「ニューロロー（神経法律学）」、「ニューロセオロジー（神経神学）」……と、リストはつづく。しかし、一歩引いて眺めてみれば、ほとんどの「ニューロトラッシュ」たちは、その名称の由来である経済学や法律学や神学からは、注意を（批判も）ほとんど向けられていないことがわかるだろう。ある意味それは理解できる。ニューロエコノミクスを例にとれば、個人の意思決定の仕組みを神経科学的に研究する分野が神経経済学であり、市場のダイナミクスに関心がある従来の経済学とは、つながるようにみえてその実べつの問題意識に依拠しているからだ。だが、人文学と神経美学との関係は違う。人文学が理解を目指すその同じ問題に、神経美学はべつの角度から光をあてることができるのではないだろうか。本章で一部を紹介したが、美や主観性の脳機能研究に対しては、たしかにさまざまな批判がある。脳の機能という一面から考察しても包括的な理解は望めないということだ。それゆえ、美と主観性の学問を定性的なアプローチの状態にとどめおくことが、これまで暗黙的に科学でも人文学でも諒解されてきたといえる。だが、ここで紹介した脳機能を可視化する研究の知見からわかるとおり、美の体験は、やはり物質としての脳の活動と対応関係をもち、また脳活動への人為的な介入や脳損傷によっても変容し得るものである。その面で、美の体験について物理的に測定可能な客観性を認めることによって、その理解と議論を深めることができるはずだ。そのようなアプローチは、美学や美の哲学を扱う人文学の観点からは忌避されることが多いかもしれない。しかし、経験主義的な研究からの実証的アプローチは、人類にとって美とは何であるのかを考える上で、たとえ小さくとも、ひとつの助けとなるはずである。批判は、必ず対話へとつながると信じている。そして、「科学は客観的計測に立脚する」という考えに立てば、わたしたちは今、美という極めて主観的な体験を、科学的に研究することができるようになったといえるだろう。

注

（1）Tallis, R. "Neurotrash," *New Humanist*, 2009 (https://newhumanist.org.uk/articles/2172/neurotrash)

（2）Scruton, R. "Brain drain," *Spectator*, 2012 (http://new.spectator.co.uk/2012/03/brain-drain/)

（3）Chatterjee, A., *The Aesthetic Brain: How We Evolved to Desire Beauty and Enjoy Art*, Oxford University Press, 2013.

（4）Kawabata, H., Zeki, S., "Neural correlates of beauty," *Journal of Neurophysiology*, 2004 91, 1699–1705.

（5）Vartanian, O., et al., "Impact of contour on aesthetic judgments and approach-avoidance decisions in architecture," *Proc Natl Acad Sci U S A*, 2013, 110,10446–10453.

（6）Ishizu, T., Zeki, S., "Toward a brain-based theory of beauty," *PLoS One*, 2011, 6, e21852.

（7）Tsukiura, T., Cabeza, R., "Shared brain activity for aesthetic and moral judgments: implications for the Beauty-is-Good stereotype," *Social Cognitive and Affective Neuroscience*, 2011, 6, 138–148.

（8）Moll, J., et al., "The neural basis of human moral cognition," *Nature Reviews Neuroscience*, 2005, 6, 799–809.

（9）Zeki, S., et al., "The experience of mathematical beauty and its neural correlates," *Front Hum Neurosci*, 2014, 8, 68.

（10）Ishizu, T., Zeki, S., "A neurobiological enquiry into the origins of our experience of the sublime and beautiful," *Front Hum Neurosci*, 2014, 8, 891.

（11）Ishizu, T., Zeki, S., "The brain's specialized systems for aesthetic and perceptual judgment," *European Journal of Neuroscience*, 2013, 37, 1413–1420.

（12）Kirk, U., et al., "Modulation of aesthetic value by semantic context: an fMRI study," *Neuroimage*, 2009, 44, 1125–1132.

（13）Lacey, S., et al., "Art for reward's sake: visual art recruits the ventral striatum," *Neuroimage*, 2011, 55, 420–433.

（14）Huang, M., et al., "Human cortical activity evoked by the assignment of authenticity when viewing works of art," *Front Hum Neurosci*, 2011, 5, 134.

（15）Kirk, U., et al., "Domain expertise insulates against judgment bias by monetary favors through a modulation of ventromedial prefrontal cortex," *Proc Natl Acad Sci U S A*, 2011, 108, 10332–10336.

（16）Ibid.

（17）Cattaneo, Z., et al., "The world can look better: enhancing beauty experience with brain stimulation," *Social Cognitive and Affective Neuro-*

science, 2013, 9, 1713–1721.

(18) Kawabata, H., Zeki, S., "Neural correlates of beauty," *Journal of Neurophysiology*, 2004, 91, 1699–1705. Ishizu, T., Zeki, S., "Toward a brain-based theory of beauty," *PLoS One*, 2011, 6: e21852.

(19) Armony, J.L., et al., "Modulation of spatial attention by fear conditioned stimuli: an event-related fMRI study," *Neuropsychologia*, 2002, 40, 817–826.

(20) Sescousse, G., et al., "The architecture of reward value coding in the human orbitofrontal cortex," *Journal of Neuroscience*, 2010, 30 (39), 13095–13104.

(21) Ishizu, T., Zeki, S., "The experience of beauty derived from sorrow," *Human Brain Mapping*, 2017, 38, 4185–4200.

(22) Hyman, J., "Art and neuroscience," reprinted in R.P. Frigg and M. Hunter, ed., *Beyond Mimesis and Convention*, Boston Studies in the Philosophy of Science, 262, Springer, 2010.

(23) Nöe, A., "Art and the Limits of Neuroscience," *The New York Times*, 2011 (http://opinionator.blogs.nytimes.com/2011/12/04/art-and-the-limits-of-neuroscience/?_r=0)

(24) Ball, P., Neuroaesthetics is Killing Your Soul, *Nature*, 2013 (http://www.nature.com/news/neuroaesthetics-is-killing-your-soul-1.12640)

(25) Tallis, op. cit., Scruton, op. cit., Ball, op. cit.

(26) Bell, C., *Art*, Chatto & Windus, 1914, London.

(27) Nöe, op. cit.

(28) Ibid.

(29) Chatterjee, A., *The Aesthetic Brain: How We Evolved to Desire Beauty and Enjoy Art*, Oxford University Press, 2013.

(30) Livingstone, M., "Art, illusion and the visual system," *Scientific American*, 258, 78–85, 1988.

(31) Ishizu, T., Zeki, S., "Toward a brain-based theory of beauty," *PLoS One*, 2011 6: e21852.

(32) Ishizu, T., Zeki, S., "A neurobiological enquiry into the origins of our experience of the sublime and beautiful," *Front Hum Neurosci*, 2014, 8, 891.

(33) Ishizu, T., Zeki, S., "The experience of beauty derived from sorrow," *Human Brain Mapping*, 2017, 38, 4185–4200.

第19章　一瞬の認識力
——ホグレーベの場景視と一望の伝統

ホルスト・ブレーデカンプ
茅野大樹訳

1　フッサールとホグレーベ

エトムント・フッサールは、書き物机の上の小道具を用いて〈コギト〉を定義した。

薄暗がりの中で、私の前にはこの白い紙がある。私はそれを見て、それに触れる。紙の存在を知覚しながら見て触れることは、ここにある紙についての完全に具体的な体験であり、しかもまさにこの質において与えられ、他でもないこの相対的な不明瞭性、この不完全な規定性、この位置方向において私に対して現れている紙についての体験なのだが、それこそがコギタチオであり、意識体験である。(1)

はじめは平凡な印象を与えるだけの物に関するフッサールの知覚は、深遠な意味という負荷を与えられていないこの眼差しが、体験と意識相互の往還を引き起こすという点で、了解と意識形成の根幹に触れている。物をこのように直接的な形式で知覚することができるために、物を見る精神は、その物が協働している表象を前もって備えていなければならない。意味による関連付けを生み出すもっぱら意味論的な領域に入り込むことで、物は自らの意味を開示するのだが、その際にその物は自らに対応する概念をすでに見出しているわけではないのである。

フッサールによって「背景的直観が行われる庭[2]」と定義された、体験と意識の協調をヴォルフラム・ホグレーベが引き合いに出したのは、この空間的なメタファーを建築の領域から劇場へと転用し、そしてフッサールが彼の書き物机の上に投げかけていた眼差しを場景的了解（szenisches Verstehen）として解釈するためである。[3]ホグレーベによれば、あらゆる哲学の根幹に到達しようとするなら、フッサールの「庭（Hof）」は「場景（Szene）」として理解されなければならない。ある対象に向けられた眼差しの中には、この対象に関する意味論上の結び付きが存在していなければならない以上、認識する視覚と聴覚には、すでに概念的なものが定式化されていないまでも共に現前していなければならないというのだ。この感覚的な直観と概念の間の根源的な一致には、哲学の根本テーマが含まれている。「精神とは何よりもまず場景的なものである[4]」。

メタファーによって劇場、そしてまた芝居小屋の舞台と結び付けられることで、場景的なものの概念は第一に空間的な次元を抱え込むことになる。しかし場景的認識の条件を満たすためには、それに加えて時間的な要素が与えられていなければならない。観察の時間が短ければ短いほど、その観察は直観と概念の連結を歪めることなく満たすことができる。〈コギト〉の活動と「場景」の認識に対して概念が働きかけるには時間が必要とされるため、場景的認識は、認識が展開される瞬間が短ければ短いほど強力なものになるであろう。

このような前提の下で、場景的認識は〈一望（*coup d'oeil*）〉という翻訳不可能な概念、つまり一瞬で、電光石火の内にすべてを把握する眼差しの概念の内に結実している。圧縮された時間の中に場景的認識が凝縮されることで、〈一望〉はこのような哲学の根本定義の極端な事例を形成する。〈一望〉の中では、光の速度が世界の認識が併走することのできる絶対的な限界なのである。

2　クロード＝ニコラ・ルドゥー

革命の建築家クロード＝ニコラ・ルドゥーは、針の先端から展開されるかのような〈一望〉というパノラマ的な眼差しを、銅版画の形でイメージによって定義したのだが、この銅版画は以前から鑑賞者の注意と想像力をかき立ててきた。「ブザンソン劇場の一望」というタイトルを付けられた銅版画は、ルドゥーが一八〇四年に出版した遺作『芸術、風習、立法との関係から考察された建築』に由来する。(5)

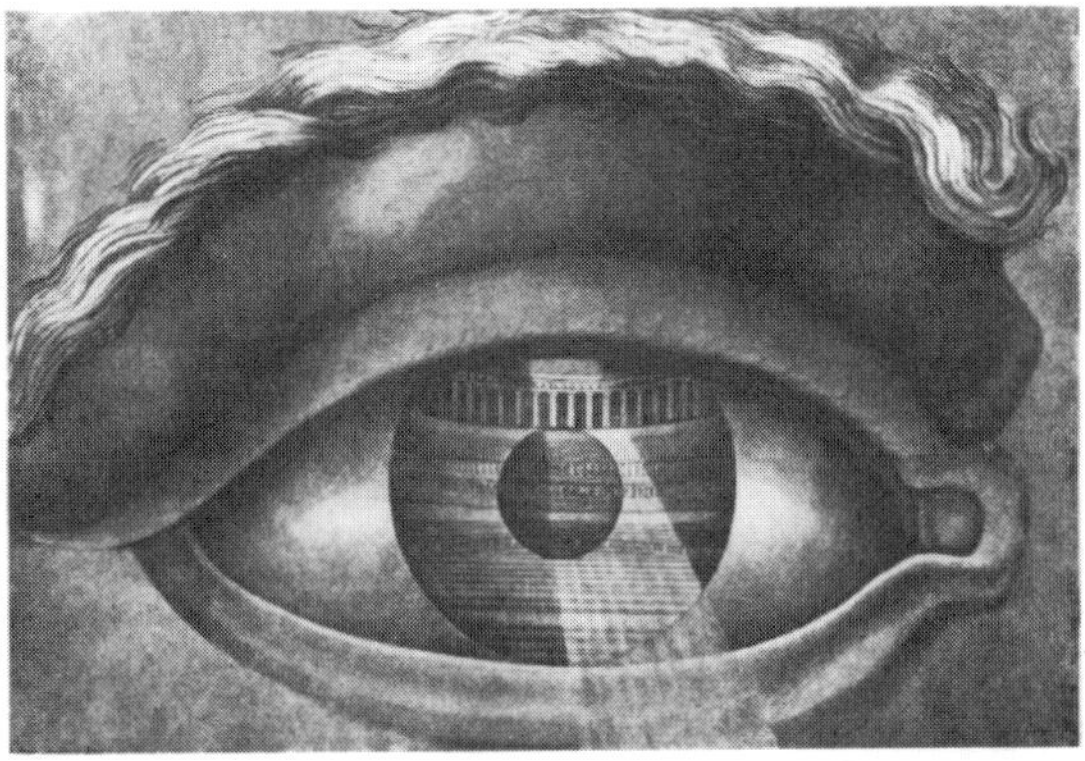

図1　クロード＝ニコラ・ルドゥー「ブザンソン劇場の一望」銅版(1804年)

しかし劇場には客一人いないため、石像の生気を帯びた眼はまずその眼の中に映り込んでいる人工の劇場と対話する。空となった客席の空間の中で、この眼差しは可能性としてのあらゆる観客を一度に捉える。(6)最も強力な感覚組織を与えられた舞台の場景は、鑑賞者に対して不気味なほど全能の力として対峙する。それはあらゆる潜在的な鑑賞者を鑑賞しながら、あらゆる可能的でしかない認識者を認識するのである。石で造られながらも生き生きとした眼は、場景的なものをその直接性から客体化されて遠ざけることのできる秩序へと反転させる。

ホグレーベは、主体と客体の間に起こる同様の相互作用をカントに認めている。「感覚による対象の認識においては、両者の関係が協働して起こる」(7)。認識者が客体の方を向くことに応じて客体も認識者の方を向く。人工物を造形することは、客体のこのような活動性を永続的な形式へと結び付けるのである。ホグレーベによれば、このような行為は「場景的なものが美しいものにおいて大いに魅了しながら我々と対峙する時にのみ(8)」成功する。場景のイメージ化は、それにより距離形成の行為としてあらゆる哲学の人工的な基礎となる。特異な動きをするルドゥーの石像の眼は、これら全てを具現化しているのである。

石像の眼の二重構造は、上瞼の下で建造物の開口部から内部空間へと差し込んでいるように見える光線によって強められている。問題になるのは、ローマのパンテオンが示しているようなオパイオン〔ギリシア・ローマ建築で屋根に空いた排煙、採光のための開口部〕である。しかしルドゥーによるブザンソン劇場の建物には、そのような開口部は存在しない。(9)それに加えて、この光の帯は眼球の虹彩と下瞼を通り越して前方へ向けて延びている。上瞼によって遮断され、にもかかわらず下瞼を通り越すというパラドックスに満ちた二つの動きから、外部から眼球の視覚野へと差し込む光線であり、また虹彩から外部へと向けられた視線でもあるという二つの可能性が生まれる。(10)

しかし、この光線は円錐形をなす視野の規則に従わないのと同様に、視線が瞳孔の背後にある視点から発せられているであろうことから、視覚の法則にも従っていない。(11)ルドゥーが注釈を加えているテクストの中で述べているように、むしろ問題になっているのは「生気を与える光線」であり、この光線が無ければ「すべては憂鬱で活気のない暗闇に」包まれてしまうであろう。(12)この照らし出す光線は、一方で屈折することなく描き出された領域を横断しているが、他方では眼球の内部に不可視の照射点を持っている。この点においてルドゥーの描いた眼は、あらゆる対象に生気を吹き込むことのできる神的な力であることが明らかになる。その眼は世界とあらゆる人工物を、感覚を燃え上がらせるような仕方で映し込むあの「神的な働きかけ」を作動させるのである。(13)

その神的な形式において、この視線は〈一望〉にとっての範例となっている。ルドゥーにとって、閃光のような認識を本質の卓越した把握と結び付けるこの視覚の形式は、芸術、統治そして戦争遂行の条件である。これらを結び付けることによってルドゥーは、その省察を集大成した著作の中で〈一望〉の定義の全体を要約している。

建築家の一望は、後世の人々が拒否することができないほどの効果を確実に示すためには、我々が想像する以上に不可欠なものである。正確に一望することができない君主はその支配の存続を危うくし、一望することができない英雄はその戦果を失う。[14]

このように〈一望〉に関する様々な認識領域とあらゆる被造物に生気を与える光線を結び付けることによって、ルドゥーの描いた眼は場景的な認識理論の精錬された媒体であることが明らかになる。神の概念を直観的に把握可能な事物の連関、事物に関わる所定の意味によって補うなら、ブザンソンの〈一望〉とは、認識された対象と視線が共働することの形而上学的形式であることが明らかとなるのである。指揮官、君主そして芸術家に〈一望〉の能力を与えることによってルドゥーは、場景的認識という、不可欠でありまた「リスクを伴う生の近傍（riskante Lebensnähe）」を裏付けている。[15]

ルドゥーはいかなる伝統に依拠することができたのか、という問いが一層執拗に浮上する。ルドゥーによって結び付けられた芸術、軍事そして統治といったそれぞれの領域は、それ自体ですでに、場合によっては何世代も過去に遡る歴史を持っていたことが明らかになる。今日までにその源泉が知られている限りで、これらの領域の共通の起源にあるのは、レオナルド・ダ・ヴィンチの言葉である。

3　レオナルド・ダ・ヴィンチ

少なくともその語義に従って判断するなら、〈一望〉という言葉の起源は絵画を論じたレオナルドの本にまで遡る。レオナルドはすべてを把握する最上位の眼差しの内に、絵画はあらゆる芸術の中で最高の芸術であるという彼の信念の核心部を見出している。彼にとって、眼差しの中で複雑な連関を〈一瞬〔突然〕（*subito*）〉という極端に短い時間の中で把握することの可能性が、絵画が詩よりも上位の芸術であることの根拠となったのである。「絵画は視覚の力によって、君に一瞬で（augenblicklich［*in un subito*］）対象の本質を示して見せる。そしてその際には、眼という印象を受け取る独自の能力が自然の対象を感受すると同時に、全体を構成する諸部分の調和的な比例関係を作り出し、感覚を満たすのだ[16]」。

一瞬で「in un subito」、形態化されたものの調和的な本質を啓示する全体「il tutto」という言葉によって、レオナルドは絵画作品の生気を吹き込む力や、絵画作品の壮大な視覚体験を証言している。(17) これらの概念によってあの〈一望〉の本質は記述されていたのだが、それはレオナルドの「一瞬（Plötzlichkeit）」という言葉の翻訳として、まずフランスの芸術理論の中で受容された。(18)

4　ロジェ・ド・ピールとアントワーヌ・コワペル

受容の最初のきっかけの一つは、おそらくフランシスクス・ユニウスが一六三七年に出版した著作『古代人の絵画について』にまで遡り、(19) この著作はまたロジェ・ド・ピールの芸術理論にも影響を与えている。ド・ピールは、音楽とは対照的に、ごく短い一瞬の動きによって自らの特性を実際に示すことができる点に造形芸術の独自性を認めている。(20) 一六八八年に出版された「デュフレノワの絵画技法に関する考察」という彼の論文は、一八世紀の絵画理論の基本文献となるものであり、その中で彼は、「絵画が最初の一望で（auf den ersten Blick [du premier coup d'oeil]）基底的な感覚によって我々に霊感を与えること」(21) を力説している。〈一望〉が〈最初の一望〉へと強調されることで、〈全体（*tout-ensemble*）〉が同時性の内に啓示される「最初の一望」には、零点に対する過剰なほどの高い価値が与えられる。(22)

芸術家、芸術理論家であるアントワーヌ・コワペルもまたド・ピールを参照することで、短時間の鑑賞と長時間の鑑賞、何の知識も伴わない鑑賞眼と専門的知識を伴う鑑賞眼、絵画の中心と周縁を区別することは可能か、といった問題に直面していた。彼はある絵画の効果はそのレトリカルな身振りによってではなく、〈明暗法（*clair obscur*）〉の全体的な印象から発するという確信に導かれていた。彼は一八世紀の最初の一〇年間にパリの「王立絵画彫刻アカデミー」において自ら開催した会議の中で、絵画の様式は音楽の優雅で、強烈で、時には恐ろしい効果に匹敵すると述べている。しかし音楽において継起的に展開するものに相当するのは、絵画においては一瞬の眼差しであるという。絵画の性格は〈一望〉によって決定され、(23) この眼差しは喜び、恐怖あるいは悲哀を引き起こすことができるとされる。(24) アントワーヌ・コワペルは、個々の形式が自らの独特で、多くの場合癖のある存在感を発揮するまでには時間が必要であることを自覚していた。しかし彼は原則として、〈一望〉という「前論理的な知覚（prälogische Wahrnehmung）」が、ある絵画の知覚にとっては決定的に重要であるということを前提していた。[25]

5　ゴットフリート・ヴィルヘルム・ライプニッツ

このような原理を基盤として、ゴットフリート・ヴィルヘルム・ライプニッツもまたイコノグラフィーに関する彼の一連の省察を構築しており、倦むことなく続けられたその省察は、複雑な現実を一望の下に捉えることを常にその目標としていた。[26] そうして一六七九年秋に彼は、図像アトラスに「いわば戯れながら、あたかも一望の下に、冗長な説明抜きで」描かれた内容を伝達できる能力があることを認めた。[27] こうした思考の上には、ライプニッツが眼差しと結び付けた巨大な思考宇宙が丸天井のように広がっていた。この思考宇宙には彼の思考のおそらく最も深遠な部分が潜んでいるのだが、それはライプニッツが自ら「窓を持たない」と呼んだモナドの新プラトン主義的な定義と矛盾していたために、哲学史によって組織的に暗まされてきたのである。「あたかも一望の下に」という言葉によって意味されているのは、一度で全体を完全性の内に見通すことのできる、あの直観的に働く眼差しのことである。王族教育を想定して作られていたため、図像アトラスは盤上に再現された国事を「一望」によって把握するという、君主の能力の中で示される統治論的側面をも備えていた。[28] ここでは、ルドゥーがレオナルドの〈一瞬（*subito*）〉という言葉の伝統の中で呼び出すことになった芸術家の〈一望〉の能力に似て、君主による〈一望〉もあらかじめ定式化されていたのであり、後にルドゥーはこの君主の眼差しを統治のための必要条件として強調するであろう。

統治者の眼差しはまた、とりわけライプニッツが0と1の記号に基づいた二進法数学の中で導入した、ダイアグラムの領域に適用される。彼はパリ滞在時代に、光と闇の間から飛び出してくる、ルイ一四世の太陽のイコノグラフィーという二元的な思考術に至る所で直面した際に、この二進法を発展させたのである。[29] ライプニッツは二進法を用いることで、創造の本質の手がかりを摑むことを可能にすると言われる眼差しの技術を視野に入れていた。一六九七年に彼は、ブラウンシュヴァイク＝リューネブルク公ルドルフ・アウグストに二進法の図像シンボルの草案を手渡したが、この図像シンボルは、イメージと眼差しの関連性を最高の認識形式として確保するというものであった。ライプニッツが言うには、神による創造の全能性を最もうまく描き出すことができるのは、0から1への移行という数の起源に他ならない。「それゆえ私が（中略）メダルの草案に刻み込んだのは、他でもない創造のイメージ（*Imago Creationis*）である」[30]。このイメージはその美しさによって創造の善性をも表すため、それは「目によって見る」[31]必要があるという。

数は数そのものからだけでは理解されないが、その一方で数体系のイメージは「驚くほど美しい秩序と調和」として認識されうるために、「最も深遠な世界の根拠と原罪以前の状態」を垣間見せる。ライプニッツを導いていた確信とはこのようなものである[32]。いつでも一瞬で表されることが可能なイメージに、継起的にのみ推論されうる数にはない能力を認めていた点で、彼はこの文脈でも「一望」に全幅の信頼を置いていた[33]。幾何学的なデザインを見ながら彼は、自らの文通相手が図に示された数学の問題を「一望」によって見抜くことができるという確信を表明したのである[34]。

さらに一七一〇年の『弁神論』においてライプニッツは、この眼差しという形式の能力に、彼の最も霊感に溢れた思考イメージの一つを捧げた。このライフワークの末尾で彼は運命の宮殿を思い描くのだが、その宮殿の一つの部屋の中では、セクストゥス・タルクィニウスの生涯が「あたかも一望によって」認識されるのである。ライプニッツがここで〈一望〉を劇場と結び付ける時――「あたかも一望によって、そして芝居の上演の中でのように」[35]――、その時彼はすでにルドゥーの銅版画の中に反映されているあの連関を指し示している。

6　ヨハン・ハインリッヒ・ランベルト

一七五一年にアントワーヌ・コワペルの息子、シャルル＝アントワーヌは、ライプニッツと同様に劇場の場景を〈一望〉と結び付けた。そうして彼はレトリックと絵画を比較対照する際に、レトリックへの〈導入（*exordium*）〉という意味で、鑑賞者の関心を引き付けることのできる力の充溢を、〈絵画の全体（*tout-ensemble du tableau*）〉を示すイメージの最初の印象に認めることになった。[36] ここではルドゥーによる〈一望〉と劇場の結合が、別の形ですでに定式化されていたのである。

このような眼差しの形式は、未解決のものや思いもよらないものを計算の内に組み込むことで、経験的なものを直観的なものと結び付けるのに適しているように思われたため、一八世紀には幾何学的な知や振る舞いのパラダイムに対する、いわば哲学的な閃きとして用いられた。[37] この覇権争いを伴うパラダイムの定義の中で、〈一望〉というモデルは芸術や劇場の理論、そしてライプニッツ哲学の中には収まらない諸々の領域において重要な意義を獲得していった。この領域には、例えば医学、狩猟学、地理学、地図学[38]などが含まれていたし、また多元的な数学者ヨハン・ハインリッヒ・ランベルトが展開し、分析した、広範にわたるデータのダイアグラムへの統合もその領域の一つだった。[39] ランベルトはフリードリヒ大王によってベルリン科学アカデミーに招聘されており、彼はライプニッツによる二進法計算の記述と同様に、気圧計に示される月の作用を、ただ一度の「一望」によって把握することができるよう曲線ダイアグラムに書き表したのである。[40] 後年になっても彼はこうした究明を繰り返しており、様々なヨーロッパの都市における平均的な風向きの計算式に関して、同じようにダイアグラムで表すという展望を持っていた。[41]

このように複数の分野において〈一望〉の能力が重視されたことで、この概念は天才を体現する概念と見なされるまでになった。[42] ルドゥーが彼のライフワークとなるテクストを執筆した時、彼はこのようなコンテクストの中で建築、劇場、そして統治をこの概念と結び付けたのだった。そうして最後に残ったのは軍事だが、この領域においても〈一望〉は重要な意義を持っていた。

7　フリードリヒ大王

フリードリヒ大王は、何よりも〈一望〉の軍事的側面に関心を持っていた。彼は、ポリュビオスの『世界史』に付された軍事理論家ジャン＝シャルル・ド・フォラールの注釈を通してこのテーマに逢着した。[43] 彼がこの注釈本を要約して出版した抄本の中で、〈一望〉はかなりの叙述部分を占めており、[44] それが大王自ら『戦争の一般原理』の一章を執筆するきっかけになったのである。[45]

フリードリヒ大王によれば、訓練によって習得することのできる最初の能力は、「ある作戦地域がどれだけ多くの兵を収容できるかを瞬時に判断すること」[46] にある。他方でこの能力は、ある作戦地域が君主の取る行動のために提供することのできる質的な利点を見通すこととも関係していると言われる。「もう一つのずっと高度な才能は、ある作戦地域が提供できるあらゆる利点を一目で識別することにある」[47]。「指揮官の眼差し（Feldherrnblick）」と呼ばれる、起こり得る出来事を一瞬の内に集約するこの質的な眼差しの形式は、生まれた時から身に付けていなければ訓練によって成長させることはできない。「この才能は、幸運にも生まれながらに戦争指揮のための資質に恵まれているなら習得させ、完成させることができる」[48]。ここで〈一望〉は、感覚の印象に関係する量的な算段を行う眼差しとしてだけでなく、作戦地域の潜在的な可能性を把握し、それを基に決断することのできる質的な評価の判断能力としても定義されているのである。

一七五四年にドニ・ディドロとジャン＝バティスト・ダランベールによる『百科全書』に収録された〈一望〉の項目は、フォラールを引き合いに出して上述の軍事に関わる概念の定義を採用し、それによってプロイセン王によって推し進められた〈一望〉の概念と軍事理論との結び付きは、一つの規範となった。[49] 一七七五年にベルリンで出版されたある書籍は、「軍人の一望」をシステマチックな分析の対象とした。極端に短い時間の内に決定を下さなければならないという必要性から、著者はその訓練のための諸規則を提示しており、そこには作図による再現を体系化する試みも含まれていた。[50]

8　カール・フォン・クラウゼヴィッツ

カール・フォン・クラウゼヴィッツも、『戦争論』の中でフリードリヒ大王を引用しているが、その叙述はフリードリヒ大王のそれをはるかに凌駕するものであった。〈一望〉の概念にカール・フォン・クラウゼヴィッツがしたような独特のオーラを与えることは、おそらく誰にもできなかった。

その著作が怪物的なのは、軍事行動は機械論的な法則に沿って立案可能であるという想定を否定したからである。クラウゼヴィッツによれば、作戦の成否を決めるのは出兵と戦闘に関する幾何学や力学ではなく、予測不可能な事態に屈することなく、足場の悪い地形、不意に襲い掛かる敵勢、悪天候などに素早くかつ的確に反応する精神の能力である。彼が直面していた問題とは、リスクと偶然という二つの最も困難な課題に指揮官がいかに対応するかということである。リスクに対応するには勇気があれば事足りるが[51]、偶然に支配される領域においては二つの特性が必要であるという。

ところで、絶え間なく続く予期せぬ事態との争いを幸運にも乗り切ろうと思うなら、精神には二つの特質が不可欠である。一つは偶然というこの深められた闇においても精神を真理へと導く、内的な光明への足掛かりとなる知性（Verstand）であり、もう一つがこのかすかな光明の後を追う勇気である。前者はフランス語の〈一望（*coup d'oeil*）〉という表現によって端的に言い表されてきたし、後者は決断力のことである[52]。

戦争における衝突に反応するための二つの可能性の内の最初のもの、つまり一望は、クラウゼヴィッツにおいてさらに二つの要素から成り立つ。第一の要素は交戦の最中に複雑な空間・時間状況を感知することである[53]。この状況把握は第二の要素の前提条件でもあり、この第二の要素は視覚が捉えたものを電光石火の速さで内的な眼差しによって観察することで、感覚に束縛されながら直観的でもある〈一望〉の特質を実際に発揮することである[54]。

軍事における〈一望〉は、場景的認識を生と死、勝利と敗北の問題へと変貌させた。「あまりに近い生の近傍」[55]が伴うリスクは、このような性質の現象学には当てはまらない。というのもこの現象学は、〈一望〉の形式において直観と概念を最初から生死を左右するような仕方で統合しているからである。

9　最近の軍事理論

クラウゼヴィッツの〈一望〉は、今日まで軍事理論の中で定期的に繰り返し重要な役割を果たしてきている。軍事における〈一望〉[56]の意義を論じた最近の研究の枠内で主張されているのは、ナポレオンからジョージ・S・パットン[57]に至るまで、天才的な軍事理論家は、計画的にではなく、直観的な戦略という意味での〈一望〉に従って行動していたということである[58]。したがって、あらゆる戦争指揮が例外なく変容し続ける状況と直面する以上、科学と直観を分離することにあらゆる戦略家養成にとっての根本的誤りがあることになる[59]。そこで戦争指揮は、脳が行う全ての活動の内の一つの特殊な例に過ぎないという。「脳は〈一望〉によって問題を解決する[60]」。

ホグレーベによって場景的認識の理論が定式化されたのとほぼ同時期に、最も驚くべき著作の一つが出版された。その著者によれば、論理学、数学そして幾何学に基づいて構築された科学的な軍事理論は、論理的・数学的計算の客観性によって戦争における行動を計画し、変更することを要求する。ナポレオンと皇帝ピョートル二世の軍事参謀であったアントワーヌ＝アンリ・ジョミニが定式化したモデルはそのようなものだったという[61]。ごく最近に至るまでこのモデルは従うべき規範とされてきたようだが、その際には戦争というものが、いかなる場合にも幾何学の分析的合理性に還元されることは決してないということが考慮されなかった。科学と戦争は相互に矛盾するものであって、分析的に遂行された作戦行動についてのジョミニの理論は、因果性と演繹に基づいた合理性が戦争の本質を捉え損なうことの最たる例であるという[62]。

著者が戦争の科学への信頼に対比させるのは、高度な偶然性の内にある全ての軍事行動は、機械的にではなく直観的に統制されなければならないという確信である。戦争の結果を左右するのは機械的・科学的思考のようなものではなく、芸術的能力である。[63] 芸術的能力が発揮されるのは、だが〈一望〉においてである。この〈一望〉の中に、予測不可能なものを可能な限り最大の速度で把握し、そこから的確な結論を引き出す能力が凝縮されているというのである。[64]

10　現象の哲学 (Phänomenale Philosophie)

フッサールが彼の平らな書き物机の上に投げかけた眼差しに関するホグレーベの哲学的論争には、いわば〈一望〉の伝統が吸い上げられている。

偶然性と概念を前論理的な結合の下にもたらそうとする彼らの試みにおいて、場景的認識の理論は、レオナルド以来議論されてきた芸術の〈一瞬（*subito*）〉、ライプニッツ以来認識されてきた哲学の〈一望〉、ランベルトによって展開されたダイアグラムの〈一望〉、クラウゼヴィッツの軍事理論の中で展開された〈一望〉の弁証法、そしてルドゥーによる劇場の眼差しの銅版画の中に込められたこの〈一望〉の能力の総体に対して開かれている。これら全ては、場景的認識の極端な形式であることが明らかになる。場景的認識において、哲学は現象の形式の内に自らを示すのである。

注

（1）Husserl（^{6}1993), S. 61.〔『イデーン』I‐I、一五四頁〕。この箇所を教示してくれたサラ・ヒルンヒュッター、マルクス・ラート、マルティン・ヴァルンケに感謝する。

（2）Ebd., S. 62.〔同書一五五頁〕

（3）Hogrebe (2009), S. 94f.〔ドイツ語のSzeneという言葉には、劇場や舞台上の「場面」の意味と共に、日常の生活世界における「光景」の意味がある。以下ではその両者を含意する言葉として、「場景」の訳語を用いる〕

（4）Ebd., S. 76.

（5）Ledoux (1804), Bd. I, S. 217 (Titel), S. 225 (Stich).〔『ルドゥー「建築論」注解』II、六九頁〕

（6）Pross (2000), S. 457f.

（7）Kant: *Kritik der Urteilskraft*, B XLII, A XL〔『判断力批判』上、序論第七節、六一頁〕; vgl. Hogrebe (2009), S. 88.〔上記の箇所でカントが述べているのは、客体の表象の中で、もっぱら主体に対する関係を形成する表象の情感的作用（主観的表象）と、対象の認識に役立つ論理的妥当性（客観的表象）が同時に生ずるということである。ホグレーベは、この箇所においてカントが場景的な世界認識を示唆していると解釈する。それによれば、認識主体が客体と双方向的な関係を形成し、「媒質的な（medial）」仕方で世界の中にある存在様態は、対象の論理的・客観的認識に先立つ。そこでは対象の表象はいまだ主観的表象と客観的表象に区分されておらず、認識主体とその対象は、その双方を包摂する場景としての世界の中で、相互に眼差しを向け合うかのように並び立つという〕

（8）Hogrebe (2009), S. 89.

（9）プロスは入射光が舞台と観客席の間の隙間から差し込んでいる、とする解釈を提案した（Pross 2000, S. 461）。しかし、これも比較可能な開口部は示していない。

（10）ゲルト・マッテンクロットが言うには、ここに描かれた劇場は「スポットライトのようなもので隈なく光で照らされている」（Mattenklott 1982, S. 64）。ハンス・ベルティンクは同じような仕方で、同時に監視を行う視線でもあるような光線のことを考えている（Belting 2008, S. 215–217）。

（11）Geissmar (1990), S. 37.

（12）Ledoux (1804), S. 217.〔『ルドゥー「建築論」注解』II、六七頁〕

（13）「〔正方形、楕円そして円の中に、愛しい女性の彫像が刻み込まれている。自然が指し示す諸々の形式を用いれば、原理から遠ざかることはない。〕最初に挙げた正方形の枠は、疑いなくあなた方の目にするものだった。それは我々の感覚を燃え上がらせる神の働きかけを受け入れ、そして我々を取り巻く世界を反射するのである。あらゆる存在を組み立て、我々の存在を美しく飾って支え、そして存在するすべてのものに対して力を行使するのは、この正方形の枠なのである」（ebd.）〔同上〕。

（14）Ebd. S. 218.〔同上、六八頁〕。

（15）Hogrebe (2009).

（16）Leonardo da Vince: *Trattato della pittura*, S. 17.〔『絵画の書』二六頁〕

（17）Fehrenbach (2002), S. 198–206.
（18）Puttfarken (1985), S. 102f.
（19）Junius (1637). Vgl. Nativel (1987) und Michalski (2007), S. 241.
（20）Puttfarken (1985), S. 39–40; Mérot (1994), S. 84; vgl. Michalski (2007), S. 236.
（21）Roger de Piles (1688), S. 135.
（22）これに加えて以下も参照。Puttfarken (1986), S. 156f., S. 163.
（23）「ある絵画を一望することは、その絵画の性格を決定するに違いない」（Coypel 1883, S. 240）。Michalski (2007), S. 235.
（24）Coypel (1883), S. 301.
（25）Michalski (2007), S. 236.
（26）Bredekamp (^{2}2008), S. 144, S. 149.〔『モナドの窓』一六五頁、一七二頁〕
（27）AA, IV, Bd. 3, Nr. 116, S. 785, Z. 5–7. Vgl. Bredekamp (^{2}2008), S. 156–159.〔『モナドの窓』一八〇―一八五頁〕
（28）一七〇二年七月二二日の Friedrich von Hamrath 宛のライプニッツの書簡 in: AA, I, Bd. 21, Nr. 257, S. 411, Z. 19.
（29）Bredekamp (^{2}2008), S. 96f.〔『モナドの窓』一〇七頁〕。
（30）AA, I, Bd. 13, Nr. 75, S. 117, Z. 12–15.
（31）Ebd., Z. 16–19.
（32）Ebd., Z. 19–22. Vgl. Bredekamp (^{2}2008), S. 94–96.〔『モナドの窓』一〇三―一〇六頁〕。
（33）一七〇一年二月一五日の Joachim Bouvet 宛のライプニッツの書簡 in: AA, I, Bd. 19, Nr. 202, S. 408, Z. 16.
（34）一六九五年九月三〇日の Guillaume François de L'Hospital 宛のライプニッツの書簡 in: AA, III, Bd. 6, Nr. 163, S. 505, Z. 9. この書簡の該当箇所や、その他の典拠を教示してくれたシュテファン・リュックシャイターに感謝する。
（35）Leibniz, *Théodicée*, Bd. II/2, S. 264f.〔『ライプニッツ著作集』第七巻、一五七頁以下〕。Vgl. Bredekamp (^{2}2008), S. 113f.〔『モナドの窓』一二八頁以下〕
（36）Coypel (1751), S. 15 bzw. (1971), S. 114. Vgl. Michalski (2007), S. 240.
（37）Swijtink (1996), S. 27.
（38）Quaini (1983).

(39) Vogelgsang (2006).
(40) Lambert (1771), S. 69; 以下の事柄に関しては次も参照。Swijtink (1996).
(41) Lambert (1771), S. 39.
(42) 「それゆえ天才とはこの精神の明晰な眼差しなのであろうが、この眼差しは注意を喚起する対象に関するあらゆる観念を一望によって把握するのである」(Senebier 1802, Bd. 1, S. 48; vgl. Swijtink 1996, S. 20)。
(43) Charles Chevalier de Folard (1717–1730).
(44) 第一版は一七五三年に以下のタイトルで出版された。„Extrait tiré des commentaires sur l'histoire de Polybe pour l'usage d'un officier“. 第一版が流通しなかった(これに関しては以下を参照。Friedrich der Große 1856, S. xviii; vgl. Droysen 1904, S. 90)のに対し、後に印刷された以下の版は市場に出回った。„L'Esprit du Chevalier de Folard tiré des ses commentaires sur l'histoire de Polybe pour l'usage d'un officier“ (hrsg. v. Friedrich dem Großen), Paris 1760, S. 3–10.
(45) Friedrich der Große (1761), S. 26f. ドイツ語版のタイトルは「指揮官の眼差し」である(Friedrich der Große 1913, S. 21f.)。
(46) Ebd., S. 21; vgl. Friedrich der Große (1761), S. 26.
(47) Friedrich der Große (1913), S. 21; vgl. ders. (1761), S. 26.
(48) Friedrich der Große (1913), S. 21; vgl. ders. (1761), S. 26f.
(49) Diderot & d'Alembert: *Encyclopédie*, Bd. 4, Paris 1777, S. 345.
(50) Pirscher (1775).
(51) Clausewitz (1991), S. 53〔『戦争論』六八頁〕。クラウゼヴィッツの戦争理論が持つ哲学的観点に関しては以下を参照。Schössler (1989). Vgl. Heuser (2005), S. 90.
(52) Clausewitz (1991), S. 55.〔『戦争論』七〇頁〕
(53) Ebd.〔同上、七〇頁以下〕。
(54) Ebd., S. 56.〔同上、七一頁〕。
(55) Hogrebe (2009), S. 66.
(56) Rogers (2002); Reinwald (2000); Athens (1993).
(57) Duggan (2004), S. 27.

(58) Ebd., S. 147.
(59) Duggan (2005), S. 6–10.
(60) Ebd., S. 42. 同様の先鋭化を行ったものとして以下を参照。Gladwell (2005), S. 44.
(61) Jomini (1837/1838/1994)〔『戦争概論』〕
(62) Jobbágy (2008), S. 169.
(63) これによって著者は、ヤーコプ・ブルクハルトを引用することなく、「芸術作品」としての戦争というブルクハルト以来の戦争の歴史的定義を受け入れている (Burckhardt 1996, S. 51〔『イタリア・ルネサンスの文化』一二七頁以下〕)。
(64) Jobbágy (2008), S. 169.

参照文献

注の中で漢数字によって記した頁数は、文献表に併記した邦訳の版に対応するものである。既存の翻訳は可能な限り参照したが、訳文は適宜変更している。

Athens, Arthur J.: *Unraveling the Mystery of Battlefield Coup d'Oeil*, School of Advanced Military Studies, Army Command and General Stuff College, Leavenworth 1993.

Belting, Hans: *Florenz und Bagdad. Eine westöstliche Geschichte des Blicks*, München: C.H. Beck 2008.

Bredekamp, Horst: *Die Fenster der Monade. Gottfried Wilhelm Leibniz' Theater der Natur und Kunst*, Berlin: Akademie-Verlag [2]2008.〔ホルスト・ブレーデカンプ『モナドの窓――ライプニッツの「自然と人工の劇場」』原研二訳、産業図書、二〇一〇年〕

Burckhardt, Jakob: *Die Kultur der Renaissance in Italien*, Köln 1996.〔ヤーコプ・ブルクハルト『イタリア・ルネサンスの文化』新井靖一訳、筑摩書房、二〇〇七年〕

Clausewitz, Carl von: *Vom Kriege*, Frankfurt a. M. und Berlin 1991.〔カール・フォン・クラウゼヴィッツ『戦争論――レクラム版』日本クラウゼヴィッツ学会訳、芙蓉書房、二〇〇一年〕

Coveri Lorenzo & Moreno, Diego (Hrsg.): *Studi di etnografia e dialettologia ligure in memoria di Hugo Plomteux*, Genf 1983.

Coypel, Antoine: „Discours prononcés dans les Conférences de l'Académie Royale de Peinture et de Sculpture", in: Jouin (Hrsg.) (1883), S. 230–368.

Coypel, Charles-Antoine: „Parallèle de l'èloquence et de la Peinture" (1751), in: ders., *Oeuvres*, Sammelreprint Genf: Slatkine Reprints 1971, S. 113–120.

Diderot, Denis & d'Alembert, Jean Baptiste: *Encyclopédie ou Dictionnaire raisonné des sciences, des arts et des métiers, par une société de gens de lettres; mis en ordre & publié par M. Diderot & quant à la partie mathématique, par d'Alembert*, 17 Bde., Paris 1751–65.

Droysen, Hans: „Friedrichs des Großen Druckerei im Berliner Schlosse", *Hohenzollernjahrbuch* 8 (1904), S. 83–91.

Duggan, William: *Napoleon's Glance. The secret of strategy*, New York: Nation Books 2004.

Duggan, William: „Coup d'oeil: Strategic Intuition in Army Planning" (Strategic Studies Institute), New York 2005 [http://www.StrategicStudiesInstitute.army.mil/].

Fehrenbach, Frank: „Blick der Engel und lebendige Kraft. Bildzeit, Sprachzeit und Naturzeit bei Leonardo", in: ders. (Hrsg.) *Leonardo da Vinci. Natur im Übergang. Beiträge zu Wissenschaft, Kunst und Technik*, München: Fink Verlag 2002, S. 169–206.

Folard, Charles Chevalier de: *Commentaires sur l'Histoire de Polybe*, 6 Bde., Paris 1717–1730.

Friedrich der Große: *Instructions Militaires du Roi de Prusse pour ses Généraux*, hrsg. v. Mr. Faesch, Frankfurt und Leipzig 1761.

Friedrich der Große: Oeuvres de Frédéric Le Grand, Bd. 28, *Oeuvres Militaire de Frédéric II Roi de Prusse*, Bd. I, Berlin 1856.

Friedrich der Große: *Die Generalprinzipien des Krieges und ihre Anwendung auf die Taktik und Disziplin der preußischen Truppen* (= *Die Werke Friedrichs des Großen*, Bd. 6, *Militärische Schriften*, hrsg. v. Gustav Berthold Volz, deutsch von Friedrich v. Oppeln-Bronikowski), Berlin 1913, S. 1–126.

Geissmar, Christoph: *Das Symbol „Auge Gottes"*, Manuskript 1990.

Gladwell, Malcolm: *Blink. The Power of Thinking without Thinking*, London: Allan Lane 2005.

Herding, Klaus: „Robespierre und die Magie der Zeichen. Zum Augensymbol unter der Revolution", in: Wyss (Hrsg.) (1990), S. 38–54.

Heuser, Beatrice: *Clausewitz Lesen! Eine Einführung*, München: Oldenbourg 2005.

Hogrebe Wolfram: *Riskante Lebensnähe. Die szenische Existenz des Menschen*, Berlin: Akademie-Verlag 2009.

Husserl, Edmund: *Ideen zu einer reinen Phänomenologie und phänomenologischen Philosophie. Allgemeine Einführung in die reine Phänomenologie*, Tübingen: Niemeyer ^{6}1993.〔エトムント・フッサール『イデーン――純粋現象学と現象学的哲学のための諸構想』I－I、渡辺二郎訳、みすず書房、一九七九年〕

Jobbágy, Zoltán: „Scrutinising effect-based operations: On military genius, causality and friction in war", AARMS 2008, Bd. 7, Nr. 1, S. 167–174.

Jomini, Antoine-Henri: *Précis de l'art de la guerre*, Paris 1994 (Erstveröffentlichung: 1837/38).〔アントワーヌ＝アンリ・ジョミニ『戦争概論』佐藤徳太郎訳、中央公論新社、二〇〇一年〕

Jouin, Henry (Hrsg.): *Conférences de l'Académie Royale de Peinture et de Sculpture*, Paris 1883.

Junius, Franciscus: *De Pictura Veterum Libri III*, Amsterdam 1637.

Kant, Immanuel: *Kritik der Urteilskraft*, in: *Kants Werke*, Akademie-Textausgabe, Bd. 5, Berlin: de Gruyter 1968.〔イマヌエル・カント『判断力批判』上、宇都宮芳明訳、以文社、一九九四年〕

Knape, Jürgen (Hrsg.): *Bildrhetorik*, Baden-Baden: Verlag Valentin Koerner 2007.

Lambert, Johann Heinrich: „Observations sur l'Influence de la Lune dans le poids de l'Atmosphere", in: *Nouveaux Mémoires de l'Académie Royale des Sciences et Belles-Lettres*, Année 1771, Berlin 1773, S. 66–73.

Lambert, Johann Heinrich: „Sur les Observations du vent", in: *Nouveaux Mémoires de l'Académie Royale des Sciences et Belles-Lettres de Berlin*, Année 1777, Berlin 1779, S. 36–41.

Langner, Johannes: „Ledoux' Redaktion der eigenen Werke für die Veröffentlichung", *Zeitschrift für Kunstgeschichte* XXIII (1960), S. 136–166.

Ledoux, Claude-Nicolas: *L'architecture considerée sous le rapport de l'art, des moeurs et de la législation*, Paris 1804, Reprint Paris: Hermann (1997).〔白井秀和編『ルドゥー「建築論」注解』全二巻、中央公論美術出版、一九九四年〕

Leibniz, Gottfried Wilhelm: *Sämtliche Schriften und Briefe*, hrsg. v. der Preußischen, später Deutschen Akademie der Wissenschaften zu Berlin (= AA), Berlin 1923ff.

Leibniz, Gottfried Wilhelm: *Essais de Théodicée sur la Bonté de Dieu, la Liberté de l'Homme et l'Origine du Mal. Die Theodizee von der Güte Gottes, der Freiheit des Menschen und dem Ursprung des Übels*, hrsg. u. übers. v. Herbert Herring, 2 Bde., Darmstadt: Wissenschaftliche Buchgesellschaft 1985.〔ゴットフリート・ヴィルヘルム・ライプニッツ『ライプニッツ著作集』第七巻（宗教哲学「弁神論」下）、佐々木能章訳、工作舎、二〇〇一年〕

Leonardo da Vinci: *Trattato della pittura*, hrsg. v. Ettore Camesasca, Mailand: TEA 1995.〔レオナルド・ダ・ヴィンチ『レオナルド・ダ・ヴィンチ——絵画の書』斎藤泰弘訳、岩波書店、二〇一四年〕

Mattenklott, Gert: *Der übersinnliche Leib. Beiträge zur Metaphysik des Körpers*, Reinbek bei Hamburg: Rowohlt 1982.

Mérot, Alain: „Les modes, ou le paradoxe du peintre", in: Rosenberg (Hrsg.) (1994), S. 80–87.

Metken, Günter (Red.): *Revolutionsarchitektur. Boullée Ledoux Lequeu*, Ausstellungskatalog, Baden-Baden: Staatliche Kunsthalle 1970.

Michalski, Sergiusz: „Malerei, Rhetorik und coup d'oeil-Wahrnehmung bei Antoine und Charles Coypel", in: Knape (Hrsg.) (2007), S. 233–249.

Nativel, Colette: „La rhétorique au service de l'art: Éducation oratoire et Éducation de l'artiste selon Franciscus Junius", *XVIIe siècle* 39, Nr. 157 (1987), S. 385–394.

Neumann, Gerhard: Pross, Caroline & Wildgruber, Gerald (Hrsg.): *Szenographien. Theatralität als Kategorie der Literaturwissenschaft*, Freiburg: Rombach 2000.

Pirscher, Johann D.C.: *Coup d'oeil militaire, ou Contre Instruction pour se procurer le point de vue militaire*, Berlin 1775.

Pross, Caroline: „Coup d'oeil. Nachbemerkungen zu einem Bild von Claude-Nicolas Ledoux", in: Neumann, Pross & Wildgruber (Hrsg.) (2000), S. 453–465.

Puttfarken, Thomas: *Roger de Piles' Theory of Art*, New Haven und London: Yale University Press 1985.

Puttfarken, Thomas: „From Central Perspective to Central Composition: The Significance of the Central Ray", *Marburger Jahrbuch für Kunstwissenschaft* 21 (1986), S. 156–164.

Quaini, Massimo: „Appunti per una archeologia de ‚colpo d'occhio'. Medici, soldati e pittori alle origini dell'osservazione sul terreno in Liguria", in: Coveri & Moreno (Hrsg.) (1983), S. 107–125.

Reinwald, Brian R.: „Tactical Intuition", *Military Review*, US Army, September-Oktober 2000, S. 79–88.

Roger de Piles: „Remarques sur l'Art de Peinture de Dufresnoy", in: Charles-Alfonse Dufresnoy, *De arte graphica*, Paris 1688.

Rogers, Clifford J.: „Clausewitz. Genius and the Rules", *The Journal of Military History* 66/4 (2002), Society of Military History, S. 1167–1176.

Rosenberg, Pierre (Hrsg.): *Nicolas Poussin 1594–1665*, Ausstellungskatalog, Paris: Galeries nationales du Grand Palais 1994.

Schössler, Dietmar: „Das Wechselverhältnis von Theorie und Praxis bei Carl von Clausewitz", *Archiv für Geschichte der Philosophie* 71 (1989), S. 39–62.

Senebier, Jean: *Essays sur l'art d'observer et de faire de expériences*, 3 Bde., Genf 1802.
Steinhauser, Monika: „Das Theater bei Ledoux und Boullée. Bemerkungen zur sozialen Funktion einer Bauaufgabe“, *Bollettino del Centro Internazionale di Studi di Architettura Andrea Palladio* 17 (1975), S. 337–359.
Swijtink, Zeno G.: „Coup d'Oeil and Proprio Marte: Bodily Aspects of Reasoning in Johan Lambert's Graphical Representations“, Manuskript, Max-Planck-Institut für Wissenschaftsgeschichte, Colloquium Abteilung II, 6. 2. 1996.
Vogelgsang, Tobias: *Vom Linien und Kurven. Johann Heinrich Lambert und der Graph der magnetischen Abweichung*, Magisterarbeit, Humboldt-Universität zu Berlin, Institut für Kunst- und Bildgeschichte 2006.
Wyss, Beat (Hrsg.): *Bildfälle: Die Moderne im Zwielicht (Adolf Max Vogt zum 70. Geburtstag)*, Zürich und München: Verlag für Architektur Artemis 1990.

訳者解題

ここに掲載したのは、ホルスト・ブレーデカンプ（一九四七―）がホグレーベの記念論集に寄稿した論文（Horst Bredekamp, Die Erkenntniskraft der Plötzlichkeit. Hogrebes Szenenblick und die Tradition des Coup d'Oeil）の全訳である。

ブレーデカンプは二〇〇〇年代以降ホッブズ、ライプニッツ、ガリレイといった近代の思想家たちを、一貫してイメージ論の観点から新たに解釈する意欲的な試みを続けてきており、本論文もまたその試みに連なるものである。『モナドの窓』（二〇〇四年）などの著作において、全体を一瞬で直観する神的な視覚として論じられた「一望（coup d'oeil）」の概念だが、本論文においてはダ・ヴィンチに始まり、フランスの芸術理論、ランベルト、フリードリヒ大王、クラウゼヴィッツ、そして最近の軍事理論に至る広範なコンテクストを持つ、伝統的かつ現代的な概念として改めて着目され、その系譜学が試みられている。

論文のタイトルからもわかるように、本論文でのブレーデカンプの主な狙いは、この「一望」の伝統をホグレーベが提唱した「場景（Szene）」の概念に結び付けることにある。現代ドイツの哲学者ヴォルフラム・ホグレーベ（一九四五―）は、ブレーデカンプも推敲の段階で深く関わった著書『リスクを伴う生の近傍――場景的存在としての人間』（二〇〇九年）の中で、認識が概念的思考によって論理的に構成されるのに先立って、我々が常に生活世界の中で「場景的了解（szenisches Verstehen）」を行っていることを指摘する。それは半ば無自覚に働いている意識と直観のあり方であり、明晰な概念によって分節化されていない知覚の要素は、そこで漠然とした一つの「場」全体の印象として受け取られている。ホグレーベによれば、このように認識するものと認識されるものの区別すら曖昧な認識を前提することで、一度に分析することの不可能な知覚の全体が、それでも我々の認識を構成することを認めることができる。「なぜ我々がそもそも音響やイメージを理解できるかは、我々が場景的存在であることに立ち戻ることによってのみ説明できる。というのも音響やイメージとは、それ自体が場景的に堆積した意味だからである」(Hogrebe 2009, S. 57)。

このような知覚のあり方は、カント、ヘーゲル、ハイデガーをはじめ哲学の様々な局面で陰に陽に主題化されてきたことが指摘されており、フッサールにおける直観の「背景 Hintergrund」をめぐる議論もその一つである。我々がある対象（白い紙）に注意を向けるなら、その対象についての知覚が他から際立って顕在化するが、その際にはその対象の背後にある対象（鉛筆、本、インク壺）も意識することなく同時に知覚されている。顕在的な対象に伴って潜在的に意識体験の中に含み込まれているこの直観の「背景」は、「地平 Horizont」とも呼ばれ、後期フッサールにおいて世界そのものにまで拡大される。

しかし場景的了解において、認識される世界の客観的な対象化は常に保証されているわけではなく、そこで認識者と世界との距離は、時にほとんど未分化のまま危険なほど接近する。このような非合理とも隣り合わせの兆候的、暗示的な「非知」の形式は、しかし我々の知の前提条件であると共に、分析的思考とは異なる直観知の可能性をも示唆している。ブレーデカンプがホグレーベの場景的認識を「一望」の概念に結び付けるのは、まさにこのためである。

ブレーデカンプによれば、「一望」の概念は場景的認識の「極端な形式」である。我々の視覚は無限に多くの対象に同時に眼差しを向けることはできず、いわば一点透視図のように一つの焦点に意識を傾ける。それゆえ人間の遠近法はすべてを歪みなく一望する神の遠近法とは異なるが、前者においても有限の焦点を取り囲む背景としての世界の全体は、暗い表象として前論理的な意識の中に潜在的に与えられている。ライプニッツが「窓を持たない」と呼んだモナドが、個々の有限なパースペクティブの内に映し込む宇宙とは、そのような世界全体の暗い表象だった。「一望」は、このような潜在的な知の場景を圧縮して可視化するための概念装置である。それにより、ルドゥーの銅版画に描かれた眼差しは、客席から劇場の舞台を一望するように世界全体を見る神的な遠近法の比喩となる。ルドゥーにおいてこの眼差しが、一瞬で全体を把握する芸術家、君主、軍人の直観に結び付けられているように、一望の概念は哲学に限らず、芸術、統治、軍事など広範な知の伝統に関わっているのである。

本論で論じられる「一望」の多様な形式を辿るなら、場景視をめぐるホグレーベとブレーデカンプの議論が、イメージをめぐるあらゆる知の領域において繰り返し問われてきたことが理解されるであろう。

（茅野大樹）

第20章　イメージの内在[1]

——像と知覚の弁証法

坂本泰宏

1　はじめに

像行為（Bildakt）や生気（Lebendigkeit）という「イメージの作用力」を研究対象とするイメージ学研究の流れは、ドイツ語圏ではとくにここ数年、かつて声高に叫ばれた「美術史の終焉」[2]をひとときでも忘れさせるほどに活気を強めている。このようなイメージ学（Bildwissenschaft）への期待は、かつて美術史講座と呼ばれた学科が「イメージ（Bild）」と名のついた講座へと名前を変えつつあるドイツの現状からも推し量ることができよう。しかしながら、これもまた行き過ぎた流行のひとつにすぎないのか、それともイメージに関する学問が歩むべき道なのか、その答えはまだ出ていない。

イメージ学の主流になりつつあるイメージの内在（ある種の潜勢力）を重視する傾向に対しては、イメージを擁した一種のアニミズムであるという批判をはじめとして、イメージ学の急進性に対する慎重論も根強い。[3]とりわけ、ラムベルト・ヴィーズィングは、ホルスト・ブレーデカンプらのイメージ学を名指しで批判しつつ、イメージの力に過剰な期待を寄せる趨勢に対して不快感をあらわにしている。「イメージはただ、見られるものにすぎない」と。[4]

経験美学という新興領域のなかで、感情（Emotion）の微細な定義など美的経験についていくつかの特筆すべき研究成果を残してきたヴィンフリート・メニングハウスは、[5]文芸学と認知心理学による経験美学の共同作業において、それらが単なる領域の分担では終わらず、それぞれの領域に対しても相互に何らかの貢献があると主張している。[6]以前、拙論

「神経系人文学序説」[7]でも詳述したが、かつてアルバ・ノエらが問題化したように、[8]セミール・ゼキらによる神経美学の登場以降、[9]脳と芸術の関係を探る研究は、芸術作品を神経科学の既存の枠組みで限定的に扱うにすぎなかったものの学際研究奨励という時代の要請もあり、存在領域を見出してきた。しかし、単に異なる領域の専門家が集まり、研究成果の表面的な相互引用を繰り返すだけでは、本来そこで目指されていた発見にはたどり着けないだろう。本章では、上述のようにイメージ理解において、その立場がふたつに明確に分かれている「イメージ作用力」のなかでもより知覚論に近い問題設定である「内在」に焦点を置く。そして、「内在」がイメージ学と神経科学でそれぞれどのように検討可能なのかを、①筆者による像行為解釈をもとに「内在」をイメージ学的に読み解くための方法論について、②経験科学を取り巻く現状と理論的問題点を通して論じ、そのうえで、③知覚論の観点から神経系イメージ学的な提案を試みる。像行為そのものがイメージの現象学を超えて「内在」を存在論的に議論すべく経験科学を意識し始めたいま、像行為の試みが孕む問題点について論じることは、現時点での像行為の意義と限界を理解し、さらにはイメージの潜在性を中立的に理解するためのひとつの指標ともなるだろう。

2　像行為の三分類

ホルスト・ブレーデカンプは二〇一〇年に刊行した『像行為論』[10]の再版にあたって、書名から「論」を取り除いた。ブレーデカンプによれば、像行為はあくまでも個々のイメージ分析によって帰納的に導かれた仮説であり、それを「論」とすることは妥当ではないため、書名を『像行為』に修正したということである。[11]書名の修正は、イメージ群を知覚の研究（cognitive studies）としながらも、類推（アナロジー）による分析を通してイメージの潜在性を演繹的に論じてきたバーバラ・スタフォードらが試みたイメージ学[12]とは異なり、美術史的なイメージ観察のみに依拠することの限界を認め、従来の方法論から線引きすることを意図していると思われる。つまり、ブレーデカンプの真意は、像行為というイメージの潜在性への仮説が、美術史という従来のディシプリンに拘束されず、方法論の垣根を超えて、より広い知のレベルで、イメージとその読み解き行為に対してただ純粋に適用されるべきであるということである。

像行為は、小分類としてジェスチャー、ポーズ、図像作法（感情表現の「型」の模倣）を対象とする①「模式的像行為（schematischer Bildakt）」、イメージと身体の代替を対象とする②「互換的像行為（substitutiver Bildakt）」、そして形象としての作用力（イメージ自体が形象を形作る要素となること）を対象とする③「内在的像行為（intrinsischer Bildakt）」に分類される。[13] キリスト教図像学やアビ・ヴァールブルクの図像学を礎とする「模式的像行為」、あるいは行為を介した物質的存在とイメージ存在の関係性の倒錯、延いては過去から現在までの図像破壊行為が絶えず示してきた、メタファーをなす形象の代替的否定によって生まれる形象を論じる「互換的像行為」というふたつの仮説は、イメージと言葉を介する形象への探求のなかで極めて分析的で、人文学的方法の範疇で演繹可能な性格を有する。

一方で「内在的像行為」は、語弊を恐れずにいえば、身体性哲学を踏まえ美術史的仮説を現象学的に揚棄（アウフヘーベン）したものであり、イメージの「内在」を間接的ながら観察可能な存在として扱うことを可能にする枠組みを提起している。それに併せ、分析対象となるイメージも作り手や造形段階を問わないあらゆる像（Bild）へと拡張されてゆくのである。さらにそこには、技術的イメージ（Das Technische Bild）を扱う研究プロジェクトが十数年来積み上げてきた、[14] 芸術（Kunst）に限定されない多様なイメージに対する読み解きによって培われた、自然を生み出すシステムを内包するイメージの能動性（Bildaktivität）への考察の成果が接合する。[15]

このような新しい領域横断的な学問手続きを縦割りの作法で観察するのはややナンセンスではあるが、分かりやすくいえば、それはもはや美術史ではなく、より自由なイメージ（Bild）の潜在性を問う学問として、「形象されたもの（イメージ）」と「認識・表象（観察者）」の関係性のなかで発現する「内在するもの」を観察するための手段として自然科学的・神経科学的な方法を要請しているのである。ゆえに像行為に関わるイメージ学とは、新しい学問の創出のためのプロジェクトではなく、かつてアビ・ヴァールブルクが膨大なイメージ群のなかから感じ取ってしまったイメージの潜勢力を仮説的に検討する学問ともいえよう。そして、認識と知覚の側から像行為の「内在」に迫ることは、その射程を見定めるとともに存在論的性質を浮かび上がらせることにもつながる。

ただし、観察者と対象物の関係性のなかでイメージの「内在」を論じるにあたっては、ブレーデカンプが言及しつつも、そのうえで一定の距離を保とうとした、神経美学、ミラーニューロン仮説・身体化認知（embodied cognition）[16]といった諸学説との明確な線引きが必要になることも肝に銘じておかねばならない[17]。

3　「内在」のイメージ学

①動き、内在的なもの

イメージ作用は、修辞的なものから物理・物質的なものまで多岐にわたる。そのなかでもイメージに内在化された「動き」とその身体化は、観察者の身体にまで強く働きかけるという議論が分野を問わず取り沙汰されている。しかし、このイメージの「内在」は、すでに神経科学において流行のひとつとして身体化理論（embodiment theory）[18]の枠組みで論じられてきたような、脳の運動野の活動の観察によって立証できるという単純なものではない。運動野の活動は十分条件ではあっても、必要十分条件ではない。そこで、まずは身体化の前段階でもある「像の内在」とその作用について検討する。

②ピクシス――仮象の運動と「内在」の起源

運動や動作のエビデンス（Bildevidenz）は画家や造形家たちの表現にとってもっとも重要な要素のひとつである。なぜなら、G・W・ライプニッツの「運動がけっして静止から一挙に生じることはない」という言葉[19]と同様、静止した場面のイメージもまた動きという変化の結果として生じるものであるからである。画家や造形家たちが生み出すイメージは動きと動きのあいだに現れる。動きの痕跡なしには成立しえない。身体の動きが関係しない風景画であったとしても、そこには光、天候、雲、植物や動物の生態といった動的な自然の文脈が潜在している。「静」である状態もまた動きとして観察されねばならない。ゆえに「静」を描き出すということは同時に「動」を観察することでもある。そして、潜

図 1a　エティエンヌ＝ジュール・マレー「カモメの飛翔」（1886 年）　Étienne-Jules Marey, 'Flight of gull', 1886 ©Flight of gull, 1886 - College de France（出典：Braun, Marta.（1992）Picturing Time. The work of Etienne-Jules Marey（1830–1904）. Chicago & London: The University of Chicago Press; http://www.ctie.monash.edu.au/hargrave/marey.html［アクセス日：2019 年 3 月 15 日］）

Fig. 9. — Zootrope dans lequel sont disposées 10 images en relief d'un goéland dans les attitudes successives du vol.

図 1b　エティエンヌ＝ジュール・マレー「彫像ゾートロープ」（1887 年）10 羽のカモメの彫像による飛行の連続性の様子を表したもの。*Zootrope* avec 10 statuettes d'un goéland dans les attitudes successives du vol.（出典：Étienne-Jules Marey（Dec. 5 1887）. Sculptures of birds in flight mounted in a Microscope, *La Nature.*; http://www.ctie.monash.edu.au/hargrave/marey.html［アクセス日：2019 年 3 月 15 日］）

図2　「ピクシス」（紀元前270-250年頃）、ルーブル美術館蔵（個人撮影）　Pyxis à peinture superpo séc, Athènes, vers 270-250 av. J.-C. Provance: Cyrénaïque; Musée de Louvre（出典：著者個人撮影）

在する動的要素を無視して「静」の状態を描くことと、動きの連続性のなかにある「静」を浮かび上がらせることはまったく異なるのである。

　そもそも、人々が「静」と「動」、その違いを意識的に分別し、それらを像として描き出したのはいつからなのだろうか。一例ではあるが、イメージのなかの動きに対する意識を加熱させたものとして、未来派の誕生よりも半世紀以上前に訪れた仮現運動（Scheinbewegung）[20]の発見がある。映画史のなかでの仮現運動の発見は映像メディア技術のルーツとされるが、ゲシュタルト心理学や映画前史（Vorgeschichte des Films）における仮現運動発見の意義は、人の知覚の法則にとって、運動は適切な手法を用いれば分解可能で可逆的であることを示したことにある。ゾートロープやフェナキスティスコープの誕生、そして写真銃（連続写真撮影器）を用いた運動の分解と生成についてのエティエンヌ＝ジュール・マレーによる一連の探求などは、「動」のなかにも知覚と物理現象をつなぐ——この現象は、当時は感覚的な理解にとどまっていたが、運動の可逆的分解可能性はライプニッツによる運動の連続性への問題[21]を科学的に検討するための明確な標となる——、一定のリズムがあり、動きのなかに絶えず繰り返し現れる「静」と「動」の入れ子構造の存在を明らかにした（図1a・b）。

　このような動きにまつわる発見は、科学史では近代に初めてなされたと考えられがちである。しかし、リビアのキレナイカから出土した、紀元前二世紀のピクシスに装飾として描かれた、波を想起させる模様が示す反復運動の不規則性はその通説を覆す（図2）。ピクシスとは、女性用の小物入れや副葬品であり、その用途は装飾の違いから推し量ることができると考えられている。多くの場合、ピクシスには幾何学模様、あるいは人物像による物語が描かれることが多い。ルーブル美術館シュリー翼ゼロ階の一室、古代ギリシア美術部門に展示されているピクシスに描かれているのは単なる不完全な幾何学模様にも見える。しかし、この模様の変化と不規則性のヴァリエーションは、一九世紀に運動の研究を行った造形家たちが使用したゾートロープに描かれたイメージ（五〇五頁参照）とアナロジカルな関係をなす。

ここで重要なことは紀元前の装飾者が動態的なイメージ現象を意識していたかではなく、造形的行為のなかで「動」の生成につながる変化と不規則性を孕む模様がイメージとして図らずも現出したことにある。このピクシス上のイメージとゾートロープ上のイメージは見かけだけでなく、そのイメージ支持体の三次元形態までもが相似している。ゾートロープへと結実した筒状回転同期運動によって「静」から「動」を生み出す造形行為と、筒状に紋様を描くなかでリズムとして現れた紋のヴァリエーションを生み出す装飾者のイマジネーションが結果的に同様の形態を生み出している。紀元前のピクシス使用者たちは現実にこの紋様から運動を引き出すまでには至らなかったであろうが、紋様には動きの予感を「内在」する「静」が強く刻まれているのである。もちろん、このピクシスの例に限らずとも、フレスコ画や巻物などでは同一人物を複数回登場させた「静」の場面を組み合わせた関係性によって「動」を表現する試みがなされていた。それでもなお、このピクシスに残されたイメージの痕跡は、古来よりひとはイメージを静止したものではなく、連続的かつリズムのなかで変化する「内在」を認識する能力を有していた可能性を示唆するひとつの重要な史料と考えられる。

③仮現運動――微小表象と指先の知

心象レベルの動きとイメージの造形スタディはさまざまな表現媒体で行われてきたが、それを物理的・造形的に加速させたのは一九世紀前半のフェナキスティスコープやゾートロープの発明によるところが大きい。仮現運動を通した視覚の再発見は、間欠したイメージの補完という知覚特性を通して、統合ゲシュタルト（Gesamtgestalt）によって動きとして表象されるイメージの微小表象（粒子）の「内在」を浮き彫りにした。かつて仮現運動はイメージと観察者のあいだに介在するスリットやストロボ光を用いた光学操作機構によって引き起こされるイリュージョンの一種であると考えられてきた。しかし、マックス・ヴェルトハイマーが予測したように、光学的操作はあくまでも補助的な役割を担うものにすぎず、仮現運動は、イメージと知覚の協働行為によって発現する純粋知覚の一種であることが明らかになってきている。[22] つまり、仮現運動を物理的な実際運動のように見せているのはイリュージョンではなく、個々の粒子としてのイメージに「内在」する「動」なのである。そのうえでひとつのイメージ空間にどれだけの深度で運動が表象されるかは、イメージの描き手の造形力あるいは描かれたイメージに宿る「内在」の偶発性に依存する。実際運動（実の運動）と仮現運動（虚の運動）は、階層的上下関係にはなく、観察者の心象にとってはそれらが常に仮象であるために、ある種の対応関係をなす。実際運動と仮現運動は連続的かつ断片的であることから時間的性質と空間的性質を転換可能にする。この点において、運動の連続性についてライプニッツが至った「実在的な連続体は表象のひとつであるとする非延長的なモナドの形而上学的理論」[23]と、イメージと知覚を媒介する「内在」の性質は矛盾しない。

この時間的性質と空間的性質が転換可能という像行為の「内在」はフリップブックにおいて顕著に理解できる。これまでフリップブックは他の古典的動画装置と比較してイメージ史的な価値が必ずしも認められてこなかった。例外的なものとして挙げられるのが二〇〇五年にデュッセルドルフのクンストハレで開催された企画展「Daumenkino – The Flip Book Show」である。[24] この展示会では従来、歴史的に十分考察されてきたとは言い難いフリップブックを、古いものから現代作品まで編年的に観察することを通して、美術と技術の相関的な文化史として整理することが試みられた。特筆すべきは、この展覧会が、イメージと観察者のあいだに介在するひとつの普遍的な「行為（Akt）」をあらわにしたことである。アンティークとしての市場価値は他の古典的動画装置に劣るものの、フリップブックでは、「動きを見る行為」と「動きを生み出す行為」が指先で交換されるという点で像行為的に模範的な機能を有している。それは視覚器官と触覚器官を通して運動機能に直接働きかけているのである。

④「内在」の深度

動きを表現しようとする芸術家や素描家にとって、静止画のなかで動きを表現することと、鑑賞者に動きのダイナミクスを「内在」として予感させることは必ずしも一致しない。英国の画家ジョージ・スタッブスは解剖学を学んでいたことで知られているが、未来派の画家たちとは別のやり方で「内在」としての動きの深度を表現している。跳ね馬を描いた代表作《ホイッスルジャケット》（図3a）を筆頭に動物をモチーフとした絵画をスタッブスは多数描いているが、同時に農家の厩舎での数多の解剖経験を活かした馬の解剖図も残している。骨格と筋肉を緻密に記録したスケッチ群はスタッブスが馬の躰を外側から観察するのみならず、運動器官が内部からいかに機能し動きのポテンシャルが生み出されるかを指先の経験知として体得していたことを感じさせる（図3b・c）。先述のマレーは馬の走りを連続撮影し、外部から客観的に観察することを試みていた。その一方でスタッブスは運動のダイナミズムを生み出す躰のメカニズムに熟知し、運動が生まれる際の予備動作として肉体表面に現れる筋肉の膨張など細かな変化をイメージとして描いた。無論、描かれるのは表層だけであるが、馬の関節構造や骨格といった肉体構造の中身への深い認識を伴いつつそれらが生み出すダイナミズムの一場面を描くのか、それとも現実の運動の文脈を完全に遮断した静の場面を描くのかは、運動の予感としての「内在」の深度差として絵画表面に現れる。

図 3a　ジョージ・スタッブス《ホイッスルジャケット》（1762 年）　ロンドン・ナショナルギャラリー蔵　George Stubbs, *Whistlejacket*, um 1762, Öl auf Leinwand, 292×246 cm, London, The National Gallery（出典：Rott, H. W.（Hg.）.（2012）. George Stubbs 1724-1806: Die Schönheit der Tiere. München: Prestel. S. 32.）

　ここで論じた「内在」に限定したものであれば、それはイメージ内部に物理的に埋め込まれていない情報の交換が画家と鑑賞者のあいだで行われているという点で、マックス・ベンゼの美的コミュ

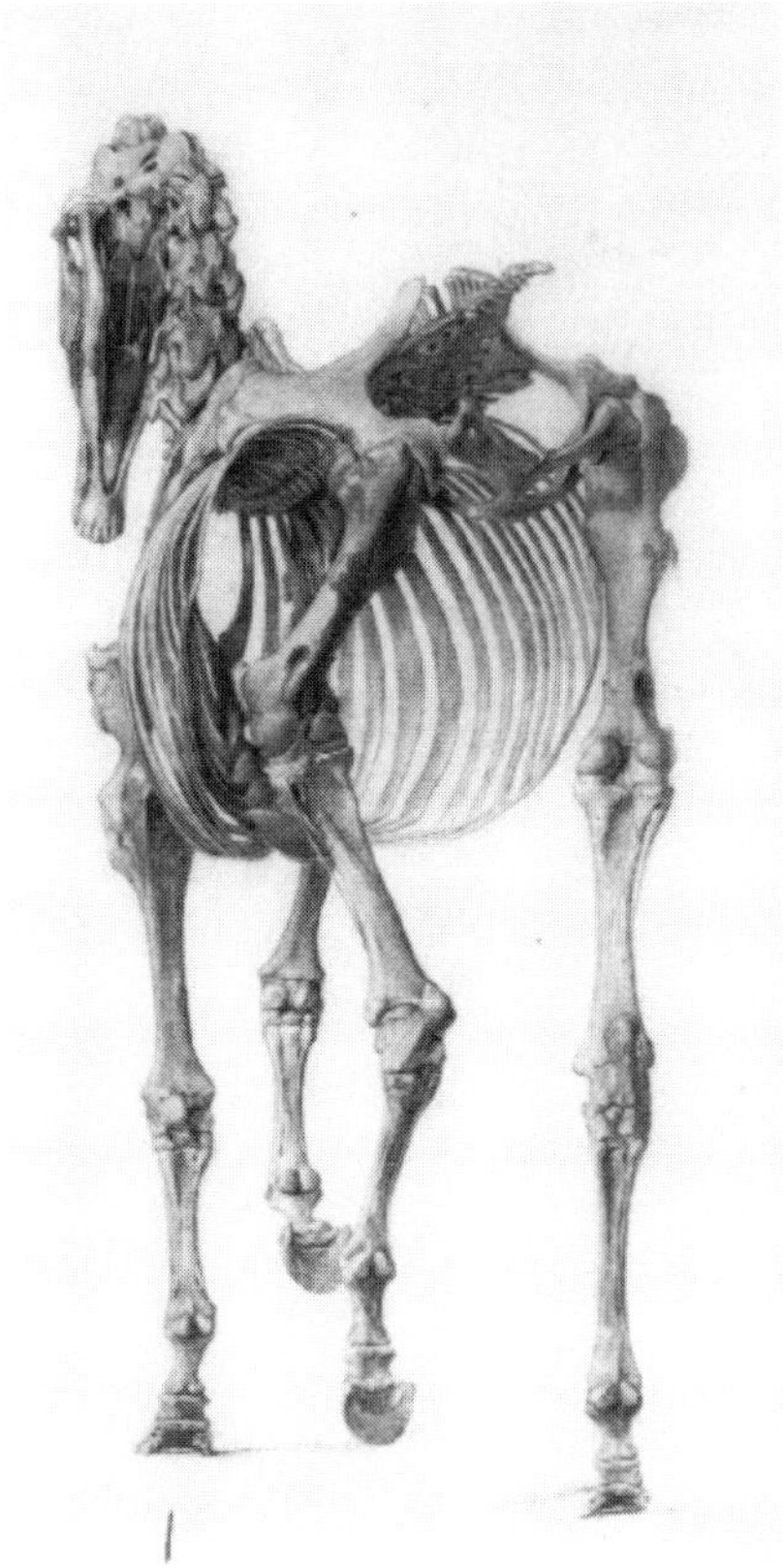

図 3c　ジョージ・スタッブス《馬の骨格解剖図３番》 Präsentationszeichnung für die ›Dritte anatomische Tafel mit den Skelett des Pferdes‹ , Bleistift, 35.4×18 cm, London, Royal Academy of Arts, Inv. Nr. 03/5718（RA18）（出典：Rott, H. W.（Hg.）.（2012）. George Stubbs 1724–1806: Die Schönheit der Tiere. München: Prestel. S. 115.）

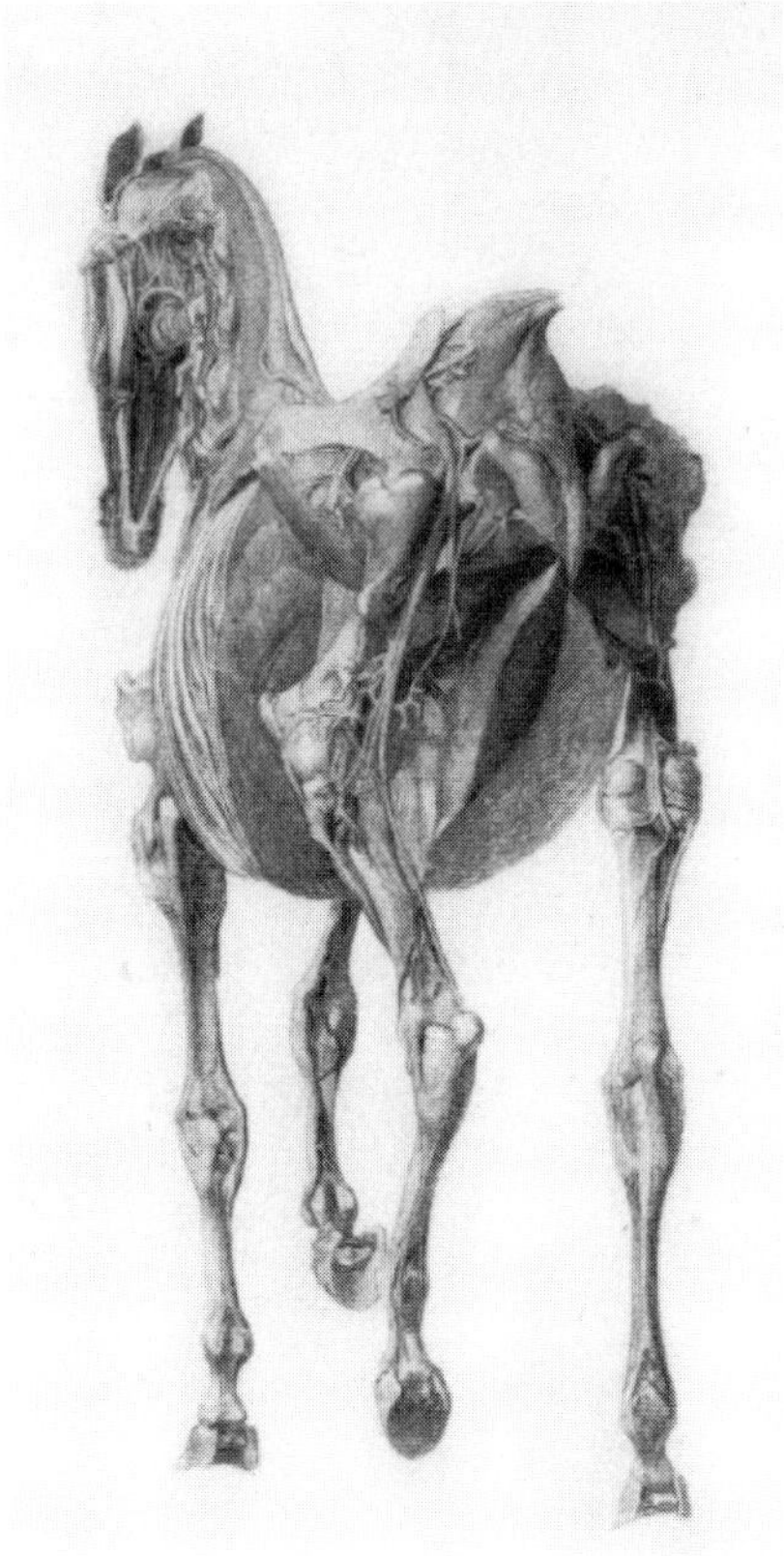

図 3b　ジョージ・スタッブス《馬の筋肉解剖図 15 番》 Präsentationszeichnung für die ›Fünfzehnte anatomische Tafel mit den Muskeln des Pferdes‹, Bleistift, 36.2×19.1 cm, London, Royal Academy of Arts, Inv. Nr.03/5712（RA16）（出典：Rott, H. W.（Hg.）.（2012）. George Stubbs 1724–1806: Die Schönheit der Tiere. München: Prestel. S. 119.）

ニケーションのシェーマで記号論的に説明されている「コード」[25]に近い性質をもつ。ベンゼは情報哲学・記号論の枠組みでこの関係性を観察したため「内在」＝「イメージのなかに埋め込まれたコード」という図式を描いている。しかし像行為では、イメージそのものが作り手からは独立して独自の振る舞いをするひとつの客体である。ゆえに「内在」は作用としてイメージから独立し、イメージと観察者を媒介するために圧縮されたコードではなく形式そのものとなる。

⑤肉体と存在の痕跡としての「内在」

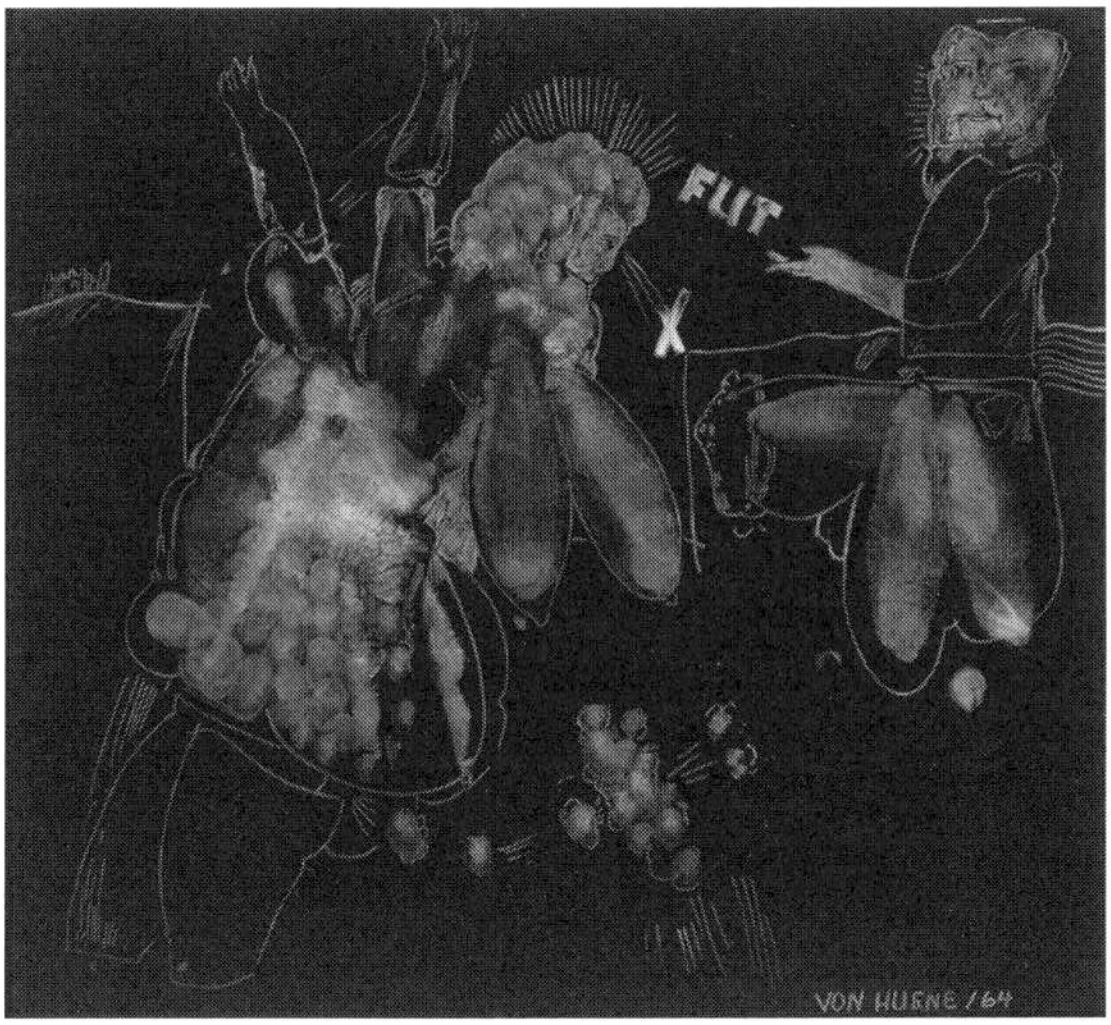

図 4　ステファン・フォン・ヒューネ《無題（FUT）》（1964 年）個人蔵、Stephan von Huene, untitled (FUT), 1964, Smoke Drawing on cardboard, fixed with paint 30 cm × 34 cm　© Petra von Huene

像行為においてイメージの「内在」を仮説的に論じることは、内と外の心理・物理的関係性を生み出し、イメージと観察者を取り巻く空間の存在を強く要請する。そのイメージ空間において、肉体の痕跡は空間に時間概念を付与する。

・ステファン・フォン・ヒューネ「煤煙図画」

音響彫刻作家として知られるステファン・フォン・ヒューネは、いくつかの平面ドローイング作品を活動の初期に残している。ホルスト・ブレーデカンプは、像行為を論じるにあたって、ヒューネの初期作品のひとつである煤煙図画（図 4）で描画のために使用された掌の痕を内在的像行為（intrinsischer Bildakt）の事例として取り上げている。[26]くわしい議論がなされているわけではないが、像行為全体の文脈を踏まえ、ブレーデカンプの議論を筆者なりに解釈すると次のようになる。ヒューネは人体の輪郭部分をペンで描き、臓腑に相当す

図5　パブロ・ピカソ《青い鳩》（1953年）、ローゼンガルト・コレクション蔵　Pablo Picasso, Blaue Taube, 1953. Keramik-Skulptur, bemalt 30×25 cm © 2009 by ProLitteris, Zürich.（出典：Postcard picture, Sammlung Rosengart）

る部分を自身の体を媒体とした痕跡である掌によって構成することで、イメージ内部の人体を構成する部分が現実の人体表層部（皮膚）となるという転倒関係を表現している。そして、身体のもっとも深い部分である臓腑がイメージの表層をなすことでイメージ世界と観察者の世界が正逆の宙吊り状態でつながれ、そこに「内在」が表出される。これがイメージの力として現れるのである。

・パブロ・ピカソ《青い鳩》

身体の痕跡がイメージに行為としての「内在」を宿す事例として、スイスのルツェルン市にあるローゼンガルト・コレクションのパブロ・ピカソ・コレクションのなかでも一際目を惹く鳩の粘土彫刻作品《青い鳩（Blaue Taube）》（図5）を忘れてはならない。頭部作成のために粘土を平たく押しつぶしたものを巻き込むように造形したからだろうか、頭頂部にふたつの空洞が見受けられる。その空洞は彫刻の内側に向かって連続しており、青、黒、黄の色彩は鳩の体軀への彩色としてではなく、鳥の形態をもった表層をカンバスに見立て、独立して施されたように感じられる。この作品が制作された一九五〇年代のピカソは必ずしもキュビズムの絵画を量産していた時期ではない。しかし平面の延長を暗示する造形と一見無秩序な彩色には、ピカソがキュビズムの作品のなかで試みてきた造形空間の平面化に伴う色彩空間の立体化の否定（Negation）が、色彩空間の平面化に伴う造形空間の立体化として表象されている。その意味でも《青い鳩（Blaue Taube）》はピカソの空間概念を形象化した貴重な作品である。

ジェームズ・ギブソンがルドルフ・アルンハイムの『美術と視覚』のなかの、「それらがまさに表現している事物を見るためには、一種の〝レベルの移動〟だけが必要」だという一節を引用して絵画空間について考察したように、[27] ピカソがいくつかの作品で表現を試みた空間概念では、レベルの移動として知覚可能空間の平面化が行われており、空間的なものの背後にある、視認はできないが存在として察知される存在が描き出されていた。その観点からすれば、《青い鳩》では、レベルの移動がピカソによる平面作品とは逆方向で試みられているとも言えるのである。

いうまでもなく、これらのイメージ分析は仮説のひとつにすぎない。しかし、概念レベルの考察を像行為的仮説へと至らせるのが《青い鳩》の各所に残された指紋の痕跡である。彫像の土台としてあしらわれた部分に力強く残された二箇所の指紋をはじめ、本体右胴部（左手親指か）、青く彩色された箇所の左側、そしてそれと対になるように首の下部にも指紋（左手人差し指か）の跡が発見できる。フランクフルト市ドイツ連邦銀行本部がイーザ・ゲンツケンの平面グラフィック作品を購入しコレクションに加えた際、作品の地であるアルミ板上に意図せず残された、作家の指紋を作品とは独立した汚れとみなして拭い去るか、それとも作家による生体認証の痕跡として作品の一部とみなして現状を保つかという議論の末、最終的に指紋を保存したという逸話がある。イメージ上に痕跡として残された指紋は、時間が止まったイメージの内部世界に存在の歴史と時間を取り戻す。[28] そして、形態を為した指紋は、遡行可能な行為の記憶をイメージに「内在」として宿すのである。これは像行為が参照する身体化哲学（Verkörperungsphilosophie）に依拠するならば、肉体の痕跡

図 6　《マルク・シャガールの調色板》（1958 年）、ローゼンガルト・コレクション蔵　Die Palette Marc Chagalls 1958. Dediziert « pour les Rosengart 8/XII 1958 » © 2010 ProLitteris, Zürich.（出典：Rosengart, A. und Kral, M. (2012). Am Anfang war das X-chen. Luzern: Prolibr. S. 88.）

に宿された記憶はイメージを通して鑑賞者の肉体へと転移するからである。

・マルク・シャガール《調色板》

ローゼンガルト・コレクションにはマルク・シャガールの絵画数点に加え、画家から寄贈されたパレットの一枚《マルク・シャガールの調色板》（一九五八年）が展示されている（図６）。さまざまな画家が遺した調色板を写真作品として撮影している写真家マティアス・シャラーは、画家の調色板（パレット）の色彩痕跡をみることによって画家たちが保持していた独自の色彩理論が浮かび上がってくると説明している。[29] だが、調色板はさらにそれ以上の情報を宿している。色彩配置と分量比率は画家の手順と思考を記録したものであり、これらは確かに色彩論の形象ともいえる。しかし、この調色板には更なる痕跡として油絵具の撥ねや筆の回転といった運動の記憶が空間情報として克明に刻まれており、そのひとつひとつが指先の思考過程を形象化している。ブレーデカンプは像行為論へと至る過程のいくつかの著作のなかで、自然科学者や哲学者のスケッチやダイヤグラムに彼らの思考を形象したイメージとしての可能性を見出し、そこに描き手ですら言語化できなかった理論のイメージ思考レベルでの発現を論じてきた。[30] それらと同様に、イメージを生み出すための道具もまた、思考と行為の跡を記憶したひとつのイメージとなり得るのである。そこには、絵画のように形成が目的となるものと異なり、表現行為の対極で、描く行為そのものが形象されているため、むきだしの内在的像行為が現れるのである。

4　プロムナーデ（中間のまとめ）

ここまで、美術・イメージ史のなかで近現代の作品として扱われるイメージ群を通して例示してきた「イメージ－内在－観察者」の関係は、バウハウスの活動で著名なオスカー・シュレンマーによる概念図《人間の思考循環（Der Mensch im Ideenkreis)》のなかで図式的に表されている（図７）。シュレンマーはイメージと観察者の関係を、イメージを介した

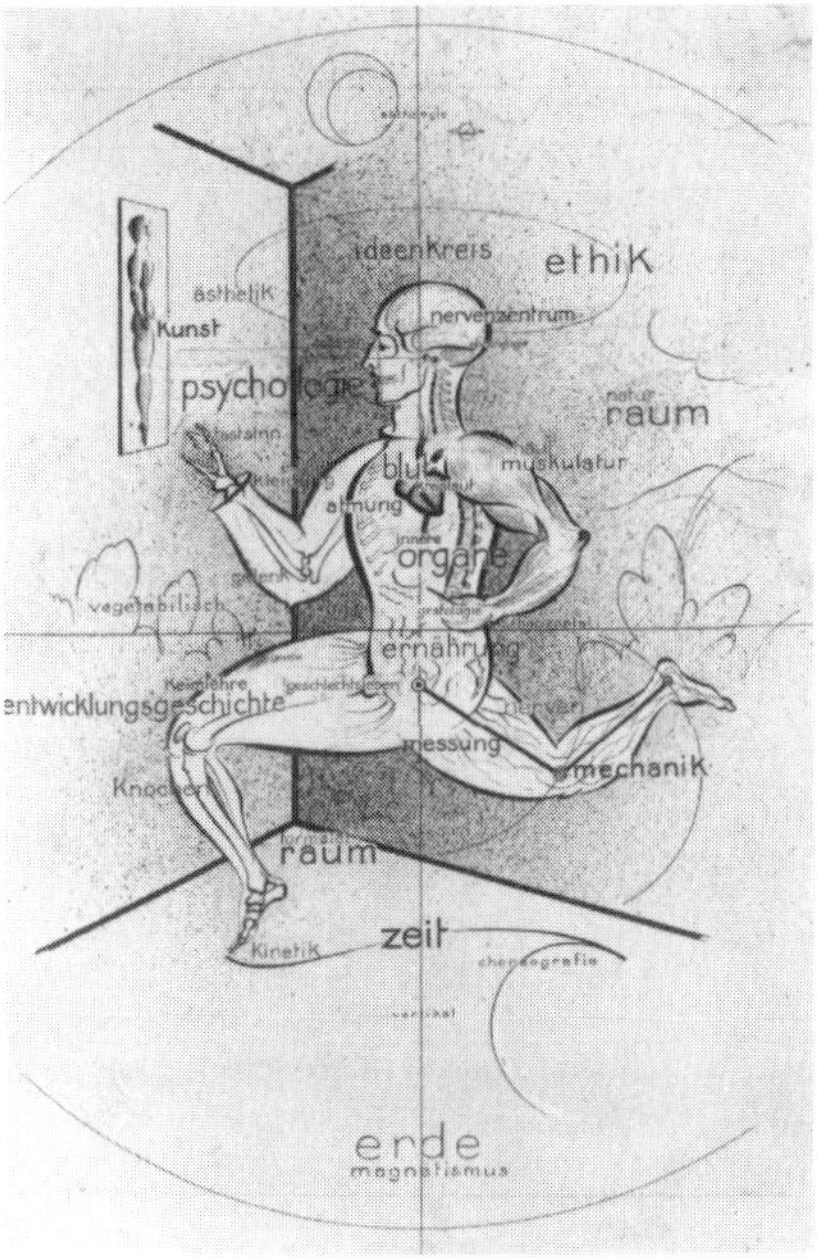

図 7　オスカー・シュレンマー《人間の思考循環》（1928 年）、シュトゥットガルト州立美術館蔵
Der Mensch im Ideenkreis, 1928, Schaubild zu »unterricht: der mensch«（出典：Staatsgalerie Stuttgart und Conzen, I. (2014). Oskar Schlemmer: Visionen einer neuen Welt. München: Hirmer. S. 31.）

身体と空間の交互作用とすることで、運動とそれに付随する行為を外の世界と内の世界を連続的につなぐ媒体として理解した。この図式はまさに、思考することは形成することであり、形成することは思考することであることを造形家の視点から模範的に表している。このような知覚・思考体系と運動・行為を一体として扱うような考え方はもちろん芸術表現に限られたものではない。計算論的神経科学における運動機能研究で目覚ましい研究成果を発信してきたイギリスの神経科学者ダニエル・ウォルパートは、人の脳機能の多くが運動に関係するものであることから「動作（Movement）」を理解することこそヒトの脳の仕組みを理解するためにもっとも重要なことであると繰り返し主張してきた[31]。このような、イメージ学者や造形家、そして神経科学者たちの思考の重なり合いは新たな知を生み出し、イメージ行為への理解を次の段階へと導くことが期待される。

しかし、たとえシュレンマーがシェーマの図像化にとどまらず、演劇舞踏の実践によって観衆に対してその思考を知覚現象として経験的に伝えることを実現できていたとしても、それを実体化された「内在」として理解し、「身体化理論」を経由して像行為につながるイメージ作用の議論へと飛躍させることには危うさが孕まれる。「内在」を量的に扱うためには、まず、かつてライプニッツによっても言及されたような、物理世界と知覚世界の質と量の変換に関わる交互作用への注意深い考察がなされなければならない。そのうえで第一の課題となるのは、イメージの観察者たちの考察から仮説的に導かれた「内在」を経験科学的に摑み取ることがどのように可能であるかということなのである。

5　「内在」の経験科学

①動きの経験科学

・知覚系

実験心理学者らは当初、フリップブックなどで体験できる間欠的なイメージ群から生じる仮象の運動は、網膜上の残像現象が引き起こすイリュージョンであると考えていた。二〇世紀初頭、この学説に異議を唱えたゲシュタルト心理学者らによって、それが知覚システム上の簡潔性（プレグナンツ）の法則によって引き起こされる仮現運動であるという仮説が提示され、実際運動は物理的に発生するもの、仮現運動は心象のみで運動として知覚されるものという明確な定義がなされた。それ以降、仮現運動の知覚メカニズムについては、その発生条件を中心に知覚心理学者や認知心理学者らによって事細かに検証されてきたが、実際運動と仮現運動に関する神経処理レベルの議論は、脳解剖学で運動知覚に関する脳機能研究されるようになるまで、約半世紀以上のあいだ申し送りとされてきた。

一九六〇年代末期から七〇年代初頭にかけて、英国のセミール・ゼキやアメリカのジョン・カースら脳解剖学者らによって立て続けに、サルの大脳視覚野に運動刺激に対して選択性をもつ脳細胞が集まる領野の存在が発見された。この領野は現在、V5/MTなどと呼ばれている。[32] 一九九〇年代初頭には、非侵襲的な測定法を用いたヒトの脳を対象とした研究も活発となり、その後の実験では実際運動に限らず、さまざまなタイプの仮現運動――ヴェルトハイマーの定義によるφ現象としての仮現運動のみならず、エニグマ錯視のように静止画のなかに現れる動きを感じる現象も含む――に対してもV5/MTが活動することが報告された。[33]

これらの基礎実験では、少なくとも表象レベルで何らかの運動が知覚される状態を実験対象としていたが、チャイ・ユン・キムとランドルフ・ブレイク（二〇〇七年）は絵画のなかに表現された運動のダイナミクス――意味レベルでは運動表現であるが心象レベルでは動きが知覚されない状態――の鑑賞時にもV5/MTが活動するのかどうかをｆＭＲＩを用いて調査した。[34] 実験ではターゲット刺激（鑑賞の際にV5/MTの活動が起こると予測されるもの）としてジャコモ・バッラによる《鎖に繋がれた犬のダイナミズム（Dynamism of a Dog on a Leash）》（一九一二年）、マルセル・デュシャンによる《階段を降りる裸体第二番（Nude Descending a Staircase, No. 2）》（一九一二年）、エティエンヌ＝ジュール・マレーによる連続写真などが使用された。脳活動のコントラストを調査するためのコントロール刺激（鑑賞の際にV5/MTの活動が起こらないと予測されるもの）としてはワシリー・カンディンスキーやパウル・クレー、ジャクソン・ポロックらの絵画（詳しくは注34を参照）が使用された。実験結果として、ターゲット刺激群の絵画が運動のダイナミズムを表現しているという前提知識をもつ被験者グループがこれらの絵画を鑑賞した際にV5/MTに有意な活動が見られたことが報告されている。この結果をサポートするものとして、最初の測定でV5/MTに有意な活動が確認できなかった被験者であっても、絵画の見方に関するインストラクションを受けた後にもう一度測定をするとV5/MTに活動が見られるようになったことが報告されている。

この結果は、イメージに「内在」する動きを読み解く行為は、実際運動や仮象の運動を見る場合と同様にV5/MTに有意な活動を引き起こすという更なる仮説を提示する。無論、この種の報告例は少なく、科学論文全般で再現性の問題が議論されているように同様の実験を行っても再び同じ結果が得られるという保証はないことは注記しておきたい。また、ｆＭＲＩの時間分解能では、知覚系統からのボトムアップのインプットが「動き」であったゆえにV5/MTが活動したのか、それとも、知覚上は静止したものとしてV5/MTの活動なしに知覚されたイメージを動きとして認知しようとした結果、高次機能からV5/MTへ何らかのトップダウンのフィードバックがあったために活動が生じたのか、という違いを区別することは困難である。それでもなお、イメージ上で暗示された動きが知覚系統で動きとして処理されるという事例の存在は、イメージ論のなかで「内在」を議論する場合、それだけで重要な役割を果たす。なぜなら極限まで分割され、時間空間的な連続性を失った動きが「内在」とその深度によってのみ動きとしての連続性を保ち続けることができるという仮説を棄却しないからである。

・運動系

先に論じた知覚系を対象とした動きの知覚とは異なり、「身体化認知」の枠組みで議論されている行為や運動は、知覚系・視覚野の活動ではなく一次運動野や運動前野という頭頂部周辺に位置する運動系の活動との関係で論じられている。これらの領野は、視覚野で処理される受動的な動きの知覚ではなく、能動的に動きを生み出す行為と関係していると考えられている。神経科学において「身体化認知」は「運動心象（motor imagery）」や「言語行為（speech act）」「動作動詞の神経処理（action verb processing）」を対象とした認知実験との関係で議論されることが多い。ｆＭＲＩを用いて運動野の活動を同定するだけではなく、脳波計や脳磁図（ＥＥＧ／ＭＥＧ）を用いて運動野周辺の誘発電位／誘発脳磁界を時間周波数解析によって調査する方法もとられている。諸説あるが、一例として運動野周辺脳波のいくつかの周波数成分（ベータ波やガンマ波）は、四肢の動きや運動をトリガーとして生じる筋電と干渉関係にあり、同期すると考えられている。[35]「身体化認知」の神経科学では、これらの前提に則り、運動野周辺の特定周波数成分の増減を、言語やイメージがトリガーとなって引き起こされる「身体化」の論拠としている。

「身体化認知」への図像学的アプローチとしては、一九八九年刊の著書『イメージの力――応答の歴史と理論のスタディ（*The power of images: Studies in the history and theory of response*）』[36]でも広く知られ、ロンドンのヴァールブルク研究所の所長も務めたデイヴィッド・フリードバーグを忘れてはならない。二〇〇七年の論文でフリードバーグらは、運動前野に存在するミラーニューロンの働きであると考えられているエンパシー（知覚レベルでの共感）と運動機能としての触覚を軸として、イメージに埋め込まれたジェスチャー（implied gestures）によって引き起こされる身体化を芸術理論に紐付けることを試みた。[37] ジャクソン・ポロックのアクション・ペインティングのなかに記録された運動の軌跡[38]や、ルーチョ・フォンタナの作品を具体例として取り上げ、これらのイメージの「内在」が、エンパシーによって運動前野の活動を引き起こし、この身体化認知の成立が芸術作品による美的経験にとって重要な役割を担うことを提言した。このような身体化理論とイメージ分析を横断する仮説理論を構築したうえで、

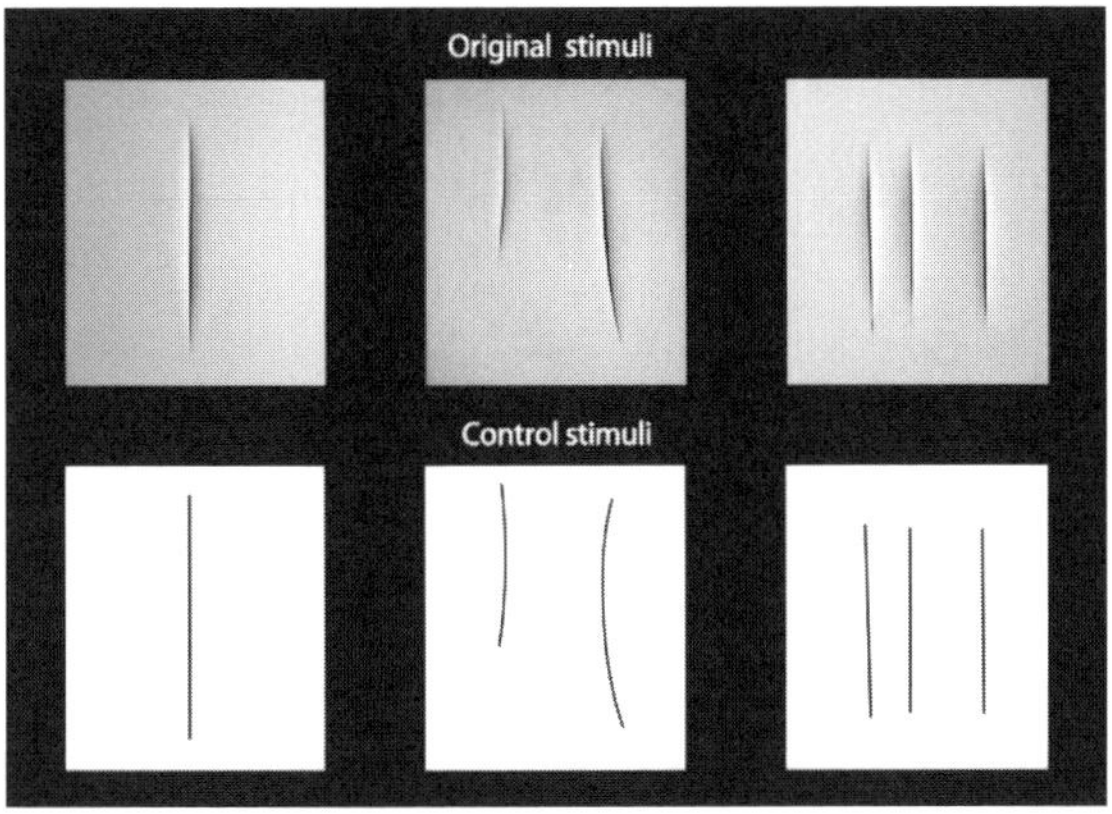

図 8　ルーチョ・フォンタナ作品 3 枚のオリジナルをディジタル画像化したもの（上）とそれらの軌跡を描出し平面化したもの（下）。Umilta et al.（2012）の図 1 より部分的に引用。Photographs of three Original art works by Lucio Fontana（top）and three graphically modified version of them（bottom）.（出典：Umilta, M. A., Berchio, C., Sestito, M., Freedberg, D., & Gallese, V.（2012）. Abstract art and cortical motor activation: an EEG study. *Frontiers in human neuroscience, 6*, 311, p. 2. オープンアクセス、クリエイティブコモンズ）

フリードバーグ自身も名を連ねた二〇一二年の論文では、フォンタナの作品を対象に、その鑑賞行為が運動野にどのような活動として現れるかを調査する脳波実験の結果が報告されている。[39] 同論文の実験では、フォンタナによる作品三点を提示刺激、更にそれら三点をグラフィカルに操作し平面化したものを「コントロール刺激」として使用している（図 8）。図 8 の下段のように、コントロール刺激は空間情報が削除され、キャンバス上にオリジナルと同様の線の軌跡のみが描かれているだけである。この実験では、オリジナルを画像化したものとコントロール刺激を鑑賞している際の視覚野ならびに運動野周辺の活動（とくにアルファ、ベータ、ミュー波帯）の相違を調査している。この実験の結果報告としてもっとも興味深いのは、「身体化認知」をトピックとした多くの実験ですでに観測されてきたように、オリジナル鑑賞時のみ運動野に有意な活動としてミュー波帯の抑制が見られたが、

知覚系視覚野の誘発電位活動に関して有意な違いが観測されなかったことにある。つまり、これらのイメージの鑑賞の際に運動系は知覚系とは独立した活動をしているということである。フリードバーグらはこの結果をもって抽象的な芸術作品の鑑賞において、皮質運動系の関与が明らかになったと結論づけている。この結果だけを論拠とすることはやや憚られるが、少なくともフリードバーグの論調ではこれがイメージ鑑賞における「身体化認知」の神経科学的論拠のひとつとなっている。

ところでフリードバーグはなぜこの種の知覚実験でフォンタナの作品を取り上げたのであろうか。それは、視覚情報が少ないために実験で扱いやすいものであったことも考えられる。だが、それ以上にこの作家の切り裂かれた作品群は動きの痕跡という物理的な行為の形象化という「内在」にとどまらず、キリスト教図像学のなかでもひときわ重要なイコンである聖痕を破壊行為という「互換」によって表現している点で、像行為的潜在性の三要素に由来する強力な能動性をもつイメージであったからではないだろうか。つまり、現代芸術作品として生み出されたフォンタナの作品群は、同時に運動系と行為を自発的につなぐ「知覚の実験装置」としても成立していたのである。[40]

このように、イメージの「内在」らしきものの存在は、徐々に経験科学的にも研究されてきているように思われる。しかし、それがたとえ経験科学的な測定結果として脳画像やデータと共に示されたとしても、それは「内在」そのものではなくただ、「内在」の像を投影した影を踏んだ気にしかなれないのは何故だろうか。

②運動系のなかの幽霊

イメージの「内在」を論じるにあたって避けて通れない「身体化認知」をはじめとする身体化理論は、先に触れたようにさまざまな学問領域で議論されてきた。しかし、「身体化認知」の議論への科学的確からしさと包括概念的性格への疑念の声は決して少なくない。ブラッドフォード・マホンは二〇〇八年から二〇一六年までに発表した数々の論文のなかで身体化理論の方法ならびに理論構築の問題点を詳細に指摘してきた。[41] そのなかでマホンが繰り返し論じてきたことは、「身体化認知」を論じる論文の多くが知覚プロセスと運動処理プロセス間の情報交換を可能にしている神経ネットワークの流動性に関する議論を欠いているということである。つまり、運動系と感覚系の情報交換や概念レベルでの処理に関する解析と解釈が不明瞭であり、イメージや言語が感覚系での知覚処理なしに認知されるという危険な議論——マホンは「運動系のなかの幽霊」と呼ぶ[42]——が平然と進められているのである。

マホンの身体化認知批判によれば、任意の提示刺激へのレスポンスに対する運動系の活動と感覚系の活動の関係性が相互排他的かどうかを同定することは容易ではない。なぜなら、運動系の働きは感覚系の働きに対して①補助的に機能する場合、または②知覚に対して機能的に重要な寄与はしないがネットワークを形成するために、どの反応が独立した活動であり、どの活動が知覚からの入力や神経ネットワークとの関係で発生したものかを別々に議論すること——つまり、本章の文脈でいえば提示刺激イメージの「内在」が運動系の活動を引き起こしたことを同定すること——は困難だからである。この問題を解決するためには、潜在的には別々の知覚プロセスと運動プロセス間の情報交換の流動性を説明する理論への考察が必要であるにもかかわらず、現行の「身体化認知」の議論ではまったくといっていいほど言及されていない[43]。

つまり、fMRI実験によって、あるイメージの鑑賞時のみ運動系に有意な活動が確認されたという報告や、脳波（EEG）実験である特定の提示刺激に対して運動野周辺のベータ帯域に有意な変化が見られたという報告は、認知の身体化という命題の必要条件のひとつではあっても、イメージによって生じる「身体化認知」そのものの存在を決定づけるものではないのである。別の言い方をすれば、これらの実験結果は、「身体化認知」によって運動系が活動するという仮説を棄却するものではないが、その存在を支持も反証もしない。

「身体化認知」に懐疑的なマホンであるが、彼はただそれを否定しようとしているわけではない。まず、「身体化認知」の議論のために必要なことは、現在のように既知の知覚・認知システムの枠組みで知覚的に引き起こされる神経応答を運動系内で縦割り式に実証しようとするのではなく、問題設定と実験系そのものを組み替え、知覚システムと運動システムの情報交換プロセスの問題として捉え直すべきであると主張している[44]。これは、知覚システムと運動システムという分類そのものが経験的に構築されてきた情報理論的なモデルのひとつにすぎず、それがヒトの神経処理システムそのものを科学的かつ適切に説明しているという必然性はない。そのため、上位概念を扱うのであれば既存の仮説のうえに新しい仮説を積み上げるのではなく、全体としてひとつの新しい仮説を形成したうえでの議論が必要になるのである。そのうえで、身体化認知論者たちが信じるように運動系が感覚知覚系と異なる系として機能しているのであれば、そのシステムのなかで概念系がどのように感覚システム全般から独立した系を構築するのかという神経処理系統に関する理解の再構築に関わるさらなる考察が必要となるとマホンは言う。(45) もちろんこれは神経科学的課題にとどまらず、哲学的知覚論からイメージ論までを含めた知覚の再構築の必要性までを射程に入れた議論へと拡張されるだろう。

現時点で経験科学的に導かれたモデルが可能にすることは、「身体化認知」に限らず、イメージ分析によって帰納的に導かれた「内在」という仮説の一面を実験的に投影した影の観察を可能にするにすぎない。これは情報哲学としての神経科学の限界でもある。「内在」の存在を踏まえた仮説を検討しているにもかかわらず、方法論的にはニューロンの活動量の違いという情報量としての差分をそのまま情報理論の枠組みでモデルとして示すことしかできない。ゆえに存在についての議論に至らないという一種の自己矛盾が発生しているのである。経験科学的に導き出された影を実在論的に捉え、イメージ分析から導かれた仮説を演繹するためには運動系、感覚系・知覚系を自動的な神経処理過程としないための科学哲学的な解釈が必要となるのである。

6　「内在」の神経系イメージ学

①「内在」の存在

人文学と神経科学の橋架をモットーとしたこれまでの学際プロジェクトの多くは、ただ任意の研究対象について、双方の解釈を対比するだけにすぎなかった。それゆえに、ひとつのディシプリンにおいて自明とされたことであっても、包括的な議論のなかに再び問題として取り込まれてしまい、本質的な議論に至らずに宙吊りになってしまうことも少なくなかった。そして、これらの問題を扱う際に無視できない科学哲学と情報理論、それぞれの射程と限界を見誤った強引な連携は袋小路に至るのが常だった[46]。

このような歪な土台のうえで、とりわけイメージの「内在」に関する、分野を超えた共通の問題点は、知覚表象から認知に移行する初期段階（知覚が成立する過程）を自動的（automatic）かつ分岐のないプロセス（non-divergent）と解釈し[47]、イメージの知覚表象成立と認知を時系列的な前後関係におき、「内在」の察知を認知的なものとする、限定的かつ曖昧な定義を黙認してきたことにある。このシェーマに従うことの危険性は、イメージと観察者の双方向の働きかけによって発現するはずの「内在」が観察者の内部で独立に発生するという誤った理解を導いてしまうことにある。つまり、イメージにとっての不可侵領域である観察者の認知のなかに全ての手続きが収まってしまうという矛盾を引き起こしている。これこそが「身体化認知」の致命的な問題点でもある。その一方で、像行為はイメージ現象学に基づき「内在」をイメージと観察者の双方の「行為」のなかで発現するものと捉え、感覚系の所与を取り込むことでこの問題点を克服しているのである[48]。

かつてライプニッツによって「一望（Coup d'œil）」と呼ばれた[49]、空間的にはカントの純粋直観（reine Anschauung）と直観表象（auschauliche Vorstellung）のあいだの中間領域に相当する部分で内発的（spontan）に生じる潜勢力を実在論的に捉えようとすることについては、――そのメカニズムを把握できずともわれわれはそれを経験的に認識できることから――古典的な知覚論や芸術知覚論のなかではそのポテンシャルが十分に認識されてきた。しかし、一元論／二元論という枠組みで心身を論じる哲学者や美術史家、そして経験科学全般に従事する研究者からは、その中間空間を論じることがひたすら忌避されてきた。その理由のひとつは、「イメージ知覚のはじまりと成立」が現実的な問題として（情報理論的）不確定性を孕むからである。それこそが神経美学や「身体化認知」に関わる数多くの実験群がイメージ発生メカニズムそのものに踏み込まず、ただ相関レベルでの議論を繰り返さざるを得なかった理由でもある。そして経験科学において、仮説形成の段階で組み込まれなかった不確定性は統計的手続きのなかでかき消されてしまう。唯一、ゲシュタルト心理学はこの問題に対して、知覚の成立そのものへの所与を簡潔性として仮説形成することで不確定性そのものを知覚のメカニズムに組み込むポテンシャルをもっていた[50]。しかしマックス・ヴェルトハイマー自身がゲシュタルト心理学の根本課題としていたように、[51]当時の生理学的測定手法が仮説形成に追いつかず、棚上げとなったまま第二次世界大戦勃発、そして主要研究者らがアメリカに亡命するという時代的な不幸に見舞われ、――更に、アメリカでは行動主義や知覚心理学に遅れを取ったことで――ドイツ的思想を汲んだゲシュタルト心理学の学問的可能性が十分に日の目を見ることはなかったのである。[52]

こうして、知覚を低次的で自動的な処理をするプロセス、認知を高次的で複雑な処理や判断／審美・情動に携わるプロセスという線引きでこれまで多くの議論が進められてきた。そのなかで、微小表象（petites perceptions）から感性論を論じた小田部胤久のライプニッツ論は、――「認識（論）的＝実践（論）的＝形而上（学）的議論が渾然一体となったライプニッツの「微小表象」論の襞に分け入ることによって」――「知覚のはじまり」の受容能力から感性と認識の根源の可能性を論じている点[54]で、現代の学問において長らく忘れられてきた微小表象から浮上する「一望」の認識力を再評価するものである。そして、ブレーデカンプが展開したライプニッツの知覚論に根ざすイメージ論[53]とは異なる方法で美学論への展望を見事に描き出した点で特筆に価する。

また、メニングハウスは知覚と認知の時間的前後関係の問題には踏み込んではいないが、言語の修辞機能のひとつである韻律に関する経験美学実験において、文章構造の知覚上の成立から呼び起こされる簡潔性に美的経験を引き起こす一定の効果があることを論じている。[55]この簡潔性が情動を引き起こす直接的なトリガーとなるのであれば、ここにライプニッツの知覚論とゲシュタルト理論に基づく美学と経験美学の共通仮説の設定が可能になる。

小田部は微小表象から知覚に浮上するものとしないものを知覚上の閾値の問題として設定しているが、ここにメニングハウスのようにゲシュタルト理論による簡潔性の法則[56]を導入し、言語とイメージの形態が簡潔性によって閾値を超えて表象されるという前提を組み込むことは、微小表象から「一望」が生じ、そこに「簡潔な表象（perceptio praegnans）[57]」つまり、ある種の「内在」を宿すという性質を、存在論と認識論を土台とするイメージ現象学の枠組みを超え、科学哲学的かつ情報理論的に説明することを可能にする。

これらの議論は認知の一部を知覚へと組み込み、イメージの「内在」を認知だけの問題としてではなく、――イメージが発生する過程において——直観（観察者からみたイメージ側の境界）と表象（イメージ側からみた観察者側の境界）のあいだの双方からの「行為」が作用する中間空間（Zwischenraum）を注意深く鮮明に観察することの必要性を訴える。この問題設定は、「身体化認知」を否定するものではないが、そのトリガーとなる心理と物理のあいだの現象の根源を存在論的に突き止めない限り、幽霊を駆るイメージ魔術（Bildmagie）の域を脱することはできないのである。

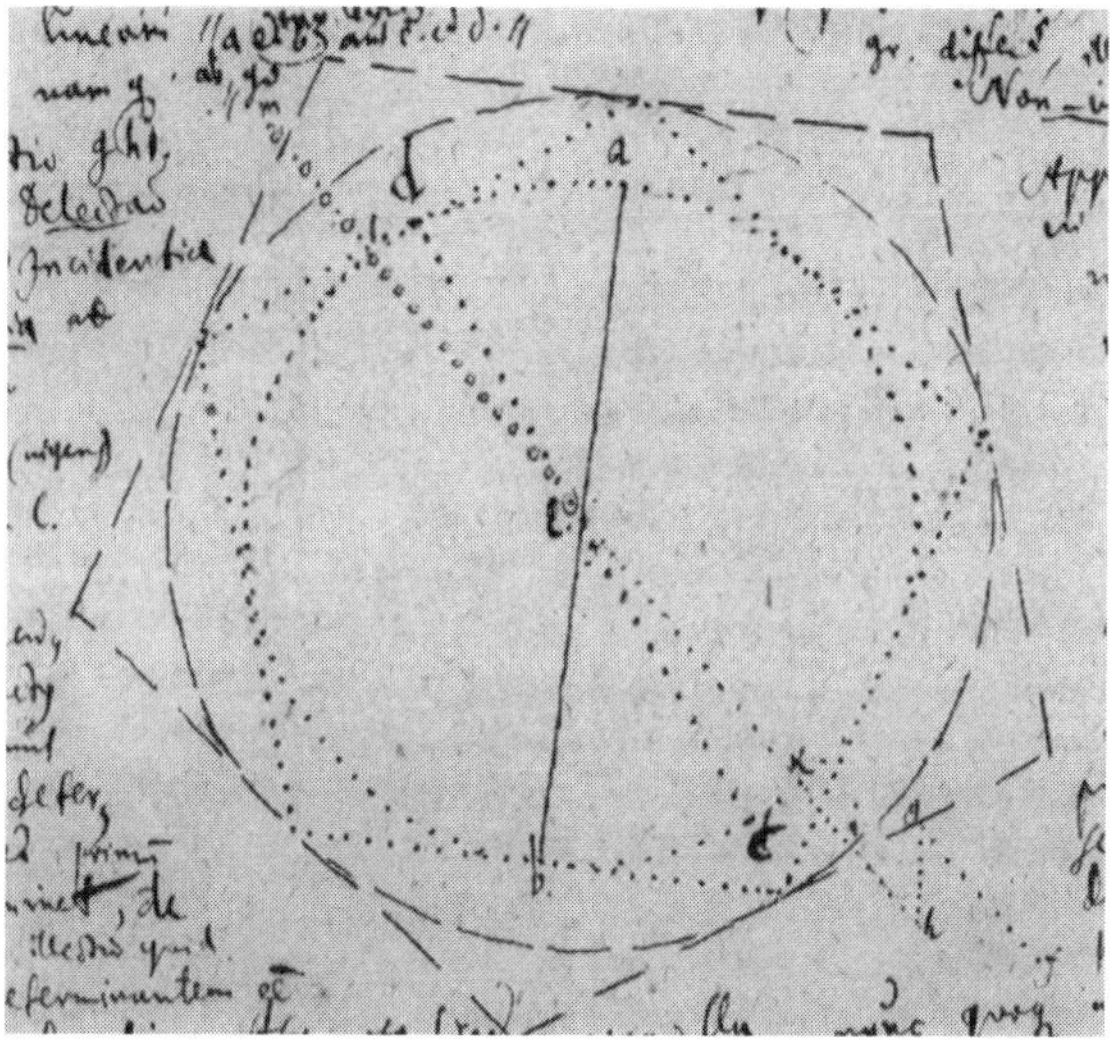

図 9a　ライプニッツの「肉体－魂－ペンタゴン」素描原版（1663 年頃）in: Thomsius, 1661（出典：Niedersächsische Landesbibliothek, Hannover, Lebin. Marg. 32.）

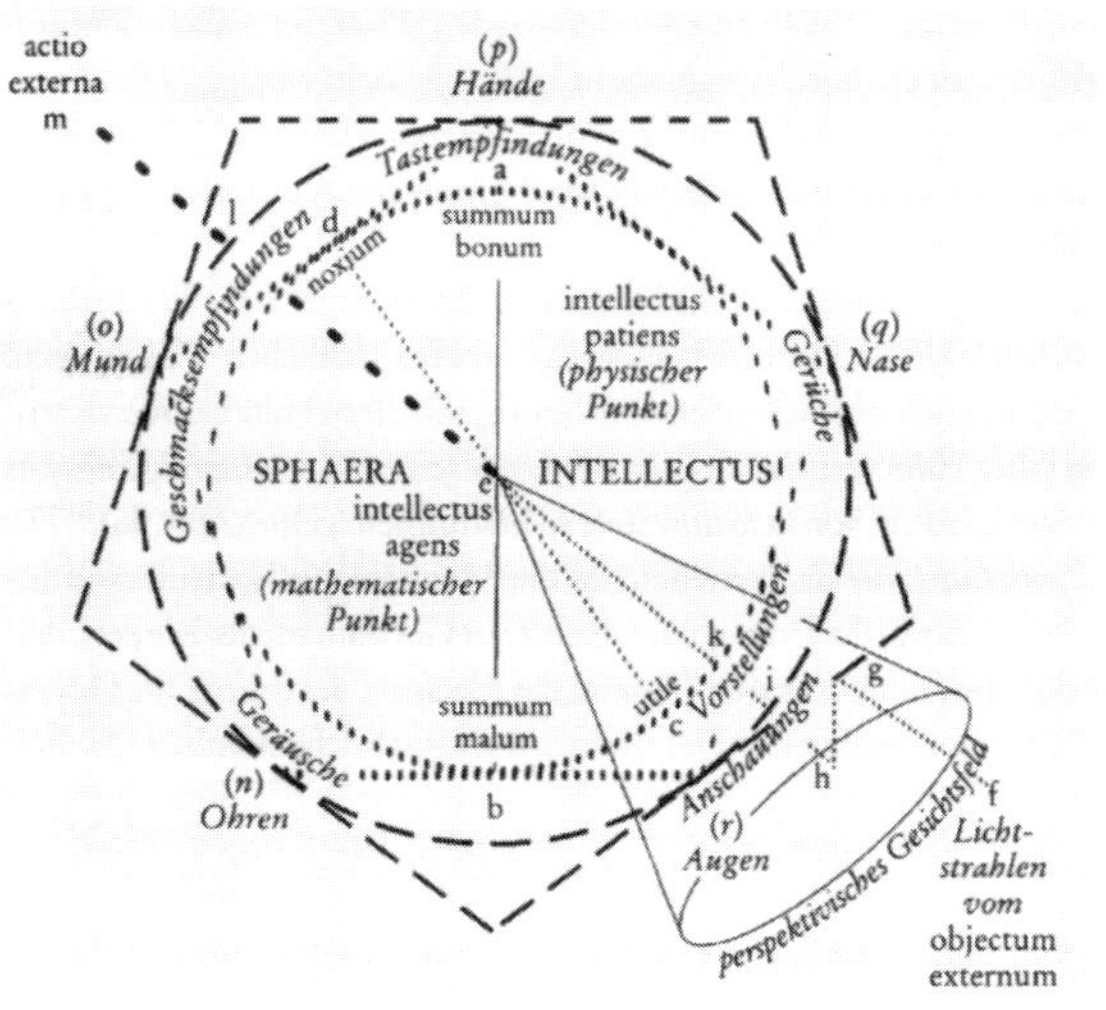

図 9b　ライプニッツの「肉体－魂－ペンタゴン」H・ブッシェ解釈（出典：Busche, 1997, S. 59.）

②「量」と「質」と「ゆらぎ」

ライプニッツはモナドロジーに基づき知性と行為（intellectus/agens）という精神的なものと、対象と外部（objectum/externum）という物理的なものの相違と統一性に焦点をあわせようとした。そのなかでもとくに、微小表象の説明に用いられている波のざわめきのたとえや[58]、素描「肉体－魂－ペンタゴン」（図9）に描かれた直観（Anschauung）と表象（Vorstellung）の狭間の中間空間における感覚刺激の振る舞いは、クリスティアン・フォン・エーレンフェルスのゲシュタルト質[59]や簡潔性の法則と同様に、知覚の成立過程において物理的な「量」が心象的な「質」となる様相を実在論的に表現している。とりわけ、ライプニッツが意図した中間空間から生まれ出る「質」に関わる詳細はフーベルトゥス・ブッシェによる体系的な素描分析に依拠せねばならないが[60]、直観と表象の中間空間では、物理的なものから内面の世界へ向かう方向（感覚刺激側の行為）と、同時に内面の世界から物理的な世界へ向かう方向（観察者の行為）において、量的なものと質的なものの転換が発生することはライプニッツ的およびゲシュタルト心理学的な「知覚のはじまり」に対する解釈として両者に共有される部分である。

「象徴的簡潔性（symbolische Prägnanz）」を論じたエルンスト・カッシーラー[61]と新カント主義に依拠し、象徴形式（symbolische Form）からのイメージ論を展開したジョン・ミヒャエル・クロイスは、「量」から「質」への転換のなかで発生する「内在」を「身体化（Verkörperung）」として論じている[62]。さらに、身体化哲学とイメージ学、双方の系譜を継ぐイェルグ・フィンガーフートらは精神を四つの過程――拡張される（ausgedehnt）、埋め込まれる（eingebettet）、身体化される（verkörpert）、誘起される（enaktiv oder hervorbringend）――に分類し、認知科学や神経科学との対応を独自に試みようとしてきた[63]。確かに、これらの議論はイメージの「内在」の概念を理論的に包括することには貢献している。しかし、これらの議論もまた、物理的「量」現象を対象とした推論と心理的「質」現象を対象とした推論を同時に扱うための、ライプニッツにとっての中間空間である「量と質の転換が起こる場」を直接取り上げることをしなかった。

繰り返しになるが、この「量」と「質」が相互転換する場こそが「内在」が形成される場であり、それは簡潔性の発生によって察知されるものである。つまり、この転換点たる中間空間においてのみ、科学哲学的な「存在」、情報理論

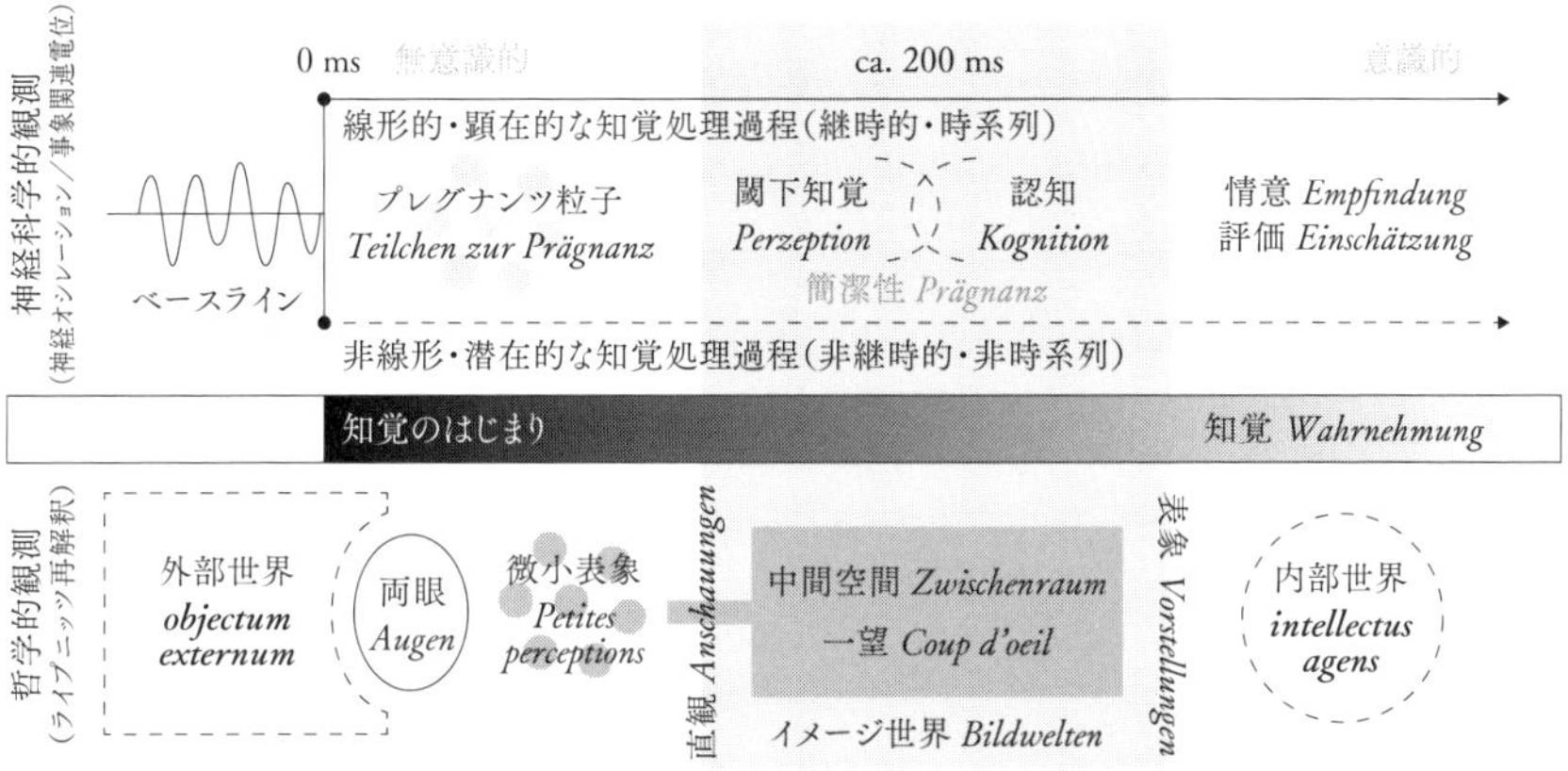

図 10　ライプニッツの知覚論再解釈と神経科学的見地による知覚の発生段階の図式表現。内在は知覚と認知が区別できない段階で直観と表象のあいだにプレグナンツを構成する粒子の衝突の結果、一望として察知される。

的な「量」、ゲシュタルト理論的な「質」が矛盾なく互換されるのである。それにもかかわらずこの領域へ踏み込むことが躊躇されてきたのは、いうまでもなくヴェルトハイマー以来[64]、いまなお、「知覚のはじまり」を構造的に観察するためには測定技術的な限界が常に付き纏うからである。だが、それ以上に致命的だったのは、ライプニッツに依拠し、その不確定性を孕む中間空間に踏み込み、知覚の入出力やその相関を追うばかりではなく、その場で発生する知覚を生み出す力の存在に目を向けるべきことを再認識させてくれたヴォルフラム・ホグレーベやブレーデカンプらもまた、「一望」を生み出す一瞬を電光石火なものと考え、時間概念を論じなかったことで実在論的に仮説形成することはできても、物質的あるいは情報理論的なエントロピーの問題として解釈する可能性が閉ざされてしまったことにある[65]。本章において部分的に批判しつつも大いに依拠しているブレーデカンプによるライプニッツ解釈に関しては、「モナドには窓がある」という主張をはじめ[66]、その直観的すぎるともいえる論調に対する批判も多い。しかし、イメージの「知覚のはじまり」ともいえる不鮮明な部分をメタファーとしてではなく存在論的に捉え、そこに芸術の根源を見出そうとする考えは、中世やルネサンスの知覚論で「内的感覚（innere Sinne）」としてすでに考察されてきたことであり、近年のライプニッツ解釈によって初めて生み出されたものではない[67]。

一方、神経科学的な立場からこの中間空間の理解に寄与し得る議論として、キャサリン・タロン＝バウドリーの四〇ヘルツ理論(68)や、パスカル・フリースによるガンマ帯の同期がニューロングループ間の通信に影響を与え認知に選択性をもたせるという仮説(69)、そしてエドゥワルド・A・ヴェセルらによるデフォルト・モード・ネットワークが美的経験に関与しているという説に代表される知覚や認知への神経ネットワークレベルのアプローチ(70)などが挙げられる。これらの議論は、知覚と認知を入力と出力で包括してきた従来の図式ではなく、知覚刺激の処理のされ方が提示直前あるいは提示間の脳の状態（state）によって変化するという仮説から、知覚の成立における不確定な「ゆらぎ」を前提として論じている。つまり、脳の平常状態のベースライン上の「ゆらぎ」には選択性があり、それが「量」と「質」の転換によって発現する知覚の現れ方を変化させる要因となる。そして、知覚に変化を生み出す「ゆらぎ」は認知に影響を与えるトリガーともなる。これらの仮説が論じようとしていることは偶然にも、ライプニッツが論じた「振動するスクリーン（schwingende Leinwand）(71)」と一致する。そして、「ゆらぎ」は中間空間のなかの簡潔性を呼び醒ますことから、ライプニッツの言葉通りこの小宇宙（Mikrokosmos）のなかにおいて「現在は将来を孕む(72)」のである。

この種のアプローチでは知覚が生じる瞬間そのものを経験科学的に直接捉えることはできないが、因果関係をなす処理過程に先駆けて前方から働きかける機能を追うことは、従来の図式のなかで宙吊りとなっていた中間空間のなかの「知覚のはじまり」に時間概念を与え、連続性のなかで捉えることを可能にするのである(73)。これらの議論を踏まえた、神経科学的見地ならびにライプニッツの再解釈に基づく知覚系統は図10のように表現される。ライプニッツの意図する直観と表象のあいだは、知覚と認知のあいだに跨り簡潔性を孕む領域である。時系列かつ非時系列な性質を有するため時間特性が無視されがちであるが、本質的には階層的な時間空間特性をもち、さらにベースラインからのアクセスを受ける。

この図示からも明らかだが、身体化認知論者をはじめ、イメージの「内在」を捉えようとした研究者たちが犯してきた過ちは、この中心にある時系列の知覚と非時系列の知覚、そして個々の知覚刺激インプットの処理過程の実相を明らかにしないまま左端と右端を一気に結ぶようなモデルを築いてきたことである。もちろん、そうした相関モデルが明らかにする事柄やそれによって可能になる推論もある。しかし、中間空間に働きかける「ゆらぎ」は知覚の成立の不確定性を明らかにするという点でも従来の認知科学が設定してきた前提すら崩しかねない。そのうえでさらに感覚系レベルの個人差や経験レベルの評価・定義の個人差の集積がある限り、「知覚のはじまり」とそこに発現する簡潔性に準ずる根源的なものを無視してイメージの「内在」を論じることは困難なのである。

7　神経系イメージ学からイメージ世界へ

本章ではイメージ表象ではなく、さまざまなイメージの奥底に共通して潜む作用としての「内在」を中心に据え、また観察者と同様にイメージを客体に据え、双方を中立に扱うことでイメージが発生する場としての中間領域を普遍的な知覚現象として実在論的に考察することを試みた。イメージの群れは模式的像行為や互換的像行為においては歴史的あるいは文化的に振る舞うが、内在的像行為においては分野を超越して知覚論的に振る舞うのである。

像行為をはじめとするイメージ学が切り拓いたイメージへの探求と人の神経系へも深く入り込む観察視点の転換は、イメージと観察者を一対一対応の図式から解放することを成し遂げた。その行為は、イメージが織りなす無数の星座(Konstellation)によって表象される、時間空間概念すら超越したイメージ世界への扉を開くことを可能にする。かつてアビ・ヴァールブルクが『ムネモシュネ・アトラス』によってその片鱗を摑み取ろうとしたように。その点において、数多のイメージの「内在」はそれ自体が観察者とイメージの存在の証として、不可視の感覚世界を多元かつ精密な尺度で観測するための唯一のインストゥルメントとしての役割を担うのである。

注

(1)　本章は本書掲載のホルスト・ブレーデカンプのインタビューでも言及されている、筆者によるイメージ知覚・ゲシュタルト・微小表象に関する研究プロジェクトに関わる論考前編に相当する。図10で提示したシェーマに則り神経科学的なアプローチによるプロジェクトとして現在、Sakamoto, Y., Shigihara, Y., Wibral, M., Hoshi, H., Poeppel, D., & Menninghaus, W. (2017). Perceptual uncertainty of long-range apparent motion and the neural correlates underlying the resolution of this uncertainty in favor of the motion interpretation. CNS 24th Annual Meeting, San Francisco, CA, USA, 25. – 28. March, 2017を踏まえた研究プロジェクトが進められており、後編ではその成果を踏まえた議論を進める予定である。

（2）ハンス・ベルティング『美術史の終焉？』元木幸一訳、勁草書房、一九九一年。

（3）日本におけるドイツ・イメージ学の受容については、ゴットフリード・ベームやホルスト・ブレーデカンプらのイメージ論が次々と翻訳出版されてきた過去十数年を見てもその関心の高さがうかがえる。だが、神道・多神教的な思想を有する文化背景から か、物事によって引き起こされる現象、とりわけ像に内在する潜在性を感じ取るという行為に対する文化を超えた強い共感が、イメージ学の先端と日本的なイメージ思想の共鳴を引き起こし、強い親和性を生み出しているということも忘れてはならない。超文化的共鳴の可能性と危険性については本書掲載のホルスト・ブレーデカンプのインタビューを参照。

（4）Wiesing, L. (2013). *Sehen lassen: Die Praxis des Zeigens*, Suhrkamp. ヴィーズィングによるイメージ学批判については、かつて、カントの美学批判を展開したモーゼス・メンデルスゾーンのように、学術的批判と現在のドイツ学術界の情勢に通じる学術政治的批判の混在に注意せねばならないという事情もある。また、現在の学術動向として、イメージ学の一部学派が強すぎる重力をもち、それが学説の中立性にまで侵食しかねない状況にあることは否めない。

（5）Menninghaus, W., Wagner, V., Wassiliwizky, E., Schindler, I., Hanich, J., Jacobsen, T., & Koelsch, S. (2019). What are aesthetic emotions? *Psychological Review, 126* (2), 171–195.

（6）本書第17章メニングハウスの論考を参照。

（7）坂本泰宏「神経系人文学序説――知覚に刻まれた記憶、現代に蘇る遺産」『思想』二〇一六年四月号、六一―一八頁。

（8）Noë, A. (2011). Art and the Limits of Neuroscience. *New York Times*; Noë; A. (2015). *How Art Reveals the Limits of Neuroscience.* The Chronicle of Higher Education.

（9）セミール・ゼキ『脳は美をいかに感じるか――ピカソやモネが見た世界』河内十郎監訳、日本経済新聞社、二〇〇二年。

（10）Bredekamp, H. (2010). *Theorie des Bildakts.* Berlin: Suhrkamp.

（11）Bredekamp, H. (2015). *Der Bildakt.* Berlin: Wagenbach, S. 11–13.

（12）Stafford, B. M. (2007). *Echo objects: The cognitive work of images.* Chicago: University of Chicago Press.

（13）Bredekamp, H. (2015), S. 10.

（14）*Bildwelten des Wissens.* Berlin: De Gruyter.

（15）Bredekamp, Horst. (2010). Bild, Beschleunigung und das Gebot der Hermeneutik. In *Weltwissen. 300 Jahre Wissenschaften in Berlin.* Jochen Hennig and Udo Andrashke (Hg.), S. 50–57, München: Hirmer.

（16）「身体化された認知」と訳されることもあるが本章では「身体化認知」に統一する。

（17）Bredekamp, H. (2015), S. 17–19.

（18）現象学の一分野、身体化哲学（Verkörperungsphilosophie）をルーツとする身体化理論のなかでもとくに認知科学に依拠して知覚を議論するものを「身体化認知（身体化された認知）」と呼ぶ。汎意としては、思考判断や情動といった高次の認知は環境要因と身体（運動系）の相互作用によって構築されるという仮説である。ただし後述（注41・42参照）のように理論レベルでいくつかの致命的な問題点があることが指摘されている。また、ミラーニューロン仮説との関係で議論されることもあるが、概念の拡大解釈による科学的に信頼性の低い言説も蔓延している。このような背景を踏まえ、本章では批判的な見解から論じている。

（19）Leibniz, G. W. (1882). *Die philosophischen Schriften*, Bd. V. C. I. Gerhardt (Hg.). Berlin: Weidmann, S. 41–69 (Preface). とくにp. 49参照。該当部分の和訳は小田部論文（注54、三二頁）を参照した。

（20）仮現運動としての定義は一九一二年のヴェルトハイマーのゲシュタルト心理学論文 Wertheimer, M. (1912). Experimentelle Studien über das Sehen von Bewegung. *Zeitschrift für Psychologie, 61*, S. 161–265. を待つことになるが、現象としての仮現運動の発見については一八三三年のフェナキスティスコープの発見（Füsslin, G. (1993). *Optisches Spielzeug oder wie die Bilder laufen lernten.* Stuttgart: Füsslin Verlag. S. 24）ほか、一七六〇年のフリップブックの発明（注24のカタログ一二頁参照）など諸説ある。

（21）E・J・エイトン『ライプニッツの普遍計画——バロックの天才の生涯』渡辺正雄・原純夫・左柳文男訳、工作舎、一九九〇年、五九—六三頁。

（22）Wertheimer (1912), §21. Skizzierung einer physiologischen Hypothese. 坂本泰宏・稲蔭正彦「光学的な遮断を用いない動画装置による仮現運動の再定義と新しいイメージメディア創造」『映像情報メディア学会誌』第六三巻第一号、二〇〇九年、六六—七五頁。

（23）エイトン、一九九〇年、五九頁。

（24）Jörg Jochen Berns und Daniel Gethman (Eds.). (2005). Daumenkino: The Flip Book Show, Köln: Snoeck, S. 12. 展示会カタログでは、フリップブックのコマが印刷物として、そして付属のDVDでは映像ドキュメントとして紹介されている。

（25）マックス・ベンゼ『情報美学入門——基礎と応用』草深幸司訳、勁草書房、一九九七年、七八—八二頁。

（26）Bredekamp（2015）, S. 256–257.

（27）ジェームズ・ジェローム・ギブソン著、エドワード・リード、レベッカ・ジョーンズ編『直接知覚論の根拠——ギブソン心理学論集』境敦史・河野哲也訳、勁草書房、二四一頁。ギブソンはアルンハイムの持論を前向きに引用しつつも完全には同意していないことを注記しておく。

（28）指紋のイメージ論については以下で詳しく論じられている。橋本一径『指紋論——心霊主義から生体認証まで』青土社、二〇一〇年。

（29）Schaller, M. and Boehm, G.（2015）. *Das Meisterstück* [The Masterpiece]. Petrus Books. 調色板の写真作品については以下のウェブサイトで閲覧可（二〇一九年九月八日確認）。http://www.matthiasschaller.com/das-meisterstuck/

（30）例えば、ホルスト・ブレーデカンプ『モナドの窓——ライプニッツの自然と人工の劇場』原研二訳、産業図書、二〇一〇年。または、ホルスト・ブレーデカンプ『ダーウィンの珊瑚——進化論とダイアグラムの博物学』濱中春訳、法政大学出版局、二〇一〇年など。

（31）Wolpert, D. M., Doya, K., & Kawato, M.（2003）. A unifying computational framework for motor control and social interaction. *Philosophical Transactions of the Royal Society of London B: Biological Sciences, 358*（1431）, 593–602.

（32）原著は以下二編。Dubner, R., & Zeki, S. M.（1971）. Response properites and receptive fields of cells in an anatomically defined region of the superior temporal sulcus in the monkey. *Brain Res, 35*（2）, 528–532.; Allman, J. M., & Kaas, J. H.（1971）. A representation of the visual field in the caudal third of the middle temporal gyrus of the owl monkey（Aotus trivirgatus）. *Brain Res, 31*（1）, 85–105. 視覚野の機能研究全般については以下二編に詳しい。Born, R. T., & Bradley, D. C.（2005）. Structure and function of visual area MT. *Annu. Rev. Neurosci., 28*, 157–189.; Zeki, S.（2015）. Area V5—a microcosm of the visual brain. *Frontiers in integrative neuroscience, 9*, 21.

（33）Mikami, A.（1991）. Direction selective neurons respond to short-range and long-range apparent motion stimuli in macaque visual area MT. *Int J Neurosci., 61*（1–2）, 101–112.; Zeki, S., Watson, J., Lueck, C., Friston, K. J., Kennard, C., & Frackowiak, R. S.（1991）. A direct demonstration of functional specialization in human visual cortex. *J. Neurosci. 11*, 641–649.

Watson, J. D., Myers, R., Frackowiak, R. S., Hajnal, J. V., Woods, R. P., Mazziotta, J. C., Shipp, S. & Zeki, S.（1993）. Area V5 of the human brain: evidence from a combined study using positron emission tomography and magnetic resonance imaging. *Cerebral cortex, 3*（2）,

79–94.

（34）Kim, C. Y., & Blake, R. (2007). Brain activity accompanying perception of implied motion in abstract paintings. *Spatial Vision, 20* (6), 545–560.

（35）Pfurtscheller, G., Neuper, C., Flotzinger, D., & Pregenzer, M. (1997). EEG-based discrimination between imagination of right and left hand movement. *Electroencephalography and clinical Neurophysiology, 103* (6), 642–651.; Baker SN, Olivier E, Lemon RN. Coherent oscillations in monkey motor cortex and hand muscle EMG show task-dependent modulation. *J Physiol, 501,* 225–241.; *Alegre, M., de Gurtubay,* I. G., Labarga, A., Iriarte, J., Malanda, A., & Artieda, J. (2004). Alpha and beta oscillatory activity during a sequence of two movements. *Clinical neurophysiology, 115* (1), 124–130.

（36）Freedberg, D. (1989). *The power of images: Studies in the history and theory of response.* Chicago: University of Chicago Press.

（37）Freedberg, D., & Gallese, V. (2007). Motion, emotion and empathy in esthetic experience. *Trends in cognitive sciences, 11* (5), 197–203.

（38）注34の論文Kim & Blake (2007) ではポロックの絵画は鑑賞時に運動野の活動を引き起こさないとされるグループに分類されていたことは興味深い事実である。

（39）Umilta, M. A., Berchio, C., Sestito, M., Freedberg, D., & Gallese, V. (2012). Abstract art and cortical motor activation: an EEG study. *Frontiers in human neuroscience, 6,* 311.

（40）像行為が集中的に研究されているベルリンのエクセレンツ・クラスターでは像行為と身体化哲学に特化したイメージ分析の観点から経験科学的に像行為のエビデンスを探ろうとするプロジェクトが進められており、本書掲載のホルスト・ブレーデカンプインタビューでも言及されているように、神経科学的な検証段階に進んでいる。その成果発表に先駆けて実験シリーズの第一弾として刊行された「運動イメージ交換効果（movement-image compatibility effect)」に関する行動実験論文を以下に紹介しておく。Casper, M. O., Nyakatura, J. A., Pawel, A., Reimer, C. B., Schubert, T., & Lauschke, M. (2018). The movement-image compatibility effect: embodiment theory interpretations of motor resonance with digitized photographs, drawings, and paintings. *Frontiers in psychology, 9.*

（41）Mahon, B. Z. (2008). Action recognition: is it a motor process?. *Current Biology, 18* (22), R1068–R1069.; Mahon, B. Z. (2015). What is embodied about cognition?. *Language, cognition and neuroscience, 30* (4), 420–429.

（42）Mahon, B. Z., & Caramazza, A. (2008). A critical look at the embodied cognition hypothesis and a new proposal for grounding conceptual content. *Journal of physiology-Paris, 102* (1-3), 59-70.

(43) Mahon & Caramazza (2008), p. 60.

(44) Mahon 2008, p. 1069.

(45) Mahon 2015, p.1.

(46) 知覚論における科学哲学と情報理論が抱える諸問題については以下を参照。Sakamoto, Y. (2011). Mehrdeutigkeiten der Computerkunst - Computer können doch in den Himmel kommen! [Latent Ambiguities of Computer Art – Computers can go to Heaven as well!]. In Sieck, J. (Ed.), *Kultur und Informatik: Multimediale Systeme.* Boizenburg: vwh-Verlag, S. 163-175.

(47) Leder, H., Belke, B., Oeberst, A., & Augustin, D. (2004). A model of aesthetic appreciation and aesthetic judgments. *British journal of psychology, 95* (4), 489-508.

(48) この部分を芸術家ステファン・フォン・ヒューネは「皮膚（Haut）」と呼んでいる。この「皮膚」に関連したイメージと知覚のあいだの領域に対するより深い考察は以下の拙論参照。坂本泰宏「皮膚、そして微小表象への旅」『思想』二〇一六年四月号、五一―七五頁。

(49) 「一望」に基づくライプニッツの知覚論とイメージ知覚については本書第19章ブレーデカンプの論考を参照。

(50) この部分の知覚研究史解釈は本書第16章クラウスベルクの論考を前提とする。

(51) Wertheimer 1912 の §21. Skizzierung einer physiologischen Hypothese を参照。

(52) デビッド・マーはゲシュタルト心理学的方法の計算理論的イメージ知覚研究へのポテンシャルを批判的かつ適切に描写している。その方法論的欠陥については注51にあるようにヴェルトハイマー自身も十分に認識していたことである。デビッド・マー『ビジョン――視覚の計算理論と脳内表現』乾敏郎・安藤広志訳、産業図書、一九八七年、二〇〇―二三七頁。

(53) 注30参照。

(54) 小田部胤久「ライプニッツからの感性論＝美学――微小表象論の射程」、第六二回美学会全国大会「たそがれフォーラム@仙台」発表報告集、二〇一一年、引用部分は同発表の発表要旨。

(55) Menninghaus, W., Bohrn, I. C., Knoop C. A., Kotz, S. A., Schlotz, W., & Jacobs, A. M. (2015). Rhetorical features facilitate prosodic processing while handicapping ease of semantic comprehension. *Cognition, 143*, 48-60.

(56) Menninghaus, et al. 2015 は簡潔性の定義として以下三編を引用している。Wertheimer, M. (1925). *Drei Abhandlungen zur Gestalt-*

theorie. Erlangen: Philosophische Akademie.; Koffka, K.（1935）. *Principles of Gestalt psychology*. London: Harcourt, Brace and Co.（クルト・コフカ『ゲシュタルト心理学の原理』鈴木正弥訳、福村出版、一九九八年; Grossberg, S., and Pinna, B.（2012）. Neural dynamics of gestalt principles of perceptual organization: From grouping to shape and meaning. *Gestalt Theory, 34* (3/4), 399–443.

（57）Alexander Gottlieb Baumgarten, *Metaphysica*, Editio IV, Halle 1757. §517. perceptio praegnans は小田部論文では「含蓄のある表象」と訳されている。ドイツ語訳では vielsagende Vorstellungen とされるため適当な訳であるが、ゲシュタルト心理学的な Prägnanz 理解を踏まえつつラテン語からの直訳で本章では「簡潔な表象」と訳した。詳しい小田部解釈は注54の三六頁参照。

（58）注19 Leibniz, 1882, S. 47. 要旨としては海岸にて、知覚表象としてわれわれが認識することができるのは波のざわめきであるが、物理的構成要素として本来われわれが聞いているのは、数多の水分子同士の衝突であるということである。これは、簡潔性によって生じる統一音（Gesamtklang）に近い性質をもつ。この注前後の解釈については森田團氏との対話に大きなヒントを得た。氏に感謝申し上げる。

（59）Ehrenfels, C. V.（1890）. Über Gestaltqualitäten. *Vierteljahrsschrift für wissenschaftliche Philosophie, 14* (3), S. 249–292.

（60）Busche, H.（2017）. *Leibniz' Weg ins perspektivische Universum: eine Harmonie im Zeitalter der Berechnung*. Hamburg: Felix Meiner Verlag.

（61）Cassirer, E.（1929）. *Phänomenologie der Erkenntnis*, Bd. 3: Philosophie der symbolischen Formen. Berlin: Bruno Cassirer.

（62）Krois, J. M.（2006）. Für Bilder braucht man keine Augen. Ders./Norbert Meuter（Hg.）: *Kulturelle Existenz und symbolische Form. Philosophische Essays zu Kultur und Medien*. Berlin: Parerga, S. 167–190.

（63）Fingerhut, J., Hufendiek, R. und Wild, M.（2013）. Einleitung. In *Philosophie der Verkörperung*. Berlin: Suhrkamp. S.1–102. とくに Kapitel 3: Kognitionswissenschaft, S. 43–64; Kapitel 4: Philosophien der Verkörperung. S. 64–91.

（64）注51参照。

（65）Hogrebe, W.（2009）. *Riskante Lebensnähe: die szenische Existenz des Menschen*. Walter de Gruyter.; ブレーデカンプは本書第19章を参照。この部分の議論に関する詳細は注48の拙論、以下の項参照：五（六〇―六二頁）、八・九（六七―七一頁）。

（66）注30参照。

（67）Summers, D.（1990）. *The judgment of sense: Renaissance naturalism and the rise of aesthetics* (Vol. 5). Cambridge: Cambridge University Press.; Klemm, T.（2013）. *Bildphysiologie: wahrnehmung und Körper in Mittelalter und renaissance*. Berlin: Walter de Gruyter.

（68）Tallon-Baudry, C., Bertrand, O., Delpuech, C., & Pernier, J.（1996）. Stimulus specificity of phase-locked and non-phase-locked 40 Hz visual responses in human. *Journal of Neuroscience, 16* (13), 4240–4249.

(69) Fries, P. (2015). Rhythms for cognition: communication through coherence. *Neuron, 88* (1), 220–235.

(70) Vessel, E. A., Starr, G. G., & Rubin, N. (2013). Art reaches within: aesthetic experience, the self and the default mode network. *Frontiers in Neuroscience, 7*, 258. デフォルト・モード・ネットワーク（ＤＭＮ）は脳の安静状態で活発になる神経ネットワークドメインと考えられている。

(71) ブレーデカンプ『モナドの窓』、二〇一〇年、一三頁。ライプニッツからの引用は以下。Leibniz, G. W. (1985). *Die philosophischen Schriften*, Bd. III./1 (Hg. u. Übers.: Wolf von Engelhardt und Hans Heinz Holz) Darmstadt: Wiss. Buchges., S. 180–181 (Nouveaux Essais, II, XII).

(72) Leibniz, G. W. (1879). *Die philosophischen Schriften*, Bd. II. C. I. Gerhardt (Hg.). Berlin: Weidmann. S. 248 (XXV). 該当部分の和訳は小田部論文（注54、三六頁）を参照した。

(73) この種の議論は、よく知られているベンジャミン・リベットによる自由意志の実験と混同されがちであるので補足しておくが、リベットが論じているのは行動やある刺激に対する回答のために生じる準備電位であり、知覚刺激そのものと知覚・認知の成立過程の不確定性またはゆらぎについてではない。Libet, B., Wright, E. W., & Gleason, C. A. (1993). Readiness-potentials preceding unrestricted 'spontaneous' vs. pre-planned voluntary acts. In *Neurophysiology of Consciousness*. Boston: Birkhäuser, p. 229–242.

初出一覧

ブレーデカンプインタビュー　「〈インタビュー〉思考手段と文化形象としてのイメージ」（『思想』二〇一六年四月号、岩波書店、一九―三三頁）※大幅に改稿・新訳のうえ、本書に所収した。

第16章　神経美学の〈前形態《ゲシュタルト》〉　「神経美学の〈前形態《ゲシュタルト》〉」（『思想』二〇一六年四月号、岩波書店、一一七―一三六頁）

第18章　神経美学の功績　「神経美学の功績――神経美学はニューロトラッシュか」（『思想』二〇一六年四月号、岩波書店、七六―九六頁）

第19章　一瞬の認識力　「一瞬の認識力――ホグレーベの場景視と一望の伝統」（『思想』二〇一六年四月号、岩波書店、三四―五〇頁）

あとがき

本書の成立にあたっては、三編の寄稿に加えインタビューにも応じてくれたホルスト・ブレーデカンプ氏の来日実現が欠かせないものだった。美術史・イメージ学研究の牽引者のひとりとして、世界中から講演依頼が殺到し、執筆・組織運営・大学での授業に加えフンボルト・フォーラムの創設支配人の共宰と多忙を極める彼が、決してイメージ学が盛んではない日本行きを決心することは容易なことではなかったと後に語っている。その彼の心を動かすことができたのは、二〇一六年のフンボルト・コレーク、そして本書の出版という一連のプロジェクトが日本におけるイメージ学の啓蒙や宣伝を目的としたものではなくイメージ学への挑戦であったからにほかならない。最初に彼に宛てた招待状のなかで伝えたことは「氏のイメージ論を学ぶために日本に招聘したい」という遜った文句などではなく、ドイツ語圏に偏る現在のイメージ学への注意喚起、そしてその窮屈な現状から解放するための鍵が日本で育まれた、欧米のそれとは異なる独特なイメージ思想や日本で再解釈される欧米学問のなかにあるのではないかという提言であった。そして、そのために彼だけではなくビルギット・シュナイダー氏やマルガレーテ・パチケ氏ら彼のもとで育った若手研究者らも一緒に呼び、ドイツとは異なる「イメージの場」で徹底的に議論をしたい、そして日本側からも素晴らしいイメージ研究者を揃えて待っているという挑戦状であった。ブレーデカンプ氏と異なる学説を唱えつつもイメージ学の誕生から黎明期にかけて彼の先達として切磋琢磨してきたカール・クラウスベルク氏の招聘には、クラウスベルク氏が神経系美術史・イメージ学の第一人者であるからという理由のみならず、ブレーデカンプ氏がインタビューのなかでも自省しているように、彼の修辞的すぎる側面によって生まれる発言の重力場を抑制し孤高の存在にさせないという目論見もあった。数カ月にわたる交渉の末、最後にブレーデカンプ氏が日本行きを承諾してくれたとき、彼は最後にもう一度、「正式な返事をする前にもう一度確認したい。わたしは日本で何と出会い、何を学べるのか。もう一度教えてほしい」と意欲的に尋ねてきた。

このような、ドイツ・イメージ学と日本のイメージ研究を正面からぶつけ合わせようという強気な動機を前向きに受け止め、国際会議フンボルト・コレーク「思考手段と文化形象としてのイメージ」への登壇依頼に応じてくれた日独の講演者と本書への寄稿者たちに、何よりもまずこの場を借りて感謝の言葉をお伝えしたい。また、本書に収録された外国人研究者による寄稿（一部除く）は既刊原著論文を翻訳掲載したものではなく、本書のために書き下ろし、またはフンボルト・コレークでの議論に基づき原著論文から大幅に改稿されたものである。ひとつの形として仕上げられ、体裁も整った既刊論文の翻訳ではなく、ディシプリンを飛び越え成長を続けるイメージ学テクストの翻訳は、訳語の模索から原著者との密な連絡に至るまで一般的な翻訳のレヴェルを超えた膨大かつ困難な作業であり、各論考の翻訳者たちの柔軟な対応と尽力なしには成しえなかった。この場で登壇者・寄稿者・訳者、全ての方のお名前を挙げるのは差し控えるが、一連のプロジェクトのなか、あらゆる面でご助力を賜った岡田温司氏のお名前を挙げさせていただきたい。第7章イェーガー論文の翻訳に加え、第2部リード文を執筆してくださった岡田氏はフンボルト・コレークに先駆け、ブレーデカンプ氏・イェーガー氏の講演会を京都大学で開催してくださった。第8章「転倒の芸術」の原案にもなった講演の質疑応答のなか、聴講者として会場に居合わせた浅田彰氏らを巻き込んで展開された「（イメージの）否定の否定が生み出すもの」を巡る議論はブレーデカンプ氏の旅の一頁目を飾るに相応しい白熱したものであった。

帯へコメントを寄せてくださった高山宏氏からは「目は光学的レンズで見るのではない」という句ではじまる本書にこの上なく相応しい至言を頂戴した。このメッセージに込められた思いは、高山氏が翻訳を手掛けたバーバラ・M・スタフォード著『ヴィジュアル・アナロジー』（産業図書）の「アイコノファイル・バイブル（訳者あとがき）」で綴った図像への飽くなきパッション、そして氏が語ったかつてのイメージ学の未来図と共鳴させることでより強く鮮明に浮かび上がってくるだろう。長きに亘った言語支配への抵抗と地道なヴィジュアル・リテラシー啓蒙という後退戦のなかで、「知の総力戦」と綴られる氏の言葉の音像は反撃の狼煙として轟く。白井敬尚氏はこの本に込められたイメージ思考を包み込む皮膚として相応しい洒脱な装幀を手がけてくださった。その見た目もさることながら、この本を手にとったとき、読むという行為の裏側で私たちの指、手、肌は表紙に散りばめられた四枚の素描に触れる。イメージは視覚的に読み解くと同時に皮膚を媒介して触れるものであるという表裏一体の関係性を行為として形象化しているのである。本書に宿ったイメージの力をただ汲み取るだけでなく更なる高みへと導いてくださった高山宏氏と白井敬尚氏に厚く御礼を申し上げたい。

そして、刻一刻と現在進行形で生成変化するイメージ学の「現在」を一冊の書籍に収めるという巨大なプロジェクトの編集を一手に引き受けてくださったのが東京大学出版会編集部の木村素明氏である。本書がこのような形で無事に世に出ることができたのは氏の担当編集者としての忍耐と見事な舵取りあってこそである。編者を代表し木村氏に格別のお礼を申し上げたい。

最後に、このような野心的なプロジェクトを共に進めてきた、田中純氏・竹峰義和氏との共同作業は学びの連続であり贅沢かつ貴重な経験であった。編者として、さまざまな場面でご活躍の両氏と共に名を連ねさせていただけるだけも身に余る光栄であるが、共同作業の中で賜った数々の叱咤激励のなか、おふたりの期待に僅かでも応えることができたことを願うばかりである。おふたりに深い感謝をお伝えしたい。

現在、ドイツ語圏を中心としたイメージ学は、ロンドン・ヴァールブルク研究所、フィレンツェ・ドイツ美術史研究所、ベルリン・フンボルト大学美術・イメージ史研究所、そしてハンブルク大学美術史研究所を連ねる研究連盟「イメージの放浪手段（Bilderfahrzeuge）」プロジェクト（詳しくは九七頁参照）をはじめ、ドイツ研究振興協会の競争資金によるプロジェクト「活性への問い——イメージ・空間・物質（Matters of Activity. Image Space Material）」（ベルリン・フンボルト大学ヘルマン・フォン・ヘルムホルツ文化技術センターほか）、「図像の証——歴史と美学（BildEvidenz. Geschichte und Ästhetik）」（ベルリン自由大学）、「力の想像（Imaginarien der Kraft）」（ハンブルク大学）、「コンピュータシミュレーションのメディア文化（Medienkulturen der Computersimulation）」（リューネブルク大学）や、ウィーン大学美術史研究所「経験イメージ学（Empirische Bildwissenschaft）」など、イメージ学研究はますます勢いを強めつつある。ベルティング、ブレーデカンプ、ベーム、スタフォードらによって繰り広げられたアイコニック・ターン以降の第一世代を引き継ぐ、フランク・フェーレンバッハら第二世代の躍進も目覚ましい。これらのプロジェクトのいくつかでは自然科学や工学、生命科学の研究機関・研究者らも共同参画し、かつて障壁となっていた領域間の垣根の雪解けを感じさせる。こうした領域を超えた複数形のイメージ学（Bildwissenschaften）の活性化は喜ばしいことである。しかし、その一方でヴァールブルクが「イメージの放浪手段（Bilderfahrzeuge）」と呼び、文化を放浪するイメージが明らかにすると期待した、イメージの文化への適応と不変性という相反する作用法則に深く迫るためにはイメージ学、そしてそれに携わるイメージ学者たちもまた旅をせねばならない。かつてアビ・ヴァールブルクがアメリカ南西部への旅で多くの新たなイメージ知と出会い、それらによって自らの思考と学問を大きく成長させたように。

本書が試みたイメージ学への挑戦の極めつけは、イメージ学の最新の成果を目下イメージ学研究の中心であるドイツ語圏に先駆けて日本で刊行するということであった（本書を再編したドイツ語版がDE GRUYTERより年内刊行予定である）。ドイツ語圏を中心としてきたイメージ学の「現在」がドイツではなく日本で編纂されたことはイメージ学研究の地図に新たな地（知）の出現を宣言するものであり、イメージ学をある種の閾から解放し、自由奔放なイメージ解釈を取り戻す試みでもある。イメージは美術館・博物館や貴族の邸宅にコレクションとして展示され、高尚なものとして鑑賞されるためだけに存在するのではない。我々はもとより、一見言語に支配された世界の中で、言語的のみならず、言語を介さずイメージ的に思考しており、その点においては誰もがイメージ学者でありうるのである。イメージ研究に携わる一学徒として本書が日本におけるイメージ学活性化の起爆剤となることを願う。だがそれ以上に、読者諸氏にとって本書との出会いが、イメージの潜勢力と言語を超越したイメージ理解の存在を感じる（あるいは再認識する）きっかけとなり、明日からのイメージとの触れ合いがより豊かなものになったならばこの上ない幸せである。

二〇一九年三月

坂本泰宏

編者・執筆者紹介（編者以外は執筆順）

坂本泰宏（さかもと　やすひろ）［編者］

マックス・プランク経験美学研究所シニアリサーチフェロー

主要著書・論文に *Bildwelten des Wissens. Kunsthistorisches Jahrbuch für Bildkritik, Band* 10.2 *Bild - Ton - Rhythmus*（共編著，De Gruyter），「神経系人文学序説」「皮膚，そして微小表象への旅」（いずれも『思想』2016 年 4 月号）など

田中　純（たなか　じゅん）［編者］

東京大学大学院総合文化研究科教授

主要著書に『歴史の地震計』『政治の美学』『都市の詩学』（いずれも東京大学出版会），『過去に触れる』『イメージの自然史』（いずれも羽鳥書店），『アビ・ヴァールブルク 記憶の迷宮』（青土社），『冥府の建築家』（みすず書房）など

竹峰義和（たけみね　よしかず）［編者］

東京大学大学院総合文化研究科准教授

主要著書・訳書に『〈救済〉のメーディウム』（東京大学出版会），『アドルノ、複製技術へのまなざし』（青弓社），『陶酔とテクノロジーの美学』（共編著，青弓社），ハンセン『映画と経験』（共訳書，法政大学出版局）など

ジョヴァンナ・タージャ（Giovanna Targia）

チューリッヒ大学美術史研究所シニアリサーチフェロー

主要論文に «Energie der Umformung» als «Reaktionsenergie»（In: *Kraft, Intensität, Energie*, De Gruyter），訳書に J.W. Goethe, *Scritti di morfologia*（Aragno），E. Cassirer, *Individuo e cosmo nella filosofia del Rinascimento*（Bollati Boringhieri）など

田邉恵子（たなべ　けいこ）［訳者］

早稲田大学文学学術院助手

主要論文に「「慰め」の痕跡」（『早稲田現代文芸研究』第 8 号），„Oder war es ein ewiger Sedantag?"（Gingko Vol.3），「「夢見心地のレジスタンス」」（『早稲田大学文学研究科紀要』第 61 輯第 2 分冊）など

カール・クラウスベルク（Karl Clausberg）

美術史家，元リューネブルク大学教授

主要著書に『ウィーン創世記』（三元社），*Neuronale Kunstgeschichte*（Springer），*Der Erfurter Codex Aureus in Pommersfelden Ms 249/2869*（Reichert），*Kosmische Visionen*（DuMont），*Zwischen den Sternen*（De Gruyter）など

濱中　春（はまなか　はる）

法政大学社会学部教授

主要著書・論文に *Erkenntnis und Bild*（Wallstein），『ドイツ文化　55 のキーワード』（共編著，ミネルヴァ書房），「半透明なイメージ」（『希土』第 43 号），「図像論争」（『希土』第 42 号）など

岡田温司（おかだ　あつし）

京都大学大学院人間・環境学研究科教授

主要著書に『映画と芸術と生と』（筑摩書房），『アガンベンの身振り』（月曜社），『映画とキリスト』（みすず書房），『天使とは何か』（中公新書），『映画は絵画のように』（岩波書店），『イメージの根源へ』（人文書院），『イタリアン・セオリー』（中公叢書）など

編者・執筆者紹介

橋本一径（はしもと　かずみち）

早稲田大学文学学術院教授

主要著書・論文に『指紋論』（青土社），『〈他者〉としてのカニバリズム』（編著，水声社），『声と文学』（分担執筆，平凡社），『エドワード・ヤン 再考／再見』（分担執筆，フィルムアート社），「人は生まれながらにして文書となれるか」（『現代思想』第46巻第10号）など

石岡良治（いしおか　よしはる）

早稲田大学文学学術院准教授

主要著書に『視覚文化「超」講義』（フィルムアート社），『「超」批評 視覚文化×マンガ』（青土社），『オーバー・ザ・シネマ 映画「超」討議』（共著，フィルムアート社），『マンガ視覚文化論』（共著，水声社）など

フェリックス・イェーガー（Felix Jäger）

ヴァールブルク研究所・研究連盟 Bilderfahrzeuge リサーチアソシエイト

主要論文に Bodies of Knowledge: Renaissance Armor and the Engineering of Mind（*Espacio, Tiempo y Forma*, 6), Sovereign Infamy: Grotesque Helmets, Masks of Shame and the Prehistory of Caricature（In: *Images of Shame*, De Gruyter）など

ホルスト・ブレーデカンプ（Horst Bredekamp）

ベルリン・フンボルト大学美術史・イメージ史研究所教授

主要著書に『古代憧憬と機械信仰』『ダーウィンの珊瑚』『フィレンツェのサッカー』（いずれも法政大学出版局），『ライプニッツと造園革命』『芸術家ガリレオ・ガリレイ』『モナドの窓』『泳ぐ権力者』（いずれも産業図書）など

岸本督司（きしもと　まさし）［訳者］

京都造形芸術大学非常勤講師

主要論文に「アドルフ・ロースにおける素材と空間」（『美学』第63巻第2号）など

福間加代子（ふくま　かよこ）［訳者］

京都大学大学院博士後期課程

展評に「クレメンス・ブロッシュ 天才素描家の芸術と嗜癖」（『ディアファネース：芸術と思想』第4巻），「サルヴァドール・ダリ，ガラ，リカルド・サンス 1949-1956」（『ディアファネース：芸術と思想』第5巻）など

マルガレーテ・パチケ（Margarete Pratschke）

ベルリン・フンボルト大学美術・イメージ史研究所代理教授

主要著書に *Gestaltexperimente unterm Bilderhimmel*（Fink), *Bildwelten des Wissens. Kunsthistorisches Jahrbuch für Bildkritik*, Band 3.2 *Digitale Form*（編著，De Gruyter）など

難波阿丹（なんば　あんに）［訳者］

聖徳大学聖徳ラーニングデザインセンター准教授

主要著書・論文に『建築の際』（分担執筆，平凡社），「拡張する表皮」（『現代思想』第43巻第10号），「イミテーションの煌めき」（『ユリイカ』第47巻第7号）など

門林岳史（かどばやし　たけし）

関西大学文学部准教授

主要著書・訳書に『ホワッチャドゥーイン、マーシャル・マクルーハン？』（NTT 出版），マクルーハン『メディアはマッサージである』（訳書，河出書房新社），ブライドッティ『ポストヒューマン』（監訳書，フィルムアート社）など

稲賀繁美（いなが　しげみ）

国際日本文化研究センター教授・総合研究大学院大学教授（併任）・放送大学客員教授（兼任）
主要著書に『日本美術史の近代とその外部』（放送大学教育振興会），『接触造形論』『絵画の臨界』『絵画の東方』『絵画の黄昏』（いずれも名古屋大学出版会），『海賊史観からみた世界史の再構築』（編著，思文閣出版），『東洋意識 夢想と現実のあいだ』（編著，ミネルヴァ書房）など

白井史人（しらい　ふみと）［訳者］

名古屋外国語大学世界教養学部講師
主要著書・論文に『貴志康一と音楽の近代』（分担執筆，青弓社），「無声期の邦画伴奏における手稿譜の使用実態」（『演劇研究』第41号），「シェーンベルク《映画の一場面のための伴奏音楽》の作曲過程とその背景」（『音楽学』第61巻第1号）など

ビルギット・シュナイダー（Birgit Schneider）

ポツダム大学芸術・メディア研究所教授
主要著書に *Klimabilder. Eine Genealogie globaler Bildpolitiken von Klima und Klimawandel*（Matthes & Seitz Berlin），*Das Technische Bild*（共編著，Akademie Verlag），*Textiles Prozessieren*（Diaphanes）など

長谷川晴生（はせがわ　はるお）［訳者］

アルベルト・ルートヴィヒ大学フライブルク博士課程
主要著書・訳書に『共感覚から見えるもの』（分担執筆，勉誠出版），ヴァイス『ドイツの新右翼』（訳書，新泉社），フィガール『問いと答え』（共訳書，法政大学出版局）など

清水一浩（しみず　かずひろ）［訳者］

東京大学大学院総合文化研究科超域文化科学専攻博士課程単位取得退学
訳書に，ガルシア・デュットマン『友愛と敵対』（共訳，月曜社），タウベス『パウロの政治神学』（共訳，岩波書店），ガブリエル『なぜ世界は存在しないのか』（講談社）など

ヴィンフリート・メニングハウス（Winfried Menninghaus）

マックス・プランク経験美学研究所言語・文芸学部門所長
主要著書に『生のなかば』（月曜社），『美の約束』『敷居学』（いずれも現代思潮新社），『吐き気』『無限の二重化』（いずれも法政大学出版局）など

伊藤秀一（いとう　しゅういち）［訳者］

中央大学経済学部教授
主要著書・論文に『アルス・イノヴァティーヴァ』『芸術のイノヴェーション』（いずれも分担執筆，中央大学出版部），『環境と文化』（分担執筆，九州大学出版会），「ドン・ジュアンと誘惑の美学」（『ドイツ文化』第72号）など

石津智大（いしづ　ともひろ）

ロンドン大学ユニバーシティ校生命科学部シニアリサーチフェロー
主要論文に The Experience of Beauty Derived from Sorrow（共著，*Human Brain Mapping*, 38），Varieties of Perceptual Instability and Their Neural Correlates（共著，*NeuroImage*, 91）など

茅野大樹（ちの　ひろき）［訳者］

東京理科大学非常勤講師
主要著書・論文に *Nachleben der Toten-Autofiktion*（共著，Iudicium Verlag），「Das Gefühl der Trauer」（『Neue Beiträge zur Germanistik』第16巻第1号），「形態学と歴史哲学」（『モルフォロギア』第37号）など

人名索引

あ行

か行

さ行

た行

な行

ま行

や行

書名・作品名索引

あ行

か行

さ行

書名・作品名索引

イメージ学の現在
ヴァールブルクから神経系イメージ学へ

2019年 4月26日 初 版
2019年12月20日 第2刷

［検印廃止］

編 者 坂本泰宏／田中純／竹峰義和

発行所 一般財団法人 東京大学出版会
代表者 吉見俊哉
153-0041 東京都目黒区駒場4-5-29
http://www.utp.or.jp/
電話 03-6407-1069 Fax 03-6407-1991
振替 00160-6-59964

装 幀 白井敬尚
組 版 有限会社プログレス
印刷所 株式会社ヒライ
製本所 牧製本印刷株式会社

ISBN 978-4-13-010140-0 Printed in Japan